로스쿨 준비를 위한 흥미로운 공법판례

김성수

박영사

머 리 말

순수한 이과생인 사위가 젊은 시절 법학을 공부하고자 법서를 읽기 시작하였지만 써 있는 글자들이 모두 외계어 같아 도저히 감당이 되지 않아서 결국 포기하고 다른 길로 인생진로를 바꾸었다는 말을 들은 적이 있습니다. 그 말을 듣고 식구들이 한 바탕 웃어넘기기는 하였지만 "외계인들이나 이해할 수 있는 언어"인 법서와 법학 관련 논문 저술 연구에 일생을 바친 필자는 전문가들 이외의 일반 독자들에게는 도무지 알 수 없는 글을 신봉하면서 평생을 매달려온 것 아닌가 하는 자책감이 들었습니다. 그래서 언젠가 한 번쯤은 일반 독자들이 관심을 가지고 그 분들에게 흥미를 유발할 수 있는 법학 관련 서적을 저술하려는 생각을 가지고 있었는데 이 책은 바로 그러한 의도를 가지고 집필하게 되었습니다.

그래서 이 책은 밋밋한 교과서적인 편제를 최대한 지양하고 독자들이 흥미와 관심을 가질만한 주제를 선정하여 관련 되는 판례를 소개하고 필자의 입장에서 이를 평가하는 과정을 거쳤습니다. 로스쿨에서 행정법 관련 과목을 강의하면서 절절하게 느낀 점은 학생들이 헌법재판소 결정이나 대법원 판결에 대한 판례 공부를 기억력에 의존하고 있다는 느낌이었습니다. 물론 로스쿨 공부의 양이 방대하고 수학기간이 짧기 때문에 최대한 축약된 공부를 할 수밖에 없는 학생들의 현실은 이해하지만 판례가 가지는 사회적 의미, 법리상의 문제점 분석, 내용에 대한 평가, 판결의 파장과 입법과의 순환과정 등을 모두 생략한 채 그 요지만 머리 속에 기억하는 것은 고립된 외계인들의 공부방식으로 보였던 것입니다.

이 책에서 선정한 판례는 행정법과 헌법과 같은 공법 분야에서 철저하게 흥미 위주로 선정하여 교과서적인 설명은 최소화하고 판례의 사실관계, 법적 쟁점을 요약한 이후에 판결의 내용을 서술하였습니다. 개별 판례를 공부함에 있어서 핵심적인 부분은 마지막 필자가 판결의 내용과 법리 적용에 대하여 평가한 "해설 및 평론"입니다. 사실관계가 궁금하면 대법원과 헌법재판소의 웹사이트를 찾아 검색하면 얼마든지 필요한 자료에 접근할 수 있으며 교과서적인 설명이 부족하다고 느끼면 일반 행정법, 헌법교과서를 참고하면 될 것이기 때문에, “해설 및 평론”은 이 책의 핵심이므로 그냥 지나치지 말고 정독하기를 바랍니다. 그리고 선정된 판례는 행정법이나 헌법에 일방적으로 치우치는 것을 지양하고 최대한 양 영역이 교차할 수 있도록 하여 로스쿨에 진학하면 공법 분야의 문제 해결 능력과 변호사 시험에서 헌법과 행정법적 쟁점을 묻는 대부분의 문제에 적응할 수 있는 역량을 기르도록 의도하였습니다.

하지만 이 책을 아무리 흥미 중심으로 집필하였다고 하더라도 그 내용은 결코 가볍지 않다는 점을 고백하지 않을 수 없습니다. 사람들이 오죽하면 당해 사건을 대법원이나 헌법재판소까지 가지고 왔겠는가를 생각하면 모든 판결에는 인간들의 땀과 눈물, 억울함, 간절한 바람이 묻어 있으며, 재판부 역시 어려운 문제를 해결하는 과정에서 사회·정치적 환경, 대법관과 헌법재판관의 고뇌와 세계관·인생관이 투영되어 복잡한 법리를 발견하고 적용할 수밖에 없는 상황을 이해한다면 판례 공부가 좀 더 입체적인 관점을 제공할 수 있을 것으로 보입니다. 그러니 로스쿨을 준비하는 학생들은 물론 로스쿨 저학년에서 헌법과 행정법을 공부하는 학생들 모두에게 이 책이 입체적인 판례 공부에 도움이 되는 길잡이 역할을 할 수 있기 바랍니다.

이 책이 출간되는 과정에서 도움을 주신 도서출판 박영사 안종만 회장님, 안상준 대표님, 출판의 전 과정을 친절하게 안내해 주신 조성호 이사님, 정확하고 신속한 편집과 수정작업을 해 주신 김선민 이사님께 진심으로 감사드립니다. 늘 그렇듯이 책은 아내의 헌신적인 도움이 없었으면 세상에 나올 수 없었을 겁니다. 아내에게 감사와 존경의 마음을 깊이 새기고 있습니다. 그리고 최근 95세 생신을 맞이하신 아버님, 아버님을 잘 챙겨주시는 고모님의 만수무강과 대디, 라니, 샤기가 늘 건강하고 행복하기를 기원합니다. 이 책의 성공 여부는 사위의 말에 달려있습니다. 그가 “아버님. 이 책은 외계인들이 보는 것 같지는 않고 그저 외국어 수준이니 Chat GPT나 Gemini 번역으로 이해 가능합니다”라고 이야기하기를 바라며.

2026년 새해 원단 저자 김성수

차 례

제1장 행정법의 일반원칙

제2장 행정청의 재량과 판단여지 — 권력분립원칙과 사법심사의 범위

제3장 행정입법 — 법규명령과 행정규칙

제4장 행정절차와 정보공개

제5장 국가배상제도와 손실보상제도

제6장 행정심판과 행정소송

제8장 사인을 위한 수용

제9장 개인정보자기결정권, IT 기본권

제11장 낙태: 여성의 권리 v. 태아의 생명권

제12장 적극적 평등 실현조치

제13장 통치행위

제14장 소급입법과 재산권 제한, 환경규제

제15장 우리나라 헌법재판소의 기후소송

제1장 행정법의 일반원칙

Ⅰ. 행정상 법률관계와 法源(법원)

행정상 법률관계는 행정청과 개인 간에 발생하는 권리와 의무관계를 모두 일컫는 것으로서 직접 근거 법령이나 관련 법령에 따라서 행정법관계가 성립, 변경 또는 소멸하는 경우도 있지만 대부분의 경우에는 이러한 법령에 따라 행정청이 일정한 처분(과세처분, 토지의 수용처분 등)을 매개로 하여 성립 또는 소멸한다. 행정상 법률관계에 따라서 행정청이나 개인에게 일정한 의무와 권리가 성립하는 경우 그 내용을 구체적으로 결정하는 것은(어느 정도의 소득세를 납부할 것인가, 토지수용에 따르는 보상액을 어떻게 결정할 것인가 등) 근거 및 관련 법령과 같은 법규범이며 이와 같이 행정상 법률관계에 구체적으로 적용되는 법령의 범위와 내용을 확정하는 것이 이른바 법원론이다.

행정상 법률관계의 내용을 구체적으로 해석, 확정하기 위하여 적용되는 규범에는 헌법, 법률, 일반적으로 승인된 국제법규와 조약, 법규명령과 같은 행정명령, 자치단체의 조례의 규칙 등과 같이 성문화된 법원이 대부분이다. 이와 같이 행정법 분야에서는 민법이나 상법과는 달리 관습법의 영향력이 상대적으로 작고 행정법관계의 안정성과 같은 공익적 요청과 더불어 행정은 법률에 근거가 있어야 하며 (법률유보), 법률에 위반하지 않아야 한다는 (법률우위) 행정의 법률적합성원칙이 적용되기 때문에 成文法主義(성문법주의)가 지배한다. 하지만, 행정법 분야에도 외국이나 국내의 판례법에 따라서 비례성원칙, 신뢰보호원칙, 평등원칙, 적법절차원칙, 부당결부금지원칙 등과 같은 일종의 不文法源(불문법원)들이 직접적으로 행정법관계에 적용되며, 이들을 총칭하여 행정법의 일반원칙(Grundsaetze des Verwaltungsrechts)으로 부른다.

주목할 것은 행정법의 일반원칙에 위반하는 행정작용이 위법하다는 법적 평가를 받는 것과 동시에 우리나라의 판례법은 행정법의 일반원칙의 대부분을 법치국가의 기본적인 구조적 원리로 격상시켜 헌법적 효과를 부여하고 있기 때문에 이에 위반하는 경우 위헌의 문제가 발생한다. 다만, 후술하는 바와 같이 우리나라 행정기본법은 기존에 불문의 법원으로서 주로 판례에 등장하는 행정법의 기본원칙을 성문화함으로써 이제 행정법의 기본원칙은 대부분 성문법에 근거를 가지게 되었다. 다만, 행정법의 기본원칙이 행정기본법에 규정되었다는 사실은 일종의 확인적 규정으로서 기존의 판례법에서 형성된 헌법적, 법률적 효과를 확인하는 의미를 가지는 것이고 행정기본법에 근거를 두었기 때문에 비로소 창설적인 법률적 효과를 부여하는 것은 아니라는 점을 유의할 필요가 있다. 다시 말하자면, 행정법의 일반원칙이 행정기본법에 규정되었다는 것과는 무관하게 이는 법치국가를 구성하는 일종의 구조적 원리로서 그 자체로서 헌법적, 법률적 효력을 갖는다고 보는 것이 올바른 이해라고 할 수 있다.

Ⅱ. 행정기본법과 행정법의 기본원칙

행정기본법은 제2장 행정의 법 원칙이라는 표제 하에 제8조 내지 제13조에서 다음과 같이 행정의 법률적합성원칙(제8조), 평등의 원칙(제9조), 비례의 원칙(제10조), 성실의무 및 권한남용금지의 원칙(제11조), 신뢰보호의 원칙(제12조), 부당결부금지의 원칙(제13조)을 규정하고 있다.

> **제8조(법치행정의 원칙)** 행정작용은 법률에 위반되어서는 아니 되며, 국민의 권리를 제한하거나 의무를 부과하는 경우와 그 밖에 국민생활에 중요한 영향을 미치는 경우에는 법률에 근거하여야 한다.
> **제9조(평등의 원칙)** 행정청은 합리적 이유 없이 국민을 차별하여서는 아니 된다.
> **제10조(비례의 원칙)** 행정작용은 다음 각 호의 원칙에 따라야 한다.

1. 행정목적을 달성하는 데 유효하고 적절할 것
2. 행정목적을 달성하는 데 필요한 최소한도에 그칠 것
3. 행정작용으로 인한 국민의 이익 침해가 그 행정작용이 의도하는 공익보다 크지 아니할 것

제11조(성실의무 및 권한남용금지의 원칙) ① 행정청은 법령등에 따른 의무를 성실히 수행하여야 한다.
② 행정청은 행정권한을 남용하거나 그 권한의 범위를 넘어서는 아니 된다.
제12조(신뢰보호의 원칙) ① 행정청은 공익 또는 제3자의 이익을 현저히 해칠 우려가 있는 경우를 제외하고는 행정에 대한 국민의 정당하고 합리적인 신뢰를 보호하여야 한다.
② 행정청은 권한 행사의 기회가 있음에도 불구하고 장기간 권한을 행사하지 아니하여 국민이 그 권한이 행사되지 아니할 것으로 믿을 만한 정당한 사유가 있는 경우에는 그 권한을 행사해서는 아니 된다. 다만, 공익 또는 제3자의 이익을 현저히 해칠 우려가 있는 경우는 예외로 한다.
제13조(부당결부금지의 원칙) 행정청은 행정작용을 할 때 상대방에게 해당 행정작용과 실질적인 관련이 없는 의무를 부과해서는 아니 된다.

Ⅲ. 행정의 자기구속과 평등원칙

1. 의의

헌법 제11조 제1항 제1문은 "모든 국민은 법 앞에 평등하다"고 선언하여 평등권에 직접적인 기속을 받는 행정권과 행정청은 모든 국민을 평등하게 처우하여야 한다. 개인은 평등권의 주체로서 국가나 행정청의 차별적 조치에 대하여 직접 평등권의 대 국가적 효력에 따라 차별행위의 위헌, 위법을 주장할 수 있다. 물론 헌법상 평등원칙은 상대적 의미의 평등으로서 합리적 차별의 근거가 있는 한 차별적인 조치는 자의의 금지에 해당하지 않으며 위헌으로 볼 수 없다. 다만, 헌법 규정 자체에서 특별히 평등을 요구하고 있는 경우 또는 차별로 인하여 관련 기본권에 중대한 제한을 초래하는 경우에는 엄격한 심사기준이 적용된다.

이와 같은 헌법상 평등원칙 내지 평등권은 행정법의 영역에서 행정의 자기구속의 법리(Selbstbindung der Verwaltung)로 나타난다. 행정청은 자신의 업무 처리를 위하여 만든 행정규칙 등에 따라서 유사한 사례들을 처리하면서 그에 따른 일정

한 행정적 관례를 집적하는데, 합리적이고 객관적인 근거가 없는 한 향후 유사한 사안에서 자신이 집적한 행정적 관례에 스스로 구속되며 여기에서 이탈하는 경우 행정의 자기구속의 법리에 위반하여 위법하다는 평가를 받게 된다. 결국 행정의 자기구속의 원칙은 헌법 제11조의 평등조항에서 유래하여 행정법의 일반원칙으로 발전되었고 이것이 행정작용의 적법 여부를 심사하는 기준이 된 것으로서 사실상 평등의 원칙과 자기구속의 원칙은 동일한 내용과 효과를 가지고 있다. 다만, 행정적 관례가 존재하지 않는 행정청의 최초의 처분 등 행정작용의 위법성 여부는 헌법상 평등원칙에 의하여 판단한다. 원칙적으로 행정의 자기구속 원칙도 행정기본법 제9조에 법률적 근거를 가지고 있으나 판례는 자기구속의 원칙이 헌법상 평등원칙과 신뢰보호원칙에 복합적인 근거를 둔 것으로 보고 있다.

2. 대법원과 헌법재판소 판례

1) 행정의 자기구속과 행정규칙(재량준칙)의 법규성

(1) 판결 요지

대법원 판례에 따르면 원칙적으로 법령의 위임이 없는 상태에서 행정청이 자신의 내부적인 사무를 처리하기 위하여 스스로 제정한 이른바 행정규칙으로서 재량준칙은 일반적으로 행정조직 내부에서만 효력을 가질 뿐 대외적인 구속력을 갖는 것은 아니므로 행정처분이 이를 위반하였다고 하여 그러한 사정만으로 곧바로 위법하게 되는 것은 아니다. 다만 그 재량준칙이 정한 바에 따라 되풀이 시행되어 행정 관행이 이루어지게 되면 평등의 원칙이나 신뢰보호의 원칙에 따라 행정기관은 상대방에 대한 관계에서 그 규칙에 따라야 할 자기구속을 받게 되므로, 이러한 경우에는 특별한 사정이 없는 한 그에 반하는 처분은 평등의 원칙이나 신뢰보호의 원칙에 어긋나 재량권을 일탈・남용한 위법한 처분이 된다(대법원 2013. 11. 14. 선고 2011두28783 판결 등 참조)(대법원 2019. 7. 25. 선고 2017두56957 판결).

헌법재판소는 재량준칙과 같은 행정규칙이 원칙적으로 법규성을 결여하고 대외적 구속력을 가지지 못하지만 행정규칙에 따르는 행정적 관행이 집적되는 경우에는 행정의 자기구속에 따라서 예외적으로 법규로서 대외적 구속력을 가짐으로써 국민에 대한 공권력 행사로 보아 그에 대한 헌법소원을 다음과 같이 인정하고 있다. "이 사건 전세자금 지원기준은 국토해양부장관이 국민주택기금 중 저소득세입자의 주거안정을 위한 저소득가구 전세자금 대출제도의 운용을 위하여 그 대출대상 및 대출 절차 등을 정하고 있는 행정규칙이므로 원칙적으로 헌법소원의 대상이 되는 '공권력의 행사'에 해당하지 않는다. 다만 행정규칙이 재량권행사의 준칙으로서 그 정한 바에 따라 되풀이 시행되어 행정관행을 이루게 되어 평등의 원칙이나 신뢰보호의 원칙에 따라 행정기관이 그 상대방에 대한 관계에서 그 규칙에 따라야 할 자기구속을 당하게 되는 경우에는 대외적인 구속력을 갖게 되어 헌법소원의 대상이 된다(헌재 2005. 5. 26. 2004헌마49, 판례집 17-1, 754, 761 참조). 이 사건 전세자금 지원기준 역시 그 직접적인 상대방은 기금수탁자인 농협중앙회와 우리은행이지, 기금의 운용에 따라 지원을 받는 국민은 아니다. 그러나 국민주택기금의 기금수탁자인 농협중앙회와 우리은행은 실질적으로 이러한 지원기준에 따라 전세자금 지원에 관한 사무를 처리할 수밖에 없고, 이 사건에서도 농협중앙회와 우리은행이 청구인들에게 각 대출자격이 없다고 결정한 것은 이들이 파산면책자로서 이 사건 심판대상조항에서 정한 신용관리대상자와 여신취급 제한대상자에 해당하기 때문이다. 그렇다면, 이 사건 심판대상조항은 대외적 구속력이 있는 공권력의 행사로서 헌법소원의 대상이 되는 공권력의 행사라고 보아야 할 것이다"(헌재 2011. 10. 25. 2009헌마588).

(2) 해설 및 평론

행정규칙은 법령의 위임을 받은 법규도 아니고 국민의 자유와 권리를 규제할 수 없으며 민주적 정당성을 결여한 행정청 내부의 규율에 불과하여 공권력 행사성이 없기 때문에 헌법소원심판청구는 부적법하므로 각하하는 것이 원칙이다. 하지만 예외적으로 행정적 관행이나 관례와 그에 대한 행정의 자기구속을 근거로 하여 국민의 자유와 권리를 규제하는 법규로서 "승격"시키는 논리는 행정의 법률적합성 원칙을 형해화하고 법률이 아닌 행정규칙에 의한 행정을 할 수 있도록 행정에게 나쁜 통로를 열어주는 결과가 될 수 있기 때문에 법치행정이라는 헌법과 행정법의 가장 중요한 원칙을 위반할 수 있다. 이제 "법치가 행정규칙에 피를 흘리는 결과"(the rule of law breeds into the rule of administrative regulation)가 초래되는 것이다.

물론 헌법재판소가 행정규칙의 법규성과 공권력 행사성을 인정한 것은 가능한

한 국민들로 하여금 헌법소원절차에 따르는 권리구제의 가능성과 폭을 넓혀주려는 시도로 선해할 여지는 있다는 점에서 긍정적인 평가를 받아야 할 부분이 분명히 존재한다. 하지만, 행정규칙에 만연히 법규성과 공권력 행사성을 인정하는 논리보다는 법규적 내용은 행정규칙이 아닌 법률이나 법률의 위임에 따라 법규명령에 규정하는 것이 보다 법치행정의 원리에 부합하는 것이기 때문에 재판의 결과에 따라서 행정규칙에 대한 상시적인 모니터링을 통하여 법규적 성격의 행정규칙은 법규로 전환시키는 입법적 노력이 필요하다. 헌법재판소는 같은 사건에서 반대의견(이강국, 이동흡)이 다음과 같은 우려를 표명하였다는 사실을 간과할 수 없다.

> "본래 행정규칙이라고 하는 것은 행정조직 내부의 사무처리준칙에 불과하고 따라서 국민이나 법원을 기속하는 효력이 없지만, 이러한 행정규칙을 적용·시행하여야 하는 공무원은 법령준수의무 때문에(국가공무원법 제56조 참조) 업무처리를 함에 있어서는 행정규칙에 따를 수밖에 없으므로, 결국 행정규칙은 반복적용될 수밖에 없는 것이고, 행정규칙이 반복적용되는 경우에는 행정기관은 자기구속을 받는다고 할 수 있을 것이다. 그러나 행정규칙이 반복적용되어 자기구속을 받는다고 하더라도 거기에 법규명령에 있어서와 같은 의미의 대외적 구속력까지 인정하여서는 안 될 것이다. 이러한 경우에 다수의견과 같이 자기구속의 법리에 의한 대외적 구속력을 인정하게 된다면, 결국 반복적용되는 모든 행정규칙은 법적 구속력을 가지게 된다는 결론에 이를 수밖에 없게 될 것인바, 이러한 결론은 법규명령과 행정규칙의 구별에 관한 종래의 통설 및 행정규칙의 효력에 관한 종래의 법원 판례와도 충돌하게 되어 커다란 혼란을 야기하게 될 것이다(헌재 2007. 8. 30. 2004헌마670, 판례집 19-2, 297, 317-318 참조). 이 사건 전세자금 지원기준에 관하여 보건대, 먼저 이 사건 전세자금 지원기준은 상위법령인 주택법의 위임없이 제정된 것으로서 법령보충적 행정규칙에 해당하지 아니한다. 또한 이 사건 전세자금 지원기준의 직접적인 수범자는 어디까지나 국민주택기금의 수탁자인 농협중앙회 등으로서, 이들이 행정관행에 기하여 그 상대방인 대출신청자들에 대한 관계에서 위 전세자금 지원기준에 따라야 할 자기구속을 당하게 된다고 하더라도 곧 그것이 위 전세자금 지원기준 자체가 대외적 구속력이 있는 규범으로서 청구인들의 권리관계를 직접 변동시키거나 그 법적 지위에 영향을 주게 되는 것을 의미하는 것은 아니다. 따라서 다수의견이 이 사건 심판대상조항에 대하여 자기구속의 법리만에 의하여 별다른 이론적 근거도 없이 대외적 구속력을 인정하고, 이에 따라 '공권력의 행사로 인한 기본권의 침해 가능성' 즉, 헌법소원의 대상성을 인정하는 논리는 적절하지 않은 것으로 보인다".

2) 행정의 자기구속과 행정재량의 축소

행정청이 법규에 따라서 일정한 재량권을 가지고 있는 경우에도 재량준칙 등을 통하여 일정한 행정적 관례가 집적되는 경우 향후 유사한 사안에서 행정청이 자기구속을 받는 결과 일정한 조치를 하여야 하는 상황이 되면 재량권이 축소되고 행정청은 반드시 일정한 행정작용을 시행할 의무가 발생한다. 이는 행정청의 재량이 행정의 자기구속에 따라서 줄어들게 되고 그 결과 사실상 재량권이 없는 상태에서 관례와 관행에 따르는 조치를 할 수밖에 없는 상황으로 몰리기 때문에 이를 거부하거나 아무런 조치도 취하지 않는 부작위가 위법하다는 판단을 받게 된다는 의미이다. 앞서 본 바와 같이 대법원은 일관된 판례(대법원 2014. 11. 27. 선고 2013두18964 판결 등)를 통하여 행정적 관행에 따르는 조치가 이루어지지 않는 경우 행정청의 행정작용은 평등원칙, 행정의 자기구속, 신뢰보호원칙에 위반하여 위법하다는 입장을 제시하고 있는데, 이는 결국 행정청이 재량권 행사를 할 수 있는 상황임에도 불구하고 더 이상 재량권을 주장할 수 없고 반드시 일정한 처분을 하여야 한다는 의미로 이해할 수 있다.

3) 불법에서의 평등

경찰관이 로홍판씨 포함하여 신호를 무시하고 달린 여러 차량을 목격하고도 유독 로홍판씨만을 단속하는 경우 로씨는 "저 사람들은 단속하지 않고 나에게만 벌점이나 과태료를 부과하는 것은 평등원칙에 반하는 것이다"라는 주장을 할 수 있을까? 이른바 불법상태에서 평등원칙이 적용되는가 하는 문제이다. 로씨의 주장은 상식적으로도 납득하기 어려우며 다음과 같이 대법원과 헌법재판소 역시 불법에서의 평등을 인정하지 않고 있다. "행정청이 조합설립추진위원회의 설립승인 심사에서 위법한 행정처분을 한 선례가 있다고 하여 그러한 기준을 따라야 할 의무가 없는 점 등에 비추어, 평등의 원칙이나 신뢰보호의 원칙 또는 자기구속의 원칙 등에 위배되고 재량권을 일탈·남용하여 자의적으로 조합설립추진위원회 승인처분을 한 것으로 볼 수 없다"(대법원 2009. 6. 25. 선고 2008두13132 판결). "관세조사 통지를 받지 아니한 업체와 관세조사 통지를 받은 위 청구인은 평등원칙을 논함에 있어 그 비교대상이 될 수 없고, 더 나아가 헌법상 평등은 불법의 평등까지 보장하는 것은 아니므로…"(헌재 2016. 7. 28. 2014헌바372등).

Ⅳ. 비례성원칙, 과잉금지원칙

1. 의의와 법적 근거

행정법의 일반원칙으로서 비례성원칙(Das Verhaeltnismaessigkeitsprinzip) 또는 과잉금지원칙(Das Uebermassverbot)은 특정한 행정목적과 이를 달성하기 위하여 행정청이 사용하는 수단 간에는 일정한 균형관계가 유지되어야 한다는 원칙이다. 일정한 목적을 달성하기 위하여 불필요하게 과도한 수단을 사용하는 경우 비례성원칙 또는 과잉금지원칙을 위반하여 위법, 위헌적인 것으로 평가된다. 과잉금지원칙은 전형적인 자유주의 국가의 행정통제원리라고 할 수 있으며 과잉적인 국가공권력 행사를 지양함으로써 최대한 개인의 자유를 보장하기 위한 것이다. 그러나 비례성원칙은 자유주의 원리뿐만 아니라 복지행정 분야에서도 국가재정의 낭비적 요소를 지양하고 특정인에 대한 특혜시비를 불식하기 위하여 필요한 최소한도의 범위 안에서 자립의 기반을 조성하여야 한다는 의미에서 타당한 원칙이기 때문에 이를 모든 행정활동 분야에서 일반적으로 적용되는 행정법의 일반원칙으로 부르는 것이다. 과잉금지원칙의 실정법적 근거로서 헌법 제37조 제2항의 "자유와 권리의 본질적 내용의 침해 금지", 행정기본법 제10조, 경찰관직무집행법 제1조 제2항, 행정절차법 제48조 제1항 등을 드는 경우가 있지만 이러한 헌법과 법률들의 조항들은 비례성원칙을 창설하는 규정이라기보다는 오늘날 법치국가가 지향하는 통제받는 권력 또는 純化(순화)된 권력을 통하여 국민에게 필요 이상으로 권리침해를 야기하지 않겠다는 국가적 이성의 발현으로서 일종의 확인적 성격을 갖는 것으로 보아야 한다.

2. 내용

헌법재판소는 과잉금지원칙의 내용으로서 목적의 정당성, 수단의 적합성, 침해의 최소성, 법익의 균형성이라는 네 가지 내용 내지 단계적 심사기준을 제시하고 있으나 입법의 경우 목적 자체의 정당성이 의심되는 경우가 있을 수 있지만[1] 통상적으로 공익을 실현하기 위하여 행정청이 설정한 목적 자체가 부당하다고 할 수 없기 때문에 목적의 정당성을 제외한 나머지 세 가지 원칙에 대해서만 논의하는 것이 일반적이다.

1) 수단의 적합성

수단의 적합성 또는 방법의 적절성은 행정목적 달성을 위하여 행정청이 사용하는 수단이 적절하고 효과적이어야 한다는 의미이다. 입법목적이나 행정목적 달성이 적절하고 효과적이어야 한다는 의미는 매우 포괄적이고 그 구체적인 내용을 확정하기 어렵기 때문에 과연 적합성원칙이 사법적 심사기준으로서 유의미한 것인가에 대해서는 의문이 제기될 수도 있다. 하지만, 그와는 대조적으로 향후 수단의 적합성원칙에 경제성원칙, 효율성원칙, 사회적 수용성 등 다양한 내용을 통하여 새로운 사법적 심사기준으로서 거듭날 수 있는 가능성 역시 배제할 수 없다. 일반적으로 수단의 적합성이라는 것은 특정한 입법목적 또는 행정목적을 달성하기 위한 수단 중에서 “객관적 관련성”이 있는 수단이라는 의미로 이해할 수 있다. 여기에서 말하는 객관적 관련성이란 국민이면 누구나 일반적으로 예측가능하고 통상적으로 납득할 수 있는 것을 의미한다. 특정한 행정목적을 달성하기 위하여 행정청이 사용하는 수단이 달성하려는 목적과 전혀 객관적으로 관련성이 없고 도저히 납득하기 어려우며 예측불가능한 것이라면 그러한 수단은 적합하지 못한 것으로서 수단의 적합성, 더 나아가 비례성원칙에 위반하여 위법이라는 평가를 받는다. 비례성원칙에 목적과 수단간의 객관적 관련성을 요구하는 이유는 특정한 국가목적 또는 행정목적을 달성하기 위한 수단 중에서 누구나 쉽게 수긍하고 납득할 수 있는 수단만을 적법한 것으로 인정함으로써 행정작용의 예측가능성과 투명성을 보장하는 것이 법치국가의 본질에 부합하기 때문이다.

---

1) 헌법재판소가 동성동본 불혼제도는 입법목적의 정당성이 없다고 한 사례를 들 수 있다. 95헌가6등(95헌가6, 95헌가7, 95헌가8, 95헌가9, 95헌가10, 95헌가11, 95헌가12, 95헌가13). 민법 제809조 제1항 위헌제청.

2) 침해의 최소성

행정목적을 달성하기 위하여 다수의 적합한 수단이 존재하는 경우에 행정청은 그러한 수단들 중에서도 구체적 상황을 고려하여 상대방인 국민에게 가장 기본권 또는 권리 침해가 작은 수단을 선택하여야 한다는 것이 최소침해의 원칙이다. 바꾸어 말하자면 특정 사안을 처리하기 위하여 행정청이 적합한 수단이기는 하지만 상대방의 권리침해가 보다 작을 수 있는 수단을 유보한 채 사실상 큰 침해와 영향을 야기할 수 있는 수단을 선택하여 이를 사용하는 경우에는 침해의 최소성원칙에 반하는 것이다. 이를 필요성원칙이라고도 한다. 예를 들어 사업자가 환경을 침해하는 사업을 영위하는 경우 자발적 협약이나 행정지도 등 협력적이고 비권력적인 수단으로서 충분히 사업자의 행위를 억제 또는 규제할 수 있는 상황임에도 불구하고 벌칙이나 대집행 등 권력적 수단을 우선적으로 사용한다면 최소침해의 원칙 내지 필요성원칙에 반하는 결과가 된다. 행정대집행법 제2조는 대집행의 요건과 관련하여 "다른 수단으로써 그 이행을 확보하기 곤란하고"라고 규정하고 있다. 이는 행정대집행이라는 권력적 집행행위보다 다른 경미한 수단이 존재한다면 이러한 다른 수단을 사용하는 것이 여의치 못한 경우에만 그 사용이 적법하다는 판단을 받을 수 있다는 것을 의미한다.

3) 법익의 균형성 — 상당성, 좁은 의미의 비례성

행정청은 적합하고 필요한 수단이기는 하지만 실제로 특정한 수단을 사용하기 이전에 다시 한 번 이러한 수단이 야기할 수 있는 공익적 효과와 개인이 겪을 수 있는 권리침해 간의 형량이라는 고민스러운 과정을 밟게 된다. 다시 말하자면, 적합하고 필요한 수단이기는 하지만 이러한 수단을 사용하는 경우 달성할 수 있는 공익이나 행정목적은 경미한 반면에 침해되는 개인의 이익이 현저하다면 법익의 균형성원칙은 그러한 수단의 사용을 금지한다. 다시 한 번 행정대집행법 제2조로 돌아가 보자. 이 조항은 행정대집행의 요건으로서 "다른 수단으로써 그 이행을 확보하기 곤란하고"와 더불어 "또한 그 불이행을 방치함이 심히 공익을 해할 것으로 인정되는 때에는"이라고 규정하고 있다. 즉 상대방의 의무불이행이 있고 또한 이를 방치하는 것이 공익을 해하기는 하지만 그것이 경미한 반면에 대집행을 실제로 실행하면 보다 큰 개인의 이익이 침해되는 경우(오히려 건물의 구조적 안전성과 외관이 손상된다면)에는 대집행을 실행할 수 없다. 그럼에도 불구하고 대집행을 실행하면 법익의 균형성원칙에 반하는 결과가 되기 때문이다. 그렇다면 법익의 균형성원칙은 불법건축물을 용인하고 이를 방치하라는 말인가? 그것은 아니다. 보다 개인의 이익을 덜 침해하는 수단, 예를 들어 건축주에 대하여 건물의 안전성을 보강하라는 시정명령이나 건축주에 대한 벌금을 부과하는 대안적 방식으로 이미 입주한 세대들의 주거권을 존중하는 방식을 택하라는 의미이다.

4) 심사기준의 단계적 적용을 통한 권력純化(순화)와 통제

이와 같이 비례성원칙에서 각각의 심사기준은 단계적으로 적용된다. 수단이 적합하지 않는 경우 바로 과잉금지원칙 위반이며, 적절한 수단이라도 필요성 내지 최소성원칙에 문제가 발생하면 역시 위법하고, 양자가 문제가 없더라도 최후적으로 법익의 균형성이 무너지면 또한 위법한 수단이다. 이쯤에서 과잉금지원칙을 재차 음미해 보자. 오늘날 과잉금지원칙이 적용되는 법치국가는 법률을 형식적, 기계적으로 적용하는 그러한 나라가 아니다. 국가는 공권력을 행사하기 이전에 법령을 기계적으로 적용하는 과정에서 나타날 수 있는 국민들의 피해나 우려에 대하여 고민하고 또 고민한다. 적합한 수단을 넘어서서, 필요한 수단 그리고 법익의 균형성이 이루어지는 수단만이 사용되어야 한다. 이를 통하여 궁극적으로 국민이 기본권과 권리는 최대한 보장되고 실현된다. 그렇다면 오늘날의 실질적 법치국가는 治者(치자)의 입장에서 보면 다스리기에 매우 까다롭고 까칠한 나라임에 틀림이 없다. 여기에 국가는 공권력을 행사하기 이전에 거쳐야 하는 헌법상, 법률상 절차를 준수하여야만 적법절차에 따른 절차적 정당성을 주장할 수 있다. 국가의 공권력을 사전, 사후적으로 통제하는 수많은 법적 장치가 존재하는 것은 바로 국가권력을 순화하고 절제된 형태로 행사하게 하는 오늘날의 진정한 실질적 법치국가가 아닐까?

3. 관련 판례

1) 대법원 2012. 2. 23. 선고 2010두17557 판결[친일재산국가귀속결정취소] 등

(1) 판결 요지

대법원은 이 사건에서 친일반민족행위자 재산의 국가귀속에 관한 특별법에 따른 친일재산의 국가귀속 사건에서 귀속 조항의 합헌성에 대하여 과잉금지원칙과 관련하여 다음과 같이 판단하였다. "이 사건 귀속조항은 일본제국주의에 저항한 3·1 운동의 헌법이념을 구현하기 위한 것으로 그 **입법목적이 정당하고**, 민법 등 기존 재산법 조항의 해석 및 적용에 의존하는 방법만으로는 친일재산의 처리가 어려운 점에 비추어 **적절한 수단이며**, 사안이 중대하고 범위가 명백한 네 가지 친일반민족행위를 한 자의 친일재산으로 그 귀속대상을 한정하고 있을 뿐만 아니라 친일반민족행위 후에 독립운동에 적극 참여한 자 등으로 친일반민족행위자재산조사위원회가 결정한 자에 대하여는 다시 예외를 인정하여 귀속대상에서 제외하고 있으며, 친일반민족행위자측은 그 재산이 친일행위의 대가로 취득한 것이 아니라는 점을 증명하여 국가귀속을 막을 수 있고 선의의 제3자에 대한 보호 규정도 마련되어 있어 **피해의 최소성 원칙**에 반하지 않고, **법익의 균형성**도 충족하므로 헌법 제37조 제2항이 정한 과잉금지의 원칙에 반하거나 헌법 제23조가 정한 재산권보장의 원칙을 침해하지 아니한다".

(2) 해설 및 평론

이미 위 귀속조항에 대해서는 헌법재판소의 결정이 있었으며 대법원의 판단은 헌법재판소의 결정(헌재 2011. 3. 31. 2008헌바141 등)에 따라 당해 조항의 합헌성을 다시 한번 반복한 것으로 볼 수 있다. 따라서 과잉금지원칙의 네 단계로서 목적의 정당성, 수단의 적합성, 침해의 최소성, 법익의 균형성을 차례로 언급하고 있는 것은 법률 조항에 따른 행정청의 처분 등 구체적 행위를 심사한 것이 아니라 헌법재판소의 귀속 조항 자체에 대한 합헌 결정을 반복한 것이다.

이와 유사하게 대법원은 특정범죄가중처벌등에관한법률위반(뇌물)·특정경제

범죄가중처벌등에관한법률위반(사기)사건에서 각 단계 별로 과잉금지원칙 위반 여부를 간략하게 언급하고 있다. “주택재건축사업이 앞에서 본 바와 같이 공공성을 지니고 있을 뿐만 아니라 주택재건축조합의 임원은 그 조합원들의 재산권에 대하여 중대한 영향을 미칠 수 있기 때문에 공무원에 버금가는 고도의 청렴성과 업무의 불가매수성이 요구되는바, 그 임원이 직무와 관련하여 금품을 수수하는 등의 비리를 저질렀을 경우에는 이를 공무원으로 보아 엄중하게 처벌함으로써 주택재건축사업의 정상적인 운영과 조합 업무의 공정성 보장을 도모할 필요성이 있으므로 법 제84조가 주택재건축조합의 임원을 뇌물죄의 적용에 있어서 공무원으로 의제한 것은 그 목적이 정당하고, 그 목적 달성을 위하여 적절하고 필요한 수단이라 할 것이며, 이러한 제한으로 인하여 보호하려는 공익과 침해되는 사익 사이에 불균형이 발생한다고 할 수 없으므로 과잉금지의 원칙에 위반된다고 볼 수도 없다”(대법원 2007. 4. 27. 선고 2007도694 판결).

2) 대법원 2024. 7. 18. 선고 2022두43528 전원합의체 판결[집합금지처분취소청구의소]〈구 「감염병의 예방 및 관리에 관한 법률」(2020. 8. 11. 법률 제17472호로 개정되어 2020. 9. 12. 시행되기 전의 것, 이하 ‘구 감염병예방법’)에 따라 ‘관내 종교시설에 대한 집합금지’ 등을 명한 예방 조치가 재량권을 일탈 · 남용하여 위법한지가 문제된 사건〉

이른바 코로나 사태와 관련하여 종교시설에 대한 행정청의 집합금지명령이 공익상 요구되는 조치였음에도 불구하고 종교의 자유를 과도하게 침해하는가 여부가 치열하게 다투어진 사건이다. 이 사건에서 다수의견은 이러한 집합금지명령이 다음과 같은 이유로 비례의 원칙과 평등의 원칙을 위반하지 않았다고 판단하였다. “갑 광역시장이 관내 코로나바이러스감염증-19(이하 ‘코로나19’라 한다) 누적 확진자 수 급증과 특정 교회에서의 집단감염 사례 등 확진자 증가 사실을 알리면서, 사회적 거리두기를 2단계로 유지하되 사실상 3단계에 준하는 집합금지 확대 등의 조치를 취한다는 취지의 발표와 함께, 구 감염병의 예방 및 관리에 관한 법률(2020. 8. 11. 법률 제17472호로 개정되기 전의 것, 이하 ‘구 감염병예방법’이라 한다) 제49조 제1항 제2호에 따라 ‘관내 종교시설에 대한 집합금지’ 등을 명하는 예방 조치를 하자, 관내 을 교회 및 그 대표자인 목사가 위 처분이 비례의 원칙 등을 위반하여 자신들의 종교의 자유를 침해한다며 처분의 취소를 구한 사안에서, ① 위 처분은 밀폐, 밀접, 밀집된 상황에서 비말에 의한 전파가능성이 가장 높은 것으로 알려진 코로나19의 확산을 방지하여 공공의 건강과 안전을 도모하기 위한 것이고, 코로나19의 확산을 차단하기 위한 방법으로 교인들의 대면 예배라는 집합 자체의 금지를 선택한 것은 위와 같은 행정목적을 달성하기 위한 유효·적절한 수단인 점, 당시 지역 내 주민 등의 생명과 건강을 보호하기 위한 목적을 달성하는 데 위 처분보다 덜 침해적이지만 동일하게 효과적인 수단이 있었다고 보기 어려운 점, 위 처분으로 인한 종교의 자유 제한의 효과가 일시적이고 한시적으로 적용되는 점과 과학적 불확실성이 높고 질병과 관련한 환경이 빠르게 변화하는 팬데믹 상황의 특수성을 고려할 때, 위 처분으로 제한되는 을 교회 등의 종교의 자유가 이를 통하여 달성하고자 하는 공익보다 중하다고 보기 어려운 점에 비추어, 갑 시장이 위 처분을 하면서 비례의 원칙을 위반하여 을 교회 등의 종교의 자유를 침해하였다고 보기 어렵고, ② 위 처분에서 각종 시설들을 세분화하여 집합금지 대상, 10인 이상 집합금지 대상, 집합제한 대상으로 분류하여 예방 조치를 명하였는데, 갑 시장이 참가자들 사이의 물리적 거리의 확보 가능성과 더불어 특정한 목적의 집합에서 전형적으로 수반되는 행위에 대해 방역의 관점에서 어느 정도의 위험성이 있는지를 판단하여 시설들을 분류한 것으로 보이고, 이와 같은 기준의 설정은 합리성이 인정되는 점, 갑 시장이 종교시설을 오락실, 워터파크, 공연장, 실내체육시설, 목욕탕·사우나(지하), 멀티방·DVD방(지하)과 함께 집합금지 대상으로 분류하여 예방 조치를 강화한 것은 비말 발생이 많은 활동이 주로 이루어지거나 이용자의 체류시간이 비교적 길게 나타나는 등의 특징을 가진 시설들을 함께 분류한 것으로 보이고, 이와 같은 판단이 객관적이고 합리적인 범위를 벗어난 것이라고 보기 어려운 점, 코로나19 확산 초기부터 교회를 중심으로 한 집단감염 사례가 꾸준히 보고되었고, 위 처분도 특정 교회 내에서 30명의 집단감염이 발생하자 그러한 위험의 추가 발생을 선제적으로 차단하고자 하는 목적에서 이루어진 것으로서, 감염 경로나 종교시설발 확진자가 차지하는 비중, 집단감염 관련 기존 통계치 등에 비추어 합리적인 근거가 없는 것이라고 보기 어려운 점, 위 처분은 교회뿐만 아니라 관내의 종교시설 전체에 대하여 집합금지의 예방조치를 명한 것임이 문언상 분명한 점에 비추어, 갑 시장이 위 처분을 하면서 평등의 원칙을 위반하여 을 교회 등의 종교의 자유를 침해했다고 보기 어렵다".

이에 반하여 반대의견은 집합금지명령처분이 다음과 같이 비례의 원칙과 평등의 원칙을 위반하였다고 판단하였다. "갑 시장이 위 처분을 함에 있어 구체적으로 어떠한 사항들을 고려하여 전문적인 위험예측에 관한 판단을 하였는지 기록상 찾아보기 어렵고, 특히 기존에 시행되어 적정한 조치라고 평가받은 인원제한, 거리두기 등 조치의 강도를 높이는 대안을 우선적으로 고려하지 않은 채 곧바로 대면 예배를 전면적으로 금지하는 처분으로 나아간 것은 침해의 최소성을 갖춘 것으로 볼 수 없다. 국가나 지방자치단체가 헌법상 보장되는 기본권인 종교의 자유를 제한하기 위해서는 상황이 긴급하더라도 **침해의 최소성을 갖추는 등 비례의 원칙을 따라야 한다**. 또한 위 처분은 식당이나 결혼식장 등에 대해서는 기존의 조치를 유지하면서도 종교시설 전체에 대해 전면적인 집합금지를 명하는 것인데, 이는 방역의 관점에서 본질적으로 같은 시설들을 자의적으로 다르게 취급한 것이다. 따라서 위 처분은 비례의 원칙, 평등의 원칙을 위반한 것으로서 재량권의 범위를 일탈·남용하여 위법하다고 보기에 충분하므로, 다수의견에 찬성할 수 없다".

3) 헌재 2005. 7. 21. 2004헌가30(도로교통법 제71조의 15 제2항 제8호 위헌제청)

(1) 결정 요지

이 사건 심판대상조항은 자동차운전전문학원을 졸업하고 운전면허를 받은 사람 중 교통사고를 일으킨 사람의 비율이 일정 비율을 초과하는 경우 해당 자동차운전전문학원에 대하여 운영정지나 등록취소를 할 수 있도록 하였다. 헌법재판소는 이 사건 심판대상조항이 다음과 같이 비례의 원칙에 어긋나 운전전문학원 운영자의 직업의 자유를 침해하여 위헌으로 결정하였다. "이 사건 조항은 교통사고 발생률이 다른 나라보다 높은 우리나라의 상황에서, 자동차 운전교육과 기능검정을 담당하는 민간 운전전문학원이 좀 더 충실하게 운전교육과 기능검정에 임할 것을 담보하고, 이로써 교통사고를 예방하기 위한 것이라 할 수 있다. 이러한 입법목적은 공공복리를 위한 것으로서 헌법상 허용된다. 그런데 입법목적이 정당하다고 하더라도 기본권을 제한하는 방법은 그 목적의 달성을 위하여 효과적이고 적절하여야 하며(헌재 1990. 9. 3. 89헌가95, 판례집 2, 245, 260; 2002. 4. 25. 2001헌마614, 판례집 14-1, 410, 428), 적어도 현저하게 불합리하고 불공정한 수단의 선택은 허용될 수 없다(헌재 1996. 4. 25. 92헌바47, 판례집 8-1, 370, 387). 이 사건 조항이 운전전문학원을 졸업한 자 중 일정비율 이상이 교통사고를 일으킨 경우, 그 교통사고의 원인과 관계없이 운영정지나 등록취소를 할 수 있도록 한 것은 입법목적을 달성하기 위한 합리적이고 공정한 방법이라 보기 어렵다. 교통사고는 본질적으로 우연성을 내포하고 있고 사고의 원인도 다양하다. 학원의 수료생이 낸 교통사고는 당해 운전전문학원의 교습내용 내지 교습방법과 연관이 있는 운전자의 운전기술의 미숙함으로 인한 것일 수도 있으나, 졸음운전 또는 주취운전과 같이 운전자의 운전기술과 별다른 연관이 없는 경우도 있다. 그런데 이 사건 조항은 운전전문학원의 귀책사유를 불문하고 수료생이 낸 교통사고를 자동적으로 운전전문학원의 법적 책임으로 연관시키고 있다. 통상 운전전문학원의 졸업과 운전면허의 취득 후에는 운전전문학원과 그 졸업생과의 계약관계가 종료되고 운전전문학원으로서는 졸업생에 대한 사후교습이나 통제수단이 없는 것을 감안할 때, 운전자에게 수강시 올바른 운전교육을 시키는 것 외에 수료생이 여하한 교통사고도 발생시키지 않을 것을 운전전문학원에게 요구하는 것은 사리에 맞지 않는다. 이 사건 조항에 의한 법적 책임의 부과는 운전전문학원이 주체적으로 행해야 하는 자기책임의 범위를 벗어난 것이고, 원인과 상관없이 결과만 발생하면 책임을 묻겠다는 방식이어서 지나치게 행정편의적인 것이다. 교통사고율이 높아 운전교육이 좀더 충실히 행해져야 하며 오늘날 사회적 위험의 관리를 위한 위험책임제도가 필요하다는 사정이 있더라도, 그러한 이유만으로 위와 같은 입법이 정당화되기는 어렵다. 무릇 형벌을 포함한 법적 제재는 기본적으로 행위자의 의사결정과 책임의 범위에 상응하는 것이어야 하고, 자신의 의사결정이나 행위책임과 무관한 제재는 '책임원칙'에 반하거나, 타인에 해악을 주지 않는 한 자유롭게 행동할 수 있고 자신과 무관한 사유로 인한 법적 제재로부터 자유로울 것을 내포하는 헌법 제10조의 행복추구권의 취지에 어긋난다. 또한 운전교육과 기능검정이 철저하더라도 교통사고는 우연적 사정과 운전자 개인의 부주의로 발생할 수 있다는 것을 감안하면, 교통사고를 예방하고 운전교육과 기능검정을 철저히 하도록 한다는 입법목적은 이 사건 조항으로 인하여 효과적으로 달성할 수도 없는 것이다. 이 사건 조항이 달성하려는 운전교육 및 기능검정의 내실화 및 이를 통한 교통사고 예방은 이 사건 조항이 아니더라도 운전전문학원의 지정 요건과 교육내용, 기능검정 등에 관하여 마련되어 있는 도로교통법과 동법시행령 및 시행규칙의 구체적이고 자세한 규정들이 제대로 집행된다면 가능하다. 이들 규정의 충실한 집행을 통하여 운전전문학원에서 운전교육의 충실성 및 기능검정의 질과 공정성이 담보될 수 있고, 이에 따라 운전전문학원이 책임져야 할만한 원인으로 인한 교통사고의 예방이 가능한 것이다. 그러나 이 사건 조항이 교통사고의 발생원인을 불문하고 졸업생이 낸 교통사고 비율에 따라 운전전문학원에게 운영정지 등을 할 수 있도록 한 것은 운전전문학원이 책임져야 할 범위를 넘어서는 것이므로, 이 사건 조항은 입법목적을 달성하기 위한 수단으로서 부적절하며, 운전전문학원의 영업 내지 직업의 자유를 필요 이상으로 제약하는 것이다. 또한 이 사건 조항이 추구하는 입법목적은 과연 이 사건 조항을 통하여 달성될 것인지 여부가 불투명한 반면, 이 사건 조항에 따른 행정제재를 당하는 운전전문학원은 자신이 충실히 운전교육과 기능검정을 하였더라도 피할 수 없는 제재를 당할 수 있게 되고, 지속적 등록과 상시적 운전교육이 이루어지는 운전학원업에 있어서 그러한 제재가 가져오는 영업상의 손실은 매우 큰 것이다. 그렇다면 이 사건 조항은 법익간의 균형성원칙에도 위배되고 있다".

(2) 해설 및 평론

그런데 이 사건에서 주목할 만한 사실은 헌법재판소가 비례성원칙의 4단계 심사기준과 관련하여 수단의 적합성의 구체적인 내용에 대하여 일정한 시사를 하고 있다는 점이다. 헌법재판소는 비례의 원칙 중 수단의 적합성에 대해서는 일반적으로 그 구체적인 내용이 무엇인지 정확한 견해를 제시하지 않고 "심판대상 조항은 목적의 정당성과 수단의 적합성을 갖추고 있다"는 식으로 목적의 정당성에 편승하는 다소 모호한 태도로 일관하였다. 하지만, 이 사건에서 헌법재판소는 심판대상의 입법목적의 정당성은 인정되지만 "**입법목적을 달성하기 위한 합리적이고 공정한 방법이라고 보기 어렵다**"고 하여 수단의 적합성을 인정하지 않았다. 헌법재판소는 아동·청소년 대상 성폭력범죄자에 대한 신상정보공개와 관련된 사건(헌재 2013. 10.24. 2011헌바106 등) 등 많은 사건에서 "입법목적 달성에 효과적인 수단"이라고 언급하여 적합성원칙을 효과성원칙으로 이해하는 경향을 보였다. 하지만 위 사건에서 헌법재판소는 적합성원칙을 효과성원칙에 가두지 않고 그 외연을 더욱 확장하여 "불합리하고 불공정한 수단"으로 정의함으로서 향후 헌법재판소와 대법원 등이 비례의 원칙에 대한 보다 엄격하고 효과적인 심사를 살 수 있는 가능성을 연 것으로 볼 수 있다.

사실상 국가와 행정청이 사용하는 수단이 불합리하고 불공정하다는 의미는 매우 포괄적인 것으로서 물론 단순한 정부정책의 불합리성과 불공정성과는 구별되는 규범적 의미를 가지고 있는 것으로 볼 여지는 있지만 그러한 정부의 정책적 판단이 법률적 근거를 가지고 해석에 따라서는 심히 불합리하고 불공정한 경우 사법적 심사의 대상이 될 수 있으며 수단이 부적합하다는 판단을 받는 경우 위헌으로 볼 수 있는 것이다. 우리 헌법 제13조 제3항은 "모든 국민은 자기의 행위가 아닌 친족의 행위로 인하여 불이익한 처우를 받지 아니한다"고 규정하여 이른바 연좌제를 금지하고 있는데, 연좌제가 금지되는 이유도 제도 자체의 불합리성과 불공정성 때문이라는 것을 상기한다면 이 역시 수단의 적합성에 반하는 것으로 볼 여지가 있다. 헌법재판소가 자신의 행위와 무관한 타인의 행위로 인하여 책임을 부담하는 것이 자기책임과 책임원칙에 반한다고 강조하는 것은 자유주의원칙으로서 합리성과 공정성을 기반으로 하는 연좌제 금지와 일맥상통하는 것으로서 볼 여지가 있기 때문이다.

또한 국가재정법 등에서 예비타당성 조사를 규정한 경우 이를 면제 또는 생략하는 요건에 해당하는 국책사업에 엄청난 국민의 세금과 예산이 투입되었음에도 불구하고 국민의 후생은 별로 나아지지 못하는 경우에 사업시행을 통한 공익목적의 정당성이 존재함에도 불구하고 과연 재정운영이 합리적이고 공정한 수단인가에 대한 심사가 불가피하며 그에 따르는 위헌성 시비도 피하기 어려울 것으로 보인다. 이는 수단의 적합성이 이른바 경제성원칙(Das Wirtschaftlichkeitsprinzip)과 상당 부분 연관되어 있다는 점을 시사하는 것으로서 국가행정이 특정 법령을 집행하는 과정과 그로 인한 결과가 비효율적이고 경제적 효과성이 현저하게 떨어지는 수단을 사용하는 경우 수단의 적합성원칙에 반하는 것으로 볼 수 있다.

4) 헌재 2024. 2. 28. 2022헌마356등. 의료법 제20조 제2항 위헌확인 (태아의 성별 고지 제한 사건)

(1) 결정 요지

이 사건에서는 임신 32주 이전에 태아의 성별 고지를 금지하는 의료법 제20조 제2항(이 사건 심판대상조항)이 헌법 제10조 일반적 인격권에서 나오는 부모가 태아의 성별 정보에 대한 접근을 방해받지 않을 권리를 침해하는지 여부가 문제되었는데 헌법재판소는 심판대상조항이 과잉금지원칙을 위반하여 부모가 태아의 성별 정보에 대한 접근을 방해받지 않을 권리를 침해한다며 위헌으로 결정하였다. 헌법재판소는 "심판대상조항은 낙태를 유발시킨다는 인과관계조차 명확치 않은 태아의 성별고지 행위를 규제함으로써, 성별을 이유로 낙태를 하려는 의도가 전혀 없이 단지 태아의 성별 정보를 알고 싶을 뿐인 부모에게 임신 32주 이전에는 태아의 성별 정보에 대한 접근을 금지하고 있다. 이는 태아의 생명 보호라는 목적을 달성하기 위하여 효과적이거나 적합하지 않을 뿐만 아니라, 입법수단으로서 현저하게 불합리하고 불공정하다고 할 것이다"라고 하면서 그 위헌성을 지적하였다.

(2) 해설 및 평론

그런데 이 사건에서도 헌법재판소는 수단의 적합성원칙과 관련하여 입법목적 달성을 위하여 효과적이거나 적합하지 않으며, 더 나아가 입법수단으로서 현저하게 불합리하고 불공정하다는 표현을 사용하여 운전전문학원 사건에서와 같은 취지로 판시하고 있다. 이는 앞서 언급한 바와 같이 국가의 단순 정책적 판단이나 이를 실현하는 수단이라면 몰라도 그러한 정책이 입법을 통하여 실현되는 경우에는 헌법재판소가 수단의 적합성이 과거에 목적의 정당성에 附從(부종)하는 정도의 부수적 심사기준을 지양하고 불합리하고 불공정한 수단에 대하여 엄격하고 유의미한 사법적 심사를 하겠다는 의지로 받아들일 수 있는 부분이다. 이러한 의미에서 수단의 적합성의 구체적인 내용은 그 개방성과 포괄성을 특징으로 하며, 향후 과잉금지원칙, 비례의 원칙이 내포하는 의미의 심화와 더불어 그 외연을 확장할 수 있는 가능성이 존재할 수 있다는 방증이라고 할 수 있다.

V. 신뢰보호의 원칙

1. 의의

신뢰보호의 원칙은 행정청의 적극적(명시적) 또는 소극적(묵시적) 행정작용에 대하여 국민이 이를 신뢰하였을 경우 그러한 행정작용의 정당성, 존속성에 대한 보호가치 있는 신뢰를 보호하여 주는 것이다. 제2차 세계대전이 종료되고 독일의 판례이론이 이룩한 업적 중에서도 신뢰보호의 원칙을 법치국가의 본질적 실현요소로서 발전시킨 것은 큰 의미를 갖는다. 과거 행정의 법률적합성원칙이 바로 법치주의 원리로 이해하여 법치주의를 기계적이고 형식적으로 이해하던 법원이 행정의 법률적합성원칙뿐만 아니라 행정청의 적극적, 소극적 言動(언동)을 신뢰한 개인의 법적 안정과 신뢰를 보호하는 것 역시 실질적인 의미에서 법치주의원리를 실현한다는 입장으로 선회한 것은 행정법 발전사에서 코페르니쿠스적인 전환이라고 볼 수 있다. 이로써 형식적 법치주의는 국민의 법적 지위를 실질적으로 고려하는 오늘날의 실질적 법치주의로 한 단계 업그레이드 하면서 변모하게 된 것이다.

2. 신뢰호보원칙의 법적 근거

신뢰보호원칙은 독일 판례법상 수익적 행정행위에 대한 직권취소권 제한의 법리로부터 시작하였다. 과거 형식적 법치주의가 지배하던 시대에는 수익적 행정행위가 원시적으로 흠이 있는 경우 이를 소급적으로 취소하는 것은 상대방의 신뢰와 무관하게 행정의 법률적합성원칙에서 보면 당연한 것으로 받아들여졌다. 하지만, 귀책사유 없는 상대방이 이러한 위법한 수익적 행정행위가 계속하여 존속하리라고 신뢰하고 그러한 신뢰가 행정행위를 취소함으로서 얻을 수 있는 공익보다 현저하게 크다면 상대방의 신뢰를 보호할 필요성이 있고 행정청의 취소권은 제한된다. 더 나아가 적법한 수익적 행정행위 철회권 제한, 행정청의 직권취소권도 상당한 기간 동안 행사하지 않을 경우 신의칙에 따라서 자동적으로 상실된다는 실권의 법리, 확정된 행정계획의 존속을 신뢰하고 일정한 투자행위를 행한 국민을 보호하기 위한 행정계획 폐지·변경의 제한, 소급입법과 소급효의 금지 내지 제한 등 다양한 영역에서 신뢰보호원칙이 성립·발전하였다.

신뢰보호원칙은 독일 판례법의 결과물이며 不文(불문)의 행정법 일반원칙으로서 모든 행정법 분야에 널리 적용되고 있다. 하지만 독일을 비롯한 여러 나라에서는 신뢰보호원칙을 불문의 판례법으로만 남겨두지 않고 이를 성문화하는 경우를 많이 볼 수 있다. 우리나라 현행 행정절차법 제4조 제2항에서 “행정청은 법령 등의 해석 또는 행정청의 관행이 일반적으로 국민들에게 받아들여졌을 때에는 공익 또는 제3자의 정당한 이익을 현저히 해칠 우려가 있는 경우를 제외하고는 새로운 해석 또는 관행에 따라 소급하여 불리하게 처리하여서는 아니된다"고 규정하여 일정 부분 행정법규의 소급적 해석이나 적용을 금지함으로써 상대방의 신뢰를 보호하는 규정을 두고 있다. 또한 국세분야의 경우에도 국세기본법이 제18조 제2항에서 행정절차법 제4조 제2항과 동일한 내용을 규정하여 과세처분의 경우에도 납세자에게 불리한 관행이나 법해석을 금지한다는 내용을 두고 있다. 마침내 행정기본법은 이미 언급한 바와 같이 제12조에서 신뢰보호원칙을 명문화하였다.

하지만, 이와 같은 실정법 규정들로 인하여 신뢰보호원칙이 비로소 적용되는 것은 아니기 때문에 이른바 창설적 효력을 갖는 것은 아니다. 앞서 언급한 과잉금지원칙과 마찬가지로 신뢰보호원칙은 법치국가의 투명성과 예측가능성으로부터 유래하는 그 본질적 속성에 해당한다. 대법원은 "헌법의 기본원리인 법치주의원리에서 도출되는 신뢰보호원칙(대법원 2006.11.16. 선고 2003두12899 판결)이라고 판결하고, 헌법재판소가 "헌법상 법치국가의 원칙으로부터 신뢰보호의 원리가 도출된다"(헌재 1995. 6. 29. 94헌바39)고 밝히고 있는 것은 신뢰보호원칙을 법치주의원리에 근거한 헌법적 원칙으로 이해하기 때문이다. 따라서 행정기본법 제12조 등 관련 법률에 규정된 신뢰보호원칙은 일종의 확인적 의미를 가질 뿐이다.

3. 신뢰보호원칙의 성립 요건

신뢰호보원칙은 선행조치(적극적, 소극적인 공적 견해표명), 개인적 신뢰의 법적 보호가치, 개인적 처분, 인과관계, 선행조치에 반하는 처분이라는 요건을 충족하는 경우에 성립하고, 일단 신뢰보호원칙이 성립하면 이를 통하여 보호되는 사익과 행정의 법률적합성원칙을 통해 실현하려는 공익을 비교형량하여 전자가 더 큰 경우에 처분 등 해당 행정작용이 신뢰보호원칙을 위반하여 위법한 것으로 평가된다. 대법원의 판례도 "일반적으로 행정상의 법률관계에 있어서 행정청의 행위에 대하여 신뢰보호의 원칙이 적용되기 위해서는, 첫째 행정청이 개인에 대하여 신뢰의 대상이 되는 공적인 견해표명을 하여야 하고, 둘째 행정청의 견해표명이 정당하다고 신뢰한 데에 대하여 그 개인에게 귀책사유가 없어야 하며, 셋째 그 개인이 그 견해표명을 신뢰하고 이에 상응하는 어떠한 행위를 하였어야 하고, 넷째 행정청이 위 견해표명에 반하는 처분을 함으로써 그 견해표명을 신뢰한 개인의 이익이 침해되는 결과가 초래되어야 하며, 마지막으로 위 견해표명에 따른 행정처분을 할 경우 이로 인하여 공익 또는 제3자의 정당한 이익을 현저히 해할 우려가 있는 경우가 아니어야 한다"(대법원 2006. 6. 9. 선고 2004두46 판결)고 하여 신뢰보호원칙의 성립요건에 대하여 밝히고 있다.

4. 신뢰보호원칙과 법률적합성원칙 간의 비교형량

행정의 법률적합성원칙을 통한 공익 달성과 상대방의 신뢰보호와 법적 안정을 도모하는 것은 모두 법치주의원리에 근거한 것으로서 동일한 헌법적 비중을 부여받고 있다. 따라서 구체적인 사건에서는 어느 한쪽에 치우치지 않고 양자간의 엄격하고 신중한 비교형량에 의하여 문제 해결을 시도하여야 한다. 판례도 한려해상국립공원지구 인근 자연녹지지역에서의 토석채취에 대한 불허가처분의 취소를 다투는 사건에서 "행정처분이 이러한 요건(신뢰보호원칙의 성립요건)을 충족하는 경우라고 하더라도 행정청이 앞서 표명한 공적인 견해에 반하는 행정처분을 함으로써 달성하려는 공익이 행정청의 공적 견해표명을 신뢰한 개인이 그 행정처분으로 인하여 입게 되는 이익의 침해를 정당화할 수 있을 정도로 강한 경우에는 신뢰보호의 원칙을 들어 그 행정처분이 위법하다고는 할 수 없다고 할 것이다. 이 사건의 경우에 앞서 본 바와 같은 사정에 비추어 보면, 원고는 원심 판시와 같이 이 사건 토석채취허가가 법적으로 가능할 것이라는 취지의 피고의 언동을 신뢰하고 이 사건 토석채취허가신청 및 그 준비에 적지 않은 비용과 노력을 투자하였다가 이 사건 불허가처분으로 인하여 상당한 불이익을 입게 되었다고 할 것이다. 그러나 근래 날로 심해지고 있는 각종 환경오염과 자연파괴로 인한 국민건강 및 환경상의 위해를 예방하여 모든 국민이 건강하고 보다 쾌적한 환경에서 생활할 수 있게 하는 것은 국가나 지방자치단체의 의무인 동시에 모든 국민의 당연한 권리이자 의무이며, 또한 한번 파괴된 환경은 그 회복에 막대한 시간과 비용이 소요되는 점을 감안하여 보면, 이 사건 불허가처분에 의하여 피고가 달성하려는 주변의 환경·풍치·미관 등의 보존·유지라는 공익은 이 사건 불허가처분으로 인하여 원고가 입게 되는 불이익을 정당화할 만큼 강한 경우에 해당한다고 보아야 할 것이고, 따라서 피고의 이 사건 불허가처분이 재량권을 남용하였다거나 신뢰보호의 원칙에 반하여 위법하다고는 할 수 없다고 할 것이다"(대법원 1998. 11. 13. 선고 98두7343 판결)라고 판시하여 신뢰보호원칙이 성립요건을 갖추어 적용가능성이 발생한 경우라도 하더라도 행정의 법률적합성원칙에 따르는 공익과 반드시 비교형량을 거쳐서 후자의 이익의 현저히 중요하다고 판단하면 신뢰보호원칙에 대한 위반이 발생하지 않는다는 점을 분명히 한 것이다.

또한 이른바 러브호텔 건축허가신청 반려처분의 취소를 구하는 사건에서 대법원은 "무분별한 유흥업소 및 숙박시설 등 청소년유해업소의 난립이나 주택가로의 유입 및 이에 따른 향락문화의 확산과 범죄의 증가 등 날로 심각해지고 있는 교육환경과 주거환경의 저하를 막고 주민 대다수가 보다 쾌적한 환경에서 생활할 수 있게 하는 것은, 국가나 지방자치단체의 의무인 동시에 모든 국민의 당연한 권리이자 의무로서 이와 같은 사회적 환경의 보호는 자연환경의 보호 못지않게 중요한 가치이며, 일단 대규모 숙박업소가 집단적으로 형성되어 향락단지화된다면 그 허가를 함부로 취소할 수도 없고 인근의 다른 숙박업소의 허가신청도 거부하기 어려워 그 영업이 장기간 계속될 것이 예상되므로, 이로 인한 교육환경과 주거환경의 침해는 인근 주민과 학생들의 수인한도를 넘게 될 것으로 보일 뿐 아니라 일단 침해된 사회적 환경은 그 회복이 사실상 불가능하다는 점 등에 비추어 보면, 이 사건 처분에 의하여 피고가 달성하려는 학생들의 교육환경과 인근 주민들의 주거환경 보호라는 공익은 이 사건 처분으로 인하여 원고들이 입게 되는 불이익을 정당화할 만큼 강한 경우에 해당한다고 할 것이므로, 같은 취지에서 원고들의 각 숙박시설 건축허가신청을 반려한 이 사건 처분이 신뢰보호의 원칙에 위배되지 않는다고 한 원심의 판단도 앞서 본 법리에 따른 것으로 정당하다고 넉넉히 수긍할 수 있으며, 거기에 원고들이 상고이유로 주장하는 바와 같이 채증법칙을 위배하여 사실을 오인하였거나 신뢰보호의 원칙의 적용에 관한 법리를 오해한 잘못이 있다고 할 수 없다"(대법원 2005. 11. 25. 선고 2004두6822, 6839, 6846 판결)고 항소심 판결을 확인하면서 법률적합성원칙과 신뢰보호원칙을 상호 비교형량한 결과 전자의 비중이 더 크다면 건축허가신청을 반려한 처분이 적법하다는 결론을 내리고 있다.

5. 관련 판례

1) 대법원 1980. 6. 10. 선고 80누6 전원합의체 판결[지방세 소급과세 사건]

(1) 다수의견

(국세)기본법 제18조 제2항(현행 제3항)의 규정은 같은 법 제15조에 규정된 신의성실의 원칙과 제19조에 규정된 세무공무원의 재량의 한계 등에 관한 것과 함께 이른바 징세권력에 대항하는 납세자의 권리를 보장하고 과세관청의 언동을 믿은 일반납세자의 신뢰 이익을 보호하려는데 그 목적이 있다 할 것이므로 이 사건에서 논지가 말하는 바와 같이 문제된 보세운송 면허세의 부과근거이던 지방세법 시행령이 1973.10.1에 제정되었다가 1977.9.20에 폐지될 때까지 4년 동안에 그 면허세를 부과할 수 있는 정을 알면서도 피고가 수출확대라는 공익상 필요에서 한 건도 이를 부과한 일이 없었다면(지방세법 제7조에 의하면 지방자치단체는 공익상 기타의 사유로 과세를 하지 않을 수 있게끔 되어 있다) 납세자인 원고로서도 그것을 믿을 수밖에 없고 그로써 비과세의 관행이 이루어 졌다고 보아도 무방하다 할 것인데 근거법규 자체가 폐지된 지도 1년 3개월이나 지난 1978.12.16에 이르러서 이미 지나간 4년 동안에 보세운송한 도합 4,749건에 대한 면허세 돈 48,168,800원을 일시에 부과처분한다는 것은 앞서 나온 세법상의 신의성실이나 납세자가 받아들인 국세행정의 관행을 무시한 위법한 처분이라 할 것이고 이로 인하여 납세자인 원고로서는 그 금액을 물품소유자로부터 변상받을 수 없는 현재의 사정으로 보아 전혀 예측하지 못한 큰 손해를 피용한 것이라 하지 않을 수 없다.

(2) 반대의견

살피건대, 조세에 관한 법령은 강행규정이므로 과세요건이 충족이 되면 과세관청은 법이 정한 바에 따라 소정세액을 징수하여야 하고 조세의 감면에 관한 구체적인 명문규정이 없는 한 조세권자가 조세의 감면이나 징수의 유예를 할 수 없는 것이며 이렇게 함으로써 조세법의 집행과정에 개재될 수 있는 부정을 배제하고 조세부담의 공평을 기할 수 있는 것이다. 이것을 합법성의 원칙이라고 하는데 이 합법성의 원칙을 형식적으로 관철하게 되면 과세관청이 일단 조세법규를 해석하고 과세요건 사실을 인정한 후에도 그것이 잘못되었음을 알게 된 때에는 과세관청은 언제든지 정당한 해석과 사실인정으로 바꿀 수 있게 된다는 결론이 되는데 이렇게 되면 과세관청이 한 조세법규에 대한 당초의 해석이나 그 해석을 전제로 시행해 온 국세행정을 신뢰한 납세자에게 불이익을 주게 되니 이러한 납세자를 보호하기 위하여 마련된 것의 하나가 국세기본법 제18조 제2항(현행 제3항)의 규정이라고 할 것이다. 그러니 국세기본법 제18조 제2항이 과세관청의 언동을 믿은 일반납세자의 신뢰이익을 보호하기 위한 조문이라는 다수의견을 수긍 못할 바는 아니다. 그러나 위에 설시한 합법성의 원칙은 납세자의 신뢰보호라는 법적안정성의 원칙에 우월하는 것이라고 할 것이니 일정기간에 긍한 과세누락이나 이에 준할 불과세의 사실이 있었다는 것만으로는 국세기본법 제18조 제2항 소정의 일반적으로 납세자에게 받아들여진 국세행정의 관행이 있는 것으로 볼 수 없고 과세관청이 납세자에 대하여 불과세를 시사하는 무엇인가의 명시적인 언동이 있고 일정기간에 걸쳐 과세하지 아니함으로써 납세자가 그것을 신뢰하는 것이 무리가 아니라고 인정할만한 사정이 있는 경우라야만 위 법조에서 말하는 일반적으로 납세자에게 받아들여진 국세행정의 관행이 있는 것으로 보아야할 것인 바, 다수의견이 설시하고 있는 바와 같이 본건 과세의 근거조문이 제정된 1973.10.1부터 그 조문이 폐지된 1977.9.20까지의 4년 동안에 면허세를 부과할 수 있는 정을 알면서 피고가 한 건도 면허세를 부과하지 않는 것이 사실이라고 하더라도 이러한 본건의 경우는 단순한 과세누락의 경우에 해당하는 것으로 볼 수밖에 없으니 이로써 국세기본법 제18조 제2항 소정의 비과세의 관행 즉 일반적으로 납세자에게 받아들여진 국세행정의 관행이 있는 것이라고 볼 수는 없는 것이다. 그렇다면 다수의견은 위 법조 소정의 국세행정의 관행을 잘못 이해한 것이라고 할 것이다.

(3) 해설 및 평론

아마도 필자의 기억으로는 이 판결이 우리나라 사법사상 대법원이 최초로 신뢰보호원칙과 법률적합성원칙을 세법에 적용한 합법성원칙을 비교형량하여 납세자의 신뢰이익이 더 중요하다고 보아 신뢰보호원칙 위반을 인정한 사례가 아닌가 한다. 물론 다수의견과 반대의견은 당시 국세기본법 제18조 제2항(현행 제3항)의 해석과 관련하여 서로 의견을 달리한 것이기는 하지만 비과세의 관행이라는 공적 견해표명을 신뢰한 납세자의 신뢰 및 법적 안정과 세법상 합법성원칙 및 과세를 통하여 국가의 재정력을 확보한다는 공익이 충돌하는 경우 양자 간에 비교형량을 통하여 다수의견은 납세자의 신뢰이익이 우선하는 것으로 본 반면에 반대의견은 납세자인 원고가 비과세의 관행을 신뢰하였다고 주장하지만 이는 단순한 과세누락에 불과하고 합법성원칙에 따른 과세와 공익 실현이 더욱 중요한 이익으로 본 것이다. 이 판결은 대법원 전원합의제판결이라는 점을 고려하여 볼 때 기존의 판례를 변경한 것으로서 과거의 다수의견이 이제는 반대의견이 되었다는 점에서 국세행정에서 납세자의 신뢰이익이 강조되고 그 법적 지위가 보다 향상되었다는 점을 방증하고 있다는 점에서 신뢰보호원칙과 관련한 중요한 리딩케이스로 볼 수 있다.

2) 대법원 2005. 3. 10. 선고 2002두5474 판결[도시계획변경결정취소청구]; 대법원 2005. 4. 28. 선고 2004두8828 판결[국토이용계획변경승인거부처분취소]

(1) 판결 요지

이 사건에서 대법원은 행정청인 피고가 이 사건 토지들을 포함한 성남시 분당구 (주소 생략) 일원 21필지에 대하여 피고가 위와 같은 공적인 견해표명을 한 것으로 볼 수 없는 이상 원고들이 이 사건 토지들 지상에 물류창고를 건축하기 위한 준비행위를 하였더라도 그와 같은 사정만으로는 이 사건 토지들에 대한 용도지역을 자연녹지지역에서 보전녹지지역으로 변경하는 내용의 이 사건 성남도시계획변경(재정비)결정(이하 '이 사건 결정'이라 한다)이 행정청의 공적인 견해표명에 반하는 처분을 함으로써 그 견해표명을 신뢰한 개인의 이익이 침해되는 결과가 초래된 것이라고도 볼 수 없으며, 나아가 이 사건 결정에 신뢰보호의 원칙을 적용하게 되면 공익을 해할 우려가 있다는 취지로 판단하였다. 관계 규정을 기록에 비추어 살펴보면, 원심의 위와 같은 사실인정과 판단은 정당한 것으로 수긍이 가고, 거기에 주장과 같은 채증법칙을 위배하여 사실을 오인하였거나 신뢰보호의 원칙에 관한 법리를 오해한 위법 등이 없다는 취지로 판시하였다. 항소심과 대법원은 해당 토지를 도시계획법상 자연녹지지역으로 지정한 것 자체가 신뢰보호원칙의 성립요건인 공적 견해표명에 해당하지 않으며, 자연녹지지역을 보전녹지지역으로 변경하여 결정하더라도 이 지역이 계속하여 자연녹지지역으로 남아있으리라고 신뢰한 개인의 이익이 침해된 것이 아니라는 입장을 견지하고 있다.

두 번째 사건에서 대법원은 "원고는 국토이용관리법상 용도지역이 '농림지역' 또는 '준농림지역'인 전북 진안군 (주소 생략) 답 2,374㎡ 등 토지 38,872㎡(이하 '이 사건 토지'라고 한다)에서 사업장일반폐기물, 건설폐기물 최종처리업을 영위할 목적으로 1997. 8. 28. 피고에게 폐기물처리업 사업계획서를 제출하였고, 이에 대하여 피고는 1997. 10. 20. 원고에게 "국토이용관리법령에 의하여 사업계획 대상지역을 준도시지역(시설용지지구)으로 입안하여야 하고, 사업개시 전 및 사업추진 중 주민의 반대 및 기타 이로 인하여 발생되는 문제에 대하여는 원만하게 사업시행 주체가 해결해야 한다."는 등의 이행조건을 붙여 위 사업계획에 대한 적정통보를 한 사실, 그 후 원고가 1997. 11. 25. 피고에게 이 사건 토지에 대한 용도지역을 '농림지역' 또는 '준농림지역'에서 '준도시지역(시설용지지구)'으로 변경하여 달라는 국토이용계획변경신청을 하였으나, 피고가 1999. 7. 6. 원고의 신청을 거부하는 이 사건 처분을 한 사실을 알 수 있다. 그런데 폐기물관리법령에 의한 폐기물처리업 사업계획에 대한 적정통보와 국토이용관리법령에 의한 국토이용계획변경은 각기 그 제도적 취지와 결정단계에서 고려해야 할 사항들이 다르므로, 피고가 위와 같이 폐기물처리업 사업계획에 대하여 적정통보를 한 것만으로 그 사업부지 토지에 대한 국토이용계획변경신청을 승인하여 주겠다는 취지의 공적인 견해표명을 한 것으로 볼 수 없고, 그럼에도 불구하고 원고가 그 승인을 받을 것으로 신뢰하였다면 원고에게 귀책사유가 있다 할 것이므로, 이 사건 처분이 신뢰보호의 원칙에 위배된다고 할 수 없다"고 판시하여 피고 행정청이 폐기물처리업 사업계획에 대하여 원고에게 적정통보를 하여 이를 신뢰한 원고가 국토이용관리법령에 따른 계획변경이 가능한 것으로 신뢰하였다고 하더라도 폐기물관리업 사업계획에 대한 적정통보는 신뢰보호원칙의 성립요건인 공적 견해표명에 해당하지 않는 것으로 보고 있다.

(2) 해설 및 평론

이 두 사건을 보면 원고가 행정청이 도시계획으로 문제가 된 토지를 자연녹지지역으로 결정하여 이 곳에서 일정한 사업을 하겠다고 사업준비를 위한 투자 등을 하거나 폐기물처리업을 영위하기 위하여 일단 적정통보를 받아서 이를 신뢰하고 역시 일정한 사업준비행위를 한 후에 토지이용계획 변경을 신청하였으나 모두 행정청의 행위가 공적 견해표명에 해당하지 않거나 오히려 상대방인 원고에게 귀책사유가 있어서 신뢰보호원칙 자체가 성립하지 않는다는 것이 대법원의 견해라고 할 수 있다. 물론 도시계획으로 토지에 대한 용도지역을 결정하거나 폐기물처리업에 대한 적정통보를 한 것만으로 상대방에게 일정한 신뢰를 준 것은 아니라는 대법원의 견해를 이해하지 못하는 것은 아니다. 도시의 자연환경이 날로 악화되는 상황에서 행정청에게 반드시 일정 지역의 용도를 계속하여 유지하여야 한다고 강요할 수 없고 원고 사업의 리스크를 줄이기 위한 적정통보만으로 토지이용계획까지 반드시 변경해 줄 필요가 있는가라는 의문이 드는 것도 사실이다.

하지만, 적어도 원고의 입장에서 보면 일정 토지에 대한 용도를 결정하는 도시계획에 따라서 사업구상을 하는 것이 일반적이고 그에 따른 투자까지 이루어진 경우라면 당연히 행정청이 애초의 도시계획을 일방적으로 변경하는 것은 상대방의 법적 안정성을 근본적으로 해치는 결과가 될 수 있다. 또한 이 경우에 상대방에게 귀책사유가 있는가도 의문이다. 상대방인 원고는 행정청의 도시계획 결정에 따라서 사업을 위한 준비와 투자를 했을 뿐이기 때문이다. 또한 오늘날 one stop 행정, 복합민원 일괄처리 원칙에 따라서 같은 행정청이나 관련 행정청에게 사업을 위한 한 번의 신청에 대하여 적정하다는 통보가 오면 당연히 관련 부처 사이에 사전에 협의가 이루어졌다고 신뢰하는 것이 일반적인 것으로 보아야 하며 사업구상이 적정하다는 통보와 그에 따르는 토지이용계획은 전혀 다른 것이라는 행정청의 설명을 그대로 수긍할 국민이 얼마나 있을까?

따라서 대법원이 이 두 사건에서 공적 견해표명이 없었다거나 상대방에 귀책사유가 있으므로 신뢰보호원칙 자체가 성립하지 않았다는 견해는 여전히 행정에 대한 높은 벽을 실감하는 국민에 대한 惻隱之心(측은지심)이 전혀 없는 일방적인 판단이라고 볼 수밖에 없다. 따라서 이러한 사건에서 법원은 신뢰보호원칙의 성립을 인정하고 다음 단계로 계획변경을 통한 공익과 비교교량하는 것이 필요하다. 만약, 비교형량의 결과에 따라서 공익이 더욱 중요하다고 판단하는 경우에도 역시 상당한 정도로 동시에 사익보호가 필요하다면 법원은 행정소송법 제28조에 따르는 사정판결[2]을 통하여 일정 부분 원고인 상대방의 권익을 보호하는 방향으로 문제를

2) 제28조(사정판결) ① 원고의 청구가 이유있다고 인정하는 경우에도 처분등을 취소하는 것이 현저

해결하는 것이 바람직하다.

Ⅵ. 적법절차원칙

1. 의의

"누구나 변명의 기회 없이 비난당하지 아니한다", "누구도 자신의 일에 대하여 스스로 심판관이 될 수 없다"는 이른바 자연적 정의(natural justice)는 국가의 행정작용이 공정하고 적절하게 이루어져야 한다는 일종의 관습법적 요청이라고 할 수 있다. 특히 행정활동이 다양한 방식으로 증가하는 오늘날의 환경에서 개인의 행정법상 권리 행사와 의무의 이행에 큰 영향을 미치는 행정작용이 행하여지기 이전에 상대방에게 이를 알리고, 그의 의견을 청취하며, 행정결정의 배경에 대한 근거와 이유를 설명하는 것은 주권자인 국민을 보호하기 위한 매우 중요한 사안이다. 이와 같이 행정청이 특정 상대방인 국민에게 불이익한 행정작용을 행하는 경우에 사전적으로 적법한 절차를 밟아야 한다는 원칙이 적법절차(due process)원칙이다. 따라서 여기에서 말하는 적법절차는 절차적 적법절차를 말한다.

판례는 적법절차원칙이 헌법 제12조 제1항에 근거를 둔 것으로 보고 있다(헌재 2012. 6. 27. 2011헌가36; 대법원 2016. 4. 15. 선고 2015두52326 판결). 특히 헌법재판소는 헌법 제12조 제1항의 적법절차원칙의 특별규정이 제12조 제3항의 영장주의원칙으로 보고 있다(헌재 2012. 6. 27. 2011헌가36). 한편 행정기본법 제3조 제1항은 "국가와 지방자치단체는 국민의 삶의 질을 향상시키기 위하여 적법절차에 따라 공정하고 합리적인 행정을 수행할 의무를 진다"라고 규정하여 적법절차원칙을 확인하고 있다. 또한 헌법재판소와 대법원은 헌법 제12조 제1항, 제3항 등의 적법절차가 형사사법절차에만 제한적으로 적용되는 것이 아니라 입법작용 및 행정작용

히 공공복리에 적합하지 아니하다고 인정하는 때에는 법원은 원고의 청구를 기각할 수 있다. 이 경우 법원은 그 판결의 주문에서 그 처분등이 위법함을 명시하여야 한다.

② 법원이 제1항의 규정에 의한 판결을 함에 있어서는 미리 원고가 그로 인하여 입게 될 손해의 정도와 배상방법 그 밖의 사정을 조사하여야 한다.

③ 원고는 피고인 행정청이 속하는 국가 또는 공공단체를 상대로 손해배상, 제해시설의 설치 그 밖에 적당한 구제방법의 청구를 당해 취소소송등이 계속된 법원에 병합하여 제기할 수 있다.

에도 광범위하게 전반적으로 적용되는 것으로 보고 있다(헌재 2001. 11. 29. 2001헌바41; 대법원 2016. 4. 15. 선고 2015두52326 판결).

2. 내용

헌법재판소는 "[헌법 제12조 제1항의] 적법한 절차라 함은 인신의 구속이나 처벌 등 형사절차만이 아니라 국가작용으로서의 모든 입법작용과 행정작용에도 광범위하게 적용되는 독자적인 헌법원리의 하나로, 절차가 형식적 법률로 정하여져야 할 뿐만 아니라 적용되는 법률의 내용에 있어서도 합리성과 정당성을 갖춘 적정한 것이어야 함을 요구하는 것"(헌재 1997. 11. 27. 92헌바28)이라고 하여 이른바 절차적 적법절차와 함께 절차의 합리성과 공정성, 적정성이 담보되어야 한다는 점에서 실체적 적법절차가 포함되는 것으로 본다. 행정법의 일반원칙으로서 절차적 적법절차원칙에서 핵심이 되는 주요 내용으로는 사전통지, 의견청취, 이유제시를 들 수 있는데, 그 구체적인 내용은 개별적 상황에 따라서 결정되어야 한다.

이와 관련하여 헌법재판소는 "헌법 제12조에 규정된 적법절차원칙은 형사절차뿐만 아니라 모든 국가작용 전반에 적용된다. 적법절차원칙에서 도출되는 중요한 절차적 요청으로, 당사자에게 적절한 고지를 행할 것, 당사자에게 의견 및 자료제출의 기회를 부여할 것 등을 들 수 있다. 그러나 이 원칙이 구체적으로 어떠한 절차를 어느 정도로 요구하는지는 규율되는 사항의 성질, 관련 당사자의 권리와 이익, 절차의 이행으로 제고될 가치, 국가작용의 효율성, 절차에 소요되는 비용, 불복의 기회 등 다양한 요소를 비교하여 개별적으로 판단할 수밖에 없다"고 판시하였다(헌재 2018. 6. 28. 2012헌마191 등).

또한 헌법재판소는 형사사법절차뿐만 아니라 행정절차에서 구속된 사람에게도 제12조 제4항에 따라서 변호인의 조력을 받을 권리를 다음과 같이 인정하고 있다. "헌법 제12조 제4항 본문의 문언 및 헌법 제12조의 조문 체계, 변호인 조력권의 속성, 헌법이 신체의 자유를 보장하는 취지를 종합하여 보면 헌법 제12조 제4항 본문에 규정된 "구속"은 사법절차에서 이루어진 구속뿐 아니라, 행정절차에서 이루어진 구속까지 포함하는 개념이다. 따라서 헌법 제12조 제4항 본문에 규정된 변호인의 조력을 받을 권리는 행정절차에서 구속을 당한 사람에게도 즉시 보장된다"(헌재 2018. 5. 31. 2014헌마346). 이에 따라서 헌법재판소는 종래 이와 견해를 달리하여 헌법 제12조 제4항 본문에 규정된 변호인의 조력을 받을 권리는 형사절차에서 피의자 또는 피고인의 방어권을 보장하기 위한 것으로서 출입국관리법상 보호 또는 강제퇴거의 절차에도 적용된다고 보기 어렵다고 판시한 결정(헌재 2012. 8. 23. 2008헌마430)을 이 결정 취지와 저촉되는 범위 안에서 변경하였다.

3. 대법원 관련 판례

1) 대법원 2012. 10. 18. 선고 2010두12347 전원합의체 판결[증여세부과처분취소]〈가산세 부실 납세고지 사건〉

(1) 판결 요지

[1] 구 국세징수법(2011. 4. 4. 법률 제10527호로 개정되기 전의 것, 이하 '국세징수법'이라 한다)과 개별 세법의 납세고지에 관한 규정들은 헌법상 적법절차의 원칙과 행정절차법의 기본 원리를 과세처분의 영역에도 그대로 받아들여, 과세관청으로 하여금 자의를 배제한 신중하고도 합리적인 과세처분을 하게 함으로써 조세행정의 공정을 기함과 아울러 납세의무자에게 과세처분의 내용을 자세히 알려주어 이에 대한 불복 여부의 결정과 불복신청의 편의를 주려는 데 그 근본취지가 있으므로, 이 규정들은 강행규정으로 보아야 한다. 따라서 납세고지서에 해당 본세의 과세표준과 세액의 산출근거 등이 제대로 기재되지 않았다면 특별한 사정이 없는 한 그 과세처분은 위법하다는 것이 판례의 확립된 견해이다.

판례는 여기에서 한발 더 나아가 설령 부가가치세법과 같이 개별 세법에서 납세고지에 관한 별도의 규정을 두지 않은 경우라 하더라도 해당 본세의 납세고지서에 국세징수법 제9조 제1항이 규정한 것과 같은 세액의 산출근거 등이 기재되어 있지 않다면 그 과세처분은 적법하지 않다고 한다. 말하자면 개별 세법에 납세고지에 관한 별도의 규정이 없더라도 국세징수법이 정한 것과 같은 납세고지의 요건을 갖추지 않으면 안 된다는 것이고, 이는 적법절차의 원칙이 과세처분에도 적용됨에 따른 당연한 귀결이다. 같은 맥락에서, 하나의 납세고지서에 의하여 복수의 과세처분을 함께 하는 경우에는 과세처분별로 그 세액과 산출근거 등을 구분하여 기재함으로써 납세의무자가 각 과세처분의 내용을 알 수 있도록 해야 하는 것 역시 당연하다고 할 것이다.

[2] 가산세 부과처분에 관해서는 국세기본법이나 개별 세법 어디에도 그 납세고지의 방식 등에 관하여 따로 정한 규정이 없다. 그러나 가산세는 비록 본세의 세목으로 부과되기는 하지만(국세기본법 제47조 제2항 본문), 그 본질은 과세권의 행사와 조세채권의 실현을 용이하게 하기 위하여 세법에 규정된 의무를 정당한 이유 없이 위반한 납세의무자 등에게 부과하는 일종의 행정상 제재라는 점에서 적법절차의 원칙은 더 강하게 관철되어야 한다. 더욱이 가산세는 본세의 세목별로 그 종류가 매우 다양할 뿐 아니라 부과기준 및 산출근거도 제각각이다.

이 사건에서 문제가 된 증여세의 경우에도 신고불성실가산세[구 상속세 및 증여세법(2006. 12. 30. 법률 제8139호로 개정되기 전의 것) 제78조 제1항], 납부불성실가산세(제2항), 보고서 미제출 가산세(제3항), 주식 등의 보유기준 초과 가산세(제4항) 등 여러 종류의 가산세가 있고, 소득세법이나 법인세법 등에 규정된 가산세는 그보다 훨씬 복잡하고 종류도 많다. 따라서 납세고지서에 가산세의 산출근거 등이 기재되어 있지 않으면 납세의무자로서는 무슨 가산세가 어떤 근거로 부과되었는지 파악하기가 쉽지 않은 것이 보통일 것이다.

이와 같은 점에 비추어 보면, 납세고지에 관한 구 국세징수법(2011. 4. 4. 법률 제10527호로 개정되기 전의 것) 제9조 제1항의 규정이나 구 상속세 및 증여세법(2010. 1. 1. 법률 제9916호로 개정되기 전의 것) 제77조 등 개별 세법의 규정 취지는 가산세의 납세고지에도 그대로 관철되어야 마땅하다. 한편 본세의 부과처분과 가산세의 부과처분은 각 별개의 과세처분인 것처럼, 같은 세목에 관하여 여러 종류의 가산세가 부과되면 그 각 가산세 부과처분도 종류별로 각각 별개의 과세처분이라고 보아야 한다. 따라서 하나의 납세고지서에 의하여 본세와 가산세를 함께 부과할 때에는 납세고지서에 본세와 가산세 각각의 세액과 산출근거 등을 구분하여 기재해야 하는 것이고, 또 여러 종류의 가산세를 함께 부과하는 경우에는 그 가산세 상호간에도 종류별로 세액과 산출근거 등을 구분하여 기재함으로써 납세의무자가 납세고지서 자체로 각 과세처분의 내용을 알 수 있도록 하는 것이 당연한 원칙이다.

(2) 해설 및 평론

대법원은 이 사건에서 과세관청이 가산세를 부과하면서 법령에 명시적으로 납세고지 등에 대한 조항은 없지만 가산세의 산출근거 등이 적시되지 않은 경우에는 헌법상 적법절차원리에 위반하여 위법한 가산세 부과처분으로 보았다. 대법원은 이 사건에서 가산세라는 것이 일종의 행정상 제재로서 납세자의 권리를 제한하는 전형적인 침해적 행정작용이라는 점에 착안하여 비록 가산세를 부과함에 있어서 법령에 명시적인 규정은 없으나 일종의 사전고지에 해당하는 납세고지과정에서 단순히 가산세의 합계액만을 기재하지 않고 그 산출근거를 명시하여 납세의무자가 납세고지서 자체로 각 과세처분의 내용을 알 수 있도록 처분의 이유를 제시하는 것이 당연한 원칙이라는 점을 강조하고 있다. 따라서 대법원은 이러한 당연한 원칙인 헌법상 적법절차원리를 위반한 가산세 부과처분은 위법하다는 점을 인정한 것이다.

그런데 대법원은 헌법재판소가 일반적으로 적법절차원리의 헌법적 근거로서 헌법 제12조 제1항 등을 언급하는 것과는 달리 그 헌법적 근거를 전혀 제시하지 않고 '헌법상 적법절차원리'가 법치국가원리에 내재되어 있는 것으로 보고 그에 따르는 논리를 전개하고 있다. 대법원은 판결 이유에서 "과세처분의 상대방인 납세의무자가 알아서 법전을 찾아보라고 할 행정편의적인 발상이 법치의 광장에서 용인되어서는 안 된다"고 하여, 적법절차원리를 헌법상 법치국가원리로부터 도출되는 행정법의 일반원칙으로 이해하고 있다. 종래 행정법의 일반원칙으로 제시되었던 과잉금지원칙, 신뢰보호원칙, 평등원칙 내지 행정의 자기구속의 법리 등은 헌법상 법치국가원리로부터 도출되거나 아니면 이미 그 이전에 오늘날 법치국가가 '실질적 법치국가'로서의 속성과 본질을 유지하기 위해서 당연히 인정되는 구성요소라고 할 수 있다.

헌법재판소는 과잉금지원칙이나 신뢰보호원칙 등은 행정작용의 적법성을 심사하는 기준인 동시에 법치국가가 스스로 공권력을 행사함에 있어서는 그 상대방인 국민의 권리보호를 위하여 최대한 이를 자제하고 그 행사의 예측가능성과 투명성을 실현한다는 점에서 비로 법치국가의 '자연적 속성'에 속하는 문제로 인식하고 있다. 오늘날 법치국가는 공권력을 행사하는 과정에서 어떻게 하면 상대방인 국민의 권리침해를 최소화하고 공사이익을 조화롭게 조정하는 방향으로 일정한 행정목적을 실현할 것인가를 깊이 고민하는 국가이며, 이러한 국가적 성향 자체가 실질적 법치주의에 부합하는 국가의 행동양식이다. 실질적 법치주의가 지향하는 목표는 다름 아니라 국민의 입장에서 행정활동이나 국가의 공권력 작용은 항상 예측가능하고 투명하여야 하며, 특정한 공익을 실현하기 위하여 불필요하게 공권력을 남용하여 그들의 권리를 과도하게 침해하지 말아야 하고 동시에 합리적인 최소한의 비용만이 지출됨으로서 납세자인 국민에게 필요 이상의 과도한 경제적 부담을 주는 것을 지양하겠다는 것이다.

결국 적법절차원리는 "국가가 공익실현을 위해 불가피하게 민폐를 끼치려면 주권자인 국민에게 친절하게 설명하고 그들의 동의를 구하라"는 것에 방점이 있으므로 헌법상 국민주권원리를 실현하는 수단이라고 볼 수 있는 것이다. 국민에게 아무런 설명도 없이 무뚝뚝하게 국가의 목표만을 강조하고 이를 실현하려는 "불친절한 국가"는 국민주권원리와 적법절차를 위반하는 국가이다.

2) 대법원 2013. 1. 16. 선고 2011두30687 판결[직권면직처분취소]

(1) 판결 요지

[1] 구 행정절차법(2012. 10. 22. 법률 제11498호로 개정되기 전의 것) 제21조 제1항, 제4항, 제22조에 의하면, 행정청이 당사자에게 의무를 과하거나 권익을 제한하는 처분을 하는 경우에는 미리 처분하고자 하는 원인이 되는 사실과 처분의 내용 및 법적 근거, 이에 대하여 의견을 제출할 수 있다는 뜻과 의견을 제출하지 아니하는 경우의 처리방법 등의 사항을 당사자 등에게 통지해야 하고, 다른 법령 등에서 필수적으로 청문을 실시하거나 공청회를 개최하도록 규정하고 있지 아니한 경우에도 당사자 등에게 의견제출의 기회를 주어야 하되, '당해 처분의 성질상 의견청취가 현저히 곤란하거나 명백히 불필요하다고 인정될 만한 상당한 이유가 있는 경우' 등에는 처분의 사전통지나 의견청취를 아니할 수 있도록 규정하고 있다. 따라서 행정청이 침해적 행정처분을 하면서 당사자에게 위와 같은 사전통지를 하거나 의견제출의 기회를 주지 않았다면, 사전통지를 하지 않거나 의견제출의 기회를 주지 않아도 되는 예외적인 경우에 해당하지 않는 한, 그 처분은 위법하여 취소를 면할 수 없다.

[2] 구 행정절차법(2012. 10. 22. 법률 제11498호로 개정되기 전의 것) 제3조 제2항 제9호, 구 행정절차법 시행령(2011. 12. 21. 대통령령 제23383호로 개정되기 전의 것) 제2조 제3호의 내용을 행정의 공정성, 투명성 및 신뢰성을 확보하고 국민의 권익을 보호함을 목적으로 하는 행정절차법의 입법 목적에 비추어 보면, 공무원 인사

관계 법령에 의한 처분에 관한 사항이라 하더라도 전부에 대하여 행정절차법의 적용이 배제되는 것이 아니라, 성질상 행정절차를 거치기 곤란하거나 불필요하다고 인정되는 처분이나 행정절차에 준하는 절차를 거치도록 하고 있는 처분의 경우에만 행정절차법의 적용이 배제되는 것으로 보아야 하고, 이러한 법리는 '공무원 인사관계 법령에 의한 처분'에 해당하는 별정직 공무원에 대한 직권면직 처분의 경우에도 마찬가지로 적용된다.

(2) 해설 및 평론

행정절차법은 제3조 제2항에서 행정절차법의 적용 배제사유를 규정하면서 제9호에서 "해당 행정작용의 성질상 행정절차를 거치기 곤란하거나 거칠 필요가 없다고 인정되는 사항과 행정절차에 준하는 절차를 거친 사항으로서 대통령령으로 정하는 사항"을 언급하고 있다. 또한 행정절차법 시행령 제2조 제3호에 따라서 공무원 인사관계법령에 의한 징계 기타 처분에 관한 사항은 행정절차법의 적용을 받지 않는다. 이 사건은 별정직 공무원에 대한 직권면직처분이 이루어진 것이기 때문에 위 법령을 형식적으로 해석하는 경우에는 직권면직처분이라는 일종의 불이익처분에 대한 사전통지, 의견청취, 처분에 대한 이유제시 등 행정절차법이 정하는 절차를 거치지 않는 경우에도 절차상 흠이 있는 경우에 해당하지 않기 때문에 위법하다는 평가를 받지 않는다.

그럼에도 불구하고 대법원은 행정절차법령이 적용배제 사유로 규정하는 사안이라고 하더라도 그것이 상대방에 대한 침해적 효과를 발생시키는 불이익 처분인 경우에는 행정절차법 전체의 취지를 고려하여 '당해 처분의 성질상 의견청취가 현저히 곤란하거나 명백히 불필요하다고 인정될 만한 상당한 이유가 있는 경우'가 아니한, 다시 말하자면 "당해 처분의 성질상 의견청취가 가능하거나 필요하다고 인정할만한 상당한 이유가 있는 경우"라면 사전통지와 의견청취가 당연히 이루어져야 하며, 그렇지 않는 경우 절차상 흠이 있으므로 위법한 처분이 된다는 점을 강조하고 있다.

이는 다시 말하자면 행정절차법 제3조와 시행령 제2조에 규정된 행정절차법 적용 배제사유는 절대적인 사유는 아니며 비록 배제사유에 해당한다고 하더라도 적어도 상대방인 국민에게 불이익한 효과를 발생시키는 침해적 행정처분은 "당해 처분의 성질상 의견청취가 가능하거나 필요하다고 인정할만한 상당한 이유가 있는 경우"라면 최대한 적법절차의 취지를 고려하여 국민에게 절차적 권리를 보장하겠다는 의미로 이해할 수 있다. 이러한 대법원의 해석론은 법치국가원리로부터 도출되는 헌법상 적법절차원칙에 부합하는 위상을 확인하는 것으로 볼 수 있다.

제2장 행정청의 재량과 판단여지 - 권력분립원칙과 사법심사의 범위

Ⅰ. 문제의 제기

권력분립원칙에 따라서 의회는 일반적, 추상적 법률을 제정하고 행정부는 이를 집행하며 사법부는 행정부의 법집행 과정에서 법령을 그르쳐 국민의 권익을 침해하는 경우 법령 해석을 통하여 무엇이 법인가 선언한다. 하지만 이는 이상적인 형태에 불과할 뿐 이미 의회가 법률을 제정할 때부터 추상적이고 일반적인 법률의 내용 자체가 모호하거나 법률이 행정청에게 일정한 법집행의 기준을 부여하면서도 불확정적인 개념을 사용하거나 일정한 활동의 여지를 부여하는 등 얼핏 보면 의회의 법률은 형식적이고 실질적인 권한을 행정부에게 부여한 것이 아닌가 하는 착각도 들게 한다. 예를 들어 이 문제를 경찰관직무집행법 제5조 제1항을 들어 설명하여 보기로 하자.

경찰관은 사람의 생명 또는 신체에 위해를 끼치거나 재산에 중대한 손해를 끼칠 우려가 있는 천재(天災), 사변(事變), 인공구조물의 파손이나 붕괴, 교통사고, 위험물의 폭발, 위험한 동물 등의 출현, 극도의 혼잡, 그 밖의 위험한 사태가 있을 때에는 다음 각 호의 조치를 할 수 있다.

1. 그 장소에 모인 사람, 사물(事物)의 관리자, 그 밖의 관계인에게 필요한 경고를 하는 것

2. 매우 긴급한 경우에는 위해를 입을 우려가 있는 사람을 필요한 한도에서 억류하거나 피난시키는 것
3. 그 장소에 있는 사람, 사물의 관리자, 그 밖의 관계인에게 위해를 방지하기 위하여 필요하다고 인정되는 조치를 하게 하거나 직접 그 조치를 하는 것

여기에서 법률을 제정한 국회는 "사람의 생명 또는 신체에 위해를 끼치거나 재산에 중대한 손해를 끼칠 우려가 있는 천재(天災), 사변(事變), 인공구조물의 파손이나 붕괴, 교통사고, 위험물의 폭발, 위험한 동물 등의 출현, 극도의 혼잡, 그 밖의 위험한 사태가 있을 때에는"이라는 요건을 규정하면서 매우 일반적이고 추상적인 불확정한 개념을 사용하고 있다. 입법자는 "위험한 동물", "극도의 혼잡" 등의 불확정개념을 사용하고 있기 때문에 이 법을 집행하는 경찰관은 불가피하게 이런 개념들을 해석하게 되는데, 해석의 오류가 발생하여 국민의 권익이 침해되어 소송사건으로 비화하는 경우 법원이 행정청의 법령 해석을 어디까지 적법하다고 인정할 것인지 아니면 해석상 오류를 인정하여 그 위법을 인정하고 재판을 청구한 국민의 손을 들어줄 것인지 결정하게 된다.

예를 들어 초등학교 귀가 시간에 교문에 작은 반려견이 학생들을 보면서 짖고 있다고 가정하자. 대부분의 학생들은 이를 무시하고 귀가를 재촉하지만 유난히 개를 무서워하는 로홍판씨 막내 동생 A군이 어머니에게 문자로 연락을 하고 어머니는 경찰서 지구대에 신고하였다면 경찰관은 어떠한 판단을 할 것인가? 만약, 신고를 접수한 경찰관이 상황을 파악하고 경찰관 직무집행법 제5조에 따라 "위험한 동물"이 출현한 것이 아니라고 판단하여 어떠한 조치도 취하지 않는 상태에서 A군이 반려견을 피하여 귀가하다가 넘어져서 부상을 당하고 A군의 어머니가 국가를 상대로 손해를 구하는 배상소송을 제기하였다면 법원은 어떠한 판결을 할 것인가? 아마도 법원은 경찰관의 판단이 그 상황에서 나름대로의 정보와 경찰관 특유의 전문적 식견에 따라서 일반인도 동의하고 허용할 수 있을 정도로 합리적인 것이었다면 비록 A군이 부상을 당하였다고 하더라도 경찰관 판단을 존중하고 그 위법을 인정하지 않을 것이며 경찰관의 판단과 A군의 부상 간의 인과관계도 인정하지 않을 가능성이 크다. 결국 중요한 것은 법률이 모호한 개념을 사용하여 행정청에게 일정한 판단의 여지를 준 경우 법원은 행정청의 법해석과 판단이 수용가능한 것이고 합리적인 것인가 혹은 그러한 한계를 넘은 것으로서 위법을 면하기 어려운가를 심사한다.

경찰관의 판단에 따르는 재량권 행사는 또 어떤가? 2022년 늦가을 이태원에서 발생한 참사를 소환하는 것은 고통스러운 일이기는 하지만 수많은 신고에도 불구하고 경찰관이 위 규정에 따라서 "다음 각호의 조치를 할 수 있다"고 경찰관에게 일정한 재량권을 부여한 것이라는 말만 되풀이할 뿐 필요한 경고, 억류 및 피난, 위해방지를 위한 적절한 조치를 취하지 않거나 미흡했다면 과연 국가는 국민의 생명과 신체에 대한 피해에 대하여 법적 책임을 면할 수 있을까? 법원은 법령이 행정청에게 일정한 재량권을 부여하고 있다고 판단하면 그러한 재량권의 행사 또는 불행사를 존중하는 것이 원칙이다. 그 이유는 법원이 행정청의 재량권 행사를 존중한다는 의미도 있지만 보다 근본적으로는 입법자가 행정청에게 일정한 재량권을 부여하도록 입법적으로 의도했기 때문에 입법자의 의사를 존중하는 의미가 있기 때문이다.

하지만, 법원은 행정청의 재량권 행사 또는 이태원 참사에 있어서와 같이 재량권의 불행사가 일정한 법적 한계를 넘거나 사실관계를 오인하여 멈추는 경우 그 위법을 인정하여 침해된 국민의 권익을 구제한다. 특히 경찰관은 개인의 생명, 신체, 재산에 대하여 급박한 위해가 이미 현실화되거나 임박한 경우 구체적인 상황과 합리적인 법해석에 따라서 더 이상 자신의 재량권을 주장할 수 없으며 위에서 규정한 조치를 취할 법적 의무를 가진다. 결국 판단여지와 재량에 대한 문제는 법치주의를 지향하는 모든 문명국가에서 입법과 행정 그리고 사법이라는 국가의 세 가지 권력 간에 어떠한 관계를 설정할 것인지를 행정법적으로 논의하는 것이다.

입법자가 법률의 요건에서 불확정 개념을 사용하여 행정청으로 하여금 일정한 판단의 여지를 가지게 하고 그에 따르는 권한 행사에 대하여 재량권을 부여한 경우 사법부는 행정부의 법해석과 재량권의 행사 또는 불행사를 어디까지 엄격하게 심사하는 것이 가능하고 또 바람직한 것인가? 행정청의 법해석과 재량권 행사가 합리적이라면 법원은 이를 존중하고 가벼운 사법심사로 그칠 것인가 아니면 헌법상 사법부에게 부여된 재판권을 근거로 하여 행정부의 판단과는 별도로 독립적이고 최종적인 법령해석에 대한 권한을 엄격하게 행사할 것인가? 이 문제는 우리나라는 물론 미국과 독일 등 모든 나라에서 행정부와 사법부의 권한 행사와 관련하여 행정법 분야에서 가장 기본적이며 중요한 주제라고 할 수 있다.

Ⅱ. 재량과 판단여지 — 한국법의 상황과 관련 판례

1. 관련 대법원 판례와 판결 요지

우리나라 행정소송법 제27조는 "행정청의 재량에 속하는 처분이라도 재량권의 한계를 넘거나 그 남용이 있는 때에는 법원은 이를 취소할 수 있다"고 규정하여 법원이 행정청의 재량권 행사가 그 한계를 넘거나 남용이 있을 때에는 이를 취소할 수 있다. 그런데 이를 거꾸로 보면 행정청의 재량권이 법적 한계를 준수하거나 남용되지 않을 때에는 법원이 이를 존중한다는 의미로도 해석할 수 있다. 실제로 우리나라 법원은 행정청의 재량권 행사가 법적 한계를 넘지 않는다면 이를 적법한 것으로 보는 수많은 판례를 남기고 있다.

대법원은 다음과 같이 원칙적으로는 행정청의 재량권 행사를 존중하는 태도를 보이고 있다. 국토계획법 제56조 제1항에 따른 개발행위허가요건에 해당하는지 여부는 행정청의 재량판단의 영역에 속하므로, 그에 대한 사법심사는 행정청의 공익판단에 관한 재량의 여지를 감안하여 원칙적으로 재량권의 일탈이나 남용이 있는지 여부만을 대상으로 하고, 사실오인과 비례·평등의 원칙 위반 여부 등이 그 판단 기준이 된다(대법원 2017. 3. 15. 선고 2016두55490 판결 등 참조). 또한 행정규칙이 이를 정한 행정기관의 재량에 속하는 사항에 관한 것인 때에는 그 규정 내용이 객관적 합리성을 결여하였다는 등의 특별한 사정이 없는 한 법원은 이를 존중하는 것이 바람직하다(대법원 2019. 1. 10. 선고 2017두43319 판결 및 앞서 본 대법원 2020. 8. 27. 선고 2019두60776 판결 참조).

또한 대법원은 국토계획법 제56조 제1항에 의한 개발행위허가는 허가기준 및 금지요건이 불확정개념으로 규정된 부분이 많아 그 요건에 해당하는지 여부는 행정청의 재량판단의 영역에 속하는 것으로 보고 있다. 특히 환경의 훼손이나 오염을 발생시킬 우려가 있는 개발행위에 대한 행정청의 허가와 관련하여 재량권의 일탈·남용 여부를 심사할 때에는, 해당 지역 주민들의 토지이용실태와 생활환경 등 구체적 지역 상황과 상반되는 이익을 가진 이해관계자들 사이의 권익 균형 및 환경권의 보호에 관한 각종 규정의 입법 취지 등을 종합하여 신중하게 판단하여야 한다. '환경오염 발생 우려'와 같이 장래에 발생할 불확실한 상황과 파급효과에 대한 예측이 필요한 요건에 관한 행정청의 재량적 판단은 그 내용이 현저히 합리성을 결여하였다거나 상반되는 이익이나 가치를 대비해 볼 때 형평이나 비례의 원칙에 뚜렷하게 배치되는 등의 사정이 없는 한 법원은 이를 존중하는 것이 바람직하다(대법원 2017. 3. 15. 선고 2016두55490 판결 등 참조).

환경의 훼손이나 오염을 발생시킬 우려가 있는 개발행위에 대한 행정청의 허가와 관련하여 재량권의 일탈·남용 여부를 심사할 때에는, 해당지역 주민들의 토지이용실태와 생활환경 등 구체적 지역 상황과 상반되는 이익을 가진 이해관계자들 사이의 권익 균형 및 환경권의 보호에 관한 각종 규정의 입법 취지 등을 종합하여 신중하게 판단하여야 한다. 그러므로 그 심사 및 판단에는, 우리 헌법이 "모든 국민은 건강하고 쾌적한 환경에서 생활할 권리를 가지며, 국가와 국민은 환경보전을 위하여 노력하여야 한다."라고 규정하여(제35조 제1항) 환경권을 헌법상 기본권으로 명시함과 동시에 국가와 국민에게 환경보전을 위하여 노력할 의무를 부과하고 있는 점, 환경정책기본법은 환경권에 관한 헌법이념에 근거하여, 환경보전을 위하여 노력하여야 할 국민의 권리·의무와 국가 및 지방자치단체, 사업자의 책무를 구체적으로 정하는 한편(제1조, 제4조, 제5조, 제6조), 국가·지방자치단체·사업자 및 국민은 환경을 이용하는 모든 행위를 할 때에는 환경보전을 우선적으로 고려하여야 한다고 규정하고 있는 점(제2조), '환경오염 발생 우려'와 같이 장래에 발생할 불확실한 상황과 파급효과에 대한 예측이 필요한 요건에 관한 행정청의 재량적 판단은 내용이 현저히 합리성을 결여하였다거나 상반되는 이익이나 가치를 대비해 볼 때 형평이나 비례의 원칙에 뚜렷하게 배치되는 등의 사정이 없는 한 폭넓게 존중될 필요가 있는 점 등을 함께 고려하여야 한다. 이 경우 행정청의 당초 예측이나 평가와 일부 다른 내용의 감정의견이 제시되었다는 등의 사정만으로 쉽게 행정청의 판단이 위법하다고 단정할 것은 아니다(대법원 2017. 3. 15. 선고 2016두55490 판결).

이와는 대조적으로 대법원은 행정소송법 제27조에 따라서 행정청의 재량권 행사가 일탈, 남용될 경우 그 위법을 다음과 같이 인정하였다. 산업기술혁신 촉진법 제11조의2 제1항 제5호는 산업기술개발사업에 참여한 기관, 단체, 기업 등이 정부출연금을 연구개발비의 연구용도 외의 용도로 사용한 경우 산업통상자원부장관이 이미 출연한 사업비의 전부 또는 일부를 환수할 수 있다고 규정(이하 '이 사건 조항'

이라 한다)하고 있다. 이 사건 조항의 내용 및 취지 등에 비추어 보면, 산업통상자원부장관으로부터 환수 등 권한을 위임받은 피고에게 위 환수사유가 있는 경우 환수 여부 및 환수금액을 얼마로 정할 것인지에 관하여 재량이 부여되어 있고, 다만 이러한 재량을 행사함에 있어 사실을 오인하거나 비례·평등의 원칙에 위배되는 등의 사유가 있다면 이는 재량권의 일탈·남용으로서 위법하게 된다(대법원 2015. 5. 28. 선고 2015두36256 판결 등 참조).

그리고 대법원은 재량권의 일탈과 남용의 기준으로서 다음과 같은 상세하게 논의하고 있다. 어느 행정처분이 기속행위인지 재량행위인지는 해당 처분의 근거가 되는 규정의 체재·형식과 그 문언, 해당 처분이 속하는 행정 분야의 주된 목적과 특성, 해당 처분 자체의 개별적 성질과 유형 등을 모두 고려하여 개별적으로 판단하여야 한다. 재량행위에 대한 사법심사는 행정청의 재량에 기초한 공익 판단의 여지를 감안하여 법원이 독자적인 결론을 내리지 않고 해당 처분에 재량권 일탈·남용이 있는지 여부만을 심사하게 되고, 사실오인과 비례·평등의 원칙 위반 여부 등이 그 판단 기준이 된다(대법원 2018. 10. 4. 선고 2014두37702 판결 등 참조).

처분의 근거 법령이 행정청에 처분의 요건과 효과 판단에 일정한 재량을 부여하였는데도, 행정청이 자신에게 재량권이 없다고 오인한 나머지 처분으로 달성하려는 공익과 그로써 처분상대방이 입게 되는 불이익의 내용과 정도를 전혀 비교형량하지 않은 채 처분을 하였다면, 이는 재량권 불행사로서 그 자체로 재량권 일탈·남용으로 해당 처분을 취소하여야 할 위법사유가 된다(대법원 2016. 8. 29. 선고 2014두45956 판결; 2019. 7. 11. 선고 2017두38874 판결 등 참조).

비례의 원칙은 법치국가 원리에서 당연히 파생되는 헌법상의 기본원리로서, 모든 국가작용에 적용된다(헌법재판소 1992. 12. 24. 선고 92헌가8 전원재판부 결정 참조). 행정목적을 달성하기 위한 수단은 그 목적달성에 유효·적절하고, 또한 가능한 한 최소침해를 가져오는 것이어야 하며, 아울러 그 수단의 도입으로 인한 침해가 의도하는 공익을 능가하여서는 안 된다(대법원 1997. 9. 26. 선고 96누10096 판결 참조). 특히 처분상대방의 의무위반을 이유로 한 제재처분의 경우 의무위반의 내용과 제재처분의 양정(양정) 사이에 엄밀하게는 아니더라도 전체적으로 보아 비례 관계가 인정되어야 하며, 의무위반의 내용에 비하여 제재처분이 과중하여 사회통념상 현저하게 타당성을 잃은 경우에는 재량권 일탈·남용에 해당하여 위법하다고 보아야 한다(대법원 2019. 9. 9. 선고 2018두48298 판결 등 참조)(대법원 2020. 7. 9. 선고 2018두44838 판결).

2. 해설 및 평론

대법원 판례를 보면 대체적으로 법령이 행정청에게 일정한 재량권 행사를 위임한 경우 재량권의 일탈, 남용이 없다면 비록 그러한 재량권 행사가 바람직한 결과에 이르지 않았다고 하더라도 위법은 아니라고 보고 행정청의 재량권 행사를 존중하는 입장을 보이고 있다. 다시 말하자면, 대법원은 장래에 발생할 불확실한 상황과 파급효과에 대한 예측이 필요한 요건에 관한 행정청의 재량적 판단은 내용이 현저히 합리성을 결여하였다거나 상반되는 이익이나 가치를 대비해 볼 때 형평이나 비례의 원칙에 뚜렷하게 배치되는 등의 사정이 없는 한 폭넓게 존중될 필요가 있는 점 등을 함께 고려하여야 하고, 이 경우 행정청의 당초 예측이나 평가와 일부 다른 내용의 의견이 제시되었다는 등의 사정만으로 쉽게 행정청의 판단이 위법하다고 단정할 것은 아니라는 견해를 보이고 있다.

여기에서 말하는 "행정청의 당초 예측이나 평가와 일부 다른 내용의 의견이 제시되었다는 등의 사정"이라는 것은 바로 행정청이 당초에 예측하고 원하는 바람직한 결과가 발생하지 않았고 다른 기관이나 제3자의 평가와 예측이 보다 정확하고 합리적인 것이라고 하여도 재량권 행사의 법적 한계를 일탈하지 않는 한 여기에 대하여 법원이 완화된 심사를 하겠다는 것을 의미한다. 이러한 대법원의 판례는 반드시 우리나라 행정법에서만 발생하는 특수한 상황이라기보다는 각국의 행정제도상의 차이에도 불구하고 일반적이며 보편적인 사법부의 기본 입장이라고 볼 수 있다.

일단, 법원이 이러한 태도를 견지하는 것은 일차적으로 입법부의 의사를 존중하는 것으로부터 시작하는 것으로 보아야 한다. 입법자가 법률로서 행정부에 일정한 재량권 행사를 위임하거나 수권한 것은 입법적으로 일일이 해결하기 어려운 문제에 대하여 보다 현장에 밝은 정부의 공무원들로 하여금 법령이 부여한 과제를 처리하는 것이 민복을 실현함에 있어서 효율적으로 판단했기 때문에 사법부는 이러한 입법자의 의도를 일차적으로 살피고 존중하는 심사를 하는 것이며 결과적으로 행정부의 재량권 행사에 대하여 완화된 사법심사가 이루어지는 것으로 볼 수 있다.

둘째, 보다 직접적으로는 행정부의 공무원들은 입법자, 더 나아가 사법부에 비하여 문제되는 업무를 처리함에 있어서 전문성을 바탕으로 최적의 효과를 거둘 수 있는 특성을 가지고 있기 때문에 행정부가 재량권을 바탕으로 집행하는 업무에 대하여 사법부가 존중하는 태도를 보이는 것이 권력분립 원칙에도 부합한다는 사고에 기인하고 있다. 행정부의 재량권 행사와 업무처리에는 고효율, 고위험을 동반하기 때문에 애초에 의도한 결과를 도출하지 못하고 비효율적인 업무 집행이라는 정치적, 행정적 비난을 들을 수는 있지만 적어도 법적인 측면에서 흠결이 발생하지 않는 한 법원은 오로지 법적인 측면에서 문제가 없는 지만을 살펴보는 것이 재량문제의 본질이라고 할 수 있다.

이러한 측면에서 대법원도 "재량행위에 대한 사법심사는 행정청의 재량에 기초한 공익 판단의 여지를 감안하여 법원이 독자적인 결론을 내리지 않고 해당 처분에 재량권 일탈·남용이 있는지 여부만을 심사하게 되고, 사실오인과 비례·평등의 원칙 위반 여부 등이 그 판단 기준이 된다"고 판시한 것은 이러한 법원의 기본적인 입장을 확인하는 것으로 볼 수 있다. 다만, 대법원은 "장래에 발생할 불확실한 상황과 파급효과에 대한 예측이 필요한 요건에 관한 행정청의 재량적 판단"이라는 언급을 하고 있는데, 이는 법령의 요건에 사용하는 불확정개념에 대한 해석이나 장래에 대한 예측 등은 행정청에게 일정한 판단의 여지를 부여하는 것이다. 따라서 "~~하는 경우에는 무엇 무엇을 할 수 있다"고 행정법규가 규정하고 있다면 판단여지는 앞 부분에 해당하는 것이고 재량권 행사는 뒷 부분의 "무엇 무엇 할 수 있다"는 활동의 여지를 부여한 것이기 때문에 양자를 구별하는 것이 원칙임에도 불구하고 "재량적 판단"으로 뭉뚱그려 요건과 효과를 구별하고 있지 않다. 이는 판단여지와 재량을 구별하여 양자 모두에 대한 사법적 심사가 이루어지는 현실에서 보면 타당하지 않은 것이다.

최근에 대법원은 행정법규의 요건 해석이나 평가 등에 대한 문제를 재량권 행사와 혼동하지 않고 정확하게 "전문적 판단"이라는 용어를 사용하여 그에 대한 사법심사의 가능성과 한계를 다음과 같이 판시하고 있다. "행정청이 관계 법령이 정하는 바에 따라 고도의 전문적이고 기술적인 사항에 관하여 전문적인 판단을 하였다면, 판단의 기초가 된 사실인정에 중대한 오류가 있거나 판단이 객관적으로 불합리하거나 부당하다는 등의 특별한 사정이 없는 한 존중되어야 한다. 환경오염물질의 배출허용기준이 법령에 정량적으로 규정되어 있는 경우 행정청이 채취한 시료를 전문연구기관에 의뢰하여 배출허용기준을 초과한다는 검사결과를 회신받아 제재처분을 한 경우, 이 역시 고도의 전문적이고 기술적인 사항에 관한 판단으로서 그 전제가 되는 실험결과의 신빙성을 의심할 만한 사정이 없는 한 존중되어야 함은 물론이다"(대법원 2022. 9. 16. 선고 2021두58912 판결).

Ⅲ. 미국 연방대법원의 Chevron Doctrine, Agency Deference와 그 파기 과정

1. 서설

입법자가 법령상 일정한 내용을 규정하면서 불확정하고 모호한 개념이나 요건을 사용하는 경우 법령을 집행하는 행정부는 필연적으로 해석의 문제에 봉착한다. 그런데 행정부는 입법적으로 모호하거나 불확실한 개념을 해석하기 위하여 해석의 기준이 되는 증거, 자료, 전문적 지식을 활용하게 되는데, 그 결과 행정청의 법령해석이 합리적이고 허용가능한 한계를 준수한 경우 사법부는 소송사건에서 행정청의 행위나 행정입법을 존중하는 경향을 보이게 되는데, 이를 흔히 사법부의 행정청 존중(agency deference)이라고 부른다. 미국 연방대법원을 비롯한 각급 법원은 행정청 존중의 원칙을 판례법으로 정착시키고 행정청의 행정행위나 행정입법에 대하여 완화된 사법심사의 관례를 확립하여 왔다.

사법부의 행정청 존중이 그 정점을 이룬 것은 1984년 이른바 쉐브론 사건인데, 연방대법원은 법령의 내용이 명확한 경우에는 당연히 입법자의 의사에 따르는 해석만이 가능하며 그것으로 종결되나(제1단계), 그 내용이 모호한 경우에는 행정청의 해석이나 그에 따르는 행정처분 또는 행정입법이 합리적이고 허용가능한 범위에 있는 경우에는 사법부는 그러한 해석과 행정청의 행위 등을 존중한다(제2단계)는 일종의 사법적 프레임을 제시하였다. 그 이후 연방대법원과 각급 법원은 환경규제 등 행정청의 규제행정 일반에서 대부분 쉐브론 원칙(chevron doctrine)을 적용하여 문제를 해결하였으며, 쉐브론 판결은 미국 행정법 역사상 가장 많이 인용되는 사건으로 자리잡았다.

하지만 쉐브론 원칙에 대해서는 특히 고전적 권력분립과 사법부의 역할을 강조하는 보수적 사법주의자들의 비판이 제기되었으며 연방대법원은 2024년 6월 Loper Bright Enterprises v. Raimondo 사건에서 쉐브론 원칙을 파기하였다. 연방대법원은 미국 헌법 제3조에 따라 미국 헌법의 아버지들이 헌법 제정 당시부터 사법부가 모든 소송사건과 법률적 쟁송에 대한 심사권을 부여하였기 때문에 법률의 해석권은 고전적인 권력분립원칙에 따라 최종적으로 사법부에 속한다는 논리와 함께 미국행정절차법 제706조가 "모든 법적 쟁점"에 대한 사법심사를 규정했기 때문에 사실인정이나 판단에 대해서는 행정청을 존중하는 것은 별론으로 하더라도 적어도 법적 쟁점에 대한 해석은 법원에 속한다는 견해를 제시하면서 쉐브론 원칙과 결별하였다.

물론 일반성과 추상성은 입법의 본질이기 때문에 향후에도 행정청이 전문적 지식과 능력에 따라서 법률을 해석하는 것은 불가피하고 이러한 행정청의 해석에 대하여 법원이 일정 부분 완화된 심사를 하는 것은 자연스러운 과정이기 때문에 행정청 존중원칙을 전면적으로 부인하기는 어려울 것으로 보인다. 이는 앞서 우리나라의 사례에서 본 바와 같이 법률이 행정청에게 의도적으로 판단여지나 재량권을 부여한 것에 대해서 법원이 그러한 판단이나 권한 행사를 존중하는 것과 동일한 논리 구조를 가진 것으로 보이기 때문이다. 다만, 연방대법원은 쉐브론 원칙이 제시한 제1단계, 제2단계 그리고 어떻게 보자면 제2단계에서 행정청의 해석을 법원이 거의 기계적으로 수용하는 경직된 프레임만을 파기한 것이고 권력분립 원칙에 따라서 행정청의 고유한 권한이나 전문성을 존중하는 것 자체를 부인한 것은 아니라고 보는 것이 합리적 결론으로 보인다.

2. 행정청 존중에 대한 대표적인 판결

1) 1944년 Skidmore 사건

행정청 존중에 대한 미국 연방대법원의 판례는 매우 다양한 사례를 다루고 있으나 1984년 쉐브론 판결이 이루어지는데 결정적인 영향을 미친 사건은 40년 전 1944년의 Skidmore v. Swift & Co. 판결이다. 텍사스주에 소재한 Swift &

Company 포장 공장의 직원 7명이 1938년 공정근로기준법에 따라서 근무 시간이 아님에도 불구하고 공장 내에서 대기하는 시간에 대한 초과근무 수당을 지급받기 위해 제기한 소송에서, 연방지방법원은 직원들이 화재경보 등에 대응하기 위해 기다린 시간은 초과근무 시간으로 인정되지 않는다고 판결하고, 연방항소법원 및 연방대법원도 당해 판결을 확정하였다. 그런데 공정근로기준법에 따라서 "직원들이 화재경보 등에 대응하기 위해 기다린 시간은 초과근무 시간으로 인정되지 않는다"는 해석은 연방노동부의 "임금 및 근로시간국 공무원"(the administrator of the U.S. Department of Labor's Wage and Hour Division)이 행한 것이다.

연방대법원은 공정근로기준법에 따른 공무원의 결정, 해석 및 의견이 법원의 권한을 압도하거나 지배하지는 않지만 공무원의 법 해석 지침은 법원과 소송 당사자가 적절히 고려할 수 있는 경험과 정보에 입각한 판단의 집합체라고 판시하였다. 연방대법원은 이 사건에서 행정청의 법 해석을 존중해야 하는지 여부를 판단하는 기준을 다음과 같이 제시하였다. 1. 행정청이 행하는 사실 조사의 철저함 2. 최종결정에 이르는 추론의 타당성 3. 오랜 기간에 따른 행정청 해석의 일관성 4. 행정청 해석의 설득력.

2) 1984년 쉐브론 사건

(1) 사건의 개요

Chevron 판결은 미국의 환경보호청(environmental protection agency) 그리고 환경단체인 천연자원보호협회 간에 청정대기법(Clean Air Act)에서 규정하고 있는 "點(점)오염원"(stationary source)의 개념을 어떻게 해석할지가 쟁점이 된 사건이다. 1977년 미국 연방의회는 공장 사업자가 대기오염을 발생시키는 점오염원을 변형하거나 신설할 때 정부의 허가를 받도록 청정대기법을 개정하였고 이 허가 조건을 구체화하기 위하여 정부가 점오염원의 변형 또는 신설을 규제하는 허가 프로그램을 마련하였다

그런데 개정법의 핵심 문구인 점오염원에 관하여 청정대기법이 명시적인 정의나 개념을 규정하지 않았고 이에 따라서 연방정부의 환경보호청은 점오염원의 정의를 개별 설비 단위가 아닌 공장 전체를 대상으로 하는 완화된 방식으로 해석하여 공장의 총오염배출량이 변하지 않는 이상 별도의 허가 없이 새로운 오염설비를 도

입할 수 있게 하는 시행규칙을 제정하였다. 이른바 대기오염 물질에 대한 총량규제 방식을 도입한 것이다.

한편 환경단체인 천연자원보호협회는 환경보호청의 시행규칙으로 인하여 청정 대기법의 당초 입법취지가 훼손되었다고 보아 관할 연방지방법원에 이의를 제기하는 소송을 제기하였고 항소심인 연방 제1항소법원에서 승소하였다. 그러자 이 항소심 판결로 인하여 사업활동에 초래될 막대한 차질이 예상되는 정유회사 Chevron은 소송참가인 자격으로서 천연자원보호협회를 상대로 연방대법원에 상고하였다.

(2) 판결 요지

법원이 행정청의 해석에 대하여 사법심사를 할 때 두 가지 단계의 해석에 직면한다. 우선 첫번째 단계로서 의회의 법률이 쟁점이 되는 개념이나 내용에 대하여 직접적으로 명시적인 언급을 하고 있는지 여부이다. 만약 의회의 의도가 명백하다면 사법부는 그에 따르는 해석을 할 뿐이며 문제는 이로써 종결된다. 그러나 의회의 의도가 명백하지 않은 경우에는 이제 두 번째 단계로 넘어가서 사법부는 법에 대하여 독자적인 해석을 해서는 안 되고 구체적인 쟁점과 관련하여 법이 침묵하거나 모호한 경우에는 법원은 행정청의 해석이 합리적이며 허용가능한 것인지만을 판단하여야 한다.

행정청의 집행권한에는 의회법률의 공백을 메우기 위하여 정책을 형성하고 명령과 규칙을 제정할 권한이 포함된다. 만약 의회가 명시적으로 행정청으로 하여금 채워야 할 공백의 여지를 남겼다면 행정청으로 하여금 특정 조항의 의미를 밝히도록 하는 명백한 권한의 위임이 있는 것이다. 그러한 행정에 대한 위임에 따르는 행정청의 결정, 입법, 판단이 자의적, 독단적이거나 법률에 명백히 반하지 않는 한 효력이 인정되어야 한다. 때때로 의회의 위임은 명시적이기보다는 묵시적(implicit)이다. 이러한 경우라도 법원은 행정청에 의한 합리적인 해석을 당해 법률 조항에 대한 독자적인 해석으로 대체하여서는 안 된다.

법관은 해당 분야의 전문가들이 아니며 정부 부처의 소속도 아니다. 법원은 경우에 따라 경쟁하는 정치적 이해관계를 조정해야 하지만 판사들의 개인적인 선호에 기반해서는 안 된다. 그러나 의회가 정책 결정에 대한 책임을 위임한 행정기관은 그 위임의 한계 내에서 정부의 정책적 전문성에 의존하여 판단할 수 있다. 이는 행정기관 자체가 직접적으로 국민들에게 책임을 지지는 않더라도 그 수반인 대통령이 정치적으로 책임을 지기 때문이다. 즉 행정부와 대통령은 의회가 의도적으로 해결하지 않았거나 현실적으로 집행기관에서 해결하도록 내버려 둔 정치적 이해관계를 해결하는 것이다. 법조항의 개념 구성에 대한 법원의 심사가 의회가 허용한 범위에서 합리적인 해석인지 여부보다 행정기관이 옳은 결정을 하였는지 여부에 초점을 맞추는 것은 부적절하다. 그러한 경우 선출직이 아닌 연방 판사들은 정부의 정책 결정자들이 행한 정당한 결정을 존중할 의무가 있다. 그러한 정책적 결정이 옳은 결정인지 여부를 평가하고 이해관계자들의 갈등을 해결할 책임은 사법부의 몫이 아니다. 미국 헌법은 그러한 책임을 의회와 정부 등 정치적 권력에 부여하고 있기 때문이다.

(3) 해설 및 평론

연방대법원이 Skidmore 사건과 Chevron 사건에서 일관되게 강조하고 있는 것은 의회가 제정한 법률의 내용이 모호하거나 불확정적인 개념을 사용하고 있는 경우 행정청이 이를 해석함에 있어서는 의회의 의사를 확인하는 것이 어렵기 때문에 활용 가능한 지식과 정보, 자료 등을 근거로 전문적인 결정이나 판단을 내리고 이것이 합리적이며 허용가능한 한계를 준수하고 있다면 법원이 이를 존중하여야 한다는 것이다. 특이한 것은 입법자가 명시적으로 일정한 권한을 행정부에게 위임한 경우에는 물론이고 그러한 위임이 묵시적인 것이라고 하여도 법원은 자신의 독자적인 견해를 판결에 반영하는 것을 지양하고 행정청의 판단과 결정을 존중하여야 한다는 것이다.

하지만, 문제는 법률의 묵시적인 위임이 단순히 사실인정이나 판단에 그치지 않고 법률적인 쟁점에 대한 해석을 요구하는 경우에도 행정청의 해석이나 판단을 존중하는 것은 사법부의 고유한 권한을 스스로 포기하는 것이라는 비판에 직면할 수 있으며, 이것이 2024년 Loper Bright 사건에서 연방대법원이 쉐브론 원칙을 파기하는 결정적인 계기를 제공하였다. 행정부 내지 행정청의 전문성과 더불어 연방대법원은 법원이 행정청의 결정이나 해석을 존중하여야 하는 근거로서 법원에 비하여 행정부는 국민에 의하여 선출된 대통령이 수반이라는 점을 강조하고 있다. 다시 말하자면, 법원은 선출된 권력이 아니기 때문에 민주적 정당성이 취약하므로 정치적, 정책적 결정을 스스로 내리는 것을 자제하고 이를 정치적 권한을 가진 정부와 의회의 몫으로 남겨 놓아야 한다는 논리를 제시하고 있다.

이 또한 권력분립원칙에 따라서 사법부가 정치적, 정책적 결정을 자제하겠다는 것으로 보이지만 정책적 문제에도 법적 문제가 혼재해 있는 경우까지 정부의 결정을 일방적으로 추종하고 사법심사를 회피한다면 이야말로 행정부의 위법행위를 감시하는 사법부의 기능과 의무를 방기하는 결과가 될 것이기 때문에 견제와 균형의 미덕을 기반으로 하는 권력분립원칙에 반할 수 있다는 반론도 충분히 경청할 필요가 있다.

3) 2024년 Loper Bright 사건

(1) 사건의 개요

미국 연방대법원은 2024년 6월 28일 행정법 분야에서 지난 40년간 일종의 금과옥조와 같이 판례법상 확고한 선례로 자리 잡아 온 Chevron Doctrine을 파기하고 의회가 제정한 법률의 해석에 대한 최종적인 권한은 권력분립과 행정절차법에 따라서 법원의 권한에 속한다는 판결을 내렸다. 법령의 최종적인 해석 권한이 사법권에 속한다는 법리는 어찌 보면 당연한 것 같지만 연방대법원을 비롯한 각급 법원은 지난 40년간 의회가 제정한 법률의 내용이 모호한 경우 이를 집행하는 행정청의 해석이 합리적이고 허용 가능한 한계를 준수하는 경우 행정청의 결정이나 행정입법을 존중하는 이른바 행정청 존중(Agency Deference) 원칙을 확립하고 완화된 사법심사권만을 행사하여 왔는데, 그 배경에는 Chevron Doctrine이 확고하게 자리 잡고 있었다.

이번에 문제가 된 Loper Bright Enterprise v. Raimondo 사건은 대서양에서 청어잡이 어업에 종사하는 소규모 가족회사인 Loper Bright Enterprise가 제기한 것으로 국립해양수산청(the National Marine Fisheries Service, NMFS)은 어업관리를 규율하는 매그너슨-스티븐스법(Magnuson-Stevens Act)에 따라 상업용 어선에 모니터 요원으로 불리는 연방요원을 데이터 수집 및 남획 방지를 목적으로 어업 활동에 동행하도록 요구하였다. 문제는 위 법률이 연방요원의 승선을 규정하고 있을 뿐 인건비 등 비용에 대해서는 명확한 규정을 두지 않았다. 이에 대하여 NMFS가 그 비용을 이 사건 청구인인 Loper Bright Enterprise 등 선박소유주들이 부담하는 것으로 해석하였는데, 그 비용은 무려 하루 700달러, 연매출액의 20%에 달하였다. 관할 연방지방법원과 제1연방항소법원은 모두 신청인의 신청을 기각하였다. 이 사건의 핵심은 연방대법원이 1984년부터 확립한 Chevron 원칙을 파기하고 권력분립원칙과 연방행정절차법에 의한 사법부의 법령해석 권한을 되찾아 올 것인가를 결정하는 것이다.

(2) 연방지방법원과 연방 제1항소법원의 판결 요지

지방법원은 약식 판결에서 청구인들의 주장을 기각했다. 법원은 매그너슨-스티븐스 법에 따라 NMFS이 선박의 소유자들에게 제3자 모니터링 비용을 지불하도록 요구할 권한이 있다고 결정했다. 연방지방법원은 쉐브론 원칙을 적용하면서 NMFS에 유리한 약식판결을 내렸다. 연방지방법원은 MSA가 청어 어업에 대한 연방모니터링 요원의 비용을 선주가 부담하도록 명확하게 규정하고 있다고 판시하여 Chevron 원칙의 첫 번째 단계에서 문제를 종결시켰다. 연방지방법원은 Loper Bright가 주장하는 법률 용어의 모호성을 인정했지만, NMFS가 MSA를 해석한 것은 법률에 대한 합리적인 해석으로 인정한 것이다.

항소심인 연방 제1항소법원은 연방지방법원의 판결을 확정했으나 Chevron의 첫 번째 단계에서 분석을 멈추지 않고 MSA의 해당 규정이 연방모니터링 요원의 비용을 선주가 부담하도록 명확하게 규정하지 않고 모호하다고 판시하였다. 따라서 항소심은 Chevron 원칙의 두 번째 단계에서 분석을 마무리하면서 NMFS가 연방모니터링 요원의 비용 문제에 대한 침묵을 지켰으나 결과적으로 MSA에 대한 해석이 합리적이고 허용가능한 범위에 있다고 판시하였다.

(3) 연방대법원의 판결 요지

연방대법원은 권력분립원칙에 따라서 미국 헌법 제3조의 사법권의 범위에 모든 "법적 사건과 쟁송"(Cases and Controversies)을 처리할 권한이 포함된다는 것으로부터 논의를 시작하고 있다. 미국헌법을 기초한 "헌법의 아버지"들, 특히 연방주의자들은 법관이 적용하는 법률의 내용이 늘 명확한 것은 아니지만 법률을 해석하는 특유한 권한을 법원에 부여하였다. 즉 무엇이 법인지 말하는 것은 사법부의 의무이며 법률의 의미가 문제되었을 때 소송당사자들의 권리를 확인하기 위하여

의회가 제정한 법률을 해석하는 것은 사법부의 고유한 역할이다. 물론 법원이 법률의 의미를 해석하는 경우에 해당 법률을 집행하는 행정부의 해석을 존중하는 경우도 흔히 있는데, 특히 법률을 제정한 초기부터 오랜 시간을 거쳐 행정부가 일관된 해석을 유지하는 경우가 이에 해당한다.

그럼에도 불구하고 연방대법원은 이러한 존중은 "존중 이상의 것이 아니며" 행정부의 법률해석은 사법부의 최종 해석에 대한 정보제공의 의미에 불과한 것이지 법원의 해석에 우선하거나 이를 대체할 수 없다고 판시하였다. 특히 1930년대 뉴딜 이후 이른바 행정국가화 현상이 일반화되면서 법원은 행정부의 사실확인이나 사실인정에 대해서 존중하는 경향을 보여왔는데, 그럼에도 불구하고 법원은 행정부의 법률해석이 철저하게 증거에 의하여 뒷받침되고 합리적이며 특정 사건 이전 또는 이후의 해석과 일관성을 유지면서 당사자들에게 설득력을 가지는 경우에 한하여 이를 인정할 뿐이다.

(4) 해설 및 평론

연방대법원은 이번 사건에서 Chevron 원칙을 파기하는 중요한 논거의 하나로 연방행정절차법 제706조를 제시하고 있다. 연방행정절차법 제706조는 법원이 "모든 관련 법적 문제"(all relevant questions of law)에 대하여 심사하도록 하여 엄격하고 완전한 사법심사의 필요성을 규정하고 있다. 이 규정에 따라서 행정부의 사실인정과 정책결정에 대한 사법적 존중에도 불구하고 법원은 헌법과 법률을 해석하는 권한을 행사함에 있어서 행정청의 해석을 일방적으로 존중하지 않고 모든 관련되는 법적 이슈에 대하여 독립적이며 최종적인 판단을 한다. 그리고 법원은 행정부의 법률해석이나 행정활동이 의회가 제정한 법률의 위임에 따른 것인지, 헌법적, 법률적 한계를 준수한 것인지에 대하여 독자적인 해석과 심사를 행하며, 이것이 바로 연방행정절차법 제706조의 문리적 해석에 따른 결과이다.

그렇기 때문에 1984년 Chevron 판결과 그 이후 여기에 근거한 연방대법원 및 각급 연방법원의 판결은 연방행정절차법 제706조를 위반하는 것이다. 법률이 모호한 경우 모든 권한을 행정부에 위임한 것이라는 견해는 연방행정절차법 제706조와 조화될 수 없는 것이며, 정부의 공무원들이 능력 있는 전문가이기 때문에 법원이 그들의 판단을 존중하는 것이 오히려 권력분립원칙에 충실하다는 의견 역시 받아들일 수 없다. 연방대법원은 모든 연방법원이 통일적으로 특정 법률을 해석하는 것이 필요하므로 Chevron 원칙이 필요하다는 견해 역시 배척하고 있는데, 그 이유는 의회가 제정한 법률에 대하여 행정부의 해석이 의회가 의도하는 내용이나 방식에 배치됨에도 불구하고 이른바 법률해석의 통일성이라는 기계적 원칙에 양보하는 것을 결코 원하지 않기 때문이라는 것이다. 그리고 연방대법원은 의회가 제정한 법률의 내용이 모호한 경우 법원이 최종적인 해석권한을 행사한다면 법원이 사실상 정책결정자의 지위에 서게 되고 행정부의 고유한 권한을 침해한다는 주장도 근거가 없는 것으로 일축하고 있다.

사실 이번 판결은 확고한 Chevron 선례를 파기하였다는 점에서 다소 충격적이기도 하지만 연방대법원의 이념적 지형을 고려할 때 충분히 예견할 수 있었던 결과이기도 하다. 현재 연방대법원은 대법관들의 이념적 상향에 따라서 Clarence Thomas(보수), Samuel Alito(보수), Neil Gorsuch(보수), Brett Kavanaugh(보수), Amy Coney Barrett(보수), Sonia Sotomayor(진보), Elena Kagan(진보), Ketanji Brown Jackson(진보)의 5 대 3 구도로 형성되어 있으며 여기에 John Roberts 대법원장(중도 보수)이 일종의 swing voter 역할을 하면서 이념적 균형을 유지하고 있다. 하지만 보수적 성향의 대법관들이 다수를 차지하면서 미국의 경제계와 보수적인 법조는 공화당 대통령이 집권하면 그들이 원하는 대법관을 지명하도록 압력을 가하고 연방대법원을 통하여 자신들이 원하는 정책을 실현하고자 하는 의지를 노골적으로 드러내 왔다.

그 결과 연방대법원은 보수 대법관들의 다수의견에 따라서 2022년 낙태위헌 판결, 2023년 소수자 적극적 우대조치 위헌판결을 통하여 대표적인 진보적 선례들을 파기하였고 이번 Loper Bright 판결 역시 6:3으로 Chevron 선례를 뒤집은 것이다. 낙태판결과 소수자 보호조치 판결에서 비교적 중립적 입장을 견지하던 John Roberts 대법원장마저도 이번 사건에서 다수의견을 직접 작성하여 Chevron 판결 파기에 선두에 섰다는 점이 인상적이다. 이로써 연방대법원의 보수적 판결이 정점에 이른 것으로 보이며, 연방대법원은 "선례파기의 끝판왕"이라는 일부 미국 언론의 비아냥을 듣게 된 것이다.

미국 EPA의 환경규제를 비롯한 행정부의 규제정책에 반발하고 작은 정부를 지향하는 보수주의자, 기업들은 이번 판결로 연방대법원이라는 강력한 우군을 확보할 수 있지만 정부의 적절한 규제가 있어야만 생명과 안전을 담보할 수 있는 일반 국민의 입장에서는 우려를 금할 수 없는 상황이 된 것이다. 반대의견을 작성한 Elena Kagan 대법관이 현재의 연방대법원을 "이성이 아닌 권력 중심의 의사결정이 연방대법원의 새로운 경향이 되어버렸다"(power, not reason becomes the new currency of this court's decision making)고 개탄하는 것을 가볍게 넘길 수 없는 이유가 바로 그것이다.

Ⅳ. 독일의 재량이론, 판단여지설, 대체가능성설과 사법심사의 범위

1. 요건재량설과 효과재량설

독일은 전통적으로 행정재량의 본질에 대한 논의에 따라서 사법심사의 가능성과 범위를 결정하려는 경향을 보여 왔다. 이해를 돕기 위하여 앞서 언급한 우리나라 경찰관직무집행법 제5조를 예로 들어 보자. 이 조항을 자세히 살펴보면 요건규정과(~~ 하는 경우에는)과 효과규정(~~ 할 수 있다)의 두 부분으로 구성된 것을 알 수 있으며 이는 다른 대부분의 행정법규도 동일한 구조를 이루고 있다. 이 조항의 앞 부분에 해당하는 "경찰관은 사람의 생명 또는 신체에 위해를 끼치거나 재산에 중대한 손해를 끼칠 우려가 있는 천재(天災), 사변(事變), 인공구조물의 파손이나 붕괴, 교통사고, 위험물의 폭발, 위험한 동물 등의 출현, 극도의 혼잡, 그 밖의 위험한 사태가 있을 때에는"은 요건규정에 일종의 불확정개념을 사용하여 행정청으로 하여금 일정한 판단의 여지를 부여하고 있다.

이 조항은 후반부는 "다음 각 호의 조치를 할 수 있다. 1. 그 장소에 모인 사람, 사물(事物)의 관리자, 그 밖의 관계인에게 필요한 경고를 하는 것 2. 매우 긴급한 경우에는 위해를 입을 우려가 있는 사람을 필요한 한도에서 억류하거나 피난시키는 것 3. 그 장소에 있는 사람, 사물의 관리자, 그 밖의 관계인에게 위해를 방지하기 위하여 필요하다고 인정되는 조치를 하게 하거나 직접 그 조치를 하는 것"은 효과규정으로서 경찰관에게 위 각 호의 조치를 취할 수 있는 재량권을 부여하고 있다. 그렇다! 행정법규의 요건규정에 불확정개념, 효과규정에 재량권 행사라는 도식이 성립하는 것이다.

그런데 독일에서 초기의 재량이론은 요건규정에 대한 판단작용, 즉 경찰관직무집행법 제5조의 앞 부분인 "사람의 생명 또는 신체에 위해를 끼치거나 재산에 중대한 손해를 끼칠 우려가 있는 천재(天災), 사변(事變), 인공구조물의 파손이나 붕괴, 교통사고, 위험물의 폭발, 위험한 동물 등의 출현, 극도의 혼잡, 그 밖의 위험한 사태가 있을 때에는"이라는 불확정개념에 대한 해석을 재량으로 이해하였다. 그런데 여기에는 법원의 사법심사와 관련하여 결정적인 문제가 있다. 만약, 초등학교 하교길에 맹견이 출몰하여 아이들을 위협하고 있다고 가정할 때 경찰관은 위 제5조의 위험발생의 요건에 대한 해석과 관련하여 그 요건이 충족되어 현실적인 위험이 발생하였다고 판단할 수도 있으며, 그렇지 않은 단순한 해프닝으로 인식할 수도 있다. 그런데 위험발생 방지의 요건이 충족된 것으로 판단하는 것도 재량권 행사이며, 그렇지 않은 단순한 사건으로 판단하는 것도 재량권 행사로 본다면 여기에는 재량권 행사의 법적 한계를 설정하기 어렵기 때문에 소송 사건이 제기될 경우 경찰관의 두 가지 판단 모두를 재량권 행사로 보아 실질적으로 그 위법을 가리기 어렵게 된다.

앞서 우리 대법원도 "재량적 판단"이라는 용어를 사용하는 것이 요건규정에 대한 법해석과 후술하는 효과규정에 대한 재량권 행사를 혼동하는 것으로서 비판의 여지가 있다는 것도 바로 그런 의미라고 할 수 있다. 이와 같이 재량권의 본질을 행정법규의 요건규정에 존재하는 것으로 이해하는 요건재량설은 사법심사의 가능성과 범위를 사실상 봉쇄하는 결과로 이어지기 때문에 요건재량설을 비판하면서 등장한 재량이론이 효과재량설이다. 효과재량설은 행정법규의 요건규정에 사용된 불확정개념에 대한 해석은 인간의 대뇌에서 이루어지는 법해석, 법인식작용에 해당하는 것으로서 재량의 본질은 ~~ 할 수 있다는 효과규정에 존재하는 것으로 이해한다.

따라서 경찰관직무집행법 제5조로 돌아가서 경찰관이 행하는 각 호의 행위 즉 1. 그 장소에 모인 사람, 사물(事物)의 관리자, 그 밖의 관계인에게 필요한 경고를 하는 것 2. 매우 긴급한 경우에는 위해를 입을 우려가 있는 사람을 필요한 한도에서 억류하거나 피난시키는 것 3. 그 장소에 있는 사람, 사물의 관리자, 그 밖의 관계인에게 위해를 방지하기 위하여 필요하다고 인정되는 조치를 하게 하거나 직접 그 조치를 하는 것이 바로 재량권 행사이며 이는 인간의 손과 발로서 이루어지는 행위, 즉 적극적 작위 혹은 소극적 부작위를 의미한다. 사법심사의 가능성과 범위와 관련하여 경찰관의 각 호에 규정된 행위 또는 부작위가 비례의 원칙이나 평등의 원칙 등을 위반하는 경우 법원은 그 위법을 인정하고 필요한 권리구제를 선언할 수 있다. 결국 재량권 행사의 본질이 역사적으로 요건재량설에서 효과재량설로 발전한 것은 사법심사의 가능성과 그 범위를 확장하려는 사법부의 재판행위와 밀접한 관련을 맺고 있다.

2. 판단여지설, 대체가능성설

불확정개념(unbestimmter Rechtsbegriff)과 판단여지설(Beurteilungsspielraumslehre)은 제2차 세계대전 이후 독일에서 Bachof와 Ule 등에 의하여 주장되었으며, 행정법규의 요건판단에 대한 행정청의 전문적인 판단의 여지를 인정하고 그에 대한 제한된 사법심사의 가능성으로 특징지워진다. 판단여지설은 우선 법규의 요건판단은 법해석 과정이지 재량 문제가 아니며, 따라서 재령권 행사는 법적 효과와 관련되는 것이라는 점에서 행정재량의 본질을 효과재량설과 같이 법규의 효과부분에 존재한다고 이해한다. 따라서 재량의 본질에 대한 이해에 있어서 효과재량설과 맥락을 같이한다면 양자는 구체적으로 어떠한 차이를 보이는 것일까?

효과재량설은 재량권의 본질을 행정법규의 효과규정에 존재하는 것으로 이해하므로 재량권 행사의 법적 하자도 역시 재량권 행사 또는 불행사가 법적 한계를 일탈하거나 남용된 경우에 비로소 그 위법 여부를 가릴 수 있다. 반면에 판단여지설에 따르면 재량권 행사의 적법 여부는 법원이 효과면에서 심사할 수 있는 것이기는 하지만 재량권 행사의 위법 여부와는 별도로 법규의 요건판단을 그르치는 경우에도 바로 그 위법을 인정할 수 있다. 법원은 효과부분에서 행정청의 재량권 행사의 위법 여부와 함께 요건규정의 불확정개념을 해석함에 있어서 오류가 있는 경우에도 역시 그 위법을 인정할 수 있다는 점에서 일종의 two track 사법심사가 이루어질 수 있다는 의미이다.

앞서 언급한 바와 같이 최근 우리나라 대법원은 행정법규의 요건 해석이나 평가 등에 대한 문제를 재량권 행사와 혼동하지 않고 정확하게 "전문적 판단"이라는 용어를 사용하여 요건해석의 위법 여부에 대한 독자적인 심사를 하겠다는 의지를 보이고 있다 "행정청이 관계 법령이 정하는 바에 따라 고도의 전문적이고 기술적인 사항에 관하여 전문적인 판단을 하였다면, 판단의 기초가 된 사실인정에 중대한 오류가 있거나 판단이 객관적으로 불합리하거나 부당하다는 등의 특별한 사정이 없는 한 존중되어야 한다"(대법원 2022. 9. 16. 선고 2021두58912 판결). 다시 말해서, 불확정개념에 대한 판단여지는 "불확정"(unbestimmt)이기는 하지만 "법적 개념"(Rechtsbegriff)에 인정되는 것이기 때문에 행정청의 자유롭고 방만한 판단까지를 모두 허용하는 것은 결코 아니다.

그러므로 행정청은 행정법규의 요건에 불확정개념이 사용된 경우 자신의 모든 경험, 지식, 정보를 바탕으로 신중하고 객관적이며 합리적인 판단을 내려야 한다. 만약, 이러한 상황이 무시되고 자의적이며 방만한 판단은 그 자체가 위법하며 사법적 심사의 대상이 된다. 이해를 돕기 위하여 초등학교 하교 길에 출현한 맹견을 예로 들어 보자. 경찰관직무집행법 제5조의 요건판단 시에 반드시 고려되어야 할 사항은 어떤 것들인가? 만약 당해 경찰관이 수일 전에도 동일한 장소에서 맹견이 초등학생을 공격하여 병원에 입원한 사실을 알고 있다고 가정하자. 이러한 객관적 정보는 경찰관의 법적 요건판단에 있어서 반드시 고려되어야 할 사항이며, 만약 이런 정보나 경험, 사전 지식에도 불구하고 이러한 사건이 단순히 "운이 없어서 당한 일이려니" 판단하거나 요즈음 초등학생들의 신체적 능력을 과신하여 그 정도의 위험은 스스로 해결할 수 있다고 판단한다면, 이는 자의적이며 방만한 판단으로서 위법하며 사법적 심사의 대상이 된다.

만약, 이와 같이 초등학생들의 생명이나 신체와 같은 중요한 법익침해가 이미 현실화하거나 임박했음에도 불구하고 경찰관이 필요한 행동을 취하지 않는 경우에는 재량권의 위법한 불행사가 위법한 것으로 판단되어 사법적 심사의 대상이 되는 것과는 별도의 문제이다. 다시 말해서 판단여지설은 효과재량설과는 달리 요건판단 부분에 또 하나의 사법적 심사의 가능성을 열어둠으로써 불확정개념이나 전문적 사항에 대한 판단과 효과부분의 재량권 행사에 대하여 "이중적 통제의 메커니즘"을 갖게 되는 것이다. 그러므로 판단여지설은 비록 불확정개념에 대한 법해석이기는 하지만 고도의 적법한 판단을 요구하는 법이론이기 때문에 독일의 경우 행정청의 모든 판단에 대하여 완전한 사법심사가 가능한 것이 원칙이고 일부 예외적으로 판단여지가 인정되는(Ausnahmecharakter vom Beurteilungsspielraum) 영역이 있다는 것이 일반적인 견해이다.

따라서 법원은 행정청이 불확정개념을 대상으로 전문적인 판단여지를 가지고 있는 경우에도 다음 사항에 대하여 엄격한 사법심사를 하여야 한다. 1. 행정청이 행정절차법의 일반적 규정과 특정 사안에 적용되는 특별한 규정을 준수하였는지 2. 행정청의 사실인정이 올바르게 이루어진 것인지 3. 행정청이 일반적으로 인정되는 판단의 기준을 준수하였는지 4. 행정청의 판단이 불합리한 기준에 따라 이루어진 것인지 5. 행정청의 판단이 평등원칙을 준수하였는지. 그런데 판단여지설은 신중하고 객관적인 행정청의 법적 판단을 요구함으로써 결과적으로 이러한 과정을 거친 행정청의 법적 판단이나 불확정개념의 해석에 대하여 고도의 적법성을 부여하게 된다. 그러므로 이러한 행정청의 판단이 사법심사의 대상이 되는 경우에도 법원은 행정청의 법적 판단이 구체적인 상황에서 고려하여야 하는 모든 중요한 사안에 대한 검토를 통하여 객관적으로 도출될 수 있는 것인지의 여부에만 심사범위를 제한한다.

따라서 요건부분에 대한 판단 그 자체와 사실인정에 대해서는 행정청의 판단여지를 존중하고 사법적 심사를 행정청의 판단으로 대체할 가능성이 존재하는 것이다. 독일의 Ule 교수는 이른바 대체가능성설(Vertretbarkeitslehre)을 제시하였는데 이는 행정청의 적법하고 전문적인 판단에 대하여 완화된 사법심사의 가능성을 인정하는 견해로서 특히 독일 연방행정법원의 판례에 따라서 다음 영역에서 수용되었다. 1. 시험성적 평가 및 학교에서 유사한 사안의 평가 2. 공무원에 대한 상급자의 근무평정 3. 환경법과 경제법 영역에서 행정청의 전문적 예측 또는 위험에 대한 평가 4. 행정위원회 등 합의제 행정관청의 전문적 평가 5. 행정정책적 결정. 물론 이러한 영역에서도 법원은 위에서 언급한 절차적 규정 등의 준수 여부에 대하여 꼼꼼한 사법심사를 행한다.

V. 에필로그—해설 및 평론

입법의 본질이 일반, 추상성이라는 점을 고려한다면 그 내용 역시 불확정하거나 모호한 경우가 대부분이라고 하여도 과언이 아니다. 어떻게 보면 추상성과 모호성이 입법자의 진정한 의사라면 이를 해석하고 적용하는 것은 행정법규를 집행하는 행정부의 몫이라고 생각할 수 있다. 행정법규가 의식적으로 행정청에게 재량권을 부여하는 경우에는 더욱 그렇다. 하지만 행정부의 법률해석으로 인하여 권리를 침해당했다고 주장하는 국민이 소송을 제기하는 경우 권력분립원칙에 따라서 최종적으로 법원이 이를 심사하기 때문에 법률해석을 둘러싼 행정부와 사법부간의 줄다리기 싸움은 행정법 분야에서 매우 흔한 문제라고 할 수 있다.

위에서 논의한 우리나라와 독일의 재량이론, 판단여지, 대체가능성설, 미국의 행정청 존중 및 쉐브론 원칙과 같은 법리들은 행정법규의 해석을 대상으로 하는 행정부와 사법부 간의 조화로운 권력 배분을 위한 이론이라고 할 수 있다. 독일의 경우에도 연방행정법원의 판례가 불확정개념에 대한 행정청의 판단여지를 인정하기도 하고 때로는 이를 부인하기도 하면서 행정법규의 해석권한을 행정청과 법원 사이에 적절하게 배분하는 듯한 인상을 보이고 있다. 결과적으로 입법자가 행정법규의 요건규정에 불확정개념을 사용하여 행정청에게 판단여지를 부여하거나 효과규정에 재량권을 부여하는 것은 입법의 한계상황과 행정부의 전문성을 활용과 유연한 법집행을 하기 위하여 불가피한 측면이 있기 때문에 행정청의 판단이 합리적이고 객관적이라면 일정 부분 이를 존중할 수밖에 없는 것이 권력분립의 현실이라고 할 수 있다.

따라서 불확정개념과 재량권 행사에 대한 전면적이고 엄격한 사법심사는 입법자의 의사에 배치되며 행정부의 전문성 활용이라는 실천적 측면에도 어긋나는 측면이 있다. 다만, 국민의 실효적인 권리구제와 재판청구권을 효율적으로 보장하기 위해서 행정청의 법률해석이 불합리하거나 일반적으로 수인할 수 있는 한도를 넘어서 자의적인 것으로 판단되면 법원이 개입하는 것 역시 불가피하다. 따라서 행정청의 재량, 판단여지에 대한 존중과 엄격한 사법심사라는 원칙 사이에서 일종의 지혜로운 줄타기를 할 수 있도록 법원이 사법심사에 대한 운용의 묘를 발견하는 것이 중요하다. 이는 원리와 원칙의 문제라기보다는 현실과 운영의 측면에 더욱 강하게 나타나는 것으로도 볼 수 있다.

미국 연방대법원도 Loper Bright 사건에서 쉐브론 원칙을 파기한 것이기는 하지만 이는 1단계 및 2단계 심사라는 매우 경직된 쉐브론 원칙의 frame 내지 scheme을 파기한 것이지 행정청 존중이라는 보다 근본적인 원칙을 부인한 것은 아니다.

대체로 학자들은 Loper Bright 판결 이후에도 여전히 skidmore 존중 정도의 일반적인 행정청 존중원칙은 여전히 행정법의 일반적 현상으로 남아있을 수밖에 없을 것으로 예상하고 있다.

제3장 행정입법 – 법규명령과 행정규칙

Ⅰ. 행정입법

1. 필요성

우리 헌법 제40조는 "입법권은 국회에 속한다"고 규정하고 있어서 표면적으로 보면 국민의 자유와 권리에 대한 규제나 제한을 위한 법규제정권을 국회가 독점하고 있는 것으로 이해할 수 있다. 하지만, 오늘날 행정법관계는 광범위한 분야에서 다양한 문제를 규율하기 때문에 국회가 법률을 통하여 행정상 권리와 의무관계를 모두 규율한다는 것은 사실상 불가능에 가깝다. 예를 들어 환경 분야만 해도 이러한 국회 입법의 한계 상황을 경험적으로 살펴볼 수 있다. 대기환경을 오염시키는 물질의 배출허용기준을 정하는 문제는 일반 국민은 물론 사업활동을 행하는 기업이나 사업자의 권리와 의무에 직접적인 영향을 미치는 중대한 사안이라고 할 수 있다. 대기환경보전법상 배출허용기준을 초과하여 사업활동을 하는 경우 관할 행정청은 사업자를 대상으로 개선명령, 조업정지, 과징금 부과 등을 통하여 대기환경을 일정한 수준으로 보전하고 유지하려고 하기 때문에 국회는 대기환경보전법에 일정한 배출허용기준을 정하게 된다.

실제로 대기환경보전법 제16조 제1항에 따라서 대기오염물질배출시설에서 나오는 대기오염물질의 배출허용기준은 환경부령으로 정한다. 이와 같이 대기오염물질에 대한 배출허용기준을 정하는 문제는 1차적으로 법률에 근거를 두고 있지만 구체적인 배출허용기준은 환경부장관의 부령인 대기환경보전법 시행규칙으로 정하도록 한 것이다. 그 이유는 무엇일까? 대기오염물질의 종류와 허용기준을 정하는 문제가 고도의 기술적인 측면이 있기 때문에 이를 모두 법률로서 규정하는 것은 불가능에 가까운 것이고 시대적 상황에 따라서 수시로 변할 수 있는 규율대상을 고려한다면 국회보다 전문성을 가지고 있는 환경부장관으로 하여금 대기오염물질의 종류와 배출허용기준을 정하도록 한다면 행정의 유연성을 확보하는 데에도 도움이 될 것이다. 물론 이는 행정의 전문성과 유연성, 규율 대상의 기술적 특성만을 고려하는 것은 아니며 법률을 개정하지 않고도 환경부장관의 부령인 시행규칙으로 대기오염물질과 배출허용기준을 정하도록 하여 대기오염물질에 대한 신속하고 효과적인 규제가 이루어지도록 함으로써 궁극적으로는 국민의 건강과 대기환경을 보호하기 위함이다.

이와 같이 현대 행정국가에서 법률과 더불어 시행령이나 시행규칙과 같은 이른바 법규명령은 행정법의 다양한 규율대상을 고려할 때 불가피한 측면이 있기 때문에 우리 헌법은 제40조의 입법권을 국회에 부여함과 동시에 제75조와 제95조에서 대통령과 국무총리 및 행정 각부의 장관에게 대통령령, 총리령, 부령을 발할 수 있는 실질적인 입법권한을 부여하고 있다. 그런데 대통령과 행정청은 법률이 일정한 사항을 정하도록 위임하는 경우에만 행정입법권을 행사하는 것이 아니라 법률의 위임이 없이 행정청 자신의 내부적인 업무를 처리하기 위해서 스스로 일정한 입법권을 행사하는 경우도 있다. 예를 들어 환경부장관은 대기환경을 보호하기 위하여 대기환경보전법 제3조 제1항에 따라서 전국적인 대기오염 및 기후·생태계 변화유발물질의 실태를 파악하기 위하여 환경부령으로 정하는 바에 따라 측정망을 설치하고 대기오염도 등을 상시 측정하여야 한다.

그런데 환경부장관이 어느 장소를 택하여 어느 정도 규모의 측정망을 설치할 것인가 하는 문제는 법률이 위임한 사항이라기보다는 자신의 판단에 따라서 대기환경의 보전이라는 자신의 업무를 스스로 수행하는 과정에서 최적의 장소와 시설을 선택하는 문제에 불과하고 이것이 국민의 자유와 권리에 본질적이고 중요한 영향을 미치는 사항에도 해당한다고 볼 수 없다. 이와 같이 행정청이 법률의 위임을 받지 않고 스스로 자신의 업무를 처리하기 위하여 제정한 자율적인 규정을 행정규칙이라고 부르며, 이는 국민의 자유와 권리에 대한 일정한 사항을 규정할 수 없다는 의미에서 대통령령 등 실질적 입법행위에 비하여 법규로서의 성격을 가지지 않는 것이 원칙이다.

2. 한계

대통령이 대통령령을 발할 수 있도록 권한을 부여한 헌법 제75조에 따라서 대통령은 법률에서 구체적으로 범위를 정하여 위임받은 사항과 법률을 집행하기 위하여 필요한 사항에 관하여 대통령령을 발할 수 있다. 그리고 헌법 제95조는 "국무총리 또는 행정각부의 장은 소관사무에 관하여 법률이나 대통령령의 위임 또는 직권으로 총리령 또는 부령을 발할 수 있다"고 규정하고 대통령과 국무총리, 행정각부의 장관에게 각각 대통령령, 총리령, 부령을 발할 수 있는 실질적인 입법권한을 부여하고 있음을 언급하였다. 그런데 특히 헌법 제75조를 상세히 살펴 보면 대통령은 대통령령을 발하는 경우에도 "법률에서 구체적으로 범위를 정하여 위임받은 사항"에 한한다는 헌법적 제한을 두고 있음을 알 수 있다. 이는 일정 부분 대통령에게 실질적인 입법권한을 부여하는 경우에도 반드시 법률에서 구체적으로 위임한 범위와 사항에 대해서만 대통령령을 발할 수 있는 헌법적 한계를 명시한 것으로 볼 수 있다.

따라서 대통령에게 대통령령을 발할 수 있도록 위임하는 법률은 반드시 구체적인 사항에 대한 위임을 의미하며 이른바 포괄위임이나 백지위임은 금지된다. 그 이유는 포괄위임이나 백지위임이 허용되는 경우 행정부가 실질적으로 국회의 입법권을 행사하는 결과가 되기 때문에 권력분립원칙에 반하기 때문이다. 그리고 헌법 제95조는 부령에서의 위임근거를 마련하면서 '구체적으로 범위를 정하여'라는 문구를 사용하고 있지는 않지만 법률의 위임에 의한 대통령령에 가해지는 헌법상의 제한은 당연히 법률의 위임에 의한 부령의 경우에도 적용된다. 따라서 법률로 부령에 위임을 하는 경우라도 적어도 법률의 규정에 의하여 부령으로 규정될 내용 및 범위의 기본사항을 구체적으로 규정함으로써 누구라도 당해 법률로부터 부령에 규정될 내용의 대강을 예측할 수 있도록 하여야 한다.

이와 같이 이른바 위임입법이나 법규명령의 경우 포괄위임금지원칙이 중요한 문제로 등장하는데 비하여 행정규칙은 일반적으로 법규성을 부정하지만 예외적으로 행정규칙이 법령의 위임을 받거나 그 내용을 보충하는 경우에는 이를 법규명령과 같은 것으로서 법규성을 인정하여야 할 것인지 하는 문제가 제기된다. 형식은 행정규칙이지만 실질적으로는 법규명령으로서의 효력을 가지는 규범으로서 법규성이 있는가를 가려내는 것은 후술하는 바와 같이 법률적으로 상당한 난제라고 할 수 있다.

Ⅱ. 법규명령과 포괄위임금지

1. 대법원 2015. 8. 20. 선고 2012두23808 전원합의체 판결[조정반지정거부처분]

1) 판결 요지

세법은 그 내용이 복잡하기로 악명이 높다. 특히 납세자가 자신의 소득 등에 대하여 이를 신고하는 방식이나 내용 역시 복잡하며, 이는 법률뿐만 아니라 대통령령인 시행령과 부령인 시행규칙에 복잡한 방식으로 위임되어 있다. 이 사건은 법인의 소득에 대한 법인세 신고를 할 경우 기업회계상 당기 순이익을 기초로 법인세법상의 각 사업연도 과세소득을 계산하여 기록하는 문서인 세무조정계산서를 법으로 세무사 등 외부의 전문기관이나 전문가가 작성하도록 강제하는 조항에 대하여 원고가 문제를 제기한 것에서 시작되었다. 문제의 핵심은 관련 법령이 세무사만이 세무조정계산서를 작성할 수 있도록 하고 변호사(세무사 자격이 있어도 세무사로서 등록하지 않는 변호사) 등의 전문가는 여기에서 제외했다는 직역간의 다툼이라고 할 수 있다.

법인세법 제60조 제1항은 "납세의무가 있는 내국법인은 각 사업연도의 종료일이 속하는 달의 말일부터 3개월 이내에 대통령령으로 정하는 바에 따라 그 사업연도의 소득에 대한 법인세의 과세표준과 세액을 납세지 관할 세무서장에게 신고하여야 한다."고 규정하고, 제2항은 "제1항에 따른 신고를 할 때에는 그 신고서에 다음 각 호의 서류를 첨부하여야 한다."고 하면서 그 제2호에서 '대통령령으로 정하는 바에 따라 작성한 세무조정계산서'를 들고 있다. 나아가 법인세법 시행령 제97조 제9항은 "기획재정부령으로 정하는 법인의 경우 법 제60조 제2항 제2호에 따른 세무조정계산서는 세무사(세무사법 제20조의2에 따라 등록한 공인회계사 및 변호사를 포함한다)가 작성하여야 한다."고 규정하면서, 법인세법 시행령 제97조 제10항은 "제9항에 따른 세무조정계산서를 작성할 수 있는 세무사의 요건에 관하여 필요한 사항은 기획재정부령으로 정한다."고 규정하고 있다.

그 위임에 따라 법인세법 시행규칙 제50조의2는 직전 사업연도의 수입금액이 70억 원 이상인 법인 및 주식회사의 외부감사에 관한 법률 제2조에 따라 외부의 감사인에 의한 회계감사를 받아야 하는 법인뿐 아니라 직전 사업연도의 수입금액이 3억 원 이상인 법인 중 일정한 요건을 충족한 법인 등에 대하여 법인세법 시행령 제97조 제9항이 정하는 위 '세무사'가 세무조정계산서를 작성하도록 강제하고 있고, 구 법인세법 시행규칙(2014. 3. 14. 기획재정부령 제409호로 개정되기 전의 것, 이하 '구 법인세법 시행규칙'이라고 한다) 제50조의3은, 제1항에서 법인세법 시행령 제97조 제9항에 따라 세무조정계산서를 작성할 수 있는 '세무사'는 지방국세청장의 지정을 받은 조정반에 소속된 세무사로 하고, 제2항에서는 위 조정반은 2명 이상의 세무사, 세무법인 또는 회계법인으로 하되, 세무사는 2개 이상의 조정반에 소속될 수 없다고 규정하면서, 제3항 및 제4항에서는 위 조정반 지정을 받으려는 자는 관할 지방국세청장에게 조정반 지정 신청을 해야 하고, 이러한 신청을 받은 지방국세청장은 신청인에게 그 지정 여부를 통지하도록 정하고 있다.

원고는 세무사 자격은 가지고 있지만 세무사로서 등록하지 않은 변호사로서 구 법인세법 시행규칙 제50조의3 등에 근거한 세무조정반 지정신청을 받아들이지 않은 피고 대구지방국세청장의 2011. 12. 26.자 거부처분이 위법함을 다투면서, 위 각 시행규칙 조항이 조정반 지정의 대상범위에서 법무법인을 제외한 것은 헌법상 평등원칙에 반하고 상위 법령의 위임범위를 벗어나 무효라고 주장하였다.

2) 해설 및 평론

(1) 세무조정계산서의 기능과 납세자의 부담

이 사건 모법조항에서 납세의무자가 납세의무의 이행을 위한 신고를 하면서 신고서에 첨부하도록 한 서류인 세무조정계산서 또는 조정계산서(이하 통칭하여 '세무조정계산서'라고 한다)는 기업회계와 세무회계의 정확한 조정 등을 위하여 작성하는 서류 또는 수입금액 및 필요경비의 귀속시기, 자산·부채의 취득 및 평가 등 소득금액을 계산할 때 법과 기업회계의 차이를 조정하기 위하여 작성하는 서류로서, 납세의무자가 이 사건 모법조항에 의한 신고 시에 세무조정계산서를 첨부하지 아니하면 납세신고가 수리되지 않을 뿐만 아니라 신고하지 아니한 것으로 간주되어 (법인세법 제60조 제5항, 소득세법 제70조 제4항), 세무조사의 대상 또는 무신고 가산세 부과 대상(국세기본법 제47조의2, 제81조의6 제3항 제1호)이 될 수 있다. 이러한 세무조정계산서는 성질상 납세의무자 본인이 작성할 수 없는 것이라고는 할 수 없는데도 이 사건 시행령 조항은 성실한 납세를 위하여 필요하다는 이유로 납세의무자 중 기획재정부령이 정하는 자에 대하여 세무조정계산서의 작성을 외부전문가에게 맡기도록 강제하고 있다.

이는 결국 납세의무자의 신고납세의무 이행에 있어서 스스로 이행할 수 없는 행위의무를 추가적으로 부담시키는 것으로서 신고의무 이행에 필요한 중요한 사항에 해당한다. 외부세무조정제도를 강제하게 되면 납세의무자는 외부전문가에게 세무조정계산서의 작성을 의뢰하는 과정에서 추가적인 경제적 부담을 지게 되고, 이 사건 시행령 조항에 의해 외부세무조정이 강제되는 대상자의 범위도 매우 넓어 납세의무자의 재산권을 제한하는 정도가 단순히 간과될 수 있을 만큼 경미하다고 볼 수 없다. 더욱이 납세의무자가 세무 관련 전문지식을 가지고 있거나 사업체 내부에 전문 인력을 보유하고 있어 외부전문가에게 세무조정계산서의 작성을 맡길 의사나 필요가 없는 경우에도 납세의무자 스스로 세무조정계산서를 작성할 기회가 원천적으로 차단되므로, 재산권 및 계약의 자유 등 일반적 행동자유권에 대한 제한이 상대적으로 더 가중되는 측면이 있다. 이러한 여러 사정들을 고려하면 외부세무조정제도의 도입 여부는 단순히 납세의무의 형성에만 관련된 문제가 아니라 국민의 기본권 보장이나 실현과도 관련된 중요한 사항으로 봄이 타당하다.

(2) 포괄위임금지 위반

외부세무조정제도를 도입하는 경우에는 필연적으로 세무조정계산서의 작성을 전담하게 될 외부자의 범위를 정하게 된다. 현행법상 세무 관련 전문지식을 가지고 세무대리 업무를 할 수 있는 직역은 세무사 이외에도 공인회계사, 변호사 등이 있으므로(세무사법 제2조, 공인회계사법 제2조 제2호, 세무사법 제20조 제1항 단서, 변호사법 제3조 등), 외부자의 범위를 정함에 있어 각 전문 직역별 이해관계가 첨예하게 충돌·대립할 가능성이 크고, 그 범위 결정 여하에 따라 국민이 세무조정계산서 작성과 관련하여 부담하게 되는 비용의 수준에 영향을 미치게 될 것이므로, 사전에 관련 당사자들의 비판과 참여가능성이 보장된 공개적 토론과정을 통해 상충하는 이익 간의 공정한 조정 과정을 거쳐 투명하게 형성되어야 할 필요성이 크다. 따라서 이 사건 시행령 조항 및 이 사건 시행규칙 조항이 정하는 것과 같은 내용의 외부세무조정제도는 국민의 기본권 및 기본적 의무와 관련된 것으로서 법률에 의해 정해져야 할 본질적 사항에 해당한다고 할 것이므로, 이러한 제도를 채택하는 법률에서는 적어도 그 적용대상 및 세무조정업무를 맡게 될 '외부'의 범위 등에 관한 기본적인 사항을 직접적으로 규정하고 있어야 한다.

그런데 이 사건 모법조항에서는 단지 '대통령령으로 정하는 바에 따라 작성한' 세무조정계산서 등을 첨부해야 한다고만 정할 뿐, 외부세무조정제도에 관하여는 아무런 규정을 두고 있지 않으므로, 이 사건 모법조항이 외부세무조정제도를 규정하고 있다고 볼 수 없다. 이러한 경우 '대통령령으로 정하는 바에 따라 작성한'이라는 내용에 외부세무조정제도의 창설까지 포함되는 것으로 해석하는 것은, 법률로 정할 본질적 사항을 위임한 법률 조항 자체가 조세법률주의 원칙에 반하는 것이거나 포괄위임금지 원칙에 반하는 것이 되어 법률의 위헌성 문제가 제기되기 때문이다.

대법원은 이 사건에서 문제가 된 법률 조항이 위헌이라고 선언할 권한을 가지고 있지 못하다. 그 이유는 헌법 제107조 제1항에 따라서 법률이 헌법에 위반되는 여부가 재판의 전제가 된 경우에는 법원은 헌법재판소에 제청하여 그 심판에 의하여 재판하도록 하고 있어서 위헌법률에 대한 심사권은 헌법재판소가 갖기 때문이다. 그럼에도 불구하고 대법원은 헌법재판소에 제청하는 절차를 생략한 채 당해 법률조항의 위헌성을 "은근슬쩍" 지적하는데 그치고 있다. 하지만, 실질적으로는 당해 법률조항이 위헌이라는 점을 우회적으로 확인한 것이다. 물론 대법원은 헌법 제107조 제2항에 따라서 법률의 하위규범인 명령, 규칙에 대한 심사권을 가지고 있기 때문에 이 사건에서 문제가 된 법인세법시행령과 시행규칙이 법률의 위임을 받지 않거나(법률의 유보), 법률이 위임한 범위를 벗어난 것으로 판단하여(법률의 우위) 위법, 무효이며, 위법, 무효인 시행령과 시행규칙에 근거하여 이루어진 조정반 지정 거부처분을 위법한 것으로 보고 취소하여 원고의 청구를 인용한 것이다.

2. 헌재 2022. 9. 29. 2021헌바3(화학물질관리법 제59조 제1호 위헌소원)

1) 사실관계와 청구인의 주장

청구인 홍○○은 니코틴 제조 및 판매 등을 하는 청구인 주식회사 ○○(이하 '청구인 회사'라 한다)의 대표이사이다. 청구인 홍○○은 2018. 5. 4.부터 같은 해 8. 29.까지 (R,S)-니코틴(CAS NO 22083-74-5)을 1% 이상 함유한 유독물질인 전자담배 액상을 제조하여 인터넷 쇼핑몰 주문자에게 택배로 발송·판매하는 등 유해화학물질을 택배로 발송하여 화학물질관리법을 위반하였다는 범죄사실로, 청구인 회사는 그 대표이사인 청구인 홍○○이 청구인 회사의 업무에 관하여 위와 같은 위반행위를 하였다는 공소사실로 각 기소되었다(인천지방법원 2020고정1086). 청구인들은 위 재판 계속 중 화학물질관리법 제59조 제1호 중 제13조 제6호에 관한 부분에 대하여 위헌법률심판제청신청을 하였다(인천지방법원 2020초기2774). 인천지방법원은 2020. 12. 9. 위 공소사실을 모두 유죄로 판단하여 청구인들에게 각 벌금 200만원을 선고하면서, 같은 날 청구인들의 위헌법률심판제청신청을 모두 기각하였다. 이에 청구인들은 화학물질관리법 제59조 제1호 중 제13조 제6호에 관한 부분이 헌법에 위반된다고 주장하며, 2021. 1. 6. 이 사건 헌법소원심판을 청구하였다.

청구인들의 주장에 따르면 심판대상조항은 긴급한 필요가 있거나 미리 법률로써 자세히 정할 수 없는 부득이한 사정이 있는 경우가 아님에도 형사처벌의 구성요건을 하위법령에 포괄적으로 위임하여 죄형법정주의 및 포괄위임금지원칙에 위반된다. 또한 화학물질관리법의 입법목적, 구 화학물질관리법 시행규칙(2017. 5. 30. 환경부령 제701호로 개정되고, 2019. 11. 29. 환경부령 제831호로 개정되기 전의 것, 이하 연혁에 관계없이 '화학물질관리법 시행규칙'이라 한다) 제8조 별표 1 제30항 중 '택배'에 관한 부분의 개정 취지 등에 비추어 보면, 심판대상조항은 이 사건에서 문제되는 바와 같은 저농도 니코틴의 택배 운반을 금지하고자 하는 것이 아니고, 저농도 니코틴의 경우 운반 과정에서 화재, 폭발 등의 위험 발생 가능성이 낮고 범죄 등에 사용될 수 있을 정도의 농도가 아니어서 규제의 필요성이 존재하지 않으며, 과태료 부과 등 형사처벌보다 경미한 다른 제재 조치를 통해서도 입법목적을 충분히 달성할 수 있는바, 심판대상조항은 과잉금지원칙에도 위반된다.

2) 해설 및 평론

심판대상조항은 유해화학물질의 안전관리를 위하여 필요하다고 인정되는 사항을 환경부령에 위임하여 범죄의 구성요건에 해당하는 사항을 하위법령에서 정할 수 있게 하였는바, 이것이 죄형법정주의 내지 포괄위임금지원칙에 위반되는지 여부가 문제된다. 특히 중요한 것은 환경부령인 시행규칙에서 범죄와 처벌의 구성요건으로서 "유해화학물질을 우편 또는 택배로 보내지 말 것"을 규정한 것이다. 헌법재판소는 죄형법정주의 및 포괄위임금지원칙과 관련하여 위임의 필요성과 예측가능성이라는 기준을 제시하고 있다. 우선 위임의 필요성에 대하여 헌법재판소는 "유해화학물질은 화학물질 중 유해성 또는 위해성이 있거나 그러할 우려가 있는 물질로서 같은 유해화학물질이라 하더라도 방사성, 폭발성, 자연 발화성, 독성 등 그 성질이 다양하고, 해당 물질이 고체인지, 액체 또는 기체인지 등 그 상태에 따라 유해화학물질 취급자가 고려하여야 할 사항이 다르다. 또한 제조, 보관·저장, 운반, 사용 등의 각 과정마다 추가적으로 준수하여야 할 기술적 사항도 있다. 이처럼 유해화학물질의 종류와 성질, 용도 등에 따라 유해화학물질의 취급기준 역시 그 범위가 넓고 내용이 다양하므로, 이를 법률에 일일이 규정하는 것은 입법기술상 곤란하다.

또한 유해화학물질의 안전한 관리를 위하여 필요한 사항은 일반화학, 화학공학 등에 관한 기본적인 지식은 물론 산업현장의 현실까지 함께 고려하여 정해져야 하므로 그 내용이 전문적이고 기술적일 수밖에 없고, 과학기술의 발전에 따라 화학물질의 종류와 범위가 빠른 속도로 증가하고 있으므로 유해화학물질 취급기준 역시 새로운 유해화학물질의 등장에 대응하여 변화할 필요가 있다. 이러한 사정을 종합하여 보면, 유해화학물질의 안전관리를 위하여 필요한 사항의 구체적·세부적 내용을 법률에서 모두 규정하기보다는 행정입법에서 이를 탄력적으로 규율하도록 위임할 필요성이 인정된다"고 하여 유해화학물질의 종류 및 취급기준 등은 전문적 사안이고 과학기술의 발전에 따라서 빠른 속도로 증가하고 있다는 점 등을 고려한다면 국민의 자유와 권리에 직접적인 영향을 미치는 부분은 법률에서 직접 규정하되 구체적·세부적 내용은 행정입법에서 탄력적으로 규율할 필요성을 강조하고 있다.

앞서 언급한 바와 같이 유해화학물질에 대한 관리는 매우 전문적이고 기술적인 사안에 해당한다. 물론 이 사건에서는 시행규칙을 통하여 비로소 처벌의 구성요건이 정해지는 것이기 때문에 죄형법정주의원칙과 포괄위임금지원칙에 반한다는 주장이 제기될 수 있다. 하지만 헌법재판소도 밝히고 있는 바와 같이 유해화학물질의 종류, 관리기준 등은 과학이나 관련 분야에서 발전의 속도가 빠르고 그에 상응하는 규제의 필요성 역시 시급을 요하는 경우도 많이 있기 때문에 이를 모두 법률로서 직접 규정하는 것은 현실적으로 가능하지 않다. 또한 새로 출현하는 유해화학물질에 대한 규제가 적기에 이루어지지 못하는 경우 그 피해는 고스란히 국민에게 돌아가고 법률의 개정을 기다리는 경우 이미 회복하기 어려운 손해가 발생할 가능성이 크기 때문에 법률의 하위규범인 행정입법으로 이를 규율할 필요성과 정당성이 있는 것이다. 심지어 유해화학물질의 규제와 관련하여 시행령이나 시행규칙과 같은 위임입법 이외에 행정청이 스스로 제정한 관리 내지 취급기준 등 행정규칙에 의거하여 사업자 등에 대한 일정한 규제가 이루어지는 경우도 상당 부분 존재한다. 이 경우 이러한 행정규칙의 법규성이나 대외적 구속력을 인정할 것인가 하는 문제는 행정규칙의 법규성 부분에서 다시 논의하기로 한다.

3. 헌재 2003. 9. 25. 2001헌가22(군인연금법 제21조 제5항 제2호 위헌제청)

1) 사실관계

제청신청인들이 군 퇴직 후 아시아나항공주식회사에서 근무하고 있는데, 위 회사가 군인연금법 제21조 제5항 제2호의 연금지급정지대상기관으로 새로 지정됨에 따라 국방부장관은 2000. 2.분부터 제청신청인들의 매월 퇴역연금액 중 2분의 1의 지급을 정지하였다. 제청신청인들은 국방부장관에게 위와 같이 지급정지된 퇴역연금액의 지급을 신청하였으나 국방부장관이 이를 거부하자, 법원에 위 거부처분의 취소를 구하는 소송(서울행정법원 2000구22467호)을 제기하고 심판대상 조항인 지급정지 조항 등에 대하여 위헌제청신청을 하였으며, 이에 법원은 위 조항 중 "국가·지방자치단체가 자본금의 '일부'를 출자한 기관 및 한국은행(이하 '정부투자기관'이라 한다)과 정부투자기관이 자본금의 '일부'를 출자한 기관"부분에 대하여 헌법재판소에 위헌심판제청을 하였다. 이 사건의 핵심적인 쟁점은 심판대상조항이 지급정지대상기관을 국방부령으로, 지급정지의 요건 및 내용을 대통령령으로 정하도록 위임하고 있으므로 포괄위임금지원칙의 위반 여부라고 할 수 있다.

2) 결정 요지

1. 퇴역연금수급권은 전체적으로 재산권적 보호의 대상이기는 하지만 기본적으로 그 목적이 퇴직 후의 소득상실보전에 있고 그 성격이 사회보장적인 것이므로, 퇴역연금수급권자에게 임금 등 소득이 퇴직 후에 새로 생겼다면 이러한 소득과 연계하여 퇴역연금 일부의 지급을 정지함으로써 지급정도를 입법자가 사회정책적 측면과 국가의 재정 및 기금의 상황 등 여러 가지 사정을 참작하여 폭넓은 재량으로 축소하는 것은 원칙적으로 가능한 일이어서 퇴역연금 지급정지제도 자체가 위헌이라고 볼 수는 없다.

2. 구체적인 지급정지대상기관을 국방부령으로 선별, 결정함에 있어서는 누구든지 예측가능한 일정한 기준이 있어야 함에도 불구하고 심판대상조항은 물론 그 밖의 어느 규정도 이에 관한 아무런 기준을 제시하지 아니함으로 말미암아 천태만상의 정부투자의 전범위에 결쳐 비록 아무리 투자의 비율 또는 규모가 작더라도 투자가 이루어지기만 하면 국방부령이 정하는 바에 따라 지급정지대상기관이 될 수 있게 위임의 범위가 너무 넓어져버렸고, 결과적으로 연금지급정지의 대상이 되는 정부투자·재투자기관의 확정을 실질적으로 행정부에 일임한 것이 되었다. 따라서 심판대상조항은 퇴역연금 지급정지의 대상이 되는 정부투자기관·재투자기관에 관하여 구체적으로 범위를 정하지 아니하고 포괄적으로 국방부령으로 정하도록 위임하여 헌법상 입법위임의 한계를 일탈한 것으로서 헌법 제75조 및 제95조에 위반된다.

3. 지급정지제도의 본질에 비추어 지급정지의 요건 및 내용을 규정함에 있어서는 소득의 유무뿐만 아니라 소득의 수준에 대한 고려는 필수적인 것임에도 불구하고 이 사건 심판대상조항은 이를 규정함에 있어 지급정지와 소득수준의 상관관계에 관하여 아무런 정함이 없이 대통령령에 포괄적으로 규정을 위임하고 있다. 나아가 퇴역연금 중 본인의 기여금에 해당하는 부분은 임금의 후불적 성격이 강하므로 재산권적 보호가 강조되어야 하는 점을 고려하여, '퇴역연금의 2분의 1의 범위 안에서'라는 구체적 범위를 정하여 위임하여야 함에도 불구하고 심판대상조항은 그러한 범위를 정하지 아니한 채 위임하고 있다는 점에서도 위헌이라고 보아야 한다.

따라서 심판대상조항은 퇴역연금 지급정지의 요건 및 내용에 관하여 구체적으로 범위를 정하지 아니하고 포괄적으로 대통령령으로 정하도록 위임하여 헌법상 입법위임의 한계를 일탈한 것으로서 헌법 제75조 및 제95조에 위반된다.

3) 해설 및 평론

군인이 퇴직하여 정상적인 상태에서 연금에 대한 수급권을 가지는 것은 연금수급권의 재산권적 성격으로 보아서 당연한 법적 결과라고 할 수 있다. 하지만, 군인이 퇴직 후 적어도 국가·지방자치단체가 자본금의 '일부'를 출자한 기관 및 정부투자기관이 자본금의 '일부'를 출자한 기관에 재취업하는 경우 국가의 재정이 투입되는 기관이라는 점에서 군인연금과 더불어 정부투자기관 등에서 일정한 급여를 받는다면 이중적으로 국가의 재정적 혜택을 누릴 가능성이 있다. 따라서 이러한 경우 군인연금재정에 대한 국가의 부담을 고려한다면 군인연금 수급권을 취업 기간 동안 그 지급을 정지하거나 유예하는 것은 정당한 사유가 존재한다고 볼 수 있다. 헌법재판소 역시 퇴역연금 지급정지제도 자체가 위헌이라고 볼 수는 없다는 견해를 제시하고 있다.

다만, 숫자를 헤아리기 어려울 정도로 많은 정지대상기관이나 지급정지에 대한 요건 및 구체적인 내용에 대해서는 법률로서 이를 규정함으로써 상대방인 국민에게 일정한 예측가능성을 부여하는 것이 중요하기 때문에 헌법재판소는 이러한 중요사항을 모두 대통령령이나 국방부령에게 포괄적으로 위임한 것은 헌법 제75조, 제95조가 금지하는 포괄위임에 해당한다고 본 것이다. 후술하는 바와 같이 헌법재판소는 이후 유사한 사건에서 모두 같은 취지로 결정하고 있는데, 군인의 노후를 보장하고 임금에 대한 후불제적 성격을 가지는 군인연금 제도의 취지를 고려할 때 매우 적절한 견해라고 할 수 있다.

4. 헌재 2003. 9. 25. 2000헌바94등(공무원연금법 제47조 제3호 위헌소원, 공무원연금법 제47조 제2호 위헌제청)

1) 사실관계

2000헌바94 사건의 경우 청구인들은 공무원 퇴직 후 1995. 5. 1.부터 근로복지공단의 직원으로 근무하고 있는데 위 복지공단이 공무원연금법 제47조 제3호의 연금지급정지대상기관으로 새로 지정되면서 공무원연금관리공단이 청구인들의 매월 퇴직연금액 중 2분의 1의 지급을 2000. 2.분부터 정지하였다. 청구인들은 공무원연금관리공단을 상대로 법원에 퇴직연금 지급거부처분 취소소송(서울행정법원 2000구29260호)을 제기하고 공무원연금법 제47조 제3호에 대한 위헌제청을 신청(2000아1324)하였으나 법원이 이를 기각하자 이 소원을 제기하였다.

또한 2001헌가21 사건에서 제청신청인들은 공무원 퇴직 후 아시아나항공주식회사에서 근무하고 있는데 위 회사가 공무원연금법 제47조 제2호의 연금지급정지대상기관으로 새로 지정되면서 제청신청인들의 매월 퇴직연금액 중 2분의 1의 지급을 공무원연금관리공단이 2000. 2.분부터 정지하였다. 제청신청인들이 공무원연금관리공단을 상대로 법원에 퇴직연금 지급거부처분 취소소송(서울행정법원 2000구22450호)을 제기하고 공무원연금법 제47조 제2호에 대한 위헌제청을 신청(2000아1346)하자 법원이 이를 받아들여 위헌심판제청을 하였다. 심판대상조항은 지급정지대상기관을 행정자치부령으로, 지급정지의 요건 및 내용을 대통령령으로 정하도록 위임하고 있으므로 포괄위임금지원칙의 위반 여부가 문제되었다.

2) 결정 요지

퇴직연금수급권은 전체적으로 재산권적 보호의 대상이기는 하지만, 이 제도는 기본적으로 그 목적이 퇴직후의 소득상실보전에 있고, 그 제도의 성격이 사회보장적인 것이므로, 연금수급권자에게 임금 등 소득이 퇴직 후에 새로 생겼다면 이러한 소득과 연계하여 퇴직연금 일부의 지급을 정지함으로써 지급정도를 입법자가 사회정책적 측면과 국가의 재정 및 기금의 상황 등 여러 가지 사정을 참작하여 폭넓은 재량으로 축소하는 것은 원칙적으로 가능한 일이어서 퇴직연금지급정지제도 자체가 위헌이라고 볼 수는 없다.

법 제47조 제2호의 경우 정부투자기관·재투자기관 중에서 그 일부를 대상으로 선별한다면 국회는 정부투자의 규모와 비율에 관한 일정한 기준을 먼저 법률로 정한 다음 그 범위 내에서 하위법규가 이를 선별하도록 위임하였어야 함에도 불구하고, 위 조항은 물론 그 밖의 어느 규정도 이에 관한 아무런 기준을 제시하지 아니함으로써 비록 아무리 투자의 비율 또는 규모가 작더라도 투자가 이루어지기만 하면 행정자치부령이 정하는 바에 따라 지급정지대상기관이 될 수 있게 되어 정부투자기관·재투자기관의 확정을 실질적으로 행정부에 일임한 것이 되었다.

또한 법 제47조 제3호의 경우 정부재정지원기관 중에서 그 일부를 대상으로 선별한다면 국회는 정부재정지원의 규모와 형태에 관한 일정한 기준을 먼저 법률로 정한 다음 그 범위 내에서 하위법규가 이를 선별하도록 위임하였어야 함에도 불구하고, 위 조항은 물론 그 밖의 어느 규정도 재정지원의 방식·형태·규모 등에 관한 아무런 기준을 제시하지 아니함으로써 비록 아무리 적은 규모라도 어떤 형태로든지 정부의 재정지원이 있기만 하면 행정자치부령이 정하는 바에 따라 지급정지대상기관이 될 수 있게 되어 정부재정지원기관의 확정을 실질적으로 행정부에 일임한 결과가 되었다.

결국 법 제47조 제2호 및 제3호는 연금지급정지의 대상이 되는 정부투자기관·재투자기관 및 정부재정지원기관에 관하여 구체적으로 범위를 정하지 아니하고 포괄적으로 행정자치부령에 입법을 위임하고 있는바 이는 헌법상 입법위임의 한계를 일탈한 것으로서 헌법 제75조 및 제95조에 위반된다. 지급정지제도의 본질에 비추어 지급정지의 요건 및 내용을 규정함에 있어서는 소득의 유무뿐만 아니라 소득의 수준에 대한 고려는 필수적인 것임에도 불구하고, 이 사건 심판대상조항은 이를 규정함에 있어 지급정지와 소득수준의 상관관계에 관하여 아무런 정함이 없이 대통령령에 포괄적으로 입법을 위임한 것으로서 헌법 제75조가 정하는 포괄위임금지의 원칙에 위반된다. 나아가 이 사건 심판대상조항은, 퇴직연금 중 본인의 기여금에 해당하는 부분은 임금의 후불적 성격이 강하므로 재산권적 보호가 강조되어야 하는 점을 고려하여, '퇴직연금 또는 조기퇴직연금의 2분의 1의 범위 안에서'라는 구체적 범위를 정하여 위임하여야 함에도 불구하고 그러한 범위를 정하지 아니한 채 위임하고 있다는 점에서도 위헌이라고 보아야 한다.

3) 해설 및 평론

이 사건은 앞서 살펴본 군인연금에 대한 헌법재판소의 결정과 유사한 쟁점을 가지고 있으며, 헌재의 결정 역시 유사한 내용으로 구성되어 있다. 퇴직 공무원이 재취업하는 경우 일정한 소득이 발생하고 취업한 기관이 정부투자기관·재투자기관 및 정부재정지원기관에 해당하고 공무원연금과 더불어 취업한 기관에서 일정한 급여를 받는다면 국가재정에 대한 이중의 부담을 줄 가능성이 있기 때문에 취업기간 동안 공무원연금의 전부 또는 일부에 대하여 지급을 정지하는 것은 상당한 공익적 사유가 존재하여 합헌성에 대한 추정을 받을 수 있다. 하지만, 정부투자기관·재투자기관 및 정부재정지원기관이 너무 많고 정부 재정지원의 규모도 천차만별임에도 불구하고 법률에 일정한 가이드라인도 없는 상태에서 대상 기관 지정 여부를 하위규범으로 정하도록 한 것은 헌법 제75조, 제95조가 규정하는 포괄위임금지원칙에 반한다. 또한 지급정지와 소득수준의 상관관계에 관하여 법률상 아무런 규정도 없이 이를 대통령령에 포괄적으로 위임하는 것 역시 헌법 제75조가 정하는 포괄위임금지의 원칙에 위반된다. 이러한 법적 상태와 헌재의 견해는 동일한 공적 연금으로서 공무원연금과 군인연금 간에 아무런 차이를 보이지 않는다는 것을 확인한 것으로 볼 수 있다.

Ⅲ. 행정규칙과 법규성, 대외적 구속력

1. 행정규칙의 의의

행정규칙(Verwaltungsvorschriften) 또는 행정명령(Verwaltungsverordnungen)이란 행정청이 자신의 내부적인 사무를 처리하기 위하여 상위 법령의 위임을 받지 않고 제정한 행정 자율적 규정이다. 그러므로 행정규칙은 상위 법령의 위임을 받아 제정된 법규명령과는 달리 대외적으로 국민을 대상으로 행정법관계를 규율하는 법규로서 효력을 인정할 수 없는 것이 원칙이며, 이것이 행정규칙에 대한 전통적인 견해라고 할 수 있다. 행정규칙은 행정의 위계조직체계에서 유래하는 자연적인 결과로서 특히 상급행정관청이 하급행정관청에게 업무처리와 직무감독의 필요성에 따라서 訓令(훈령)이나 例規(예규)와 같은 형식으로 행정규칙을 발하게 된다.

2. 행정규칙의 실질적 기능과 법규성에 대한 논란

1) 내부법으로서의 행정규칙

이와 같이 행정규칙은 전통적으로 행정 내부적인 법(Innenrecht)으로서 행정청 내부에서만 효력을 가지는 것이 원칙이며, 대외적으로 국민과의 행정법관계를 규율하는 법규로서의 성격이 부인되어 왔다. 행정규칙이 법규로서의 성격이 부인된다는 것은 행정규칙이 대외적 구속력을 가지지 않는다는 의미이며, 행정법관계에서 직접적으로 해석·적용되는 法源(법원)으로서의 성격이 또한 부인된다는 것을 말한다. 따라서 행정규칙에 위반된 행정작용은 원칙적으로 위법이 아니며, 법원은 재판과정에서 그 위반 여부를 조사하거나 행정규칙의 위헌·위법 여부를 심사할 필요도 없다. 이와 같이 전통적으로 행정규칙에서는 "비법규=대외적 구속력 부인=비법원성=비재판규범성"이라는 등식이 성립할 수 있었다.

2) 행정규칙의 실질적 기능과 사실상의 법규성

이러한 행정규칙에 대한 전통적인 이해에도 불구하고 오늘날 행정규칙은 행정법관계를 통하여 그 기능면에서 법령에 못지않은 중요한 비중을 차지하고 있다. 예를 들어 조세법률관계를 보도록 하자. 세무공무원이 조세의 부과 및 징수, 조세의 감면 또는 이를 위한 사전적인 조사활동을 위하여 근거 법령을 숙지하고 이에 따르는 행정활동을 하여야 함은 행정의 법률적합성원칙에 비추어 당연한 것이다. 그러나 근거 법령은 경우에 따라 추상적인 불확정개념을 사용하여 행정활동의 요건을 규정하거나 구체적인 과세권 행사를 함에 있어서도 그 여부를 당해 공무원의 재량사항으로 규정하기도 한다. 이러한 상황에서 당해 세무공무원은 추상적인 법령의 내용을 보다 구체화한 상급관청의 지시나 업무처리지침을 따르게 되며, 법령에 규정이 없거나 불충분한 경우에는 그 의존도가 더욱 커진다. 세법전을 펼쳐 보면 느끼는 일이지만 법률의 규정에 비하여 법규명령은 그 내용이 더욱 상세하며 국세청장의 훈령으로서 일종의 행정규칙인 기본통칙은 구체적인 문제에 대하여 매우 세밀한 규정을 두고 있음을 발견하게 된다.

그러므로 과세처분, 강제징수, 조세감면, 질문검사(세무조사) 등은 이러한 행정규칙에 의하여 행하여진다고 하여도 과언이 아니다. 행정규칙이 실제로 수행하는 기능과 역할이 이 정도에 이른다면 행정규칙의 법규성과 대외적 구속력을 부인하는 전통적인 견해는 확실히 재고의 여지가 있다. 특히 상위 법령이 일정한 사항을 고시 등 행정규칙에 위임하는 경우와 이와는 대조적으로 법령이 침묵을 지키거나 모호한 근거 규정만을 두는 경우에 행정규칙을 통한 법령보충작업은 불가피하다.

그러므로 이러한 행정규칙이 법령을 구체화하여 사실상 법규로서 효력을 갖는다는 사실을 쉽게 부인할 수 없으며, 자연스럽게 행정규칙의 법규성과 대외적 구속력의 문제가 제기된다. 이에 행정기본법은 법령 등의 범위에 법령과 자치법규를 포함시키고 다음과 같이 법령의 하나로 중앙행정기관이 정한 훈령, 예규, 고시 등 행정규칙을 규정하고 있다.[1)]

3. 행정규칙의 법규성 여부에 대한 판례

1) 법규성을 부인하는 판례

대법원 2019. 7. 11. 선고 2017두38874 판결[사증발급거부처분취소], 대법원 2019. 10. 31. 선고 2013두20011 판결[공무원지위확인], 대법원 1983. 6. 14. 선고 83누54 판결[자동차감차처분취소]

(1) 판결 요지

A. 상급행정기관이 소속 공무원이나 하급행정기관에 대하여 업무처리지침이나 법령의 해석·적용 기준을 정해 주는 '행정규칙'은 일반적으로 행정조직 내부에서만 효력을 가질 뿐 대외적으로 국민이나 법원을 구속하는 효력이 없다. 처분이 행정규칙을 위반하였다고 해서 그러한 사정만으로 곧바로 위법하게 되는 것은 아니고, 처분이 행정규칙을 따른 것이라고 해서 적법성이 보장되는 것도 아니다. 처분이 적법한지는 행정규칙에 적합한지 여부가 아니라 상위법령의 규정과 입법 목적 등에 적합한지 여부에 따라 판단해야 한다. 상급행정기관이 소속 공무원이나 하급행정기관에 하는 개별·구체적인 지시도 마찬가지이다. 상급행정기관의 지시는 일

---

1) 제2조(정의) 이 법에서 사용하는 용어의 뜻은 다음과 같다.
 1. "법령등"이란 다음 각 목의 것을 말한다.
  가. 법령: 다음의 어느 하나에 해당하는 것
   1) 법률 및 대통령령·총리령·부령
   2) 국회규칙·대법원규칙·헌법재판소규칙·중앙선거관리위원회규칙 및 감사원규칙
   3) 1) 또는 2)의 위임을 받아 중앙행정기관(「정부조직법」 및 그 밖의 법률에 따라 설치된 중앙행정기관을 말한다. 이하 같다)의 장 국회의장, 대법원장, 헌법재판소장, 중앙선거관리위원회위원장, 감사원장 등이 정한 훈령·예규 및 고시 등 행정규칙
  나. 자치법규: 지방자치단체의 조례 및 규칙

반적으로 행정조직 내부에서만 효력을 가질 뿐 대외적으로 국민이나 법원을 구속하는 효력이 없다. 대외적으로 처분 권한이 있는 처분청이 상급행정기관의 지시를 위반하는 처분을 하였다고 해서 그러한 사정만으로 처분이 곧바로 위법하게 되는 것은 아니고, 처분이 상급행정기관의 지시를 따른 것이라고 해서 적법성이 보장되는 것도 아니다. 처분이 적법한지는 상급행정기관의 지시를 따른 것인지 여부가 아니라, 헌법과 법률, 대외적으로 구속력 있는 법령의 규정과 입법 목적, 비례·평등원칙과 같은 법의 일반원칙에 적합한지 여부에 따라 판단해야 한다.

B. 그러나 행정규칙의 내용이 상위법령에 반하는 것이라면 법치국가원리에서 파생되는 법질서의 통일성과 모순금지 원칙에 따라 그것은 법질서상 당연무효이고, 행정내부적 효력도 인정될 수 없다. 이러한 경우 법원은 해당 행정규칙이 법질서상 부존재하는 것으로 취급하여 행정기관이 한 조치의 당부를 상위법령의 규정과 입법 목적 등에 따라서 판단하여야 한다.

C. 훈령이란 행정조직내부에 있어서 그 권한의 행사를 지휘감독하기 위하여 발하는 행정명령으로서 훈령, 예규, 통첩, 지시, 고시, 각서등 그 사용명칭 여하에 불구하고 공법상의 법률관계내부에서 준거할 준칙 등을 정하는데 그치고 대외적으로는 아무런 구속력도 가지는 것이 아니다.

(2) 해설 및 평론

위 판결은 행정규칙에 대한 전통적 이해를 바탕으로 행정규칙은 훈령, 예규, 통첩, 지시 등 그 명칭에도 불구하고 상위 법령의 위임을 받지 않고 행정청 내부의 사무처리를 위한 규정에 불과하기 때문에 국민의 권리와 의무를 대외적으로 규율하는 법규로서의 성격을 가지지 않는다고 보고 있다. 따라서 상급행정기관이 하급행정기관에게 행정규칙을 통하여 일정한 지시를 하여도 그것이 행정규칙에 위반하는 것인가의 여부에 따라서 그 위법, 적법을 평가하는 것은 아니다. 그러므로 여기에서 하급행정기관의 행위에 대한 위법 여부를 심사하는 기준은 지시와 같은 행정규칙이 될 수는 없고 헌법과 법률, 대외적으로 구속력 있는 법규명령의 규정과 비례·평등원칙과 같은 법의 일반원칙에 적합한지 여부에 따라 판단해야 한다. 결국 행정규칙은 대외적 구속력과 법규성이 없기 때문에 재판규범성 역시 부인한다는 자연스러운 논리라고 할 수 있다.

그렇다면 위헌, 위법한 것으로 보이는 행정규칙은 내부적 효력도 없는 것인가? 이 질문을 하는 이유는 행정규칙이 대외적 구속력을 가지지는 않지만 일반적으로 내부적 효력은 가지고 있기 때문에 후술하는 바와 같이 헌법 제107조 제2항에 따라서 이른바 규범통제의 대상이 되지 않는다면 여전히 행정규칙으로 군림하면서 내부적으로는 그 효력을 주장할 수 있고 관련 하급행정기관 공무원들의 손과 발을 묶을 수 있기 때문이다. 이 문제에 대하여 대법원은 "행정규칙의 내용이 상위법령에 반하는 것이라면 법치국가원리에서 파생되는 법질서의 통일성과 모순금지 원칙에 따라 그것은 법질서상 당연무효"라고 보는 입장이기 때문에 법원이 굳이 규범통제를 하지 않는다고 하더라도 위헌, 위법한 행정규칙은 그 자체로서 무효이고 내부적 효력조차 가지지 못한다. 따라서 관련 공무원은 위법적인 행정규칙을 준수할 의무가 없으므로 이에 위반한다고 하더라도 징계의 대상이 될 수 없다. 다만 행정 현장에서 실제로 공무원이 상급자의 위법한 지시나 명령을 거부할 수 있는지 하는 문제는 법적으로만 재단하기는 어려운 측면이 있는 것이 현실이다.

2) 법규성을 인정하는 판례

대법원 2019. 10. 17. 선고 2014두3020, 3037 판결[임금·임금]; 대법원 2021. 1. 14. 선고 2020두38171 판결[요양급여비용환수처분취소]

(1) 판결 요지

A. 상급행정기관이 하급행정기관에 대하여 업무처리지침이나 법령의 해석적용에 관한 기준을 정하여 발하는 이른바 행정규칙은 일반적으로 행정조직 내부에서만 효력을 가질 뿐 대외적인 구속력을 갖는 것은 아니다. 하지만 법령의 규정이 특정 행정기관에 그 법령 내용의 구체적 사항을 정할 수 있는 권한을 부여하면서 그 권한 행사의 절차나 방법을 특정하고 있지 아니한 관계로 수임행정기관이 행정규칙의 형식으로 그 법령의 내용이 될 사항을 구체적으로 정하고 있다면 그와 같은 행정규칙은 위에서 본 행정규칙이 갖는 일반적 효력으로서가 아니라, 행정기관에 법령의 구체적 내용을 보충할 권한을 부여한 법령 규정의 효력에 의하여 그 내용을 보충하는 기능을 갖게 된다. 따라서 이와 같은 행정규칙은 해당 법령의 위임한계를 벗어나지 않는 한 그것들과 결합하여 대외적인 구속력이 있는 법규명령으로서의

효력을 가진다.

B. 구 국민건강보험법(2016. 2. 3. 법률 제13985호로 개정되기 전의 것, 이하 같다) 제41조 제2항, 구 국민건강보험 요양급여의 기준에 관한 규칙(2018. 9. 28. 보건복지부령 제595호로 개정되기 전의 것) 제5조 제1항 [별표 1] 제1호 (마)목, 제2항의 위임에 따라 보건복지부장관이 정하여 고시한 '요양급여의 적용기준 및 방법에 관한 세부사항'(2008. 1. 24. 보건복지부 고시 제2008-5호) Ⅰ. '일반사항' 중 '요양기관의 시설·인력 및 장비 등의 공동이용 시 요양급여비용 청구에 관한 사항' 부분(이하 '고시 규정'이라 한다)은 상위법령의 위임에 따라 제정된 '요양급여의 세부적인 적용기준'의 일부로 상위법령과 결합하여 대외적으로 구속력 있는 '법령보충적 행정규칙'에 해당하므로, 요양기관이 위 고시 규정에서 정한 절차와 요건을 준수하여 요양급여를 실시한 경우에 한하여 요양급여비용을 지급받을 수 있다.

헌재 2004. 10. 28. 99헌바91(금융산업의구조개선에관한법률 제2조 제3호 가목 등 위헌소원)

(2) 결정 요지

A. 다수의견 : 오늘날 의회의 입법독점주의에서 입법중심주의로 전환하여 일정한 범위 내에서 행정입법을 허용하게 된 동기가 사회적 변화에 대응한 입법수요의 급증과 종래의 형식적 권력분립주의로는 현대사회에 대응할 수 없다는 기능적 권력분립론에 있다는 점 등을 감안하여 헌법 제40조와 헌법 제75조, 제95조의 의미를 살펴보면, 국회입법에 의한 수권이 입법기관이 아닌 행정기관에게 법률 등으로 구체적인 범위를 정하여 위임한 사항에 관하여는 당해 행정기관에게 법정립의 권한을 갖게 되고, 입법자가 규율의 형식도 선택할 수도 있다 할 것이므로, 헌법이 인정하고 있는 위임입법의 형식은 예시적인 것으로 보아야 할 것이고, 그것은 법률이 행정규칙에 위임하더라도 그 행정규칙은 위임된 사항만을 규율할 수 있으므로, 국회입법의 원칙과 상치되지도 않는다.

다만, 형식의 선택에 있어서 규율의 밀도와 규율영역의 특성이 개별적으로 고찰되어야 할 것이고, 그에 따라 입법자에게 상세한 규율이 불가능한 것으로 보이는 영역이라면 행정부에게 필요한 보충을 할 책임이 인정되고 극히 전문적인 식견에 좌우되는 영역에서는 행정기관에 의한 구체화의 우위가 불가피하게 있을 수 있다. 그러한 영역에서 행정규칙에 대한 위임입법이 제한적으로 인정될 수 있다. 행정규칙은 법규명령과 같은 엄격한 제정 및 개정절차를 요하지 아니하므로, 재산권 등과 같은 기본권을 제한하는 작용을 하는 법률이 입법위임을 할 때에는 "대통령령", "총리령", "부령" 등 법규명령에 위임함이 바람직하고, 금융감독위원회의 고시와 같은 형식으로 입법위임을 할 때에는 적어도 행정규제기본법 제4조 제2항 단서에서 정한 바와 같이 법령이 전문적·기술적 사항이나 경미한 사항으로서 업무의 성질상 위임이 불가피한 사항에 한정된다 할 것이고, 그러한 사항이라 하더라도 포괄위임금지의 원칙상 법률의 위임은 반드시 구체적·개별적으로 한정된 사항에 대하여 행하여져야 한다.

B. 반대의견 : 우리 헌법은 제40조에서 국회입법의 원칙을 천명하면서 예외적으로 법규명령으로 대통령령, 총리령과 부령, 대법원규칙, 헌법재판소규칙, 중앙선거관리위원회규칙을 한정적으로 열거하고 있는 한편 우리 헌법은 그것에 저촉되는 법률을 포함한 일체의 국가의사가 유효하게 존립될 수 없는 경성헌법이므로, 법률 또는 그 이하의 입법형식으로써 헌법상 원칙에 대한 예외를 인정하여 고시와 같은 행정규칙에 입법사항을 위임할 수는 없다. 우리 헌법을 이렇게 해석한다면 위임에 따른 행정규칙은 법률의 위임 없이도 제정될 수 있는 집행명령(헌법 제75조 후단)에 의하여 규정할 수 있는 사항 또는 법률의 의미를 구체화하는 내용만을 규정할 수 있다고 보아야 하는 것이고 새로운 입법사항을 규정하거나 국민의 새로운 권리·의무를 규정할 수는 없다. 그렇다면 금융산업의구조개선에관한법률 제2조 제3호 가목은 '부채와 자산의 평가 및 산정'을 '금융감독위원회가 미리 정하는 기준'에, 이 사건 법률 제10조 제1항 제2호, 제2항은 '적기시정조치의 기준과 내용'을 '금융감독위원회의 고시'에 각 위임하고 있는바, 이는 법규적 사항을 헌법에서 한정적으로 열거한 위임입법의 형식을 따르지 아니하고 법률에서 임의로 위임입법의 형식을 창조한 것으로 헌법에 위반된다고 하지 않을 수 없다.

(3) 해설 및 평론

행정규칙이 상위 법령의 위임이 없고 통상적으로 행정기관 내부 문제만을 규율하려고 하는 경우에는 법규성이나 대외적 구속력을 가지지 못하는 것은 분명하다. 그런데 행정규칙인 경우에도 예외적으로 법령이 행정규칙으로 무엇인가 정할 것을 명시적으로 위임하거나 긴급한 상황에서 전문적이거나 기술적 사항을 불가피하게 규율하려는 경우에는 법규명령 형식을 빌리기에 부적절한 상황이 있을 수 있다. 이러한 예외적인 상황에서 법령을 보충하는 행정규칙이 사실상 국민의 자유와 권리에 대한 일정한 사항을 규율하려고 제정되는 경우 과연 계속하여 "행정규칙은 행정규칙에 불과하므로 법규성이 없다"라는 견해를 고수할 수 있을까? 특히 행정규칙이 문제 되는 사안에서 재판절차를 진행하는 법원의 입장에서는 사실상 법규명령의 효력을 가지는 행정규칙의 법규성을 만연히 외면하기 어려울 것이다.

첫 번째 사건에서 법령의 규정이 특정 행정기관에 그 법령 내용의 구체적 사항을 정할 수 있는 권한을 부여하면서 그 권한 행사의 절차나 방법을 특정하고 있지 아니한 관계로 수임행정기관이 행정규칙의 형식으로 그 법령의 내용이 될 사항을 구체적으로 정하고 있다면 비록 상위 법령에 명시적, 구체적 위임이 없다고 하더라도 불가피하게 법령의 내용을 구체화하는 행정규칙을 제정할 수밖에 없을 것이다. 그 이유는 법령이 행정기관에게 일정한 권한만을 주고 이를 구체적으로 실현하는 방식에 대해서는 침묵을 지키고 있는 상황이기 때문에 행정규칙 자체가 법규성을 가진다기보다 행정기관에게 일정한 권한을 수권한 법령과 결합하여 전체적으로 법규성을 가질 수 있다는 것이다.

두 번째 사건에서는 행정규칙에 대한 법령의 위임이 보다 명시적이고 노골적이다. 다시 말하자면, 보건복지부장관이 정하여 고시한 '요양급여의 적용기준 및 방법에 관한 세부사항'이라는 고시는 국민건강보험법과 국민건강보험 요양급여의 기준에 관한 규칙이라는 보건복지부령의 명시적인 위임에 따라 제정된 것으로서 앞 사건과는 달리 법령이 행정기관에게 일정한 권한만 부여하고 구체적인 방식에 대해서는 침묵을 지킨 것과는 구별된다. 따라서 이 사건에서는 당해 고시가 사실상 법규명령과 같은 반열에 서는 것으로서 여기에 위반한 행정작용은 위법이라는 평가를 받게 되며, 법원 역시 헌법과 법률에 고시가 위반한 경우 헌법 제107조 제2항에 따르는 구체적, 부수적 규범통제를 통하여 당해 재판에서 고시의 효력을 무효화할 수 있다.

마지막 사건에서 헌법재판소의 다수의견은 금융감독위원회가 법령의 위임에 따라서 제정한 고시가 법규성을 가지고 있음을 강조하고 있다. 그 이유는 헌법이 예정한 "대통령령", "총리령", "부령" 등 법규명령의 형식은 예시적인 것에 불과하기 때문에 비록고시가 행정규칙의 형식을 취하고 있다고 하더라도 국회입법에 의한 수권이 행정기관에게 법률 등으로 구체적인 범위를 정하여 위임한 사항에 관하여는 특히 전문성이 요구되는 사안에 대하여 당해 행정기관이 법정립의 권한을 갖게 되고, 입법자가 규율의 형식도 선택할 수도 있다는 것이다. 다만, 다수의견도 행정청이 고시 등 행정규칙을 남발하는 경우 사실상 "법률에 의한 행정"을 "규칙에 의한 행정"으로 대체하는 위험"을 의식하여 재산권 등과 같은 기본권을 제한하는 작용을 하는 법률이 입법위임을 할 때에는 "대통령령", "총리령", "부령" 등 법규명령에 위임함이 바람직하다는 점을 지적하고 있다.

그런데 법률이 아닌 행정규칙에 의한 행정은 법치주의원칙에서 보면 실제적으로 큰 위협이 아닐 수 없다. 그 이유는 행정청이 법령의 위임도 없는 행정규칙을 통하여 사실상 국민의 자유와 권리를 규제하는 법규를 제정할 수 있다는 견해가 일반화되는 경우 행정기관은 법률과 법률의 구체적 위임에 따르는 법규명령에 의한 행정을 시행할 구속에서 벗어나서 자유롭게 자신이 제정한 행정규칙에 따라서 임의로 국민의 권리와 자유를 형성하고 제한할 수 있기 때문이다. 이런 측면에서 반대의견이 "우리 헌법은 제40조에서 국회입법의 원칙을 천명하면서 예외적으로 법규명령으로 대통령령, 총리령과 부령, 대법원규칙, 헌법재판소규칙, 중앙선거관리위원회규칙을 한정적으로 열거하고 있는 한편 우리 헌법은 그것에 저촉되는 법률을 포함한 일체의 국가의사가 유효하게 존립될 수 없는 경성헌법이므로, 법률 또는 그 이하의 입법형식으로써 헌법상 원칙에 대한 예외를 인정하여 고시와 같은 행정규칙에 입법사항을 위임할 수는 없다"고 설시한 부분은 깊이 고려할 필요가 있다.

결국 행정규칙의 법규성을 인정할 것인가 부정할 것인가의 문제는 행정의 탄력성과 편의성 그리고 전문적 성격에 따라서 행정규칙이 실제로 수행하는 기능에 착안할 것인지 혹은 법률에 의한 행정이라는 법치행정의 원칙을 고수하여 형식과 내용을 일탈한 행정규칙을 부인하고 이를 원래의 법령의 차원에서 규율하도록 할 것인가 하는 현실론과 원칙론이 충돌하는 지점이라고 할 수 있다.

Ⅳ. 행정입법에 대한 사법적 통제

1. 법규명령에 대한 통제

1) 헌법 제107조 제2항에 의한 구체적 규범통제

대통령령, 총리령, 부령 등 법규명령이 헌법과 법률에 위반하거나 또는 그 위임을 받지 않거나 또는 위임을 받았지만 위임의 범위를 벗어나서 위법한 법규명령의 무효성이 재판의 전제로서 문제되고 무효인 법규명령에 따라서 일정한 처분이 있어서 그 처분에 대한 취소 등을 구하는 경우 법원은 헌법 제107조 제2항에 따라서 일단 당해 소송사건에서 문제된 법규명령에 대한 사법심사를 행한다. 이를 흔히 법규명령에 대한 구체적, 부수적 규범통제 절차라고 부른다. 이 조항에 따르면 명령·규칙 또는 처분이 헌법이나 법률에 위반되는 여부가 재판의 전제가 된 경우에는 대법원은 이를 최종적으로 심사할 권한을 가진다. 즉 각급 법원과 최종적으로 대법원이 법률 하위규범에 대한 사법심사를 할 권한을 가진다는 의미이다.

여기에서 "구체적"이라는 의미는 특정한 소송절차에서 규범통제가 이루어진다는 것이어서 특정한 소송과 무관하게 원고가 추상적으로 특정 법규명령이 무효라고 주장하는 규범통제를 법원에 신청할 수 없다는 의미이다. 규범통제는 반드시 특정 소송사건이 전제가 된다는 의미에서 재판의 전제성이라는 용어를 사용한다. 그리고 "부수적"이라는 표현은 특정 소송 사건에서 법원이 행정처분 등의 근거가 되는 법규명령이 위헌, 위법하다고 판단하는 경우 그 자체를 무효화 시키는 것이 소송의 목적이 아니며 일단 규범을 무효로 확인한 이후에 그 규범에 근거한 처분 등의 위법을 인정하고 취소하는 것이 소송의 궁극적 목표라는 의미이다. 따라서 법원재판은 특정 처분을 취소 또는 그에 대한 무효를 확인하는 것이 최종 목표이므로 규범에 대한 무효확인은 부수적으로 그리고 우회적으로 이루어진다는 점에서 부수적, 우회적 규범통제라고 부른다. 이러한 설명은 로훙판씨와 같이 행정법 초보자에게는 지나치게 추상적이고 난해한 것이어서 판례를 검토할 때 다시 언급하기로 한다.

2) 대법원 2012. 12. 20. 선고 2011두30878 전원합의체 판결[화물자동차운행정지처분취소]

(1) 판결 요지

구 화물자동차 운수사업법(2011. 6. 15. 법률 제10804호로 개정되기 전의 것. 이하 '구 화물자동차법'이라고 한다) 제19조 제1항 본문은 "국토해양부장관은 운송사업자가 다음 각 호의 어느 하나에 해당하면 그 허가를 취소하거나 6개월 이내의 기간을 정하여 그 사업의 전부 또는 일부의 정지를 명령하거나 감차 조치를 명할 수 있다."고 규정하면서 제11호에서 "중대한 교통사고 또는 빈번한 교통사고로 많은 사상자를 발생하게 한 경우"를 들고 있고, 제19조 제2항은 "제1항 제11호에 따른 중대한 교통사고와 빈번한 교통사고의 범위는 대통령령으로 정한다."고 규정하고 있다. 그런데 구 화물자동차 운수사업법 시행령(2010. 11. 24. 대통령령 제22502호로 개정되기 전의 것. 이하 '구 화물자동차법 시행령'이라고 한다) 제6조 [별표 1] 제12호는 '중대한 교통사고로 인하여 많은 사상자를 발생하게 한 때'[(가)목]와 '빈번한 교통사고로 인하여 많은 사상자를 발생하게 한 때'[(나)목]를 구분하면서, '1건의 교통사고로 인하여 2인 이하가 중상을 입은 때'도 '중대한 교통사고로 인하여 많은 사상자를 발생하게 한 때'에 포함시켜 해당 운송사업자에 대하여 5일의 위반차량 운행정지 처분이 가능하도록 규정하고 있다.

위와 같은 구 화물자동차법과 구 화물자동차법 시행령의 규정 형식과 내용 등에 의하면 구 화물자동차법 제19조 제1항 제11호에 규정된 "중대한 교통사고 또는 빈번한 교통사고로 많은 사상자를 발생하게 한 경우"는 빈번한 교통사고뿐 아니라 중대한 교통사고에도 '많은 사상자'의 발생을 요건으로 하고 있다고 보아야 한다. 그리고 여기에 규정된 '많은'은 문언상 복수(복수), 즉 적어도 2인 이상을 의미하므로 1인은 포함되지 아니한다고 해석함이 타당하다. 나아가 위와 같이 1인의 중상자가 발생한 경우를 구 화물자동차법상 제재 대상에서 제외하더라도 화물자동차의 교통사고로 인한 인명의 사상(사상)을 억제함으로써 화물자동차 운수사업을 효율적으로 관리하고 건전하게 육성하여 공공복리의 증진에 기여하려는 구 화물자동차법의 목적에 반한다고 보기는 어렵다 .

그럼에도 구 화물자동차법 시행령 제6조 제1항 [별표 1] 제12호 (가)목은 '1

건의 교통사고로 인하여 2인 이하가 중상을 입은 때'를 위반차량 운행정지처분의 대상으로 규정함으로써 결과적으로 1인의 중상자가 발생한 경우도 구 화물자동차법상 제재 대상으로 삼고 있다. 앞서 본 '많은'의 문언적 의미를 비롯하여 구 화물자동차법의 입법 목적, 규정 내용, 규정 체계 등을 종합하면, 구 화물자동차법 시행령 제6조 제1항 [별표 1] 제12호 (가)목에 규정된 '2인 이하가 중상을 입은 때' 중 '1인이 중상을 입은 때' 부분은 모법인 구 화물자동차법 제19조 제1항 및 제2항의 위임범위를 벗어난 것으로서 무효이고, 이와 같이 무효인 하위 법령에 기초한 이 사건 처분은 위법하다 .

(2) 해설 및 평론

이 사건에서 핵심적인 문제는 근거 법률조항이 "중대한 교통사고 또는 빈번한 교통사고로 많은 사상자를 발생하게 한 경우"에는 화물자동차운수사업자에게 운행정지처분을 할 수 있도록 규정하고, "중대한 교통사고와 빈번한 교통사고의 범위는 대통령령으로 정한다"고 규정하고 있는데, 법률의 위임을 받은 시행령에서는 '1건의 교통사고로 인하여 2인 이하가 중상을 입은 때'도 '중대한 교통사고로 인하여 많은 사상자를 발생하게 한 때'에 포함시켜 해당 운송사업자에 대하여 5일의 위반차량 운행정지처분이 가능하도록 규정하고 있다는 점이다. 다시 말하자면 2인 이하에는 1인도 포함되기 때문에 1건의 교통사고로 인하여 1인의 중상자가 발생하는 경우에도 운행정지처분이 가능한 것이다. 이는 법률조항이 "많은 사상자", 즉 복수의 사상자가 발생한 경우에 한하여 운행정지처분이 가능한 것으로 규정하고 있음에도 불구하고 시행령은 단 1인의 중상자만 발생하여도 바로 운행정지처분이 가능하기 때문에 위 시행령 조항은 법률의 위임은 있지만 법률에서 위임한 범위를 벗어난 것이기 때문에 대법원은 결국 법률의 내용에 위반한 것으로서 무효로 선언하고 있다.

그런데 여기에서 원고가 제기한 소송은 시행령의 위법성과 무효를 구하는 것이 아니라 피고인 행정청이 원고 화물자동차사업자에 대한 운행정지처분의 취소를 구하는 취소소송이다. 그런데 정작 핵심적인 쟁점은 시행령 조항이 법률의 위임의 범위를 벗어나서 위법, 무효인가 하는 것이기 때문에 대법원은 헌법 제107조 제2항에 따라서 이 사건에서 우선적으로 시행령의 위법 여부와 무효에 대하여 우회적으로 판단하고 무효인 시행령에 근거한 운행정지처분이 위법하므로 이를 취소하였다. 따라서 이 사건은 전형적으로 헌법 제107조 제2항에 따라서 구체적인 소송사건에서 시행령이라는 법규명령에 대한 구체적, 우회적, 부수적 통제가 이루어진 것으로 볼 수 있다. 시행령은 소송의 직접 대상은 아니지만 우회적이나마 우선적으로 그 위법성과 무효에 대한 판단이 이루어지고 직접 소송의 대상인 운행정지처분에 대한 취소가 이루어지는 것으로서 이 사건에는 시행령에 대한 부수적으로 규범통제절차가 진행된다는 점에서 우리 법체계에서 규범에 대한 통제는 구체적, 우회적, 부수적 절차라고 부르는 것이다.

3) 법률 하위규범에 대한 헌법재판소의 헌법소원

이는 앞서 언급한 헌법 제107조 제2항에 의한 규범통제와는 전혀 다른 제도로서 명령이나 규칙 등 법규명령을 일종의 공권력 행사로 보고 법규명령이 별도의 집행행위를 거치지 않고 개인의 헌법상 기본권을 직접적으로 침해하는 경우에 헌법재판소에 헌법소원을 제기하여 헌법재판소가 그 위헌 여부를 심사하는 것이다. 헌법재판소가 특정 법규명령을 위헌으로 보아 무효로 선언하면 당해 법규명령이 효력을 상실하는 것이기 때문에 결과적으로 규범에 대하여 헌법재판소가 통제를 하는 것으로 볼 수 있지만 그 본질은 통상적인 규범통제와는 전혀 다른 헌법소원제도를 통한 개인의 기본권 구제제도라는 점에서 양자는 엄격하게 구별된다. 헌법재판소법 제68조 제1항에 따라서 공권력의 행사 또는 불행사(不行使)로 인하여 헌법상 보장된 기본권을 침해받은 자는 법원의 재판을 제외하고는 헌법재판소에 헌법소원 심판을 청구할 수 있는데, 법률 하위규범인 법규명령을 여기에서 말하는 공권력의 행사 또는 불행사로 보고 헌법소원을 제기하는 것이다.

4) 헌재 2008. 11. 27. 2006헌마688(여객자동차운수사업법 시행규칙 제17조 위헌확인)

(1) 사실관계

이 사건의 개요는 다음과 같다. 청구인은 일반택시운송사업자인 ○○주식회사의 택시 서울33아0000호의 운전업무에 종사하는 자로서, 2006. 3. 19. 17 : 43경 위 차량을 운전하여 서울 동대문구 답십리동에 있는 ○○마트 노상의 2차로 중 1차로를 청량리 굴다리 방향에서 동대문여중 방향으로 운행하던 중, 택시를 잡기 위하여 갑자기 1차로로 뛰어든 피해자 최○규를 위 차량으로 들이받아 그 충격으로 위 피해자로 하여금 3주간의 치료를 요하는 상해를 입게 하였다(이하 '이 사건 교통사고'라 한다). 그 후 청구인은 위와 같은 안전운전의무위반을 이유로 40,000원의 범칙금 납부 통고처분을 받고 그 무렵 이를 납부하였다.

한편 여객자동차운수사업법 시행규칙은 개인택시운송사업 양도·양수인가요건으로 '양도·양수인가신청일 현재 최종 운전종사일부터 기산하여 5년 이상 무사고로 운전한 경력'을 요하면서, 다만 관할관청으로 하여금 2분의 1의 범위 안에서 이를 완화할 수 있도록 규정하고 있고(제17조 제1항 제1호 가목, 제9항), 이에 따라 서울특별시장은 무사고 운전경력을 3년으로 완화하여 적용하고 있다. 그 결과, 청구인은 이 사건 교통사고로 인하여 2006. 1. 4. 충족되었던 무사고 운전경력을 상실함으로써 개인택시운송사업 양도·양수인가를 받지 못하게 될 수 있는 상황에 처하게 되었다. 이에 청구인은 여객자동차운수사업법 시행규칙 제17조가 자신의 직업선택의 자유와 평등권을 침해한다는 이유로 2006. 6. 14. 이 사건 헌법소원심판청구를 하였다.

(2) 해설 및 평론

이 사건은 부령으로서 여객자동차운수사업법 시행규칙이 헌법소원을 제기한 청구인의 직업의 자유와 평등권을 침해한다고 하면서 헌법재판소법 제68조 제1항에 따르는 헌법소원을 제기한 것이다. 다시 말하자면 헌법재판소가 사건을 심리한 후 위 부령이 청구인의 직업선택의 자유를 침해하였다고 판단하여 무효로 선언하는 경우에는(헌재는 이 사건에서 청구인의 청구를 기각하였다) 결과적으로 부령이 무효화되는 것이기 때문에 혹시 "헌법재판소가 법규명령에 대하여 규범통제를 하는 것인가?"하는 의문이 들 수 있다. 하지만, 이미 언급한 바와 같이 이는 헌법 제107조 제2항에 따라 대법원을 비롯한 각급 법원이 행하는 구체적, 우회적 규범통제와는 전혀 다른 제도로서 헌법재판소가 헌법재판소법 제68조 제1항에 따르는 통상적인 법령소원제도이며 헌법재판소는 부령인 시행규칙이 헌법상 보장된 청구인의 기본권을 침해하였는지를 심리하여 인용 여부를 결정한다.

이 사건에서 청구인은 위 시행규칙에 따라서 개인택시운송사업 양도·양수인가

요건으로 5년 이상 무사고로 운전한 경력'을 규정하여 개인택시사업을 할 수 없게 되었으므로 시행규칙이 직업선택의 자유, 평등권 등을 침해하였다고 주장한 것이다. 하지만 헌법소원은 다른 법률에 구제절차가 있는 경우에는 그 절차를 모두 거친 후에 청구할 수 있기 때문에 직접성, 보충성, 현재성, 공권력 행사성 등 여러 가지 까다로운 적법 요건을 충족하지 않는 경우에는 각하를 면하기 어렵다. 앞서 언급한 바와 같이 이 사건에서 헌법재판소의 다수의견은 헌법소원심판청구가 적법성을 갖추었지만 안전운행능력을 갖춘 자가 개인택시운송사업을 영위하게 함으로써 개인택시승객들의 생명과 신체의 안전을 확보하기 위한 공익이 이 사건 심판대상으로 인하여 제한되는 청구인의 직업선택의 자유보다 더 크다며 청구인의 헌법소원심판청구를 기각하였다.

2. 행정규칙에 대한 통제

앞서 언급한 바와 같이 행정규칙은 법규성, 대외적 구속력이 없는 것으로서 법규명령과는 구별되기 때문에 행정규칙에 대해서는 헌법 제107조 제2항에 의한 명령, 규칙 등에 대한 규범통제를 할 수 없으며, 구체적인 소송 사건에서 법원은 처분 등의 위법 여부를 심사하면서 행정규칙 위반을 검토하지 않고 헌법, 법령, 조례 등 자치법규만을 위법성 심사기준으로 적용한다. 반면에 행정규칙이라고 하여도 예외적으로 법규성을 가지는 경우에 대법원을 비롯한 각급 법원은 헌법 제107조 제2항의 명령, 규칙에 대한 통제의 대상이 행정규칙을 포함시켜 통상적인 규범통제 절차를 거치며, 헌법재판소는 대외적 구속력을 가지는 행정규칙에 대해서는 이를 헌법재판소법 제68조 제1항에 의한 공권력 행사로 보아 역시 헌법소원 심판절차에서 특정 기본권에 대한 침해 여부를 심사한다.

1) 법규성이 없는 통상적인 행정규칙의 경우(대법원 2013. 9. 12. 선고 2011두10584 판결[부정당업자제재처분취소]; 대법원 2023. 2. 2. 선고 2020두43722 판결[건축허가신청불허가처분취소])

법령에서 행정처분의 요건 중 일부 사항을 부령으로 정할 것을 위임한 데 따라 시행규칙 등 부령에서 이를 정한 경우에 그 부령의 규정은 국민에 대해서도 구속력이 있는 법규명령에 해당한다고 할 것이지만, 법령의 위임이 없음에도 법령에 규정된 처분 요건에 해당하는 사항을 부령에서 변경하여 규정한 경우에는 그 부령의 규정은 행정청 내부의 사무처리 기준 등을 정한 것으로서 행정조직 내에서 적용되는 행정명령의 성격을 지닐 뿐 국민에 대한 대외적 구속력은 없다고 보아야 한다. 따라서 어떤 행정처분이 그와 같이 법규성이 없는 시행규칙 등의 규정에 위배된다고 하더라도 그 이유만으로 처분이 위법하게 되는 것은 아니라 할 것이고, 또 그 규칙 등에서 정한 요건에 부합한다고 하여 반드시 그 처분이 적법한 것이라고 할 수도 없다. 이 경우 처분의 적법 여부는 그러한 규칙 등에서 정한 요건에 합치하는지 여부가 아니라 일반 국민에 대하여 구속력을 가지는 법률 등 법규성이 있는 관계 법령의 규정을 기준으로 판단하여야 한다.

국토의 계획 및 이용에 관한 법률 시행령(이하 '국토계획법 시행령'이라 한다) 제56조 제1항 [별표 1의2] '개발행위허가기준'은 국토계획법 제58조 제3항의 위임에 따라 제정된 대외적으로 구속력 있는 법규명령에 해당한다. 그러나 국토계획법 시행령 제56조 제4항은 국토교통부장관이 제1항의 개발행위허가기준에 대한 '세부적인 검토기준'을 정할 수 있다고 규정하였을 뿐이므로, 그에 따라 국토교통부장관이 국토교통부 훈령으로 정한 '개발행위허가운영지침'은 국토계획법 시행령 제56조 제4항에 따라 정한 개발행위허가기준에 대한 세부적인 검토기준으로, 상급행정기관인 국토교통부장관이 소속 공무원이나 하급행정기관에 대하여 개발행위허가업무와 관련하여 국토계획법령에 규정된 개발행위허가기준의 해석·적용에 관한 세부 기준을 정하여 둔 행정규칙에 불과하여 대외적 구속력이 없다. 따라서 행정처분이 위 지침에 따라 이루어졌더라도, 해당 처분이 적법한지는 국토계획법령에서 정한 개발행위허가기준과 비례·평등원칙과 같은 법의 일반원칙에 적합한지 여부에 따라 판단해야 한다.

2) 행정규칙의 법규성, 공권력 행사성이 인정되는 경우

(1) 대법원 2019. 10. 17. 선고 2014두3020, 3037 판결[임금·임금]〈초과근무수당 지급 청구 사건〉

A. 판결 요지

상급행정기관이 하급행정기관에 대하여 업무처리지침이나 법령의 해석적용에 관한 기준을 정하여 발하는 이른바 행정규칙은 일반적으로 행정조직 내부에서만 효력을 가질 뿐 대외적인 구속력을 갖는 것은 아니다. 하지만 법령의 규정이 특정 행정기관에 그 법령 내용의 구체적 사항을 정할 수 있는 권한을 부여하면서 그 권한행사의 절차나 방법을 특정하고 있지 아니한 관계로 수임행정기관이 행정규칙의 형식으로 그 법령의 내용이 될 사항을 구체적으로 정하고 있다면 그와 같은 행정규칙은 위에서 본 행정규칙이 갖는 일반적 효력으로서가 아니라, 행정기관에 법령의 구체적 내용을 보충할 권한을 부여한 법령 규정의 효력에 의하여 그 내용을 보충하는 기능을 갖게 된다. 따라서 이와 같은 행정규칙은 해당 법령의 위임한계를 벗어나지 않는 한 그것들과 결합하여 대외적인 구속력이 있는 법규명령으로서의 효력을 가진다(대법원 2008. 3. 27. 선고 2006두3742, 3759 판결 등 참조).

그리고 이러한 경우 특정 행정규칙이 위임의 한계를 준수하고 있는지는 해당 법령 규정의 목적과 규정 내용, 규정의 체계, 다른 규정과의 관계 등을 종합적으로 살펴 판단하여야 하는데(대법원 2016. 8. 17. 선고 2015두51132 판결 등 참조), 해당 법령의 해석상 가능한 것을 명시한 것에 지나지 아니하거나 해당 법령 조항의 취지에 근거하여 이를 구체화하기 위한 것인 때에는 위임 범위를 벗어난 것으로 볼 수 없다.

B. 해설 및 평론

지방공무원의 수당은 법령에 의하여 정해지므로, 해당 법령에서 정한 시간외근무수당, 야간근무수당, 휴일근무수당 등의 초과근무수당이 예산에 계상된 이상 지방공무원 복무규정 제5조에서 말하는 현업공무원 등의 지방공무원은 근무명령에 의하여 실제로 초과근무한 시간에 해당하는 초과근무수당의 지급을 구할 수 있다. 여기에서 말하는 지방공무원 복무규정은 대통령령이며 지방공무원법의 위임을 받은 법규명령이다. 그런데 복무규정 중 수당의 지급에 관한 사안은 수당에 대한 일반적인 내용을 규정하고 있는 복무규정 제15조의 위임에 따라 다시 지방공무원보수업무 등 처리지침이 상세하게 규정하고 있다. 이에 따르면 현업기관근무자 또는 교대근무자 등과 같이 업무성격상 초과근무가 제도화되어 있는 공무원인 현업대상자에 대하여 시간외근무수당의 월 지급시간을 '예산의 범위 내'로 정하도록 규정하고 있고 이 사건 지침을 근거로 지방자치단체가 예산의 편성지침에 의하여 실제 근무한 초과근로시간에 미달되도록 초과근무수당을 예산에 편성하고 있다.

그런데 여기에서 말하는 수당 지급에 대한 처리지침은 일종의 행정규칙이기는 하지만 지방공무원법, 대통령령인 지방공무원 복무규정의 순차적인 위임에 따라서 상위 법령을 구체화하고 있어서 대외적 구속력을 가지는 일종의 법규명령에 해당한다. 사건에서 원고들이 소속 지방자치단체를 상대로 초과근무수당의 지급을 구하는 청구에 관한 소송을 제기하였으나 이 사건 지침이 동일한 근무시간에 대하여 시간외 근무수당과 휴일근무수당의 이중 지급을 금지하고 있었기 때문에 초과근무수당을 지급받지 못하였다.

대법원은 이 사건에서 문제가 된 지침이 이 사건 수당규정의 내용을 구체화하고 명확히 한 것으로서 일종의 법령보충 행정규칙에 해당하고 상위법령의 위임 범위를 벗어나지 않았다고 판단하면서, 법령을 보충하고 구체화하는 이 지침이 동일한 근무시간에 대하여 시간외 근무수당과 휴일근무수당의 이중 지급을 금지하고 있는 것은 법령에 따르는 조치로서 적법한 것이기 때문에 초과근무수당을 지급받지 못하였다는 원고들의 청구를 기각하였다. 결국 대법원은 위 지침이 형식상 행정규칙임에도 불구하고 실질적으로 법령의 위임에 의하여 그 내용을 보충하고 구체화하는 법규명령으로 보고 헌법 제107조 제2항에 따라 그 위헌, 위법성에 대한 구체적, 우회적 규범통제를 한 결과 그 적법성을 인정하고 당사자소송으로 제기된 초과근무수당 지급청구소송에서 원고들의 청구를 기각하는 판결을 한 것이다.

(2) 헌재 2008. 11. 27. 2005헌마161등(게임제공업소의 경품취급기준고시 위헌확인)

A. 사실관계

청구인들은 구 '음반·비디오물 및 게임물에 관한 법률'(이하 '음비게법'이라 한다) 제27조 제1항 및 음비게법시행규칙(2001. 11. 16. 문화관광부령 제57호로 전부 개정된 것) 제4조에 따라 게임제공업자로 등록 또는 변경등록한 다음, 각 영업장소에 영상물등급위원회로부터 18세이용가게임물로 등급분류 판정을 받은 게임물인 속칭 스크린경마게임물(이하 '이 사건 게임물'이라 한다) 기기를 설치하고 게임제공업을 영위하고 있는 자들이다. 음비게법 제32조 제3호는 게임제공업자가 사행성(射倖性)을 조장하거나 청소년에게 해로운 영향을 미치는 것을 방지하기 위하여 피청구인

겸 이해관계기관인 장관에게 경품종류와 경품제공방법을 고시하도록 위임하였다. 그런데 게임제공업소에서 제공하는 게임물의 사행성이 계속하여 사회문제를 일으키자, 장관은 "게임제공업소의 경품취급기준(문화관광부고시 제2004-14호, 이하 '이 사건 고시'라고 한다)"을 고시하였는데, 사행성 간주 게임물의 경우에 게임이용자에 대한 경품제공을 금지하였고, 이로 인하여 게임제공업자는 게임이용자에게 경품을 제공할 수 없게 되었다. 이에 청구인들은 심판대상 고시가 청구인들의 헌법상 보장된 기본권을 침해한다고 주장하며 헌법소원심판을 청구하였다.

B. 해설 및 평론

이에 대하여 헌법재판소의 다수의견은 다음과 같이 판시하고 있다. "이 사건 고시는 게임제공업을 영위하는 자가 게임이용자에게 제공할 수 있는 경품의 종류와 지급방법 등에 관한 기준을 정하고 있는데, 이는 특정인에 대한 개별적·구체적인 처분의 성격을 지닌 것이라기보다는 게임제공업소의 경품제공 일반에 관한 일반적·추상적인 규정의 성격을 지닌 것이라 봄이 상당하고, 나아가 이 사건 고시는 이 사건 모법조항의 위임에 의하여 제정된 것으로서 국민의 기본권을 제한하는 내용을 담고 있어 상위법령과 결합하여 대외적 구속력을 갖는 법규명령으로 기능하고 있는 것이라 볼 수 있으므로 헌법소원의 대상이 된다.

이 사건 심판대상규정은 별도의 집행행위의 필요 없이 게임제공업자인 청구인들로 하여금 사행성 간주 게임물에 해당하는 경우 경품제공을 금지하고, 경품제공방법을 제한하는 등의 의무를 부과하고 있는바, 이러한 의무부과는 청구인들의 직업수행의 자유 등을 현재 직접 제한하고 있는 것이라 할 수 있고, 법령 자체에 의한 직접적인 기본권 침해가 문제될 때에는 그 법령 자체의 효력을 직접 다투는 것을 소송물로 하여 일반법원에 소송을 제기하는 길이 없어 구제절차가 있는 경우가 아니므로 보충성의 예외로서 다른 구제절차를 거칠 것 없이 바로 헌법소원심판을 청구할 수 있다".

결국 헌법재판소는 위 고시가 형식상 행정규칙임에도 불구하고 상위법령과 결합하여 대외적 구속력을 가지는 법규명령으로 보고 헌법소원의 보충성, 직접성 등의 요건을 갖춘 것으로 보아 적법한 심판청구로 인정하였으나 심리 결과 청구인들의 평등권, 재산권 등의 기본권을 침해하지 않는 것으로 보아 청구를 기각하였다.

수차례 언급한 것이지만 이 사건에서 헌법재판소가 고시라는 법률의 하위규범을 법규명령으로 보고 헌법소원 심판청구 절차를 통하여 기본권 침해 여부를 가린 것이지만 이것이 결과적으로 헌법 제107조 제2항에 따르는 법원의 구체적, 우회적 규범통제와는 심사주체와 절차, 목적이 근본적으로 상이한 제도라는 것을 다시 한 번 강조하기로 한다.

제4장 행정절차와 정보공개

Ⅰ. 적법절차와 정보공개 — 행정의 투명성, 예측가능성과 국민의 알 권리

법치국가가 어떠한 국가적 성격을 지향하고 있는가를 한 마디로 말할 수 있다면 "국민이 유리창을 통해서 국가가 어떤 일을 어떤 방식으로 하고 있는지 투명하게 들여다 볼 수 있는 나라"라고 할 수 있으며, 거꾸로 비법치국가는 "국가가 暗幕(암막)커튼을 치고 그 속에서 도대체 어떤 일을 하는지 국민이 알 수 없는 나라"라고 표현할 수 있을 것이다. 국민이 국정을 투명하게 볼 수 있고 또 감시할 수 있는 국가가 바로 법치국가인 셈이며, 이렇듯 법치국가는 국가행정의 투명성과 예측가능성을 그 특징으로 한다. 법치국가가 지향하는 투명성과 예측가능성이 보장되기 위해서는 국민이 국정 전반에 대하여 필요한 정보를 쉽사리 얻을 수 있어야 하며, 이러한 의미에서 국민의 알 권리와 행정의 투명성은 表裏(표리)의 관계에 있다고 할 수 있는 것이다. 한국의 행정법은 법치국가가 지향하는 이와 같은 가치적 개념을 실현하기 위하여 행정절차법과 정보공개법이라는 두 가지의 중요한 제도적 장치를 가지고 있으며, 1986년 두 법은 같은 날 제정되고 공포된 일종의 쌍둥이 법이다. 그 동안 두 법률을 실제로 운영하면서 많은 판례가 집적되었으며 이것이 선순환적인 법률개정으로 이어지면서 한국의 법치주의는 절차적 측면은 물론 실체적으로도 한 층 성장할 수 있는 계기를 맞이하였다고 평가할 수 있다.

Ⅱ. 적법절차와 행정절차법

1. 의의

"누구든지 변명의 기회 없이 일방적으로 비난당하지 않는다"는 법언은 일종의 자연적 정의(natural justice)의 표현으로서 국가가 국민에게 불이익한 처분 등을 하는 경우 사전에 이를 미리 알려주고 상대방으로부터 자신의 입장을 개진할 수 있는 기회를 반드시 부여하는 절차적 권리를 보장받아야 한다는 적법절차원리를 말하고 있다. 국가가 법령을 위반한 국민에게 제재를 하려면 미리 제재처분의 내용을 알 수 있도록 하는 것이 예측가능한 국가행정의 본질이며, 더 나아가 자신이 어떠한 이유로 법령을 위반하였는지 의견을 청취함으로써 합리적이고 공정한 제재처분을 기대할 수 있다. 우리 헌법은 미국수정헌법 제5조와 제14조의 같은 일반적인 적법절차조항(due process clause)을 가지고 있지 않다. 다만, 우리 헌법은 제12조 제1항과 제3항에서 신체의 자유에 관하여 적법절차원칙을 규정하고 있다. 헌법재판소는 헌법 제12조 제1항과 제3항은 헌법상 기본원리로서 적법절차원리의 일반조항에 해당하며, 적법절차원칙은 형사소송절차에 국한하지 않고 입법작용과 행정작용 등 모든 국가작용에 적용된다는 입장이다(헌재 1992. 12. 24. 92헌가8; 1998. 5. 28. 96헌바4). 대법원도 헌법 제12조 제1항에 규정된 적법절차원칙은 모든 국가작용 전반에 적용되는 것으로 보고 있다(대법원 2014. 6. 26. 선고 2012두911 판결; 2016. 4. 15. 선고 2015두52326 판결). 한편 헌법재판소는 헌법 제12조의 적법절차원칙에서 도출되는 중요한 절차적 요청에는 당사자에 대한 적절한 고지와 의견 및 자료제출의 기회 부여 등이 있다는 견해를 제시하고 있다(헌재 2003. 7. 24. 2001헌가25; 2018. 6. 28. 2012헌마191).

2. 일반적 내용

주요 국가의 행정절차법제가 가지고 있는 공통분모로서 행정절차 내지 적법절차의 내용은 대체로 사전통지, 청문(의견청취), 결정이유의 제시로 축약할 수 있다.

1) 사전통지

사전통지는 행정주체가 특히 불이익한 행정작용을 함에 있어서 그 상대방에게 해당 내용을 사전적으로 알리는 것을 말한다. 누구든지 자신에게 불리한 행정작용이 행해지기 이전에 그 내용을 파악하고 이에 대비할 수 있는 기회를 갖는 것은 행정결정의 공정성과 적정성을 확보하기 위한 필수적 절차이다. 물론 행정작용의 상대방과 이해관계인이 다수인 경우에는 개별적 통지에 갈음하여 공고 또는 고시 등으로 대신하는 것이 일반적인 추세이다.

2) 청문(의견청취)

행정절차의 핵심 중의 핵심은 역시 당사자와 관계인에게 변명의 기회를 부여하는 것이다. 이른바 청문권이라는 절차법상 공권은 각국의 행정절차법에 다양한 내용으로 규정되어 있다. 크게 나누었을 때, 진술형 청문(argument type hearing)은 단순히 자신의 의견을 제출하는데 그치는 것임에 비하여, 사실심형 청문(trial type hearing)은 사법절차에 준하는 구술변론의 기회가 부여된다. 더 나아가 다수의 당사자가 관계되는 경우에는 공청회를 통하여 광범위한 의견수렴이 이루어지기도 한다. 청문절차의 실효성은 이를 통하여 제시된 의견이 어느 정도로 최종적인 행정결정에 반영되는가 하는 것인데, 단순히 행정청의 의사결정의 참고자료로 활용하는 수준에서부터 청문과정에서 제출된 異見(이견)과 합의를 이루지 못한 부분에 대한 행정청의 평가를 요구하는 것까지 다양하다.

3) 결정이유의 명시

사전통지와 청문을 통하여 행정청이 최종적인 결정을 내림에 있어서는 그 결정의 사실적·법적 근거가 제시되어야 한다. 이러한 이유 부기(付記) 또는 이유제시는 다음과 같은 기능을 수행한다. 첫째, 이유의 제시에 의하여 행정청의 상대방을 설득하고 그 결정의 정당성을 확보한다. 둘째, 제시된 이유가 불분명하거나 위법 또는 부당한 결정이라고 판단하는 경우 행정의 상대방은 행정쟁송을 통해 보다 용이하게 권리를 구제받을 수 있다. 셋째, 이유제시를 강제함으로서 행정청의 자의적인 결정을 방지하고 신중한 의사결정을 유도할 수 있다. 넷째, 결정의 이유가 공개

됨으로써 행정과정의 투명성과 예측가능성이 제고될 수 있다.

3. 관련 판례

1) 대법원 2020. 7. 23. 선고 2017두66602 판결[조치명령무효확인]

(1) 사건의 개요

(1) 피고는 2009. 8. 12. 원고에게 구 폐기물관리법(2015. 7. 20. 법률 제13411호로 개정되기 전의 것, 이하 '폐기물관리법'이라 한다) 제48조 제1호에 따라 (주소 1 생략) 토지 일원(이하 '이 사건 토지'라 한다)에 장기보관 중인 폐기물을 처리할 것을 명령하는 1차 조치명령을 하였다. 원고는 2010. 7. 22. '1차 조치명령을 불이행하였다'고 하여 폐기물관리법 위반죄의 범죄사실로 유죄판결(징역 10개월, 집행유예 2년, 사회봉사명령 120시간)을 선고받았고, 위 판결은 2011. 9. 8. 확정되었다.

(2) 피고는 2013. 6. 19. 원고에게 이 사건 토지에 방치된 폐기물을 적정하게 처리할 것을 명령하는 내용의 2차 조치명령을 하였다. 원고는 2014. 5. 9. '2차 조치명령을 불이행하였다'고 하여 폐기물관리법 위반죄의 범죄사실로 유죄판결(징역 1년, 집행유예 2년, 사회봉사명령 200시간)을 선고받았고, 위 판결은 2015. 4. 3. 확정되었다.

(3) 이후 피고 소속 담당공무원들은 원고에게 전화를 하거나 원고를 직접 대면하는 방식으로 여러 차례 이 사건 폐기물을 조속히 처리하라고 촉구하였으나, 원고는 이 사건 폐기물을 처리하지 않겠다는 의사를 표시하였다.

피고는 폐기물 방치 실태를 확인하고 별도의 사전 통지와 의견청취 절차를 밟지 않은 채 2015. 6. 26. 원고에게 폐기물관리법 제48조 제1호에 따라 '2015. 10. 30.까지 (주소 1 생략) 일원에 장기간 방치된 폐기물을 적정하게 처리할 것'을 명령하는 내용의 3차 조치명령(이하 '이 사건 처분'이라 한다)을 하였다.

(2) 법적 쟁점

행정절차에 관한 일반법인 행정절차법은 제21조, 제22조에서 사전 통지와 의견청취에 관하여 규정하고 있다. 행정청이 당사자에게 의무를 부과하거나 권익을 제한하는 처분을 하는 경우에는 미리 '처분의 제목', '처분하려는 원인이 되는 사실과 처분의 내용 및 법적 근거', '이에 대하여 의견을 제출할 수 있다는 뜻과 의견을 제출하지 아니하는 경우의 처리방법', '의견제출기관의 명칭과 주소', '의견제출기한' 등을 당사자 등에게 통지하여야 한다(제21조 제1항). 다른 법령 등에서 필수적으로 청문을 하거나 공청회를 개최하도록 정하고 있지 않은 경우에도 당사자 등에게 의견제출의 기회를 주어야 하고(제22조 제3항), 다만 '해당 처분의 성질상 의견청취가 현저히 곤란하거나 명백히 불필요하다고 인정될 만한 상당한 이유가 있는 경우' 등에 한하여 처분의 사전 통지나 의견청취를 하지 않을 수 있다(제21조 제4항, 제22조 제4항). 따라서 행정청이 의무를 부과하거나 권익을 제한하는 침해적 행정처분을 하면서 당사자에게 행정절차법상의 사전 통지를 하거나 의견제출의 기회를 주지 않았다면, 사전 통지를 하지 않거나 의견제출의 기회를 주지 않아도 되는 예외적인 경우에 해당하지 않는 한, 그 처분은 위법하여 취소를 면할 수 없다(대법원 2016. 10. 27. 선고 2016두41811 판결 등 참조).

행정절차법 제21조 제4항, 제22조 제4항은 사전 통지나 의견청취를 하지 않아도 되는 예외사유로 "공공의 안전 또는 복리를 위하여 긴급히 처분을 할 필요가 있는 경우"(제21조 제4항 제1호), "법령 등에서 요구된 자격이 없거나 없어지게 되면 반드시 일정한 처분을 하여야 하는 경우에 그 자격이 없거나 없어지게 된 사실이 법원의 재판 등에 의하여 객관적으로 증명된 경우"(제21조 제4항 제2호), "해당 처분의 성질상 의견청취가 현저히 곤란하거나 명백히 불필요하다고 인정될 만한 상당한 이유가 있는 경우"(제21조 제4항 제3호)를 열거하고 있다.

나아가 행정절차법 제21조 제5항은 "처분의 전제가 되는 사실이 법원의 재판 등에 의하여 객관적으로 증명된 경우 등 제4항에 따른 사전 통지를 하지 아니할 수 있는 구체적인 사항은 대통령령으로 정한다."라고 정하고 있고, 행정절차법 시행령 제13조는 행정절차법 제21조 제4항과 제5항에 따라 사전 통지를 하지 않을 수 있는 경우로 "법원의 재판 또는 준사법적 절차를 거치는 행정기관의 결정 등에 따라 처분의 전제가 되는 사실이 객관적으로 증명되어 처분에 따른 의견청취가 불필요하다고 인정되는 경우"(제2호) 등을 들고 있다. 따라서 이 사건의 경우 법원의 재판 등에 따라서 처분의 전제가 되는 사실(폐기물 방치와 그에 따르는 1, 2차 조치명령, 유죄판결 등)이 이미 재판을 통하여 확정된 것이기 때문에 제3차 조치명령이라는 불이익처분을 하는 경우 구태여 또 다시 사전통지와 의견청취가 필요한가 하는 것이다. 항소심은 그것이 불필요하다고 보고 사전통지와 의견청취를 거치지 않는 조치명령을 절차상 하자가 없는 적법한 처분으로 판시하였다.

(3) 대법원의 판단

이 사건 처분은 행정절차법 시행령 제13조 제2호에서 정한 "법원의 재판 또는 준사법적 절차를 거치는 행정기관의 결정 등에 따라 처분의 전제가 되는 사실이 객관적으로 증명되어 처분에 따른 의견청취가 불필요하다고 인정되는 경우"에 해당한다고 볼 수 없다. 그 이유는 다음과 같다.

이 사건 처분은 원고가 '이 사건 처분 당시' 이 사건 토지에 방치된 이 사건 폐기물을 적정하게 처리하지 않고 있다는 이유로 폐기물의 적정 처리를 명하는 것이다. 원고가 이 사건 처분 이전에 피고로부터 1차, 2차 조치명령을 받았고, 형사재판절차에서 위 각 조치명령 불이행의 범죄사실에 관하여 유죄판결을 선고받은 후 그 판결이 확정되었다고 하더라도, 2차 조치명령 당시부터는 물론이고, 2차 조치명령 불이행으로 인한 유죄판결 확정 이후부터 이 사건 처분 당시까지 시간적 간격이 있으므로 사정변경의 여지가 있다. 위 유죄판결에 따라 '원고가 폐기물을 방치하여 1차 및 2차 조치명령을 받았고 이를 불이행하였다'는 사실이 객관적으로 증명된 경우라고 볼 수는 있으나, 나아가 위 유죄판결에 따라 '이 사건 처분 당시 이 사건 토지에 방치된 이 사건 폐기물을 적정하게 처리하지 않고 있다'는 처분사유가 객관적으로 증명되었다고 단정하기는 어렵다.

또한 이 사건 처분의 근거 법률인 폐기물관리법 제48조는 '폐기물의 처리 등 필요한 조치를 명할 수 있다'고 정하고 있으므로, 이러한 규정의 문언과 체제에 비추어 보면 이 규정에 따른 폐기물 처리 조치명령은 재량행위에 해당한다. 따라서 이 사건 처분은 법원의 재판 등에 따라 처분의 전제가 되는 사실이 객관적으로 증명되면 행정청이 반드시 일정한 처분을 해야 하는 경우 등(이른바 기속행위로서) 의견청취가 행정청의 처분 여부나 그 수위 결정에 영향을 미치지 못하는 경우에 해당한다고 보기 어렵다.

(4) 해설 및 평론

통상적으로 행정법규의 마지막 부분에는 대체로 벌칙이라는 부분이 존재한다.

행정청의 처분이나 법령에 의하여 부과된 의무를 이행하지 않는 사람에 대하여 행정법규의 실효성을 담보한다는 차원에서 각종의 제재처분과 더불어 과태료, 벌칙 등이 있는 것이다. 그런데 행정절차법에는 이러한 제재처분이나 벌칙을 찾아볼 수 없다. 예를 들어 행정청이 불이익처분을 하면서 상대방에게 사전통지를 하지 않는 경우 절차상 하자를 이유로 불이익처분이 위법하다는 평가를 받기는 하지만 절차를 위반한 공무원을 제재하거나 벌칙을 부과하지 않는다는 의미이다. 이는 바꾸어 말하자면 업무를 집행하는 공무원은 행정절차법 규정을 준수하지 않는다고 하더라도 처벌받지 않기 때문에 절차규정을 있으나 마나한 것으로 치부할 수 있고 이는 공무원의 법령준수의무에 대한 도덕적 해이를 야기할 수도 있다.

그렇다면 행정절차법상 절차규정에 대한 규범력과 실효성을 보장하는 것은 누구의 몫인가? 바로 지난 30여 년간 법원은 행정청이 행정절차법을 위반한 경우 절차위반에 대한 위법성을 엄정하게 판단함으로써 자칫 절차규범이 형해화하는 것을 방지하고 행정절차법의 규범력과 위상을 지켜왔다고 할 수 있다. 여기에서 법원의 역할과 의지에 대한 긍정적인 평가가 있어야 할 것이다. 이 사건의 경우도 폐기물관리법상 폐기물을 오랜 동안 방치한 사람에 대하여 행정청이 수차례 방치된 폐기물을 법에 따라 처리할 것을 명하였으나 상대방이 제대로 의무를 이행하지 않았기 때문에 폐기물관리법상 벌칙에 따르는 고발이 이루어지고 결국 조치명령 불이행으로 유죄판결이 확정되었다. 그렇다면 재판과정에서 상대방이 폐기물을 방치하고 이에 대하여 행정청이 조치명령을 내리고 조치명령 불이행으로 인한 고발과 그에 따르는 형사소송절차에서 유죄가 확정되었다면 웬만한 사실관계는 거의 다 밝혀진 것으로 볼 여지도 있다. 따라서 항소심은 이러한 사실관계를 바탕으로 행정절차법 시행령 제13조 제2호에 따라서 "법원의 재판 또는 준사법적 절차를 거치는 행정기관의 결정 등에 따라 처분의 전제가 되는 사실이 객관적으로 증명되어 처분에 따른 의견청취가 불필요하다고 인정되는 경우"에 해당한다고 보아 피고 행정청이 제3차 조치명령을 내리면서 사전통지와 의견청취를 하지 않았다고 하더라도 조치명령이 절차상 하자가 없는 것으로서 적법한 처분으로 인정한 것이다.

그럼에도 불구하고 대법원은 항소심과는 달리 2차 조치명령 당시부터는 물론이고, 2차 조치명령 불이행으로 인한 유죄판결 확정 이후부터 3차 조치명령 당시까지 시간적 간격이 있으므로 사정변경의 여지가 있으며, 위 유죄판결에 따라 '원고가 폐기물을 방치하여 1차 및 2차 조치명령을 받았고 이를 불이행하였다'는 사실이 객관적으로 증명된 경우라고 볼 수는 있으나, 나아가 위 유죄판결에 따라 '이 사건 처분 당시 이 사건 토지에 방치된 이 사건 폐기물을 적정하게 처리하지 않고 있다'는 처분사유가 객관적으로 증명되었다고 단정하기는 어렵다고 보고 있다. 더 나아가 대법원은 이 사건 처분의 근거 법률인 폐기물관리법 제48조는 '폐기물의 처리 등 필요한 조치를 명할 수 있다'고 정하고 있으므로, 이러한 규정의 문언과 체제에 비추어 보면 이 규정에 따른 폐기물 처리 조치명령은 재량행위에 해당한다. 조치명령이 재량행위이므로 청문절차를 거쳐서 원고가 자신의 입장을 구체적으로 설득력 있게 설명하는 경우 처분의 결과가 달라질 수 있는 가능성이 있기 때문에 청문을 거치는 것이 중요한 의미를 가진다. 따라서 이 사건 처분은 법원의 재판 등에 따라 처분의 전제가 되는 사실이 객관적으로 증명되면 행정청이 반드시 일정한 처분을 해야 하는 경우 등 이른바 기속행위로서 의견청취가 행정청의 처분 여부나 그 수위 결정에 영향을 미치지 못하는 경우에 해당한다고 보기 어렵다고 하면서(만약 제3차 조치명령이 기속행위라면 어차피 행정청에게 재량이 없고 동일한 처분을 해야 할 의무가 있으므로 청문절차를 거치는 것이 의미가 없다는 것이다), 결국 대법원은 불이익처분인 조치명령에 대하여 행정절차법의 사전통지와 의견청취를 하지 않는 것이 절차위반으로서 위법하다고 판시한 것이다. 대법원의 판시 이유가 다소 이해하기 어렵고 이미 형사소송절차에서 대부분의 사실관계의 이미 밝혀진 것이라면 "이렇게까지 절차위반을 엄격하게 보면서 상대방을 과도하게 보호할 필요가 있을까?"라는 의문이 여전히 남지만 대법원은 그 만큼 행정절차법의 규범적 실효성을 강조하는 것으로 볼 수 있다. 항소심이 옳은 것인지 대법원이 정당한 판결을 한 것인지는 독자들이 판단할 문제이다.

2) 대법원 2013. 1. 16. 선고 2011두30687 판결[직권면직처분취소]

(1) 사실관계

가. 원고는 2003. 3.경 대통령비서실 행정관으로 임용되었다가 2006. 7.경부터 대통령비서실 기록관리비서관으로 승진하여 대통령기록물 생산·수집, 대통령기록물 관련 법령 입법 지원, 대통령 퇴임시 기록물 이관을 위한 기록물 수집과 비전자기록물의 디지털화, 대통령기록물의 대통령기록관으로의 이관 작업 등의 업무를

총괄하였다.

나. 원고는 2007. 10. 30.자 대통령기록관장 채용공고에 응시한 결과 2007. 12. 28. 행정자치부(정부조직법이 2008. 2. 29. 법률 제8852호로 개정되면서 행정안전부로 명칭 변경되었고, 이하 '행정안전부'라고 한다)에 의하여 별정직 공무원인 대통령기록관장으로 임용되어 그때부터 대통령기록관장으로 근무하였다.

다. 원고는 전 기록관리비서관 내지 대통령기록관장으로서 노무현 전 대통령 등과 공모하여 노 전 대통령의 퇴임 무렵 대통령기록물 관리시스템인 'e지원시스템'에 있는 대통령기록물을 별도의 시스템(이하 '퇴임 후 기록물 활용시스템'이라고 한다)에 복사한 다음 김해시 진영읍 본산리 봉하마을에 있는 노 전 대통령의 사저(이하 '대통령 사저'라고 한다)에 위 퇴임 후 기록물 활용시스템을 구축하는 방법으로 대통령기록물을 유출함으로써 대통령기록물 관리에 관한 법률(이하 '대통령기록물법'이라고 한다) 제30조 제2항 제1호를 위반하였다는 혐의(이하 '대통령기록물 유출 혐의'라고 한다)로 2008. 7. 24. 고발되자, 피고는 그 다음날인 2008. 7. 25. 원고에 대하여 직위해제 및 행정안전부로의 인사발령 조치를 하였다.

라. 원고는 노 전 대통령이 서거한 이후인 2009. 10. 29. 서울중앙지방검찰청으로부터 대통령기록물 유출 혐의에 대하여 기소유예 처분을 받았고, 피고 행정안전부장관은 2009. 12. 18. 원고에 대하여 원고가 대통령기록물 유출 혐의로 기소유예 처분을 받은 사실이 있는데, 이는 국가공무원법 제56조(성실의무)를 위반한 것으로서 국가공무원법 제78조 제1항의 징계사유에 해당하고 대통령기록물 관리업무를 총괄하는 직위에서 계속 업무를 수행하는 것은 부적절하다는 이유로 구 공무원징계령(2010. 6. 15. 대통령령 제22199호로 개정되기 전의 것, 이하 '구 공무원징계령'이라고 한다) 제22조 제1항에 의하여 직권면직처분을 하였다(이하 '이 사건 처분'이라고 한다).

(2) 법적 쟁점

원고는 피고가 침해적 행정처분인 이 사건 처분을 하면서도 직권면직 대상자인 원고에게 그 사유를 통지하거나 의견을 제출할 기회를 주지 아니하는 등 적법절차의 원칙을 위반하였다고 주장하였으나, 피고는 행정절차법 제3조 제2항은 "이 법은 다음 각 호 중 1에 해당하는 사항에 대하여는 적용하지 아니한다."고 규정하면서 그 제9호에서 '병역법에 의한 징집·소집, 외국인에 대한 출입국·난민인정·귀화, <u>공무원 인사관계 법령에 의한 징계 기타 처분</u> 또는 이해조정을 목적으로 법령에 의한 알선·조정·중재·재정 기타 처분 등 <u>당해 행정작용 성질상 행정절차를 거치기 곤란하거나 불필요하다고 인정되는 사항과 행정절차에 준하는 절차를 거친 사항으로서 대통령령으로 정하는 사항</u>'을 들고 있다고 하면서, 행정절차법 시행령 제2조는 "법 제3조 제2항 제9호에서 '대통령령으로 정하는 사항'이란 다음 각 호 중 1에 해당하는 사항을 말한다"라고 규정하여 그 제3호에서 '<u>공무원 인사관계 법령에 의한 징계 기타 처분에 관한 사항</u>'을 행정절차법 적용 배제사유로 규정하고 있다고 보았다. 따라서 이 사건의 경우 전형적인 공무원 인사관계 법령에 의한 징계 기타 처분에 관한 사항으로서 행정절차법이 규정한 적용배제사유에 해당하지 때문에 직권면직 대상자인 원고에게 그 사유를 통지하거나 의견을 제출할 기회를 주지 아니하여도 절차를 위반한 위법처분이 아닌 것으로 본 것이다.

(3) 대법원의 판단

[1] 구 행정절차법(2012. 10. 22. 법률 제11498호로 개정되기 전의 것) 제21조 제1항, 제4항, 제22조에 의하면, 행정청이 당사자에게 의무를 과하거나 권익을 제한하는 처분을 하는 경우에는 미리 처분하고자 하는 원인이 되는 사실과 처분의 내용 및 법적 근거, 이에 대하여 의견을 제출할 수 있다는 뜻과 의견을 제출하지 아니하는 경우의 처리방법 등의 사항을 당사자 등에게 통지해야 하고, 다른 법령 등에서 필수적으로 청문을 실시하거나 공청회를 개최하도록 규정하고 있지 아니한 경우에도 당사자 등에게 의견제출의 기회를 주어야 하되, '당해 처분의 성질상 의견청취가 현저히 곤란하거나 명백히 불필요하다고 인정될 만한 상당한 이유가 있는 경우' 등에는 처분의 사전통지나 의견청취를 아니할 수 있도록 규정하고 있다. 따라서 행정청이 침해적 행정처분을 하면서 당사자에게 위와 같은 사전통지를 하거나 의견제출의 기회를 주지 않았다면, 사전통지를 하지 않거나 의견제출의 기회를 주지 않아도 되는 예외적인 경우에 해당하지 않는 한, 그 처분은 위법하여 취소를 면할 수 없다.

[2] 구 행정절차법(2012. 10. 22. 법률 제11498호로 개정되기 전의 것) 제3조 제2항 제9호, 구 행정절차법 시행령(2011. 12. 21. 대통령령 제23383호로 개정되기 전의

것) 제2조 제3호의 내용을 행정의 공정성, 투명성 및 신뢰성을 확보하고 국민의 권익을 보호함을 목적으로 하는 행정절차법의 입법 목적에 비추어 보면, 공무원 인사관계 법령에 의한 처분에 관한 사항이라 하더라도 전부에 대하여 행정절차법의 적용이 배제되는 것이 아니라, 성질상 행정절차를 거치기 곤란하거나 불필요하다고 인정되는 처분이나 행정절차에 준하는 절차를 거치도록 하고 있는 처분의 경우에만 행정절차법의 적용이 배제되는 것으로 보아야 하고, 이러한 법리는 '공무원 인사관계 법령에 의한 처분'에 해당하는 별정직 공무원에 대한 직권면직 처분의 경우에도 마찬가지로 적용된다.

(4) 해설 및 평론

이 사건은 어떻게 보면 매우 단순하다. 행정절차법 제3조 제2항 제9호 및 동법 시행령 제2조 제3호에서 "공무원 인사관계 법령에 의한 징계"는 행정절차법의 적용 배제 사유로 규정하고 있기 때문에 원고에 대한 직권면직처분은 비록 불이익처분이기는 하지만 행정절차법이 규정하는 사전통지, 의견청취 및 이유제시 규정이 적용되지 않는 것이므로 이러한 절차를 거치지 않은 직권면직처분이 절차상 하자가 있어서 위법으로 볼 수 없기 때문이다. 하지만 대법원은 행정절차법상 적용이 배제되는 사유는 절대적인 것이 아니라 다음과 같이 행정절차법의 취지와 목적을 고려하여 상대적인 배제사유로 봄이 타당하다고 판시하고 있다. "행정의 공정성, 투명성 및 신뢰성을 확보하고 국민의 권익을 보호함을 목적으로 하는 행정절차법의 입법 목적에 비추어 보면, 공무원 인사관계 법령에 의한 처분에 관한 사항이라 하더라도 전부에 대하여 행정절차법의 적용이 배제되는 것이 아니라, 성질상 행정절차를 거치기 곤란하거나 불필요하다고 인정되는 처분이나 행정절차에 준하는 절차를 거치도록 하고 있는 처분의 경우에만 행정절차법의 적용이 배제되는 것으로 보아야 하고, 이러한 법리는 '공무원 인사관계 법령에 의한 처분'에 해당하는 별정직 공무원에 대한 직권면직 처분의 경우에도 마찬가지로 적용된다".

이러한 점에서 본다면 적어도 행정청의 처분이 상대방의 권리를 제한하고 의무를 부과하는 침해적 성격의 불이익처분인 경우 형식적으로는 비록 행정절차법령이 규정하는 적용 배제사유에 해당하더라도 사실관계로 보아 행정절차법이 규정하는 내용을 거치도록 하는 것이 실질적으로 필요하고 타당하다면 행정절차법의 취지와 목적을 최대한 고려하여 상대방에게 절차적 권리를 보장하는 것이 필요하므로 이러한 절차를 거치지 않은 처분이 위법하다는 것이다. 이미 언급한 바와 같이 행정절차법 시행 이후 30 여년간 법원이 행정절차법의 규범력과 실효성을 제고하는 과정에서 이와 같은 엄격한 판결이 지속된다는 점은 매우 고무적이라고 할 수 있다.

3) 헌재 2018. 6. 28. 2012헌마191 등(통신비밀보호법 제2조 제11호 바목 등 위헌확인)〈통신비밀보호법 '위치정보 추적자료' 사건〉

(1) 사실관계 및 청구인의 주장

이 사건 청구인들은 ○○중공업이 영도조선소 근로자를 정리해고한 것에 항의하여 크레인 점거 농성 중이던 김○숙 등을 응원하고자 2011. 6. 11.부터 2011. 10. 9. 사이에 희망버스 집회를 개최하였다는 취지의 '집회 및 시위에 관한 법률' 위반 등 혐의로 기소된 사람들이다. 해당 수사기관은 위 사건의 수사 또는 체포영장의 집행을 위하여 법원의 허가를 얻어 전기통신사업자에게 청구인들에 대한 통신비밀보호법 제2조 제11호 바목에 해당하는 통신사실 확인자료의 제출을 요청하여 이를 제공받았고, 위 청구인들은 2011. 12. 22.경부터 2012. 4. 4.경 사이에 해당 수사기관으로부터 위와 같은 통신사실 확인자료 제공사실을 통지받았다. 이에 청구인 송○동, 정○우는 2012. 2. 29., 청구인 정○선, 김○진은 2012. 6. 19. 통신비밀보호법 제2조 제11호 바목, 제13조 제1항, 제2항, 제13조의3이 청구인들의 통신의 자유, 사생활의 비밀과 자유, 개인정보자기결정권 등 기본권을 침해한다고 주장하면서 이 사건 헌법소원심판을 청구하였다.

청구인들은 이 사건 통지조항은 '위치정보 추적자료 제공요청 사유'를 통지사항으로 명시하고 있지 아니하는 등 통지내용의 범위 및 한계가 불명확하여 헌법상 명확성원칙에 위배된다. 또한 수사가 진행되는 동안에는 정보주체에게 통지할 의무를 부과하고 있지 아니하여 수사기관이 장기간에 걸쳐 위치정보 추적자료의 제공을 통지하지 아니할 수 있게 되고, 피의자나 그 가족들은 사후에 통보를 받더라도 제공요청 사유를 알 수 없다는 점에서 이 사건 통지조항은 적법절차원칙에 위배되어 청구인들의 개인정보자기결정권을 침해한다고 주장하였다.

(2) 결정 요지

수사기관의 위치정보 추적자료 제공요청은 법원의 허가를 얻어 전기통신사업자를 상대로 이루어지므로, 정보주체로서는 그 사실을 통보받기 전까지는 자신의 위치정보 추적자료가 어떤 절차와 내용으로 제공되었는지를 알 수 없는 구조이다. 수사기관의 위치정보 추적자료 제공요청과 관련해서, 수사기관이 정보주체에게 사전에 통지한다든지 또는 검사의 기소중지결정이나 수사가 진행되는 동안 통지하는 것은 범인의 발견·확보 및 증거의 수집·보전을 불가능하게 하거나 대단히 어려워지게 하여 실체적 진실발견과 국가형벌권의 적정한 행사에 역행할 수 있다. 그러나 이와 같이 수사의 밀행성 확보가 필요하다 하더라도, 수사기관의 권한남용을 방지하고 정보주체의 기본권을 보호하기 위해서는, 정보주체에게 위치정보 추적자료 제공과 관련하여 적절한 고지와 실질적인 의견진술의 기회가 부여되어야 한다.

위치정보 추적자료 제공요청과 관련하여, 사전에 정보주체인 피의자 등에게 이를 통지하는 것은 수사의 밀행성 확보를 위하여 허용될 수 없다 하더라도, 수사기관이 전기통신사업자로부터 위치정보 추적자료를 제공받은 다음에는 수사에 지장이 되지 아니하는 한 그 제공사실 등을 정보주체인 피의자 등에게 통지해야 한다. 이와 같이 수사기관이 피의자 등에게 위치정보 추적자료 제공사실을 통지함으로써, 피의자 등은 위치정보 추적자료의 제공이 적법한 절차에 따라 이루어졌는지, 위치정보 추적자료가 제공 목적에 부합하게 사용되었는지 또는 제공된 위치정보 추적자료가 개인정보 보호법 등에 규정된 적법한 절차에 따라 폐기되었는지 등을 확인할 수 있게 된다. 정보주체인 피의자 등은 이를 통하여 수사기관의 불법 또는 부당한 행위가 확인되는 경우에 수사기관이나 법원에 그 시정을 요구하는 등으로 실효성 있게 권리구제를 받을 수 있게 된다.

그럼에도 이 사건 통지조항은 수사기관이 전기통신사업자로부터 위치정보 추적자료를 제공받은 사실에 대해, 그 제공과 관련된 사건에 대하여 수사가 계속 진행되거나 기소중지결정이 있는 경우에는 정보주체에게 통지할 의무를 규정하지 않고 있다. 이에 따라, 통신사실 확인자료를 제공받은 사건에 관하여 기소중지결정이 있거나 수사·내사가 장기간 계속되는 경우에는, 정보주체는 그 기간이 아무리 길다 하여도 자신의 위치정보가 범죄수사에 활용되었거나 활용되고 있다는 사실을 알 수 있는 방법이 없다. 또한 이 사건 통지조항은 수사기관이 정보주체에게 위치정보 추적자료의 제공을 통지하는 경우에도 그 사유에 대해서는 통지하지 아니할 수 있도록 함으로써 정보주체는 수사기관으로부터 통신사실 확인자료 제공사실 등에 대해 사후통지를 받더라도 자신의 위치정보 추적자료가 어떠한 사유로 수사기관에게 제공되었는지 전혀 짐작할 수도 없다.

그 결과, 정보주체는 위치정보 추적자료와 관련된 수사기관의 권한남용에 대해 적절한 대응을 할 수 없게 된다. 따라서 이 사건 통지조항은 정보주체의 절차적 권리와 개인정보자기결정권을 충분히 보장하기에 미흡하다고 할 수 있다. 이러한 점들을 종합할 때, 이 사건 통지조항이 규정하는 사후통지는 헌법 제12조에 의한 적법절차원칙에서 요청되는 적절한 고지라고 볼 수 없으므로, 이 사건 통지조항은 헌법상 적법절차원칙에 위배된다.

(3) 해설 및 평론

개인의 위치정보는 사생활의 비밀과 자유와 직결되는 일종의 민감정보에 해당한다. 수사기관이 범죄수사를 위하여 전기통신사업자에게 피의자의 위치정보 제공을 요청하는 것은 수사의 내밀성과 효율성을 유지하기 위하여 필요한 사안이기는 하지만 개인의 정보에 대한 자기결정권 및 프라이버시를 직접적으로 침해할 수 있기 때문에 법원에 의한 허가주의, 상대방에 대한 사후통지 등의 적법절차가 반드시 준수되어야 한다. 그런데 이 사건에서는 법원의 허가절차, 상대방에 대한 위치정보 제공 사실에 대한 사후통지제도가 존재하기 때문에 수사의 밀행성과 효율성을 유지하기 위한 공익이 상당하다는 점을 고려한다면 이러한 절차적 규정은 헌법상 적법절차원칙에 부합한다는 견해도 제시될 수 있다.

실제로 이 사건의 반대의견은 “수사기관으로 하여금 통신사실 확인자료의 제공을 요청할 수 있도록 하는 것은 수사활동 보장에 목적이 있으므로 성질상 기밀성을 요한다. 그런데 통신사실 확인자료 제공사실을 수사 진행 중에 정보주체에게 알려준다면, 피의자 및 그와 관계있는 자들이 이동전화·인터넷의 이용을 중단하거나 도주·증거인멸할 가능성을 배제할 수 없고, 그로 인하여 범죄수사에 지장을 초래하거나 추가 범행에 대처하기 어려워지게 된다. 반면 제공사실을 공소제기 또는 불기소처분 이후에 통지받는다 하더라도, 통신사실 확인자료의 비내용적 성격을 고려할 때, 그로 인해 제한되는 정보주체의 사익은 크다고 보기 어렵다. 한편, 정보주체가 피의자인 경우에는 공소장부본을 송달받거나 불기소처분결과를 통지받음으로써 통신사실 확인자료 제공요청 사유를 알 수 있고, 정보주체가 피의자 아닌 경우에는 피의자의 명예와 사생활 보호 필요성이 있기 때문에 그 제공요청 사유를 통지하지 않는 것이 바람직할 수 있다. 그 밖에 이 사건 요청조항 및 허가조항을 위반하여 취득한 통신사실 확인자료에 대해서는 형사절차에서 위법수집증거 배제법칙을 통해 증거능력을 부정하거나, 해당 수사관 및 국가에 대해 손해배상을 청구하는 등 사후적인 권리구제수단도 마련되어 있다. 사정이 이러하다면, 이 사건 통지조항이 통신사실 확인자료 제공사실을 수사 종료 후에 통지하도록 하고, 그 사유를 통지사항으로 정하지 아니하였다고 하여, 적법절차원칙에 위배된다고 보기 어렵다"는 견해를 제시하고 있다.

하지만 법원의 허가와 상대방에 대한 사후통지라는 절차를 형식적으로 법률이 규정하고 있다는 사실만으로 그러한 절차가 상대방의 프라이버시와 개인정보자기결정권을 방어할 수 있도록 공정하고 합리적인 절차라고 할 수 있을까? 이러한 질문을 던지는 이유는 헌법재판소가 많은 사건에서 헌법상 적법절차는 형식적으로 그러한 절차를 법률에 규정하는 것에 그치지 않고 절차의 합리성, 정당성 및 공정성을 담보하는 이른바 실체적 적법절차를 강조하고 있기 때문이다.[1] 이 사건에서 청구인들은 전기통신사업자가 수사기관에 위치정보를 제공한 사실을 사후에 통지받기는 하지만 위치정보 추적자료 제공과 관련하여 적절한 고지와 실질적인 의견진술의 기회가 부여되고 있지 않기 때문에 어떠한 이유와 정황에 따라 자신들의 위치정보가 제공되었는지 알 길이 없다. 이는 당시 관련 법률이 사후통지 등 매우 형식적인 절차를 규정하고 있을 뿐 정보주체가 자신의 기본권을 효과적으로 방어할 수 있는 공정하고 합리적이며 정당한 절차라고 보기 어렵기 때문에 실질적 내지 실체적 적법절차원칙에 위반되는 것으로 볼 수 있다.

1) 헌재 2013. 12. 26. 2011헌바108; 2004. 9. 23. 2002헌가17; 1992. 12. 24. 92헌가8; 1993. 7. 29. 90헌바35; 1998. 7. 16. 97헌바22 등 참조.

Ⅲ. 정보공개, 국민의 알권리, 국정에 대한 국민의 참여

1. 정보공개제도의 의의

정보공개제도는 행정청을 비롯한 공공기관이 보유·관리하는 각종의 정보를 일정한 요건 하에 공개하는 것을 말하며, 이를 실현하기 위한 법제를 정보공개법이라고 한다. 정보공개, 특히 행정청이 보유한 행정정보의 공개제도는 정보화사회에서 개인에게 정보에의 접근과 활용을 가능하게 하여 행정에 대한 효과적인 감시와 참여를 가능하게 하는 제도이다. 정보화사회에서 필요한 정보의 수집과 적절한 활용은 개인의 인격신장과 경제생활을 비롯한 생존에 필수적인 조건이 되어버린 지 이미 오래다. 따라서 정보공개제도는 개인의 알권리 실현이라는 차원을 넘어서서 정부에 의한 정보의 독점을 방지하고 개인에게 정보의 공유를 가능하게 하여 정보의 평등화를 지향한다. 또한 공공부문의 정보공개제도는 궁극적으로 민간부문의 정보공개와 정보평등화사회 실현을 위한 확산효과를 가진다. 따라서 앞으로는 거대한 세력을 형성하고 정부 못지않은, 오히려 그보다 더 큰 규모의 정보를 보유한 사인과 기업에게도 이들과 거래하거나 상품을 소비하는 상대적으로 힘없는 소비자 등을 위하여 기업의 영업비밀을 침해하지 않는 범위 안에서 경영정보의 공시 등 정보의 공개의무를 강제하는 것도 필요하다.

2. 정보공개의 법적 근거

국가에 대한 개인의 정보공개청구권은 헌법 제21조의 표현의 자유 및 알권리에서 도출된다고 보는 것이 일반적이다. 이러한 헌법상의 알권리는 개인이 적법·타당한 절차를 거쳐 정보를 수집할 때 국가의 부당한 간섭을 배제하는 소극적 측면과 더불어 국가 등에 필요한 정보를 요구하는 적극적 성격을 모두 포함하고 있다. 그렇다면, 행정법상 권리의 하나인 정보공개청구권은 헌법 제21조로부터 직접 도출되는 헌법상의 권리인가? 정보공개청구권의 법적 근거에 대한 논쟁은 이미 1986년 정보공개법 제정 이전부터 제기되어 헌법재판소는 정보공개청구권의 헌법적,

직접적 성격을 인정하였다(헌재 1989. 9. 4. 88헌마22; 1991. 5. 13. 90헌마133). 그러나 헌법재판소도 지적하고 있는 바와 같이 정보공개의 구체적인 요건, 절차 및 내용이 국회가 제정한 법률에 따라서 규율되는 것이 바람직하고 또한 필요한 것이기도 하다. 이에 따라서 국회는 1996년 11월 공공기관의 정보공개에 관한 법률(정보공개법)을 제정하여 정보공개의 요건, 절차, 비공개대상 정보의 범위, 권리구제절차 등을 상세하게 규율하였다.

3. 관련 판례

1) 대법원 2014.7.24. 선고 2012두12303 판결[정보공개거부처분취소]

(1) 사실관계와 법적 쟁점

이 사건은 삼성생명이 삼성경제연구소의 적자를 메워주기 위하여 부당한 방법으로 여러 건의 용역을 몰아주었다는 언론보도가 나오자 경제개혁연대라는 시민단체가 원고가 되어 금융감독원을 피고로 하여 삼성생명에 대한 종합감사에 대한 정보를 청구한 사건이다. 이를 좀 더 상세하게 보면 피고는 2009. 10.경부터 2009. 12.경까지 피고보조참가인 삼성생명보험 주식회사에 대한 종합검사를 실시하여, “참가인은 2006. 1. 1.부터 2009. 12. 2.까지의 기간 중 삼성경제연구소 주식회사에 의뢰한 36건의 연구용역과 관련하여 연구주제 선정 및 연구결과 평가 등에 관한 적정한 내부통제기준을 마련·운영하지 않았고, 일상감사 및 보고서에 대한 검수업무를 소홀히 하는 등 외부 연구용역 관련 내부통제업무에 철저를 기하지 아니하였다.”는 등의 비위행위를 적발하였다. 피고는 이 사건 종합검사결과를 토대로 2010. 5. 19. 참가인에게 과태료 1,000만 원을 부과하고, 참가인의 전·현직 임원에 대한 주의적 경고를 요구하는 등의 제재처분을 하였다.

일부 언론은 2010. 3.경 “참가인이 2006년부터 3년간 삼성경제연구소가 각종 국책연구사업을 진행하면서 생긴 적자를 대신 메워주기 위하여 80억 원대의 용역비를 부당지원하였다.”고 보도하였다. 원고는 위와 같은 언론보도가 나오자 2010. 6. 8. 피고에게 구 정보공개법 제10조 제1항에 기하여 원심판결 별지 1목록 기재 정보에 대한 공개청구를 하였다. 삼성그룹 전체의 입장에서 보면 삼성경제연구소라는 연구기관이 당연히 필요할 것이지만 연구기관은 수익을 추구하지 않기 때문에 그로 인한 만성적인 적자 상태에 놓일 가능성이 크다. 따라서 삼성그룹의 다른 돈 많은 회사가 어떤 식으로든 재정적으로 지원하는 것이 필요했을 것이고 이를 삼성생명이 부적절한 용역발주를 통해서 시행했을 개연성이 있다는 언론보도를 계기로 경제개혁연대라는 시민단체가 금융감독원이 삼성생명을 대상으로 실시한 종합감사 결과에 대한 정보공개를 청구한 것이다.

이 사건의 쟁점은 원고가 피고를 상대로 청구한 정보공개가 정보공개법 제9조 제1항 제5호,[2] 제6호,[3] 제7호[4]가 규정하는 비공개대상 정보에 해당하는가 여부이다. 이는 일반적으로 대부분의 정보공개청구 사건에서 피고 행정청이 주장하는 비공개대상정보에 해당하는 것으로서 이 사건에서도 원고와 피고는 정보공개법 제9조 제1항 제5호, 제6호, 제7호 여부에 대하여 다투고 있다.

---

2) 감사·감독·검사·시험·규제·입찰계약·기술개발·인사관리에 관한 사항이나 의사결정 과정 또는 내부검토 과정에 있는 사항 등으로서 공개될 경우 업무의 공정한 수행이나 연구·개발에 현저한 지장을 초래한다고 인정할 만한 상당한 이유가 있는 정보. 다만, 의사결정 과정 또는 내부검토 과정을 이유로 비공개할 경우에는 제13조제5항에 따라 통지를 할 때 의사결정 과정 또는 내부검토 과정의 단계 및 종료 예정일을 함께 안내하여야 하며, 의사결정 과정 및 내부검토 과정이 종료되면 제10조에 따른 청구인에게 이를 통지하여야 한다.

3) 해당 정보에 포함되어 있는 성명·주민등록번호 등 「개인정보 보호법」 제2조 제1호에 따른 개인정보로서 공개될 경우 사생활의 비밀 또는 자유를 침해할 우려가 있다고 인정되는 정보. 다만, 다음 각 목에 열거한 사항은 제외한다.
   가. 법령에서 정하는 바에 따라 열람할 수 있는 정보
   나. 공공기관이 공표를 목적으로 작성하거나 취득한 정보로서 사생활의 비밀 또는 자유를 부당하게 침해하지 아니하는 정보
   다. 공공기관이 작성하거나 취득한 정보로서 공개하는 것이 공익이나 개인의 권리 구제를 위하여 필요하다고 인정되는 정보
   라. 직무를 수행한 공무원의 성명·직위
   마. 공개하는 것이 공익을 위하여 필요한 경우로서 법령에 따라 국가 또는 지방자치단체가 업무의 일부를 위탁 또는 위촉한 개인의 성명·직업

4) 법인·단체 또는 개인(이하 "법인등"이라 한다)의 경영상·영업상 비밀에 관한 사항으로서 공개될 경우 법인등의 정당한 이익을 현저히 해칠 우려가 있다고 인정되는 정보. 다만, 다음 각 목에 열거한 정보는 제외한다.
   가. 사업활동에 의하여 발생하는 위해(危害)로부터 사람의 생명·신체 또는 건강을 보호하기 위하여 공개할 필요가 있는 정보
   나. 위법·부당한 사업활동으로부터 국민의 재산 또는 생활을 보호하기 위하여 공개할 필요가 있는 정보

(2) 항소심 판결

A. 이 사건 용역제안서 등이 정보공개법 제9조 제1항 제5호에 해당하는지 여부

정보공개법 제9조 제1항 제5호에서 규정하는 감사·감독·검사·시험·규제·입찰계약·기술개발·인사관리·의사결정과정 또는 내부검토과정에 있는 사항 등으로서 '공개될 경우 업무의 공정한 수행에 현저한 지장을 초래한다고 인정할 만한 상당한 이유가 있는 경우'는 정보공개법 제1조 정보공개제도 목적 및 정보공개법 제9조 제1항 제5호 규정에 의한 비공개대상정보 입법취지에 비추어 공개될 경우 업무를 공정하게 수행하는 것이 객관적으로 현저하게 지장을 받을 것이라는 높은 개연성이 존재하는 경우를 의미한다. 이는 공공기관이 수행하고 있는 다양한 업무 집행과정에서 작성 또는 취득한 정보가 공개되면 그 업무수행에 상당한 영향을 미치거나 업무를 공정하고 효율 있게 운영하는 것이 현저하게 곤란하게 될 염려가 있는 경우 그 정보를 보호하려는데 취지가 있다. 여기에 해당하는지 여부는 비공개에 의하여 보호되는 업무수행 공정성 등 이익과 공개에 의하여 보호되는 국민이 알권리 보장과 국정에 대한 국민 참여 및 국정운영 투명성 확보 등 이익을 비교·교량하여 구체적인 사안에 따라 신중하게 판단되어야 한다(대법원 2003. 8. 22. 선고 2002두12946 판결 등 참조).

이 사건 처분 당시 피고는 참가인에 대한 종합검사 업무를 이미 완료한 상태이었다. 이 법원이 한 이 사건 용역제안서 등 정보에 관한 비공개 열람·심사결과에 의하면 이 사건 용역제안서 등 내용은 참가인이 개괄적인 연구주제를 선정하여 삼성경제연구소에 의뢰하고, 삼성경제연구소가 제안한 용역료에 대하여 참가인이 협의한 용역료를 지급한 것과 연구용역결과를 활용한 내역 등인 사실이 인정된다. 이 사건 용역제안서 내용 등에 비추어 이 사건 용역제안서가 공개될 경우에 피고가 업무를 공정하게 수행하는 데 현저한 지장이 초래될 것으로는 보기 어렵다.

피고는 검사업무대상 기관으로부터 제출받은 정보를 공개해 버린다면 향후 피고가 금융감독업무 수행을 원활하게 할 수 없게 된다는 취지로 주장한다.

구 금융위 등 설치법 제40 내지 43조에 의하면 피고는 검사업무대상 기관에 대하여 업무 또는 재산에 관한 보고, 자료 제출, 관계자 출석 및 진술을 요구할 수 있고, 이를 거부하는 경우 시정명령 또는 검사업무대상 기관장에게 해당 직원에 대한 징계요구, 임원 임면권자에게 해임권고나 금융위원회에게 임원 업무집행정지

명령과 해당 기관에 대한 업무정지 명령을 건의할 수 있다. 이러한 권한을 가지는 피고가 제출받은 정보를 공개하였다고 하여 향후 금융감독업무를 원활하게 수행할 수 없다고 판단되지 않는다.

B. 이 사건 용역제안서 등이 정보공개법 제9조 제1항 제6호에 해당하는지 여부

정보에 포함된 이름·주민등록번호 등 개인에 관한 사항으로서 공개될 경우 개인 사생활 비밀 또는 자유를 침해할 우려가 있다고 인정되는 정보는 공개하지 아니할 수 있다(정보공개법 제9조 제1항 제6호). 이 법원이 한 비공개 열람·심사결과에 의하면, 위 정보에 기재된 각 개인 이름이 공개될 경우 직장 및 부서까지 알 수 있게 되어 개인 사생활 비밀 또는 자유가 침해될 우려가 있다. 이 부분 정보공개거부처분은 적법하다. 다만 정보공개법 제14조에 의하면 공개청구한 정보가 같은 법 제9조 제1항 각 호 1에 해당하는 부분과 공개가 가능한 부분이 혼합되어 있는 경우로서 공개청구 취지에 어긋나지 아니하는 범위 안에서 두 부분을 분리할 수 있는 때에는 제9조 제1항 각 호 1에 해당하는 부분을 제외하고 공개하여야 하므로, 위 정보에 기재된 각 이름을 제외한 부분은 같은 법 제9조 제1항에 규정된 다른 비공개사유에 해당하지 아니한다면 이를 공개하여야 한다.

원고는 이름 부분이 공익 또는 개인 권리구제를 위하여 공개하는 것이 필요하다고 인정되는 정보는 정보공개법 제9조 제1항 제6호 단서 다.목에 해당한다고 주장하나, 정보에 기재된 연구원 개인 이름까지 공개되어야 공익에 부합한다고 보기 어렵고, 권리구제를 위하여 필요하다고 볼 증거도 없다.

C. 이 사건 용역제안서 등이 정보공개법 제9조 제1항 제7호에 해당하는지 여부

정보공개법 제9조 제1항 제7호에서 '법인 등 경영·영업상 비밀에 관한 사항으로서 공개될 경우 법인 등에게 정당한 이익을 현저히 해할 우려가 있다고 인정되는 정보'라고 규정한 것은, 공공기관이 보유·관리하는 모든 정보를 공개대상으로 하는 것을 원칙으로 삼으면서 법인 등 사업활동에 관한 비밀 유출을 방지하여 정당한 이익을 보호하고자 하는 취지로 보인다. 이에 비추어 보면 위 조항이 정한 '법인 등 경영·영업상 비밀'은 부정경쟁방지 및 영업비밀보호에 관한 법률 제2조 제2호가 정한 '영업비밀'에 한하지 않고, '타인에게 알려지지 아니하는 것이 유리한 사업활

동에 관한 정보 일체' 또는 '사업활동에 관한 비밀사항 일체'로 해석하는 것이 옳다. 한편 위 조항은 '법인 등 경영·영업상 비밀에 관한 사항'이라도 공개를 거부할 만한 정당한 이익이 있는지 여부에 따라 그 공개 여부가 결정되어야 한다고 해석된다. 정당한 이익이 있는지 여부는 정보공개법 입법취지에 비추어 이를 엄격하게 해석하여야 한다(대법원 2008. 10. 23. 선고 2007두1798 판결 참조).

이 법원이 정보에 관한 비공개 열람·심사결과에 의하면, 위 정보에는 참가인과 삼성경제연구소 사이에 이루어진 구체적인 연구용역료 제안 및 결정 내용이 포함되어 있다. 이를 공개할 경우 삼성경제연구소가 가지는 연구용역료 산출 기준과 참가인 및 삼성경제연구소가 가지는 협상 결과 등 경영·영업상 비밀이 침해되어 정당한 이익을 현저히 해할 우려가 있다고 인정되므로 정보공개법 제9조 제1항 제7호 비공개대상정보에 해당한다. 또한 이 법원이 정보에 관한 비공개 열람·심사결과에 의하면, 위 정보에는 참가인이 영업전략을 세우는 과정, 어떠한 영업전략을 세웠는지, 영업전략이 세워진 시기가 언제인지 등을 알 수 있는 내용이 포함되어 있어 공개될 경우에 참가인에 대하여 경영·영업상 비밀이 침해되어 정당한 이익을 현저히 해할 우려가 있다고 인정되므로 정보공개법 제9조 제1항 제7호 비공개대상정보에 해당한다.

(3) 대법원 판결

A. 이 사건 용역제안서 등은 금융기관 업무전반 및 재산상황에 대하여 종합적으로 실시하는 종합검사과정에서 제출된 자료로서 구 정보공개법 제9조 제1항 제5호에 비공개대상정보로 규정되어 있는 '검사에 관한 사항'에 해당한다. 이와 같이 금융감독기관인 피고가 그 검사업무대상 기관인 금융기관으로부터 종합검사과정에서 제출받은 정보를 그대로 공개할 경우에는 금융기관이 그 공개에 부담을 느낀 나머지 향후 종합검사에서 적극적인 자료제출이나 협조를 꺼리게 될 것이며, 비록 원심이 설시한 것과 같이 피고가 검사업무대상 기관에 대한 업무 또는 재산에 관한 보고 등의 요구나 이를 거부하는 경우 검사업무대상 기관장에 대한 시정명령이나 징계요구 등 관계 법령에서 정하고 있는 권한을 행사하여 검사업무대상 기관의 자료제출을 어느 정도 강제할 수 있다고 하더라도 이러한 사후적인 제재수단만으로 광범위한 자료의 제출을 기대하기 어렵거나 제출되는 자료의 신뢰성 확보에 지장

을 줄 수 있으므로, 이 사건 용역제안서 등이 공개될 경우 향후 동종 업무인 피고의 검사업무 수행에 현저한 지장을 초래할 개연성이 상당히 높다고 할 수 있다.

반면 이 사건 용역제안서 등은 사기업인 참가인의 개별적이고 구체적인 연구용역계약의 내용, 경영전략 및 내부관리정보를 주된 내용으로 하는 것으로서 아래에서 살펴보는 것과 같이 경영·영업상 비밀에 관한 내용도 상당히 포함되어 있어 국민의 알권리를 보장할 필요가 크다고 보기 어렵고, 참가인의 부당지원 행위에 관하여는 일부 언론의 의혹 제기 외에 이를 인정할 만한 자료가 없는 이상 이 사건 용역제안서 등의 공개청구를 받아들이는 것은 금융감독기관이 아닌 원고로 하여금 참가인에 대한 검사업무를 수행하게 하는 것과 다를 바 없으므로, 이 사건 용역제안서 등의 공개로 보호되는 국민의 알권리 보장 등 이익이 비공개함으로써 보호되는 피고의 업무수행의 공정성 등 이익보다 우월하다고 보기 어렵다. 따라서 이 사건 용역제안서 등은 구 정보공개법 제9조 제1항 제5호에서 비공개대상정보로 정한 '검사에 관한 사항으로서 공개될 경우 업무의 공정한 수행에 현저한 지장을 초래한다고 인정할 만한 상당한 이유가 있는 정보'에 해당한다고 볼 여지가 충분하다.

B. 구 정보공개법 제9조 제1항 제7호에서 비공개대상정보로 정하고 있는 '법인 등의 경영·영업상 비밀'은 '타인에게 알려지지 아니함이 유리한 사업활동에 관한 일체의 정보' 또는 '사업활동에 관한 일체의 비밀사항'을 의미하는 것이고, 그 공개 여부는 공개를 거부할 만한 정당한 이익이 있는지 여부에 따라 결정되어야 한다(대법원 2011. 11. 24. 선고 2009두19021 판결 참조). 그리고 그 정당한 이익 유무를 판단할 때에는 국민의 알권리를 보장하고 국정에 대한 국민의 참여와 국정 운영의 투명성을 확보함을 목적으로 하는 구 정보공개법의 입법 취지와 아울러 당해 법인 등의 성격, 당해 법인 등의 권리, 경쟁상 지위 등 보호받아야 할 이익의 내용·성질 및 당해 정보의 내용·성질 등에 비추어 당해 법인 등에 대한 권리보호의 필요성, 당해 법인 등과 행정과의 관계 등을 종합적으로 고려하여야 한다.

원심이 공개대상정보로 인정한 이 사건 정보에는 연구주제, 계약기간, 계약금액 등을 비롯한 개별 연구용역계약의 내용과 입안부서 등을 비롯한 의사결정과정, 그 의사결정과정에서의 의견교환내용 등이 담겨져 있을 것으로 보이는데, 이러한 정보들은 개별적·구체적인 계약의 내용과 이와 관련된 내부관리정보에 관한 사항들로서 참가인의 경영·영업상 비밀에 해당한다고 할 수 있다. 그리고 참가인은 영리를 목적으로 하는 사기업으로서 공익법인이나 정부의 감독을 받는 특수법인과는 헌법상 영업의 자유에 대한 보호의 필요성을 달리 볼 필요가 있다. 참가인이 현재 및 미래의 사업전략을 수립하기 위한 목적으로 삼성경제연구소에 의뢰하였던 연구용역과 관련된 이 사건 정보가 공개될 경우에는 경쟁 보험회사들이 참가인의 향후 사업계획과 전략, 의사결정시스템, 회계정보 등을 엿볼 수 있게 되므로 이 사건 정보가 공개되지 아니한 경우에 비하여 참가인은 경쟁상 불리한 지위에 서게 되고 경쟁 보험회사들은 유리한 지위에 있게 될 우려가 있다.

또한 이 사건 정보는 개별적·구체적인 연구용역계약과 관련된 것들로서 참가인의 영업이나 경영에 영향을 미치지 아니하는 개괄적이고 일반적인 사항이라고 단정하기 어렵고, 그 내용 중에는 의사결정시스템이나 이 사건 처분 당시 아직 도래하지 아니한 시점의 경영전략 등과 같이 정보작성시점으로부터 일정 기간이 도과하였다는 사정만으로 당연히 비공개에 의한 이익이 소멸된다고 보기 어려운 사항들도 포함되어 있다고 보인다. 결국 이러한 사정들을 종합하여 보면, 이 사건 정보의 공개에 의하여 참가인의 정당한 이익을 현저히 해할 우려가 있다고 할 것이다. 따라서 원심이 공개를 인정한 이 사건 정보는 구 정보공개법 제9조 제1항 제7호 본문에서 비공개대상정보로 정한 '법인 등의 경영·영업상 비밀에 관한 사항으로서 공개될 경우 법인 등의 정당한 이익을 현저히 해할 우려가 있다고 인정되는 정보'에 해당한다고 볼 수 있다.

(4) 해설 및 평론

앞서 언급한 바와 같이 대부분의 정보공개청구소송에서는 청구대상정보가 정보공개법 제9조 제1항 제5호, 제6호, 제7호에서 규정하는 비공개대상 정보에 해당하는지 여부가 문제된다. 일단 이 문제와 더불어 항소심과 대법원판결이 보이는 차이에도 불구하고 공통적으로 두 법원은 정보공개법 제9조 제6호는 이 사건에서 적용되지 않는다는 점을 인정하고 있는데, 특히 정보가 공개될 경우 사생활의 비밀과 자유를 침해하는 정보와 그렇지 않는 정보가 혼합되어 있을 때 항소심은 정보공개법 제14조가 규정하는 부분공개의 가능성을 언급하여 연구원의 성명을 제외하고 공개가능한 정보는 가능한한 공개를 원칙으로 한다는 점을 강조하고 있다. 따라서 부분공개제도에 대한 의미를 평가하는 것이 필요해 보인다.

마지막으로 이 사건의 원고는 경제개혁연대라는 시민단체인데 일반적으로 정보공개는 그 공개에 대하여 직접 자신과 일정한 이해관계나 법률상 이익을 가지는 사람이 되어야 함에도 불구하고 특정 기업군에서 관계있는 회사들끼리 짬짜미가 있어서는 아니 되고 기업경영이 투명해야 한다는 단지 공익상의 이유에 의하여 정보공개청구를 할 수 있는지 의문이 들 수 있다. 다시 말하자면, 혹시 삼성생명 주식회사의 주주라면 몰라도 아무런 경제적 이해관계를 가지지 않는 시민단체가 원고가 된다는 것이 쉽게 납득이 되지 않을 수 있다는 것이다.

A. 대법원의 비공개대상 정보에 대한 판단은 적절했는가?

항소심과는 달리 대법원은 정보공개법 제9조 제1항 제5호의 비공개대상 정보와 관련하여 "용역제안서 등은 구 정보공개법 제9조 제1항 제5호에서 비공개대상 정보로 정한 '검사에 관한 사항으로서 공개될 경우 업무의 공정한 수행에 현저한 지장을 초래한다고 인정할 만한 상당한 이유가 있는 정보'에 해당한다고 볼 여지가 충분하다"고 판단하고 있다. 하지만, 이미 피고 금융감독원은 참가인 삼성생명에 대하여 종합검사를 마친 상태이기 때문에 "의사결정과정이나 내부검토과정에 있는 정보"에 해당하지 않으며, 그렇기 때문에 공개될 경우 피고 업무의 공정한 수행에 지장을 초래하는 것도 아니다. 특히 정보공개법의 취지는 가능한한 원고가 청구한 정보에 대한 공개를 통하여 청구인의 알권리는 물론 국정운영의 투명성과 국정에 대한 국민의 참여를 보장하는 것이므로 후술하는 바와 같이 해당 기업의 경영상 비밀을 직접적으로 침해할 가능성이 있는 정보가 아니라면 이 사건의 경우 비공개에 의하여 보호되는 업무수행 공정성 등 이익을 상회하고 있다고 볼 여지가 크다.

이 사건에서 법원은 모든 청구대상 정보에 대하여 1차적으로 자신이 스스로 용역제안서 등 정보에 관한 비공개 열람·심사를 하는 과정(이른바 in camera 절차)을 거치기 때문에 피고의 공정한 업무수행에 현저한 지장을 초래하는지 조심스럽게 접근한 것으로 평가할 수 있다. 만약, 피고의 주장대로 정보가 공개될 경우 앞으로 금융감독원이 피조사기관에 대한 검사가 어려워진다는 항변은 미래에 발생할 수 있는 가능성에 대한 예단에 불과할 뿐 구체적인 증거나 논리적 근거를 제시한 것이라고는 보기 어렵다.

정보공개법 제9조 제1항 제7호의 비공개대상 정보과 관련하여 대법원과 항소심의 판단 중 차이가 나는 부분은 참가인이 삼성경제연구소에 의뢰한 연구주제에 관한 개괄사항이나 삼성경제연구소에 지급한 용역비와 관련한 일반사항 등이다. 그런데 항소심은 위 정보들 내용, 정보 작성시점으로부터 이미 상당한 기간이 경과한 점 등에 비추어 보면, 그것이 공개될 경우에 참가인, 삼성경제연구소 등에게 정당한 이익을 현저히 해할 우려가 있다고 인정되지는 않으므로, 이는 정보공개법 제9조 제1항 제7호 비공개대상정보에 해당하지 않는 것으로 보고 있다. 이에 반하여 대법원은 연구주제, 계약기간, 계약금액 등을 비롯한 개별 연구용역계약의 내용과 입안부서 등을 비롯한 의사결정과정, 그 의사결정과정에서의 의견교환내용 등이 담겨져 있을 것으로 보이는데, 이러한 정보들은 개별적·구체적인 계약의 내용과 이와 관련된 내부관리정보에 관한 사항들로서 참가인의 경영·영업상 비밀에 해당하는 것으로서 참가인의 영업이나 경영에 영향을 미치지 아니하는 개괄적이고 일반적인 사항이라고 단정하기 어렵다고 판시하고 있다.

물론 이러한 정보는 참가인과 경쟁관계에 있는 다른 회사에게 유리한 지위를 부여할 가능성이 있다. 하지만 연구주제, 계약기간, 계약금액 등을 공개하는 경우 오히려 향후 참가인이 발주하는 용역과 관련한 일정한 기준이 공표되는 것으로서 용역 입찰에 참가하는 경쟁자들에게 투명한 정보를 제공하여 경쟁질서를 정상화하고 특혜의 소지를 불식할 수 있다는 점에서 대법원의 입장처럼 일반적, 개괄적 정보마저도 참가인의 경영상 기밀로 보고 불필요할 정도로 완벽하게 보호할 이익이 과연 존재하는지 의문이다.

B. 정보공개법 제14조[5] 부분공개의 제도적 취지

항소심은 정보공개법 제9조 제1항 제6호의 비공개 대상정보와 관련하여 용역제안서 등을 대상으로 정보공개를 청구한 부분에 대한 공개가 가능하고 또한 필요하다고 하더라도 삼성경제연구소에 근무하는 연구원의 이름은 개인의 사생활의 비밀과 자유의 보장과 직접적인 연관이 있으며 이는 헌법 제17조에 의한 기본권 보호의 본질적 내용에 해당하는 것이므로 다른 공개가능한 부분과 섞여 있을 경우 이름

5) 제14조(부분 공개) 공개 청구한 정보가 제9조제1항 각 호의 어느 하나에 해당하는 부분과 공개 가능한 부분이 혼합되어 있는 경우로서 공개 청구의 취지에 어긋나지 아니하는 범위에서 두 부분을 분리할 수 있는 경우에는 제9조 제1항 각 호의 어느 하나에 해당하는 부분을 제외하고 공개하여야 한다.

부분을 비공개하는 것은 적법하다고 본 것이다. 정보공개법상 부분공개 제도는 국민의 알권리와 사생활의 비밀과 자유의 보장이라는 양 기본권이 충돌하는 경우 그 중 어느 하나의 절대적인 우위를 인정하기보다는 양자 간의 실제적 조화를 도모하기 위함이다. 이는 정보공개법 제9조 제1항 각호가 규정하고 있는 비공개 대상정보가 절대적인 비공개 사항이 아니며 법원이 정보공개사건에서 일반적으로 언급하는 법리로서 "비공개함으로써 보호되는 업무수행의 공정성 등 이익과 공개로 보호되는 국민의 알권리 보장과 국정에 대한 국민의 참여 및 국정운영의 투명성 확보 등 이익을 비교·교량하여 구체적인 사안에 따라 신중하게 판단할 것이다"라는 점을 고려한다면 결국 정보공개법 제9조 제1항 각호의 비공개 대상정보는 상대적인 것으로서 공개와 비공개의 이익형량의 문제로 귀착한다고 볼 수 있다.

C. 시민단체의 원고적격

행정소송이나 행정심판 등 행정청의 처분 또는 부작위에 대하여 쟁송을 제기하는 원고나 심판청구인은 그러한 처분 또는 부작위에 대하여 밀접한 이해관계를 가지고 있어야 하는데, 이는 행정소송법이나 행정심판법은 "법률상 이익"이라는 용어로 표현하고 있다. 그런데 앞서 언급한 바와 같이 이 소송에 참가한 삼성생명주식회사의 이사 등 임원이나 아니면 적어도 주주와 같이 회사의 경영과 관련된 정보가 공개되는 경우 회사의 영업상 비밀 등이 외부로 유출되는 것에 대하여 제3자로서 상당히 민감한 이해관계를 가지는데 비하여[6] 원고인 시민단체는 회사경영의 투명성과 용역발주 등의 공정성이라는 공익 실현을 목적으로 정보공개 소송을 제기한 것이므로 이와 같은 밀접한 이해관계, 즉 피고인 금융감독원의 정보공개 거부처분에 대하여 법률상 이익을 가진다고 보기 어렵고 원고가 소송을 제기할 자격이 없다는 것을 이유로 소송을 각하하는 것이 보다 상식에 부합한다.

그런데 법원은 어떠한 이유 때문에 원고의 소송적격을 부인하지 않고 본안심리를 하여 피고의 정보공개 거부처분에 대하여 항소심이 일부 인용하는 판결을 한

6) 정보공개법 제11조 제3항에 따라서 공공기관은 공개 청구된 공개 대상 정보의 전부 또는 일부가 제3자와 관련이 있다고 인정할 때에는 그 사실을 제3자에게 지체 없이 통지하여야 하며, 필요한 경우에는 그의 의견을 들을 수 있다. 또한 제11조 제3항에 따라 공개 청구된 사실을 통지받은 제3자는 그 통지를 받은 날부터 3일 이내에 해당 공공기관에 대하여 자신과 관련된 정보를 공개하지 아니할 것을 요청할 수 있다(제21조 제1항).

것인가? 그 이유는 정보공개법 제5조 제1항에 따라서 모든 국민은 정보의 공개를 청구할 권리를 가지기 때문이다. 따라서 정보공개청구권은 "모든 국민의 권리"이기 때문에 비록 자신과 밀접한 이해관계가 없다 하더라도 공익상 특정 행정기관의 정보가 공개의 필요성이 있다고 판단하는 경우 시민단체나 제3자라고 하더라도 정보공개청구권을 가지고 있으며, 법원에 정보공개청구소송을 제기한다고 하더라도 법원이 원고적격이 없음을 이유로 소송을 각하하지 않는다. 이는 우리나라에서 정보공개청구 소송이 자신과 밀접한 이해관계가 있는 정보의 공개를 청구하는 이기적(egoistic) 소송뿐만 아니라 자신의 법률상 이익과는 관계없이 공익적 차원에서 제기하는 이타적(altruistic) 소송을 인정하기 때문이다.

대법원 역시 "공공기관의 정보공개에 관한 법률 제6조(현행 제5조) 제1항은 "모든 국민은 정보의 공개를 청구할 권리를 가진다."고 규정하고 있는데, 여기에서 말하는 국민에는 자연인은 물론 법인, 권리능력 없는 사단·재단도 포함되고, 법인, 권리능력 없는 사단·재단 등의 경우에는 설립목적을 불문하며, 한편 정보공개청구권은 법률상 보호되는 구체적인 권리이므로 청구인이 공공기관에 대하여 정보공개를 청구하였다가 거부처분을 받은 것 자체가 법률상 이익의 침해에 해당한다"(대법원 2003. 12. 12. 선고 2003두8050 판결)고 하여 이와 같은 입장을 확인하고 있다. 따라서 정보공개청구 소송은 국민의 알권리 실현이라는 주관적 기본권 실현 수단을 넘어서서 정부의 국정운영의 투명성과 국민의 국정에 대한 참여를 가능하게 하는 객관적 성격을 가지게 된 것이다. 따라서 로홍판씨가 특정 시장의 업무추진비 집행에 대하여 합리적 의문이 있다면 정보공개를 청구하고 시장의 거부처분이 있으면 거부처분을 취소하는 소송을 제기하더라도 법원이 원고로서 자격이 없다는 판단은 하지 못하고 거부처분의 위법한 것인지 여부를 본안에서 가리게 된다.

2) 서울행정법원 제5부 판결 사건(2022. 2. 10.). 2019구합60158[정보공개거부처분취소]

(1) 사건의 개요와 법적 쟁점

이 사건은 문재인정부 시절 한국납세자연맹이라는 시민단체의 대표가 대통령비서실장을 피고로 하여 영부인의 해외 순방 시 옷값을 비롯한 의전비용과 청와대 행사에 배달된 도시락의 가격 및 업체명 등에 대한 정보공개를 청구하는 소송이다.[7] 이 사건에서도 역시 핵심적인 쟁점은 원고가 청구한 정보가 정보공개법 제9조 제1항 제5호와 제7호에 해당하는가 하는 것이다.

(2) 법원의 판결

정보공개법 제9조 제1항 제5호에서 비공개대상 정보로 규정하고 있는 '공개될 경우 업무의 공정한 수행에 현저한 지장을 초래한다고 인정할 만한 상당한 이유가 있는 정보'라 함은 정보공개법 제1조의 정보공개제도의 목적 및 정보공개법 제9조 제1항 제5호의 규정에 의한 비공개대상 정보의 입법 취지에 비추어 볼 때 공개될 경우 업무의 공정한 수행이 객관적으로 현저하게 지장을 받을 것이라는 고도의 개연성이 존재하는 경우를 말하고, 이러한 경우에 해당하는지 여부는 비공개에 의하여 보호되는 업무수행의 공정성 등의 이익과 공개에 의하여 보호되는 국민의 알권리의 보장과 국정에 대한 국민의 참여 및 국정운영의 투명성 확보 등의 이익을 비교·교량하여 구체적인 사안에 따라 신중하게 판단되어야 한다(대법원 2003. 8. 22. 선고 2002두12946 판결; 2010. 6. 10. 선고 2010두2913 판결; 2011. 11. 24. 선고 2009두19021 판결 등 참조).

같은 취지에서, 공공기관인 피고로서는 그 직무상 작성 또는 취득하여 관리하고 있다고 할 수 있는 정보가 정보공개법 제9조 제1항 제2호 소정의 '공개될 경우 국가안전보장·국방·통일·외교관계 등 국가의 중대한 이익을 해할 우려가 있는 정보'에 해당한다는 이유를 들어 그 공개를 거부할 수 있으려면, 이와 같은 비공개로 인하여 보호되는 이익이 그에 대한 국민의 알권리와 국정에 대한 국민의 참여 및 국정운영의 투명성을 희생하여야 할 정도로 커야 하고, 그렇지 못할 경우에는 그 공개를 거부할 수 없다고 할 것이다. 이러한 법리에 비추어 보건대, 피고 측에서 이 법원에 비공개로 제출한 자료에 대한 비공개 열람·심사 결과와 변론 전체의 취지에 의하여 인정되는 다음과 같은 사정들을 종합하여 보면, 특활비 관련 정보가 정보공개법 제9조 제1항 제5호 소정의 비공개대상 정보에 해당함을 이유로 원고의 정보공개청구를 거부한 피고의 처분은 위법하다.

정보공개법의 입법 목적 등을 고려하여 보면, 정보공개법 제9조 제1항 제7호에서 정한 '법인 등의 경영·영업상 비밀'은 '타인에게 알려지지 않는 것이 유리한

7) 이 시민단체는 윤석열정부에도 유사한 소송을 제기하였다.

사업활동에 관한 일체의 정보' 또는 '사업활동에 관한 일체의 비밀사항'을 의미하는 것이고, 그 공개 여부는 공개를 거부할 만한 정당한 이익이 있는지 여부에 따라 결정되어야 한다(대법원 2018. 4. 12. 선고 2014두5477 판결 참조). 그 정당한 이익 유무를 판단할 때에는 정보공개법의 입법 취지와 아울러 당해 법인 등의 성격, 당해 법인 등의 권리, 경쟁상 지위 등 보호받아야 할 이익의 내용·성질 및 당해 정보의 내용·성질 등에 비추어 당해 법인 등에 대한 권리보호의 필요성, 당해 법인 등과 행정과의 관계 등을 종합적으로 고려하여야 한다(대법원 2014. 7. 24. 선고 2012두12303 판결 참조). 이 법원의 비공개 열람·심사 결과에 따르면, 자료 중 업체명, 전화번호, 주소, (기안자) 이름, 계좌번호 등 개인정보와 법인의 영업상 정보로 볼 수 있는 부분이 일부 포함되어 있기는 하다. 그러나 원고 스스로 1-4-1항 정보에서 '업체명'을 제외하고 제외정보목록에서 전화번호 등의 개인정보, 의사결정이나 내부검토과정 중에 있는 사항 등을 제외하고 있으므로, 이를 제외한 나머지 자료 중 '개별 도시락 가격 및 총 도시락 가격' 부분만을 공개할 경우에도 '법인 등의 정당한 이익을 해할 우려가 있다고 인정되는 정보'라고 볼 수 없다.

(3) 해설 및 평론

이 사건에서 서울행정법원은 시민단체의 손을 들어주었으나 문재인대통령이 퇴임하면서 원고가 청구한 정보를 모두 대통령 지정기록물로 지정하면서 최장 15년간 비공개되는 결과로 이어졌다. 국민의 알권리를 통하여 권력자의 불편한 진실을 확인하고 감시하는 것이 상당한 기간 동안 어렵게 된 것이다. 이와는 무관하게 서울행정법원이 원고가 공개청구한 정보의 대부분이 형식적으로는 정보공개법 제5조와 제7조가 규정하는 비공개대상정보에 해당하기는 하지만 국민의 세금으로 운영되는 정부기관의 특별활동비와 식사비 등에 대한 투명한 공개를 통하여 국민이 직접 감시할 수 있는 이익이 훨씬 크다고 인정한 것은 정당한 형량의 결과이며 향후 유사한 소송에서도 정부는 이러한 정보의 공개를 쉽사리 거부할 수 없는 것으로 보인다.

이번 사건에서도 서울행정법원은 정보공개법 제9조 제1항의 비공개 대상정보가 다만 상대적인 것에 불과하여 정보공개법의 입법 취지에 비추어 볼 때 공개될 경우 업무의 공정한 수행이 객관적으로 현저하게 지장을 받을 것이라는 고도의 개연성이 존재하는 경우와 같은 예외적인 상황이어야 한다는 점을 강조하면서 결국 대부분의 경우 유사한 내용의 정보는 공개되더라도 이러한 예외적인 사유에 해당하지 않는다는 점을 분명히 한 것이다. 서울행정법원은 법인 등의 경영·영업상 비밀에 대한 판단 역시 정보공개법의 입법 취지와 아울러 당해 법인 등에 대한 권리보호의 필요성, 당해 법인 등과 행정과의 관계 등을 종합적으로 고려할 필요가 있다고 하면서 법인의 영업상 비밀과 직접 관계가 없는 도시락의 객관적 가격은 당연히 공개를 청구한 국민의 알권리에 직결되는 것이기 때문에 공개를 거부한 것은 위법하다는 판시를 한 것은 정당한 논리라고 평가한다. 이는 앞의 삼성경제연구소 사건에서 대법원이 국민의 알권리의 비중에 비하여 일방적으로 법인의 영업상 비밀의 보호에 치중한 판결과 대비되는 것으로 볼 수 있다.

3) 대법원 2003. 3. 14. 선고 2000두6114 판결[답안지열람거부처분취소]; 헌재 2011. 3. 31. 2010헌바291[공공기관의 정보공개에 관한 법률 제9조 제1항 제5호 위헌소원]〈시험정보 공개거부 사건〉

(1) 사건의 개요와 법적 쟁점

국가가 관리하는 시험에 응시하였으나 낙방한 수험생이 그 결과를 납득하기 어려울 때 일반적으로 생각할 수 있는 것은 시험문제, 채점기준, 자신이 작성한 답안지 등에 대한 궁금증을 풀기 위하여 이에 대한 열람이나 공개를 요구하는 것이 인지상정일 것이다. 하지만 국가시험을 관리하는 행정당국이나 공개거부처분의 위법 여부를 가리는 법원은 이러한 국민의 요구에 대하여 어느 정도 친절하게 답하고 있을까? 시험을 관리하는 정부나 행정청은 수험생의 이러한 요구가 있을 경우 돌아오는 답은 "공정한 시험관리가 어렵다"라는 것일 뿐이다. 과연 그렇다면 법원은 어떤 입장일까? 한 마디로 대법원은 "수험생에게 자신이 작성한 답안지는 열람할 수 있도록 하라"라는 대답을 하고 있다. 그렇다면 헌법재판소는 정보공개법 제9조 제1항 제5호가 '시험'에 대하여 비공개 대상 정보로 규정하고 있는 조항의 위헌 여부에 대해서는 어떠한 생각을 가지고 있을까?

이 사건에서 청구인은 2008. 1. 18. 시행된 제63회 한의사 국가시험(이하 '이 사건 시험'이라 한다)에 응시하였다가 불합격되자, 2008. 3. 18. 재단법인 한국보건의료인국가시험원(이하 '국가시험원'이라 한다)에 이 사건 시험 전과목의 문제지와 정답지 및 청구인의 답안지 사본의 공개를청구하였으나, 2008. 3. 20. 거부되었다(이하 '이 사건 거부처분'이라 한다). 청구인은 이에 불복하여 이 사건 거부처분 취소의 소를 제기하였으나(서울행정법원 2008구합15534), 2008. 7. 30. 기각되었고, 이에 항소를 제기하여 소송계속중(서울고등법원 2008누22947) 이 사건 거부처분의 근거가 되는 '공공기관의 정보공개에 관한 법률' 제9조 제1항 제5호에 대하여 위헌심판 제청신청을 하였으나, 2010. 6. 4. 이들 모두 기각되자, 2010. 7. 13. 이 사건 헌법소원심판을 청구하였다. 결국 두 사건 모두 시험 결과와 관련된 정보를 공개하는 것이 정보공개법 제9조 제1항 제5호가 규정하는 시험업무의 공정한 수행에 현저한 지장을 초래하는 것인지에 대한 위법, 위헌 여부라고 할 수 있다.

(2) 대법원과 헌법재판소의 판단

대법원은 답안지 공개 이유에 대하여 다음과 같이 말하고 있다. "답안지는 응시자의 시험문제에 대한 답안이 기재되어 있을 뿐 평가자의 평가기준이나 평가 결과가 반영되어 있는 것은 아니므로 응시자가 자신의 답안지를 열람한다고 하더라도 시험문항에 대한 채점위원별 채점 결과가 열람되는 경우와 달리 평가자가 시험에 대한 평가업무를 수행함에 있어서 지장을 초래할 가능성이 적은 점, 답안지에 대한 열람이 허용된다고 하더라도 답안지를 상호비교함으로써 생기는 부작용이 생길 가능성이 희박하고, 열람업무의 폭증이 예상된다고 볼만한 자료도 없는 점 등을 종합적으로 고려하면, 답안지의 열람으로 인하여 시험업무의 수행에 현저한 지장을 초래한다고 볼 수 없다". 하지만 대법원은 시험답안지를 채점한 채점위원별 채점 결과의 열람은 허용하지 않고 있다.

헌법재판소의 입장 또한 대법원과 유사하다. 헌법재판소는 과거 유사한 선례를 다음과 같이 인용하면서 그 합헌성을 유지하고 있다. "공공기관이 보유·관리하는 시험에 관한 정보에는 시험의 문제와 정답은 물론 그 채점기준채점결과(성적)와 석차, 출제위원·채점위원 및 면접위원 명단, 나아가 응시자의 답안지까지 시험과 관련이 있는 일체의 정보가 포함되는바, 이 사건 법률조항의 규율대상은 정보를 공개할 경우 업무의 공정한 수행이나 연구·개발에 현저한 지장을 초래한다고 인정할 만한 상당한 이유가 있는 정보이다. 따라서(이에 비하여) 시험의 계획에 관한 정보, 선발인원, 시험과목·범위 등 오히려 시험정보의 공개가 공정한 시험관리에 도움이 되는 정보들은 이 사건 법률조항에 의하여 그 공개가 제한되는 정보에 해당되지 아니한다".

(3) 해설 및 평론

우선 대법원이 시험위원별 채점결과를 공개대상에서 제외한 것은 공정한 시험의 관리라는 측면에서 이해가 가는 측면이 있다. 우리나라 수험시장이 협소하고 당해 시험에 적합한 시험위원의 숫자가 제한적인 상황에서 시험위원별 점수를 공개함으로서 시험위원에 대한 공격이나 이른바 신상털기 등이 이루어질 가능성이 농후하고 이는 향후 적합한 시험위원을 초빙하는 것이 시험관리자의 입장에서는 곤혹스러울 것이기 때문이다. 하지만 시험과 관련된 정보공개청구 소송에서 수험생 자신이 작성한 답안지만을 공개하는데 그치라는 대법원의 견해는 동의하기 어렵다. 특히 낙방한 수험생이 궁금해 하는 것은 자신의 답안지와 더불어 자신이 받은 점수가 객관적이고 공정한지 여부를 검증하는 것이고 이를 위해서는 문제와 채점기준을 공개하는 것이 필수적이기 때문이다.

정보공개제도의 취지는 공개와 검증을 통한 실체적 진실을 발견하는 것이 국민의 알권리 실현을 위하여 필수적이라는 것이기 때문에 검증 자체가 불가능하다면 공개 역시 제한적인 의미밖에는 가질 수 없기 때문이다. 대법원은 답안지 공개가 가능하다는 입장을 제시하면서도 그 이유로 "평가자가 시험에 대한 평가업무를 수행함에 있어서 지장을 초래할 가능성이 적은 점, 답안지에 대한 열람이 허용된다고 하더라도 답안지를 상호비교함으로써 생기는 부작용이 생길 가능성이 희박하고, 열람업무의 폭증이 예상된다고 볼만한 자료도 없는 점 등을 종합적으로 고려하면, 답안지의 열람으로 인하여 시험업무의 수행에 현저한 지장을 초래한다고 볼 수 없다"고 하고 있는데, 이는 국가가 관리하는 시험을 지나치게 관리자의 입장에서만 파악한 결과라고 할 수 있다. 헌법재판소 역시 시험의 계획에 관한 정보, 선발인원, 시험과목·범위 등은 공개대상이라고 보고 있지만, 이러한 정보는 시험관리자의 입장에서 보아도 크게 불편하지 않은 지극히 일반적인 정보에 해당하기 때문에 상대방이 진정으로 공개를 원하는 정보와는 상당한 거리가 있음을 부인하기 어렵다. 국가시험제도는 공직 진출과 로흥판씨와 같이 로스쿨 진학을 원하는 젊은 청년들이 주권자로서 자신의 직업선택의 자유를 실현하는 場(장)을 열어주는 것이라고 본다면 국가는 가능한 정도로 국민의 기본권 실현을 위한 방식과 절차가 무엇인지 우선적으로 고민할 의무가 있다. 따라서 빠른 시간 내에 시험문제와 채점기준을 공개하는 것이 국가시험의 공정성을 확보하고 국민의 동의와 수용을 바탕으로 하는 새로운 국가에 대한 신뢰와 권위를 창출하는 길이라고 볼 수 있다.

제5장 국가배상제도와 손실보상제도

Ⅰ. 국가배상제도

1. 제도적 의의

경찰관이 당신을 불심검문하면서 범죄의 혐의가 있다는 이유로 인근 경찰관서로 동행을 요구하였다고 가정하자. 그런데 당신이 임의동행을 거절하였음에도 불구하고 경찰관이 강제로 경찰관서로 구인하거나 구인하는 과정에서 동행목적이나 이유를 구체적으로 설명하지 않고 변호인의 조력을 받을 수 있다는 사실을 고지하지 않는 등 이른바 미란다원칙을 위반하는 경우 어떻게 대처할 수 있을까? 당신은 결국 경찰관의 강제구인으로 인하여 중요한 약속이나 계약을 놓치고 막대한 정신적, 재산상의 손해를 입었다고 가정하자. 다시 상기하기도 괴롭지만 2022년 가을 이태원 참사를 기억하는 사람들은 상식적인 질문을 던지게 된다. 비좁은 골목에 다중이 집합하기 시작하여 사고의 발생을 우려한 시민들이 112에 수십 차례 신고 전화를 하였음에도 불구하고 경찰이 제대로 출동하지 않아서 결국 인명에 대한 손실이 발생하였다면 사망이나 부상을 당한 유가족이나 본인들은 국가에 대하여 어떠한 책임을 물을 수 있을까?

우리 헌법은 제29조 제1항에서 "공무원의 직무상 불법행위로 손해를 받은 국민은 법률이 정하는 바에 의하여 국가 또는 공공단체에 정당한 배상을 청구할 수 있다"고 규정하여 위 두 가지 예와 같은 사건이 벌어진 경우 피해자는 국가를 상대로 하여 손해의 배상을 청구할 수 있도록 규정하고 있다. 이와 같은 국가배상제도는 공무원이 직무상 고의 또는 과실로 인하여 법령을 위반하여 상대방인 국민에게 생명, 신체, 재산, 정신적 손해를 끼친 경우 국민들은 그에 대하여 금전적 배상을 청구할 수 있도록 함으로써 공무원의 불법행위에 대하여 국가가 손해배상책임을 부담하는 제도를 마련하고 있다. 그리고 헌법 제29조 제1항이 "법률이 정하는 바에 의하여"라고 언급한 법률은 국가배상법으로서 국가배상법 제2조 제1항은 "국가나 지방자치단체는 공무원 또는 공무를 위탁받은 사인이 직무를 집행하면서 고의 또는 과실로 법령을 위반하여 타인에게 손해를 입히거나, 「자동차손해배상 보장법」에 따라 손해배상의 책임이 있을 때에는 이 법에 따라 그 손해를 배상하여야 한다"고 하여 국가뿐만 아니라 자치단체의 공무원, 이른바 공무를 수탁받은 私人(사인)의 불법행위에 대해서도 국가와 해당 자치단체에 손해배상을 청구할 수 있다.

국가배상제도는 공무원의 불법행위에 대하여 공무원 자신보다 훨씬 재정적 능력이 풍족한 국가와 자치단체에게 배상책임을 부담하게 함으로써 개인의 권리를 두텁게 보호하자는 취지를 가지고 있으며, 더 나아가 국가의 불법행위에 대하여 금전적인 책임을 물어서 종국적으로는 법치행정을 실현하는 제도적 취지를 가지고 있다. 따라서 국가배상제도는 단순히 사법상 불법행위책임을 넘어서서 국가의 책임을 추궁하는 헌법적 제도로서 민법이 아닌 헌법과 국가배상법에 직접 규정된 것이다.

2. 배상책임의 유형

헌법은 제29조 제1항에서 공무원의 직무상 불법행위만을 규정하고 있지만 국가배상법은 제2조에서 공무원의 불법행위와 더불어 제5조에서 공공의 영조물의 하자로 인한 손해배상책임을 별도로 인정하고 있다. 국가배상법 제5조 제1항에 의하여 도로·하천, 그 밖의 공공의 영조물(營造物)의 설치나 관리에 하자(瑕疵)가 있기 때문에 타인에게 손해를 발생하게 하였을 때에는 국가나 지방자치단체는 그 손해를 배상하여야 한다. 공공의 영조물, 이른바 공물의 하자로 인한 국가와 지방자치단체의 배상책임은 제2조의 공무원의 과실책임과는 달리 이른바 무과실 배상책임으로서 원칙적으로 국가와 지방자치단체는 자신이 설치, 관리하는 도로와 하천 등 인공 및 자연공물에 흠이 발생하여 타인에게 손해를 발생시킨 경우 고의 또는 과실의 여부와는 관계 없이 무과실 배상책임을 부담한다. 예를 들어 도시에 갑자기 홍수가 발생하여 맨홀로 사람이나 자동차가 추락하여 사고가 발생한 경우 자치단체는 자신에게 과실이 없었다는 이유를 내세워서 책임을 면할 수 없는 것이므로 국가배상법 제5조의 무과실배상책임은 국가 또는 자치단체에 상당히 무거운 책임을 부담시키는 제도라고 할 수 있다.

3. 부작위로 인한 배상책임

국가배상법 제2조의 직무행위에는 국가 또는 자치단체의 공무원이 적극적으로 일정한 업무를 집행하는 과정에서 고의 또는 과실로 법령을 위반하여 타인에게 손해를 끼친 경우뿐만 아니라 마땅히 일정한 행위를 하였어야 함에도 불구하고 고의 또는 과실로 요구되는 행위를 소극적으로 하지 않음으로써 결과적으로 법령에 위반하여 타인에게 손해를 발생시키는 부작위도 포함된다. 판례에 따르면 "교도소의 의무관은 교도소 수용자에 대한 진찰·치료 등의 의료행위를 하는 경우 수용자의 생명·신체·건강을 관리하는 업무의 성질에 비추어 환자의 구체적인 증상이나 상황에 따라 위험을 방지하기 위하여 요구되는 최선의 조치를 행하여야 할 주의의무가 있다"며 당뇨병 환자인 교도소 수용자가 당뇨병의 합병증인 "당뇨병 망막병증으로 시력이 저하되어 가고 있었고, 당시의 치료 경과에 비추어 보면 내과영역의 치료만으로는 시력저하에 대한 적절한 조치가 되지 못하고 안과 영역의 치료가 행해져야 함을 알 수 있었으므로, 적절한 치료를 함으로써 위 질병의 진행속도를 늦추고 유용한 시력이 가능한 한 오래 보존될 수 있도록 하여야 할 주의의무를 다하지 아니하였고, 이로 인하여 위 원고가 양안 실명상태에 이루게 되었다고 볼 여지가 많다"며 국가의 부작위로 인한 손해배상책임을 인정하고 있다.

현대사회를 흔히 위험사회(Risikogesellschaft, Risk Society)라고 말하는 경우가 많이 있는데, 이는 국민들이 각종 시설의 사고, 감염질환을 비롯한 질병, 환경오염으로 인한 위험 등에 광범위하게 노출되고 있어서 이러한 위험사회에서 국가가 국민을 보호하는 헌법상, 법률상 의무가 강조되고 있다. 이에 따라서 헌법상 국가의 국민에 대한 기본권 보호의무의 의미와 기능이 부상하고 행정법 영역에서도 국가의 보호의무, 관리의무, 조치의무 위반 등 부작위로 인한 손해에 대하여 이에 상응하는 법원의 보다 적극인 역할에 대해서도 많은 논의가 이루어지고 있다.

4. 관련 판례

1) 대법원 2001. 1. 5. 선고 98다39060 판결[이른바 교통할아버지 사건]

(1) 판결 요지

[1] 국가배상법 제2조 소정의 '공무원'이라 함은 국가공무원법이나 지방공무원법에 의하여 공무원으로서의 신분을 가진 자에 국한하지 않고, 널리 공무를 위탁받아 실질적으로 공무에 종사하고 있는 일체의 자를 가리키는 것으로서, 공무의 위탁이 일시적이고 한정적인 사항에 관한 활동을 위한 것이어도 달리 볼 것은 아니다.

[2] 국가배상청구의 요건인 '공무원의 직무'에는 권력적 작용만이 아니라 비권력적 작용도 포함되며 단지 행정주체가 사경제주체로서 하는 활동만 제외된다.

[3] 국가배상법 제2조 제1항 소정의 '직무를 집행함에 당하여'라 함은 직접 공무원의 직무집행행위이거나 그와 밀접한 관계에 있는 행위를 포함하고, 이를 판단함에 있어서는 행위 자체의 외관을 객관적으로 관찰하여 공무원의 직무행위로 보여질 때에는 비록 그것이 실질적으로 직무행위에 속하지 않는다 하더라도 그 행위는 공무원이 '직무를 집행함에 당하여' 한 것으로 보아야 한다.

[4] 지방자치단체가 '교통할아버지 봉사활동 계획'을 수립한 후 관할 동장으로 하여금 '교통할아버지'를 선정하게 하여 어린이 보호, 교통안내, 거리질서 확립 등의 공무를 위탁하여 집행하게 하던 중 '교통할아버지'로 선정된 노인이 위탁받은 업무 범위를 넘어 교차로 중앙에서 교통정리를 하다가 교통사고를 발생시킨 경우, 지방자치단체가 국가배상법 제2조 소정의 배상책임을 부담한다고 인정한 원심의 판단을 수긍한 사례.

(2) 해설 및 평론

학생들의 등하교 길에 거리에 서서 열심히 교통봉사를 하는 할아버지들을 한 번쯤은 본 경험이 있을 것이다. 하지만 過猶不及(과유불급)이라고 했던가? 할아버지께서 너무 열심히 일에 몰두하다 보니 실수로 수신호를 잘못 보내서 교통사고가 발생한 것이다. 할아버지는 자원봉사자에 불과하시고 자신의 실수에 의하여 교통사고가 발생한 것이니 사고를 당한 사람은 할아버지 개인에게 민법상 불법행위로 인한 손해배상을 청구하는 것이 바른 길일까? 아뿔사! 할아버지께서 그렇게 넉넉하지 못한 살림살이인데 고가의 외국산 차량 여러 대가 사고를 당한 것이라면 차주들은 보험처리 이외에는 방법이 없는 것일까? 아니면 할아버지를 사실상 교통봉사에 종사하도록 부탁하거나 위임한 자치단체는 책임이 없는 것일까? 결과적으로 이 판결은 교통할아버지가 국가배상법 제2조의 공무원에 해당하는가 하는 문제부터 제기하고 있다.

이에 대하여 대법원은 "국가배상법 제2조 소정의 '공무원'이라 함은 국가공무원법이나 지방공무원법에 의하여 공무원으로서의 신분을 가진 자에 국한하지 않고, 널리 공무를 위탁받아 실질적으로 공무에 종사하고 있는 일체의 자를 가리키는 것으로서, 공무의 위탁이 일시적이고 한정적인 사항에 관한 활동을 위한 것이어도 달리 볼 것은 아니다"라고 판단하고 있다. 국가배상법 제2조 제1항 역시 "공무원 또는 공무를 위탁받은 사인"을 모두 공무원에 포함시키고 있기 때문에 이른바 넓은 의미의 공무원 개념을 규정하고 있으며, 이는 실질적으로 공무를 수행하는 기능론적 입장에서 보면 당연히 자치단체의 위임에 따라서 교통정리를 하는 할아버지도 여기에 포함된다고 해석하는 것이 정당하다. 그리고 공무원이 수행하는 직무는 구인(拘引)이나 명령과 같은 권력적 작용뿐만 아니라 교통정리와 같은 비권력적 작용도 이에 포함된다고 보는 것 역시 합리적인 해석이다.

그런데 로홍판씨 등 일반 국민 입장에서 보면 교통할아버지가 과연 공무원인지 아니면 단순한 자원봉사자인지 구별하기 쉽지 않고 할아버지의 행위가 공무인지 아니면 혼자서 과도한 홍이 나서 하는 일인지 역시 애매하다. 이런 경우 대법원은 "행위 자체의 외관을 객관적으로 관찰하여 공무원의 직무행위로 보여질 때에는 비록 그것이 실질적으로 직무행위에 속하지 않는다 하더라도 그 행위는 공무원이 '직무를 집행함에 당하여' 한 것으로 보아야 한다"고 하여 업무의 실질적 내용을 잘 알 수 없는 일반 국민들이 외관을 보고 공무원 등이 공무를 집행하는 것으로 신뢰하였다면 그에 따라서 자치단체가 손해배상 책임을 지는 것으로 보고 있는데, 이 또한 합리적인 해석이라고 할 수 있다.

2) 대법원 2022. 8. 30.선고 2018다212610 전원합의체 판결[박정희 정권시절 위헌, 위법한 긴급조치의 발령·적용·집행으로 강제수사를 받거나 유죄판결을 선고받고 복역함으로써 개별 국민이 입은 손해에 대하여 국가배상책임이 인정되는지 여부]-특히 법관의 불법행위 여부

(1) 판결 요지

[다수의견] 보통 일반의 공무원을 표준으로 공무원이 직무를 집행하면서 객관적 주의의무를 소홀히 하고 그로 말미암아 그 직무행위가 객관적 정당성을 잃었다고 볼 수 있는 때에 국가배상법 제2조가 정한 국가배상책임이 성립할 수 있다. 공무원의 직무행위가 객관적 정당성을 잃었는지는 행위의 양태와 목적, 피해자의 관여 여부와 정도, 침해된 이익의 종류와 손해의 정도 등 여러 사정을 종합하여 판단하되, 손해의 전보책임을 국가가 부담할 만한 실질적 이유가 있는지도 살펴보아야 한다.

구 국가안전과 공공질서의 수호를 위한 대통령긴급조치(1975. 5. 13. 대통령긴급조치 제9호, 이하 '긴급조치 제9호'라고 한다)는 위헌·무효임이 명백하고 긴급조치 제9호 발령으로 인한 국민의 기본권 침해는 그에 따른 강제수사와 공소제기, 유죄판결의 선고를 통하여 현실화되었다. 이러한 경우 긴급조치 제9호의 발령부터 적용·집행에 이르는 일련의 국가작용은, 전체적으로 보아 공무원이 직무를 집행하면서 객관적 주의의무를 소홀히 하여 그 직무행위가 객관적 정당성을 상실한 것으로서 위법하다고 평가되고, 긴급조치 제9호의 적용·집행으로 강제수사를 받거나 유죄판결을 선고받고 복역함으로써 개별 국민이 입은 손해에 대해서는 국가배상책임이 인정될 수 있다.

[대법관 김재형의 별개의견] 긴급조치 제9호의 발령·적용·집행은 공무원의 고의 또는 과실에 의한 불법행위로서 국가배상법 제2조 제1항에 따른 국가배상책임이 인정되고, 대통령의 긴급조치 제9호 발령행위에 대해서 대통령이 국민에 대한 정치적 책임을 질 뿐 법적 책임을 지지 않는다는 대법원 2015. 3. 26. 선고 2012다48824 판결은 변경되어야 한다. 이때 긴급조치 제9호에 따라 수사와 재판, 그리고 그 집행으로 발생한 손해도 상당한 인과관계가 있는 손해로서 손해배상의 범위에 포함된다고 볼 수 있다. 한편 이 경우 법관의 재판작용으로 인한 국가배상책임을

독자적으로 인정할 필요는 없고, 위와 같이 재판으로 인해 발생한 손해를 배상하도록 하는 것이 법관의 재판작용으로 인한 국가배상책임을 엄격히 제한하는 판례와 모순되지 않는다.

[대법관 안철상의 별개의견] 헌법 제29조의 국가배상청구권은 헌법상 보장된 기본권으로서 국가와 개인의 관계를 규율하는 공권이고, 국가가 공무원 개인의 불법행위에 대한 대위책임이 아니라 국가 자신의 불법행위에 대하여 직접 책임을 부담하는 자기책임으로 국가배상책임을 이해하는 것이 법치국가 원칙에 부합한다. 국가배상을 자기책임으로 이해하는 이상 국가배상책임의 성립 요건인 공무원의 고의·과실에는 공무원 개인의 고의·과실뿐만 아니라 공무원의 공적 직무수행상 과실, 즉 국가의 직무상 과실이 포함된다고 보는 것이 국가배상법을 헌법합치적으로 해석하는 방법이다.

[대법관 김선수, 대법관 오경미의 별개의견] 긴급조치 제9호는 대통령이 국가원수로서 발령하고 행정부의 수반으로서 집행한 것이므로, 대통령의 국가긴급권 행사로서 이루어진 긴급조치 제9호의 발령과 강제수사 및 공소제기라는 불가분적인 일련의 국가작용은 대통령의 고의 또는 과실에 의한 위법한 직무행위로서 국가배상책임이 인정된다. 긴급조치 제9호에 대한 위헌성의 심사 없이 이를 적용하여 유죄판결을 선고한 법관의 재판상 직무행위는 대통령의 위법한 직무행위와 구별되는 독립적인 불법행위로서 국가배상책임을 구성하고, 이를 대통령의 국가긴급권 행사와 그 집행에 포섭된 일련의 국가작용으로 평가할 수는 없다.

(2) 해설 및 평론

이 사건은 1975년 당시 박정희 대통령의 철권통지 시절 국민의 자유와 민주주의에 대한 갈망을 폭압적으로 진압하기 위하여 남용되었던 긴급조치로 인하여 많은 사람들이 체포, 구금당하고 강압적인 수사와 재판을 거쳐 씻을 수 없는 상처가 된 사건에서 국가를 상대로, 보다 구체적으로는 공무원의 범주에 속하는 대통령과 법관들의 불법행위 책임을 묻는 사건이다. 1970년대에나 있었던 긴급조치가 2024년 12월 3일 비상계엄이란 형태로 부활하다니 참으로 할 말을 잊게 만든다. 상상하기도 끔찍한 일이지만 계엄포고령에 위반한 전공의가 국정원이나 방첩사에 끌려가서 조사를 받고 인권침해를 받는다고 상상해 보자. 이 경우 나중에 당해 전공의가 대통령을 불법행위를 대상으로 국가에게 손해배상을 청구하는 경우 법원은 어떻게 판단할 것인가? 대통령의 계엄선포행위를 이른바 통치행위로 인정하고 고도의 정치적 행위로서 사법적 심사의 대상이 되지 않는다는 시대착오적 견해를 되풀이할 것인가? 아니면 앞으로 통치행위 편에서도 언급하는 바와 같이 대통령의 계엄선포행위는 통치행위가 아니라 헌법이 부여한 대통령의 권한에 불과한 것으로서 대통령의 권한 행사에는 헌법적, 법률적, 조리상 한계가 있는바 이와 같은 한계를 넘어서면 당연히 사법부가 그 위헌, 위법여부를 인정하고 그에 따라 피해를 입은 국민의 권리를 구제할 것인가?

과거 대법원은 이러한 경우에 국가의 배상책임을 다음과 같이 인정하지 아니하였다.

대법원 2014. 10. 27. 선고 2013다217962 판결은, 긴급조치 제9호가 그 발령근거인 구 대한민국헌법(1980. 10. 27. 헌법 제9호로 전부 개정되기 전의 것, 이하 '유신헌법'이라 한다) 제53조에서 정하고 있는 요건 자체를 결여하였고 국민의 기본권을 침해한 것으로서 위헌·무효라고 하더라도, 당시 시행 중이던 긴급조치 제9호에 의하여 영장 없이 피의자를 체포·구금하여 수사를 진행하고 공소를 제기한 수사기관의 직무행위나 긴급조치 제9호를 적용하여 유죄판결을 선고한 법관의 재판상 직무행위는 유신헌법 제53조 제4항이 "제1항과 제2항의 긴급조치는 사법적 심사의 대상이 되지 아니한다."라고 규정하고 있었고 긴급조치 제9호가 위헌·무효임이 선언되지 아니하였던 이상, 공무원의 고의 또는 과실에 의한 불법행위에 해당한다고 보기 어렵다고 하였다.

대법원 2015. 3. 26. 선고 2012다48824 판결은, 긴급조치 제9호가 사후적으로 법원에서 위헌·무효로 선언되었다고 하더라도, 유신헌법에 근거한 대통령의 긴급조치권 행사는 고도의 정치성을 띤 국가행위로서 대통령은 국가긴급권의 행사에 관하여 원칙적으로 국민 전체에 대한 관계에서 정치적 책임을 질 뿐 국민 개개인의 권리에 대응하여 법적 의무를 지는 것은 아니므로, 대통령의 이러한 권력행사가 국민 개개인에 대한 관계에서 민사상 불법행위를 구성한다고는 볼 수 없다고 하였다.

하지만 2022년 대법원은 전원합의체판결을 통하여 과거의 판례를 모두 변경하고 국가의 배상책임을 인정하였다는 점에서 그 의의를 인정할 수 있다. 다수의견에 따르면 긴급조치 제9호의 발령 및 적용·집행이라는 일련의 국가작용의 경우,

긴급조치 제9호의 발령 요건 및 규정 내용에 국민의 기본권 침해와 관련한 위헌성이 명백하게 존재함에도 그 발령 및 적용·집행 과정에서 그러한 위헌성이 제거되지 못한 채 영장 없이 체포·구금하는 등 구체적인 직무집행을 통하여 개별 국민의 신체의 자유가 침해되기에 이르렀다. 그러므로 긴급조치 제9호의 발령과 적용·집행에 관한 국가작용 및 이에 관여한 다수 공무원들의 직무수행은 법치국가 원리에 반하여 유신헌법 제8조가 정하는 국가의 기본권 보장의무를 다하지 못한 것으로서 전체적으로 보아 객관적 주의의무를 소홀히 하여 그 정당성을 결여하였다고 평가되고, 그렇다면 개별 국민의 기본권이 침해되어 현실화된 손해에 대하여는 국가배상책임을 인정하여야 한다. 따라서 다수의견은 "다수 공무원들의 직무수행"에는 대통령뿐만 아니라 긴급조치에 참여한 모든 행정부와 사법부의 공무원들의 행위가 궁극적으로 국가의 불법행위에 해당하며, 위헌, 위법한 긴급조치에 위반하여 재판을 받은 국민에게 유죄를 선고한 법관 역시 공무원으로서 불법행위를 자행한 것이기 때문에 국가가 배상책임을 진다는 논리를 제시하고 있다. 다수의견은 법관의 불법행위에 대하여 다음과 같이 설명을 덧붙이고 있다.

> "법관의 재판상 직무행위에 대하여 국가배상책임이 인정되려면 해당 법관이 위법 또는 부당한 목적을 가지고 재판을 하는 등 법관이 그에게 부여된 권한의 취지에 명백히 어긋나게 이를 행사하였다고 인정할 만한 특별한 사정이 있어야 한다(대법원 2001. 3. 9. 선고 2000다29905 판결; 2001. 10. 12. 선고 2001다47290 판결 등 참조). 그러나 위와 같은 특별한 사정이 인정되어 법관의 재판상 직무행위가 독립적인 불법행위를 구성하는지 여부와 관계없이 재판상 직무행위를 포함한 긴급조치의 발령 및 적용·집행이라는 일련의 국가작용이 전체적으로 객관적 정당성을 상실한 때에는 국가배상책임이 성립할 수 있다고 보아야 한다".

다수의견에 따르면 일련의 국가의 불법행위에 해당하는 국가작용이 전체적으로 정당성이 없다면 "재판상 직무행위가 독립적인 불법행위를 구성하는지 여부와 관계없이 재판상 직무행위를 포함한"이라는 표현을 통하여 결국 법관의 재판행위 역시 전체적인 국가의 불법행위에 포함되어 불법이기 때문에 이를 독립적으로 다룰 필요도 없이 국가배상책임이 성립한다는 것이다. 그런데 김재형의 별개의견은 일련의 국가의 불법행위에서 법관의 재판행위를 분리하여 독자적인 불법행위책임을 인정하지 않는 것이 법관의 불법행위책임을 엄격하게 제한하는 판례와 모순되지 않는다는 견해를 제시하고 있는데, 논리적으로 이를 납득하기 어렵다.

이에 비하여 김선수 등의 별개의견은 "긴급조치 제9호에 대한 위헌성의 심사 없이 이를 적용하여 유죄판결을 선고한 법관의 재판상 직무행위는 대통령의 위법한 직무행위와 구별되는 독립적인 불법행위로서 국가배상책임을 구성하고, 이를 대통령의 국가긴급권 행사와 그 집행에 포섭된 일련의 국가작용으로 평가할 수는 없다"고 하여 일련의 국가행위에 법관의 불법행위를 은근슬쩍 포함시키지 말고 독립적인 배상책임으로 다룰 것을 제안하고 있다. 이는 대통령의 긴급조치가 위헌, 위법한 경우 재판을 담당하는 법관은 이를 통치행위니 하는 명분에 무조건적으로 굴종하지 말고 독립하여 양심에 따라 그 위헌, 위법성을 인정하는 것이 정당한 것이지 그렇지 않고 결과적으로 전체적인 국가의 불법행위에 묻어서 갈 수 있다는 논리를 배격하는 것이다. 2024년 12.3. 비상계엄과 관련하여 다수의 군 장성들이 비상계엄의 주요 임무에 종사하였으나 국정원 제1차장을 비롯하여 일부 공무원들은 그 위헌, 위법성을 직감하고 소신 있게 업무를 집행하였다는 사실을 상기한다면 "위법의 카르텔"에 단순히 묻혀서 공직자가 전체적인 국가의 불법행위에 책임을 떠 넘기는 행태가 과연 옳은 것인지 묻지 않을 수 없다. 따라서 법관 역시 여기에서 예외가 될 수 없다.

3) 대법원 2022. 7. 14. 선고 2017다290538 판결[공무원의 부작위로 인한 손해배상]

(1) 판결 요지

[1] 공무원의 부작위를 이유로 국가배상책임을 인정하기 위해서는 공무원의 작위로 국가배상책임을 인정하는 경우와 마찬가지로 '공무원이 직무를 집행하면서 고의 또는 과실로 법령을 위반하여 타인에게 손해를 입힌 때'라는 국가배상법 제2조 제1항의 요건이 충족되어야 한다. 여기서 '법령 위반'이란 엄격하게 형식적 의미의 법령에 명시적으로 공무원의 작위의무가 규정되어 있는데도 이를 위반하는 경우만을 의미하는 것은 아니고, 인권존중·권력남용금지·신의성실과 같이 공무원으로서 마땅히 지켜야 할 준칙이나 규범을 지키지 않고 위반한 경우를 포함하여 널리 객관적인 정당성이 없는 행위를 한 경우를 포함한다. 따라서 국민의 생명·신

체·재산 등에 관하여 절박하고 중대한 위험상태가 발생하였거나 발생할 우려가 있어서 국민의 생명·신체·재산 등을 보호하는 것을 본래적 사명으로 하는 국가가 초법규적, 일차적으로 그 위험 배제에 나서지 않으면 국민의 생명·신체·재산 등을 보호할 수 없는 경우에는 형식적 의미의 법령에 근거가 없더라도 국가나 관련 공무원에 대하여 그러한 위험을 배제할 작위의무를 인정할 수 있다. 공무원의 부작위를 이유로 국가배상책임을 인정할 것인지가 문제되는 경우에 관련 공무원에 대하여 작위의무를 명하는 법령 규정이 없다면 공무원의 부작위로 침해된 국민의 법익 또는 국민에게 발생한 손해가 어느 정도 심각하고 절박한 것인지, 관련 공무원이 그와 같은 결과를 예견하여 결과를 회피하기 위한 조치를 취할 가능성이 있는지 등을 종합적으로 고려하여 판단하여야 한다.

[2] 경찰은 범죄의 예방, 진압 및 수사와 함께 국민의 생명, 신체 및 재산의 보호 기타 공공의 안녕과 질서유지를 직무로 하고 직무의 원활한 수행을 위하여 경찰관 직무집행법, 형사소송법 등 관계 법령에 의하여 여러 가지 권한이 부여되어 있다. 구체적인 직무를 수행하는 경찰관으로서는 여러 상황에 대응하여 자신에게 부여된 여러 가지 권한을 적절하게 행사하여 필요한 조치를 취할 수 있고, 그러한 권한은 일반적으로 경찰관의 전문적 판단에 기한 합리적인 재량에 위임되어 있는 것이다. 그러나 구체적인 사정에서 경찰관이 권한을 행사하여 필요한 조치를 하지 아니하는 것이 현저하게 불합리하다고 인정되는 경우 그러한 권한의 불행사는 직무상의 의무를 위반한 것으로 위법하다.

[3] 보호관찰관의 위치추적 전자장치(이하 '전자장치'라고 한다) 피부착자에 대한 지도·감독과 원호 업무는 재범의 위험성이 매우 높은 전자장치 피부착자가 재범으로 나아가지 않게 함으로써 건전한 사회복귀를 촉진하고 일반 국민이 전자장치 피부착자의 재범에 따른 피해를 입지 않도록 하는 데 중요한 역할을 한다. 구체적인 상황에서 전자장치 피부착자에 대한 지도·감독이나 원호 업무를 어떻게 수행할 것인지는 원칙적으로 보호관찰관의 전문적, 합리적 재량에 위임되었지만, 전자장치 피부착자의 재범을 효과적으로 방지하기 위해서는 전자장치 피부착자의 성향이나 환경 및 개별 관찰 결과에 맞추어 재범 방지에 유효한 실질적인 조치를 선택하여 적극적으로 수행하여야 한다. 만약 보호관찰관이 이러한 조치를 하지 아니한 것이 현저하게 불합리하다면 직무상의 의무를 위반한 것이어서 위법하다고 보아야

한다.

[4] 다수의 성폭력범죄로 여러 차례 처벌을 받은 뒤 위치추적 전자장치를 부착하고 보호관찰을 받고 있던 갑이 을을 강간하였고(이하 '직전 범행'이라고 한다), 그로부터 13일 후 병을 강간하려다 살해하였는데, 병의 유족들이 경찰관과 보호관찰관의 위법한 직무수행을 이유로 국가를 상대로 손해배상을 구한 사안에서, 직전 범행의 수사를 담당하던 경찰관이 직전 범행의 특수성과 위험성을 고려하지 않은 채 통상적인 조치만 하였을 뿐 전자장치 위치정보를 수사에 활용하지 않은 것과 보호관찰관이 갑의 높은 재범의 위험성과 반사회성을 인식하였음에도 적극적 대면조치 등 이를 억제할 실질적인 조치를 하지 않은 것은 범죄를 예방하고 재범을 억지하여 사회를 방위하기 위해서 이들에게 부여된 권한과 직무를 목적과 취지에 맞게 수행하지 않았거나 소홀히 수행하였던 것이고, 이는 국민의 생명·신체에 관하여 절박하고 중대한 위험상태가 발생할 우려가 있어 그 위험 배제에 나서지 않으면 이를 보호할 수 없는 상황에서 그러한 위험을 배제할 공무원의 작위의무를 위반한 것으로 인정될 여지가 있으며, 위와 같은 경찰관과 보호관찰관의 직무상 의무 위반은 병의 사망 사이에서 상당인과관계를 인정할 여지가 큰데도, 경찰관과 보호관찰관의 직무수행이 객관적 정당성을 결여하지 않아 위법하지 않다고 본 원심판단에 법리오해의 잘못이 있다고 한 사례.

(2) 해설 및 평론

성폭력범죄를 상습적으로 일으킨 자에 대한 국가의 철저한 감시와 관리는 또 다른 피해자 발생을 방지하기 위하여 필수적이다. 이와 관련하여 대법원은 직전 범행의 수사를 담당하던 경찰관이 직전 범행의 특수성과 위험성을 고려하지 않은 채 통상적인 조치만 하였을 뿐 전자장치 위치정보를 수사에 활용하지 않은 것과 보호관찰관이 갑의 높은 재범의 위험성과 반사회성을 인식하였음에도 적극적 대면조치 등 이를 억제할 실질적인 조치를 하지 않은 것을 지적하고 있다. 앞서 언급한 바와 같이 오늘날과 같은 위험사회에서 그 위험인자의 하나인 성범죄로부터 여성이나 아동들을 보호하는 것은 국민에 대한 국가의 기본적인 기본권 보호의무에 해당한다. 특히 여기에서 문제되는 국민의 기본권은 직업의 자유, 재산권 보장과 같은 경제적 영역의 자유가 아니라 생명, 신체, 성적 자기결정권 등과 같이 인간으로서의 존엄과 가치를 실현하는데 필수적인 기본적인 자유권에 속한다.

그런데 이 사건의 범인과 같이 성범죄에 대한 재범의 위헌성이 큰 사람에 대하여 전자 위치추적 장치 등을 사용하여 철저한 감시와 관리를 소홀히 했다는 것에 대해서는 변명의 여지가 없다고 할 수 있다. 물론 경찰관의 업무 집행의 근거법들에서는 흔히 이와 같은 상태에서 "경찰관은 ~~ 할 수 있다"라고 규정하여 경찰관에게 일정한 재량의 여지를 부여하는 경우가 많이 있다. 하지만 법규상 경찰관이 재량권을 가지고 있다고 하더라도 개인의 생명, 신체, 성적 자기결정권, 재산 등에 대한 위험이 실제로 현존하거나 임박한 경우에는 그러한 재량권은 줄어들어서 0으로 수축한다는 재량권의 0으로의 수렴이라는 법리도 존재한다. 이 경우 경찰관은 더 이상 법규상 재량권을 주장할 수 없으며 재량권이 0이므로 반드시 일정한 행위를 하여야 하며, 부작위가 있는 경우 그 부작위는 위법하다는 평가를 면치 못한다. 결국 이 사건에서도 그러한 법리가 적용되는 사안으로 볼 수 있으며 항소심과는 달리 대법원이 부작위와 손해발생 간에 인과관계를 인정하고 해당 공무원의 부작위가 정당성을 상실하고 위법하여 국가의 배상책임을 인정한 것은 타당한 결론으로 볼 수 있다.

4) 대법원 1996. 2. 15. 선고 95다38677 전원합의체 판결 — 불법행위를 한 공무원 개인에게도 손해배상 책임을 물을 수 있는가?

(1) 판결 요지

[다수의견] 공무원이 직무수행 중 불법행위로 타인에게 손해를 입힌 경우에 국가 등이 국가배상책임을 부담하는 외에 공무원 개인도 고의 또는 중과실이 있는 경우에는 불법행위로 인한 손해배상책임을 진다고 할 것이지만, 공무원에게 경과실뿐인 경우에는 공무원 개인은 손해배상책임을 부담하지 아니한다고 해석하는 것이 헌법 제29조 제1항 본문과 단서 및 국가배상법 제2조의 입법취지에 조화되는 올바른 해석이다.

[별개의견] 공무원의 직무상 경과실로 인한 불법행위의 경우에도 공무원 개인의 피해자에 대한 손해배상책임은 면제되지 아니한다고 해석하는 것이, 우리 헌법의 관계 규정의 연혁에 비추어 그 명문에 충실한 것일 뿐만 아니라 헌법의 기본권 보장 정신과 법치주의의 이념에도 부응하는 해석이다.

[반대의견] 공무원이 직무상 불법행위를 한 경우에 국가 또는 공공단체만이 피해자에 대하여 국가배상법에 의한 손해배상책임을 부담할 뿐, 공무원 개인은 고의 또는 중과실이 있는 경우에도 피해자에 대하여 손해배상책임을 부담하지 않는 것으로 보아야 한다.

[반대보충의견] 주권을 가진 국민 전체에 대한 봉사자로서 공공이익을 위하여 성실히 근무해야 할 공무원이 공무수행 중 국민에게 손해를 가한 경우, 국민의 봉사자인 공무원이 봉사 대상이 되는 피해자인 국민과 직접 소송으로 그 시비와 손해액을 가리도록 그 갈등관계를 방치하는 것보다는 국가가 나서서 공무원을 대위하여 그 손해배상책임을 지고, 국가가 다시 내부적으로 공무원의 직무상 의무의 불이행 내용에 따라 고의·중과실이 있는 경우에만 구상의 형태로 그 책임을 물어 공무원의 국민과 국가에 대한 성실의무와 직무상 의무의 이행을 제도적으로 확보하겠다는 것이, 헌법 제29조 제1항 단서와 국가배상법 제2조 제2항의 취지라고 해석함이 이를 가장 조화롭게 이해하는 길이 될 것이다.

(2) 해설 및 평론

공무원이 직무상 불법행위로 인하여 타인에게 손해를 끼친 경우 피해자는 국가와 자치단체 이외에 가해 공무원에게도 선택적으로 배상을 청구할 수 있는가? 1996년 2월 15일 대법원 전원합의체는 이 문제에 대하여 당시 혼선된 입장을 정리하고 지금까지 그 견해를 계속하여 유지하고 있다. 대법원은 이 판결에서 다수의견, 별개의견, 반대의견, 반대보충의견 등을 통하여 국가배상제도 전반에 대하여 진지한 법이론적 토론을 벌이고, 자신의 입장을 최종적으로 정리, 이를 계속하여 유지하고 있다는 점에서 전반적으로 긍정적인 평가를 받아야 할 것이다. 그러나 다수의견은 공무원의 배상책임에 있어서 공무원 개인의 주관적 책임요소의 경중에 따라서 문제의 해결을 시도하고 있다는 점에서 법리적으로 철저하지 못하다는 비판을 면하기 어렵다. 별개의견의 경우에도 공무원의 개인적인 배상책임을 절대적으로 인정함으로써 국가배상제도를 민법상 불법행위제도의 틀 안에서 이해하려는 고전적인 태도를 답습하고 있다. 연혁적으로 국가배상제도는 비록 사법상 불법행위제도를 바탕으로 발전하여 온 것이기는 하지만 우리나라에서는 제헌헌법부터 정착된 헌법적 제도로 이해하는 것이 옳다.

이와 관련하여 안철상 대법관은 대법원 2018다212610 전원합의체 판결의 별개의견을 통하여 "헌법 제29조의 국가배상청구권은 헌법상 보장된 기본권으로서 국가와 개인의 관계를 규율하는 공권이고, 국가가 공무원 개인의 불법행위에 대한 대위책임이 아니라 국가 자신의 불법행위에 대하여 직접 책임을 부담하는 자기책임으로 국가배상책임을 이해하는 것이 법치국가 원칙에 부합한다"고 하여 국가배상제도가 단순히 사법상 불법행위책임의 연장선상에서 이해할 것이 아니라 헌법상 법치국가원리를 실현하는 제도라는 점을 강조하고 있다. 이러한 점에서 볼 때 이 판결에서 반대의견과 반대보충의견을 제시한 대법관들의 견해가 보다 설득력이 있으며, "공무원 자신의 책임은 면제되지 아니한다"는 헌법 제29조 제1항 후단의 규정은 피해자에 대한 개인적인 대외적 손해배상책임이 아니라 행정청 내부적인 구상권이나 징계책임의 면제불가 조항으로 이해하는 것이 옳다.

5) 대법원 1994. 11. 22. 선고 94다32924 판결 ― 공공의 영조물 설치·관리상 하자의 의미

(1) 판결 요지

[1] 국가배상법 제5조 소정의 영조물의 설치·관리상의 하자라 함은 영조물의 설치 및 관리에 불완전한 점이 있어 이 때문에 영조물 자체가 통상 갖추어야 할 안전성을 갖추지 못한 상태에 있는 것을 말하는 것이다.

[2] 지방자치단체가 관리하는 도로 지하에 매설되어 있는 상수도관에 균열이 생겨 그 틈으로 새어 나온 물이 도로 위까지 유출되어 노면이 결빙되었다면 도로로서의 안전성에 결함이 있는 상태로서 설치·관리상의 하자가 있다고 한 사례.

[3] 국가배상법 제5조 소정의 영조물의 설치·관리상의 하자로 인한 책임은 무과실책임이고 나아가 민법 제758조 소정의 공작물의 점유자의 책임과는 달리 면책사유도 규정되어 있지 않으므로, 국가 또는 지방자치단체는 영조물의 설치·관리상의 하자로 인하여 타인에게 손해를 가한 경우에 그 손해의 방지에 필요한 주의를 해태하지 아니하였다 하여 면책을 주장할 수 없다.

(2) 해설 및 평론

국가배상법 제5조에 따르는 국가의 손해배상책임은 제2조의 공무원의 과실책임과는 달리 국가의 무과실 배상책임이며 공작물소유자 및 점유자의 배상책임을 규정한 민법 제758조와 비교될 수 있는 것이다. 그러나 민법 제758조의 배상책임의 경우에는 점유자에게 면책규정을 두고 있는 것과는 달리 국가배상법 제5조는 이러한 책임면제를 인정하지 않음으로써 거의 절대적인 무과실책임을 국가와 자치단체에 부담시키고 있다. 영조물의 설치, 관리상의 하자로 인한 국가 등의 무과실 배상책임은 국가배상법이 최초로 제정된 1951년부터 도입되어 위험한 공공시설에 노출되어 살아가는 국민의 권리보호를 위하여 중요한 기능을 수행하고 있다. 따라서 공공시설의 설치, 관리상의 하자를 판단함에 있어서는 영조물 관리자의 주의의무 위반이라는 주관적 사유와는 무관하게 손해가 발생한 경우에도 국가 등이 손해배상책임이 인정되는 것이 원칙이다. 위 판결은 이러한 이른바 하자판단에 대한 순수한 객관설의 입장을 제시한 리딩케이스라고 할 수 있다.

국가배상법이 제2조의 과실책임과 더불어 제5조의 무과실 배상책임을 규정한 취지와 목적, 체계 등을 종합적으로 고려한다면 제5가 규정하는 영조물의 설치·관리상의 하자를 판단함에 있어서 공물관리자의 주의의무 위반 등 주관적 요소를 고려하는 것은 이와 같은 국가배상법의 입법취지와 체계에 반하는 결과가 될 수 있다. 따라서 공물관리자의 주의의무 위반 문제나 공물을 설치·관리하는 과정의 제반 사정, 예를 들어 국가 등의 재정 여건이나 대규모 자연재해 등 불가항력적인 사유로 인하여 발생한 영조물의 하자는 하자를 그대로 인정하되 다만 그로 인한 손해발생과의 인과관계의 존재 여부 문제로 이해하는 것이 타당하다고 할 것이다. 다시 말하자면, 공물의 하자는 객관적으로 발생하였으나 그것이 공물관리자의 통상적인 관리행위를 넘어서는 불가항력적인 천재사변에 해당하거나 물리적으로 단시간 안에 복구가 불가능한 상태에서 발생한 손해의 경우에는 공물의 하자와 손해의 발생 간에 인과관계가 없는 것으로 보아 국가 등의 배상책임을 인정할 수 없다는 의미이다.

6) 대법원 2007. 9. 21. 선고 2005다65678 판결; 대법원 2013. 10. 24. 선고 2013다208074 판결

(1) 판결 요지

[1] 국가배상법 제5조 제1항 소정의 영조물의 설치 또는 관리의 하자라 함은

영조물이 그 용도에 따라 통상 갖추어야 할 안전성을 갖추지 못한 상태에 있음을 말하는 것으로서, 영조물이 완전무결한 상태에 있지 아니하고 그 기능상 어떠한 결함이 있다는 것만으로 영조물의 설치 또는 관리에 하자가 있다고 할 수 없는 것이고, 위와 같은 안전성의 구비 여부를 판단함에 있어서는 당해 영조물의 용도, 그 설치장소의 현황 및 이용 상황 등 제반 사정을 종합적으로 고려하여 설치 관리자가 그 영조물의 위험성에 비례하여 사회통념상 일반적으로 요구되는 정도의 방호조치 의무를 다하였는지 여부를 그 기준으로 삼아야 할 것이며, 객관적으로 보아 시간적·장소적으로 영조물의 기능상 결함으로 인한 손해발생의 예견가능성과 회피가능성이 없는 경우, 즉 그 영조물의 결함이 영조물의 설치관리자의 관리행위가 미칠 수 없는 상황 아래에 있는 경우에는 영조물의 설치·관리상의 하자를 인정할 수 없다.

[2] 국가배상법 제5조 제1항에 규정된 '영조물 설치·관리상의 하자'는 공공의 목적에 공여된 영조물이 그 용도에 따라 통상 갖추어야 할 안전성을 갖추지 못한 상태에 있음을 말한다. 그리고 위와 같은 안전성의 구비 여부는 영조물의 설치자 또는 관리자가 그 영조물의 위험성에 비례하여 사회통념상 일반적으로 요구되는 정도의 방호조치의무를 다하였는지를 기준으로 판단하여야 하고, 아울러 그 설치자 또는 관리자의 재정적·인적·물적 제약 등도 고려하여야 한다. 따라서 영조물인 도로의 경우도 그 설치 및 관리에 있어 완전무결한 상태를 유지할 정도의 고도의 안전성을 갖추지 아니하였다고 하여 하자가 있다고 단정할 수는 없고, 그것을 이용하는 자의 상식적이고 질서 있는 이용 방법을 기대한 상대적인 안전성을 갖추는 것으로 족하다.

(2) 해설 및 평론

앞서 언급한 바와 같이 국가배상법 제5조가 규정하는 영조물의 설치·관리상의 하자는 국가배상법의 체계와 입법취지 등을 고려하여 이른바 객관설에 따라서 판단하는 것이 정당한 해석이라는 점을 지적하였다. 하지만, 이러할 경우 국가 등의 배상책임이 무단히 확대되는 것을 우려한 것인지는 잘 모르겠지만 법원은 최근 과거의 입장을 수정하여 "영조물의 위험성에 비례하여 사회통념상 일반적으로 요구되는 정도의 방호조치의무를 다하였는지, 그 설치자 또는 관리자의 재정적·인적·물적 제약, 영조물의 기능상 결함으로 인한 손해발생의 예견가능성과 회피가능성” 등 영조물 관리자의 주의의무나 주관적 사정, 국가 등의 재정적, 인적, 물적, 상황 등을 종합적으로 고려할 것을 요구하고 있다. 이는 영조물의 설치와 관리상의 하자를 판단함에 있어서는 관리주체를 전제로 하고 있다고도 볼 수 있으므로 이른바 주관설의 입장을 전적으로 배제하기 어렵다는 점을 고려한 것으로 볼 수 있다.

다시 말하자면, 공공시설이 가지는 객관적인 안정성의 흠결을 판단할 때에는 공공시설이 입지한 제반 여건과 공물관리 주체의 관리상황을 감안하지 않을 수 없는 현실론을 반영한 결과라고 할 수 있다. 하지만, 앞서 언급한 바와 같이 이러한 주관설적인 해석론은 국가배상법이 제2조와 구별하여 제5조의 무과실 배상책임을 규정한 취지를 상당 부분 훼손할 수 있다는 점에서 우려하는 시각도 존재한다. 결국 이 문제는 원칙론과 체계론을 고수할 것인지 아니면 현실론을 고려한 책임주의를 실현할 것인지 충돌하는 문제라고 할 수 있지만 공물관리자의 주관적 사정이나 재정적 여건 등은 손해발생과의 인과관계로 이해한다면 상당 부분 조화로운 해석이 가능할 것으로 보인다.

Ⅱ. 재산권 보장과 손실보상제도

1. 헌법 제23조 제3항의 손실보상제도

국가나 자치단체가 사회기반시설의 하나로서 도로를 건설하는데 필요한 국유지나 공유지를 가지고 있지 못하다면 사인이 소유한 토지를 확보하는 것이 필요하다. 물론 국가와 지자체는 도로의 건설에 필요한 토지를 소유한 사인과 협상을 통하여 적절한 가격으로 매수하여 여기에 도로를 건설하는 것이 이상적이라고 할 수 있을 것이다. 하지만, 토지를 소유한 사인이 매각할 의사가 없거나 시장가격에 비하여 터무니 없는 높은 가격을 요구하는 경우 국가나 지자체는 어떠한 방안을 고려할 수 있을까? 국민이나 주민을 위한 도로가 반드시 필요하더라도 우리 헌법은 사유재산제도를 보장하고 있기 때문에 비싼 가격으로 사인의 토지를 매입할 수밖에 없는 것인가? 아니면 결국 토지의 매수에 필요한 재원은 국민이나 주민의 세금으로부터 나오는 것이기 때문에 사유재산제도를 보장하는 취지를 고려하면서도 국가 전체의 공익과 국민의 편의를 위하여 합당한 방안은 존재하지 않는 것일까?

헌법상 사유재산제도의 근거를 규정하고 있는 우리 헌법 제23조 제1항에 따라서 모든 국민의 재산권은 보장된다. 동시에 재산권의 내용과 한계는 법률로 정한다. 이와 같이 우리 헌법은 국민의 재산권을 보장하는 것을 원칙으로 하면서도 동시에 국회가 재산권의 구체적인 내용과 한계를 법률로 규정할 수 있도록 하고, 제23조 제2항에서는 재산권의 행사가 공공복리에 적합할 것을 요구하고 있다. 사유재산권은 인정하되 국민의 대표기관인 국회가 그 내용과 한계를 정할 수 있도록 하는 한편, 재산권의 행사 역시 공공복리에 적합하여야 한다는 제한을 받을 수 있도록 함으로써 재산권 행사에 대한 사회적 제약을 분명하게 선언하고 있다. 더 나아가 헌법 제23조 제3항은 "공공필요에 의한 재산권의 수용·사용 또는 제한 및 그에 대한 보상은 법률로써 하되, 정당한 보상을 지급하여야 한다"고 규정하여 국가나 지자체가 도로의 건설과 같은 공공필요가 발생하는 경우 사유재산을 수용, 사용, 제한할 수 있으며, 그로 인하여 재산권 주체에게 특별한 재산상의 손실이 발생한다면 법률이 정하는 바에 따라서 정당한 보상을 하도록 하고 있다.

도로의 건설에 필요한 사인의 재산권에 대한 수용을 할 수 있도록 하여 공공필요와 공익을 실현하는 한편, 그로 인한 재산상의 손실을 보상하여 앞서 이야기한 사유재산제도의 보장과 공익의 실현이라는 딜레마를 조화롭게 해결하도록 도모하고 있는 것이다. 앞서 논의한 국가배상제도가 공무원의 불법행위 등으로 인하여 발생한 손해를 배상하는 제도임에 비하여 손실보상제도는 도로의 건설과 같은 적법한 원인에 의한 재산권 침해에 대하여 그 손실을 보상한다는 점에서 양자는 구별된다. 헌법 제23조 제3항이 규정하는 손실보상의 요건으로서 '공공필요'에 대해서는 사인을 위한 수용제도에서 논의할 것이므로 재산권의 수용, 사용, 제한을 포함한 공용침해의 개념과 재산권의 내용과 한계, 사회적 기속성의 구별의 문제와 정당한 보상에 대해서 관련 판례를 중심으로 살펴보기로 한다.

2. 공용침해와 재산권의 내용과 한계 및 사회적 기속성과의 구별

이런 제목만 보면 무슨 내용인지 독자들은 잘 이해하지 못할 것이 분명하고 또한 그 것은 어찌 보면 당연한 일이다. 그렇다면 이 주제가 제기하는 쟁점이 무엇인지 예를 들어 설명해 보기로 하자. 당신이 소유하는 토지에 국가가 개발제한구역(이른바 그린벨트)을 설정하여 일정한 개발행위를 금지 또는 제한하고 있다고 가정하자. 당신은 이와 같은 개발제한구역의 설정행위가 도시의 무질서한 확산을 방지하고 도시주변환경을 보전하기 위한 공공의 필요에 따라서 당신이 소유한 토지에 대하여 일정한 개발행위를 금지 내지 제한하는 것으로서 헌법 제23조 제3항이 규정하는 수용, 사용은 아니지만 이른바 '제한'(공용제한)에 해당하기 때문에 법률이 정하는 바에 따라서 정당한 보상을 지급하여야 한다고 주장할 것이다. 당신이 소유한 토지에 대하여 그린벨트가 설정됨으로서 토지의 가격이 하락하고 매매도 어려워질 것이 예상되기 때문이다. 하지만 당신의 토지에 그린벨트를 설정한 국가는 전혀 다른 입장이다. 그린벨트의 설정은 헌법 제23조 제1항 제2문이 규정한 바에 따라서 근거법률(개발제한구역의 지정 및 관리에 관한 특별조치법)을 제정한 국회가 재산권의 구체적인 내용과 한계를 규정한 것인 동시에 당신의 토지가 하필 도시주변 지역의 환경보전에 민감한 지역에 위치하여 불가피하게 감내할 수밖에 없는 사회적 제약을 법률로서 구체화한 것에 불과하므로 헌법 제23조 제1항 제2문과 제2항의 문제이지 손실보상을 규정한 제23조 제3항에 해당하지 않는다고 항변할 것이다.

당신이 소유한 토지에 국가가 그린벨트를 설정하는 행위는 공용침해로 인한 손실보상의 문제인가 아니면 재산권이 가지는 숙명적인 사회적 제약 또는 국민의 대표기관으로서 국회가 규정한 재산권의 구체적인 내용과 한계를 정하는 문제에 불과한 것인가? 전자라면 당신은 토지에 대한 공용제한을 이유로 정당한 보상을 받을 수 있겠지만 후자에 해당하는 것이라면 한 푼의 보상도 받지 못하기 때문에 결과적으로 엄청난 차이가 발생한다. 이 문제에 대해서는 두 가지 대립되는 이론이 제기되었다. 첫째, 국가의 그린벨트 설정행위가 비록 헌법 제23조 제1항 제2문(재산권의 내용과 한계는 법률로 정한다)과 제2항(재산권의 행사는 공공복리에 적합하여야 한다)에서 출발하였더라도 결과적으로 그것이 재산권 주체의 토지를 공공필요에 의하여 제한하는 행위이고 당신에게 특별한 재산상 손실이 발생한 것이라면 헌법 제23조 제3항의 문제로 轉移(전이)되는 것이기 때문에 비록 법률에서 보상규정을 두지 않았다고 하더라도 근거법률과 관련법률의 보상규정 등을 유추적용하여 정당한 보상을 지급해야 한다는 논리이다(이른바 경계이론).

이와는 대조적으로 그린벨트의 설정과 같은 국가의 행위는 전적으로 헌법 제

23조 제1항 제2문과 제2항의 문제에 불과하기 때문에 국회가 그린벨트 설정행위를 재산권의 내용과 한계, 사회적 제약을 구체화하는 의도에서 출발하였다면 거기에서 그치는 것이지 재산권 주체를 불쌍하게 여겨서 헌법 제23조 제3항의 문제로 전이시켜 정당한 보상을 지급할 수 없다는 견해가 제기된다(이른바 분리이론). 분리이론은 경계이론을 비판하면서 헌법 제23조 제1항 제2문, 제2항과 제3항은 서로 분리되어 일종의 장벽이 존재하는 것이기 때문에 그린벨트 설정행위는 경계이론이 주장하듯 어찌하였던 결과적으로 당신에게 재산상 손실이 발생하였으니 제3항의 문제로 전이되는 것이라는 주장을 반박한다. 그렇다면 분리이론은 당신에게 한 푼의 재산상 손실에 대해서도 보상을 하지 않겠다는 주장에 불과한데, 당신의 억울함에 대해서는 어떻게 이야기 하고 있을까?

분리이론은 다음과 같이 이야기 한다. 당신이 재산상 손실에 대하여 정당한 보상을 받지 못한다면 다른 방안이 있다. 예를 들어 그린벨트 설정행위라는 일종의 침해적 처분에 대하여 심판청구기간이나 제소기간 이내에 행정심판이나 행정소송을 제기하여 그 절차적, 실체적 당부를 다툴 수 있으며, 그린벨트 설정행위가 과도하다고 판단하면 가격이 하락하고 매수자도 없는 토지에 대하여 대신 국가가 이를 매수하도록 청구할 수도 있고 그린벨트를 설정해 놓고 오랜 동안 방치하면 국가에 대하여 그린벨트 지정의 해제를 요구할 수도 있다. 그렇기는 하지만 분리이론에 따르면 헌법 제23조 제3항에 의한 정당한 금전적 보상을 요구할 수는 없다.

헌법재판소는 2022년 박근혜정부 당시 2010. 5. 24.자 대북조치로 인한 개성공단 전면중단 조치 위헌확인 사건(2016헌마364)과 그로 인한 개성공단 보상에 대한 입법부작위사건(2016헌마95)에서도 "이 사건 중단조치는 개성공단에서의 영업활동을 중단시키는 것을 목적으로 하고, 개성공단 내에 존재하는 토지나 건물, 설비, 생산물품 등에 직접 공용부담을 가하여 개별적, 구체적으로 이용을 제한하고자 하는 것이 아니다. 개성공단에서의 영업활동을 중단시킴으로써 개성공단 내에 위치한 사업용 토지나 건물 등 재산을 사용할 수 없게 되는 제한이 발생하기는 하였으나 이는 개성공단이라는 특수한 지역에 위치한 사업용 재산이 받는 사회적 제약이 구체화된 것일 뿐이므로, 공익목적을 위해 개별적, 구체적으로 이미 형성된 구체적 재산권을 제한하는 공용 제한과는 구별된다"라고 하거나

"이 사건 대북조치는 개성공단 내에 존재하는 토지나 건물, 설비, 생산물품 등에 직접 공용부담을 가하여 개별적, 구체적으로 이용을 제한하고자 하는 것이 아니다. 이 사건 대북조치가 개성공단에서의 신규투자와 투자확대를 불허함에 따라 청구인이 이 사건 토지이용권을 사용·수익하지 못하게 되는 제한이 발생하기는 하였으나, 이는 개성공단이라는 특수한 지역에 위치한 사업용 재산이 받는 사회적 제약이 구체화된 것일 뿐이므로, 공익목적을 위해 이미 형성된 구체적 재산권을 개별적, 구체적으로 제한하는 헌법 제23조 제3항 소정의 공용 제한과는 구별된다. 그렇다면 이 사건 대북조치로 인한 토지이용권의 제한은 헌법 제23조 제1항, 제2항에 따라 재산권의 내용과 한계를 정한 것인 동시에 재산권의 사회적 제약을 구체화하는 것으로 볼 수 있는데, 헌법 제23조 제1항, 제2항은 '모든 국민의 재산권은 보장된다. 그 내용과 한계는 법률로 정한다. 재산권의 행사는 공공복리에 적합하도록 하여야 한다.'고 규정하고 있을 뿐이고, 이 사건 대북조치로 인한 재산권 제한에 대하여 보상하도록 하는 내용의 법률을 제정하여야 할 명시적이고 구체적인 입법의무를 부여하고 있지는 아니하다"고 하여 분리이론을 굳건하게 고수하고 있다.

3. 정당한 보상

헌법 제23조 제3항에 말하는 정당한 보상은 무엇을 의미하는가? 판례에 따르면 정당한 보상이라는 것은 "완전한 시가보상"을 의미한다는 것이 일반적이다. 따라서 국가가 도로를 건설하기 위하여 당신의 땅을 수용한다면 땅에 대한 시장가격을 기준으로 보상하는 것이 정당한 보상이라는 요건을 충족하는 것이다. 그런데 토지 등 부동산에 대한 보상을 완전한 시가로 보상하는 것은 문제가 있다. 예를 들어 국가가 도로를 건설하겠다는 계획을 발표하는 경우 인근 토지의 가격이 상승하는 것이 일반적이다. 따라서 토지의 가격이 상승하였음에도 불구하고 상승한 시장가격을 기준으로 손실을 보상한다면 당신은 만족하겠지만 토지보상의 재원을 조세로 부담한 일반 납세자들의 입장에서는 상당히 불쾌한 느낌을 갖게 될 것이고 손실보상제도가 일반인들의 지갑을 털어서 토지소유자의 배를 불리는 수단으로 전락한 것이라고 불만을 제기할 수도 있다.

이러한 문제점을 고려하여 국회는 부동산 가격공시에 관한 법률에 따라서 표준지공시지가를 기준으로 보상하도록 규정하고 있는데, 공시지가는 시가를 다소간 하회하는 것이 일반적이다. 토지에 대한 보상기준을 공시지가로 정하고 있는 것은 이른바 불로소득에 해당하는 개발이익을 공제한 가격으로 토지에 대한 손실을 보상하는 것이 토지소유자와 공익간에 갈등을 해소하여 사회적 정의를 실현하기 위함이다. 후술하는 바와 같이 헌법재판소와 대법원의 판결은 공시지가를 기준으로 토지에 대하여 손실을 보상하는 것이 헌법 제23조 제3항이 규정하는 정당보상원칙에 위반하지 않는 것으로 보고 있다.

4. 관련 판례

1) 대법원 2018. 12. 27. 선고 2014두11601 판결[보상금증액]

(1) 판결 요지

[1] 댐건설 및 주변지역지원 등에 관한 법률(이하 '댐건설법'이라 한다) 제11조 제1항, 제3항, 공익사업을 위한 토지 등의 취득 및 보상에 관한 법률(이하 '토지보상법'이라 한다) 제1조, 제61조, 제76조 제1항, 제77조 제1항의 내용을 종합해 볼 때, 물을 사용하여 사업을 영위하는 지위가 독립하여 재산권, 즉 처분권을 내포하는 재산적 가치 있는 구체적인 권리로 평가될 수 있는 경우에는 댐건설법 제11조 제1항, 제3항 및 토지보상법 제76조 제1항에 따라 손실보상의 대상이 되는 '물의 사용에 관한 권리'에 해당한다고 볼 수 있다.

[2] 하천법 제5조, 제33조 제1항, 제50조, 부칙(2007. 4. 6.) 제9조의 규정 내용과 구 하천법(1999. 2. 8. 법률 제5893호로 전부 개정되기 전의 것) 제25조 제1항 제1호, 구 하천법(2007. 4. 6. 법률 제8338호로 전부 개정되기 전의 것) 제33조 제1항 제1호의 개정 경위 등에 비추어 볼 때, 하천법 제50조에 의한 하천수 사용권(2007. 4. 6. 하천법 개정 이전에 종전의 규정에 따라 유수의 점용·사용을 위한 관리청의 허가를 받음으로써 2007. 4. 6. 개정 하천법 부칙 제9조에 따라 현행 하천법 제50조에 의한 하천수 사용허가를 받은 것으로 보는 경우를 포함한다. 이하 같다)은 하천법 제33조에 의한 하천의 점용허가에 따라 해당 하천을 점용할 수 있는 권리와 마찬가지로 특허에 의한 공물사용권의 일종으로서, 양도가 가능하고 이에 대한 민사집행법상의 집행 역시 가능한 독립된 재산적 가치가 있는 구체적인 권리라고 보아야 한다. 따라서 하천법

제50조에 의한 하천수 사용권은 공익사업을 위한 토지 등의 취득 및 보상에 관한 법률 제76조 제1항이 손실보상의 대상으로 규정하고 있는 '물의 사용에 관한 권리'에 해당한다.

[3] 물건 또는 권리 등에 대한 손실보상액 산정의 기준이나 방법에 관하여 구체적으로 정하고 있는 법령의 규정이 없는 경우에는, 그 성질상 유사한 물건 또는 권리 등에 대한 관련 법령상의 손실보상액 산정의 기준이나 방법에 관한 규정을 유추적용할 수 있다.

[4] 갑 주식회사가 한탄강 일대 토지에 수력발전용 댐을 건설하고 한탄강 하천수에 대한 사용허가를 받아 하천수를 이용하여 소수력발전사업을 영위하였는데, 한탄강 홍수조절지댐 건설사업 등의 시행자인 한국수자원공사가 댐 건설에 필요한 위 토지 등을 수용하면서 지장물과 영업손실에 대하여는 보상을 하고 갑 회사의 하천수 사용권에 대하여는 별도로 보상금을 지급하지 않자 갑 회사가 재결을 거쳐 하천수 사용권에 대한 별도의 보상금을 산정하여 지급해 달라는 취지로 보상금증액 소송을 제기한 사안에서, 공익사업을 위한 토지 등의 취득 및 보상에 관한 법률(이하 '토지보상법'이라 한다) 및 그 시행령, 시행규칙에 '물의 사용에 관한 권리'의 평가에 관한 규정이 없고, 하천법 제50조에 의한 하천수 사용권과 면허어업의 성질상 유사성, 면허어업의 손실액 산정 방법과 환원율 등에 비추어 볼 때, 갑 회사의 하천수 사용권에 대한 '물의 사용에 관한 권리'로서의 정당한 보상금액은 토지보상법 시행규칙 제44조(어업권의 평가 등) 제1항이 준용하는 수산업법 시행령 제69조 [별표 4](어업보상에 대한 손실액의 산출방법·산출기준 등) 중 어업권이 취소되거나 어업면허의 유효기간 연장이 허가되지 않은 경우의 손실보상액 산정 방법과 기준을 유추적용하여 산정하는 것이 타당하다고 본 원심판단을 수긍한 사례.

(2) 해설 및 평론

이 사건은 한탄강 일대의 토지에서 하천법 제50조 제1항[1]에 따라서 발전을 위한 하천수 사용허가를 받아서 발전사업을 하던 사업자가 이보다 규모가 큰 한탄

1) 생활·공업·농업·환경개선·발전·주운(舟運) 등의 용도로 하천수를 사용하려는 자는 대통령령으로 정하는 바에 따라 기후에너지환경부장관의 허가를 받아야 한다. 허가받은 사항 중 대통령령으로 정하는 중요한 사항을 변경하려는 경우에도 또한 같다.

강 홍수조절댐을 건설하려는 한국수자원공사(K-Water)가 홍수조절댐 건설에 필요한 위 토지 등을 수용하면서 支障物(지장물, 토지에 정착한 건축물이나 구조물로서 주택, 상가, 공장, 창고, 비닐하우스 등)과 영업손실에 대하여는 보상을 하고 갑 회사의 하천수 사용권에 대하여는 별도로 보상금을 지급하지 않자 이에 대한 추가적 보상을 청구한 것이다. 이에 대하여 항소심과 대법원은 하천법 제50조에 따라서 원고 사업자가 가지고 있는 발전을 위한 하천수 사용허가를 토지보상법에 따라서 보상이 필요한 "물의 사용에 관한 권리"이며 헌법 제23조 제1항의 재산권을 보고 그에 대한 보상규정이 없다면 토지보상법 시행규칙 제44조(어업권의 평가 등) 제1항이 준용하는 수산업법 시행령 제69조 [별표 4](어업보상에 대한 손실액의 산출방법·산출기준 등) 중 어업권이 취소되거나 어업면허의 유효기간 연장이 허가되지 않은 경우의 손실보상액 산정 방법과 기준을 유추적용하여 산정하는 것이 타당하다고 판결하였다.

결과적으로 하천수 사용허가는 토지보상법령에 규정하는 물의 사용에 관한 권리이며 헌법상 재산권임에도 불구하고 이를 수용하는 경우 보상규정이 없다면 근거법령과 관련법령의 유사한 규정을 유추적용하여 손실보상이 가능하다고 본 것이다. 대법원은 원고가 하천법 제50조 제1항에 따라서 발전을 위한 하천수 사용허가를 가지고 있었지만 수자원공사가 한탄강에 대규모 홍수조절댐을 건설하면서 원고의 토지, 공장, 창고 등 다른 재산권과 토지보상법이 규정하는 영업상 손실에 대해서는 정당한 보상을 지급하였지만 오로지 하천수 사용허가에 대해서는 보상하지 않는다는 주장에 대해서 많은 고민을 하였을 것으로 보인다. 우선 원고는 발전용댐을 운영하여 전기를 생산하고 이를 판매하는 사업자인데 다른 재산권에 대한 수용은 보상을 하였지만 자신의 영업활동에 필수적인 하천수 사용허가(권)에 대해서 보상하지 않는 수자원공사에 대하여 불만을 가졌을 것이 분명하다.

이에 대하여 대법원은 하천수 사용허가가 토지보상법이 규정하는 물의 사용에 관한 권리이며 이것이 헌법상 재산권이기 때문에 당연히 보상의 대상이 되어야 한다고 판단하였으나 정작 보상기준에 대해서는 법령이 어떤 규정도 두지 않았기 때문에 불가피하게 토지보상법령이 준용하는 어업법령에 따라 어업권이 취소되거나 어업면허의 유효기간 연장이 허가되지 않은 경우의 손실보상액 산정 방법과 기준을 유추적용하는 것이 가능하다고 판결한 것이다. 대법원이 근거 법령과 관련 법령을 유추적용하는 것은 원고의 권리구제를 위하여 불가피한 측면을 인정하지 않을 수 없다. 다만, 하천수 사용허가가 헌법 제23조 제3항에서 규정한 재산권에 해당하는가 하는 것은 보다 심도 있는 논의가 필요함에도 불구하고 대법원이 이를 바로 인정한 것은 상당한 비판의 여지가 있으며 유추적용설이 원고의 권리구제를 위하여 유의미한 이론이기는 하지만 유추적용의 대상인 근거법령 및 관련법령의 범위를 어떻게 정할 것인가(무한정으로 확대할 것인가?)에 대해서 어떠한 분명한 입장을 표명하지 않는 것은 문제라고 할 것이다.

2) 헌재 1998. 12. 24. 89헌마214등(89헌마214, 90헌바16, 97헌바78)(도시계획법 제21조의 위헌 여부에 관한 헌법소원)

(1) 결정 요지

[1] 헌법상의 재산권은 토지소유자가 이용가능한 모든 용도로 토지를 자유로이 최대한 사용할 권리나 가장 경제적 또는 효율적으로 사용할 수 있는 권리를 보장하는 것을 의미하지는 않는다. 입법자는 중요한 공익상의 이유로 토지를 일정 용도로 사용하는 권리를 제한할 수 있다. 따라서 토지의 개발이나 건축은 합헌적 법률로 정한 재산권의 내용과 한계 내에서만 가능한 것일 뿐만 아니라 토지재산권의 강한 사회성 내지는 공공성으로 말미암아 이에 대하여는 다른 재산권에 비하여 보다 강한 제한과 의무가 부과될 수 있다.

[2] 개발제한구역을 지정하여 그 안에서는 건축물의 건축 등을 할 수 없도록 하고 있는 도시계획법 제21조는 헌법 제23조 제1항, 제2항에 따라 토지재산권에 관한 권리와 의무를 일반·추상적으로 확정하는 규정으로서 재산권을 형성하는 규정인 동시에 공익적 요청에 따른 재산권의 사회적 제약을 구체화하는 규정인바, 토지재산권은 강한 사회성, 공공성을 지니고 있어 이에 대하여는 다른 재산권에 비하여 보다 강한 제한과 의무를 부과할 수 있으나, 그렇다고 하더라도 다른 기본권을 제한하는 입법과 마찬가지로 비례성원칙을 준수하여야 하고, 재산권의 본질적 내용인 사용·수익권과 처분권을 부인하여서는 아니된다.

[3] 개발제한구역 지정으로 인하여 토지를 종래의 목적으로도 사용할 수 없거나 또는 더 이상 법적으로 허용된 토지이용의 방법이 없기 때문에 실질적으로 토지의 사용·수익의 길이 없는 경우에는 토지소유자가 수인해야 하는 사회적 제약의 한계를 넘는 것으로 보아야 한다.

[4] 개발제한구역의 지정으로 인한 개발가능성의 소멸과 그에 따른 지가의 하락이나 지가상승률의 상대적 감소는 토지소유자가 감수해야 하는 사회적 제약의 범주에 속하는 것으로 보아야 한다. 자신의 토지를 장래에 건축이나 개발목적으로 사용할 수 있으리라는 기대가능성이나 신뢰 및 이에 따른 지가상승의 기회는 원칙적으로 재산권의 보호범위에 속하지 않는다. 구역지정 당시의 상태대로 토지를 사용·수익·처분할 수 있는 이상, 구역지정에 따른 단순한 토지이용의 제한은 원칙적으로 재산권에 내재하는 사회적 제약의 범주를 넘지 않는다.

[5] 도시계획법 제21조에 의한 재산권의 제한은 개발제한구역으로 지정된 토지를 원칙적으로 지정 당시의 지목과 토지현황에 의한 이용방법에 따라 사용할 수 있는 한, 재산권에 내재하는 사회적 제약을 비례의 원칙에 합치하게 합헌적으로 구체화한 것이라고 할 것이나, 종래의 지목과 토지현황에 의한 이용방법에 따른 토지의 사용도 할 수 없거나 실질적으로 사용·수익을 전혀 할 수 없는 예외적인 경우에도 아무런 보상없이 이를 감수하도록 하고 있는 한, 비례의 원칙에 위반되어 당해 토지소유자의 재산권을 과도하게 침해하는 것으로서 헌법에 위반된다.

[6] 도시계획법 제21조에 규정된 개발제한구역제도 그 자체는 원칙적으로 합헌적인 규정인데, 다만 개발제한구역의 지정으로 말미암아 일부 토지소유자에게 사회적 제약의 범위를 넘는 가혹한 부담이 발생하는 예외적인 경우에 대하여 보상규정을 두지 않은 것에 위헌성이 있는 것이고, 보상의 구체적 기준과 방법은 헌법재판소가 결정할 성질의 것이 아니라 광범위한 입법형성권을 가진 입법자가 입법정책적으로 정할 사항이므로, 입법자가 보상입법을 마련함으로써 위헌적인 상태를 제거할 때까지 위 조항을 형식적으로 존속케 하기 위하여 헌법불합치결정을 하는 것인바, 입법자는 되도록 빠른 시일 내에 보상입법을 하여 위헌적 상태를 제거할 의무가 있고, 행정청은 보상입법이 마련되기 전에는 새로 개발제한구역을 지정하여서는 아니되며, 토지소유자는 보상입법을 기다려 그에 따른 권리행사를 할 수 있을 뿐 개발제한구역의 지정이나 그에 따른 토지재산권의 제한 그 자체의 효력을 다투거나 위 조항에 위반하여 행한 자신들의 행위의 정당성을 주장할 수는 없다.

[7] 입법자가 도시계획법 제21조를 통하여 국민의 재산권을 비례의 원칙에 부합하게 합헌적으로 제한하기 위해서는, 수인의 한계를 넘어 가혹한 부담이 발생하는 예외적인 경우에는 이를 완화하는 보상규정을 두어야 한다. 이러한 보상규정은

입법자가 헌법 제23조 제1항 및 제2항에 의하여 재산권의 내용을 구체적으로 형성하고 공공의 이익을 위하여 재산권을 제한하는 과정에서 이를 합헌적으로 규율하기 위하여 두어야 하는 규정이다. 재산권의 침해와 공익간의 비례성을 다시 회복하기 위한 방법은 헌법상 반드시 금전보상만을 해야 하는 것은 아니다. 입법자는 지정의 해제 또는 토지매수청구권 제도와 같이 금전보상에 갈음하거나 기타 손실을 완화할 수 있는 제도를 보완하는 등 여러 가지 다른 방법을 사용할 수 있다.

(2) 해설 및 평론

이 사건에서 헌법재판소는 개발제한구역의 지정을 규정한 구 도시계획법 제21조와 도시계획시설의 결정에 관한 제6조는 기본적으로 헌법 제23조 제1항과 제2항의 재산권의 내용과 한계, 재산권의 사회적 기속성을 정하는 규정으로 보았다. 과거에 이 문제를 바라보는 학설의 입장이 구 도시계획법의 관련 규정을 헌법 제23조 제3항에 의한 공용제한과 손실보상의 문제로 보는 것과는 상당한 차이를 가지는 것이다. 따라서 헌법재판소는 개발제한구역의 지정행위는 국가가 공익을 실현하기 위하여 특정한 자의 재산권에 공용제한을 가하고 여기에서 발생하는 특별한 재산상의 손실을 보상하는 제도가 아니라는 것이다. 다시 말하자면, 개발제한구역의 지정행위는 단순히 토지소유자의 재산권의 내용과 한계 및 재산권의 사회적 기속을 입법적으로 형성하는 행위에 불과하다는 것이다. 다만, 이러한 재산권 형성을 위한 입법행위도 비례의 원칙을 준수해야 하는바, 일부 토지의 경우에는 그러한 입법행위가 비례성원칙에 위반하여 헌법적 한계를 일탈하였다고 지적하고 있는 것이다.

그렇다면 이러한 헌법재판소의 견해에 대해서는 다음과 같은 평가가 가능하다. 우선 헌법재판소는 우리 헌법 제23조 제1항과 제2항의 재산권 형성 및 사회적 기속성의 문제와 제3항의 손실보상의 문제를 엄격하게 구별하고 있다는 평가를 할 수 있다. 이는 독일 연방헌법재판소가 이른바 자갈채취사건에서 보여준 견해와 상당한 유사성을 가지고 있는 것으로 보인다. 따라서 재산권의 내용과 한계, 사회적 기속성을 구체화하는 입법적 형성행위는 공용침해와 이로 인한 손실보상과 엄격히 구분된다(이른바 분리이론). 그러므로 분리이론은 "처음에는 입법자의 의도가 재산권 형성행위로 출발하였으나 결과적으로 개인에게 특별한 희생이 발생하였으니 보상하라"는 논리(헌법 제23조 제1항, 제2항, 제3항의 연속성 모델; 이른바 경계이론)를 배격하는 것이다. 따라서 헌법재판소의 견해를 그대로 받아들인다면 이른바 독일식의 수용유사적 침해이론이나 우리 대법원이 적용하는 유추적용설 등 이른바 경계이론에 터 잡은 판례이론은 그 존립기반을 찾기 어렵다고 보아야 한다.

이 사건에서 헌법재판소가 어느 정도 연속성 모델에 입각한 경계이론을 수용하는 듯한 표현이 발견된다. "재산권의 사회적 제약이 보상을 요하는 수용적 효과로 전환되는 시점, 즉 보상의무가 발생하는 시점"이라는 표현이 바로 그것이다. 그러나 이러한 표현은 재산권 형성행위가 비례성원칙을 일탈하여 위헌적인 상태로 나아가는 것을 방지하기 위하여 보상의 필요성을 강조한 것일 뿐 본래적인 의미에서 헌법 제23조 제3항에 의하여 금전적 손실보상을 의미하는 것은 아니다. 실제로 헌법재판소는 이 사건에서 헌법 제23조 제3항을 한 번도 언급하지 않았다. 이것은 이 문제에 관한 헌법재판소의 견해가 재산권 형성행위와 손실보상 문제를 엄격하게 구분하는 헌법 제23조 제1항 및 제2항과 제3항의 불연속성 모델에 입각한 분리이론을 취하고 있기 때문이다.

그렇다면 헌법재판소가 언급한 보상의무가 헌법 제23조 제3항에 의한 손실보상을 의미하지 않는다면 이는 도대체 어떠한 보상을 의미하는 것으로 이해하는 것이 옳은 것인가? 이 문제는 헌법재판소의 결정내용을 고찰하여 보면 자명해진다. 헌법재판소는 비록 입법자가 재산권 형성을 위한 입법권 행사에 있어서 상당한 입법적 재량권을 가지고 있지만 이러한 입법재량은 비례성원칙을 준수하여 한다고 강조하고 있다. 실제로 이 사건의 일부 토지(그린벨트설정 이전의 용도로도 사용할 수 없거나 전혀 사용·수익이 불가능한 토지)에 대하여는 이러한 입법적 한계가 비례성원칙에 위반되어 일탈함으로써 위헌의 문제를 발생시키고 있다고 헌법재판소는 보고 있다. 따라서 이러한 입법행위가 합헌적인 한계 내에서 행사되기 위해서는 이러한 일부 토지에 대하여 보상이 이루어져야 한다는 것이다. 또한 이러한 보상은 헌법 제23조 제3항에 따르는 보상이 아니라 단순히 입법자의 재량권 행사가 합헌적으로 이루어져야 하기 때문에 부여되는 "균형적·조절적 보상"에 불과하다. 따라서 헌법재판소가 여기에서 말하는 보상은 재산권 형성의 합헌성을 보장하는 하나의 균형추인 셈이다. 그러므로 헌법 제23조 제3항에 의한 보상은 금전보상을 원칙으로 하는 반면에 이 사건에서 헌법재판소가 말하는 보상은 위헌성 제거의 차원에서 주어지는 보상이므로 매수청구권, 수용신청권의 부여, 개발제한구역 지정의 해제, 비례성원칙에 부합하는 조절적 금전보상, 기타의 다양한 수단 중에서 입법자가 구체적인 방법과 절차를 입법으로 정할 수 있는 것이다.

3) 헌재 2004. 10. 28. 2002헌바41(학교보건법 제6조 제1항 제11호 등 위헌소원)(동법 제19조)

(1) 결정 요지

[1] 이 사건 금지조항은 여관의 유해환경으로부터 초등학교 학생들을 보호하여 초등학교 교육의 능률화를 기하려는 것으로서 그 목적의 정당성이 인정되고, 유해환경으로서의 특성을 갖는 여관시설과 영업을 정화구역 안에서 금지한 것은 위와 같은 입법목적을 달성하기 위하여 효과적이고 적절한 방법의 하나라고 할 수 있다. 또한 학교환경위생정화위원회의 심의를 거쳐 학습과 학교보건위생에 나쁜 영향을 주지 않는다고 인정하는 경우에는 상대정화구역 안에서의 여관시설과 영업이 허용되며, 사전에 여관시설과 영업을 정리할 수 있도록 기존시설에 대하여 5년의 유예기간을 주는 규정이 있음을 고려하면 피해최소성의 원칙에도 부합될 뿐 아니라, 여관시설과 영업을 금지함으로써 여관업자가 입게 될 불이익보다는 이를 허용함으로 인하여 초등학교 교육의 능률화를 기할 수 없는 결과가 더 크다고 할 것이므로, 이 사건 금지조항은 직업수행의 자유를 침해하지 않는다.

[2] 이 사건 금지조항은 초등학교 교육의 능률화를 기하기 위하여 정화구역 안에 여관시설과 영업을 금지함으로써 재산권의 사회적 제약을 구체화하는 입법이라고 할 수 있으므로, 이는 공익목적을 위하여 개별적·구체적으로 이미 형성된 구체적 재산권을 박탈하거나 제한하는 것으로서 보상을 요하는 헌법 제23조 제3항 소정의 수용·사용 또는 제한과는 구별된다. 건물의 소유주로서는 건물을 "여관" 이외의 다른 용도로는 사용할 수 있으므로 건물의 기능에 합당한 사적인 효용성은 그대로 유지된다고 할 것이고, 기존시설에 대하여 5년간 여관업을 계속할 수 있도록 경과규정을 두고 있는 점에 비추어 여관영업권에 대하여 별도의 보상적 조치를 두지 않았다고 하더라도 이를 재산권에 내재하는 사회적 제약의 범주를 넘었다고 할 수는 없으므로, 이 사건 금지조항은 재산권을 침해하지 않는다.

[재판관 권성의 반대의견]

[1] 영업권도 헌법상 보장되는 재산권에 속한다. 다년간에 걸쳐 확고하게 형성

되거나 획득된 영업상의 고객관계, 입지조건, 영업상의 비결, 신용, 영업능력, 사업 연락망 등을 포함하는 영업재산이나 영업조직은 경제적으로 유용하면서 처분에 의한 환가가 가능하므로 재산적 가치가 있다는 것이 사회 일반에 의하여 승인되고 있고 여러 법률에서 이를 구체적으로 인정하고 있으며, 대법원도 영업권을 무형의 재산적 가치로 판단하고 있다는 점 등을 종합적으로 고려해 본다면 영업권을 헌법상의 재산권에 속하는 하나의 구체적 권리로 인정할 수 있다.

[2] 보상 없이 영업을 금지하는 것은 위헌이다. 다수의견은 재산권 침해여부에 대한 판단을 헌법 제23조 제1항과 제2항에 근거하여 입론하고 있으나, 이 사건 금지조항은 초등학교 교육의 능률화라는 공공의 필요에 따라 이미 형성된 재산권(여관영업권)을 박탈하여 여관업자라는 특정한 범위의 재산권자의 희생을 야기하는 것이므로 이는 헌법 제23조 제3항의 문제로 보아야 한다. 이 사건 금지조항은 기한을 정하지 않은 채 여관업을 금지하고 있는바, 이는 여관영업권의 완전한 박탈로서 사회적으로 수인해야 할 제약의 한계를 벗어나는 특별한 희생이라고 보아야 한다. 또한 청구인들로서는 여관업을 영위하기 위하여 적지 않은 비용으로 시설투자를 하였을 것이고 소유 건물을 여관 이외의 용도로 사용하는 것이 가능하다거나 경과규정을 통해 일정기간 여관업을 계속할 수 있게 된다고 하더라도 그것만으로는 다대한 투자비용을 회수하지 못할 수도 있다. 그럼에도 불구하고 이 사건 금지규정은 여관영업자들에 대하여 아무런 보상조치도 규정하고 있지 않으므로, 청구인들의 영업권이라는 재산권을 수용하면서 아무런 손실보상의 규정을 두지 않은 이 사건 규정은 헌법 제23조 제3항을 정면으로 위반하여 위헌이라고 생각한다.

(2) 해설 및 평론

이 사건에서 다수의견과 반대의견은 여관의 영업에 대한 영업권이 헌법상 보장되는 재산권의 보호영역에 해당한다고 공통적으로 인정하면서도 다수의견은 학교보건이라는 공익상 여관업을 일정 기간 금지하더라도 다른 업종까지 모두 일체적으로 금지하는 것은 아니기 때문에 헌법 제23조 제1항과 제2항에 따른 재산권에 대한 합헌적인 제한으로 보는 반면에 반대의견은 이러한 금지행위가 헌법 제23조 제3항에 따라서 처음부터 의도적으로 재산권 주체의 재산권을 박탈 내지 제한하는 행위로 이해하는 것이다. 그런데 신규로 여관업에 대한 허가 등을 받는 경우에 이를 금지의 대상으로 하는 경우에는 다수의견이 설득력을 가질지 모르지만 이미 상당 기간 당해 부동산에서 여관업을 영위하는 사업자의 입장에서는 고객, 영업상의 노하우, 지역적 여건에 따른 업종의 흥망 등 제반 여건에 의하여 상당한 영향을 받기 때문에 다수의견이 지적하는 것과는 달리 신속하게 다른 영업으로 전환하기 어렵다. 이러한 점을 고려한다면 이 사건에서는 반대의견의 논리가 보다 설득력이 있는 것으로 보인다.

다만, 반대의견의 경우에도 손실보상의 논리구성은 여전히 분리이론에 토대를 두고 있다는 점을 강조하지 않을 수 없다. 다시 말하자면, 여관업을 금지당하는 사업자에게 손실보상이 필요한 것은 처음부터 헌법 제23조 제3항에 의한 의도적인 재산권의 박탈 내지 침해이기 때문이다. 그러므로 처음에는 이러한 금지행위가 단순한 재산권에 대한 내용과 한계 또는 재산권의 사회적 기속성을 구체화하기 위하여 시작되었으나 어느 순간에 이러한 문턱과 경계를 넘어서서 헌법 제23조 제3항에 의한 특별한 희생으로 전환되어 이러한 보상의 문제가 발생한다고 보는 경계이론을 수용하는 것이 아니기 때문이다. 이 점에 있어서는 다수의견과 반대의견 간에 어떠한 논리상의 견해차를 찾아볼 수 없다.

4) 헌법재판소 2012. 2. 29. 2010헌바411(공익사업을 위한 토지 등의 취득 및 보상에 관한 법률 제70조 위헌소원)〈공시지가보상조항 사건〉; 대법원 1993. 7. 13. 선고 93누2131 판결

(1) 결정 및 판결 요지

헌법재판소는 공익사업법이 제정되기 전에 이 사건 법률조항들과 유사한 내용을 규정한 구 토지수용법 제46조에 대하여, 이미 여러 차례에 걸쳐, 공시지가를 기준으로 수용된 토지에 대한 보상액을 산정하는 것은 정당하고, 사업인정고시일 전의 시점을 공시기준일로 하는 공시지가를 손실보상액 산정의 기준이 되는 공시지가로 규정한 것은 개발이익이 배제된 손실보상액을 산정하는 적정한 수단으로서 헌법상 정당보상의 원칙에 위배되지 않는다. 헌법 제23조 제3항이 규정하는 정당한 보상이란 원칙적으로 피수용재산의 객관적인 재산가치를 완전하게 보상하는 완전보상을 의미하는바, 구 토지수용법 제46조 제2항 및 '지가공시 및 토지 등의 평가에 관한 법률' 제10조 제1항 제1호가 토지수용으로 인한 손실보상액의 산정을 공시지가를 기준으로 하되 개발이익을 배제하고, 공시기준일부터 재결 시까지의 시점보정을 인근토지의 가격변동률과 도매물가상승률 등에 의하여 행하도록 규정한 것은 위 각 법률의 규정에 의한 공시지가가 공시기준일 당시 표준지의 객관적 가치를 정당하게 반영하는 것이고, 표준지와 지가산정 대상토지 사이에 가격의 유사성을 인정할 수 있도록 표준지의 선정이 적정하며, 공시기준일 이후 수용 시까지의 시가변동을 산출하는 시점보정의 방법이 적정한 것으로 보이므로, 헌법 제23조 제3항이 규정한 정당보상의 원칙에 위배되는 것이 아니며, 또한, 위 헌법조항의 법률유보를 넘어섰다거나 과잉금지의 원칙에 위배된다고 볼 수 없다.

"정당한 보상"이라 함은 원칙적으로 피수용재산의 객관적인 재산가치를 완전하게 보상하여야 한다는 완전보상을 뜻하는 것이라 할 것이나, 투기적인 거래에 의하여 형성되는 가격은 정상적인 객관적 재산가치로는 볼 수 없으므로 이를 배제한다고 하여 완전보상의 원칙에 어긋나는 것은 아니며, 공익사업의 시행으로 지가가 상승하여 발생하는 개발이익은 궁극적으로는 국민 모두에게 귀속되어야 할 성질의 것이므로 이는 완전보상의 범위에 포함되는 피수용토지의 객관적 가치 내지 피수용자의 손실이라고는 볼 수 없다. 공시지가를 기준으로 보상액을 산정하도록 하고 있는 구 토지수용법 제46조 제2항의 규정이 완전보상의 원리에 위배되는 것이라고 할 수 없다. 공시지가에 의하여 보상액을 산정하도록 한 위 토지수용법이나 지가공시법의 규정이 헌법 제23조 제3항에 위배되는 것이라고 할 수 없는 것이다.

(2) 해설 및 평론

헌법 제23조 제3항에서 말하는 정당보상이란 원칙적으로 수용 대상 재산권이 가지는 시장가치를 반영한 완전한 보상을 의미하는 것이 원칙이다. 하지만 특히 토지재산권의 경우와 같이 특정 개발사업과 연관된 개발이익을 완전보상의 원칙에 따라서 그 시장가치에 포함시키는 경우에는 결국 일반 국민의 조세수입을 바탕으로 형성된 국가재원을 투입하여 토지재산권자에 대한 과잉적인 보상을 행하는 결과가 된다. 헌법상 손실보상제도는 재산권 보장을 포함하는 법치주의원칙에 의하여 제도화된 것이지만 보상제도의 구체적인 내용과 기준을 정하는 것은 사회국가적 과제를 부여받은 입법권자의 재량사항이다. 그러므로 재산권의 본질적 내용을 침해하지 않는 한 입법자가 정한 보상기준이 시장가치를 다소 하회한다고 하더라도 사회적 합리성과 상당성 등 비례성원칙이 인정되는 보상기준을 유지하는 경우에는 합헌으로 보아야 한다. 바로 이러한 이유 때문에 개발사업으로 인한 일종의 불로소득인 개발이익을 공제한 공시지가에 따라서 토지에 대한 보상기준을 적용하는 것은 헌법 제23조 제3항에 의한 정당보상원칙에 부합하는 것이다.

제6장 행정심판과 행정소송

Ⅰ. 행정쟁송제도의 의의

물론 늘 살피고 주의해야 하겠지만 동네 슈퍼마켓을 운영하는 당신이 유통기간이 이틀 지난 식품을 진열하고 판매하다가 구청 공무원에 적발되어 영업정지처분을 받았다고 가정하자. 그리고 관할 구청장은 식품위생법 제4조 제1항 제1호[1]와 동법 시행규칙 별표에서 정한 행정처분의 기준에 따라서 1개월의 영업정지처분을 하였다고 가정하자. 당신은 구청 민원실에 찾아가서 물론 자신의 실수가 있기는 하였지만 불과 유통 기간이 2일 지난 것에 불과하고 아직 식품의 상태가 부패한 것은 아니기 때문에 영업정지 1개월 처분을 한 것은 부당하며 더 나아가 과도한 것으로 위법하다고 주장하였으나 구청 측은 이러한 이의신청[2]을 받아들이지 않았다. 당신이 대학 인근에 소유하고 있는 건물을 임차하여 카페를 운영하고자 관련 법률에 따라서 허가신청을 하였으나 구청장은 인근에 카페가 난립하고 있다는 등 석연치 않은 이유로 오랜 동안 질질 끌다가 결국 신청을 거부하는 처분을 하였다. 아직 자식들이 대학생이고 카페는 생계를 유지하는 수단이어서 신청을 거부당한 당신은

---

1) 누구든지 다음 각 호의 어느 하나에 해당하는 식품등을 판매하거나 판매할 목적으로 채취·제조·수입·가공·사용·조리·저장·소분·운반 또는 진열하여서는 아니 된다.
   1. 썩거나 상하거나 설익어서 인체의 건강을 해칠 우려가 있는 것

2) 행정기본법 제36조(처분에 대한 이의신청) ① 행정청의 처분(「행정심판법」 제3조에 따라 같은 법에 따른 행정심판의 대상이 되는 처분을 말한다)에 이의가 있는 당사자는 처분을 받은 날부터 30일 이내에 해당 행정청에 이의신청을 할 수 있다.

구청에 찾아가 하소연하고 이의신청을 하였지만 구청의 입장은 완강하다. 이런 상황에서 당신은 어떠한 법적 구제절차를 밟을 수 있을까?

이러한 사례들은 우리 주위에서 흔히 찾아볼 수 있는 것으로서 국민들이 행정적, 사법적으로 이러한 문제들에 대하여 구체적으로 법적 권리구제절차를 강구하는 제도가 행정쟁송이라고 할 수 있다. 우선 당신은 행정기본법 제36조 제1항에 따라서 해당 구청에 이의신청을 할 수 있다. 이의신청은 간단하고 informal한 형태의 행정쟁송제도로서 행정기본법에 따라서 큰 부담을 갖지 않고 해당 처분청의 처분 또는 부작위에 대하여 불복하는 절차이다. 당신은 이의신청을 하였더라도 그 결과를 기다리지 않고 행정심판이나 행정소송을 제기할 수 있지만(행정기본법 제36조 제3항), 한 동안 기다리다가 이의신청을 받아들이지 않는다는 결과를 통지받은 경우에는 그 결과를 통지받은 날부터 90일 이내에 행정심판 또는 행정소송을 제기할 수 있다. 당신이 이의신청에 대한 결과를 통지받은 이상 행정청의 공무원이 적지 않은 비용과 시간을 들여 답을 한 것이기 때문에 당신 역시 통지결과를 수령한 후 3개월 이내에 행정심판이나 행정소송을 제기하여야 하며, 90일을 넘기는 경우에는 행정쟁송을 제기할 수 없고 억울하지만 그것으로 권리구제절차는 종료한다. 이는 권리행사에는 반드시 책임이 따른다는 정신을 법이 구체화한 것이다.

이의신청에 이어서 당신은 본격적으로 공식 행정쟁송을 통한 권리구제를 강구하게 되는데, 제1차적으로는 행정청의 처분 또는 부작위를 다투는 행정심판을 제기할 수 있다. 영업정지 사건의 경우 당신은 1개월의 영업정지처분이 부당하고 위법함을 이유로 그 취소를 구하는 행정심판을 제기할 수 있으며, 1개월의 영업정지처분으로 인하여 중대한 손해가 생기는 것을 예방할 필요성이 긴급하다고 판단하는 경우 그 집행을 정지하는 집행정지처분을 신청할 수 있다. 카페 영업허가를 거부한 사건의 경우 당신은 그러한 거부처분을 취소하는 행정심판을 제기할 수 있으며 행정심판의 결과가 나오기까지 기다린다면 거부처분 또는 부작위가 위법·부당하다고 상당히 의심되는 경우로서 처분 또는 부작위 때문에 당사자가 받을 우려가 있는 중대한 불이익이나 당사자에게 생길 급박한 위험을 막기 위하여 당신은 일단 영업자의 지위를 임시로 인정해 달라는 신청을 할 수 있다. 일단 영업을 개시하여 먹고살 수 있는 기회를 달라는 신청을 하는 것이며 행정심판을 담당하는 위원회가 당신의 그러한 신청이 상당하다고 판단하는 경우 이를 허용할 수 있다. 그리고 그 다음 단계로 법원에 행정소송을 제기하는 방안을 검토할 수 있다.

당신은 관련 법규가 행정심판을 반드시 거치라는 요구를 하지 않는 경우 행정심판의 결과와 무관하게 영업정지처분과 영업허가 거부처분이 있음을 안 날로부터 90일 이내에 관할 법원에 그 취소를 구하는 행정소송을 제기할 수 있다. 또한 당신은 취소소송과 함께 영업정지처분으로 인하여 회복하기 어려운 손해를 예방하기 위하여 긴급한 필요가 있다고 판단할 때에는 역시 그 집행의 정지를 구하는 신청을 할 수 있다. 이와 같이 행정심판의 경우 행정부 소속의 행정심판위원회가 심리하고 재결하는 반면에 행정소송은 권력분립원칙에 따라 사법부가 재판을 통하여 원고의 청구를 심리하고 판결하는 것으로서 질적으로 차이가 있지만 유사한 내용도 상당부분 존재한다.

Ⅱ. 행정심판

1. 처분과 부작위에 대한 다툼

행정심판제도는 위의 영업정지처분과 영업허가 신청에 대한 거부처분 사례에서 본 바와 같이 전적으로 행정청의 처분 또는 부작위에 대하여 다투는 제도라고 할 수 있다. 처분의 개념에 대해서는 후술하는 바와 같이 행정소송의 대상적격을 논의하는 부분에서 다시 자세하게 언급하기로 한다. 예를 들어 공무원이 국가나 자치단체를 상대로 하여 미지급된 수당을 지급하여 달라고 법원에 제기하는 소송은 공법상 법률관계에 대한 다툼을 대상으로 하고 있지만 행정청의 처분이나 부작위와 같이 우월적인 공권력 행사의 위법이나 당부를 가리는 것이 아니고 단순히 지급되지 않은 수당을 청구하는 것이어서 대등한 당사자간의 법률관계의 존부 여부만을 따지는 것이므로 행정심판의 대상 자체가 되지 않는다. 행정심판이 전적으로 행정청의 처분 또는 부작위를 대상으로 그 당부와 위법 여부를 가리는 제도임에 비하여 행정소송은 처분이나 부작위뿐만 아니라 법률관계의 존부 내지 당부 자체를 다투는 이른바 당사자소송이라는 제도가 있기 때문에 행정심판에 비하여 소송대상이 광범위하다는 차이가 있다. 초보자에게는 이해하기 어려운 논의이기 때문에 후술하는 행정소송제도에서 항고소송과 당사자소송을 다루는 과정에서 행정심판과 행정소송의 차이를 명확하게 인식할 수 있다.

2. 행정심판의 장점

행정심판은 일단 행정소송에 비하여 시간과 비용을 절약할 수 있다는 것을 결정적인 장점으로 지적할 수 있다. 따라서 법원에 행정청의 처분 또는 부작위를 다투는 행정소송을 제기하기 이전 혹은 동시에 행정심판을 제기하여 침해된 권익을 다투는 것이 당사자에게는 신속하고 효과적인 권리구제 수단이 될 수 있다. 현행 제도 하에서 관련 법령에 따라 행정소송을 제기하기 이전에 반드시 행정심판을 거치지 않으면 행정소송 자체를 제기할 수 없도록 하는 이른바 행정심판전치주의(예를 들어 조세행정심판이나 공무원 소청심사 등)를 원칙적으로 폐지하였기 때문에 당사자는 행정심판을 거치지 않고 직접 행정소송을 제기할 수도 있기 때문에 과거 행정심판전치주의가 국민의 재판청구권을 과도하게 침해한다는 주장도 성립할 수 없게 되었다. 더욱이 헌법 제107조 제3항에 따라서 행정심판에 사법절차를 준용하여 마치 재판과 같이 청구인과 피청구인 간에 공격과 방어 등 변론을 통하여 행정심판위원회가 제3자적 입장에서 비교적 공정하게 심리하여 재결하는 것이 현재의 행정심판제도라는 점을 고려한다면 당사자인 국민은 굳이 행정소송에 의존하지 않고 행정심판을 통하여 비교적 신속하게 권익을 구제받을 수 있는 기회가 보장된 것으로 볼 수 있다.

3. 행정심판 재결례

1) 중앙행정심판위원회 재결

사건명 택시운수종사자 경고처분 취소청구
사건번호 2022-12230
재결결과 기각
재결일자 2022. 10. 18.

(1) 사건의 개요 및 청구인의 주장

A. 사건개요

청구인이 2022. 1. 28. 21:48경 중곡역에서 승차하여 군자역에서 하차한 승객에 대하여 승차거부(도중하차)를 하여 '택시운송사업의 발전에 관한 법률'(이하 '택시발전법'이라 한다) 제16조를 위반했다는 이유로 행정청인 피청구인은 2022. 6. 10. 청구인에게 경고처분(이하 '이 사건 처분'이라 한다)을 하였다.

B. 청구인 주장

가. 2022. 1. 28. 21:48 경 중곡동→군자역 구간을 신원불상인이 청구인의 택시에 탑승해서 목적지인 군자역 부근에 하차시켜 주었음에도 도중하차를 했다라고 피청구인에게 전화로 신고한바 피청구인은 입증과 개인정보 확인도 하지 않고 신고내용만 추상적으로 인용해서 청구인에게 이 사건 처분을 하였다.

나. 청구인은 신고인에게 목적지 이전에 도중하차를 시킨 사실이 없고, 자진해서 하차를 한 것이며, 당시 코로나19로 인한 불황으로 승객이 없어 운행을 더하면 택시요금이 많이 나오는데 도중하차시키는 운수종사자는 없는바, 이 사건 처분은 취소되어야 한다.

(2) 해설 및 평론

이 사건은 전형적인 행정처분에 대한 취소를 구하는 행정심판이다. 심판청구인은 택시운송업을 영위하는 사업자인데, 관련 법상 승차거부행위를 하였다는 이유로 경고처분을 받았으나 그 위법, 부당함을 주장하며 경고처분에 대한 취소심판을 제기한 것이다. 우선 이 사건에서 주목할 것은 피청구인인 행정청이 청구인에게 행한 '경고'가 행정심판의 대상인 처분에 해당한다는 점이다. 어떻게 보면 경고행위는 그야말로 앞으로는 동일한 위반행위를 하지 말라는 의미에서 단순한 주의를 주는 것으로서 당사자의 권리, 의무에 직접적인 변동을 초래하거나 제한하는 의미에서의 공권력 행사로 보기 어려워서 사실행위로 인정할 여지도 없는 것은 아니다. 만약, 중앙행정심판위원회가 이를 단순한 사실행위로 보았다면 심판청구의 대상이 되지 않는다는 이유로 이를 각하하는 재결을 할 수도 있는 사건이다. 하지만, 경고가 누적되는 경우 택시기사는 내부적인 징계 등 직업수행에서의 불이익을 당할 수도 있기 때문에 최근 법원의 판례와 행정심판위원회의 재결례는 경고행위도 처분으로 보는 것이 일반적이다.

경고행위의 처분성과 더불어 또 다른 관심을 끄는 대목은 청구인이 경고처분의 위법성과 더불어 그 부당성을 주장하고 있다는 점이다. 일반적으로 처분이 위법하다는 것은 처분이 헌법, 법률, 명령 등 하위규범, 조례와 규칙 등 자치법규, 평등원칙 등 행정법의 일반원칙에 반하는 것을 의미한다. 한 마디로 경고처분이 넓은 의미에서 법령에 위반하여 위법하다는 판단을 받는 것이다. 그런데 위법성과 대비되는 의미에서 부당성은 경고처분이 법령에 위반할 정도는 아니지만 이 사건에서 행정청이 반드시 고려해야 하는 제재처분으로서 바람직한 것이었겠는가 하는 판단이다. 이 사건에서 사실관계를 보면 승객이 카카오콜로 호출한 목적지와는 달리 "일행이 있어 여기에서 한 명 태우고 다시 00고등학교 옆으로 가달라"는 다소 무리한 요구도 있었기 때문에 피청구인인 행정청은 이러한 사정을 고려하여 청구인에게 단순한 주의 정도로 그치거나 시말서를 받는 등의 조치로 청구인의 억울함을 보다 합리적으로 고려하였을 수도 있기 때문에 경고처분을 위법하지는 않아도 부당한 조치로 평가할 가능성이 있다.

행정소송, 그 중에서도 항고소송은 처분의 위법성을 다투는 제도임에 비하여 행정심판은 위법은 물론 처분의 부당성을 다툴 수 있는 제도라는 점에서[3] 행정심판위원회가 위 경고처분을 부당성을 이유로 취소할 수 있는 가능성도 배제할 수 없다. 하지만, 결국 이 사건에서는 행정심판위원회는 청구인이 주장하는 경고처분의 위법, 부당성에 대하여 이를 기각하는 결정을 하였다. 만약, 이 사건에서 중앙행정심판위원회가 청구인의 청구를 인용하는 재결을 하는 경우에는 어떻게 후속조치가 이루어지는가? 행정심판법은 제49조 제1항에서 "심판청구를 인용하는 재결은 피청구인과 그 밖의 관계 행정청을 기속(羈束)한다"고 규정하고 있기 때문에 처분청인 피청구인은 반드시 경고처분을 취소하여야 한다.

---

3) 제1조(목적) 이 법은 행정심판 절차를 통하여 행정청의 위법 또는 '**부당한**' 처분(處分)이나 부작위(不作爲)로 침해된 국민의 권리 또는 이익을 구제하고, 아울러 행정의 적정한 운영을 꾀함을 목적으로 한다.

2) 중앙행정심판위원회 재결

사건명 산업재해보상보험 사업종류 변경신고 반려처분 취소청구
사건번호 2022-13711
재결결과 인용
재결일자 2022. 11. 22.

(1) 사건의 개요 및 청구인의 주장

A. 사건개요

청구인은 ○○도 □□시 △△로 **4번길 *-1에서 '주식회사 ☆☆☆☆'이라는 상호(이하 '청구인 사업장'이라 한다)로 재생재료 수집, 재생재료 처리 등을 영위하는 회사인데, 청구인 사업장은 2007. 2. 1.부터 산업재해보상보험(이하 '산재보험'이라 한다) 사업종류를 '22910 기타 각종 제조업'으로 적용받아 오던 중, 청구인이 2021. 12. 21. 피청구인에게 청구인 사업장의 사업종류를 '22910 기타 각종 제조업'에서 '91001 도·소매 및 소비자용품수리업'으로 변경해 달라고 산재보험 보험관계(사업종류) 변경신고서를 제출하였으나, 피청구인은 2022. 5. 24. 청구인에게 "관계법령 등 내용, 귀사(청구인 사업장)의 사업내용 및 최종생산품 등 사업실태와 제출된 자료를 종합하여 검토한 결과, 귀사에서는 사업개시일부터 사업장의 실태 변화 없이 고지의 수거 및 압축 후 납품하는 사업을 운영하고 있는바, 이는 사업종류예시표상 '파지, 고철, 캔류, PET병 등을 압축하는 사업'에 해당하여 '현재 적용받고 있는 기타 각종 제조업(22910)으로 적용하는 것이 타당'하므로 귀사에서 제출한 보험관계 변경신고서는 반려함"을 사유로 산재보험 보험관계(사업종류) 변경신고서 반려처분(이하 '이 사건 처분'이라 한다)을 하였다.

B. 청구인 주장

청구인의 현실적인 사업내용과 구체적인 작업공정 및 내용 등을 사업종류 분류·결정에 관한 관계법령의 규정, 취지와 목적, 관련 법리에 비추어 볼 때, 청구인 사업장의 사업종류는 '22910 기타 각종 제조업'이 아니라 '91001 도·소매 및 소비자용품수리업'에 해당한다고 보는 것이 타당하므로, 이 사건 처분은 실제 사업내

용과 근로자의 구체적인 작업실태를 두루 참작하지 않고 '압축'이라는 문언에만 주목하여 사업종류분류 법리를 오해한 위법·부당한 처분이다.

(2) 해설 및 평론

A. 거부처분 취소심판의 제도적 한계와 보완장치

사업종류를 분류하는 실익은 특정 사업에 종사하는 근로자가 재해의 위험성이 큰 경우 고용주가 높은 산재보험료를 부담하기 때문에 큰 경제적 이해관계를 가지는 예민한 문제라고 할 수 있다. 따라서 고용주의 입장에서는 관할 행정청이 사업종류를 위법, 부당하게 분류하는 처분을 하는 경우 이를 자신에게 유리한 방향으로 사업장 종류를 변경하고자 하는데 지대한 이해관계를 가지고 있다. 일반적으로 사업장 분류는 재해발생의 위험성, 경제활동의 동질성, 적용사업단위의 주된 최종제품, 완성품, 근로자 수, 보수총액, 매출액의 순서에 따라 주된 사업을 결정한다. 따라서 이 사건의 경우 청구인이 자신에게 유리한 방향으로 원래의 사업종류를 변경하려고 신청하였으나 피청구인이 이를 반려하는 것을 취소하는 행정심판을 제기한 것이다.

다시 말하자면, 여기에서의 반려처분은 일종의 거부처분으로서 청구인은 행정심판법 제5조[4] 제1호에 따르는 거부처분에 대한 취소를 구하는 행정심판을 제기하였다. 그리고 결과적으로 중앙행정심판위원회는 이 사건에서 문제가 된 반려처분이 위법, 부당하다고 판단하여 이를 취소하는 인용재결을 한 것이다. 그런데 거부처분에 대한 취소심판이 인용되는 경우 인용재결에는 일정한 기속력이 발생하여 피청구인은 인용재결에 따르는 일정한 행위를 하여야 하는 법적 구속을 받는다. 행정심판법은 재결의 기속력에 대하여 제49조[5] 이하에서 규정하고 있다. 행정심판

4) 제5조(행정심판의 종류) 행정심판의 종류는 다음 각 호와 같다.
1. 취소심판: 행정청의 위법 또는 부당한 처분을 취소하거나 변경하는 행정심판
2. 무효등확인심판: 행정청의 처분의 효력 유무 또는 존재 여부를 확인하는 행정심판
3. 의무이행심판: 당사자의 신청에 대한 행정청의 위법 또는 부당한 거부처분이나 부작위에 대하여 일정한 처분을 하도록 하는 행정심판

5) 제49조(재결의 기속력 등) ① 심판청구를 인용하는 재결은 피청구인과 그 밖의 관계 행정청을 기속(羈束)한다.
② 재결에 의하여 취소되거나 무효 또는 부존재로 확인되는 처분이 당사자의 신청을 거부하는 것을 내용으로 하는 경우에는 그 처분을 한 행정청은 재결의 취지에 따라 다시 이전의 신청에 대한 처분을 하여야 한다.

법 제49조 제1항에 따라서 이 사건의 경우 사업종류 변경신청을 반려(거부)한 피청구인 행정청은 행정심판위원회가 청구인의 청구를 인용하는 재결을 하였기 때문에 재결의 내용에 기속된다.

하지만, 여기서 문제가 발생한다. 이 사건에서 청구인은 거부처분을 취소하는 행정심판을 제기하였고 행정심판위원회가 거부처분을 취소하는 재결의 主文(주문)은 "피청구인이 청구인에게 한 산재보험 보험관계 변경신고서 반려처분을 취소한다"이기 때문에 적극적으로 사업종류를 변경하는 처분을 하여야 하는 것은 아니다. 행정심판위원회는 단순히 거부처분을 취소하였음에 불과하고 피청구에게 사업종류를 변경하라는 적극적인 의미의 재결을 한 것은 아니기 때문이다. 이는 거부처분에 대한 취소심판이 가지고 있는 제도적인 한계 때문이다. 따라서 행정심판위원회가 사업종류 변경신청에 대한 거부처분이 위법, 부당하다고 이를 취소하는 재결을 하였다고 하더라도 피청구인이 계속 사업변경처분을 하지 않고 뭉개는 경우에 대비하여 행정심판법 제49조 제2항에 따라서 재결에 의하여 취소되거나 무효 또는 부존재로 확인되는 처분이 **당사자의 신청을 거부하는 것을 내용으로 하는 경우에는** 그 처분을 한 행정청은 재결의 취지에 따라 다시 이전의 신청에 대한 처분을 하여야 한다. 이는 행정심판법이 피청구인에 대한 재처분의무를 부과하는 내용이다.

하지만, 이와 같이 행정심판법 제49조 제2항이 피청구인에게 다시 한 번 사업종류를 변경하는 처분을 하라고 명하였음에도 불구하고 여전히 피청구인이 이를 이행하지 않는 경우에는 다른 방법을 강구하여야 한다. 이는 여전히 거부처분에 대한 취소심판의 기속력이 갖는 한계가 존재하기 때문이다. 행정심판법은 제49조 제2항이 피청구인에게 재처분의무까지 부과하였음에도 불구하고 여전히 피청구인이 사업종류 변경에 대해 묵묵부답인 경우 제50조의2 제1항에 따라서 행정심판위원

---

③ 당사자의 신청을 거부하거나 부작위로 방치한 처분의 이행을 명하는 재결이 있으면 행정청은 지체 없이 이전의 신청에 대하여 재결의 취지에 따라 처분을 하여야 한다. 〈개정 2017. 4. 18.〉

④ 신청에 따른 처분이 절차의 위법 또는 부당을 이유로 재결로써 취소된 경우에는 제2항을 준용한다.

⑤ 법령의 규정에 따라 공고하거나 고시한 처분이 재결로써 취소되거나 변경되면 처분을 한 행정청은 지체 없이 그 처분이 취소 또는 변경되었다는 것을 공고하거나 고시하여야 한다.

⑥ 법령의 규정에 따라 처분의 상대방 외의 이해관계인에게 통지된 처분이 재결로써 취소되거나 변경되면 처분을 한 행정청은 지체 없이 그 이해관계인에게 그 처분이 취소 또는 변경되었다는 것을 알려야 한다.

회는 피청구인이 제49조 제2항(제49조 제4항에서 준용하는 경우를 포함한다) 또는 제3항에 따른 처분을 하지 아니하면 청구인의 신청에 의하여 결정으로 상당한 기간을 정하고 피청구인이 그 기간 내에 이행하지 아니하는 경우에는 그 지연기간에 따라 일정한 배상을 하도록 명하거나 즉시 배상을 할 것을 명할 수 있다. 결국 피청구인이 재처분의무를 이행하지 않는 경우 손해배상이라는 금전적 압박을 통하여 사업종류 변경을 유도하는 것이다. 이를 흔히 간접강제라고 하는데, 이와 같이 복잡한 과정을 거쳐서 인용재결의 기속력을 확보하는 이유는 앞서 언급한 바와 같이 거부처분 취소심판을 인용하는 재결이 단순히 거부처분을 취소하는 주문을 가지고 있기 때문이다.

B. 의무이행심판의 유용성과 한계

이와 같이 복잡한 과정을 거치지 않고 피청구인인 행정청의 거부(반려)처분이나 부작위에 대하여 행정심판위원회가 피청구인에게 사업종류를 변경하도록 의무를 명하는 재결을 할 수는 없는가? 다시 말하자면 행정심판위원회가 거부처분에 대한 인용재결(거부처분이 위법, 부당함으로 이를 취소한다)의 주문 대신에 의무이행을 직접적으로 명하는 주문(피청구인은 사업종류를 변경하라)은 현행법상 가능한가? 결론적으로 말한다면 의무이행심판과 그에 따르는 이행재결은 현행 행정심판법상 가능하다. 따라서 이 사건에서 청구인은 사업종류 변경신청을 거부(반려)하는 피청구인의 거부처분 또는 부작위(변경신청을 하였으나 반려도 하지 않고 신청서를 단순히 책상에 보관하는 등)에 대하여 굳이 취소심판을 제기하지 않고 행정심판법 제5조 제3호에서 규정한 바에 따라서 행정청의 위법 또는 부당한 거부처분이나 부작위에 대하여 일정한 처분을 하도록 하는 의무행정심판을 제기할 수 있다.

그런데 상상하기 싫은 일이기는 하지만 행정심판위원회가 피청구인에 대하여 직접적으로 이러한 의무이행재결을 하였음에도 불구하고 피청구인이 이를 뭉개는 경우도 있을 수 있다. 행정심판법은 이러한 상황에 대비하여 "제49조 제3항에 따라서 당사자의 신청을 거부하거나 부작위로 방치한 처분의 이행을 명하는 재결이 있으면 행정청은 지체 없이 이전의 신청에 대하여 재결의 취지에 따라 처분을 하여야 한다"고 규정하여 피청구인에게 역시 재처분의무를 부과하고 있다. 그럼에도 불구하고 여전히 피청구인이 재처분의무를 이행하지 않는 경우 행정심판법은 제50조

제1항에 따라서 행정심판위원회는 피청구인이 제49조 제3항에도 불구하고 처분을 하지 아니하는 경우에는 당사자가 신청하면 기간을 정하여 서면으로 시정을 명하고 그 기간에 이행하지 아니하면 직접 처분을 할 수 있다. 다만, 그 처분의 성질이나 그 밖의 불가피한 사유로 위원회가 직접 처분을 할 수 없는 경우에는 그러하지 아니하다.

다시 말하자면 행정심판법은 의무이행심판제도에 대한 법적 기속력을 강화하기 위하여 일단 피청구인에게 재처분의무를 부과하고 이를 이행하지 않는 경우에는 행정심판위원회가 서면으로 시정을 요구하고 그래도 이행을 하지 않으면 스스로 사업종류 변경처분을 할 수 있기 때문에 의무이행심판에 대한 인용재결은 상당한 실효성과 유용성이 담보되어 있다고 평가할 수 있다. 하지만, 행정심판법 제50조 제1항 후단에서 규정하는 바와 같이 "다만, 그 처분의 성질이나 그 밖의 불가피한 사유로 위원회가 직접 처분을 할 수 없는 경우에는 그러하지 아니하다"고 규정하여 행정심판위원회가 직접처분이 가능하지 않는 경우도 있을 수 있다. 예를 들어 피청구인이 처분의 이행에 필요한 예산을 독점하고 있다든지 정보공개 사건과 같이 공개가 필요한 정보를 피청구인이 보유하고 있는 경우 등은 이 사건 사업종류 변경과는 달리 피청구인의 의무불이행에 대하여 행정심판위원회가 스스로 직접처분을 할 수 없다.

그렇다면 잔뜩 의무이행심판제도의 유용성을 강조하였음에도 불구하고 정작 행정심판위원회가 직접 처분할 수 없는 결과로 이어지는 경우에는 거부처분 취소심판과는 달리 손해배상을 통하여 적어도 금전적인 권리구제마저 어렵게 되는데 이는 현저히 균형을 상실한 것으로 볼 수도 있다. 따라서 이러한 경우에 대비하여 행정심판법은 제50조의2 제1항에 따라서 행정심판위원회는 피청구인이 제49조 제2항(제49조제4항에서 준용하는 경우를 포함한다) 또는 **제3항에 따른 처분을 하지 아니하면** 청구인의 신청에 의하여 결정으로 상당한 기간을 정하고 피청구인이 그 기간 내에 이행하지 아니하는 경우에는 그 지연기간에 따라 일정한 배상을 하도록 명하거나 즉시 배상을 할 것을 명할 수 있다. 결국 이 경우 행정심판위원회는 스스로 직접처분이 불가능하기 때문에 금전적인 배상명령을 통하여 청구인에게 대안적인 권리구제수단을 강구하는 것이다.

Ⅲ. 행정소송

1. 행정소송의 의의와 헌법적 근거

행정소송이란 위법한 행정작용 또는 공법상 법률관계에서의 법 위반으로 인하여 권익을 침해받는 사람이 소송을 제기하면 사법부가 위법한 행정작용을 시정하거나 법률관계에 대한 분쟁을 해결하는 국가작용이다. 행정소송제도는 행정심판과 더불어 행정쟁송제도의 축을 형성하는 것으로서, 행정심판이 행정심판위원회라는 행정부 소속의 준사법행정기관에 의하여 이루어지는 준사법적 행정작용임에 비하여 행정소송은 법원에 의한 순수한 사법작용이다. 우리나라는 1947년 제헌헌법부터 계속하여 행정사건의 심판권을 일반법원이 관할하고 있다. 이러한 확립된 전통에 의거하여 우리 헌법은 제101조 제1항을 통하여 행정소송의 재판관할권을 법관으로 구성된 법원, 즉 사법부에 부여하였다. 그리고 제107조 제2항은 "명령·규칙 또는 처분이 헌법이나 법률에 위반되는 여부가 재판의 전제가 된 경우에는 대법원은 이를 최종적으로 심사할 권한을 가진다"라고 하여 대법원을 비롯한 각급 법원에 행정소송의 심리·판단권을 부여하고 있다. 그러므로 대법원을 비롯하여 특히 중앙행정기관 등의 행정사건의 1심을 관할하는 서울행정법원과 각급 법원은 위 헌법규정과 행정소송법에 따라서 명령, 규칙, 처분 자체의 위법성과 더불어 이를 근거로 성립한 행정상 법률관계에 대한 법적 분쟁을 심리, 판결한다.

2. 우리나라 행정소송법의 특징과 문제점

1) 행정소송법의 특징

행정소송법 제8조 제2항은 행정소송에 관하여 행정소송법에 특별한 규정이 없는 사항에 대하여는 민사소송법을 준용하고 있다. 그러나 현행 행정소송법은 公私法(공사법)의 이원적 체계를 반영하여 민사소송과는 여러 가지 측면에서 다른 특징을 보이고 있다. 특히 이러한 특수성은 취소소송을 비롯한 항고소송에서 두드러진다. 이러한 특징으로는 행정심판제도와의 연관성, 피고의 특수성, 관련 청구의 병합, 직권심리주의, 사정판결 등을 들 수 있다.

2) 행정소송법의 문제점

현행 행정소송법은 여러 가지 측면에서 문제점을 가지고 있는 것으로 지적되고 있으나, 대표적인 것으로서 행정심판법의 의무이행심판과는 달리 의무이행소송제도의 부재, 집행정지제도를 비롯한 가구제 및 예방적 권리구제수단의 미비, 항고소송에 대한 입법적 미비 등이 주로 지적되고 있다.

(1) 의무이행소송제도의 부재

현행 행정소송법상 항고소송의 종류로는 취소소송, 무효등확인소송, 부작위위법확인소송이 규정되어 있다. 그런데 행정청의 부작위와 거부처분에 대한 인용판결이 내려지면 행정심판법과 유사하게 재처분의무와 배상명령을 통하여 처분청을 간접적으로 강제할 수 있을 뿐이다. 따라서 의무이행소송제도가 없는 상태에서는 행정청이 필요한 처분을 끝내 하지 않더라도 법원은 필요한 처분을 명하는 판결을 할 수 없다. 의무이행판결의 부재를 정당화하는 논리로서는 흔히 권력분립원칙이 거론되고 있다. 그러나 필요한 처분이 결여되어 개인의 권익이 침해되는 것을 이유로 법원이 처분을 명하는 것이라면 이것이야말로 견제와 균형에 따르는 사법부의 고유한 재판권 행사라고 할 수 있다. 따라서 권력분립원칙에 의하여 사법부의 행정부에 대한 견제와 두 기관 간의 균형을 강조한다면 권력분립으로 인한 의무이행소송의 불가론은 설득력이 없으며 비교법적으로 보아도 미국과 독일 등에 모두 의무이행 소송제도가 존재한다는 사실 역시 이를 뒷받침하고 있다.

(2) 가구제 및 예방적 권리구제제도의 미비

위법한 행정작용으로 인하여 회복할 수 없는 손해가 발생하거나 특정한 사실이 기성화하여 사후적인 구제절차가 행정구제제도로서의 의미와 가능을 갖지 못하는 경우가 있다. 따라서 각국의 행정쟁송제도는 그 내용과 정도의 차이는 있어도 이에 대한 적절한 假救濟(가구제)와 예방적 권리구제수단을 마련하고 있다. 우리나라 행정소송법은 집행정지제도를 채택한 것 외에는 다른 가구제나 예방적 권리구제수단은 예정하고 있지 아니하다. 또한 집행정지의 요건이 불명확하고 지나치게 엄격하여 가구제로서의 기능을 제대로 발휘하지 못한다는 비판이 제기되고 있다. 반면에 행정심판법의 경우에는 집행정지제도 외에도 가구제수단의 하나로서 임시처분제도가 도입되었다.

(3) 항고소송의 대상에 대한 입법적 미비

행정소송법, 행정심판법 등은 항고쟁송의 대상으로서 "처분 등" 혹은 "처분"이라는 용어를 사용하고 있는데, 이 개념이 과연 강학상의 행정행위 이외에 다른 공권력 작용을 포함하고 있는지 논란이 되고 있다. 그러므로 행정소송법은 "처분 등"의 개념에 대한 정의와는 별도로 항고소송의 대상으로 명시될 수 있는 것이 요구된다. 예를 들어 입법적으로 항고소송의 대상으로 명시될 수 있는 권력적 사실행위, 처분적 법규명령, 구속적 행정계획 등의 공권력 작용이다. 현행 행정소송법은 처분 이외에 또는 처분과 유사하지만 구별이 어려운 공권력 작용 중에서 항고소송의 대상이 협소하여 국민의 권리구제에 미흡하다는 비판을 인식하여 판례의 발전과는 별도로 이를 입법적으로 해결할 과제를 가지고 있다.

(4) 대법원과 법무부의 행정소송법 개정안

대법원과 법무부는 행정소송법의 개정을 위한 작업의 일환으로 각각 초안을 마련하여 2004년과 2007년에 공청회를 개최하여 각계의 여론을 수렴하였다. 대법원이 마련한 행정소송법 개정안의 핵심은 다음과 같이 몇 가지로 정리할 수 있다. 첫째, 항고소송의 대상에 사실행위 등을 포함시켜 이를 '행정행위 등'으로 새롭게 정의하여 항고소송의 대상을 확대하는 것이다. 둘째, 당사자소송의 활성화를 위하여 행정상 손실보상, 행정행위 등의 위법으로 인한 손해배상, 부당이득의 반환을 그 대상으로 명시하였다. 셋째, 그 동안 학계에서 꾸준히 제기되었던 의무이행소송과 예방적 금지소송을 항고소송의 종류로 명시하였다. 넷째, 행정소송의 원고적격을 확대하기 위하여 기존의 '법률상 이익'이라는 표현을 대신하여 '법적으로 정당한 이익'으로 변경하였다. 그 밖에도 집행정지제도를 보완하고 가처분제도를 명시하는 등의 제도개선을 포함하고 있다. 물론 이와 같은 개정안은 국민의 권익보호를 확대하고 행정소송제도를 한 단계 업그레이드한다는 점에서 긍정적으로 평가할 수 있지만 행정소송제도의 주관적 권리구제기능의 약화, 헌법재판제도와의 또 다른 권한 갈등을 가져올 수 있다는 점에서 비판적인 견해도 제시되었다.

이에 비하여 법무부의 행정소송법 개정안은 주요 내용으로서 역시 의무이행소송과 예방적 금지소송의 도입, 행정상 가구제 제도의 보완, 당사자소송의 활성화, 취소소송의 인용 시 행정청의 결과제거의무, 제소기간의 확대 등을 담고 있다. 그러나 법무부의 개정안은 대법원의 개정안과는 달리 원고적격의 확대, 항고소송 대상의 확대 및 법규명령에 대한 항고소송의 특례 인정, 항고소송에서 화해권고결정의 신설, 기관소송 법정주의의 폐지 등에 대해서는 그 도입을 유보하였다. 향후 다시 행정소송법 개정에 대한 논의가 이루어질 수 있다면 과거 대법원과 법무부의 개정안 내용을 상당 부분 반영할 것으로 예상된다.

3. 행정소송의 종류

앞서 언급한 바와 같이 행정심판법은 행정청의 처분 또는 부작위를 다투는 제도로서 철저하게 항고쟁송의 성격을 가지고 있지만 행정소송법은 제4조에서 항고소송 제도[6] 이외에도 제3조에서 당사자소송, 기관소송, 주민소송과 같이 다양한 형태의 행정소송 형태를 인정하고 있다.[7] 하지만 역시 행정소송제도의 근간을 이루는 것은 행정심판과 같이 행정청의 처분 및 부작위를 다투는 항고소송이며 당사자소송, 기관소송, 주민소송의 역할은 제한적이다. 행정소송의 종류와 특성에 대하여 하나 하나 설명하는 것은 초학자에게 이해하기 어려운 일이기 때문에 관련되는 판례에서 상세한 해설과 평가를 덧붙이기로 한다. 이하에서는 주로 항고소송, 그

6) 제4조(항고소송) 항고소송은 다음과 같이 구분한다.
  1. 취소소송: 행정청의 위법한 처분등을 취소 또는 변경하는 소송
  2. 무효등 확인소송: 행정청의 처분등의 효력 유무 또는 존재여부를 확인하는 소송
  3. 부작위위법확인소송: 행정청의 부작위가 위법하다는 것을 확인하는 소송

7) 제3조(행정소송의 종류) 행정소송은 다음의 네가지로 구분한다.
  1. 항고소송: 행정청의 처분등이나 부작위에 대하여 제기하는 소송
  2. 당사자소송: 행정청의 처분등을 원인으로 하는 법률관계에 관한 소송 그 밖에 공법상의 법률관계에 관한 소송으로서 그 법률관계의 한쪽 당사자를 피고로 하는 소송
  3. 민중소송: 국가 또는 공공단체의 기관이 법률에 위반되는 행위를 한 때에 직접 자기의 법률상 이익과 관계없이 그 시정을 구하기 위하여 제기하는 소송
  4. 기관소송: 국가 또는 공공단체의 기관상호간에 있어서의 권한의 존부 또는 그 행사에 관한 다툼이 있을 때에 이에 대하여 제기하는 소송. 다만, 헌법재판소법 제2조의 규정에 의하여 헌법재판소의 관장사항으로 되는 소송은 제외한다.

중에서도 취소소송을 중심으로 대상적격, 원고적격, 이른바 협의의 소의 이익, 집행정지, 사정판결 제도에 대하여 논의하기로 한다.

4. 대법원 2022. 12. 1. 선고 2019두48905 판결[덤핑방지관세부과처분취소]; 대법원 2023. 7. 13. 선고 2016두34257 판결[방송심의제재조치취소청구]

1) 판결 요지

[1] 항고소송의 대상이 되는 행정처분은 행정청의 공법상 행위로서 특정 사항에 대하여 법률에 의하여 권리를 설정하고 의무의 부담을 명하거나 그 밖의 법률상 효과를 발생하게 하는 등으로 상대방의 권리의무에 직접 영향을 미치는 행위이어야 하고, 다른 집행행위의 매개 없이 그 자체로 상대방의 구체적인 권리의무나 법률관계에 직접적인 변동을 초래하는 것이 아닌 일반적, 추상적인 법령 등은 그 대상이 될 수 없다.

[2] 일본국 법률에 따라 설립된 갑 법인이 일본에서 공기압 전송용 밸브를 생산하여 우리나라에 수출하고 있는데, 기획재정부장관이 갑 법인 등이 공급하는 일정 요건을 갖춘 일본산 공기압 전송용 밸브에 대하여 5년간 적용할 덤핑방지관세율을 규정하는 '일본산 공기압 전송용 밸브에 대한 덤핑방지관세의 부과에 관한 규칙'을 제정·공포하자, 갑 법인이 위 시행규칙이 관세법 제51조에서 정한 덤핑방지관세의 부과요건을 갖추지 못하여 위법하다고 주장하면서 취소를 구하는 소를 제기한 사안에서, 위 시행규칙은 덤핑방지관세를 부과할 물품(이하 '덤핑물품'이라고 한다)과 공급자를 지정하고 해당 물품에 적용할 관세율을 정한 조세법령으로, 위 시행규칙에서 덤핑물품과 관세율 등 과세요건을 규정하는 것만으로 납세의무자에게 덤핑방지관세를 납부할 의무가 성립하는 것은 아닌 점, 위 시행규칙은 수입된 덤핑물품에 관한 세관장의 덤핑방지관세 부과처분 등 별도의 집행행위가 있어야 비로소 상대방의 권리의무나 법률관계에 영향을 미치게 되는 점, 위 시행규칙에 근거한 관세 부과처분 등에 따라 덤핑방지관세를 납부하게 될 자는 덤핑물품을 수입하는 화주 등이지 덤핑물품을 수출하는 자가 아니고, 위 시행규칙은 덤핑물품의 수출 또는 수입행위를 규제하거나 외국 수출자와 국내 수입자 사이의 덤핑물품에 관한 법

률관계를 규율하지 않으므로, 위 시행규칙이 효력 범위 밖에 있는 갑 법인의 구체적인 권리의무나 법률관계에 직접적인 변동을 초래한다고 보기 어려운 점을 종합하면, 위 시행규칙은 항고소송의 대상이 될 수 없고, 위 시행규칙의 취소를 구하는 소는 부적법하므로, 이와 달리 본 원심판단에 법리오해의 잘못이 있다고 한 사례.

2) 판결 요지

[1] 행정청의 어떤 행위가 항고소송의 대상이 될 수 있는지는 추상적·일반적으로 결정할 수 없고, 관련 법령의 내용과 취지, 그 행위의 주체·내용·형식·절차, 그 행위와 상대방 등 이해관계인이 입는 불이익과의 실질적 견련성, 법치행정의 원리, 당해 행위에 관련된 행정청과 이해관계인의 태도 등을 참작하여 구체적·개별적으로 결정하여야 한다(대법원 2011. 6. 10. 선고 2010두7321 판결 등 참조). 행정청 내부에서의 행위나 알선, 권유, 사실상의 통지 등과 같이 상대방 또는 기타 관계자들의 법률상 지위에 직접적인 법률적 변동을 일으키지 아니하는 행위는 항고소송의 대상이 아니다(대법원 2008. 4. 24. 선고 2008두3500 판결 등 참조).

[2] 방송통신심의위원회가 언론인터뷰 내용이 불명확한 내용을 사실인 것으로 방송하여 시청자를 혼동케 함으로써 구「방송심의에 관한 규정」(2014. 12. 30. 방송통신심의위원회 규칙 제109호로 개정되기 전의 것, 이하 '구 심의규정'이라고 한다) 제14조 및 제24조의2 제2항을 위반하였다는 이유로, 이 사건 프로그램에 대하여 '해당 방송프로그램의 관계자에 대한 징계'를 정한다는 의결을 하고 피고에게 제재조치 처분을 요청하였으며, 피고는 2014. 8. 26. 원고에게 '해당 방송프로그램의 관계자에 대한 징계'를 명하는 이 사건 제재조치명령과 구 방송법(2014. 5. 28. 법률 제12677호로 개정되기 전의 것, 이하 '구 방송법'이라고 한다) 제100조 제4항에 따라 '고지방송' 내용을 고지하여야 한다는 취지의 이 사건 고지방송명령을 하였다. 원심은 제1심판결 이유를 인용하여, 이 사건 고지방송명령은 권고적 효력만을 가지는 비권력적 사실행위에 해당할 뿐, 항고소송의 대상이 되는 행정처분에 해당하지 않는다고 판단하였다. 원심판결 이유를 앞서 본 법리와 기록에 비추어 살펴보면, 원심의 이러한 판단에 항고소송의 대상에 관한 법리 등을 오해한 잘못이 없다(대법원 2015. 3. 12. 선고 2014두43974 판결 참조).

3) 해설 및 평론

앞서 언급한 바와 같이 행정소송, 그 중에서도 특히 취소소송의 대상은 행정소송법이 규정하고 있는 "처분등"이다. 행정소송법은 처분등의 개념을 "처분등이라 함은 행정청이 행하는 구체적 사실에 관한 법집행으로서의 공권력의 행사 또는 그 거부와 그 밖에 이에 준하는 행정작용(이하 "處分"이라 한다) 및 행정심판에 대한 재결을 말한다"고 정의하고 있다. 그런데 위 개념은 너무나도 추상적이기 때문에 구체적으로 처분등이 무엇인지 특히 초학자가 이해하기에는 어려움이 크다. 행정소송법의 처분등에 대한 개념정의로부터 대체로 이해가능한 부분은 취소소송의 대상으로서 처분은 "공권력 행사 또는 그 거부", "구체적 사실에 대한 법집행"을 중심으로 살펴볼 수 있을 것이다. 여기에서 공권력의 행사 또는 그 거부, 구체적 사실에 대한 법집행이라는 의미는 행정청의 영업정지, 운전면허 취소, 영업허가 또는 건축허가 신청에 대한 거부와 같이 구체적이고 개별적 사건에서 이른바 갑이라는 우월적 지위에서 국민을 을로 보고 권력을 행사하거나 거부하는 것으로 볼 수 있다.

따라서 처분이라는 법적 행위는 계약과 같이 행정청과 국민이 대등한 지위에서 행하는 법률행위가 아니고 행정청이 국민에게 일방적인 공권력을 행사하거나 거부하는 것을 말한다. 따라서 취소소송을 포함하여 抗告訴訟(항고소송)은 바로 행정청이 국민을 대상으로 행사한 일방적이고 우월적인 공권력이 위법하다는 것을 抗議(항의)하는 소송이니 이는 대등한 당사자 관계와는 거리가 멀다. 이런 점을 머리 속에서 기억하면서 첫 번째 대법원 판결을 보면 원고는 '일본산 공기압 전송용 밸브에 대한 덤핑방지관세의 부과에 관한 규칙'이라는 기획재정부장관의 부령이라는 일종의 행정입법이지만 이것이 일반 추상적인 기준을 정하는 통상의 입법행위와는 달리 별도의 집행행위를 매개로 하지 않고 직접적으로 일본산 공기압 전송용 벨트를 덤핑방지관세를 부과하는 것으로서 이를 수입하는 원고의 법적 지위에 직접적인 변동을 초래하는 공권력 행사로서 그 취소를 구하는 취소소송을 제기한 것이다.

이 사건의 핵심은 통상적인 입법행위는 구체적 사실에 대한 법집행과는 달리 행정청이 일정한 행위를 하기 위한 일반적이고 추상적인 기준을 정하는 것으로서 이른바 처분이 아니기 때문에 취소소송의 대상이 될 수 없어서 법원이 이를 각하할 것인가 혹은 비록 위 기획재정부장관의 부령인 일본산 공기압 전송용 밸브에 대한 덤핑방지관세의 부과에 관한 규칙' 자체가 이를 수입하는 원고에게 가격인상을 통하여 직접적인 법적 지위에 구체적인 변동을 초래하는 처분으로서 취소소송의 대상이 되는가 하는 것이다. 참으로 어려운 문제이다. 필자는 원고의 입장을 충분히 이해하고 법원은 위 규칙을 취소하는 소송이 제대로 소송의 대상을 확정한 것으로서 적법하므로 이를 각하하지 말고 본안심리를 통하여 그 위법 여부를 심리하여 판단하였어야 한다고 생각한다. 하지만 대법원의 생각은 달랐다.

대법원은 "항고소송의 대상이 되는 행정처분은 행정청의 공법상 행위로서 특정 사항에 대하여 법률에 의하여 권리를 설정하고 의무의 부담을 명하거나 그 밖의 법률상 효과를 발생하게 하는 등으로 상대방의 권리의무에 직접 영향을 미치는 행위이어야 하고, 다른 집행행위의 매개 없이 그 자체로 상대방의 구체적인 권리의무나 법률관계에 직접적인 변동을 초래하는 것이 아닌 일반적, 추상적인 법령 등은 그 대상이 될 수 없다"고 하면서 결국 위 기획재정부장관의 부령인 규칙은 사후에 이를 근거로 피고 행정청이 비로소 원고에게 덤핑관세처분을 하였을 때 그 관세부과처분을 대상으로 취소소송을 제기할 수 있는 것이지, 규칙은 일반, 추상적인 규범에 불과하여 아직은 항고소송의 대상인 처분에 해당하지 않는다고 하여 취소소송을 부적법, 각하한 것이다.

두 번째 사건도 마찬가지이다. 방송통신심의위원회(현 방송미디어통신심의위원회)의 요청에 따라 방송통신위원회(현 방송미디어통신위원회)가 언론인터뷰 내용이 불명확한 내용을 사실인 것으로 방송하여 시청자를 혼동케 하였다는 이유로 원고인 방송사업자에게 '해당 방송프로그램의 관계자에 대한 징계'를 명하는 이 사건 제재조치명령과 그러한 사실을 시청자들에게 방송할 것을 고지하는 고지방송명령이 문제가 된 사건이다. 여기에서 대법원은 자신의 고전적인 입장을 다음과 같이 고수하고 있다. "행정청 내부에서의 행위나 알선, 권유, 사실상의 통지 등과 같이 상대방 또는 기타 관계자들의 법률상 지위에 직접적인 법률적 변동을 일으키지 아니하는 행위는 항고소송의 대상이 아니다".

그런데 방송사업자 입장에서 보면 언론사가 불명확한 내용을 보도하는 것은 물론 잘못이지만 방송미디어통신위원회가 그에게 프로그램진행자를 징계하고 그 사실을 시청자에게 고지하라는 명령이 어떻게 느껴졌을까 한 번 생각해 보기로 하

자. 이는 방송미디어통신위원회라는 행정청이 방송사업자에 대한 전형적인 공권력 행사로 볼 수 있지 않을까? 프로그램진행자를 징계하라는 명령은 행정처분으로 보는 반면에 고지방송명령은 단순히 "권고적 효력만을 가지는 비권력적 사실행위에 해당할 뿐, 항고소송의 대상이 되는 행정처분에 해당하지 않는다"는 대법원의 입장이 과연 타당성이 있는 것인지 의문스럽다. 방송사업자인 원고는 이러한 고지방송명령이 위법하다고 판단하면 그 취소를 구하는 소송을 제기하거나 집행정지신청을 할 수 있어야 하는 것 아닐까? 이것이 단순한 사실행위에 불과하여 그 취소를 구하는 소송이 부적법하므로 각하한다는 법원의 판결을 이해하기 곤란하다.

5. 대법원 2011. 3. 10. 선고 2009두23617, 23624 판결[세무조사결정처분취소·종합소득세등부과처분취소]; 대법원 2020. 4. 9. 선고 2019두61137 판결[사업종류변경처분등취소청구의소] 〈사업주가 근로복지공단의 사업종류 변경결정의 취소를 구하는 사건〉

1) 판결 요지

[1] 행정청의 어떤 행위가 항고소송의 대상이 될 수 있는지의 문제는 추상적·일반적으로 결정할 수 없고, 구체적인 경우 행정처분은 행정청이 공권력의 주체로서 행하는 구체적 사실에 관한 법집행으로서 국민의 권리의무에 직접적으로 영향을 미치는 행위라는 점을 염두에 두고, 관련 법령의 내용과 취지, 그 행위의 주체·내용·형식·절차, 그 행위와 상대방 등 이해관계인이 입는 불이익과의 실질적 견련성, 그리고 법치행정의 원리와 당해 행위에 관련한 행정청 및 이해관계인의 태도 등을 참작하여 개별적으로 결정하여야 한다.

[2] 부과처분을 위한 과세관청의 질문조사권이 행해지는 세무조사결정이 있는 경우 납세의무자는 세무공무원의 과세자료 수집을 위한 질문에 대답하고 검사를 수인하여야 할 법적 의무를 부담하게 되는 점, 세무조사는 기본적으로 적정하고 공평한 과세의 실현을 위하여 필요한 최소한의 범위 안에서 행하여져야 하고, 더욱이 동일한 세목 및 과세기간에 대한 재조사는 납세자의 영업의 자유 등 권익을 심각하게 침해할 뿐만 아니라 과세관청에 의한 자의적인 세무조사의 위험마저 있으므로

조세공평의 원칙에 현저히 반하는 예외적인 경우를 제외하고는 금지될 필요가 있는 점, 납세의무자로 하여금 개개의 과태료 처분에 대하여 불복하거나 조사 종료 후의 과세처분에 대하여만 다툴 수 있도록 하는 것보다는 그에 앞서 세무조사결정에 대하여 다툼으로써 분쟁을 조기에 근본적으로 해결할 수 있는 점 등을 종합하면, 세무조사결정은 납세의무자의 권리·의무에 직접 영향을 미치는 공권력의 행사에 따른 행정작용으로서 항고소송의 대상이 된다.

2) 판결 요지

[1] 항고소송의 대상인 '처분'이란 "행정청이 행하는 구체적 사실에 관한 법집행으로서의 공권력의 행사 또는 그 거부와 그 밖에 이에 준하는 행정작용"을 말한다(행정소송법 제2조 제1항 제1호). 행정청의 행위가 항고소송의 대상이 될 수 있는지는 추상적·일반적으로 결정할 수 없고, 구체적인 경우에 관련 법령의 내용과 취지, 그 행위의 주체·내용·형식·절차, 그 행위와 상대방 등 이해관계인이 입는 불이익 사이의 실질적 견련성, 법치행정의 원리와 그 행위에 관련된 행정청이나 이해관계인의 태도 등을 고려하여 개별적으로 결정하여야 한다(대법원 2010. 11. 18. 선고 2008두167 전원합의체 판결 참조). 어떠한 처분에 법령상 근거가 있는지, 행정절차법에서 정한 처분절차를 준수하였는지는 본안에서 당해 처분이 적법한가를 판단하는 단계에서 고려할 요소이지, 소송요건 심사단계에서 고려할 요소가 아니다(대법원 2016. 8. 30. 선고 2015두60617 판결 참조). 행정청의 행위가 '처분'에 해당하는지가 불분명한 경우에는 그에 대한 불복방법 선택에 중대한 이해관계를 가지는 상대방의 인식가능성과 예측가능성을 중요하게 고려하여 규범적으로 판단하여야 한다(대법원 2018. 10. 25. 선고 2016두33537 판결 참조).

[2] 항고소송의 대상인 처분에 관한 법리에 비추어 고용보험 및 산업재해보상보험의 보험료징수 등에 관한 법률(이하 '고용산재보험료징수법'이라 한다) 제11조 제1항, 제12조 제1항, 제13조 제5항, 제14조 제3항, 제16조의2, 제16조의6 제1항, 제16조의9 제2항, 제3항, 제19조의2, 고용보험 및 산업재해보상보험의 보험료징수 등에 관한 법률 시행령 제9조 제3호, 고용보험 및 산업재해보상보험의 보험료징수 등에 관한 법률 시행규칙 제12조 및 근로복지공단이 고용산재보험료징수법령 등에서 위임된 사항과 그 시행을 위하여 필요한 사항을 규정할 목적으로 제정한 '적용 및

부과업무 처리 규정' 등 관련 규정들의 내용과 체계 등을 살펴보면, 근로복지공단이 사업주에 대하여 하는 '개별 사업장의 사업종류 변경결정'은 행정청이 행하는 구체적 사실에 관한 법집행으로서의 공권력의 행사인 '처분'에 해당한다.

[3] 개별 사업장의 사업종류가 사업주에게 불리한 내용으로 변경되면 산재보험료율이 인상되고, 사업주가 납부하여야 하는 산재보험료가 증가한다. 따라서 근로복지공단의 사업종류 변경결정은 사업주의 권리·의무에도 직접 영향을 미친다고 보아야 한다. 근로복지공단이 개별 사업장의 사업종류를 변경결정하고 산재보험료를 산정하면, 그에 따라 국민건강보험공단이 이미 지난 기간에 대한 부족액을 추가로 징수하거나 장래의 기간에 대하여 매월 보험료를 부과하는 별도의 처분을 할 것이 예정되어 있기는 하다. 그러나 개별 사업장의 사업종류를 변경하고 산재보험료를 산정하는 판단작용을 하는 행정청은 근로복지공단이며, 국민건강보험공단은 근로복지공단으로부터 그 자료를 넘겨받아 사업주에 대해서 산재보험료를 납부고지하고 징수하는 역할을 수행한다. 따라서 근로복지공단의 사업종류 변경결정의 당부에 관하여 국민건강보험공단으로 하여금 소송행위를 하도록 하기보다는, 그 결정의 행위주체인 근로복지공단으로 하여금 소송당사자가 되도록 하는 것이 합리적이다. 따라서 사업주로 하여금 국민건강보험공단을 상대로 개개의 산재보험료 부과처분을 다투도록 하는 것보다는, 분쟁의 핵심쟁점인 사업종류 변경결정의 당부에 관해서 그 판단작용을 한 행정청인 근로복지공단을 상대로 다투도록 하는 것이 소송관계를 간명하게 하는 방법일 뿐만 아니라, 분쟁을 조기에 근본적으로 해결하는 방법이기도 하다. 바로 이러한 취지에서 이미 대법원은, 근로복지공단이 사업주의 사업종류 변경 신청을 거부하는 행위가 항고소송의 대상인 '거부처분'에 해당한다고 판시한 바 있다(대법원 2008. 5. 8. 선고 2007두10488 판결).

3) 해설 및 평론

앞서 살펴 본 대법원 판결들이 항고소송의 대상으로서 처분등의 개념을 전통적인 시각에서 매우 협소하게 인정하고 있는 것에 반하여 위 두 대법원 판결은 처분등의 개념에 대하여 매우 진보적이고 유연한 입장에서 바라보고 있다. 우선 첫 번째 세무조사결정의 처분성과 관련하여 다소 놀라운 것은 세무조사의 결과에 따라서 이어지는 과세처분의 위법성을 문제 삼아 그 취소를 구하는 항고소송을 제기하는 것이 보다 일반적인 경우에 해당할 것임에도 불구하고 대법원이 과세관청이 세무조사를 하기로 (내부적으로) 결정한 행위를 처분으로 인정하였다는 점이다. 이는 납세자의 권리보호를 위해서는 환영할만한 일이기는 하지만 과세관청이 세무조사를 하기로 내부적인 결정을 한 것 자체를 취소소송으로 다투거나 그에 대한 집행정지를 신청하는 경우 과세관청은 손과 발이 묶여서 사실상 과세자료를 획득하기 위한 세무조사 자체가 어려워질 수 있다는 점을 우려하지 않을 수 없다.

그럼에도 불구하고 대법원이 세무조사결정 자체를 처분으로 보아 취소소송이나 집행정지신청의 대상으로 인정한 것은 납세자의 입장에서 보다 신속하고 효과적으로 권리구제를 받을 수 있도록 하기 위함이다. 이와 관련하여 대법원은 "납세의무자로 하여금 개개의 과태료 처분에 대하여 불복하거나 조사 종료 후의 과세처분에 대하여만 다툴 수 있도록 하는 것보다는 그에 앞서 세무조사결정에 대하여 다툼으로써 분쟁을 조기에 근본적으로 해결할 수 있는 점"을 그 이유로 들고 있다. "분쟁을 조기에 근본적으로 해결한다"는 것은 헌법상 재판청구권의 실효성을 보장하기 위하여 매우 중요한 사안이다.

"지체된 정의는 정의가 아니다"라는 말처럼 원고가 최종적으로 소송에서 승리한다고 하더라도 과세처분을 대상으로 취소소송 또는 무효확인소송 등 항고소송으로 다투고 그에 따르는 부당이득반환청구를 거쳐서 비로소 인용판결이 있어야만 잘못된 과세처분에 대한 시정이 가능하다면 그 과정에서 상당한 시간과 비용이 소요되기 때문에 신속한 재판과는 거리가 멀어진다. 나중에 살펴보는 판결도 마찬가지이지만 최근 대법원은 이와 같이 가능하면 국가와 개인 간 분쟁의 초기 단계에서 그 해결이 가능하도록 함으로써 국민의 권리구제가 신속하고 효과적으로 이루어지게 할 목적으로 세무조사결정에 대해서도 처분등의 개념을 확대하고 있는 것으로 볼 수 있는데, 이는 마땅히 긍정적인 평가를 받아야 한다.

두 번째 판결 역시 이와 같은 맥락에서 이해할 수 있다. 그 핵심적인 판시사항은 다음과 같다. "개별 사업장의 사업종류를 변경하고 산재보험료를 산정하는 판단 작용을 하는 행정청은 근로복지공단이며, 국민건강보험공단은 근로복지공단으로부터 그 자료를 넘겨받아 사업주에 대해서 산재보험료를 납부고지하고 징수하는 역할을 수행한다. 따라서 근로복지공단의 사업종류 변경결정의 당부에 관하여 국민건강보험공단으로 하여금 소송행위를 하도록 하기보다는, 그 결정의 행위주체인 근로복지공단으로 하여금 소송당사자가 되도록 하는 것이 합리적이다. 따라서 사업주로 하여금 국민건강보험공단을 상대로 개개의 산재보험료 부과처분을 다투도록 하는 것보다는, 분쟁의 핵심쟁점인 사업종류 변경결정의 당부에 관해서 그 판단작용을 한 행정청인 근로복지공단을 상대로 다투도록 하는 것이 소송관계를 간명하게 하는 방법일 뿐만 아니라, 분쟁을 조기에 근본적으로 해결하는 방법이기도 하다".

국민건강보험공단이 부과하는 개개의 산재보험료 부과처분에 대하여 다투는 것보다는 어차피 이전 단계에서 사업종류 결정과 산재보험료를 산정하는 근로복지공단의 행위가 보다 본질적인 것이라면 사업종류 결정 단계에서 그 위법성을 다투는 것이 근본적이고 신속한 권리구제에 부합하는 것이기 때문이다. 그런데 여기에서 주목할 내용이 하나 더 있다. 사업 종류를 결정하는 것은 앞서 살펴본 대법원의 고전적인 처분 개념에 의하면 단순히 사업 종류만을 정하는 것에 불과하고 결과적으로 그에 따르는 산재보험료 부과처분이 처분으로서 항고소송의 대상이 된다는 논리 구성도 충분히 가능하다.

그런데 대법원은 이 사건에서 왜 사업종류 결정이나 변경을 처분으로 보았을까? 이는 대법원이 이야기 하듯이 원고와 같은 사업자들은 사업종류 결정이 처분인지 아닌지 잘 모르겠지만 어쨌든 그 결정에 따라서 산재보험료의 규모와 액수가 결정되는 것이니 그것이 잘못 되어 위법하다면 빠른 시간 내에 소송을 통하여 권리구제를 받겠다는 일반적인 인식이 팽배하다는 점이다. 따라서 이 경우 처분등의 개념을 결정하는 것은 당해 처분을 한 행정청이나 법원의 입장보다는 원고를 비롯한 일반 국민들이 처분등의 개념을 어떻게 이해 또는 인식하고 있는가 하는 점이 중요하다는 것이다. 그렇다면 다소 고전적인 의미에서 처분등의 개념에는 부합하지 않을지 모르지만 대법원은 국민이 인식하고 원하는 방향으로 그 개념을 유연하게 해석하는 것이 필요하다는 점을 강조하고 있는 것으로 볼 수 있다.

6. 대법원 2017. 6. 15. 선고 2013두2945 판결[주민등록번호변경신청거부처분취소]

1) 판결 요지

[1] 국민의 적극적 신청행위에 대하여 행정청이 그 신청에 따른 행위를 하지 않겠다고 거부한 행위가 항고소송의 대상이 되는 행정처분에 해당하기 위해서는, 신청한 행위가 공권력의 행사 또는 이에 준하는 행정작용이어야 하고, 거부행위가 신청인의 법률관계에 어떤 변동을 일으키는 것이어야 하며, 국민에게 행위발동을 요구할 법규상 또는 조리상의 신청권이 있어야 한다.

[2] 갑 등이 인터넷 포털사이트 등의 개인정보 유출사고로 자신들의 주민등록번호 등 개인정보가 불법 유출되자 이를 이유로 관할 구청장에게 주민등록번호를 변경해 줄 것을 신청하였으나 구청장이 '주민등록번호가 불법 유출된 경우 주민등록법상 변경이 허용되지 않는다'는 이유로 주민등록번호 변경을 거부하는 취지의 통지를 한 사안에서, 피해자의 의사와 무관하게 주민등록번호가 불법 유출된 경우 개인의 사생활뿐만 아니라 생명·신체에 대한 위해나 재산에 대한 피해를 입을 우려가 있고, 실제 유출된 주민등록번호가 다른 개인정보와 연계되어 각종 광고 마케팅에 이용되거나 사기, 보이스피싱 등의 범죄에 악용되는 등 사회적으로 많은 피해가 발생하고 있는 것이 현실인 점, 반면 주민등록번호가 유출된 경우 그로 인하여 이미 발생하였거나 발생할 수 있는 피해 등을 최소화할 수 있는 충분한 권리구제방법을 찾기 어려운데도 구 주민등록법(2016. 5. 29. 법률 제14191호로 개정되기 전의 것)에서는 주민등록번호 변경에 관한 아무런 규정을 두고 있지 않은 점, 주민등록법령상 주민등록번호 변경에 관한 규정이 없다거나 주민등록번호 변경에 따른 사회적 혼란 등을 이유로 위와 같은 불이익을 피해자가 부득이한 것으로 받아들여야 한다고 보는 것은 피해자의 개인정보자기결정권 등 국민의 기본권 보장의 측면에서 타당하지 않은 점, 주민등록번호를 관리하는 국가로서는 주민등록번호가 유출된 경우 그로 인한 피해가 최소화되도록 제도를 정비하고 보완해야 할 의무가 있으며, 일률적으로 주민등록번호를 변경할 수 없도록 할 것이 아니라 만약 주민등록번호 변경이 필요한 경우가 있다면 그 변경에 관한 규정을 두어서 이를 허용해야 하

는 점 등을 종합하면, 피해자의 의사와 무관하게 주민등록번호가 유출된 경우에는 조리상 주민등록번호의 변경을 요구할 신청권을 인정함이 타당하고, 구청장의 주민등록번호 변경신청 거부행위는 항고소송의 대상이 되는 행정처분에 해당한다고 한 사례.

2) 해설 및 평론

행정청에게 일정한 신청을 하였으나 행정청이 이를 반려 또는 거부하였을 때 그에 대한 항고소송이 가능한가? 결국 핵심은 거부 내지 반려처분이 항고소송의 대상인 처분등에 해당하는가 하는 것이다. 그런데 우리 판례는 거부처분 내지 반려처분의 처분성에 대하여 통상적인 처분과는 달리 다소 엄격한 요건을 요구하고 있다. 대법원 판례는 거부처분이 항고소송의 대상인 처분에 해당하기 위하여는 1. 신청한 행위가 공권력의 행사 또는 이에 준하는 행정작용이어야 하고, 2. 거부행위가 신청인의 법률관계에 어떤 변동을 일으키는 것이어야 하며, 3. 국민에게 행위발동을 요구할 법규상 또는 조리상의 신청권이 있어야 한다.

대법원이 거부처분의 처분성에 대하여 세 가지 요건을 요구하는 이유는 첫째, 거부처분이 적극적인 행정처분에 비하여 소극적인 행위이기 때문에 소극적인 거부행위에 머물고 상대방의 권리와 의무에 어떠한 변동도 초래하지 않는다면 이를 처분으로 보기 어렵기 때문에 적어도 거부처분이 일반적인 처분과 비교하여 공권력 행사성과 상대방의 법률관계에 일정한 변동을 일으키는 정도가 되어야만 이를 처분으로 볼 수 있다는 의미이다. 둘째, 대법원이 거부처분의 처분성과 관련하여 신청인이 법규상 명시적으로 혹은 적어도 조리상으로 그러한 신청을 할 권리를 가지고 있는 경우에 행정청이 이를 거부하는 것이 가능하기 때문에 거부행위에 대하여 다툴 수 있다는 점을 강조하고 있다. 이러한 법규상 조리상 신청권 자체가 인정될 수 없다면 논리적으로 행정청 역시 이를 거부하는 행위를 상정할 수 없기 때문에 형식적으로 거부처분 자체가 존재하지 않는다는 의미에서 항고소송으로 이를 다툴 수 없다는 의미이다.

이 사건의 원고들이 인터넷 포털사이트 등의 개인정보 유출사고로 자신들의 주민등록번호 등 개인정보가 불법 유출되자 이를 이유로 관할 구청장에게 주민등록번호를 변경해 줄 것을 신청하였으나 구청장이 '주민등록번호가 불법 유출된 경우 주민등록법상 변경이 허용되지 않는다'는 이유로 주민등록번호 변경을 거부하는 취지의 통지를 한 사안이다. 얼핏 생각이 드는 것은 당시 주민등록법령이 자신에게 귀책사유가 없이 무단으로 주민등록번호 등 개인정보가 유출된 경우에도 주민등록번호를 변경하는 절차가 없다는 것은 헌법상 사생활의 비밀과 자유를 침해하는 것으로 볼 여지도 있다는 점이다.[8)]

이 사건 항소심과 1심인 서울행정법원은 당시 주민등록법이 이러한 변경절차를 규정하고 있지 않기 때문에 원고가 변경을 신청할 법규상 신청권이 없는 것은 물론 별도의 입법 전까지 현행 주민등록법령에서 허용한 주민등록번호 정정 외에 해석상 주민등록번호변경 신청권을 인정할 수 없고 조리상 신청권이 있다고 볼 수 없는 것으로 판결하였다. 또한 주민등록번호변경 허부 및 사유는 주민등록번호체계의 효율성, 폐해 및 그 보완책, 주민등록번호 변경에 따른 사회적 혼란과 비용, 주민등록번호 유출에 따른 개인의 피해 등을 종합적으로 고려하여 결정하여야 할 입법재량의 문제이므로, 주민등록번호 유출을 주민등록번호변경 사유로 정하지 않은 주민등록법령을 위헌이라고 보기 어렵다는 견해를 제시하였다.

하지만, 이 사건의 경우 원고는 자신의 책임과는 무관하게 주민등록번호 등 개

---

8) 원고는 항소심 계속 중에(서울고등법원 2012누16727), 당시 주민등록법 제7조 제3항, 제4항 등이 헌법에 위반된다고 주장하며 위헌법률심판제청을 신청하였으나(서울고등법원 2012아506), 항소가 기각됨과 동시에 위 위헌법률심판제청신청이 각하되자, 2013. 2. 27. 위 법률조항들에 대하여 이 헌법재판소에 위헌소원심판(2013헌바68등)을 청구하였다. 이에 대하여 헌법재판소는 "1. 주민등록번호는 표준식별번호로 기능함으로써 개인정보를 통합하는 연결자로 사용되고 있어, 불법 유출 또는 오·남용될 경우 개인의 사생활뿐만 아니라 생명·신체·재산까지 침해될 소지가 크므로 이를 관리하는 국가는 이러한 사례가 발생하지 않도록 철저히 관리하여야 하고, 이러한 문제가 발생한 경우 그로 인한 피해가 최소화되도록 제도를 정비하고 보완하여야 할 의무가 있다. 그럼에도 불구하고 주민등록번호 유출 또는 오·남용으로 인하여 발생할 수 있는 피해 등에 대한 아무런 고려 없이 주민등록번호 변경을 일체 허용하지 않는 것은 그 자체로 개인정보자기결정권에 대한 과도한 침해가 될 수 있다. 비록 국가가 개인정보보호법 등으로 정보보호를 위한 조치를 취하고 있더라도, 여전히 주민등록번호를 처리하거나 수집·이용할 수 있는 경우가 적지 아니하며, 이미 유출되어 발생된 피해에 대해서는 뚜렷한 해결책을 제시해 주지 못하므로, 국민의 개인정보를 충분히 보호하고 있다고 보기 어렵다. 한편, 개별적인 주민등록번호 변경을 허용하더라도 변경 전 주민등록번호와의 연계시스템을 구축하여 활용한다면 개인식별기능 및 본인 동일성 증명기능에 혼란이 발생할 가능성이 없고, 일정한 요건 하에 객관성과 공정성을 갖춘 기관의 심사를 거쳐 변경할 수 있도록 한다면 주민등록번호 변경절차를 악용하려는 시도를 차단할 수 있으며, 사회적으로 큰 혼란을 불러일으키지도 않을 것이다. 따라서 주민등록번호 변경에 관한 규정을 두고 있지 않은 심판대상조항은 과잉금지원칙에 위배되어 개인정보자기결정권을 침해한다"고 판시하면서 2017. 12. 31.을 시한으로 입법자가 개선입법을 할 때까지 심판대상조항들을 계속 적용하기로 하는 헌법불합치결정을 하였다.

인정보가 유출된 경우에 해당하기 때문에 대법원의 견해처럼 조리상 주민등록번호의 변경을 요구할 신청권을 인정하는 것이 정당할 것으로 보이는데, 특히 원고가 주장하는 바와 같이 주민등록번호 등 개인정보는 헌법 제17조에 따르는 사생활의 비밀과 자유라는 개인의 프라이버시와 관련되는 핵심적인 기본권이기 때문에 이러한 기본권 보호의 필요성이 적어도 조리상으로 주민등록번호에 대한 변경신청권을 인정하는 근거라고 볼 수 있다. 결국 국회는 주민등록번호 변경의 필요성이라는 점을 고려하여 헌법재판소의 결정과 대법원 판결 이후 2017년 12월 주민등록법을 개정하여 주민등록번호 변경절차를 마련하였다.[9]

7. 대법원 2024. 6. 19.자 2024무689 결정[집행정지]

1) 판결 요지

[1] 항고소송의 대상이 되는 행정청의 처분이란 원칙적으로 행정청의 공법상의 행위로서 특정 사항에 대하여 법규에 의한 권리의 설정 또는 의무의 부담을 명하거나 기타 법률상의 효과를 직접 발생하게 하는 등 국민의 권리의무에 직접 관계가 있는 행위를 말하므로, 행정청의 내부적인 의사결정 등과 같이 상대방 또는 관계자들의 법률상 지위에 직접적인 법률적 변동을 일으키지 않는 행위는 그에 해당하지 않는다.

[2] 행정처분에 대한 집행정지신청을 구함에 있어서도 이를 구할 법률상 이익이 있어야 하는바, 이 경우 법률상 이익이란 그 행정처분으로 인하여 발생하거나

9) 제7조의4(주민등록번호의 변경) ① 다음 각 호의 어느 하나에 해당하는 사람은 대통령령으로 정하는 바에 따라 이를 입증할 수 있는 자료를 갖추어 주민등록지의 시장·군수 또는 구청장에게 주민등록번호의 변경을 신청할 수 있다.

1. 유출된 주민등록번호로 인하여 생명·신체에 위해(危害)를 입거나 입을 우려가 있다고 인정되는 사람
2. 유출된 주민등록번호로 인하여 재산에 피해를 입거나 입을 우려가 있다고 인정되는 사람
3. 다음 각 목의 어느 하나에 해당하는 사람으로서 유출된 주민등록번호로 인하여 피해를 입거나 입을 우려가 있다고 인정되는 사람
   가. 「아동·청소년의 성보호에 관한 법률」 제2조 제6호에 따른 피해아동·청소년
   나. 「성폭력방지 및 피해자보호 등에 관한 법률」 제2조 제3호에 따른 성폭력피해자
   다. 「성매매알선 등 행위의 처벌에 관한 법률」 제2조 제1항 제4호에 따른 성매매피해자
   라. 「가정폭력범죄의 처벌 등에 관한 특례법」 제2조 제5호에 따른 피해자
4. 그 밖에 제1호부터 제3호까지의 규정에 준하는 사람으로서 대통령령으로 정하는 사람

확대되는 손해가 해당 처분의 근거 법규 및 관련 법규에 의하여 보호받는 직접적이고 구체적인 이익과 관련된 것을 말하고 단지 간접적이거나 사실적·경제적 이해관계를 가지는 데 불과한 경우는 여기에 포함되지 않는다. 그리고 해당 처분의 근거 법규 및 관련 법규에 의하여 보호되는 법률상 이익은 해당 처분의 근거 법규의 명문 규정에 의하여 보호받는 법률상 이익, 해당 처분의 근거 법규에 의하여 보호되지는 아니하나 해당 처분의 행정목적을 달성하기 위한 일련의 단계적인 관련 처분들의 근거 법규에 의하여 명시적으로 보호받는 법률상 이익, 해당 처분의 근거 법규 또는 관련 법규에서 명시적으로 당해 이익을 보호하는 명문의 규정이 없더라도 근거 법규 및 관련 법규의 합리적 해석상 그 법규에서 행정청을 제약하는 이유가 순수한 공익의 보호만이 아닌 개별적·직접적·구체적 이익을 보호하는 취지가 포함되어 있다고 해석되는 경우까지를 말한다.

[3] 보건복지부장관이 2024. 2. 6. 의과대학 입학정원 확대방안에 관하여 2025학년도부터 2,000명 증원할 것이라고 발표(이하 '증원발표'라 한다)한 후 교육부장관이 의과대학을 보유한 각 대학의 장으로부터 의대정원 증원 신청을 받아 2024. 3. 20. 2025학년도 전체 의대정원을 2,000명 증원하여 각 대학별로 배정(이하 '증원배정'이라 한다)하자, 의과대학 교수, 전공의, 의과대학에 재학 중인 학생, 의과대학에 입학하기를 희망하는 수험생들이 보건복지부장관의 증원발표 및 교육부장관의 증원배정에 대한 효력정지 및 집행정지신청을 한 사안에서, 보건복지부장관의 증원발표는 행정청의 내부적인 의사결정을 대외적으로 공표한 것에 그칠 뿐 국민의 권리의무에 영향을 미친다고 볼 수 없고 각 의과대학별 정원 증원이라는 구체적인 법적 효과는 교육부장관의 증원배정에 따라 비로소 발생한 것이므로 교육부장관의 증원배정은 항고소송의 대상이 되는 처분으로 볼 여지가 큰 반면, 보건복지부장관의 증원발표는 항고소송의 대상이 되는 처분으로 보기 어려우므로 증원발표의 효력정지를 구하는 신청은 부적법하여 각하되어야 하고, 교육부장관의 증원배정 처분의 근거가 된 고등교육법령 및 대학설립·운영 규정(대통령령)은 의과대학의 학생정원 증원의 한계를 규정함으로써 의과대학에 재학 중인 학생들이 적절하게 교육받을 권리를 개별적·직접적·구체적으로 보호하고 있다고 볼 여지가 충분하므로 의대 재학 중인 신청인들은 증원배정 처분 중 자신이 재학 중인 의과대학에 대한 부분의 집행정지를 구할 법률상 이익이 있지만, 의과대학 교수, 전공의 또는

수험생 지위에 있는 나머지 신청인들에 대하여는 증원배정 처분의 집행정지를 구할 법률상 이익이 인정되지 않으며, 증원배정 처분이 집행됨으로 인해 의대 재학중인 신청인들이 입을 수 있는 손해에 비하여 증원배정의 집행이 정지됨으로써 공공복리에 중대한 영향이 발생할 우려가 크다는 이유로, 증원배정에 대한 집행정지는 허용되지 않는다고 한 사례.

2) 해설 및 평론

행정소송에서 처분등에 대한 취소를 구할 원고로서의 자격은 누가 가지고 있는가? 행정소송제도가 국민이면 누구나 행정처분의 위법성에 대하여 다투는 이른바 민중소송이 아니고 기본적으로 자신의 권익침해에 대하여 원고로서 법원에 소송을 제기하는 주관적인 권리구제수단이라는 점을 고려한다면 항고소송에서 원고는 처분의 상대방 등 위법한 처분으로 인하여 직접적으로 권익을 침해받는 사람으로 한정하는 것이 상식적이라고 할 수 있다. 이와 관련하여 행정소송법은 제12조 원고적격이라는 제목 하에 "취소소송은 처분등의 취소를 구할 법률상 이익이 있는 자가 제기할 수 있다. 처분등의 효과가 기간의 경과, 처분등의 집행 그 밖의 사유로 인하여 소멸된 뒤에도 그 처분등의 취소로 인하여 회복되는 법률상 이익이 있는 자의 경우에는 또한 같다"고 규정하고 있다.

결국 원고는 처분등에 대한 취소를 구하는데 있어서 "법률상 이익"을 가지고 있어야 한다는 것이고 법률상 이익이 없다면 원고로서의 자격이 없는 것이기 때문에 법률상 이익을 가지지 못한 사람이 항고소송을 제기하면 법원은 본안심리 없이 소송을 각하한다. 물론 이 사건은 통상의 취소소송과는 달리 취소소송에 더하여 처분의 집행정지를 구하는 사건을 다루고 있다. 하지만 취소소송에 더하여 처분의 집행정지를 구하는 것이므로 집행정정지의 신청인적격 역시 취소소송의 원고와 마찬가지로 처분의 취소를 구할 법률상 이익을 가진 사람에 한정된다. 여기에서 집행정지의 대상이 되는 처분은 교육부장관이 의과대학을 보유한 각 대학의 장으로부터 의대정원 증원 신청을 받아 2025학년도 전체 의대정원을 2,000명 증원하여 각 대학별로 증원배정을 한 행위이다.

의과대학에 대한 증원배정처분에 대하여 그 취소나 집행정지를 구할 법률상 이익은 누가 가지고 있을까? 여기에서 취소소송의 원고 또는 집행정지의 신청인으로 등장하는 사람들은 의과대학에 재학 중인 학생(이하 학생이라 한다), 의과대학 교수, 전공의, 의과대학에 진학하고자 시험을 준비 중인 수험생이다. 그런데 대법원은 이 중에서 증원배정 처분에 대한 집행정지를 구할 수 있는 법률상 이익을 가지는 자는 오로지 학생으로 한정하고 있다. 교수, 전공의, 수험생은 의과대학 증원배정 처분에 대하여 나름대로의 이해관계를 가지고 있지만 그러한 이해관계는 간접적이고 추상적이거나 단순한 사실상의 이해관계에 불과하다고 본 것이다. 이에 비하여 의과대학에 재학하고 있는 학생의 경우에는 갑작스러운 입학생의 증원으로 인하여 정상적으로 의과대학 교육을 받을 수 있는 권리가 침해되기 때문에 재학생들이 증원배정 처분에 대하여 갖는 이익은 구체적, 직접적, 개별적 이익으로서 법률상 이익에 해당한다.

의과대학 신입생들의 갑작스러운 증원 외에도 필요한 교수요원의 충원이 불확실하고 실험도구나 기자재의 부족 역시 정상적인 의과대학 교육을 받기 어려운 장애요소들이다. 따라서 대법원의 결정은 이러한 측면에서 타당한 것으로 평가할 수 있다. 다만, 학생 이외에 의과대학의 교육을 담당하는 교수의 경우에도 학생 수가 갑작스럽게 증원되는 경우 의과대학 교육의 특수성을 고려한다면 내실 있고 심도 있는 교육을 하는데 상당한 어려움이 예상된다. 따라서 이 사건에서 대법원이 교수들의 신청인적격을 인정하였다면 본안심리 과정에서 그들의 주장을 청취할 수 있는 기회를 가질 수도 있었다는 점에서 다소 아쉬움이 남는다.

이 사건에서 대법원은 처분등의 개념에 대해서도 의미 있는 시사를 하고 있다. 집행정지를 구하는 신청인들은 보건복지부장관의 증원발표와 교육부장관의 증원배정이라는 두 가지 행위를 모두 처분으로 보고 그에 대한 취소와 집행정지를 구하였다. 하지만 이에 대하여 대법원은 "보건복지부장관의 증원발표는 행정청의 내부적인 의사결정을 대외적으로 공표한 것에 그칠 뿐 국민의 권리의무에 영향을 미친다고 볼 수 없고 각 의과대학별 정원 증원이라는 구체적인 법적 효과는 교육부장관의 증원배정에 따라 비로소 발생한 것이므로 교육부장관의 증원배정은 항고소송의 대상이 되는 처분으로 볼 여지가 큰 반면, 보건복지부장관의 증원발표는 항고소송의 대상이 되는 처분으로 보기 어려우므로"라고 하여 증원발표의 처분성을 부정하여 그에 대한 집행정지 신청은 부적법하므로 각하하였다. 이 역시 대법원의 판단이 정확하였다고 평가한다. 보건복지부장관의 증원발표는 정부가 향후 일정한 결정을 위한 계획을 발표하는 것에 불과하고 그 계획 자체가 학생이나 교수들의 교육을 받거나 행할 권리에 직접적으로 부정적인 영향을 초래하는 것이 아니라는 점에서 단순한 비구속적 계획에 해당하기 때문이다.

8. 대법원 2006. 3. 16. 선고 2006두330 전원합의체 판결[정부조치계획취소등]

1) 판결 요지

[1] 행정처분의 직접 상대방이 아닌 제3자라 하더라도 당해 행정처분으로 인하여 법률상 보호되는 이익을 침해당한 경우에는 그 처분의 무효확인을 구하는 행정소송을 제기하여 그 당부의 판단을 받을 자격이 있다 할 것이며, 여기에서 말하는 법률상 보호되는 이익이라 함은 당해 처분의 근거 법규 및 관련 법규에 의하여 보호되는 개별적·직접적·구체적 이익이 있는 경우를 말하고, 공익보호의 결과로 국민 일반이 공통적으로 가지는 일반적·간접적·추상적 이익이 생기는 경우에는 법률상 보호되는 이익이 있다고 할 수 없다.

[2] 공유수면매립면허처분과 농지개량사업 시행인가처분의 근거 법규 또는 관련 법규가 되는 구 공유수면매립법(1997. 4. 10. 법률 제5337호로 개정되기 전의 것), 구 농촌근대화촉진법(1994. 12. 22. 법률 제4823호로 개정되기 전의 것), 구 환경보전법(1990. 8. 1. 법률 제4257호로 폐지), 구 환경보전법 시행령(1991. 2. 2. 대통령령 제13303호로 폐지), 구 환경정책기본법(1993. 6. 11. 법률 제4567호로 개정되기 전의 것), 구 환경정책기본법 시행령(1992. 8. 22. 대통령령 제13715호로 개정되기 전의 것)의 각 관련 규정의 취지는, 공유수면매립과 농지개량사업시행으로 인하여 직접적이고 중대한 환경피해를 입으리라고 예상되는 환경영향평가 대상지역 안의 주민들이 전과 비교하여 수인한도를 넘는 환경침해를 받지 아니하고 쾌적한 환경에서 생활할 수 있는 개별적 이익까지도 이를 보호하려는 데에 있다고 할 것이므로, 위 주민들이 공유수면매립면허처분 등과 관련하여 갖고 있는 위와 같은 환경상의 이익은 주민 개개인에 대하여 개별적으로 보호되는 직접적·구체적 이익으로서 그들에 대하여는 특단의 사정이 없는 한 환경상의 이익에 대한 침해 또는 침해우려가 있는 것으로 사실상 추정되어 공유수면매립면허처분 등의 무효확인을 구할 원고적격이 인정

된다. 한편, 환경영향평가 대상지역 밖의 주민이라 할지라도 공유수면매립면허처분 등으로 인하여 그 처분 전과 비교하여 수인한도를 넘는 환경피해를 받거나 받을 우려가 있는 경우에는, 공유수면매립면허처분 등으로 인하여 환경상 이익에 대한 침해 또는 침해우려가 있다는 것을 입증함으로써 그 처분 등의 무효확인을 구할 원고적격을 인정받을 수 있다.

2) 해설 및 평론

이른바 새만금 사건으로 잘 알려진 대법원의 이 판결은 환경법 영역에서 일종의 랜드마크라고 할 수 있다. 특히 이 사건에서 제시된 반대의견은 환경침해의 영향이 현재 시점에서는 예측가능하지 않고 언젠가는 불가역적으로 회복하기 어려운 상태를 야기할 수 있다는 점에서 현재의 과학적 기준이나 학문적 수준에 기대어 자칫 완화된 검증절차에 따라서 대규모 개발사업이나 환경에 부정적 영향을 야기하는 사업을 승인하는 것은 허용될 수 없다는 점을 강조하고 있다.

또한 우리의 관심사인 원고적격(확대)의 문제에 있어서도 대법원은 상당히 진보적인 입장을 제시하고 있다. 이 사건에서 원고는 지역에 거주하는 주민들과 어민들이다. 이들은 새만금사업으로 인하여 공유수면이 매립되고 개펄이 사라지며 해양생태계가 교란되어 생활과 생업에 상당한 지장을 받는 사람들이다. 문제는 이 사건에서 원고들은 행정법관계의 직접 당사자가 아니라는 점이다. 피고 행정청(농림부장관)은 이 사건에서 피고의 보조참가인인 전라북도에 대하여 공유수면을 매립할 수 있는 면허를 발급하였기 때문에 행정법관계의 당사자는 피고와 피고의 보조참가인이다. 따라서 주민들은 적어도 법적으로 본다면 행정법관계의 직접 당사자는 아니며 문제가 된 공유수면매립면허처분으로 인하여 해양생태계가 파괴되어 생존의 위협에 처한 제3자들이다. 그렇다면 여기에서 말하는 제3자인 주민이나 어민들도 농림부장관이 전라북도에 부여한 공유수면매립면허처분에 대한 취소를 구할 법률상 이익을 가진다고 볼 수 있는가?

이 문제에 대하여 대법원은 행정소송법 제12조가 규정하는 법률상 이익의 의미를 다음과 같이 해석하고 있다. "행정처분의 직접 상대방이 아닌 제3자라 하더라도 당해 행정처분으로 인하여 법률상 보호되는 이익을 침해당한 경우에는 그 처분의 무효확인을 구하는 행정소송을 제기하여 그 당부의 판단을 받을 자격이 있다 할 것이며, 여기에서 말하는 법률상 보호되는 이익이라 함은 당해 처분의 근거 법규 및 관련 법규에 의하여 보호되는 개별적·직접적·구체적 이익이 있는 경우를 말하고, 공익보호의 결과로 국민 일반이 공통적으로 가지는 일반적·간접적·추상적 이익이 생기는 경우에는 법률상 보호되는 이익이 있다고 할 수 없다". 결국 행정처분의 직접 당사자가 아닌 제3자, 이 사건에서 주민이나 어민들도 공유수면매립면허처분을 다툴 수 있는 원고로서의 자격을 가지는 이유는 처분으로 인하여 주민이나 어민들의 생존과 생업이 위협받기 때문에 이러한 이익은 단순히 추상적, 간접적, 일반적, 사실적, 경제적 이해관계에 그치지 아니하고 구체적, 개별적, 직접적 이익이기 때문이다.

그런데 여기에서 주목할 또 하나의 사실은 환경영향평가와 관련된 지역적 범위에 관한 것이다. 일반적으로 대규모 개발사업으로 인하여 환경에 유해한 영향이 예상되는 경우에는 환경영향평가법에 따라서 사업에 대한 승인 등을 하기 이전에 해당 사업이 환경에 미치는 영향을 미리 조사·예측·평가하여 해로운 환경영향을 피하거나 제거 또는 감소시킬 수 있는 방안을 마련하는 것을 환경영향평가라고 한다. 환경영향평가법 제6조에 따라서 환경영향평가 등은 계획의 수립이나 사업의 시행으로 영향을 받게 되는 지역으로서 환경영향을 과학적으로 예측·분석한 자료에 따라 그 범위가 설정된 지역에 대하여 실시하여야 한다.

이 사건에서 주목할 부분은 환경영향평가지역 안에서 거주하는 주민의 경우 주민들이 공유수면매립면허처분 등과 관련하여 갖고 있는 위와 같은 환경상의 이익은 주민 개개인에 대하여 개별적으로 보호되는 직접적·구체적 이익으로서 그들에 대하여는 특단의 사정이 없는 한 환경상의 이익에 대한 침해 또는 침해우려가 있는 것으로 사실상 추정되어 공유수면매립면허처분 등의 무효확인을 구할 원고적격이 인정된다는 점이다. 그런데 대법원은 주민들의 원고적격을 한 단계 더 확대하기 위하여 "환경영향평가 대상지역 밖의 주민이라 할지라도 공유수면매립면허처분 등으로 인하여 그 처분 전과 비교하여 수인한도를 넘는 환경피해를 받거나 받을 우려가 있는 경우에는, 공유수면매립면허처분 등으로 인하여 환경상 이익에 대한 침해 또는 침해우려가 있다는 것을 입증함으로써 그 처분 등의 무효확인을 구할 원고적격을 인정받을 수 있다"고 판시하고 있다.

비록 주민이나 어민이 환경영향평가 대상지역 밖에서 생활하고 있다고 하더라도 자신이 환경침해를 당하고 있다는 사실을 스스로 증명할 수 있는 경우에는 역시 원고로서의 자격을 인정하겠다는 것이다. 이로써 대법원은 이른바 제3자 환경소송에서의 주민 등의 원고적격을 상당한 정도로 확대하였으며, 본안심리를 통하여 환경에 유해한 영향을 미치는 처분등에 대하여 그 당부를 다툴 수 있게 되었다. 다만, 원고적격에 대한 확대에도 불구하고 본안심리 결과 원고의 청구는 기각되었으며, 앞서 언급한 바와 같이 반대의견은 이 사건에서 미래의 환경 문제에 대한 심각한 우려를 표명하고 있다. 새만금판결이 환경법 분야에서 가지는 의미와 문제점에 대해서는 기회가 있으면 다루기로 한다.

9. 대법원 2018. 4. 26. 선고 2015두53824 판결[여객자동차운송사업계획변경인가처분취소소송]

1) 판결 요지

[1] 일반적으로 면허나 인허가 등의 수익적 행정처분의 근거가 되는 법률이 해당 업자들 사이의 과당경쟁으로 인한 경영의 불합리를 방지하는 것도 목적으로 하고 있는 경우, 다른 업자에 대한 면허나 인허가 등의 수익적 행정처분에 대하여 미리 같은 종류의 면허나 인허가 등의 수익적 행정처분을 받아 영업을 하고 있는 기존의 업자는 경업자에 대하여 이루어진 면허나 인허가 등 행정처분의 상대방이 아니라 하더라도 당해 행정처분의 취소를 구할 당사자적격이 있다.

[2] 한정면허를 받은 시외버스운송사업자라고 하더라도 다 같이 운행계통을 정하고 여객을 운송하는 노선여객자동차운송사업을 한다는 점에서 일반면허를 받은 시외버스운송사업자와 본질적인 차이가 없으므로, 일반면허를 받은 시외버스운송사업자에 대한 사업계획변경 인가처분으로 인하여 기존에 한정면허를 받은 시외버스운송사업자의 노선 및 운행계통과 일반면허를 받은 시외버스운송사업자의 그것이 일부 중복되게 되고 기존업자의 수익감소가 예상된다면, 기존의 한정면허를 받은 시외버스운송사업자와 일반면허를 받은 시외버스운송사업자는 경업관계에 있는 것으로 보는 것이 타당하고, 따라서 기존의 한정면허를 받은 시외버스운송사업자는 일반면허 시외버스운송사업자에 대한 사업계획변경인가처분의 취소를 구할 법률상의 이익이 있다.

2) 해설 및 평론

이 사건에서도 행정법관계의 직접 당사자는 행정청과 사업계획변경인가처분을 받은 일반면허 시외버스운송사업자로서 양자관계이다. 하지만 이 처분은 행정법관계의 직접 당사자는 아니지만 인가처분으로 인하여 이미 동일한 노선에서 한정면허를 받아서 시외버스 운송사업을 하고 있는 사업자에게는 새로운 인가처분으로 인하여 상당한 경제적 손실을 야기하게 된다. 따라서 이미 한정면허를 받은 사업자는 행정법관계의 직접 당사자는 아니라고 하더라도 제3자로서 다른 운송사업자에게 부여된 사업계획변경인가처분이 자신의 운수업 노선과 중복되게 됨으로써 상당한 경제적 타격을 입게 된 것이다. 그렇다면 문제는 제3자인 한정면허 운송사업자가 입게 되는 경제적 손실이 단순히 추상적, 간접적, 경제적 이익에 불과한 것인지 아니면 구체적, 개별적, 직접적 이익인가에 따라서 기존의 한정면허운송사업자가 새로운 변경인가처분에 대한 취소를 구할 법률상 이익을 가지고 있는 원고로서의 자격이 인정되는가 하는 것이다.

대법원은 이와 같이 경쟁적으로 동일한 노선에서 시외버스 운송사업을 하는 사업자들을 경업자 혹은 경원자라고 표현하고 있는데 쉽게 말하자면 이들이 경쟁사업자라는 의미이다. 대법원은 일반적으로 경쟁관계에 있는 사업자들 중 이미 면허 등을 받은 기존 사업자는 행정청이 경쟁관계에 진입한 신규업자에게 부여한 면허처분에 대한 취소를 구할 법률상 이익을 가지고 있다고 판시하고 있다. 이미 언급한 바와 같이 환경소송에서 주민 등이 제3자로서 처분의 취소 등에 대하여 법률상 이익을 가지고 있다는 판례는 상당 부분 타당성이 있으며, 수긍할 수 있다.

하지만, 경업자나 경원자와 같이 상호 경쟁관계에 있는 사업자간에 문제될 수 있는 이익은 경제적 이해관계에 불과하다면 이를 법률상 이익으로 보아 기존업자에게 신규업자에 대한 처분의 취소를 구할 법률상 이익을 인정하는 것이 바람직한 판결인가? 그리고 기존업자가 침해받은 이익이 과연 구체적이고 개별적인 이익인지도 의문이다. 그 이유는 동일한 노선에 시외버스를 운행한다고 하더라도 기존업자가 입은 경제적 손실이 법률이 보호하는 구체적이고 개별적인 이익으로는 보기 어렵고 경쟁상대방이 출현함에 따라서 자신이 이전까지 누리던 이익은 사실상 이익 또는 단순한 경제적 기회의 활용에 불과한 경우도 많이 있을 수 있기 때문이다.

오히려 이러한 방식으로 기존업자의 법률상 이익을 확대하는 경우 일정한 시장에 신규업자가 진입하는 것을 봉쇄함으로써 독과점 상태를 방치하고 소비자의 이익을 침해하는 결과가 될 수도 있기 때문이다. 따라서 기존 사업자를 보호하려는 경우에는 법률에 신규업자의 면허에 대응할 수 있는 보호의 필요성을 명시적으로 규정하는 것이 필요하며, 특히 영세사업자나 전통, 재래시장의 보호 등의 사회적 필요성이 있는 경우 입법적 해결이 바람직할 것으로 보인다. 따라서 법률적 근거가 없는 상태에서 법원이 확대해석 또는 법률의 취지를 고려한 이른바 목적론적 해석("법률이 해당 업자들 사이의 과당경쟁으로 인한 경영의 불합리를 방지하는 것도 목적으로 하고 있는 경우")을 하는 경우 입법의 영역을 침해할 수도 있기 때문에 환경소송과는 달리 법률해석에 대한 사법적 자제가 요청된다.

10. 대법원 2020. 12. 24. 선고 2020두30450 판결[업무정지처분취소청구]

1) 판결 요지

[1] 행정소송법 제12조는 "취소소송은 처분 등의 취소를 구할 법률상 이익이 있는 자가 제기할 수 있다. 처분 등의 효과가 기간의 경과, 처분 등의 집행 그 밖의 사유로 인하여 소멸된 뒤에도 그 처분 등의 취소로 인하여 회복되는 법률상 이익이 있는 자의 경우에는 또한 같다."라고 규정하고 있다. 행정소송법 제12조 제2문에서 정한 법률상 이익, 즉 행정처분을 다툴 협의의 소의 이익은 개별·구체적 사정을 고려하여 판단하여야 한다.

[2] 행정처분의 무효 확인 또는 취소를 구하는 소가 제소 당시에는 소의 이익이 있어 적법하였는데, 소송계속 중 해당 행정처분이 기간의 경과 등으로 그 효과가 소멸한 때에 처분이 취소되어도 원상회복이 불가능하다고 보이는 경우라도, 무효 확인 또는 취소로써 회복할 수 있는 다른 권리나 이익이 남아 있거나 또는 그 행정처분과 동일한 사유로 위법한 처분이 반복될 위험성이 있어 행정처분의 위법성 확인 내지 불분명한 법률문제에 대한 해명이 필요한 경우에는 행정의 적법성 확보와 그에 대한 사법통제, 국민의 권리구제 확대 등의 측면에서 예외적으로 그 처분의 취소를 구할 소의 이익을 인정할 수 있다. 여기에서 '그 행정처분과 동일한 사

유로 위법한 처분이 반복될 위험성이 있는 경우'란 불분명한 법률문제에 대한 해명이 필요한 상황에 대한 대표적인 예시일 뿐이며, 반드시 '해당 사건의 동일한 소송당사자 사이에서' 반복될 위험이 있는 경우만을 의미하는 것은 아니다.

2) 사건의 개요

[1] 원고는 회계감사업무 등을 목적으로 설립된 법인으로, 대우조선해양 주식회사(이하 '대우조선해양'이라 한다)의 제11기(2010회계연도)부터 제16기(2015회계연도)까지의 재무제표에 관하여 구 「주식회사의 외부감사에 관한 법률」(2017. 10. 31. 법률 제15022호로 전부 개정되기 전의 것, 이하 '구 외부감사법'이라 한다)에 따른 외부감사를 실시한 감사인이다(이하 위 각 외부감사를 통틀어 '이 사건 각 감사'라 하며, 원고 소속 공인회계사로 구성되어 이 사건 각 감사를 진행한 감사팀을 '이 사건 감사팀'이라 한다).

[2] 대우조선해양의 분식회계 의혹, 이 사건 감사팀의 부실감사 의혹이 제기됨에 따라, 금융감독원은 2015. 12. 10. 대우조선해양을 감리대상으로 선정하고, 이 사건 각 감사 등에 관한 감리에 착수하였다. 이러한 감리 결과 등을 바탕으로 증권선물위원회는 2017. 3. 24. 구 외부감사법 제16조 제1항 등에 따라 '이 사건 각 감사 과정에서의 외부감사법 및 회계감사기준 위반'을 이유로 원고에 대하여 '12개월의 업무정지 처분'을 할 것을 피고에게 건의하였다.

[3] 이에 피고는 2017. 4. 5. 원고에 대하여 ① '대우조선해양의 2014. 4. 8.자, 2015. 3. 9.자, 2016. 12. 13.자 증권신고서에 첨부된 2013년도, 2014년도, 2015년도 감사보고서에서 원고가 감사절차 소홀로 대우조선해양의 거짓 재무제표에 관하여 적정 의견을 표명하였다.'는 사유로 「자본시장과 금융투자업에 관한 법률」 제429조 제1항 , 제119조 에 따른 과징금 16억 원 부과처분을 하고, 그와 동시에 ② '이 사건 감사팀이 대우조선해양의 2010년도부터 2015년도까지의 재무제표에 대한 감사를 실시하면서 대우조선해양의 회계처리기준 위반사실을 확인하고도 이를 합리화하기 위한 논리를 개발하여 제공하거나 대우조선해양에 허위의 근거자료를 적극 요청하여 대우조선해양의 회계처리기준 위반을 묵인하였고, 원고의 품질관리실은 감사품질 관리를 형식적으로 수행하여 이 사건 감사팀이 대우조선해양의 회계처리기준 위반을 묵인하는 것을 방조하였다.'는 사유로 공인회계사법 제39조 제1항 제5호 에 따른 업무정지 12개월 처분을 하였다(이하 '이 사건 업무정지 처

분'이라 한다).

[4] 원고는 2017. 6. 30. 이 사건 업무정지 처분에 대해서만 취소를 구하는 이 사건 소를 제기하였는데, 별도로 집행정지 신청을 하지 않음에 따라 업무정지기간이 2017. 4. 5.부터 개시되어 2018. 4. 4. 만료되었다.

3) 대법원의 판단

먼저 이 사건 감사팀의 회계감사기준 위반행위가 인정되고 원고 또한 이를 다투는 것은 아니라고 하더라도, ① 그것을 이유로 이 사건 감사팀이 속한 회계법인 전체에 대하여 업무정지 처분을 하는 것이 근거 법률인 공인회계사법 제39조 제1항 제5호 및 관련 하위 규정들의 해석상 허용되는지 여부에 관하여는 법원의 분명한 판례가 없고 ② 처분사유가 인정되는 경우에도 이 사건 감사팀이 행한 위반행위의 내용과 정도, 이에 대한 원고의 관여 정도, 이 사건 감사팀이 회계법인 내에서 차지하는 비중 등 여러 사정들을 고려하였을 때 과연 이 사건 업무정지 처분이 비례의 원칙을 위반한 과중한 처분인지 여부 또한 다툼의 여지가 있어 보인다. 따라서 만약 이 사건에서 법원이 본안 판단을 하지 않는다면 피고가 이 사건 업무정지 처분을 하면서 채택·적용한 법령해석에 관한 의견이나 처분의 기준을 앞으로도 그대로 반복·적용할 것이 예상된다. 그렇다면 이 사건 업무정지 처분에 따른 업무정지기간이 만료되었다고 하더라도, 이 사건 업무정지 처분의 위법성 확인 내지 불분명한 법률문제의 해명은 여전히 필요하다고 할 것이므로 이 사건 업무정지 처분의 취소를 구할 소의 이익을 인정하는 것이 앞서 본 법리에 부합하여 타당하다. 결국 이와 달리 '원고와 피고 사이에서 동일한 사유로 위법한 처분이 반복될 가능성이 없음'을 주된 이유로 삼아 이 사건 업무정지 처분의 취소를 구할 소의 이익을 부정한 원심의 판단에는 항고소송에서 소의 이익에 관한 앞서의 법리를 오해하여 필요한 심리를 다하지 않음으로써 판결에 영향을 미친 잘못이 있다. 이 점을 지적하는 상고이유 주장은 이유 있다.

4) 해설 및 평론

영업정지나 업무정지처분은 일정한 기간을 가지고 있는데, 이러한 불이익처분이 위법한 경우에 정지기간이 경과한 후에 그 취소를 구하면 법원으로서는 이미 기간이 경과한 처분에 대한 취소청구는 소의 이익이 없어서 각하하는 것이 일반적이다. 소의 이익이라는 것은 특정한 법적 분쟁을 국가가 운영하는 소송제도를 통하여 해결할 만한 사회적 이익이 존재하는가를 판단하는 기준이다. 이 사건의 경우에는 원고가 업무정지가 위법하다며 업무정지 처분에 대한 취소소송을 제기하였으나 소송 계속 중에 업무정지 처분의 기간이 도과하여 그 효력이 상실된 상태였기 때문에 법원으로서는 소의 이익이 없음을 이유로 소를 각하하는 것도 가능한 상황이었다. 하지만, 원고 회계법인의 일부를 구성하는 감사팀의 비위사실로 인하여 법인 전체를 대상으로 과도할 정도의 업무정지처분을 한 사례에 따른 판례가 아직 없으며 비록 업무정지 처분의 기간은 이미 경과하였지만 업무정지 처분이 비례의 원칙을 위반한 과중한 처분인지 여부에 대하여 여전히 다툼의 여지가 있어 보인다면 본안 판단의 기회를 부여하는 것이 정의의 원칙에 부합할 수도 있다.

이와 관련하여 행정소송법 제12조는 "취소소송은 처분 등의 취소를 구할 법률상 이익이 있는 자가 제기할 수 있다. 처분 등의 효과가 기간의 경과, 처분 등의 집행 그 밖의 사유로 인하여 소멸된 뒤에도 그 처분 등의 취소로 인하여 회복되는 법률상 이익이 있는 자의 경우에는 또한 같다."라고 규정하고 있다. 그런데 제12조 제1문의 법률상 이익은 앞서 언급한 바와 같이 원고적격과 관련된 것임에 비하여 제2문은 행정처분의 효과가 기간의 경과 등으로 인하여 소멸한 이후임에도 불구하고 다시 한 번 처분을 다툴 수 있는 기회를 부여한다는 의미에서 협의의 소의 이익이라고 구분하여 표현한다. 이 사건의 경우 관련 판례의 부재, 불분명한 법률 문제의 해명에 대한 필요성은 여전히 남아있는 상황이기 때문에 업무정지 처분의 기간이 경과하였음에도 불구하고 본안에 대한 판단이 이루어지지 않는다면 업무정지 처분을 하면서 채택·적용한 법령해석에 관한 의견이나 처분의 기준을 원고는 물론 향후 유사한 사례에서 앞으로도 그대로 반복·적용하는 악순환을 방지하기 위해서라도 협의의 소의 이익을 인정하는 것이 필요하다는 점을 대법원이 인정한 것으로서 판결의 타당성을 인정할 수 있다.

11. 대법원 2024. 6. 19.자 2024무689 결정[집행정지]〈의대정원 증원처분에 대한 집행정지신청 사건〉

1) 결정 요지

(1) 관련 법리

A. 행정소송법 제23조 제2항에서 정하고 있는 효력정지 요건인 '회복하기 어려운 손해'라 함은 특별한 사정이 없는 한 금전으로 보상할 수 없는 손해로서 이는 금전보상이 불가능한 경우 내지는 금전보상으로는 사회관념상 행정처분을 받은 당사자가 참고 견딜 수 없거나 참고 견디기가 현저히 곤란한 경우의 유형, 무형의 손해를 일컫는다. 그리고 '처분 등이나 그 집행 또는 절차의 속행으로 인하여 생길 회복하기 어려운 손해를 예방하기 위하여 긴급한 필요'가 있는지 여부는 처분의 성질과 태양 및 내용, 처분상대방이 입는 손해의 성질·내용 및 정도, 원상회복·금전배상의 방법 및 난이 등은 물론 본안청구의 승소가능성의 정도 등을 종합적으로 고려하여 구체적·개별적으로 판단하여야 한다(대법원 2011. 4. 21. 자 2010무111 전원합의체 결정 참조).

B. 행정소송법 제23조 제3항이 집행정지의 또 다른 요건으로 '공공복리에 중대한 영향을 미칠 우려가 없을 것'을 규정하고 있는 취지는, 집행정지 여부를 결정함에 있어서 신청인의 손해뿐만 아니라 공공복리에 미칠 영향을 아울러 고려하여야 한다는 데 있고, 따라서 공공복리에 미칠 영향이 중대한지의 여부는 절대적 기준에 의하여 판단할 것이 아니라, 신청인의 '회복하기 어려운 손해'와 '공공복리' 양자를 비교·교량하여, 전자를 희생하더라도 후자를 옹호하여야 할 필요가 있는지 여부에 따라 상대적·개별적으로 판단되어야 한다(대법원 2010. 5. 14. 자 2010무48 결정 등 참조).

(2) 구체적 판단

A. 원심결정의 이유와 기록을 통해 알 수 있는 다음과 같은 사정을 앞서 본 법리에 비추어 살펴보면, 이 사건 증원배정 처분이 집행됨으로 인해 의대 재학 중 신청인들이 입을 수 있는 손해에 비하여 이 사건 증원배정의 집행이 정지됨으로써 공공복리에 중대한 영향이 발생할 우려가 크다고 할 것이어서, 이 사건 증원배정에

대한 집행정지는 허용되지 않는다고 보아야 할 것이다.

B. 이 사건 증원배정으로 인하여 의대 재학 중 신청인들이 소속된 ○○대학교 의과대학의 경우 그 정원이 당초 125명에서 200명으로 증가하였다. 위와 같은 의대정원 증원은 2025학년에 입학하는 신입생부터 처음 적용되는 것이므로, 이 사건 증원배정의 집행이 당장 정지되지 않는다고 하더라도 2025학년도에 증원되는 정원은 ○○대학교 의과대학의 6년 과정 중 한 학년에 불과하고, 나머지 학년의 정원은 그대로 유지된다. 그렇다면 ○○대학교 의과대학 6년 과정에 재학 중인 학생의 전체 정원에 대비하여 2025학년도 신입생 입학정원이 75명 증가한다고 하여 ○○대학교 의과대학에 재학 중인 신청인들이 받게 되는 교육의 질이 크게 저하될 것이라고 보기는 부족하다.

C. 게다가 의과대학의 교육특성상 의료인 양성에 직결되고, 다양한 실습기자재 등이 필요한 교육은 입학 후 1~2년의 기간이 경과하여야 시행되는 경우가 많으므로, 2025학년도에 증원된 수의 신입생이 ○○대학교 의과대학에 입학한다고 하더라도, 그로 인해 의료인 양성에 핵심적 역할을 하는 교육이 당장 불가능해진다거나 그 질이 현저히 떨어질 것이라고 보기도 어렵다. 오히려 위와 같은 의과대학의 교육특성상 ○○대학교 의과대학은 증원된 정원에 맞춰 수준 높은 의료인 양성을 위한 적절한 교육시설을 정비할 시간적 여유가 있다고 보인다.

D. 이에 반해 원심결정이 지적한 것과 같이 국책연구소 등 3개 연구기관에서 의료수요의 측면과 의사공급의 측면을 고려하여 독립적으로 추계한 3건의 보고서는 공통적으로 2035년에 약 10,000명의 의사가 부족할 것을 전망하고 있다. 이와 같은 전망이 제시되는 상황에서 이 사건 증원배정의 집행이 정지될 경우 국민의 보건에 중요한 역할을 하는 의대정원 증원에 막대한 지장을 초래할 우려가 있다.

F. 나아가 이 사건 증원배정의 집행이 정지될 경우, 이미 2025학년도 의과대학 입학정원이 증원되는 것을 전제로 대학교 입학시험을 준비하고 있는 수험생들과 교육현장에 상당한 혼란을 야기할 수 있다는 점도 고려되어야 한다.

2) 해설 및 평론

집행정지제도는 우리 행정소송법의 특징적인 제도 중의 하나이다. 원고가 특정한 처분이 위법함을 주정하며 그 취소를 구하는 항고소송을 제기하면 당해 처분은 집행이 정지되는가 혹은 당해 처분은 취소소송의 제기에도 불구하고 그 효력을 지속하는가? 전자와 같이 취소소송이 제기되면 당해 처분의 집행이 정지되는 국가도 있으며 우리나라와 같이 처분에 대한 취소소송이 제기되더라도 그 처분의 효력이 정지되지 않고 지속되는 입법례도 있는데, 후자를 흔히 執行不停止(집행부정지)의 원칙이라고 부른다. 따라서 우리나라 행정소송법은 집행부정지원칙을 취하고 있기 때문에[10] 행정처분의 집행으로 인하여 회복하기 어려운 손해가 발생할 우려가 있는 경우 취소소송을 제기한 원고는 취소소송에 더하여 처분의 집행정지를 구하는 신청을 하게 되는데, 이를 집행정지신청이라고 한다.

행정처분에 대한 집행정지는 본안에 대한 심리와 판결을 기다리게 될 경우 발생할 수 있는 회복할 수 없는 손해를 방지하고 최종 판결까지 기다릴 시간적 여유가 없을 때 일단 행정처분의 집행을 정지하여 원고가 한 숨을 돌릴 수 있는 기회를 부여한다는 의미에서 행정소송법이 인정한 일종의 假救濟(가구제) 수단이라고 할 수 있다. 따라서 행정소송법 제23조는 집행정지의 요건을 규정하고 있는데, 1. 회복하기 어려운 손해의 예방 2. 긴급한 필요 3. 공공복리에 중대한 영향을 미칠 우려가 없을 것 등이다. 여기에서 회복하기 어려운 손해라는 것은 특별한 사정이 없는 한 금전으로 보상할 수 없는 손해로서 이는 금전보상이 불가능한 경우 내지는 금전보상으로는 사회관념상 행정처분을 받은 당사자가 참고 견딜 수 없거나 참고 견디기가 현저히 곤란한 경우의 유형, 무형의 손해를 일컫는다.

이 사건에서 의과대학 재학생들은 교육부 장관의 급작스러운 증원배정 처분으로 인하여 정상적인 교육을 받을 수 없는 상태가 되기 때문에 회복하기 어려운 손해의 발생이 예상된다며 증원배정 처분의 집행을 정지하는 신청을 한 것이다. 만약, 학생들이 정상적인 의과대학 교육을 받을 수 없는 상황이 금전으로 보상할 손해이거나 금전보상이 가능한 경우에 해당된다면 대법원은 집행정지의 요건이 충족

---

10) 제23조(집행정지) ① 취소소송의 제기는 처분등의 효력이나 그 집행 또는 절차의 속행에 영향을 주지 아니한다.
② 취소소송이 제기된 경우에 처분등이나 그 집행 또는 절차의 속행으로 인하여 생길 회복하기 어려운 손해를 예방하기 위하여 긴급한 필요가 있다고 인정할 때에는 본안이 계속되고 있는 법원은 당사자의 신청 또는 직권에 의하여 처분등의 효력이나 그 집행 또는 절차의 속행의 전부 또는 일부의 정지(이하 "執行停止"라 한다)를 결정할 수 있다. 다만, 처분의 효력정지는 처분등의 집행 또는 절차의 속행을 정지함으로써 목적을 달성할 수 있는 경우에는 허용되지 아니한다.
③ 집행정지는 공공복리에 중대한 영향을 미칠 우려가 있을 때에는 허용되지 아니한다.

되지 않은 것으로 보아 이를 기각할 것이다. 하지만, 대법원은 이 부분에 대한 학생들의 집행정지신청은 요건이 충족된 것으로 판단하였는데, 이는 정당한 결정으로 볼 수 있다.

그리고 '긴급한 필요'의 요건에 대해서는 별도로 판단하지 않았는데, 본안소송이 어느 정도 기간을 끌지 모르는 상황에서 만약 집행정지신청이 기각된다면 수개월 이후에 증원된 신입생들이 의과대학에 입학하여 교육의 난맥상이 드러날 가능성이 크기 때문에 본안 판결이 날 때까지 기다릴 시간적 여유가 없다는 점에서 대법원이 긴급한 필요의 요건도 충족한 것으로 인정한 것으로 볼 수 있다. 마지막으로 중요한 요건은 '공공복리에 중대한 영향을 미치지 않을 것"이라는 소극적 요건이다. 만약, 법원이 집행정지신청을 인용한다면 공공복리 달성에 현저한 지장이 초래된다면 집행정지신청을 기각할 수 있다는 의미이다.

흔히 공공복리의 요건과 관련해서 법원은 일반적으로 집행정지신청의 인용으로 인하여 신청인이 누릴 수 있는 이익과 그로 인하여 발생할 수 있는 공공복리 달성의 어려움을 비교·형량하여 결정한다. 이 사건의 경우 분명히 학생들이 정상적인 의과대학 교육을 받지 못함으로서 발생할 수 있는 불이익이 있는 것은 사실이고, 이는 이미 대법원이 '회복할 수 없는 손해', '긴급한 필요의 존재'와 같은 요건이 충족되었다고 인정한 것에서 잘 알 수 있다. 하지만 집행정지신청이 기각됨으로 인하여 의과대학 학생들이 있는 불이익에 비하여 거꾸로 집행정지신청이 인용된다면 국민의 보건에 중요한 역할을 하는 의대정원 증원정책에 대한 부정적 효과, 즉 의과대학 입학정원이 증원되는 것을 전제로 대학교 입학시험을 준비하고 있는 수험생들과 교육현장에 상당한 혼란이 야기되는 등 공공복리에 중대한 영향을 미치는 부정적 효과가 더 크기 때문에 대법원은 결국 신청인의 신청을 기각하였고 이는 합리적인 판단으로 볼 수 있다.

12. 대법원 2009.12.10. 선고 2009두8359 판결[로스쿨 예비인가처분취소]

1) 판결 요지

[1] 행정처분이 위법한 때에는 이를 취소함이 원칙이고 그 위법한 처분을 취소·

변경함이 도리어 현저히 공공의 복리에 적합하지 않은 경우에 극히 예외적으로 위법한 행정처분의 취소를 허용하지 않는다는 사정판결을 할 수 있으므로 사정판결의 적용은 극히 엄격한 요건 아래 제한적으로 하여야 하고, 그 요건인 현저히 공공복리에 적합하지 아니한가의 여부를 판단함에 있어서는 위법·부당한 행정처분을 취소·변경하여야 할 필요와 그 취소·변경으로 인하여 발생할 수 있는 공공복리에 반하는 사태 등을 비교·교량하여 그 적용 여부를 판단하여야 한다(대법원 2009. 1. 30. 선고 2008두19550, 2008두19567(병합) 판결 등 참조). 아울러 사정판결을 할 경우 미리 원고가 입게 될 손해의 정도와 구제방법, 그 밖의 사정을 조사하여야 하고, 원고는 피고인 행정청이 속하는 국가 또는 공공단체를 상대로 손해배상 등 적당한 구제방법의 청구를 당해 취소소송 등이 계속된 법원에 청구할 수 있는 점(행정소송법 제28조 제2항, 제3항) 등에 비추어 보면, 사정판결제도가 위법한 처분으로 법률상 이익을 침해당한 자의 기본권을 침해하고, 법치행정에 반하는 위헌적인 제도라고 할 것은 아니다.

[2] 인·허가 등의 수익적 행정처분을 신청한 수인이 서로 경쟁관계에 있어서 일방에 대한 허가 등의 처분이 타방에 대한 불허가 등으로 귀결될 수밖에 없는 때 허가 등의 처분을 받지 못한 자는 비록 경원자에 대하여 이루어진 허가 등 처분의 상대방이 아니라 하더라도 당해 처분의 취소를 구할 원고 적격이 있다. 다만, 명백한 법적 장애로 인하여 원고 자신의 신청이 인용될 가능성이 처음부터 배제되어 있는 경우에는 당해 처분의 취소를 구할 정당한 이익이 없다.

[3] 법학전문대학원의 설치·운영에 관한 법률 제13조 제1호의 규정을 법학교수인 위원 본인과 심의대상 대학에 한정하여 보면 '법학교수인 위원이 심의대상인 대학에 재직하는 경우 당해 심의에 관여하지 못한다'라는 규정이 된다. 여기에서 '당해 심의'는 그 문언상 '법학교수인 위원이 재직하는 대학에 대한 심의'라고 볼 것이지만, 그것을 '법학교수인 위원이 재직하는 대학만을 다른 대학과 분리하여 독립적인 심의의 대상으로 삼은 경우'에 한정할 것은 아니다.

[4] 원심은, 그 판시와 같은 사실을 인정한 후, 법학전문대학원이 장기간의 논의 끝에 사법개혁의 일환으로 출범하여 2009년 3월초 일제히 개원한 점, 전남대 법학전문대학원도 120명의 입학생을 받아들여 교육을 하고 있는데 인가처분이 취소되면 그 입학생들이 피해를 입을 수 있는 점, 법학전문대학원의 인가 취소가 이

어지면 우수한 법조인의 양성을 목적으로 하는 법학전문대학원 제도 자체의 운영에 큰 차질을 빚을 수 있는 점, 법학전문대학원의 설치인가 심사기준의 설정과 각 평가에 있어 법 제13조에 저촉되지 않는 점, 교수위원이 제15차 회의에 관여하지 않았다고 하더라도 그 소속대학의 평가점수에 비추어 동일한 결론에 이르렀을 것으로 보여, 전남대에 대한 이 사건 인가처분을 취소하고 다시 심의하는 것은 무익한 절차의 반복에 그칠 것으로 보이는 점 등을 종합하여, 전남대에 대한 이 사건 인가처분이 법 제13조 에 위배되었음을 이유로 취소하는 것은 현저히 공공복리에 적합하지 아니하다고 인정하였다. 위 법리와 기록에 비추어 보면, 원심의 이러한 판단은 정당한 것으로 수긍할 수 있고, 거기에 상고이유의 주장과 같은 사정판결에 관한 법리오해 등의 위법이 없다.

2) 해설 및 평론

이 판결은 법학전문대학원 제도의 도입 당시에 전남도, 전북도, 제주도에서 로스쿨 유지를 둘러싸고 경쟁관계에 있는 대학들(전남대, 조선대, 전북대, 원광대, 제주대) 간에 로스쿨예비인가처분을 대상으로 경원자소송이 제기된 사건을 대상으로 하고 있다. 당시 대학간의 치열한 경쟁관계를 고려하여 법학전문대학원의 설치·운영에 관한 법률 제13조(법학교육위원회의 위원의 제척사유)는 "위원은 다음 각 호의 어느 하나에 해당하는 경우에는 당해 심의에 관여하지 못한다. 1. 본인 또는 그 배우자가 심의대상인 대학 또는 대학을 설치·경영하는 학교법인에 재직하고 있는 경우"라고 규정하고 있다.

대학명을 거론하기 다소 부담스럽기는 하지만 이 사건에서 전남대에 재직하고 있는 교수로서 법학교육위원회의 위원은 전남대에 대한 예비인가 심사에서 이익충돌이 발생하기 때문에 위 법률조항에 따라서 제척사유에 해당하여 당연히 심사에서 배제되어야 했음에도 불구하고 전남대에 대한 심사에 참여하였고 더 나아가 경쟁관계에 있는 다른 대학들에 대한 예비인가처분 심사에도 참여하였다. 따라서 제척사유에 해당하는 교수가 참여한 것은 중대하고 명백한 절차상, 실체상 흠결이 있는 것이기 때문에 여기에 대하여 다른 견해가 있을 수 없을 것으로 보인다.

문제는 전남대에 재직하고 있는 교수위원이 경쟁관계에 있는 다른 대학의 예비인가처분 심사에 참여한 심사결과의 법적 효력을 어떻게 볼 것인가 하는 것이다.

첫 번째 쟁점은 절차적, 실체적 흠이 있는 예비인가처분으로 인하여 일단 예비인가처분을 받은 대학들의 경우 로스쿨이 설치되었고 학생들이 입학하여 교육을 받고 있는 상황에서 비록 예비인가처분이 흠이 있다고 하더라도 이를 이유로 예비인가처분에 대한 무효 또는 취소를 할 것인가 아니면 행정소송법 제28조가[11] 규정하는 바에 따라서 이른바 사정판결을 할 것인가를 결정하는 것이다. 두 번째 쟁점은 앞서 언급한 바와 같이 제척사유에 해당하는 교수위원이 경쟁관계에 있는 다른 대학들에 대한 예비인가처분 심사에 대한 결과의 법적 효과에 관한 것이다.

대법원은 첫 번째 쟁점과 관련하여 법학전문대학원의 설치·운영에 관한 법률 제13조 제1호의 의미를 "이 조항을 법학교수인 위원 본인(이하 '교수위원'이라 한다)과 심의대상 대학에 한정하여 보면 '법학교수인 위원이 심의대상인 대학에 재직하는 경우 당해 심의에 관여하지 못한다'라는 규정이 되는바, 여기에서의 '당해 심의'는 그 문언상 '법학교수인 위원이 재직하는 대학에 대한 심의'라고 볼 것이지만, 그것을 '법학교수인 위원이 재직하는 대학만을 다른 대학과 분리하여 독립적인 심의의 대상으로 삼은 경우'에 한정할 것은 아니다"라고 하여 자신이 재직하는 대학에 대한 심사는 물론 더 나아가 다른 (경쟁)대학에 대한 심의에도 관여하지 못하는 것으로 넓게 해석하고 있다. 이러한 대법원의 판단은 원칙적으로 정당한 법률해석으로 볼 수 있다.

하지만, 항소심은 교수위원의 관여가 금지되는 법 제13조의 '당해 심의'는 '교수위원이 소속한 대학에 대한 심의'에 한정된다고 하면서, 교수위원들이 자기 소속대학을 포함하여 신청 대학 전부를 대상으로 법학전문대학원 예비인가대학과 그 정원을 심의·의결한 위원회 제15차 회의에 관여한 것은 자기가 소속한 대학에 대한 관계에서 법 제13조가 금지한 '당해 심의'에 관여한 것이 되고 따라서 위 제15차 회의 중 교수위원이 소속된 전남대학교에 대한 예비인가 및 그 정원을 심의한 부분은 법 제13조의 제척조항에 위배되지만, 교수위원이 소속된 대학이 아닌 전북

---

11) 제28조(사정판결) ① 원고의 청구가 이유있다고 인정하는 경우에도 처분등을 취소하는 것이 현저히 공공복리에 적합하지 아니하다고 인정하는 때에는 법원은 원고의 청구를 기각할 수 있다. 이 경우 법원은 그 판결의 주문에서 그 처분등이 위법함을 명시하여야 한다.
② 법원이 제1항의 규정에 의한 판결을 함에 있어서는 미리 원고가 그로 인하여 입게 될 손해의 정도와 배상방법 그 밖의 사정을 조사하여야 한다.
③ 원고는 피고인 행정청이 속하는 국가 또는 공공단체를 상대로 손해배상, 제해시설의 설치 그 밖에 적당한 구제방법의 청구를 당해 취소소송등이 계속된 법원에 병합하여 제기할 수 있다.

대학교, 원광대학교, 제주대학교에 대한 관계에서는 위 제척조항에 위배되지 않는다고 판단하였다.

그런데 앞서 법 제13조 제1호에 대하여 대법원이 경쟁 대학을 포함하여 공정한 심사를 위하여 전남대교수 위원이 제척사유에 해당한다고 광의의 해석을 하였음에도 불구하고 결과적으로는 이러한 항소심의 좁은 해석을 수용하여 항소심의 입장을 유지하여 그 적법성을 인정하고 있다. 다시 말하자면, 전남대에 대한 부분은 위법하지만 경쟁관계에 있는 다른 대학에 대한 심사는 문제가 없다는 결론을 내린 것이다. 하지만, 대법원도 강조하고 있는 바와 같이 이 사건은 전형적인 경원자관계로서 인·허가 등의 수익적 행정처분을 신청한 수인이 서로 경쟁관계에 있어서 일방에 대한 허가 등의 처분이 타방에 대한 불허가 등으로 귀결될 수밖에 없는 때 허가 등의 처분을 받지 못한 자는 비록 경원자에 대하여 이루어진 허가 등 처분의 상대방이 아니라 하더라도 당해 처분의 취소를 구할 원고 적격을 가지고 그 위법 여부를 다툴 수 있는 것이다. 특히 로스쿨에 대한 예비인가처분은 관련 대학들의 입장에서 보면 지역에서 인재를 양성할 수 있는 기회가 부여되는가 혹은 그렇지 못한가의 문제에 대한 절체절명의 문제로서 그 심사에 있어서 거의 절대적인 의미의 공정성과 투명성이 요구되는 사안이다. 따라서 법 제13조 제1호도 이러한 입법취지를 가지고 있는 것이다.

이와 관련하여 대법원은 제1심과 항소심의 판결을 다음과 같이 그대로 받아들였다. "원심은 제1심판결을 인용하여, 광주권역에서 원고(조선대학교)의 평가점수가 원광대학교의 그것에 비하여 상당히 낮아 교육역량이 뒤진다고 평가됨에 반하여, 제주대학교의 평가점수는 원고의 그것에 비해 낮기는 하나 제주도가 육지의 다른 지역과는 생활권을 달리하고 자연·인문지리적 환경이 특수하다는 점 등에 비추어 지역균형이 고려될 수 있으므로, 광주권역의 각 대학교에 대한 인가처분을 함에 있어 교육역량이 우수한 대학의 선발과 지역 간 균형고려의 원칙에 위반되지 않는다고 판단하였다. 관련 법령과 위 법리에 기록을 비추어 보면, 원심의 이러한 판단은 정당한 것으로 수긍이 가고, 거기에 상고이유 주장과 같은 이중기준의 적용 등에 대한 평등원칙의 위반이나 신뢰보호원칙의 위배 등에 관한 법리오해 등의 위법이 없다".

하지만 대법원을 비롯한 제1심과 항소심판결은 일종의 결과론에 불과하다. 어차피 원고의 평가점수가 낮았으니 전남대 교수위원이 이들 대학의 예비인가처분 심사에 참여하였다고 하더라도 결과가 뒤바뀌지는 않았을 것이라는 입장이다. 하지만 경원자관계, 특히 이 사건과 같이 로스쿨 유치를 둘러싸고 극한의 경쟁관계에 있는 대학들에게는 심사에 대한 절차적, 실체적 공정성과 투명성 자체를 보장하는 것이 중요한 사안이다. 따라서 심사결과는 어찌 보면 2차적 문제에 불과하다. 어차피 절차적, 실체적 흠이 있더라도 결과는 동일하여 문제가 없다는 논리는 법률상 제척사유를 규정한 취지를 몰각하는 해석론이다.

첫 번째 사안인 사정판결과 관련하여서도 대법원판결은 문제를 가지고 있다. 원래 사정판결이라는 것은 행정처분에 흠이 있다고 하더라도 법원이 이를 이유로 취소하는 경우 현저히 공공복리에 적합하지 아니하다고 판단하는 경우에 예외적으로 원고의 청구를 기각하는 제도이다. 그런데 여기에서 말하는 행정처분의 흠은 그것이 중대하고 명백하여 이른바 무효사유에 해당하는 경우에는 아무리 공공복리에 현저히 부합하지 않는 경우라고 하더라도 법원이 사정판결을 할 수 없는 것으로 보아야 한다. 다시 말하자면, 행정처분의 흠이 취소로서 단순 위법사유에 해당하는 경우에 한하여 법원은 사정판결을 할 수 있는 것이다. 그 이유는 원고의 청구가 이유 있고 법원이 행정처분의 위법성을 인정함에도 불구하고 원고의 청구를 기각하는 사정판결은 사법작용이기는 하지만 그야말로 지극히 예외적인 상황에서 법원이 할 수 있는 일종의 '정책적 판단'이기 때문에 사정판결이 남용된다면 실제로 행정소송제도의 취지 자체가 훼손될 수 있기 때문이다.

이러한 이유 때문에 행정심판법은 이른바 사정재결제도를[12] 인정하면서도 무효등확인심판에는 적용하지 아니한다. 이와 관련하여 행정소송법은 명문의 규정을 두고 있지는 않지만 일반적인 견해는 취소소송의 경우에만 사정판결을 인정하고 있다. 그렇다면 법 제13조 제1호가 규정하는 제척사유를 위반한 예비인가처분은 단순한 위법사유로서 취소사유에 불과한가? 법 제13조 제1호는 일종의 강행규정

---

12) 제44조(사정재결) ① 위원회는 심판청구가 이유가 있다고 인정하는 경우에도 이를 인용(認容)하는 것이 공공복리에 크게 위배된다고 인정하면 그 심판청구를 기각하는 재결을 할 수 있다. 이 경우 위원회는 재결의 주문(主文)에서 그 처분 또는 부작위가 위법하거나 부당하다는 것을 구체적으로 밝혀야 한다.
② 위원회는 제1항에 따른 재결을 할 때에는 청구인에 대하여 상당한 구제방법을 취하거나 상당한 구제방법을 취할 것을 피청구인에게 명할 수 있다.
③ 제1항과 제2항은 무효등확인심판에는 적용하지 아니한다.

으로서 예비인가처분의 공정성과 투명성을 보장하는데 어떠한 예외도 없이 적용되어야 한다는 점에서 이에 위반한 처분은 중대하고 또한 명백한 흠을 갖고 있어서 무효라고 보아야 하고 따라서 사정판결이 허용될 수 없는 사안으로 보아야 한다.

그렇다면 이미 입학하여 로스쿨에서 교육을 받고 있는 학생들은 어떻게 하라는 이야기인가? 로스쿨 준비생인 로흥판씨도 혹시 자신이 진학을 원하는 로스쿨이 없어지지나 않을지 조바심이 난다. 대법원은 이를 인식하여 "전남대에 대한 이 사건 인가처분을 취소하고 다시 심의하는 것은 무익한 절차의 반복에 그칠 것으로 보이는 점 등"을 종합하여 사정판결을 정당화하고 있다. 하지만, 향후 이와 유사한 사안이 다시 반복될 수 있다는 점을 고려하여 일단 경원관계에 있는 대학들의 로스쿨에 대한 예비인가심사는 원점에서 재검토가 필요하며 예비인가처분이 무효가 되면 로스쿨들은 예비인가처분에 대한 무효확인을 구하는 항고소송과 함께 집행정지를 신청할 수 있고 법원은 회복하기 어려운 손해나 긴급한 필요, 공공복리 등의 요건을 검토하여 본안판결이 이루어지기 전까지 집행정지에 대한 인용 여부를 결정하는 것이 바람직하다. 대법원은 무용한 절차의 반복이라고 지적하고 있지만 이미 불가역적으로 벌어진 일을 거론하면서 공정성과 투명성을 희생시키는 국가행정은 국민의 신뢰를 받기 어렵다.

13. 대법원 2013.3.21. 선고 2011다95564 전원합의체 판결[양수금]; 대법원 2020. 3. 2. 선고 2017두41771 판결[조세채권존재확인]

1) 양수금 판결 요지

[다수의견] 부가가치세법령이 환급세액의 정의 규정, 그 지급시기와 산출방법에 관한 구체적인 규정과 함께 부가가치세 납세의무를 부담하는 사업자(이하 '납세의무자'라 한다)에 대한 국가의 환급세액 지급의무를 규정한 이유는, 입법자가 과세 및 징수의 편의를 도모하고 중복과세를 방지하는 등의 조세 정책적 목적을 달성하기 위한 입법적 결단을 통하여, 최종 소비자에 이르기 전의 각 거래단계에서 재화 또는 용역을 공급하는 사업자가 그 공급을 받는 사업자로부터 매출세액을 징수하여 국가에 납부하고, 그 세액을 징수당한 사업자는 이를 국가로부터 매입세액으로

공제·환급받는 과정을 통하여 그 세액의 부담을 다음 단계의 사업자에게 차례로 전가하여 궁극적으로 최종 소비자에게 이를 부담시키는 것을 근간으로 하는 전단계세액공제 제도를 채택한 결과, 어느 과세기간에 거래징수된 세액이 거래징수를 한 세액보다 많은 경우에는 그 납세의무자가 창출한 부가가치에 상응하는 세액보다 많은 세액이 거래징수되게 되므로 이를 조정하기 위한 과세기술상, 조세 정책적인 요청에 따라 특별히 인정한 것이라고 할 수 있다. 따라서 이와 같은 부가가치세법령의 내용, 형식 및 입법 취지 등에 비추어 보면, 납세의무자에 대한 국가의 부가가치세 환급세액 지급의무는 그 납세의무자로부터 어느 과세기간에 과다하게 거래징수된 세액 상당을 국가가 실제로 납부받았는지와 관계없이 부가가치세법령의 규정에 의하여 직접 발생하는 것으로서, 그 법적 성질은 정의와 공평의 관념에서 수익자와 손실자 사이의 재산상태 조정을 위해 인정되는 부당이득 반환의무가 아니라 부가가치세법령에 의하여 그 존부나 범위가 구체적으로 확정되고 조세 정책적 관점에서 특별히 인정되는 공법상 의무라고 봄이 타당하다. 그렇다면 납세의무자에 대한 국가의 부가가치세 환급세액 지급의무에 대응하는 국가에 대한 납세의무자의 부가가치세 환급세액 지급청구는 민사소송이 아니라 행정소송법 제3조 제2호에 규정된 당사자소송의 절차에 따라야 한다.

[대법관 박보영의 반대의견] 현행 행정소송법 제3조 제2호는 당사자소송의 정의를 "행정청의 처분 등을 원인으로 하는 법률관계에 관한 소송 그 밖에 공법상의 법률관계에 관한 소송으로서 그 법률관계의 한쪽 당사자를 피고로 하는 소송"이라고 추상적으로 규정함으로써 구체적인 소송의 형식과 재판관할의 분배를 법원의 해석에 맡기고 있다. 따라서 그 권리의 법적 성질에 공법적인 요소가 있다는 이유만으로 반드시 당사자소송의 대상으로 삼아야 할 논리필연적 당위성이 존재한다고는 볼 수 없다. 오히려 부가가치세 환급세액은, 사업자가 매입 시 지급한 부가가치세(매입세액)가 매출 시 받은 부가가치세(매출세액)보다 많을 때, 국가는 사업자가 더 낸 부가가치세를 보유할 정당한 이유가 없어 반환하는 것으로서 그 지급청구의 법적 성질을 민법상 부당이득반환청구로 구성하는 것도 가능하다. 또한 어느 사업자로부터 과다하게 거래징수된 세액 상당을 국가가 실제로 납부받지 않았다고 하더라도, 그 사업자의 출연행위를 직접적인 원인으로 하여 국가가 그 거래징수를 한

사업자에 대한 조세채권을 취득하기 때문에 손실과 이득 사이의 직접적 연관성 및 인과관계가 존재한다고 규범적으로 평가하고, 부가가치세법 제24조 제1항, 부가가치세법 시행령 제72조 제1항 등의 규정을 부당이득의 성립요건 중 국가의 이득 발생이라는 요건을 완화시키는 부당이득의 특칙으로 이해할 수도 있다. 결국 본래 부당이득으로서 국가가 이를 즉시 반환하는 것이 정의와 공평에 합당한 부가가치세 환급세액에 관하여 부가가치세법령에 요건과 절차, 지급시기 등이 규정되어 있고 그 지급의무에 공법적인 의무로서의 성질이 있다는 이유로, 그 환급세액 지급청구를 반드시 행정법원의 전속관할로 되어 있는 행정소송법상 당사자소송으로 하여야 한다고 볼 것은 아니다.

2) 조세채권존재확인 판결 요지

[1] 조세는 국가존립의 기초인 재정의 근간으로서, 세법은 공권력 행사의 주체인 과세관청에 부과권이나 우선권 및 자력집행권 등 세액의 납부와 징수를 위한 상당한 권한을 부여하여 공익성과 공공성을 담보하고 있다. 따라서 조세채권자는 세법이 부여한 부과권 및 자력집행권 등에 기하여 조세채권을 실현할 수 있어 특별한 사정이 없는 한 납세자를 상대로 소를 제기할 이익을 인정하기 어렵다. 다만 납세의무자가 무자력이거나 소재불명이어서 체납처분 등의 자력집행권을 행사할 수 없는 등 구 국세기본법(2013. 1. 1. 법률 제11604호로 개정되기 전의 것) 제28조 제1항이 규정한 사유들에 의해서는 조세채권의 소멸시효 중단이 불가능하고 조세채권자가 조세채권의 징수를 위하여 가능한 모든 조치를 충실히 취하여 왔음에도 조세채권이 실현되지 않은 채 소멸시효기간의 경과가 임박하는 등의 특별한 사정이 있는 경우에는, 그 시효중단을 위한 재판상 청구는 예외적으로 소의 이익이 있다고 봄이 타당하다.

[2] 국가 등 과세주체가 당해 확정된 조세채권의 소멸시효 중단을 위하여 납세의무자를 상대로 제기한 조세채권존재확인의 소는 공법상 당사자소송에 해당한다.

3) 해설 및 평론

행정소송법에 규정된 당사자소송이란 무엇이며 항고소송과는 어떻게 구별되는가? 일단 당사자소송에 대한 행정소송법 제3조 제2호에 의하면 당사자소송이란 행정청의 처분등을 원인으로 하는 법률관계에 관한 소송 그 밖에 공법상의 법률관계에 관한 소송으로서 그 법률관계의 한쪽 당사자를 피고로 하는 소송이다. 그런데 당사자소송에 대한 이러한 개념정의를 보고 초학자들이 당사자소송이 어떤 것인지 알 수 있다면 대단한 일이고 모른다 하더라도 전혀 이상할 것이 없으니 자신의 무지나 문해력을 탓하지 않았으면 좋겠다. 일단 당사자소송은 "공법상 법률관계에 관한 소송"으로서 공법적인 다툼을 해결하기 위한 소송수단이며 항고소송과 다른 점은 행정청의 공권력 행사로서 처분이나 부작위에 대한 무효확인 또는 취소를 구하는 소송과 구별된다.

항고소송이 행정청의 우월적 지위에서 국민에게 일정한 공권력을 행사하였으나 그것이 위법하여 항의하는 소송인데 반하여 당사자소송은 말 그대로 행정청과 상대방인 국민이 대등한 관계에 있다는 결정적인 차이가 있다. 다시 말하자면, 친구에게 빌려준 돈을 받지 못하면 채권채무관계라는 법률관계에 대한 분쟁이 발생하는 것이고 이 경우 "빌린 돈을 되돌려 달라"라는 채권을 소송을 통하여 행사하는 것이다. 그렇다면 이는 민사소송과 동일한데 행정소송법상 당사자소송을 별도로 운영하고 그 관할을 일반법원이 아닌 행정법원으로 할 필요가 있을까? 그런데 앞서 설명한 대로 당사자소송은 행정청의 위법한 처분이나 부작위를 다투는 것이 아니라 민사소송처럼 법률관계에 대한 분쟁이지만 그러한 법률관계에 대한 다툼이 공법상 원인에 의하여 발생한다는 점이다. 예를 들자면 단순히 친구에게 돈을 빌려주고 못 받는 상황이 아니라 국가에게 세금을 납부하였으나 너무 많이 내거나 잘못 납부하여 되돌려 달라는 부당이득이라는 법률관계가 조세라는 공법상 원인에 의하여 발생하였다는 점이 중요하다.

또는 그와는 정반대로 국가가 개인에게 가지고 있는 조세채권의 소멸시효를 중단시키기 위한 소송을 제기한다고 생각해 보자. 국가가 개인을 상대로 세금을 둘러싼 조세채권의 존재확인을 구하는 소송은 국가가 국민에게 조세를 부과하는 처분을 다투는 항고소송과는 달리 국가와 개인이 대등한 당사자라는 것을 전제로 하고 있다. 서로 돈을 달라는 이행청구를 상대방에게 하고 있는 법적 구도이기 때문에 이러한 소송을 당사자소송이라고 부르는 것이다. 우선 첫 번째 사건부터 보기로 하자. 대법원은 이른바 전단계세액공제 제도를 근간으로 하는 부가가치세의 구조에 대하여 설명하고 있다. 부가가치세는 각 거래단계에서 재화 또는 용역을 공급하는 사업자가 그 공급을 받는 사업자로부터 매출세액을 징수하여 국가에 납부하고, 그 세액을 징수당한 사업자는 이를 국가로부터 매입세액으로 공제·환급받는 과정을 통하여 그 세액의 부담을 다음 단계의 사업자에게 차례로 전가하여 궁극적으로 최종 소비자에게 이를 부담시키는 것을 근간으로 하는 조세이다.

그런데 사업자가 자신이 공급한 그 재화 및 용역의 제공을 받는 다음 단계의 사업자로부터 매출세액을 징수하여 국가에 납부하였으나 자신이 이전 단계의 사업자로부터 공급받은 재화와 용역에 대한 공제대상 매입세액을 초과하는 경우 국가에 대하여 일종의 환급세액이 발생한다. 이는 형식적으로 보면 개인이 국가에 대하여 일종의 부당이득반환청구권을 갖는 것이기 때문에 민사소송으로 그 반환을 구하면 될 것처럼 보인다. 당시 박보영대법관은 이미 유사한 사건을 모두 민사소송으로 무난히 처리하였는데, 왜 다수의견이 당사자소송이니 뭐니 하면서 호들갑을 떠는가 하는 의문을 제시한 것이다. 이 문제를 민사소송이 아닌 행정소송의 하나인 당사자소송을 제기하고 관할을 굳이 행정법원으로 하여야 하는 당위성이 있는가라고 묻고 있는 것이다.

이에 대하여 다수의견은 환급세액이 발생한 원인을 주목하고 있다. 즉 "납세의무자에 대한 국가의 부가가치세 환급세액 지급의무는 그 납세의무자로부터 어느 과세기간에 과다하게 거래징수된 세액 상당을 국가가 실제로 납부받았는지와 관계없이 부가가치세법령의 규정에 의하여 직접 발생하는 것으로서, 그 법적 성질은 정의와 공평의 관념에서 수익자와 손실자 사이의 재산상태 조정을 위해 인정되는 부당이득 반환의무가 아니라 부가가치세법령에 의하여 그 존부나 범위가 구체적으로 확정되고 조세 정책적 관점에서 특별히 인정되는 공법상 의무라고 봄이 타당하다"라고 하여 부가가치세법령 자체에서 발생한 공법상 국가의 반환의무는 반드시 행정소송, 그 중에서도 당사자소송의 형식이 되어야 한다는 것이다. 당사자소송은 행정소송이기 때문에 민사소송과 같이 원칙적으로 변론주의가 지배하지만 법원이 실체적 진실을 발견하기 위하여 경우에 따라서는 당사자가 주장하지 않는 사실에 대하여도 직권으로 조사하여야 하는 등 공법적 성격이 드러날 수도 있다는 점에서 민사소송과 구별할 소송상의 실익도 존재한다.

두 번째 사건에서 국가는 개인에 대하여 가지고 있는 조세채권이 납세자의 불이행에 따라서 장기간 방치 상태에 있는 경우 소멸시효가 완성되고 국가는 더 이상 강제로 징수할 수 없게 된다. 물론 조세채권의 소멸시효 역시 이행의 청구, 압류, 납부최고 등 중단을 위한 수단들이 존재하지만 납세의무자가 무자력이거나 소재 불명이어서 체납처분 등의 자력집행권을 행사할 수 없는 등의 사유가 있는 경우에는 특단의 조치가 필요하다. 일반적으로 국가는 납세자가 조세채무를 이행하지 않는 경우 국세징수법에 따라서 강제로 징수하는 수단이 있기 때문에 국가가 원고가 되어 납세자를 피고로 법원에 소송을 제기하는 것은 매우 이례적이다. 하지만 납세의무자가 무자력이거나 소재 불명이어서 다른 수단으로는 조새채권의 소멸시효를 방지하기 어려운 경우 국가가 납세자를 대등한 당사자로 보고 소멸시효의 중단을 요구하는 재판상 청구가 행정소송의 하나인 당사자소송의 형식으로 가능하다는 것이 대법원의 입장이고 이는 충분히 납득할 수 있는 법리라고 할 수 있다.

14. 대법원 2024. 7. 25. 선고 2023추5177 판결[조례안의결무효확인]〈정당 현수막의 표시·설치에 관한 기준을 규정한 「부산광역시 옥외광고물 등의 관리와 옥외광고산업 진흥에 관한 조례 일부개정조례안」(이하 '이 사건 조례안')에 대한 의결의 무효확인을 구하는 사건〉

1) 판결 요지

정당이 정당 현수막을 설치·표시하는 경우 '동시에 게시할 수 있는 현수막의 개수는 읍·면·동별로 1개'(제1호), '혐오·비방의 내용 및 문구 금지'(제2호)라는 두 개의 기준을 모두 갖추어 지정게시대에 게시하여야 한다는 내용의 '부산광역시 옥외광고물 등의 관리와 옥외광고산업 진흥에 관한 조례 일부개정조례안' 제13조의2가 관련 법령에 위반된다는 등의 이유로 행정안전부장관이 시장에게 재의를 요구했으나 불응하자 지방자치법 제192조 제8항을 근거로 위 조례안 의결의 무효확인을 구하는 소송을 제기한 사안에서, 제반 사정을 종합하면, 정당 현수막에 관한 규율은 본질상 지방자치단체가 법령의 위임 없이도 조례로 규율할 수 있는 사항으로 평가하기 어렵고, 입법자 역시 정당 현수막의 보장과 제한을 직접 규정함으로써 전국에 걸쳐 일률적으로 동일한 내용을 규율하려는 취지이며, 달리 조례로 정당 현수막의 표시·설치에 관한 사항을 정할 수 있도록 위임하고 있지도 않으므로, 하위

법령인 조례로서 옥외광고물 등의 관리와 옥외광고산업 진흥에 관한 법령(이하 '옥외광고물법령'이라 한다)이 정당 현수막의 표시·설치에 관하여 정한 것보다 엄격하게 규정하고 있는 위 조례안 규정은 옥외광고물법령에 위반된다는 이유로, 위 조례안 규정이 조례에 대한 관계에서 법령의 우위를 명시한 헌법 제117조 제1항과 지방자치법 제28조 제1항 본문에 위배되었다고 한 사례.

2) 해설 및 평론

이 사건은 우리 행정소송법이 인정하고 있는 행정소송의 한 가지 유형으로서 기관소송과 관련된 것이다. 행정소송법 제4조 제4호에 의하여 기관소송은 국가 또는 공공단체의 기관상호간에 있어서의 권한의 존부 또는 그 행사에 관한 다툼이 있을 때에 이에 대하여 제기하는 소송이다. 다만, 헌법재판소법 제2조의 규정에 의하여 헌법재판소의 관장사항으로 되는 소송(권한쟁의심판)은 제외한다. 이 역시 개념 정의만 가지고는 초학자가 기관소송이 무엇인지 이해하기 어렵다. 더욱이 기관소송은 행정청의 처분에 대하여 다투는 항소소송이나 공법상 법률관계에 대한 분쟁을 해결하는 당사자소송과는 달리 개인의 권익 침해에 대한 구제를 목적으로 하는 주관적 소송이 아니라 국가나 공공단체 기관 상호 간에 일정한 권한이 존재하는가 여부 및 권한 행사가 적법한 것인가 여부를 다투는 이른바 객관적 소송이다.

행정소송법 제45조에 따라서 후술하는 지방자치법상 주민소송과 같은 민중소송 및 이 사건에서 문제가 되는 기관소송은 법률이 정한 경우에 법률에 정한 자에 한하여 제기할 수 있다. 따라서 기관소송과 같은 객관적 소송은 필요한 경우 임의로 원고가 권익침해를 주장하며 소송을 제기할 수 있는 것이 아니라 관련 법률에 따라서 그 요건과 절차가 규정되어 있는 경우에 한하여 제기하는 이른바 法定訴訟(법정소송)이다. 그 이유는 객관적 소송을 일반적으로 허용하는 경우 법원에 수많은 소송이 제기되는 濫訴(남소)의 위험이 있기 때문에 법률로서 일정한 경우에만 소송을 허용하는 것이다. 이러한 기관소송 중의 하나가 지방자치법 제192조 제4항의 소송이다.

물론 이 사건에서 직접 문제가 되는 소송은 지방자치법 제192조 제8항의 소송으로서 제4항의 기관소송과는 다소 성격상 차이가 있다. 지방자치법 제192조는 지방자치단체의 의회가 법령에 위반되는 조례 또는 의결을 한 경우 이를 바로잡기 위한 절차와 소송을 규정하고 있는데 그 내용은 아래와 같다.[13] 여러분들도 거리를 지나면서 정당에서 정책홍보와는 무관하게 상대방 정당을 비방하는 광고나 현수막을 목격한 경험이 있을 것이다. 이 사건에서 지방자치단체는 이 문제에 대하여 관련 법규(옥외광고물 등의 관리와 옥외광고산업 진흥에 관한 법령; 이하 '옥외광고물법령'이라 한다)가 너무 느슨하게 이 문제를 규율하고 있기 때문에 문제라고 판단하고 지방의회가 정당현수막 등 광고물에 대한 규제를 강화하기 위한 조례를 제정한 것이다.

하지만 문제가 있다. 헌법[14] 및 지방자치법은[15] 자치단체의 조례 등 자치법

---

13) 제192조(지방의회 의결의 재의와 제소) ① 지방의회의 의결이 법령에 위반되거나 공익을 현저히 해친다고 판단되면 시·도에 대해서는 주무부장관이, 시·군 및 자치구에 대해서는 시·도지사가 해당 지방자치단체의 장에게 재의를 요구하게 할 수 있고, 재의 요구 지시를 받은 지방자치단체의 장은 의결사항을 이송받은 날부터 20일 이내에 지방의회에 이유를 붙여 재의를 요구하여야 한다.
② 시·군 및 자치구의회의 의결이 법령에 위반된다고 판단됨에도 불구하고 시·도지사가 제1항에 따라 재의를 요구하게 하지 아니한 경우 주무부장관이 직접 시장·군수 및 자치구의 구청장에게 재의를 요구하게 할 수 있고, 재의 요구 지시를 받은 시장·군수 및 자치구의 구청장은 의결사항을 이송받은 날부터 20일 이내에 지방의회에 이유를 붙여 재의를 요구하여야 한다.
③ 제1항 또는 제2항의 요구에 대하여 재의한 결과 재적의원 과반수의 출석과 출석의원 3분의 2 이상의 찬성으로 전과 같은 의결을 하면 그 의결사항은 확정된다.
④ 지방자치단체의 장은 제3항에 따라 재의결된 사항이 법령에 위반된다고 판단되면 재의결된 날부터 20일 이내에 대법원에 소를 제기할 수 있다. 이 경우 필요하다고 인정되면 그 의결의 집행을 정지하게 하는 집행정지결정을 신청할 수 있다.
⑤ 주무부장관이나 시·도지사는 재의결된 사항이 법령에 위반된다고 판단됨에도 불구하고 해당 지방자치단체의 장이 소를 제기하지 아니하면 시·도에 대해서는 주무부장관이, 시·군 및 자치구에 대해서는 시·도지사(제2항에 따라 주무부장관이 직접 재의 요구 지시를 한 경우에는 주무부장관을 말한다. 이하 이 조에서 같다)가 그 지방자치단체의 장에게 제소를 지시하거나 직접 제소 및 집행정지결정을 신청할 수 있다.
⑥ 제5항에 따른 제소의 지시는 제4항의 기간이 지난 날부터 7일 이내에 하고, 해당 지방자치단체의 장은 제소 지시를 받은 날부터 7일 이내에 제소하여야 한다.
⑦ 주무부장관이나 시·도지사는 제6항의 기간이 지난 날부터 7일 이내에 제5항에 따른 직접 제소 및 집행정지결정을 신청할 수 있다.
⑧ 제1항 또는 제2항에 따라 지방의회의 의결이 법령에 위반된다고 판단되어 주무부장관이나 시·도지사로부터 재의 요구 지시를 받은 해당 지방자치단체의 장이 재의를 요구하지 아니하는 경우(법령에 위반되는 지방의회의 의결사항이 조례안인 경우로서 재의 요구 지시를 받기 전에 그 조례안을 공포한 경우를 포함한다)에는 주무부장관이나 시·도지사는 제1항 또는 제2항에 따른 기간이 지난 날부터 7일 이내에 대법원에 직접 제소 및 집행정지 결정을 신청할 수 있다.
⑨ 제1항 또는 제2항에 따른 지방의회의 의결이나 제3항에 따라 재의결된 사항이 둘 이상의 부처와 관련되거나 주무부장관이 불분명하면 행정안전부장관이 재의 요구 또는 제소를 지시하거나 직접 제소 및 집행정지 결정을 신청할 수 있다.

14) 제117조 ① 지방자치단체는 주민의 복리에 관한 사무를 처리하고 재산을 관리하며, <u>법령의 범위 안에서</u> 자치에 관한 규정을 제정할 수 있다. ② 지방자치단체의 종류는 법률로 정한다.

규는 "법령의 범위 안"에서 제정하도록 하여 조례는 국회가 제정한 법률, 그 위임에 따르는 대통령령, 총리령, 부령 등 보다 그 효력이 하위에 있음을 선언하고 있다. 따라서 법률이나 시행령보다 엄격한 규제를 가하는 조례는 결국 법률이나 시행령의 내용에 반하는 것으로서 무효가 된다는 의미이다. 이 사건에서 법령에 비하여 정당의 현수막이나 광고를 엄격하게 규제하는 조례가 상위 법령에 위반하는 문제가 발생하여 이를 바로잡기 위한 절차가 지방자치법 제192에 규정되어 있다. 이 사건에서 지방의회의 당해 조례가 옥외광고물법령에 위반된다고 판단하였다면 제1항에 따라서 행정안전부장관이 부산광역시장에게 부산광역시 의회가 제정한 조례가 법령에 위반되는 소지가 있으므로 부산광역시장 명의로 부산광역시 의회에게 재의를 요구하라는 지시를 받게 되고 부산광역시장이 부산광역시의회에게 위 조례안에 대하여 다시 의결할 것을 요구하였다고 가정하자.

그럼에도 불구하고 부산광역시의회가 제3항에 따라서 이 조례는 전혀 법적으로 문제될 것이 없다고 판단하여 재적의원 과반수의 출석과 출석의원 3분의 2 이상의 찬성으로 전과 같은 의결을 하였다면 이제 부산광역시장은 부산시의회를 피고로 하여 제4항에 따라서 대법원에 소송을 제기하게 되는데 이것이 바로 지방자치법 제192조 제4항에 의한 기관소송이다. 이 경우 부산광역시장과 부산광역시의회라는 지방자치단체의 기관 상호간에 권한의 다툼(부산광역시장은 부산광역시의회가 법령에 위반하는 조례를 제정할 권한이 없다고 주장하므로)이 발생하여 시장이 원고로서 의회를 피고로 대법원에 소송을 제기하는 것이다.

하지만, 이 사건은 사실관계가 다소 상이하다. 정당들이 정책홍보와는 관계 없이 상대 정당을 비방하는 광고나 현수막에 대해서 주민들은 매우 화나고 짜증난다는 여론이 지배적이었기 때문에 부산광역시장 역시 부산광역시의회가 법적으로 월권한다는 생각이 있었더라도 재의요구를 하는 등 이를 적극적으로 제지하지 않았다. 주민의 의사를 거스른다면 지방의회의원은 물론 지방자치단체의 장 역시 재선을 확신할 수 없기 때문이다. 지방자치법은 이러한 상황을 예상하여 제198조 제8항에 따라서 지방의회의 의결이 법령에 위반된다고 판단되어 제1항에 의한 행정안

15) 제28조(조례) ① 지방자치단체는 <u>법령의 범위에서</u> 그 사무에 관하여 조례를 제정할 수 있다. 다만, 주민의 권리 제한 또는 의무 부과에 관한 사항이나 벌칙을 정할 때에는 법률의 위임이 있어야 한다. ② 법령에서 조례로 정하도록 위임한 사항은 그 법령의 하위 법령에서 그 위임의 내용과 범위를 제한하거나 직접 규정할 수 없다.

전부장관의 재의 요구 지시를 받은 부산광역시장이 재의를 요구하지 아니하였기 때문에 행정안전부장관의 재의요구 기간이 지난 날부터 7일 이내에 행정안전부장관이 부산광역시의회를 피고로 하여 대법원에 직접 제소한 것이므로 이 사건에서 문제가 된 소송은 제4항의 기관소송이 아니라 제8항의 소송이 제기된 것이다.

제8항의 소송이 기관소송이 아닌 이유는 명백하다. 그 이유는 기관소송이란 동일한 자치단체 내부의 기관(장과 의회) 상호간에 권한의 존부나 행사의 다툼을 해결하는 소송방식이기 때문에 이 사건과 같이 국가(행정안전부장관)와 자치단체의 의회(부산광역시의회) 간의 소송은 동일한 자치단체 기관 간의 싸움을 해결하는 소송수단이 아니라 국가와 자치단체 간의 다툼을 그 대상으로 하기 때문이다. 그렇다고 이는 헌법재판소의 관할대상인 권한쟁의심판도 아니며 지방자치법이 규정한 국가가 자치단체를 대상으로 제기하는 일종의 감독소송이라고 부르는 것이 적절할 것이다.

그렇다면 여기에서 한 가지 의문이 생길 수 있다. 부산시민이 거부감을 가지고 있고 그렇기 때문에 부산광역시장과 부산광역시의회도 역시 싫어하는 정당 광고물이나 현수막에 대하여 법령보다 규제를 강화하려는데 왜 국가가 나서서 이를 소송을 통하여 방해하려는 것일까? 부산광역시에는 국민주권주의가 실현되지 않는 지역인가? 그 이유는 헌법상 정당이 특별한 보호를 받는다는 사실 외에도[16] 중앙정치 무대에서 각 정당이 상대방에 대한 비방과 비난을 참지 못하고 있다는 서글픈 정치 현실 때문이고 아무리 국민들이나 자치단체의 주민들이 정쟁에 피곤하고 짜증을 내서 지방의회가 법률보다 더 강력한 조례를 제정해서 쓸데없는 현수막이나 광고를 규제하려고 해도 국회의원들이나 중앙정치인들의 관심 밖에 있기 때문이다.

대통령제와 의원내각제를 절충하고 있는 우리나라 헌법의 체계에 따라서 심지어 행정안전부장관이 국회의원을 겸직할 수도 있다. 밤낮으로 대남 및 대북확성기 소음으로 수면방해는 물론 일상의 평온함을 침해받고 있는 김포 등 접경지역 주민

---

16) 제8조 ① 정당의 설립은 자유이며, 복수정당제는 보장된다.
② 정당은 그 목적·조직과 활동이 민주적이어야 하며, 국민의 정치적 의사형성에 참여하는데 필요한 조직을 가져야 한다.
<u>③ 정당은 법률이 정하는 바에 의하여 국가의 보호를 받으며, 국가는 법률이 정하는 바에 의하여 정당운영에 필요한 자금을 보조할 수 있다.</u>
④ 정당의 목적이나 활동이 민주적 기본질서에 위배될 때에는 정부는 헌법재판소에 그 해산을 제소할 수 있고, 정당은 헌법재판소의 심판에 의하여 해산된다.

들이 국회에 와서 무릎을 꿇고 통 사정을 하고 경기도나 접경지역 자치단체가 아무리 애를 써도 이른바 대북 심리전을 표방하는 윤석열 전 정부는 들은 척을 하지 않았던 것 아닌가? 그런데 헌법적으로 보다 큰 문제가 있다. 지방자치단체가 주민들의 복리와 편의를 도모하기 위하여 법령에 비하여 보다 엄격한 규제를 하기 위한 목적으로 조례 등을 제정하는 경우에 대법원의 견해처럼 "법령의 범위안"이라는 헌법과 지방자치법의 규정을 교조적으로 반복하는 것은 헌법상 지방자치단체에게 포괄적인 자치권을 부여한 취지와 서로 맞지 않는다는 지적을 하지 않을 수 없다. 따라서 이 문제는 향후 자치단체의 권한을 확대, 강화하는 분권형 개헌을 통하여 해결하는 것이 바람직하고, 이에 대해서는 다른 기회에 논하기로 한다.

15. 대법원 2019. 10. 17. 선고 2018두104 판결[도로점용허가처분무효확인등]〈서울특별시 서초구청장의 도로점용허가처분에 대하여 서초구 주민들이 주민소송을 제기한 사건〉

1) 판결 요지

[1] 갑 교회가 지구단위계획구역으로 지정되어 있던 토지 중 일부를 매수한 후 교회 건물을 신축하는 과정에서 을 구(구) 소유 국지도로 지하에 지하주차장 진입통로를 건설하고 지하공간에 건축되는 예배당 시설 부지의 일부로 사용할 목적으로 을 구청장에게 위 도로 지하 부분에 대한 도로점용허가를 신청하였고, 을 구청장이 위 도로 중 일부 도로 지하 부분을 2010. 4. 9.부터 2019. 12. 31.까지 갑 교회가 점용할 수 있도록 하는 내용의 도로점용허가처분을 하자, 갑 교회가 위 도로 지하 부분을 포함한 신축 교회 건물 지하에 예배당 등의 시설을 설치한 사안에서, 예배당, 성가대실, 방송실과 같은 지하구조물 설치를 통한 지하의 점유는 원상회복이 쉽지 않을 뿐 아니라 유지·관리·안전에 상당한 위험과 책임이 수반되고, 이러한 형태의 점용을 허가하여 줄 경우 향후 유사한 내용의 도로점용허가신청을 거부하기 어려워져 도로의 지하 부분이 무분별하게 사용되어 공중안전에 대한 위해가 발생할 우려가 있으며, 위 도로 지하 부분이 교회 건물의 일부로 사실상 영구적·전속적으로 사용되게 됨으로써 도로 주변의 상황 변화에 탄력적·능동적으로 대처할 수 없게 된다는 등의 사정을 들어, 위 도로점용허가가 비례·형평의 원칙을 위반하

였다고 본 원심판단을 수긍한 사례.

[2] 지방자치법 제17조 제1항 중 '재산의 취득·관리·처분에 관한 사항' 부분이 '재산의 취득·관리·처분'이라는 일반·추상적 용어를 사용하고 있더라도, '재산', '취득', '관리', '처분' 개념은 다수의 법률에서 널리 사용하는 용어이고, 특히 지방자치단체의 재산에 관한 사항을 규율하고 있는 지방자치법과 구 공유재산 및 물품 관리법(2010. 2. 4. 법률 제10006호로 개정되기 전의 것) 등 관련 법률의 조항들을 통해 의미를 파악하는 것이 가능하며, 어떤 '재산의 취득·관리·처분'에 관한 행위가 주민소송의 대상이 되는지는 결국 법원이 주민소송 제도의 입법 취지를 고려하여 구체적으로 심리하여 판단해야 할 영역이다. 나아가 대법원은 "도로 등 공물이나 공공용물을 특정 사인이 배타적으로 사용하도록 하는 점용허가가 도로 등의 본래 기능 및 목적과 무관하게 그 사용가치를 실현·활용하기 위한 것으로 평가되는 경우에는 주민소송의 대상이 되는 재산의 관리·처분에 해당한다고 보아야 한다."라고 판시하여 주민소송의 대상에 관하여 구체적인 판단 기준을 제시한 바 있다. 따라서 지방자치법 제17조 제1항 중 '재산의 취득·관리·처분에 관한 사항' 부분은 명확성원칙에 반하지 아니한다.

2) 해설 및 평론

이 사건은 행정소송법의 민중소송과 지방자치법이 규정하는 주민소송에 관련되는 것이다. 행정소송법 제3조 제3호는 이른바 객관적 소송의 하나로서 민중소송을 규정하고 있다. 이에 따르면 민중소송이란 국가 또는 공공단체의 기관이 법률에 위반되는 행위를 한 때에 직접 자기의 법률상 이익과 관계없이 그 시정을 구하기 위하여 제기하는 소송이다. 예를 들어서 선거관리위원회가 선거관리를 잘못하여 선거 자체의 적법성이 문제 되거나 당선자를 가려내는 과정에서 고의 또는 과실로 부정의 소지가 있어서 당선무효에 해당하는 문제가 발생하는 경우에 낙선한 후보자는 물론 그를 공천한 정당 및 유권자들도 모두 원고가 되어 선거의 위법성을 시정하기 위하여 제기하는 선거소송이 대표적인 민중소송이다.

이 사건에서 문제가 되는 지방자치법상 주민소송 역시 자치단체가 공유재산 관리를 소홀히 하여 지방재정 운영에 위법사유가 발생한 경우 주민이면 누구나 원고가 되어 상급 자치단체의 감사청구를 거쳐서 주민소송을 제기할 수 있다. 따라서 주민소송은 기관소송과 함께 개인의 권익 침해와는 무관하게 법령의 집행에 객관적인 위법사유에 대한 시정을 구하는 객관적 소송이기 때문에 직접 원고의 법률상 이익과 관계가 없으므로 소송에서 원고적격은 전혀 문제되지 않는다. 다만, 행정소송법 제45조에 따라서 민중소송도 기관소송과 함께 객관적 소송이므로 법령에서 그 요건과 절차를 규정한 경우에 한하여 제기할 수 있는 法定訴訟(법정소송)이다.

실명을 거론하기는 좀 부담이 되지만 이 사건은 지하철 2호선 서초역에 있는 사랑의 교회라는 대형교회가 서초구가 소유한 공유재산인 도로의 지하에 방송실 등 반영구적인 시설을 건설하기 위하여 도로점용허가를 신청하고 서초구청이 이를 허가하는 과정에서 주민들이 지방자치법상 주민소송을 제기한 것이다. 이 사건에서 핵심적인 쟁점 중의 하나는 과연 이러한 사실관계가 지방자치법이 규정하는 주민소송의 대상이 될 수 있는가 하는 문제라고 할 수 있다. 지방자치법은 제22조(이 사건 제17조)에서[17] 아래와 같이 (일부 조항 생략) 주민소송제도를 규정하고 있다.

이 사건의 사실관계를 보면 서초구청장이 교회에게 도로의 지하 부분을 점용할 수 있는 도로점용허가를 하는 경우 향후 유사한 내용의 도로점용허가신청을 거부하기 어려워져 도로의 지하 부분이 무분별하게 사용되어 공중안전에 대한 위해가 발생할 우려가 있으며, 위 도로 지하 부분이 교회 건물의 일부로 사실상 영구

17) 제22조(주민소송) ① 제21조 제1항에 따라 공금의 지출에 관한 사항, 재산의 취득·관리·처분에 관한 사항, 해당 지방자치단체를 당사자로 하는 매매·임차·도급 계약이나 그 밖의 계약의 체결·이행에 관한 사항 또는 지방세·사용료·수수료·과태료 등 공금의 부과·징수를 게을리한 사항을 감사 청구한 주민은 다음 각 호의 어느 하나에 해당하는 경우에 그 감사 청구한 사항과 관련이 있는 위법한 행위나 업무를 게을리한 사실에 대하여 해당 지방자치단체의 장(해당 사항의 사무처리에 관한 권한을 소속 기관의 장에게 위임한 경우에는 그 소속 기관의 장을 말한다. 이하 이 조에서 같다)을 상대방으로 하여 소송을 제기할 수 있다.

② 제1항에 따라 주민이 제기할 수 있는 소송은 다음 각 호와 같다.

1. 해당 행위를 계속하면 회복하기 어려운 손해를 발생시킬 우려가 있는 경우에는 그 행위의 전부나 일부를 중지할 것을 요구하는 소송
2. 행정처분인 해당 행위의 취소 또는 변경을 요구하거나 그 행위의 효력 유무 또는 존재 여부의 확인을 요구하는 소송
3. 게을리한 사실의 위법 확인을 요구하는 소송
4. 해당 지방자치단체의 장 및 직원, 지방의회의원, 해당 행위와 관련이 있는 상대방에게 손해배상청구 또는 부당이득반환청구를 할 것을 요구하는 소송. 다만, 그 지방자치단체의 직원이 「회계관계직원 등의 책임에 관한 법률」 제4조에 따른 변상책임을 져야 하는 경우에는 변상명령을 할 것을 요구하는 소송을 말한다.

적·전속적으로 사용되게 됨으로써 도로 주변의 상황 변화에 탄력적·능동적으로 대처할 수 없게 된다는 등의 사정이 발생할 우려가 제기되었다. 결국 문제는 이러한 사정이 지방자치법 제22조 제1항에 규정하는 바와 같이 지방자치단체가 소유하는 공유재산의 취득·관리·처분에 관한 사항에 해당하여 주민소송의 대상이 될 수 있는가 하는 것이 핵심이다.

이와 관련하여 대법원은 지방자치법 제22조 제1항이 '재산의 취득·관리·처분'이라는 일반·추상적 용어를 사용하고 있다 하더라도, 어떤 '재산의 취득·관리·처분'에 관한 행위가 주민소송의 대상이 되는지 여부는 결국 법원이 주민소송 제도의 입법 취지를 고려하여 구체적으로 심리하여 판단해야 할 영역이라고 밝히고 있다. 이와 관련하여 대법원은 이미 2016년에 주민소송제도의 취지와 특히 '재산의 취득·관리·처분에 대하여 다음과 같이 판시하고 있다. "주민소송 제도는 지방자치단체 주민이 지방자치단체의 위법한 재무회계행위의 방지 또는 시정을 구하거나 그로 인한 손해의 회복 청구를 요구할 수 있도록 함으로써 지방자치단체의 재무행정의 적법성과 지방재정의 건전하고 적정한 운영을 확보하려는 데 목적이 있다. 그러므로 주민소송은 원칙적으로 지방자치단체의 재무회계에 관한 사항의 처리를 직접 목적으로 하는 행위에 대하여 제기할 수 있고, 지방자치법 제17조 제1항(현행 제22조 제1항)에서 주민소송의 대상으로 규정한 '재산의 취득·관리·처분에 관한 사항'에 해당하는지도 그 기준에 의하여 판단하여야 한다. 특히 도로 등 공물이나 공공용물을 특정 사인이 배타적으로 사용하도록 하는 점용허가가 도로 등의 본래 기능 및 목적과 무관하게 그 사용가치를 실현·활용하기 위한 것으로 평가되는 경우에는 주민소송의 대상이 되는 재산의 관리·처분에 해당한다"(대법원 2016. 5. 27.선고 2014두8490 판결. 도로점용허가처분무효확인등).

결국 주민소송의 취지와 목적은 자치단체의 위법하고 방만한 재무행위에 대하여 주민들이 직접 주체가 되어 감독과 감시권을 행사하는 것으로서 국가 전체적으로 국민소송 제도가 인정되지 않는 것과 비교하여 자치단체 차원에서는 주민자치와 납세자소송을 입법화한 것으로 볼 수 있다. 이 사건의 경우에도 특정 사인에 해당하는 교회가 도로의 원래 기능과는 별도로 도로 지하에 예배당, 성가대, 방송시설 등 반영구적인 고정시설을 설치하려는 목적으로 도로점용허가를 받은 것이 명백한 이상 자치단체가 소유하는 공유재산을 대상으로 특정 사인의 사용가치를 실현·활용하기 위한 것으로 평가할 수 있기 때문에 주민소송의 대상이 되는 재산의 관리·처분에 해당하는 것으로 보아야 한다는 대법원의 견해가 전적으로 타당한 것으로 볼 수 있다.

제7장 민관협력과 민간투자

Ⅰ. 개념과 제도적 의의

우면산 터널, 인천공항고속도로, 의정부 경전철 등의 사회기반시설이 가지고 있는 공통점은 무엇인가? 이러한 시설은 모두 민간의 자본으로 건설하여 시설을 이용하는 사람들에게 통행료 또는 사용료를 받아 시설에 소요된 건설과 운영비용을 조달하고 일정한 운영기간이 지나면 국가나 자치단체에게 시설의 소유권을 넘기는 공통점을 가지고 있다. 물론 민간투자사업의 구체적인 방식은 매우 다양하기 때문에 일률적으로 사회기반시설을 민간부문이 건설하여 일정기간 이를 사용·수익하고 그 기간이 종료하면 국가 등에 소유권을 귀속시키는 이른바 BOT(Build-Operate-Transfer) 방식만이 존재하는 것은 아니다. 후술하는 용인경전철 사건의 경우에는 이른바 BTO(Build-Transfer-Operate) 방식을 채택하였다. 이와 같이 민간투자사업을 중심으로 하는 민간부문과 공공부문의 협력제도는 사회기반시설을 건설하고 운영하는데 필요한 공공재정이 만성적인 부족 상태를 타개하려는 고육지책에서 시작되었다. 따라서 국가, 자치단체 등 공공부문은 사회기반시설의 건설과 운영에 필요한 토지 등을 제공하고 민간부문은 시설의 건설과 운영에 필요한 재원을 조달하는 것은 매우 자연스럽게 민관협력의 형태를 가능하게 하고 촉진하였다.

하지만 사회기반시설을 건설하는 데에는 막대한 재원이 필요한 반면에 시설에 대한 수요를 쉽게 예측하기 어렵고 사업의 리스크가 크기 때문에 민간투자를 유도하기 위하여 공공부문의 토지를 무상 또는 저렴한 가격으로 제공하고 가용한 토지 등이 없는 경우 사업자에게 사인의 토지를 수용하는 권한을 부여하거나 기타 수익사업을 허용하는 등의 조치가 고려된다. 경우에 따라서는 사업자에게 손실이 발생하는 경우 국가나 지자체가 손실을 보전하는 등 사업의 리스크를 전적으로 공공무문이 부담함으로써 민간부문의 투자를 유인하는 것을 넘어서서 일종의 특혜를 부여한다는 시비가 발생하기도 한다. 이와는 대조적으로 민관협력의 대등한 당사자로서 공공부문이 동시에 사업에 대한 관리, 감독권을 행사하는 우월적 지위에서 일정한 사업의 일방적인 종료선언이나 공익을 실현한다는 것을 빌미로 하여 사업자에게 제재적 처분 등을 하여 민간투자사업의 지속가능성을 위협하는 상황이 벌어지기도 한다.

이렇듯이 민간투자사업은 이상적인 민관의 협력이라는 순기능에도 불구하고 민간에 대한 특혜시비를 포함하여 여러 가지 법적인 분쟁의 소지를 안고 있는 "야누스의 두 얼굴"을 연상시키는 제도라고 할 수 있다. 민관협력(Public Private Partnership) 또는 민간투자(Private Finance Inititave)는 제2차 세계대전 말 미국에서 도시개발사업의 일환으로 시작되어 1980년대 마가렛 대처 수상 시절 영국에서 활성화되었다. 두 나라에서 민관협력 또는 민간투자제도가 활발하게 시행된 이유는 공적 과제 수행을 위한 국가 또는 지방자치단체의 재원이 부족하다는 현실적 상황과 민간부문의 창의력과 경영기법 등 노하우를 공공부문의 업무 처리에 도입·활용하여 공공부문의 개혁과 효율성을 제고하자는 취지가 강하게 작용했기 때문이다.

그러나 영미권은 물론 민관협력을 시행하는 나라를 막론하고 현실 세계에서는 민관협력의 형태와 방식이 지극히 다양하기 때문에 그 개념을 법적으로 또는 적어도 학문적으로 정의하는 것이 어렵다. "누구에게나 친숙한 제도이지만 동시에 어느 누구도 정확하게 알고 있지 못하는 제도"가 민관협력 내지 민간투자의 개념 설정을 어렵게 하고 있는 것인지도 모른다. 우리나라의 경우 민관협력과 민간투자의 기본법이라고 할 수 있는 '사회기반시설에 대한 민간투자법'(이하 민간투자법이라 한다)은 제2조에서 사회기반시설의 개념을 정의하고 대상시설을 나열하고 있지만 정작 민간투자가 무엇인지에 대해서는 침묵하고 있다.

학자들은 민관협력의 개념을 정의하기보다는 다음과 같이 일정한 개념적 징표를 제시하는 것이 보다 일반적이라고 할 수 있다. 1. 공공부문과 민간부문의 대등한 권리와 자격. 민관협력에 참여하는 모든 당사자들은 협상과 의사교환 과정에서 동등한 권리를 갖는다. 그러므로 어느 한 당사자가 제기한 견해와 반론은 협상의 전체 과정에서 동등한 영향력을 미친다. 2. 공통의 이익 창출을 위한 목표의 설정 3. 파트너적 협력관계에서 발생하는 시너지 효과 4. 참여 당사자의 독자성 보장과 책임 회피의 금지 5. 실시협약이나 협력계약 등을 통한 협력관계의 제도화 등이다. 이와 더불어 민간투자의 개념적 징표로서는 다음과 같은 것을 들 수 있다. 1. 민간투자를 유치 또는 유인하는 주체는 국가 또는 지방자치단체를 비롯한 공공단체이다. 2. 민간투자의 궁극적인 목적은 사회기반시설의 건설과 운영을 통하여 국민의 생존을 배려하는 것이다. 3. 민간부문으로부터 부족한 재원의 전부 또는 일부를 조달한다. 4. 자본을 투자한 사인은 일정한 범위에서 사회기반시설의 운영 및 수익권을 갖는다.

Ⅱ. 민간투자법 주요 내용

1. 민간투자사업의 대상인 사회기반시설의 종류와 실시협약

민간투자법은 사회기반시설의 개념을 다음과 같이 정의하고 있으며, 이와 같은 사회기반시설을 대상으로 민간투자사업이 이루어진다.

“사회기반시설”이란 각종 생산활동의 기반이 되는 시설, 해당 시설의 효용을 증진시키거나 이용자의 편의를 도모하는 시설 및 국민생활의 편익을 증진시키는 시설로서, 다음 각 목의 어느 하나에 해당하는 시설을 말한다(제2조 제1호).

가. 도로, 철도, 항만, 하수도, 하수·분뇨·폐기물처리시설, 재이용시설 등 경제활동의 기반이 되는 시설

나. 유치원, 학교, 도서관, 과학관, 복합문화시설, 공공보건의료시설 등 사회서비스의 제공을 위하여 필요한 시설

다. 공공청사, 보훈시설, 방재시설, 병영시설 등 국가 또는 지방자치단체의 업무수행을 위하여 필요한 공용시설 또는 생활체육시설, 휴양시설 등 일반 공중의 이용을 위하여 제공하는 공공용 시설

민간투자법의 핵심적인 개념으로서 실시협약이란 이 법에 따라 주무관청과 민간투자사업을 시행하려는 자 간에 사업시행의 조건 등에 관하여 체결하는 계약을 말한다.

2. 민간투자사업의 추진방식

민간투자사업은 다음 각 호의 어느 하나에 해당하는 방식으로 추진하여야 한다(제4조).

1) 사회기반시설의 준공과 동시에 해당 시설의 소유권이 국가 또는 지방자치단체에 귀속되며, 사업시행자에게 일정기간의 시설관리운영권을 인정하는 방식. 이른바 BTO(Build-Transfer-Operate) 방식.

2) 사회기반시설의 준공과 동시에 해당 시설의 소유권이 국가 또는 지방자치단체에 귀속되며, 사업시행자에게 일정기간의 시설관리운영권을 인정하되, 그 시설을 국가 또는 지방자치단체 등이 협약에서 정한 기간 동안 임차하여 사용·수익하는 방식. 이른바 BTL(Build-Transfer-Lease) 방식.

3) 사회기반시설의 준공 후 일정기간 동안 사업시행자에게 해당 시설의 소유권이 인정되며 그 기간이 만료되면 시설소유권이 국가 또는 지방자치단체에 귀속되는 방식. 이른바 BOT(Build-Operate-Transfer) 방식.

4) 사회기반시설의 준공과 동시에 사업시행자에게 해당 시설의 소유권이 인정되는 방식. 이른바 BOO(Build-Own-Operate) 방식.

5) 민간부문이 제9조에 따라 사업을 제안하거나 제12조에 따라 변경을 제안하는 경우에 해당 사업의 추진을 위하여 제1호부터 제4호까지 외의 방식을 제시하여 주무관청이 타당하다고 인정하여 채택한 방식.

6) 그 밖에 주무관청이 제10조에 따라 수립한 민간투자시설사업기본계획에 제시한 방식.

3. 정부고시사업과 민간제안사업, 실시협약의 체결

민간투자사업은 정부가 고시하는 사업과 민간부분이 제시하는 사업의 두 가지 형태가 있다. 정부는 정부고시사업과 민간제안사업 모두를 아우르는 민간투자사업 기본계획을 수립하고, 이를 공고한다(제7조 제1항). 정부고시사업의 경우 주무관청은 사회기반시설사업을 민간투자방식으로 추진하려는 경우 이를 민간투자대상사업으로 지정하여야 하며, 대상사업을 지정하였을 때에는 그 사실을 지체 없이 관보에 고시하여야 한다(제8조의2 제1항, 제3항). 민간부문은 대상사업에 포함되지 아니한 사업으로서 민간투자방식으로 추진할 수 있는 사업을 제안할 수 있다(제9조 제1항). 주무관청은 민간투자사업 협상대상자와 총사업비 및 사용기간 등 사업시행의 조건 등이 포함된 실시협약을 체결함으로써 사업시행자를 지정한다(제13조 제3항).

4. 사업자에 대한 인센티브 조치로서 사인을 위한 수용, 부대사업 등

민간투자법은 사업자에 대한 투자 유인책으로서 토지에 대한 수용권을 부여하고 사업의 수익성을 제고하기 위하여 각종 부대사업을 허용하고 있다. 사업시행자는 민간투자사업의 시행을 위하여 필요한 경우에는「공익사업을 위한 토지 등의 취득 및 보상에 관한 법률」제3조에 따른 토지·물건 또는 권리(이하 "토지등"이라 한다)를 수용 또는 사용할 수 있으며(제20조 제1항) 토지 등의 수용 또는 사용과 관련한 토지매수업무, 손실보상업무, 이주대책사업 등의 시행을 대통령령으로 정하는 바에 따라 주무관청 또는 관계 지방자치단체의 장에게 위탁할 수 있다(제3항). 주무관청은 사업시행자가 민간투자사업을 시행할 때 해당 사회기반시설의 투자비 보전(補塡) 또는 원활한 운영, 사용료 인하 등 이용자의 편익 증진, 주무관청의 재정부담 완화 등을 위하여 필요하다고 인정하는 경우에는 다음 각 호의 어느 하나에 해당하는 부대사업을 해당 민간투자사업과 연계하여 시행하게 할 수 있다. 1.「주택법」에 따른 주택건설사업 2.「택지개발촉진법」에 따른 택지개발사업 3.「국토의 계획 및 이용에 관한 법률」에 따른 도시· 군계획시설사업 4.「도시개발법」에 따른 도시개발사업 5.「도시 및 주거환경정비법」에 따른 재개발사업 6.「산업입지 및 개발에 관한 법률」에 따른 산업단지개발사업 7.「관광진흥법」에 따른 관광숙박업, 관광객 이용시설업 및 관광지·관광단지 개발사업 8.「물류시설의 개발 및 운영에 관한 법률」에 따른 물류터미널사업 9.「항만운송사업법」에 따른 항만운송사업 10.「유통산업발전법」에 따른 대규모점포(시장에 관한 것은 제외한다), 도매배송서비스 또는 공동집배송센터사업 11.「주차장법」에 따른 노외주차장 설치·운영 사업 12.「체육시설의 설치·이용에 관한 법률」에 따른 체육시설업 13.「문화예술진흥법」에 따른 문화시설 설치·운영 사업 14.「산림문화·휴양에 관한 법률」에 따른 자연휴양림 조성사업 15.「옥외광고물 등의 관리와 옥외광고산업 진흥에 관한 법률」에 따른 옥외광고물 및 게시시설의 설치·운영 사업 16.「신에너지 및 재생에너지 개발·이용·보급 촉진법」에 따른 신·재생에너지 설비의 설치·운영 사업 17.「건축법」 제2조 제1항 제2호의 건축물의 설치·운영 사업 18. 그 밖에 사용료 인하 또는 재정부담 완화를 위하여 필요한 사업으로서 대통령령으로 정하는 사업.

이와 같이 대통령령으로 정하기에 따라서는 위에서 언급한 사업 이외의 다른 부대사업도 가능하기 때문에[1] 사업시행자에게 부대사업과 더불어 이를 위하여 필요한 경우 토지수용권 발동까지 허용한다면 상당한 특혜의 소지를 부여하는 제도라고 평가할 여지가 있다.

---

1) 시행령 제18조의2 제1항에 따라서 법 제21조 제1항 제18호에서 "대통령령으로 정하는 사업"이란 다음 각 호의 사업을 말한다.

1.「역세권의 개발 및 이용에 관한 법률」에 따른 역세권개발사업
2.「관광진흥법」에 따른 테마파크업
3.「장사 등에 관한 법률」에 따른 장사시설을 설치·조성·관리·운영하는 사업
4.「도심항공교통 활용 촉진 및 지원에 관한 법률」에 따른 도심항공교통사업 및 버티포트개발사업
5.「여객자동차 운수사업법」에 따른 여객자동차운송사업
6.「노인복지법」에 따른 노인주거복지시설 및 노인의료복지시설을 설치·운영하는 사업
7.「동물보호법」에 따른 동물장묘업

Ⅲ. 관련 판례

1. 용인경전철 사건(대법원 2020. 7. 29. 선고 2017두63467 판결)[주민소송]〈지방자치법 제17조 제2항 제4호 주민소송에 관한 사건〉

1) 사건의 개요

가. 용인경전철민간투자사업(이하 '이 사건 사업'이라고 한다)은 구 사회간접자본시설에 대한민간투자법(2005. 1. 27. 법률 제7386호 「사회기반시설에 대한민간투자법」으로 개정되기 전의 것, 이하 '구민간투자법'이라고 한다) 제4조 제1호의 '사회간접자본시설의 준공과 동시에 당해 시설의 소유권이 국가 또는 지방자치단체에 귀속되며 사업시행자에게 일정기간의 시설관리운영권을 인정하는 방식'(BTO 방식)으로 기흥역에서 전대·에버랜드역까지 15개 역 약 18km 구간에 경량 도시철도를 건설하여 운영하는 사업이고, 피고가 주무관청이다.

나. 기획예산처장관은 1999. 12. 31. 이 사건 사업을 민간투자사업으로 지정·고시하였다. 피고는 2000. 9. 6. 구 교통개발연구원(2005. 8. 17. '한국교통연구원'으로 명칭이 변경되었다. 이하 명칭 변경 전후를 불문하고 '한국교통연구원'이라고 한다)에 이 사건 사업의 '건설 타당성 분석 및 실행플랜 수립'에 관한 용역을 의뢰하였다(이하 용인시와 한국교통연구원 사이에 체결된 용역계약을 '이 사건 용역계약'이라고 한다). 한국교통연구원은 2001. 9. 5. 피고에게 용역보고서를 제출하였다(이하 '2001년 한국교통연구원 용역보고서'라고 한다).

다. 피고는 2001. 12. 31. 이 사건 사업의 '민간투자시설사업기본계획'을 고시하였고(용인시 고시 제2001-295호), 2002. 9. 3. 캐나다 건설회사인 '봄바디어'(Bombardier Inc.) 등으로 구성된 컨소시엄을 우선협상대상자로 지정하였다. 그 후 2004. 4. 22. 위 컨소시엄이 설립한 특수목적법인인 '용인경전철 주식회사'가 우선협상대상자의 지위를 승계하였다(이하 설립 전후를 불문하고 '용인경전철'이라고 한다).

라. 피고는 2004. 7. 27. 용인경전철과 이 사건 사업의 실시협약을 체결하였다(이하 '이 사건 실시협약'이라고 한다). 그에 따르면, 이 사건 사업의 총사업비는

2001. 12. 31. 불변가격기준으로 6,970억 원이고, 그중 주무관청 보조금은 2,997억 원, 민간투자금은 3,973억 원이며(제12조), 민간투자금의 사업수익률은 8.86%이다(제54조). 사업시행자는 경전철을 건설하는 공사를 시행하여 그 소유권을 용인시에 귀속시킨 후 30년간 운영·관리하면서 운임수입을 징수하고 그 밖에 부대사업과 경미한 수익사업을 시행하여 투자원리금을 회수한다(제6조 제1항). 운영개시일로부터 30년간 그해 실제운임수입이 예상운임수입의 90%보다 적을 경우 주무관청은 사업시행자에게 운임수입보조금을 지급한다(제63조 제1항, 이하 '최소운영수입보장 약정'이라고 한다). 주무관청은 분당선 연장 전 구간이 2011. 12. 31.까지 준공·운영되도록 최선의 노력을 하여야 하고, 이 사건 사업의 운영개시일까지 준공·운영되지 않는 경우 주무관청이 사업시행자에게 분당선 연장구간 개통 지연에 따른 운임수입감소 손실금을 2012. 1. 1.부터 지급하여야 한다(제75조, 제63조 제6항, 이하 '분당선 연장구간 개통지연 손실보상 약정'이라고 한다).

이 사건 실시협약서 부록 4. 예상운임수입(11~15쪽) 및 참고자료(59쪽)에 의하면, 피고와 용인경전철은 ① 2001년 한국교통연구원 용역보고서의 이용수요 예측결과와 ② 용인경전철이 별도로 미래교통연구원에 용역을 의뢰하여 제출받은 교통수요보고서를 기초로 2002. 7.경 작성한 사업계획서의 이용수요 예측 결과를 기초자료로 삼아 협상을 하여, 아래 표 기재와 같이 이 사건 사업의 1일 평균 추정 이용수요를 확정하고, 이를 기초로 운영개시 예정일인 2009. 2. 1.부터 30년간의 연도별 예상운임수입과 세부적인 계약내용을 확정하였다.

구분	2008년	2009년	2010년	2011년	2017년	2027년	2037년
① 한국교통연구원 용역보고서	164천 명	171천 명	177천 명	183천 명	198천 명	214천 명	228천 명
② 용인경전철 사업계획서	148천 명	156천 명	163천 명	171천 명	193천 명	207천 명	218천 명
최종 협상 수요	139천 명	146천 명	153천 명	161천 명	182천 명	195천 명	205천 명

마. 피고는 2005. 11. 15. 이 사건 사업의 실시계획을 승인·고시하였고(용인시 고시 제2005-378호), 용인경전철은 2005. 12. 16. 건설공사에 착수하였다. 피고와 용인경전철은 2009. 7. 8. 변경특약을 통해 최소운영수입보장 약정의 보장비율을 예상운영수입의 90%에서 79.9%로 하향 조정하고, 분당선 연장구간 개통지연 손

실보상 약정 조항을 삭제하였다.

바. 용인경전철은 건설공사를 완료한 뒤 2010. 7. 5., 2010. 11. 10. 및 2010. 12. 10. 3회에 걸쳐 용인시에 준공보고서를 제출하였으나, 피고는 서류 미비 등의 사유로 위 준공보고서를 모두 반려하였다. 이에 용인경전철은 2011. 1. 11. 이 사건 실시협약을 해지한 뒤, 2011. 2. 18. 국제상업회의소(ICC) 산하 국제중재법원(ICA)에 국제중재를 신청하였고, 국제중재법원은 2011. 9. 26.(1차)과 2012. 6. 11.(2차)에 '용인시는 용인경전철에게 미지급 공사비 5,158억 9,100만 원과 기회비용 명목 2,627억 7,200만 원을 지급하라'는 내용의 중재판정을 하였다.

사. 피고와 용인경전철은 2차 중재판정 직전인 2012. 4. 19. '이 사건 실시협약 해지를 철회하고, 최소운영수입보장 방식에서 연간사업운영비 보전방식으로 사업구조를 변경하며, 주무관청이 재가동 업무비용 350억 원을 부담한다'는 내용의 양해계약 및 재가동약정을 체결하고, 2013. 7. 25. 이를 구체화하는 내용의 실시협약 변경계약을 체결하였다. 용인경전철은 2013. 4. 26.부터 경전철 운행을 개시하였는데, 운영 첫해인 2013년의 실제 이용수요는 1일 평균 약 9천 명에 불과하였고, 2017년의 실제 이용수요는 1일 평균 2만 7천 명이었다.

아. 원고들을 비롯한 용인시 주민들은 지방자치법 제16조에 따라 2013. 4. 11. 경기도지사에게 이 사건 사업과 관련하여 '추진과정의 문제점', '이 사건 실시협약의 문제점', '이 사건 실시협약 체결 이후의 문제점', '공사완료 이후의 문제점' 등에 관하여 주민감사 청구를 거쳐 2013. 10. 10. 피고를 상대로 지방자치법 제17조 제1항 제2호, 제2항 제4호에 의하여 '해당 지방자치단체의 장 및 직원, 지방의회의원, 해당 행위와 관련이 있는 상대방에게 손해배상청구를 할 것을 요구하는 소송'(이하 '제4호 주민소송'이라고 한다)을 제기하였다.

원고들은 전 시장의 위법행위가 있다고 주장하며 피고에게 그를 상대로 하여 이 사건 사업비 1조 32억 원 상당의 손해배상금 청구를 요구할 것을 구하였다.

(가) 이 사건 사업 관련 우선협상자를 1개 업체만 선정하여 구 민간투자법을 위반하였을 뿐만 아니라 협상과정에서 용인경전철 측에 끌려가게 되었다.

(나) 1조 원대의 사업을 추진하면서 이 사건 실시협약 체결 등에 관하여 시의

회의 동의 절차를 받지 않아 지방자치법을 위반하였다.

(다) 이 사건 실시협약 중 가장 독소조항은 최소운영수입보장이었는데 이는 구 민간투자법에 근거가 없다.

(라) 용인시가 고시한 기본계획에 반하여 2003년 민간투자사업기본계획이 아닌 용인경전철에 유리한 2002년 민간투자사업기본계획을 적용하였다.

(마) 용인경전철의 지분 양도·축소를 방치하고 아무런 조치도 취하지 않았다.

(바) 용인경전철과 건설사에 대한 관리·감독을 소홀히 하여 건설사 임직원들이 공사비를 횡령하고 적정한 하도급 비율을 준수하지 않는 등의 문제가 발생하였다.

2) 제1심 및 항소심의 판단

이에 대하여 원심은 제1심판결을 인용하며 다음과 같이 판단하였다.

(가) 용인경전철만이 사업계획서를 제출하여 용인경전철 1개 업체만을 우선협상대상자로 선정하였다는 사정만으로 소외 1의 우선협상대상자 선정행위가 위법하다고 볼 수는 없다.

(나) 이 사건 실시협약을 체결하면서 용인시의회의 의결을 거치지 아니하였고 또 그러한 절차 위반은 위법하지만, 소외 1에게 이에 대한 고의 또는 과실이 있었다거나, 이로 인하여 용인시에 어떠한 손해가 발생하였다고 보기는 어렵다.

(다) 원고들은 이 사건 실시협약 중 최소운영수입보장 약정 부분이 구 민간투자법에 근거가 없어 위법하다고 주장하였으나, 그와 같은 사정은 주민소송의 대상이 되는 용인시의 재무회계행위라 볼 수 없어 감사대상에서 제외되었으므로, 이 부분 청구는 부적법하다.

(라) 이 사건 실시협약은 2002년 민간투자사업기본계획을 적용하여 최소운영수입보장을 30년간 90%로 정하여 체결된 사실은 인정되지만, 그러한 사실만으로 소외 1의 실시협약 체결행위가 위법하다고 볼 수는 없다.

(마) 용인경전철의 지분 양도·축소가 용인경량전철건설 민간투자시설사업기본계획에 반하는 점은 인정되나, 소외 1이 이와 같은 출자자의 내부 지분변경을 알았거나 알 수 있었음에도 이를 방치하였다고 볼 만한 아무런 증거가 없고, 이로 인

하여 용인시에 손해가 발생하였다고 보기 어렵다.

(바) 사업자와 건설사에 대한 관리감독을 소홀히 하였다는 사정은 이로 인하여 사업비가 변경되지도 않았던 점 등에 비추어 용인시에 어떠한 손해가 발생하였다고 보기 어렵다.

3) 대법원 판결 요지

대법원의 판단 중 민간투자사업과 관련하여 주목할 수 있는 부분 중의 하나는 피고가 사업자에게 약속한 이른바 최소운영수입 보장조항(Minimum Revenue Guarantee; MRG)이다.[2] 이에 대하여 대법원은 원고들 주장 가운데 이 사건 실시협약 중 최소운영수입보장 약정은 구 민간투자법에 근거가 없다는 부분은 이 사건 감사청구사항, 특히 "2-가. 잘못된 수요예측에 근거함" 부분 및 "2-다. 최소운영수입보장(MRG) 제도" 부분 등에 비추어 보면, 이는 한국교통연구원이 이 사건 용역계약에 따라 실시한 교통수요 예측결과가 과도함에도 전 시장이 이에 대하여 실질적 검토를 하는 등의 절차를 거치지 않은 채 만연히 그 결과를 이 사건 실시협약에 따른 최소운영수입보장 산정기준으로 삼은 것은 잘못이라는 취지로 볼 여지가 있다는 점을 인정하고 있다. 따라서 대법원은 원심으로서는 위 최소운영수입보장 약정과 관련된 주장의 취지가 무엇인지 석명권을 적절히 행사하여 이를 명확하게 한 다음 이 사건 실시협약 체결행위의 위법성을 판단하는 데 주된 요소 중 하나로 검토하였어야 함에도 이에 대한 아무런 심리·판단을 하지 않았다고 하면서 원심판결에는 석명권을 제대로 행사하지 않은 잘못이 있음을 지적하고 있다.

또 한 가지 이 사건에서 민간투자사업과 관련하여 주목할 수 있는 부분은 사업구조의 변경에 대한 것이다. 원고들에 따르면 용인시가 이 사건 실시협약을 위반하여 용인경전철에 준공검사를 내주지 않고, 이 사건 사업에 따라 보조금을 지급하는 방식을 최소운영수입보장 방식에서 연간사업운영비 보전방식으로 변경함으로써 126억 원의 손해를, 2012. 4. 19. 용인경전철과 사이에 재가동약정을 체결하면서

2) MRG는 민간투자사업의 운영과정에서 사업시행자에게 손실이 발생하는 경우 주무관청이 이를 국가의 일반예산에서 보전해 주는 제도로서 민간투자법에 1999년 도입되었다. MRG는 민간투자사업에서 대규모 손실이 발생하는 경우 국가와 자치단체에게 과도한 재정부담을 야기할 수 있다는 이유 때문에 시민단체 등으로부터 격렬한 비판의 대상이 되어오다가 민간제안사업의 경우 2007년, 정부고시사업의 경우에는 2009년 각각 사실상 폐지되었다.

재가동 업무대금을 지급하여 350억 원의 손해를 각 입게 하였으므로, 피고에게 그 당시 시장을 상대방으로 하여 위 126억 원 및 350억 원의 손해배상금 청구를 요구할 것을 주장하였다.

이에 대하여 대법원은 "먼저 이 사건 실시협약에 따른 준공검사의무를 이행하지 않았다는 주장은 용인시가 정당한 사유 없이 이 사건 실시협약을 이행하지 않음으로써 용인경전철에 대하여 손해를 배상할 의무가 발생하였다는 취지로 이해할 수 있고, 이 사건 사업의 방식을 변경하였다는 주장은 이 사건 실시협약의 해지를 상호 간 합의로 철회하면서 최소운영수입보장 방식을 연간사업운영비 보전방식[3]으로 변경하여 손해를 입게 하였다는 취지이므로, 위 주장과 같은 사유들은 지방자치법 제17조 제1항에서 정한 공금의 지출에 관한 사항 내지 계약의 체결·이행에 관한 사항으로서 재무회계행위에 해당한다. 다음으로, 재가동 업무대금을 지급하는 것으로 재가동약정을 체결하였다는 사유 역시 앞에서 본 바와 같은 이유로 지방자치법 제17조 제1항에서 정한 계약의 체결·이행에 관한 사항으로서 재무회계행위에 해당한다고 보는 것이 옳다. 결국 원고들의 이 부분 주장은 모두 피고의 재무회계행위에 대한 것이라고 봄이 타당하다"고 밝히고 있다.

4) 해설 및 평론

용인경전철 사건은 민간투자사업의 구조가 복잡하고 수요예측이 어려우며 재선을 노리는 지방자치단체의 장이 사업시행자 선정부터 시작하여 시설의 건설과 운영에 이르는 과정에서 금융비용 등 사업자가 부담할 수 있는 리스크를 최소화하여 사업을 조기에 실현하도록 서두른 결과 시설을 이용하는 주민과 극심한 마찰을 빚을 수 있다는 대표적인 예로서 회자되고 있다. 일단 민간투자사업에서는 외국회사나 외국계 펀드들이 자주 등장한다. 그들의 입장에서는 한국의 민간투자사업이 가지고 있는 일정한 리스크에도 불구하고 나름 매력적인 사업으로 인식하고 있다는 방증이라고 할 수 있다. 이 사건의 경우에도 용인시는 캐나다 건설회사인 '봄바

3) 이는 앞서 언급한 MRG가 폐지됨에 따라서 2015년부터 민간투자사업기본계획에 대안으로서 도입된 것으로서 수익형 민간투자사업의 위험분담형(BTO-rs: Build Transfer Operate-risk sharing)과 손익공유형(BTO-a: adjusted)으로 구분되며 주무관청이 적정한 사용료의 유지, 재정부담 완화 등 공익적 효과가 예상되는 경우 사업시행자의 투자위험을 일부 분담하여 수익형 민자사업을 추진하는 방식이다.

디어'(Bombardier Inc.) 등으로 구성된 컨소시엄을 우선협상대상자로 지정하였다. 그 후 2004. 4. 22. 위 컨소시엄이 설립한 특수목적법인(SPC)인 '용인경전철 주식회사'가 우선협상대상자의 지위를 승계한다.

그런데 대체로 주무관청(여기에서는 피고 용인시장)은 우선협상자와 사업에 대한 재원조달이나 운영기간, 수익률 등에 대하여 협상을 진행하며 최종적으로 사업자를 선정하고 그와 실시협약을 체결한다. 이 사건에서도 피고는 2004. 7. 27. 용인경전철과 이 사건 사업의 실시협약을 체결하였다. 실시협약에 따르면, 이 사건 사업의 총사업비는 2001. 12. 31. 불변가격기준으로 6,970억 원이고, 그 중 주무관청 보조금은 2,997억 원, 민간투자금은 3,973억 원이며(제12조), 민간투자금의 사업수익률은 8.86%이다(제54조). 사업시행자는 경전철을 건설하는 공사를 시행하여 그 소유권을 용인시에 귀속시킨 후 30년간 운영·관리하면서 운임수입을 징수하고(이른바 BTO: Build-Transfer-Operate), 그 밖에 부대사업과 경미한 수익사업을 시행하여 투자원리금을 회수한다(제6조 제1항). 운영개시일로부터 30년간 그해 실제 운임수입이 예상운임수입의 90%보다 적을 경우 주무관청은 사업시행자에게 운임수입보조금을 지급한다(제63조 제1항, 이하 '최소운영수입보장 약정'이라고 한다). 주무관청은 분당선 연장 전 구간이 2011. 12. 31.까지 준공·운영되도록 최선의 노력을 하여야 하고, 이 사건 사업의 운영개시일까지 준공·운영되지 않는 경우 주무관청이 사업시행자에게 분당선 연장구간 개통 지연에 따른 운임수입감소 손실금을 2012. 1. 1.부터 지급하여야 한다(제75조, 제63조 제6항, 이하 '분당선 연장구간 개통지연 손실보상 약정'이라고 한다).

결국 민간투자사업의 내용과 관련하여 핵심적인 것은 주무관청과 사업자 간에 체결되는 실시협약이라는 점을 알 수 있으며, 후술하는 바와 같이 민간투자사업은 일반적으로 30년 이상의 장기계약이다 보니 주무관청이나 사업자가 예측하지 못한 사정변경으로 인하여 실시협약의 내용을 변경하는 등 사업의 지속가능성에 대한 상당한 리스크가 존재한다. 이와 관련하여 주목할 내용은 주무관청이 사업자에게 약속하는 '최소운영수입보장 약정'과 '개통지연 손실보상 약정'과 같이 사업자의 위험을 줄이기 위한 특약 조항들이 사정변경으로 인하여 사업의 지속가능성을 위협하는 요인으로 등장한다는 것이다. 이는 자치단체의 입장에서 보면 사업을 조기에 실시하기 위하여 사업자에게 일종의 당근책을 제시하는 것이지만 사업이 부진할 경우 주무관청이 거의 무한정으로 사업자의 손실을 보장함으로서 "밑 빠진 독에 물 붓기"로 전락하여 자치단체의 재정적 부담과 함께 주민소송을 제기한 로흥판씨 등 납세자인 주민들의 불만 요인으로 등장한다.

이 사건도 그런 대표적인 사례라고 할 수 있다. 결국 이 사건에서도 피고 용인시와 용인경전철은 2009. 7. 8. 변경특약을 통해 최소운영수입보장 약정의 보장비율을 예상운영수입의 90%에서 79.9%로 하향 조정하고, 분당선 연장구간 개통지연 손실보상 약정 조항을 삭제하였다. 또한 피고와 용인경전철은 최소운영수입보장 방식에서 연간사업운영비 보전방식으로 사업구조 자체를 변경하며, "주무관청이 재가동 업무비용 350억 원을 부담한다"는 내용의 양해계약 및 재가동약정을 체결하고, 2013. 7. 25. 이를 구체화하는 내용의 실시협약 변경계약을 체결하였다.

여기에 한 술 더 떠서 사업의 조기시행의 강박증과 조급증을 부채질하게 되는 것이 이른바 전문기관의 수요예측 평가라고 할 수 있다. 이 사건에서도 피고와 용인경전철은 2001년 한국교통연구원 용역보고서의 이용수요 예측 결과와 용인경전철이 별도로 미래교통연구원에 용역을 의뢰하여 제출받은 교통수요보고서를 기초로 2002. 7.경 작성한 사업계획서의 이용수요 예측 결과를 기초자료로 삼아 협상을 하여, 위에서 제시한 표 기재와 같이 이 사건 사업의 1일 평균 추정 이용수요를 확정하고, 이를 기초로 운영개시 예정일인 2009. 2. 1.부터 30년간의 연도별 예상운임수입과 세부적인 계약내용을 확정하였다. 하지만 이와 같은 전문기관의 수요예측에도 불구하고 용인경전철은 2013. 4. 26.부터 경전철 운행을 개시하였는데, 운영 첫해인 2013년의 실제 이용수요는 1일 평균 약 9천 명에 불과하였고, 2017년의 실제 이용수요는 1일 평균 2만 7천 명이었다. 결국 2017년 기준 수요예측은 실제 이용객의 6배 이상이 부풀려진 결과로 나타난 것이다. 이와 같은 사업의 진통과정을 거치면서 주민들의 불만을 폭주하였고 결국은 지방자치법상 주민감사절차를 거쳐서 사업의 다양한 손해에 대한 배상을 구하는 주민소송이 제기된 것이다. 이 사건은 우리나라에서 민간투자사업이 가질 수 있는 순기능에도 불구하고 실제 사업에서 일어날 수 있는 복잡한 법적 분쟁을 잘 보여주는 사례라고 할 수 있다.

2. 대법원 2021. 5. 6. 선고 2017다273441 전원합의체 판결[전부금]〈지하주차장 건설 및 운영 관련 민간투자 실시협약이 쌍방미이행 쌍무계약임을 이유로 사업시행자의 파산관재인이 해지를 주장한 사건〉

1) 다수의견

갑 주식회사가 을 지방자치단체와 구 사회기반시설에 대한 민간투자법(2011. 3. 31. 법률 제10522호로 개정되기 전의 것, 이하 '구 민간투자법'이라 한다) 제4조 제1호에서 정한 이른바 BTO(Build-Transfer-Operate) 방식의 '지하주차장 건설 및 운영사업' 실시협약을 체결한 후 관리운영권을 부여받아 지하주차장 등을 운영하던 중 파산하였는데, 갑 회사의 파산관재인이 채무자 회생 및 파산에 관한 법률(이하 '채무자회생법'이라 한다) 제335조 제1항에 따른 해지권을 행사할 수 있는지 문제된 사안에서, 쌍무계약의 특질을 가진 공법적 법률관계에도 쌍방미이행 쌍무계약의 해지에 관한 채무자회생법 제335조 제1항이 적용 또는 유추적용될 수 있고, 이때 개별 계약관계의 법률적 특징과 내용을 기초로 잔존 급부의 대가성, 의존성, 견련성 등을 검토한 대법원 판례의 태도는 민간투자법령의 규율을 받아 공법적 법률관계로서의 특수성이 강한 위 실시협약의 사업시행자가 파산한 경우에 채무자회생법 제335조 제1항을 유추적용하는 경우에도 고려되어야 하므로, 쌍방미이행 쌍무계약으로 해지권을 행사할 수 있는지를 판단함에 있어서 구 민간투자법의 입법 취지와 공법적 특수성, 파산선고 당시 위 실시협약의 진행 정도, 파산선고 당시 당사자들에게 남아 있는 구체적인 권리와 의무의 내용과 관계 등을 종합하여 판단하여야 하는바, 채무자회생법상 해지권의 입법 취지와 해석론 및 판례의 태도, 구 민간투자법의 내용과 위 실시협약의 공법적 성격 및 내용, 파산 당시 갑 회사가 보유한 관리운영권의 내용과 법률적 성질 등을 종합하면, ① 파산 당시 갑 회사와 을 지방자치단체 사이의 법률관계는 상호 대등한 대가관계에 있는 법률관계라고 할 수 없고, ② 갑 회사와 을 지방자치단체 사이의 법률관계 사이에 성립·이행·존속상 법률적·경제적으로 견련성이 없으며, ③ 오히려 을 지방자치단체가 갑 회사의 파산 이전에 이미 관리운영권을 설정해 줌으로써 위 실시협약에서 '상호 대등한 대가관계에 있는 채무로서 서로 성립·이행·존속상 법률적·경제적으로 견련성을 갖고 있어서 서로 담보로서 기능하는 채무'의 이행을 완료하였다고 봄이 타당하고, 따라서 파산 당시 갑 회사와 을 지방자치단체 사이의 법률관계는 채무자회생법 제335조 제1항에서 정한 쌍방미이행 쌍무계약에 해당한다고 보기 어려우므로, 갑 회사의 파산관재인의 해지권이 인정되지 않는다고 한 사례.

2) 대법관 안철상의 별개의견

위 실시협약은 구 민간투자법에 그 성립의 근거를 둔 공법상 계약에 해당한다. 공법상 계약의 경우 관계 법령에 따라 인정된 해지권도 이를 행사하는 경우 행정목적 달성에 본질적으로 반하는 결과를 가져와서 공익에 대한 중대한 침해를 초래하는 때에는 그 행사가 제한된다고 보아야 한다. 공법상 계약의 특수성, 구 민간투자법의 관련 규정, 그리고 공익과 사익의 비교·형량 등에 비추어 볼 때, 위 실시협약은 쌍방미이행 쌍무계약에 해당하지만 파산을 이유로 이를 해지하는 것은 행정목적 달성을 어렵게 하여 공익에 대한 중대한 침해를 초래하므로, 위 실시협약에 대하여는 채무자회생법 제335조 제1항이 적용될 수 없다.

3) 반대의견

위 실시협약에 따라 사회기반시설을 준공하여 소유권을 주무관청에 귀속시키고 이를 운영할 사업시행자의 의무와 사업시행자에게 관리운영권을 설정해 주고 이를 운영할 수 있도록 해 줄 주무관청의 의무는 건설기간과 운영기간을 통틀어 서로 목적적 의존관계에 있는 채무를 부담한다는 점에서 쌍무계약의 특질을 가지고 있으므로, 쌍방미이행 쌍무계약의 법리는 위 실시협약에도 적용되어야 한다. 파산 당시 사업시행자가 주차장을 유지·관리하며 운영할 의무, 그리고 주무관청이 사업시행자로 하여금 부지를 무상으로 사용하고 주차요금 조정 등에 협력하며 주차단속 등을 실시할 의무는 모두 위 실시협약에 따른 채무로서 이행이 완료되지 않았다. 구 민간투자법에 따른 실시협약은 사회기반시설을 설치하여 운영하기 위한 것으로서, 사회기반시설을 운영하는 데 필요한 의무가 이행되지 않았다면 계약의 주요 부분이 이행되지 않았다고 보아야 한다. 그런데도 미이행 부분이 부수적 채무라고 하면서 파산관재인의 해지권을 부정하는 것은 구 민간투자법의 입법 목적과 채무자회생법 제335조 제1항의 문언에 반할 뿐만 아니라 사업시행자에 대한 국가나 지방자치단체의 우월적 지위를 인정하는 것이다.

한편 공법상 계약은 공법적 법률관계에 관한 계약으로서 일반적인 사항에 관해서는 민법상 계약이나 법률행위에 관한 규정이 적용되는 것을 전제로 체결된다. 공법상 계약에 계약이나 법률행위에 관한 규정이 적용되지 않고 유추적용될 수 있을 뿐이라는 것은 우리 법체계에 맞지 않고 현재의 판례 법리에도 어긋난다. 파산선고에 따른 쌍무계약의 처리에 관한 기본 규정인 채무자회생법 제335조 제1항이 공법상 계약에 적용되지 않는다고 보는 것은 입법의 중대한 공백을 초래한다. 따라서 위 실시협약은 쌍무계약으로서 사업시행자와 을 지방자치단체의 채무 중 일부가 이행되지 않은 상태에 있으므로, 사업시행자의 파산관재인은 쌍방미이행 쌍무계약에 관한 채무자회생법 제335조 제1항에 따라 위 실시협약을 해지할 수 있다고 봄이 타당하다.

4) 해설 및 평론 — 실시협약은 단순한 채권계약인가 혹은 공법상 계약인가?

민간투자사업을 운영하던 사업자가 경영난을 이기지 못하여 파산절차를 밟게 되는 과정에서 사업자의 파산관재인이 사업자의 재무상황을 살펴보던 중 수익성이 없는 민간투자사업을 발견하였다고 가정한다면 파산관재인으로서는 우선적으로 민간투자사업의 법적 기초가 되는 실시협약을 해지할 의사를 가지게 될 것이다. 특히 파산관재인으로서는 파산 당시 사업시행자가 주차장을 유지·관리하며 운영할 의무, 그리고 주무관청이 사업시행자로 하여금 부지를 무상으로 사용하고 주차요금 조정 등에 협력하며 주차단속 등을 실시할 의무는 모두 위 실시협약에 따른 이른바 쌍방미이행 쌍무계약으로 채무이행이 완료되지 않았다고 판단한다면 채무자회생법 제335조 제1항이 우선적으로 적용되어 실시협약을 해지할 수 있다고 해석할 가능성이 크다.

그런데 이는 실시협약의 성격을 어떻게 정의하는가에 따라서 다소 해석이 달라질 여지가 있다. 위와 같이 파산관재인이 실시협약을 쌍방미이행 쌍무계약으로 이해하여 채무미이행에 따르는 단순한 민사적인 책임을 묻는 방식으로 실시협약을 해지하려는 경우에는 반대의견과 같이 민법상 채권계약의 법리가 적용될 여지가 있다. 하지만, 실시협약은 국가나 지자체와 같은 공공부문이 국민 또는 주민의 생존을 배려하기 위한 행정활동의 일환으로서 장기적인 관점에서 일정한 공익을 실현하는 수단이며 지속가능한 행정활동을 보장하는 성격을 가지고 있음을 부인하기 어렵다. 따라서 비록 실시협약의 당사자가 쌍방미이행 쌍무계약으로 채무이행을 완료하지 않았다고 하더라도 아무런 제약 없이 협약을 해지할 수 있다면 민간투자사업과 실시협약을 통하여 실현하고자 했던 일정한 공익목적을 달성하기 어렵기 때문에 협약의 해지권 발동을 일정 부분 제한할 필요가 있다.

다수의견은 실시협약의 이와 같은 공법적 성격을 강조하면서 지방자치단체가 사업시행자의 파산 이전에 이미 관리운영권을 설정해 줌으로써 위 실시협약에서 '상호 대등한 대가관계에 있는 채무로서 서로 성립·이행·존속상 법률적·경제적으로 견련성을 갖고 있어서 서로 담보로서 기능하는 채무'의 이행을 완료하였다고 보았기 때문에 파산관재인의 해지권을 인정하지 않았다. 별개의견은 여기에서 한 걸음 더 나아가 실시협약의 성격을 공법상 계약으로 규정하고 관계 법령에 따라 인정된 해지권도 이를 행사하는 경우 행정목적 달성에 본질적으로 반하는 결과를 가져와서 공익에 대한 중대한 침해를 초래하는 때에는 그 행사가 제한된다고 보고 있다. 행정기본법은 제27조 제2항에서 행정청은 공법상 계약의 상대방을 선정하고 계약 내용을 정할 때 공법상 계약의 공공성을 고려하도록 규정하고 있다.

물론, 다수의견이 밝히고 있는 바와 같이 쌍무계약의 특질을 가진 공법적 법률관계에도 쌍방미이행 쌍무계약의 해지에 관한 채무자회생법 제335조 제1항이 적용 또는 유추적용될 수 있는 가능성을 배제할 수는 없다. 그럼에도 불구하고 민간투자법에 따른 실시협약이 가지는 공법적 특수성을 고려한다면 이 사건에서 파산관재인이 다소 억울하게 생각할 수는 있지만 민간투자사업의 지속가능성을 보장하는 것이 이용자인 국민 또는 지역 주민의 편의를 위해서 중요하다는 판단이 설 경우 주무관청과 법원의 입장에서는 파산관재인의 협약해지권을 제한하는 것이 계약의 자유와 사적 자치를 과도하게 침해하는 것으로는 보기 어렵다고 판단할 가능성이 큰 것이다.

3. 대법원 2019. 3. 28. 선고 2016두43176 판결[자금구조시정을위한감독명령취소청구]

1) 판결 요지

사회기반시설에 대한 민간투자법(이하 '민간투자법'이라 한다) 제1조, 제7조 제1항, 제2항, 제10조 제1항, 제3항, 제11조 제1항 제1호, 제3호, 제7호, 제13조 제1항, 제2항, 제3항, 제15조 제1항, 제24조, 제45조 제1항, 사회기반시설에 대한 민간투자법 시행령 제35조 제1호는 사회기반시설에 대한 민간의 투자를 촉진하여 민간의 창의와 효율이 발휘될 수 있는 여건 조성을 목표로 정하면서도, 사회기반시설이 국가경제에서 갖는 중요성을 고려하여 그 설치·운영 등에 공공성이 유지되도록 하여야 할 책임을 정부에 부과하고, 민간투자사업으로 조성된 사회기반시설은 실시협약에서 정하는 바에 따라 관리 및 운영되도록 정하며, 주무관청이 사업시행자에게 민간투자법 제45조 제1항에 따라 감독명령을 하는 경우에도 사업시행자의 자유로운 경영활동을 저해하지 아니하는 범위 안에서만 하도록 정하고 있다.

따라서 주무관청이 사업시행자에게 어떠한 의무가 있음을 전제로 사회기반시설에 대한 민간투자법 제45조 제1항에 따라 감독명령을 하는 경우,[4] 그러한 명령이 민간투자법 제45조 제1항이 정한 한계, 즉 사업시행자의 자유로운 경영활동을 저해하지 아니하는 범위 안에서 이루어진 것인지는, 이러한 민간투자사업의 성격을 전제로 하여 감독명령의 내용, 당해 사회기반시설의 목적과 성격, 관련 법령의 규정 내용, 민간투자시설사업기본계획 또는 실시협약 등에서 사업시행자의 의무를 정하고 있는지 등을 종합적으로 고려하여 구체적 사안에 따라 개별적으로 판단하여야 한다.

이 사건에서 대법원은 항소심의 판단을 다음과 같이 그대로 유지하였다. "원심은, ① 사업시행자의 자금구조 구성은 민자사업의 안정적인 운영에 필요한 최소한의 자기자본비율을 위반하지 않는 한 기본적으로 사업시행자의 경영기법에 속하는 사항인 점, ② 원고의 재무상태는 2008년 약 155억 원의 자본잠식 상태에 있었으

4) 제45조(감독·명령) ① 주무관청은 사업시행자의 자유로운 경영활동을 저해하지 아니하는 범위에서 대통령령으로 정하는 경우에 한정하여 사업시행자의 민간투자사업과 관련된 업무를 감독하고 감독에 필요한 명령을 할 수 있다.

나 2011년에는 자본잠식 상태가 해소되어 부채비율이 2,534%가 되었고, 2012년에는 부채비율이 907%로 감소하여 지속적으로 개선되고 있고, 원고의 자금구조가 이 사건 실시협약에서 전제한 자금구조와 다르다는 사정만으로 수정산터널의 정상적인 운영이 어렵다고 볼 수는 없는 점, ③ 피고가 이 사건 처분의 근거로 삼고 있는 감사원의 지적사항에 의하더라도 자금재조달 이익공유를 위한 협약변경을 제안하면서 협약변경 합의가 이루어지지 아니할 경우 상사중재 등으로 대응을 하라는 취지일 뿐, 자금구조 자체를 이 사건 실시협약 당시에 가정한 조건으로 복귀하도록 감독명령을 발령하라는 취지는 포함되어 있지 아니하였던 점 등을 고려하면, 이 사건 처분은 법 제45조 제1항에 따른 감독명령의 요건을 충족하지 못하였거나 감독명령의 한계를 일탈한 것이어서 위법하다고 판단하였다.

2) 해설 및 평론

민간투자사업은 기본적으로 실시협약을 체결하는 주무관청과 사업시행자가 동등한 당사자로서 법적 지위를 갖는 것을 전제로 한다. 앞서 언급한 바와 같이 실시협약이 공법상 계약으로서 공법적 특수성을 갖고는 있지만 계약이라는 본질을 벗어나는 것은 아니기 때문에 당사자의 법적 지위는 수평적 관계를 유지한다. 다만, 현행 민간투자법은 주무관청이 실시협약의 동등한 당사자인 동시에 공익의 담보자로서 민간투자사업을 감독하는 이중적 지위를 인정하고 있다. 문제가 되는 것은 사업시행자의 입장에서는 종래에는 실시협약을 통하여 민관협력 내지 민간투자의 대등한 당사자로서 주무관청을 상대하고 있었지만 이제 주무관청이 공익의 실현자라는 입장에서 갑자기 감독기관으로 돌변하여 공익을 위한 행정처분 등의 행정청의 지위를 주장할 수 있기 때문이다.

이 사건에서는 원고 사업시행자의 부채 과다 등 재무구조가 불량하여 피고 주무관청이 민간투자법 제45조 제1항에 따라 자금구조 시정을 위한 감독명령을 내리고 있다. 물론 주무관청은 사업시행자의 운영이나 재무구조가 부실하여 민간투자사업의 공익성을 담보할 수 없다고 판단하는 경우 민간투자법 제45조 제1항에 따르는 공익을 위한 처분을 할 권한을 가지고 있지만 전체적으로 민간투자사업이 민간부문과 공공부문의 호혜적인 협력을 통하여 시너지 효과를 창출하자는 목적을 가지고 있기 때문에 주무관청의 감독권 행사는 민관협력의 취지와 목적을 고려하여 비례의 원칙 등 일정한 조리상의 한계를 가지고 있음이 분명하다.

이 사건에서 대법원도 주무관청의 감독권 행사가 “사업시행자의 자유로운 경영활동을 저해하지 아니하는 범위 안에서 이루어질 것”이라는 한계를 지적하면서 감독권 행사가 비례의 원칙 등 법적 한계를 넘은 것인지 여부는 “당해 사회기반시설의 목적과 성격, 관련 법령의 규정 내용, 민간투자시설사업기본계획 또는 실시협약 등에서 사업시행자의 의무를 정하고 있는지 등을 종합적으로 고려하여 구체적 사안에 따라 개별적으로 판단하여야 한다”고 판시하고 있다. 이러한 대법원의 견해는 주무관청의 감독권 행사가 자칫 민간투자의 본질을 훼손할 정도로 과도하거나 민간부문 사업시행자의 기업경영의 자율성을 침해하는 방식으로 이루어질 수 없다는 것으로서 매우 적절한 지적으로 평가할 수 있다.

Ⅳ. 결론

1990년대 초반부터 본격적으로 태동한 민간투자제도는 사회기반시설의 확충이라는 국가적 아젠다를 실현하기 위하여 공공부문의 만성적인 재원부족을 해결하기 위한 일종의 요술방망이로 인식되는 경향이 있었지만 실제 사업의 시행 과정에서 민간사업자에 대한 특혜시비부터 시작하여 사업시행자의 빈번한 사업구조 변경과 같은 운영미숙이나 파산 등 사업의 지속가능성이 한계를 노정하면서 이용자인 시민에게는 불편과 불안감을 주는 일종의 鷄肋(계륵)으로 변질되기도 하였다. 한편으로는 국가와 자치단체의 민간투자사업 주무관청은 정치적 동기에 따라서 MRG 등을 남발하고 무리한 사업추진으로 인하여 결국 일정한 기간이 경과한 후 민간투자법상의 감독권을 행사할 수밖에 없는 상황에 몰리게 되면서 민관협력이라는 민간투자제도의 본질을 훼손하는 위기를 맞기도 하였다.

주무관청이 과도한 감독권을 행사하는 경우 사업의 지속가능성을 위협하고 외국인 투자자들의 법적 지위를 침해하여 한국의 대외 신인도에도 상당한 타격이 불가피하기 때문에 민간투자법상의 공익을 위한 처분은 일종의 ultima ratio로 인식하는 것이 필요하다. 하지만, 이러한 많은 문제점에도 불구하고 공공부문과 민간부문이 실시협약이라는 대등한 당사자로서 협상에 임하여 협력을 통한 사업추진을 지향한다는 새로운 법적 모델은 한국 행정법에 있어서 새로운 지평을 연 것으로 평가할 수 있으며, 단순히 민간의 자본만을 유치하고 활용한다는 협소한 시각에서 벗어나서 협치를 통한 행정법 질서를 천착하는 실천의 장으로 발전시키는 것이 필요하다. 민간투자법을 계륵으로 방치하지 말고 부단한 보완과 수정을 통하여 名器(명기)로 활용하는 지혜를 찾아야 할 것이다.

제8장 사인을 위한 수용

Ⅰ. 문제의 제기

국가와 지방자치단체는 국민과 주민의 생존을 위한 각종 사회기반시설을 마련하기 위하여 필요한 토지를 조달함에 있어서 많은 경우 난관에 봉착한다. 국가와 지자체가 학교와 도로 등을 건설하는데 필요한 국·공유지를 충분히 확보하고 있는 경우에는 문제가 없지만 불가피하게 사인이 소유한 토지를 필요로 하는 경우 관련 법률상 토지소유자 등과 협의를 거쳐서 매매계약으로 사업에 필요한 토지를 취득하지만 협의가 성립하기 어려운 경우에는 강제로 토지를 수용한다. “공익사업을 위한 토지 등의 취득 및 보상에 관한 법률”은 이러한 일련의 토지 취득과정과 그에 따르는 손실의 보상에 대하여 규정하고 있다. 우리 헌법 제23조 제3항 역시 “공공필요에 의한 재산권의 수용·사용 또는 제한 및 그에 대한 보상은 법률로써 하되, 정당한 보상을 지급하여야 한다”고 규정하여 국가나 지자체가 공익사업을 위하여 불가피한 공공필요가 있는 경우 토지 등 재산권에 대하여 공용수용을 포함한 공용침해를 위하여 관련 법률에서 수용의 요건과 절차, 보상 등에 대하여 규정하도록 위임하고 있다.

그런데 오늘날 사회기반시설에 대한 민간투자가 일상적으로 이루어지면서 도로, 터널, 교량, 골프장 등 체육시설 및 휴양시설 등에 대하여 민간기업이나 개인이 건설이나 운영 등에 필요한 투자를 하는 경우 일정한 요건 하에 관련 법률이 필요한 토지 등을 수용할 수 있는 권한을 부여하는 사례가 늘어나고 있다. 전통적으로 국가와 지방자치단체 또는 공기업 등 공공기관이 토지수용의 주체가 되어 필요한 공익사업을 하는 경우에는 헌법 제23조 제3항이 규정하는 "공공필요"라는 일종의 헌법적 불확정개념을 충족하는 것으로 볼 수 있지만 이윤 추구의 동기가 큰 민간기업이 교량, 터널, 도로 등을 건설하여 사용료를 징수하는 등 민간투자 사업을 영위하는 경우에까지 사인이 소유한 토지에 대하여 강제적으로 민간기업이나 다른 사인이 수용권을 발동하도록 하는 것이 과연 "공공필요"에 부합하는 합헌적인 법률인지, 그에 따른 사인의 수용처분이 적법한 것인가에 대하여 의문이 제기될 수밖에 없다.

그런데 민간기업이 중심이 되어 사회기반시설이나 가스, 전기 등 이른바 국민의 생존을 배려하기 위한 시설을 설치하기 위하여 필요한 토지를 수용하는 제도는 반드시 우리나라에만 국한되는 것은 아니다. 국가나 지자체의 만성적인 재원 부족과 더불어 민간기업의 경영상의 노하우를 공익사업에 적극 활용하는 것은 세계적인 추세라고 볼 수 있기 때문에 여러 나라에서 민관협력, 제3섹터, 민간투자라는 이름으로 널리 활용되고 있는 실정이다. 이하에서는 사인을 위한 수용과 관련된 미국, 독일의 예를 간략하게 살펴보고 우리나라 헌법재판소와 대법원의 판례를 중심으로 허용 요건과 법적 한계 등에 대하여 논의하기로 한다.

Ⅱ. 미국연방대법원의 Kelo v. New London 사건[1)]

이 사건에서 미국연방대법원은 5 대 4의 의견으로 수정헌법 제5조에 규정된 공용수용 제도가 낙후된 도시의 개발이라는 경제적 이익을 실현하기 위하여 특정한 사인의 토지를 다른 사인의 소유를 위하여 강제로 수용할 수 있는 근거가 될 수 있다고 판결하였다. 이 사건에서 토지소유주 중 한 사람인 원고 Susette Kelo는 피고 Connecticut 주의 New London 시가 자신이 소유한 토지를 강제로 수용하여 도시개발계획에 포함시키는 것은 자신의 재산권을 침해하는 것이라고 주장하였다. 이 사건의 주심 대법관이었던 John Paul Stevens는 공용수용을 통하여 도시개발이 이루어지고 그로부터 피고 시가 다양한 경제적 이익을 창출할 수 있기 때문에

1) Kelo v. City of New London, 545 U.S. 469 (2005).

New London 시가 사업시행자인 사인을 대리하여 시행한 공용수용은 수정헌법 제5조에 위반하지 않는다고 다수의견을 제시하였다. 연방대법원의 판결 이후에 피고 시는 사인 개발자에게 도시개발계획을 추진할 것을 허용하였으나 사업에 필요한 재원을 조달하지 못하고 결국 사업을 포기하여 이미 수용된 토지는 오랜 동안 불모지로 남게 되었다.

연방대법원의 판결은 미국 사회에서 사인을 위한 수용제도에 대하여 커다란 논쟁과 반향을 일으키게 되었으며 여러 주가 토지수용법의 요건을 강화하고 심지어 몇몇 주는 헌법을 개정하여 사인을 위한 수용제도를 금지시켰다. 미국 헌법상 공용수용 제도에는 수정헌법 제5조와 제14조가 적용되는데, 제5조에 따라서 정당한 보상 없이 공익을 위한 공용수용을 통하여 사인의 재산권을 박탈할 수 없으며 제14조의 적법절차조항은 공용수용의 주체를 연방정부와 주정부로 제한하고 있다. 연방대법원의 판결 이전에 코네티컷주 대법원에서 원고들은 공용수용의 목적으로 명시된 도시의 경제개발과 수용을 통하여 원고들의 토지를 도시개발공사에 양도하는 것은 수정헌법 제5조가 규정하고 있는 '공적 사용'(public use)에 부합하지 못한다고 주장하였다. 또한 시의 수입증대라는 목적을 위하여 특정인의 토지를 수용하는 것은 공용수용제도를 남용하는 것으로 허용되어서는 안 된다는 점을 강조하였다.

하지만 당시에 코네티컷주 법률은 사인을 위한 수용제도를 가지고 있었으며 자치단체들은 이 법률을 적극적으로 활용하여 도시개발사업을 활발하게 벌이던 상황이었다. 이에 대하여 코네티컷 대법원은 사인을 위한 공용수용 제도가 연방 및 주 헌법의 공적 사용조항을 위반하지 않았다고 판결하였다. 코네티컷 대법원은 입법자의 의도가 도시개발을 통하여 고용을 창출하고 시의 조세 및 기타 재정수입을 증가시키며 낙후된 지역을 활성화시킬 수 있기 때문에 이와 같은 공적 사용 목적이 연방 및 주 헌법상 공용수용 제도의 공익에 부합하며 공용수용의 주체로서 私法人(사법인)인 도시개발공사가 토지를 수용하는 것 역시 헌법에 위반하지 않는다고 판시하였다.

앞서 언급한 바와 같이 연방대법원의 다수의견은 2005년 6월 23일 원고의 청구를 기각하였는데, 특이한 점은 이 사건의 주제가 상당히 논쟁적인 것이었음에도 불구하고 법정의견에 보충의견을 제시한 Anthony Kennedy 대법관은 수용의 주체가 중요하기보다는 정부가 추진하는 정책과 그 정당성 간에 사실에 기반한 합리적 관계가 존재하는 경우에는 합리성심사라는 완화된 심사기준을 적용할 수 있다는 견해를 제시하여 사인을 위한 수용 제도에 더욱 힘을 실어주었다는 점이다.

이에 대하여 반대의견을 대표하여 제시한 O'Connor 대법관은 사인을 위한 수용제도는 "약한 사람의 재산을 빼앗아 부자와 강한 자에게 넘겨주는 逆로빈훗 방식(a reverse Robin Hood fashion)"이라고 비판하면서 공용수용제도의 변질을 우려하고 있다. 의적 로빈훗과 홍길동을 좋아하는 로홍판씨도 O'Connor 대법관의 견해에 전적으로 동의하고 있다. O'Connor 대법관은 이 사건의 여파가 적지 않을 것을 예상하면서 사인을 위한 공용수용 제도의 수혜자는 사회적 명망가와 정치과정에서 힘을 가진 자를 포함하여 대기업과 개발회사가 될 것이라고 밝히고 있다. O'Connor 대법관은 이 판결이 公用收用(공용수용)과 私用收用(사용수용)의 경계를 무너뜨리고 수정헌법 제5조의 공용수용과 공적 사용이라는 개념을 형해화시킬 것이라고 비판하고 있다.

Ⅲ. 독일법상 사인을 위한 수용

1. 직접적 공익실현 사기업 — 생존배려형 사기업

직접적 공익실현 사기업이라는 개념은 에너지 공급이나 도로, 교량과 같이 공익성이 강한 사기업을 운영하여 직접적으로 공익실현에 기여하는 기업을 말한다. 이 경우 사기업은 자신이 운영하는 사업 자체가 의심의 여지없이 공익을 실현하게 되므로 자신의 사업목적과 공익이 일치하는 사례에 해당한다. 연방헌법재판소는 에너지공급사기업 사건[2]에서 국민의 생존에 필요한 에너지를 공급하는 업무는 법률상 인정되는 생존배려행정 활동에 해당하는 것으로서 에너지사기업을 위한 공용수용은 헌법적으로 허용되는 것으로 보고 있다. 물론 이 경우에도 당해 수용의 주체가 사기업이라는 사실이 변하는 것은 아니지만 에너지공급 기업의 경영을 통하여 기업의 이윤 추구와 국민에게 생존에 필요한 에너지를 공급한다는 공익 실현이 동시에 이루어진다는 점을 주목할 필요가 있다.

따라서 사기업이 이윤을 추구한다는 사실 자체 하나만으로 사인을 위한 수용

2) BVerfGE 66, 248 (257).

이 헌법상 불가하다는 논리는 수용하기 어려우며 사인의 활동도 경우에 따라서는 직접적으로 공익 실현에 이바지할 수 있다는 사실을 고려한다면 국가만이 공익 실현의 주체라는 것을 받아들이기 어렵다는 것이다. 공용수용의 요건으로서 독일기본법 제14조 제3항에 규정하는 공공복리와 공공복리의 증진이라는 개념은 개별 입법에 의하여 구체화되는 공용수용의 목적으로서 사기업의 운영목적과 일치하는 경우에는 충족되는 것으로 보아야 한다. 다시 말하자면 국민의 생존을 배려하는 직접적 공익실현 사기업을 위한 수용은 사인의 재산권을 침해하는 것이 아니며 헌법에 합치하는 것으로 볼 여지가 크다. 이러한 생존배려형 사기업이 수행하는 공적 과제로 볼 때 도로, 교량, 집단에너지 시설, 학교 등을 건설하고 운영하는 위한 수용은 헌법적으로 허용되는 것으로 보는 것이 다수의 견해라고 할 수 있다.

2. 간접적 공익실현 사기업 — 경제적 사기업

생존배려형 사기업을 위한 공용수용이 개인의 재산권을 침해하는 것이 아니며 일반적으로 합헌적인 조치로 평가되는 것과는 달리 민간 사기업의 활동이 직접적으로 공익실현에 이바지하는 않지만 경영의 부수적인 결과로서 지역발전, 지역의 고용창출, 지역경제의 활성화 등이 이루어지는 이른바 경제적 사기업의 경우에는 헌법적으로 논란의 여지가 있다. 예를 들어 지역적으로 낙후된 곳에 대기업을 유치하기 위하여 필요한 토지를 수용할 수 있도록 사인에게 수용권을 부여하는 경우 과연 헌법상 공공필요, 공공복리 등의 개념에 부합하는지 분명하지 않고 수용의 조건이나 부관 등 공익을 담보할 수 있는 법적 장치가 미흡한 경우 사인을 위한 수용은 자칫 미국 연방대법원의 Kelo v. New London 사건에서 오코너 대법관 등 반대의견이 비판한 이른바 "역로빈훗 방식"의 私用收用 제도로 전락할 가능성이 크다.

이와 관련하여 독일연방헌법재판소는 이른바 Boxberg 결정[3]을 통하여 경제적 사기업을 위한 공용수용도 헌법적으로 허용될 수는 있지만 수용 이후에 입법자는 공공복리가 지속적으로 실현될 수 있는 법적 담보장치를 법률에 명확하게 규정할 것을 요구하였다. 1980년 다이믈러 벤츠 자동차회사는 Boxberg라는 낙후지역에 자동차 시험주행 시설의 건설과 운영을 위한 토지를 수용하였는데, 연방헌법재

3) BVerfGE 74, 264.

판소는 당시 건축법은 지역의 고용창출과 그로 인한 지역발전을 도모하는 사인을 위한 수용을 허용하는 규정을 가지고 있지 않았다고 하면서 경제적 사기업을 위한 공용수용을 통하여 직접적으로 공공복리가 실현되는 것은 아니지만 그것이 기업운영으로 인하여 간접적인 방식으로 이루어진다고 하더라도 헌법적으로 반드시 위헌이라고 볼 수는 없다고 판시하였다.

하지만, 연방헌법재판소는 동시에 공용수용의 근거법률이 수용의 목적, 요건, 절차를 명확하게 규정하고 기업경영을 통하여 공공복리가 지속적으로 실현될 수 있는 법적 담보와 예방조치를 충분하게 규정할 것을 요구하였다. 이러한 법적 담보장치로서는 경제적 사기업에게 경영의무를 부과하거나 일정 기간 경영을 중단하거나 애초 기업의 수용 및 경영목적을 변경하는 경우 원래의 토지소유자가 환매권을 행사할 수 있도록 하고 일정 비율로 지역의 인재를 채용하도록 하는 할당제 내지 우선채용제도 등을 고려할 수 있다. 또한 공익실현을 위한 담보장치로서 세부적인 내용은 수용처분에 부가하는 附款(부관), 공법상 계약 등을 활용할 수 있을 것이다.

Ⅳ. 사인을 위한 수용에 대한 우리나라 헌법재판소와 대법원 판결

1. 헌법재판소 결정

1) 헌재 2009. 9. 24. 2007헌바114(산업입지 및 개발에 관한 법률 제11조 제1항 등 위헌소원); 헌재 2011. 11. 24. 2010헌가95등(도시 및 주거환경정비법 제38조 위헌제청)

(1) 사건의 개요와 결정 요지

청구외 ○○전자 주식회사는 2004. 2. 23. 아산시장에게 ‘산업입지 및 개발에 관한 법률’(이하 ‘산업입지법’이라 한다) 제11조 및 같은 법 시행령 제13조에 의하여 충청남도 아산시 탕정면 ○○리, □□리, △△리 일원 토지 3,261,281㎡에 대하여 ‘산업단지 지정승인 요청서’를 제출하였고, 아산시장은 2004. 4. 19. 요청서에 대한 의견서 등을 첨부하여 위 요청서를 충청남도지사에게 전달하였다. 이에 충청남도지사는 2004. 7. 31. ○○전자를 사업시행자로 하여 아산시 탕정면 ○○리, □□

리, △△리 일원 토지 2,113,759㎡를 '탕정 제2일반지방산업단지'로 지정 승인한 후, 2004. 8. 5. 산업입지법 제7조의3의 규정에 따라 충청남도 고시 제2004-159호로 이를 고시하였다. 청구인들은 위 산업단지 내에 토지를 소유하고 있는 토지소유자들인바, 위 산업단지 내에 위치한 청구인들 소유의 토지가 위 고시에 따라 수용대상토지로 지정되었다.

○○전자는 청구인들과 위 토지의 취득 등에 대하여 협의를 하였으나 협의가 성립되지 아니하여 충청남도지방토지수용위원회에게 재결을 신청하였고, 충청남도지방토지수용위원회는 2006. 5. 22. 위 토지 및 그 지상물에 대하여 수용재결하였다. 이에 청구인들은 2006. 7. 24. 대전지방법원에 충청남도지방토지수용위원회를 상대로 이 사건 수용처분의 취소를 구하는 소를 제기하였으며(대전지방법원 2006구합2239), 위 소송계속 중 산업입지법 제11조 제1항 등이 헌법 제23조 제3항, 제37조 제2항 등에 위반되고, 산업입지법 제2조 제6호 자목이 명확성의 원칙에 반한다는 이유로 위헌법률심판제청신청(대전지방법원 2005아163)을 하였으나, 2007. 9. 19. 기각되자, 같은 해 10. 29. 이 사건 헌법소원심판을 청구하였다. 청구인들 주장의 요체는 산업단지 개발의 명목으로 민간기업에게 수용권을 부여하고 있는 해당 법률조항의 위헌 여부를 가려줄 것을 헌법재판소에 요청한 것이다.

이에 대하여 헌법재판소는 다음과 같은 견해를 제시하였다. "헌법 제23조 제3항은 정당한 보상을 전제로 하여 재산권의 수용 등에 관한 가능성을 규정하고 있지만, 재산권 수용의 주체를 한정하지 않고 있다. 위 헌법조항의 핵심은 당해 수용이 공공필요에 부합하는가, 정당한 보상이 지급되고 있는가 여부 등에 있는 것이지, 그 수용의 주체가 국가인지 민간기업인지 여부에 달려 있다고 볼 수 없다. 또한 국가 등의 공적 기관이 직접 수용의 주체가 되는 것이든 그러한 공적 기관의 최종적인 허부판단과 승인결정하에 민간기업이 수용의 주체가 되는 것이든, 양자 사이에 공공필요에 대한 판단과 수용의 범위에 있어서 본질적인 차이를 가져올 것으로 보이지 않는다. 따라서 위 수용 등의 주체를 국가 등의 공적 기관에 한정하여 해석할 이유가 없다.

오늘날 산업단지의 개발에 투입되는 자본은 대규모로 요구될 수 있는데, 이러한 경우 산업단지개발의 사업시행자를 국가나 지방자치단체로 제한한다면 예산상의 제약으로 인해 개발사업의 추진에 어려움이 있을 수 있고, 만약 이른바 공영개발방식만을 고수할 경우에는 수요에 맞지 않는 산업단지가 개발되어 자원이 비효율적으로 소모될 개연성도 있다. 또한 기업으로 하여금 산업단지를 직접 개발하도록 한다면, 기업들의 참여를 유도할 수 있는 측면도 있을 것이다. 그렇다면 민간기업을 수용의 주체로 규정한 자체를 두고 위헌이라고 할 수 없으며, 나아가 이 사건 수용조항을 통해 민간기업에게 사업시행에 필요한 토지를 수용할 수 있도록 규정할 필요가 있다는 입법자의 인식에도 합리적인 이유가 있다 할 것이다. 이 사건 수용조항은 산업입지의 원활한 공급과 산업의 합리적 배치를 통하여 균형 있는 국토개발과 지속적인 산업발전을 촉진함으로써 국민경제의 건전한 발전에 이바지하고자 하고, 나아가 산업의 적정한 지방 분산을 촉진하고 지역경제의 활성화를 목적으로 하는 것이다.

산업입지가 원활히 공급된다면 산업단지의 건설이 용이해질 수 있고, 따라서 산업단지의 건설을 통하여 효과적인 경제적 발전 내지 성장을 기대할 수 있다. 나아가 산업단지의 개발로 인한 경제적 발전은, 그간 우리 사회의 사회문화적 발전에서도 큰 초석이 되어왔다. 그와 같은 경제의 발전이 해당 국가공동체에서 영위되는 삶의 문명사적 수준을 신장시킨 주요한 동력이 되어 왔다는 점에서, 산업단지 개발의 사회적 중요성을 확인할 수 있다. 또한, 산업입지법상 규정들은 산업단지개발사업의 시행자인 민간기업이 자신의 이윤추구에 치우친 나머지 애초 산업단지를 조성함으로써 달성, 견지하고자 한 공익목적을 해태하지 않도록 규율하고 있다는 점도 함께 고려한다면, 이 사건 수용조항은 헌법 제23조 제3항의 '공공필요성'을 갖추고 있다고 보인다".

(2) 해설 및 평론

헌법재판소는 공용수용의 요건 중 핵심적인 내용은 헌법 제23조 제3항의 공공필요라는 일종의 헌법적 불확정개념을 충족하고 나아가 정당한 보상을 지급하는 것이 핵심이지 수용의 주체가 공공부문인지 혹은 민간부문의 사업시행자인지는 본질적인 문제가 아니라고 밝히고 있는데, 이러한 견해는 미국 연방대법원의 Kelo v. New London 사건에서 다수의견에 대하여 보충의견을 제시한 Anthony Kennedy 대법관의 입장과 유사하다고 할 수 있다. 더 나아가 헌법재판소는 헌법 제23조 제3항의 공공필요 또는 공익실현을 넓은 의미로 이해하면서 "산업단지의 개발, 국가 및 지역 산업의 발전, 고용 창출, 산업의 전국적 분산 및 국토의 균형발전 등"이 포함되는 것으로 이해하고 있다. 이러한 입장은 독일연방헌법재판소의 Boxberg 결정에서 광의의 공공복리에 "지역의 고용창출과 그로 인한 지역발전" 등을 포함시키는 것으로 보는 견해와 상당히 유사하다고 할 수 있다. 이와 같은 견해에 따르면 사인을 위한 수용을 통하여 간접적인 방식으로 공공복리를 실현하는 경제적 사기업을 위한 수용의 경우에도 법원이 상당한 정도로 완화된 심사를 할 수 있는 가능성이 열리게 된다.

반면에 이 사건에서 반대의견을 제시한 김종대 재판관은 다음과 같은 이유로 사인을 위한 수용제도가 공공필요에 부합하지 않는 위헌적인 제도임을 강조하고 있다. "민간기업이 수용의 주체가 되는 경우는 국가가 수용의 주체가 되어 그 수용의 이익을 공동체 전체의 것으로 확산시키는 역할을 자임하는 경우와 비교하여 수용의 이익이 공적으로 귀속될 것이라는 보장이 힘들다는 점에서, 그와 같은 수용이 정당화되기 위해서는 당해 수용의 공공필요성을 보장하고 수용을 통한 이익을 공공적으로 귀속시킬 수 있는 더욱 심화된 입법적 조치가 수반되어야만 한다. 이를테면, 해당 사업의 수용으로 인한 개발이익에 대하여 지속적인 환수조치를 보장한다거나 그 기업의 수용으로 인한 영업상 수익에 대한 공적 사용의 방도를 마련하고 해당 지역민들에 대한 의무적인 고용할당제를 실시한다거나 하는 조치 등을 부가함으로써 수용을 통해 맺게 된 풍성한 과실을 수용자와 피수용자를 포함한 공동체가 함께 향유하도록 제도적으로 규율하여야 하는 것이다.

이러한 법적·제도적 보완이 행하여 지지 않는 한, 이 사건 조항들에 따른 민간기업에 의한 수용은 우리 헌법상 재산권 보장의 가치와 부합되기 어렵다. 또한, 부득이 이 사건 조항들에 따라 민간기업에게 수용권한을 부여할 경우라도, 수용재결에 이르기 전까지 사업시행자에게 미리 일정한 비율의 토지를 매수할 것을 법적 요건으로 규정하는 등과 같이, 사업시행자의 일방적인 의사에 의해 토지소유자의 재산권이 상실되는 것을 완화할 수 있는 여러 방도를 모색하는 일도 충분히 가능하다 할 것이나 이러한 입법적 고려가 부재한 점은 헌법상 과잉금지원칙의 정신에 부합하지 않는다".

반대의견은 특히 경제적 사기업의 경우에는 공익 실현보다는 이윤 추구의 동기가 전면에 나설 수 있기 때문에 사인을 위한 수용이 헌법 제23조 제3항의 공공필요에 부합하지 못할 가능성이 크고 가사 그것이 가능하다고 하더라도 당해 수용을 통하여 진행되는 사업이 지속적으로 공익성을 담보할 수 있는 장치를 충분하게 가지고 있어야 함에도 불구하고 이 사건 대상 조항이 그러한 내용을 결여하고 있다고 비판하고 있는데, 이러한 견해는 독일 연방헌법재판소가 경제적 사기업을 위한 수용에서 강조하고 있는 입장과 거의 일치한다. 그리고 반대의견이 적절하게 제시하고 있는 바와 같이 공익담보장치로서 수용 대상 토지에 대하여 경제적 사기업을 위한 사업시행자가 일정한 비율의 토지소유자 동의와 일정 비율의 토지를 직접 확보할 것을 조건으로 사업시행에 대한 인가 등을 하는 법률 조항들이 늘어나는 계기를 제공했다는 점에서 상당한 의미를 부여할 수 있을 것이다.

2010헌가95 사건에서는 사인인 토지소유자가 도시환경정비사업을 시행하는 경우 토지 등을 수용할 수 있도록 한 '도시 및 주거환경정비법' 제38조가 재산권을 침해하는지 여부에 대하여 헌법재판소는 산업입지법 사건과 유사하게 수용의 주체가 사인이라 하여 공공필요에 대한 판단이 본질적으로 달라진다고 할 수 없고, 도시환경정비사업으로 달성하고자 하는 공익목적이 훼손되지 않도록 제도적 규율이 마련되어 있는 점에 비추어 공공필요성이 인정되는 것으로 보고 있다. 또한 이 사건 법률조항은 이와 같은 공공복리를 추구하기 위한 것으로서 입법목적의 정당성과 방법의 적절성이 인정되며, 수용이 적법한 절차에 따라 진행되도록 보장되어 있고 수용과 관련된 구체적 처분에 대한 권리구제수단이 마련되어 있는 점에 비추어 피해의 최소성 원칙에도 어긋나지 아니하고, 사업시행자에게 개발부담금을 부과할 수 있다는 점과 도시환경정비사업의 공익적 목표가 민간기업의 과도한 사리추구에 의해 훼손되지 않도록 보장하려는 제도적 장치들이 있음을 고려할 때 법익균형성원칙에 위반되지 아니하므로 헌법 제23조 제3항 또는 과잉금지원칙을 위반하여 피수용자의 재산권을 침해한다고 할 수 없다.

하지만 이 사건에서도 김종대 재판관은 이 사건 법률조항은 손쉽게 사인에게 토지수용권을 주면서도 당해 수용의 공공필요성을 지속적으로 보장하고 수용을 통한 이익을 공공적으로 귀속시키기 위해 필요한 보완 규정을 두지 아니함으로써 우리 헌법상 재산권을 침해하여 헌법에 위반된다는 반대의견을 제시하였다.

2) 헌재 2009. 11. 26. 2008헌바133(주택법 제18조의2 위헌소원); 헌재 2010. 7. 29. 2009헌바240등; 헌재 2010. 12. 28. 2010헌바219.

(1) 사건의 개요와 결정 요지

첫 번째 사건에서 민간 주택건설사업 시행자에게 매도청구권을 인정한 구 주택법 제18조의2 제1항 제1문이 청구인들의 재산권을 본질적인 내용까지 침해하거나 과잉금지원칙에 위배되어 헌법에 위반되는지 여부가 문제되었다. 민간의 주택건설사업자에게 매도청구권을 부여한 이 사건의 심판대상 조항이 사실상 민간 시행자에게 토지수용권을 인정한 것과 동일한 효과를 가지게 되면서 매도청구권을 우회한 수용권을 부여한 것이 아닌가 하는 의문에 제기될 수 있다. 1청구인들은 2005. 12.경 대구 수성구 ○○동 1652 소재 대지와 그 지상 세멘벽돌조 와즙 주택(이하 '이 사건 부동산'이라 한다)을 공동으로 취득하였다. 한편 ○○아이앤디 주식회사(이하 '○○아이앤디'라고 한다)는 이 사건 부동산을 포함하여 대구 수성구 ○○동 1601 외 336필지 지상에 주택건설사업을 하기 위하여 2007. 1. 11. 사업계획승인을 신청하여 1. 22. 대구광역시장으로부터 주택법 제16조의 규정에 따른 주택건설사업계획승인을 받았다. ○○아이앤디는 청구인들에게 2006. 1.경부터 내용증명우편을 보내는 등의 방법으로 이 사건 부동산의 매도를 요청하였으나 협의가 이루어지지 않자, 2006. 5. 23. 주택법 제18조의2 규정에 의한 매도를 청구하는 당해사건 소송을 제기하였다.

청구인들은 위 소송계속 중 사업시행자의 매도청구권을 규정한 주택법 제18조의2가 재산권의 본질적 내용을 침해하고 정당보상원칙에 반하는 위헌적인 법률이라고 주장하면서 위헌법률심판제청을 신청하였으나(2008카기1735), 2008. 9. 24. 기각되어 그 결정문이 2008. 10. 7. 송달되자, 2008. 11. 5. 헌법재판소법 제68조 제2항에 의한 이 사건 헌법소원심판을 청구하였다. 청구인들은 이 사건 법률조항에 따라 매도청구권이 행사되면 상대방은 소유 토지를 강제로 실제 가격보다 현저히 낮은 가격으로 매도하여야 하는바, 이는 계약의 자유에 대한 중대한 침해이고, 재산권의 본질적 내용을 침해하며, 공익법인이나 주택조합도 아닌 민간주택건설사업자에게 토지수용과 유사한 효과가 있는 매도청구권을 폭넓게 허용하여 토지소유자의 소유권을 지나치게 침해한다고 주장하였다.

이에 대하여 헌법재판소는 이 사건 심판대상 조항이 사실상 공용수용의 효과를 부여한 것을 인정하면서도 비례성원칙에 위반하지 않으며 다음과 같이 사업의 공공성과 공익성을 갖추고 있다고 보았다. “이 사건 법률조항이 민간사업자에게 주택건설사업에 필요한 토지를 매수할 수 있게 한 것은 지구단위계획에 따라 승인받은 주택건설사업을 가능하게 하는 공공복리를 달성하기 위한 것으로서 입법목적의 정당성이 인정되고, 공용수용의 효과를 부여하기 위하여 필요한 공공필요성의 요건도 갖추었다고 할 것이다. 또한 20호 이상의 주택을 건축하기 위하여 필요한 일단의 연접 토지를 확보할 수 있게 하기 위해서는 그 사업부지 내의 토지를 취득할 수 있는 수단을 허용하지 않을 수 없다고 할 것이므로 위 목적을 달성하기 위하여 민간주택건설사업자에게 시가로 매도청구할 수 있는 권리를 부여하는 것은 적절한 수단이라고 할 수 있다.

이 사건 법률조항은 매도청구권의 요건을 엄격하게 제한함으로써 통상의 공용수용보다 완화된 소유권 박탈제도라고 볼 수 있고, 그 매도청구권 행사와 관련해서 상대방의 이익도 충분히 보장하고 매도청구권의 행사로 인한 기본권 침해를 최소화하고 있으므로, 기본권 침해의 최소성원칙에 위반된다고 보기 어렵고, 매도청구권을 행사할 경우에는 시가에 따른 대금을 지급하도록 하여 정당한 보상을 보장하고 있으므로, 매도청구의 대상 토지에 대한 재산권을 본질적으로 침해한다고 보기 어렵다. 나아가 토지는 다른 재산권과 달리 공동체의 이익이 보다 더 강하게 존중될 것이 요구되는 점, 지구단위계획에 따라 20호 이상의 주택을 건설하는 사업은 민간사업자가 시행하는 경우에도 공공성이 강하다고 할 것이고 20호 이상의 주택을 건축하기 위해서는 일단의 연접 토지가 반드시 필요한 점 등에 비추어 보면, 지구단위계획에 따른 주택건설이라는 공익사업을 원활하게 추진하게 하려는 공익이 이 사건 법률조항으로 제한을 받게 되는 사익을 능가한다고 할 수 있으므로 법익의 균형성도 갖추었다고 할 것인바, 이 사건 법률조항은 기본권의 본질적인 내용까지 침해했다거나 과잉금지원칙에 반하지 않는다”.

(2) 해설 및 평론

하지만 이 사건에서도 역시 김종대 재판관은 이 사건 법률조항의 매도청구권은 소유자의 의사에 반해 강제적으로 소유권을 박탈한다는 점에서 본질적으로 헌법 제23조 제3항에서 정한 공용수용의 일종으로 보고 있다. 그런데 국가가 수용의 주체가 되어 그 수용의 이익을 공동체 전체의 것으로 확산시키는 역할을 자임하는 경우와 비교하여 볼 때, 민간기업이 수용의 주체가 되는 경우에 그와 같은 수용이 정당화되기 위해서는 당해 수용의 공공필요성을 보장하고 수용을 통한 이익을 공공적으로 귀속시킬 수 있는 더욱 심화된 입법적 조치가 수반되어야만 함에도 불구하고 손쉽게 사인에게 토지수용권을 주면서도 앞서 본 필요한 보완 규정을 두지 아니함으로써 우리 헌법상 재산권을 침해하여 헌법에 위반된다는 위헌의견으로서 반대의견을 제시하였다.

물론 이 사건 심판대상 조항은 매수인이 토지소유자를 대상으로 매도청구권을 행사하면 바로 계약이 체결되는 형성권이 아니고 단순히 매도를 청구할 수 있는 권리이고 토지소유자가 매도청구를 거부하는 등 협의가 성립하지 않는 경우 소송을 통하여 청구권을 주장할 수 있는 것이기는 하지만 결과적으로는 민간 부문의 사업시행자가 재판결과에 따라서 토지소유자의 동의 없이 그 소유권을 취득할 수 있으므로 사실상 수용의 효과가 발생한다는 점에서 넓은 의미에서 사인을 위한 수용과 유사하다고 할 수 있다. 이런 의미에서 헌법재판소 역시 심판대상 조항에 따른 매도청구권을 수용의 일종으로 인정한 것으로 볼 수 있다. 두 번째 및 세 번째 사건 역시 첫 번째 사건의 쟁점과 동일하며 김종대 재판관은 일관되게 위헌을 주장하는 반대의견을 제시하였다.

3) 헌재 2013. 2. 28. 2011헌바250(관광진흥법 제54조 제4항 등 위헌소원)

(1) 사건의 개요와 결정 요지

이 사건에서는 민간개발자에게 관광단지 조성계획상의 조성 대상 토지면적 중 사유지의 3분의 2 이상을 취득한 경우에 토지 등을 수용할 수 있도록 한 관광진흥법 조항이 헌법 제23조 제3항의 공공필요에 위반되는지 여부가 문제되었다. 하지만 이 사건에서도 헌법재판소는 사인을 위한 수용제도의 합헌성을 다음과 같이 굳게 유지하였다. “이 사건 법률조항은 관광 여건을 조성하고 관광자원을 개발하며 관광산업을 육성하여 관광진흥에 이바지하고자 하는 것이다. 관광단지의 조성은 국내관광의 활성화를 통한 내수 진작 및 외국관광객 유치를 위한 기반으로 활용될 수 있고, 지역경제의 활성화를 위한 수단으로서뿐 아니라 국토의 효율적 이용이란 측면에서도 새롭게 부각되고 있다. 나아가 관광단지의 개발은 대외적으로 국가 이미지를 제고시키는 데에도 이바지함으로써 사회경제적 중요성이 날로 더해가고 있다.

민간개발자에게 관광단지를 개발할 수 있는 지위를 부여하더라도, 관광진흥법상 민간개발자가 자신의 이윤추구에 치우친 나머지 당초 관광단지를 조성함으로써 이루고자 한 공익목적이 해태되지 않도록 제도적으로 규율하고 있다. 위와 같은 이 사건 법률조항의 입법취지와 관광산업의 국가전략사업적 성격 및 공익성을 보장하려는 제도적 장치들을 고려할 때, 이 사건 법률조항은 헌법 제23조 제3항의 공공필요성을 갖추고 있다. 헌법 제23조 제3항은 정당한 보상을 전제로 하여 재산권의 수용 등에 관한 가능성을 규정하고 있지만, 수용의 주체를 한정하지 않고 있으므로 위 헌법조항의 핵심은 그 수용의 주체가 국가인지 민간개발자인지에 달려 있다고 볼 수 없다.

관광단지의 지정은 시장·군수·구청장의 신청에 의하여 시·도지사가 사전에 문화체육관광부장관 및 관계 행정기관의 장과 협의하여 정하도록 되어 있어, 민간개발자가 수용의 주체가 된다 하더라도 궁극적으로 수용에 요구되는 공공의 필요성 등에 대한 최종적인 판단권한은 공적 기관에 유보되어 있음을 알 수 있다. 민간개발자에게 관광단지의 개발권한을 부여한 이상 사업이 효과적으로 진행되게 하기 위해서는 다른 공적인 사업시행자와 마찬가지로 토지 수용권을 인정하는 것이 관광진흥법의 입법취지에 부합한다. 따라서 관광단지 조성사업에 있어 민간개발자를 수용의 주체로 규정한 것 자체를 두고 헌법에 위반된다고 볼 수 없다.

이 사건 법률조항의 입법목적은 앞서 본 바와 같이 공공복리를 추구하기 위한 것으로서 정당하고, 이 사건 법률조항을 통하여 민간개발자는 협의에 응하지 않는 사람들의 토지를 시가에 따라 적절히 매수하여 사업을 원활하게 진행할 수 있을 것이므로 이 사건 법률조항은 위와 같은 입법목적의 달성에 매우 효과적인 수단임이 인정된다. 관광진흥법상 사업시행자가 민간개발자인 경우에도 여전히 토지 등에 대한 보상에 관하여 성실하게 협의하여야 하는 의무가 주어지고, 관광단지 조성사업 대상 토지가 사후에 그 대상에서 제외되거나 효용을 상실하게 되면 환매권이 발생하는 점, 조성계획의 승인고시일부터 2년 이내에 사업에 착수하지 아니하면 그 승인의 효력이 상실하는 점, 사업 중단 등으로 환경·미관을 크게 해칠 경우에는 조성계획의 승인을 취소하거나 개선을 명할 수 있는 점, 사업시행자는 피수용자에게 정당한 보상을 지급해야 하는 점, 이주대책을 수립·실시하도록 하여 피수용자가 종전과 같은 생활 상태를 유지할 수 있도록 배려하고 있는 점, 수용대상의 범위도 필요한 범위를 넘는다고 보이지 아니하는 점, 민간개발자가 조성 대상 토지면적 중 3분의 2 이상의 토지를 취득하는 것을 요건으로 하여 남은 사유지에 대하여 수용권을 부여한 점 등을 종합하면 이 사건 법률조항이 침해의 최소성에 반한다고 할 수 없다. 관광산업의 진흥을 통한 국제수지의 개선과 경제성장에 의한 경제의 건전한 발전 및 지역경제의 활성화와 국토의 효율적 이용 등 공익의 중대성을 고려할 때 이 사건 법률조항은 공익과 사익 간의 균형성을 도외시한 것이라고 보기 어렵다".

(2) 해설 및 평론

그런데 이 사건에서는 반대의견을 제시한 재판관은 보이지 않는다. 그 이유는 이 사건 조항이 민간사업자로 하여금 관광단지 조성을 위하여 필요한 토지의 3분의 2 이상을 취득하도록 엄격한 요건을 규정한 것이 공공필요의 개념에 보다 가깝게 접근하도록 시도한 입법이라는 점도 고려하였다고 평가할 수 있다. 그 이유는 다른 사건에서 반대의견을 제시하였던 김종대 재판관이 일관되게 토지소유자의 동의요건이나 면적에 대한 사업자의 취득 요건 등 사업시행자가 사적 이익을 추구하지 않도록 공익을 실현하는 장치를 요구하였다는 점을 상기할 필요가 있다. 그런데 이 사건에서 반대의견을 제시한 재판관이 없는 보다 근본적인 이유도 있다. 이 사건의 선고가 이루어진 2013. 2. 28 약 6개월 전인 2012. 9. 14. 김종대 재판관은 임기 만료로 퇴직하였다는 점이다. 그가 계속하여 헌법재판관으로 재직하였다면 이 사건에서도 사인을 위한 수용에 대하여 위헌론을 제기하였을까를 생각하면 반대의견이 없었다는 것도 이해하지 못할 바가 아니다.

4) 헌재 2011. 6. 30. 2008헌바166등(국토의 계획 및 이용에 관한 법률 제2조 제6호 등 위헌소원 등); 헌재 2014. 10. 30. 2011헌바172등(지역균형개발 및 지방중소기업 육성에 관한 법률 제18조 제1항 등 위헌소원)

(1) 사건의 개요와 결정 요지

체육시설을 도시계획시설사업의 대상이 되는 기반시설이라고 할 수 있을까? 체육시설 중에서 그것이 골프장인 경우에도 사업시행자가 도시계획시설사업의 대상으로 강제로 필요한 토지를 수용할 수 있을까? 만약에 수용의 주체가 지방자치단체와 같은 공공부문이 아니라 사인이 되는 경우도 수용권 행사가 헌법 제23조 제3항의 공공필요에 부합할 수 있는가? 이와 같이 사인이 도시계획시설사업의 주체가 되어 도시기반시설의 하나로 체육시설인 골프장을 설치하기 위하여 토지를 수용하는 경우에는 특히 골프장의 공공성과 관련하여 몇 단계에 걸쳐서 헌법적으로 문제가 제기될 수 있다.

헌법재판소는 아래 두 번의 결정을 통하여 매우 상반되는 태도를 보여주고 있는데, 2014년 위헌결정을 받은 사건은 후술하는 바와 같이 위헌결정이 있기 전 2013년도 대법원이 내린 세 번의 판결에서 상당한 영향을 받는 것이라는 합리적인 추정을 가능하게 한다. 첫 번째 사건에서 경기도지사는 2007. 5. 21. 청구인 1 내지 7 소유의 토지를 포함한 안성시 보개면 ○○리 산11-1 일원에 대하여 안성 도시관리계획(용도지역변경, 도시계획시설)을 결정·고시하였다. 안성시장은 2007. 11. 21. 안성시 보개면 ○○리 산11-1 일원에 대한 도시계획시설사업(종류: 체육시설, 명칭: ○○컨트리 클럽, 사업시행자: 주식회사 ○○코리아)에 관한 실시계획을 인가·고시하였다가 2008. 3. 6. 위 도시계획시설사업에 관한 실시계획인가 변경신청(종류: 체육시설, 명칭: ○○컨트리클럽, 사업시행자: 주식회사 ○○)을 인가·고시하였다. 위 사업의 시행자인 주식회사 ○○는 위 청구인들과 그들 소유의 토지들에 관한 보상협의를 시도하였으나 협의가 이루어지지 아니하자 경기도지방토지수용위원회에 위 토지들에 대한 재결신청을 하였고, 경기도지방토지수용위원회는 2008. 6. 23. 위 토지들에 대한 수용재결을 하였다.

이에 위 청구인들은 2008. 7. 15. 수원지방법원에 경기도지방토지수용위원회를 상대로 위 수용처분의 취소를 구하는 소를 제기하였으며(수원지방법원 2008구합6685), 위 소송계속 중 공공필요성이 없는 사업을 위해 민간기업에게 토지수용권을 부여하고 있는 '국토의 계획 및 이용에 관한 법률' 제95조 제1항 등이 헌법 제23조 제3항, 제37조 제2항 등에 위반된다는 이유로 위헌법률심판제청신청(수원지방법원 2008아473)을 하였으나, 2008. 11. 17. 기각되자, 같은 해 12. 24. 이 사건 헌법소원심판을 청구하였다. 이 사건의 핵심 쟁점은 공공필요성이 결여된 체육시설, 그 중에서도 골프장을 위해 민간기업에게 수용권을 부여하고 있는 해당 법률조항의 위헌성을 다투는 것이다. 청구인들은 이 사건 정의조항은 체육시설을 기반시설의 하나로 규정하고 있다. 그런데 기반시설에 해당될 경우 이 사건 수용조항에 의하여 사업시행을 위한 공용수용권이 부여된다. 따라서 위 정의조항은 주민들에게 본질적인 중요사항인 기반시설로서의 체육시설의 내용을 확정하지 않고 대통령령에 그대로 위임하고 있으므로, 법률유보원칙 내지 포괄위임금지원칙에 위반된다고 주장하였다.

또한 이 사건 수용조항은 국토계획법 제2조 제6호 라목의 체육시설 설치를 위해서 토지 등을 공용수용할 수 있도록 하고 있지만, 도시계획시설사업의 시행과 관련하여 공익성이라는 요건을 부가하지 않은 채 민간사업자를 포함한 도시계획시설사업 시행자 일반에 대하여 수용권을 부여하고 있다. 이로 인해 회원제 골프장의 조성사업과 같이 공익성이 현저히 떨어지는 사업을 위해서도 민간기업에게 공용수용이 허용되었는바, 이러한 사업의 경우 공공필요성 요건에 대한 엄격심사가 요구되는 점에 비추어 위 수용조항은 헌법 제23조 제3항에 반하고, 주민들의 재산권을 과도하게 침해하므로 헌법 제37조 제2항의 과잉금지원칙에도 반하며 그 결과 행복추구권을 침해한다는 것이다.

이에 대하여 헌법재판소는 이 사건 정의조항은 체육시설의 구체적인 내용을 아무런 제한 없이 대통령령에 백지위임하고 있으므로, 시행령인 대통령령에 비로소 체육시설의 한 종류로서 골프장이 규정되어 있는데, 이러한 시행령에의 위임방식이 헌법 제75조가 요구하는 포괄위임금지에 해당한다는 것으로 위헌이며, 이 사건 수용조항은 이전 헌법재판소의 결정과 궤를 같이 하여 사인을 위한 수용에 위헌성을 인정할 수 없다는 것으로 요약할 수 있다. 헌법재판소 결정에 따르면 기반시설의 종류로서 체육시설을 규정한 이 사건 정의조항은 이 사건 수용조항과 결합한 전반적인 규범체계 속에서 도시계획시설사업의 시행을 위해 수용권이 행사될 수 있는 대상의 범위를 확정하는 역할을 하므로 재산권 제한과 밀접하게 관련된 조항이라 할 것이다.

그런데 특히 재산권 수용에 있어 요구되는 공공필요성과 관련하여 살펴본다면 체육시설은 시민들이 손쉽게 이용할 수 있는 시설에서부터 그 시설 이용에 일정한 경제적 제한이 존재하는 시설, 시설이용비용의 다과와는 관계없이 그 자체 공익목적을 위하여 설치된 시설 등에 이르기까지 상당히 넓은 범위에 걸쳐 있다. 따라서 그 자체로 공공필요성이 인정되는 교통시설이나 수도·전기·가스공급설비 등 국토계획법상의 다른 기반시설과는 달리, 기반시설로서의 체육시설의 종류와 범위를 대통령령에 위임하기 위해서는, 체육시설 중 공공필요성이 인정되는 범위로 한정해 두어야 한다. 그러나 이 사건 정의조항은 체육시설의 구체적인 내용을 아무런 제한 없이 대통령령에 위임하고 있으므로, 기반시설로서의 체육시설의 구체적인 범위를 결정하는 일을 전적으로 행정부에게 일임한 결과가 되어 버렸다. 그렇다면, 이 사건 정의조항은 개별 체육시설의 성격과 공익성을 고려하지 않은 채 구체적으로 범위를 한정하지 않고 포괄적으로 대통령령에 입법을 위임하고 있으므로 헌법상 위임입법의 한계를 일탈하여 포괄위임금지원칙에 위배된다.

하지만 다른 한편으로 도시계획시설사업은 그 자체로 공공필요성의 요건이 충족된다. 또한 이 사건 수용조항은 도시계획시설사업의 원활한 진행을 위한 것이므로 정당한 입법목적을 가진다. 민간기업도 일정한 조건하에서는 헌법상 공용수용권을 행사할 수 있고, 위 수용조항을 통하여 사업시행자는 사업을 원활하게 진행할 수 있으므로, 위 조항은 위 입법목적을 위한 효과적인 수단이 된다. 만약 사업시행자에게 수용권한이 부여되지 않는다면 협의에 응하지 않는 사람들의 일방적인 의사에 의해 도시계획시설사업을 통한 공익의 실현이 저지되거나 연기될 수 있고, 수용에 이르기까지의 과정이 국토계획법상 적법한 절차에 의해 진행되며, 사업시행자는 피수용권자에게 정당한 보상을 지급해야 하고, 우리 법제는 구체적인 수용처분에 하자가 있을 경우 행정소송 등을 통한 실효적인 권리구제의 방안들을 마련하고 있는 점 등에 비추어 이 사건 수용조항이 피해의 최소성 원칙에 반한다고 볼 수 없고, 우리 국가공동체에서 도시계획시설이 수행하는 역할 등을 감안한다면 위 수용조항이 공익과 사익 간의 균형성을 도외시한 것이라고 보기도 어렵다.

따라서 이 사건 수용조항은 헌법 제23조 제3항 소정의 공공필요성 요건을 결여하거나 과잉금지원칙을 위반하여 재산권을 침해한다고 볼 수 없다. 결국 헌법재판소는 체육시설에 대한 정의조항은 이른바 포괄위임금지원칙에 반하여 위헌인 반면에 체육시설은 도시계획시설사업의 대상인 기반시설의 하나이며 기반시설의 설치를 비록 사인이 사업시행자가 된다고 하더라도 사인의 수용권 행사가 공공필요에 부합한다는 논리라고 할 수 있다.

결국 헌법재판소는 사인을 위한 수용제도에 대하여 과거 일관되게 그 합헌성을 유지하면서도 공공성이 희박한 기반시설 및 체육시설인 골프장을 법률에 직접적이고 명확하게 규정하지 않고 시행령에 백지위임한 것을 위헌이라고 지적하고 있는 것이다. 다만, 이 사건에서는 두 명의 재판관이 반대의견을 제시하고 있다. 우선 일관되게 사인을 위한 수용에 대하여 위헌론을 제기하여 왔던 김종대 재판관은 사인은 어디까지나 자신의 영리 추구를 1차적 목표로 하므로 사인이 수용의 주체가 되는 경우에는 국가가 수용의 주체가 되는 경우에 비하여 수용의 이익이 공동체 전체의 이익으로 귀속될 것이라는 보장이 어렵다는 것이다. 따라서 당해 수용의 공공필요성을 지속적으로 보장하고 수용을 통한 이익을 공공적으로 귀속시킬 수 있는 심화된 제도적 규율 장치를 갖춘 경우에만 사인에 의한 수용이 헌법적으로 정당화될 수 있다. 그러나 이 사건 수용조항의 경우에는 그와 같은 제도적 규율이 부족하므로 이는 평등의 원칙에 위반되고 청구인들의 재산권을 침해한다는 견해를 밝혔다.

그리고 역시 반대의견을 제시한 조대현재판관에 따르면 회원제 골프장은 소수의 회원들에게만 이용기회가 주어지고 비회원은 회원과 동반하는 경우에만 이용할 수 있을 뿐이므로, 회원제 골프장의 건설은 공공필요성이 크다고 볼 수 없다. 따라서 개인사업자가 건설하는 회원제 골프장 건설사업을 위하여 토지수용권을 부여한 이 사건 수용조항은 헌법 제23조 제3항에 위반된다. 이 사건 정의조항이 특별한 제한 없이 체육시설을 기반시설의 하나로 규정하고 있다 하더라도, 특정의 체육시설이 도시계획시설로 되려면 구체적인 도시계획시설결정절차에서 도시계획시설로 결정할 만큼 공익성을 갖춘 체육시설이라고 인정되어야만 한다. 만약 공익성이 미약한 체육시설이 도시계획시설로 결정되었다면 도시계획시설 결정절차의 심사와 결정이 올바로 이루어지지 아니한 점을 바로잡아야 할 것이다. 따라서 이 사건 정의조항 자체에 위헌성이 있다고 보기 어렵다.

첫 번째 사건과는 대조적으로 2014년 두 번째 사건에서 헌법재판소는 사인을 위한 수용에 대한 일관된 합헌론과는 다른 모습을 보여주고 있다. 이는 2013년 대법원이 골프장 건설을 위한 사인의 수용에 대해서 위헌론을 제시하며 브레이크를 건 몇 건의 판결에 영향을 받았다는 강한 추측을 가능하게 한다. 이에 대해서는 후술한다. 아무튼 헌법재판소는 두 번째 사건에서 이른바 고급골프장 건설을 위하여 사인에게 수용권을 부여한 심판대상 조항에 대하여 다음과 같이 위헌으로 결정하였다.

> "헌법 제23조 제3항에서 규정하고 있는 '공공필요'는 "국민의 재산권을 그 의사에 반하여 강제적으로라도 취득해야 할 공익적 필요성"으로서, '공공필요'의 개념은 '공익성'과 '필요성'이라는 요소로 구성되어 있는바, '공익성'의 정도를 판단함에 있어서는 공용수용을 허용하고 있는 개별법의 입법목적, 사업내용, 사업이 입법목적에 이바지하는 정도는 물론, 특히 그 사업이 대중을 상대로 하는 영업인 경우에는 그 사업 시설에 대한 대중의 이용·접근가능성도 아울러 고려하여야 한다. 그리고 '필요성'이 인정되기 위해서는 공용수용을 통하여 달성하려는 공익과 그로 인하여 재산권을 침해당하는 사인의 이익 사이의 형량에서 사인의 재산권침해를 정당화할 정도의 공익의 우월성이 인정되어야 하며, 사업시행자가 사인인 경우에는 그 사업 시행으로 획득할 수 있는 공익이 현저히 해태되지 않도록 보장하는 제도적 규율도 갖추어져 있어야 한다.
>
> 그런데 이 사건에서 문제된 지구개발사업의 하나인 '관광휴양지 조성사업' 중에는 고급골프장, 고급리조트 등(이하 '고급골프장 등'이라 한다)의 사업과 같이 입법목적에 대한 기여도가 낮을 뿐만 아니라, 대중의 이용·접근가능성이 작아 공익성이 낮은 사업도 있다. 또한 고급골프장 등 사업은 그 특성상 사업 운영 과정에서 발생하는 지방세수 확보와 지역경제 활성화는 부수적인 공익일 뿐이고, 이 정도의 공익이 그 사업으로 인하여 강제수용 당하는 주민들의 기본권침해를 정당화할 정도로 우월하다고 볼 수는 없다. 따라서 이 사건 법률조항은 공익적 필요성이 인정되기 어려운 민간개발자의 지구개발사업을 위해서까지 공공수용이 허용될 수 있는 가능성을 열어두고 있어 헌법 제23조 제3항에 위반된다".

(2) 해설 및 평론

하지만, 고급골프장 사건의 경우 헌법재판소가 첫 번째 사건에서뿐만 아니라 일관되게 사인을 위한 수용에 대하여 합헌론을 유지하여 왔음에도 불구하고 이 사건에서 입장을 바꾸는 것을 비판하는 반대의견도 제시되었다. 반대의견에 따르면 헌법재판소는 이미 여러 차례 민간사업자에게 수용권을 주는 조항 자체는 합헌이라고 결정하였고, 민간개발자에게 관광단지 조성을 위하여 토지 수용권을 부여한 관광진흥법 조항을 합헌으로 결정하면서 공공의 필요성을 인정하였다(헌재 2013. 2. 28. 2011헌바250). 관광단지 조성사업에 대해서 공공의 필요성을 인정할 수 있는 이상, 이미 지역균형개발법상 개발촉진지구개발계획에 포함됨으로써 공익성이 있다고 평가받은 지구개발사업으로서의 관광휴양지 사업에 대해서도 마땅히 공공의 필요성을 인정할 수 있다.

이 사건 법률조항은 공익목적을 위해 개발사업을 시행함에 있어 민간기업이 사업시행에 필요한 경우 토지를 수용할 수 있도록 규정할 필요가 있는 점, 수용에 요구되는 공공의 필요성 등에 대한 최종적인 판단권한이 국가와 같은 공적 기관에게 유보되어 있는 점, 공익성이 해태되지 않도록 보장하려는 제도적 장치를 갖추고 있는 점에서 헌법 제23조 제3항이 요구하는 '공공의 필요성'을 갖추고 있다.

이 사건에서 헌법재판소는 이전의 다른 사건에서와 같이 막연히 심판대상 조항에 대하여 "영혼이 없는" 비례성원칙을 되뇌는 것을 지양하고 공공필요는 공공성과 필요성이란 개념으로 분리하여 비교적 엄격한 심사를 한 결과 위헌으로 판단하였다는 점은 평가할 만한 대목이라고 할 수 있다. 다만, 아래서 논의하는 바와 같이 직전 해인 2013년 대법원 판결에서 사인을 위한 수용, 특히 도시기반시설로서 체육시설, 그 중에서도 골프장에 대한 위법성을 인정한 것이 결정적인 계기였다는 점을 부인하기 어려울 것이다.

2. 대법원 판결

1) 대법원 2013. 7. 12. 선고 2012두21796 판결[도시계획시설사업실시계획인가처분취소]; 대법원 2013. 9. 12. 선고 2012두12884 판결[도시계획시설사업실시계획인가고시처분무효확인]; 대법원 2013. 10. 11. 선고 2012두15784 판결[토지수용재결처분취소]

(1) 사건의 개요와 판결 요지

대법원은 2013년 세 번의 판결을 통하여 골프장 중에서 대중골프장과 회원제 골프장 등 사인의 수용대상이 될 수 있는 기준을 제시하고 있다. 첫 번째 사건에서 대법원은 "원심판결 이유에 의하면, 원심은, 구 '도시계획시설의 결정·구조 및 설치기준에 관한 규칙' 제99조에서 정한 '일반인의 이용에 제공하기 위하여 설치한다'는 요건은 사회적으로 상당한 범위의 불특정 다수인에게 사용가능성이 열려 있음을 의미하는 것이라고 봄이 상당하다고 전제한 다음, ① 이 사건 골프장과 같은 대중제 골프장의 경우 불특정 다수인에게 사용가능성이 열려 있어 원칙적으로 일반인의 자유로운 이용에 제공되는 시설인 점, ② 현재 골프가 대중화된 정도나 그 추세에 비추어 골프가 체육활동의 일반적인 범주로서 수용되고 있고 그에 따라 대중제 골프장 시설에 대한 수요가 적지 않다고 보이는 점, ③ 현재의 사회경제적 수준에 비추어 그 시설의 이용에 드는 비용이 반드시 대다수 사람의 이용을 사실상 불가능하게 할 정도로 과도하다고 하기 어려운 점을 종합해 보면, 이 사건 골프장이 사기업에 의하여 설치·운영되고 또 그 이용비용이 다소 비싸다고 하여 국토계획법상 기반시설로서 설치되는 체육시설에 해당하지 아니한다고 보기는 어렵다고 판단하였다. 기록에 비추어 살펴보면 원심의 위와 같은 판단은 정당하고, 거기에 국토계획법상 도시계획시설에 관한 법리를 오해한 잘못이 없다"고 판시하고 있다. 다시 말하자면, 일반인의 접근이 가능한 대중제 골프장의 경우 사인이 운영하는 골프장은 국토계획법상 도시계획시시설로서 체육시설에 해당하고 건설과 운영에 필요한 토지도 수용의 대상이 될 수 있다는 암시를 하고 있다.

두 번째 사건에서 대법원은 이른바 회원제 골프장과 같이 공공성이 떨어지는 도시계획시설, 기반시설, 체육시설로서 골프장의 경우 행정청이 도시계획시설로서 인가할 수 없다는 다음과 같이 제시하고 있다. "행정청이 골프장에 관하여 한 도시계획시설결정은 특별한 사정이 없는 한 일반인의 이용에 제공하기 위하여 설치하는 체육시설인 경우에 한하여 적법한 것으로 인정될 수 있다 할 것이고, 행정청이 그 도시계획시설결정에 관한 실시계획을 인가할 때에는 그 실시계획이 법령이 정한 도시계획시설(체육시설)의 결정·구조 및 설치의 기준은 물론이고, 운영방식 등에서 일반인의 이용에 제공하기 위한 체육시설에 해당하는지도 함께 살펴 이를 긍정할 수 있을 때에 한하여 인가할 수 있다고 보아야 한다. 그리고 체육시설이 운영방식 등에서 일반인의 이용에 제공하기 위한 시설에 해당하는지 여부는, 그 종류의 시설을 이용하여 체육활동을 하는 일반인의 숫자, 당해 시설의 운영상의 개방성, 시설 이용에 드는 경제적 부담의 정도, 시설의 규모와 공공적 요소 등을 종합적으로 고려하여 그 시설의 이용 가능성이 불특정 다수에게 실질적으로 열려 있는지를 중심으로 판단하여야 한다.

원심판결 이유에 의하면, 이 사건 도시계획시설결정은 위와 같은 관련 법령에 의한 체육시설 중 골프장 등에 관한 것으로, 피고는 위 결정에 따라 피고보조참가인을 사업시행자로 하여 27홀 규모의 회원제 골프장을 설치하는 내용인 이 사건 도시계획시설사업 실시계획인가를 하였음을 알 수 있다. 위에서 본 법리에 비추어, 이 사건 도시계획시설결정은 일반인의 이용에 제공하기 위하여 설치하는 골프장에 관하여 한 것이라고 인정되는 범위 내에서만 적법한 것으로 볼 수 있다. 그런데 회원제 골프장은 형식상 누구나 입회비만 내고 회원자격을 얻으면 그 시설을 이용할 수 있지만, 우리 사회의 일반적인 경제적 수준에 비추어 상당한 정도로 고액인 입회비를 내고 회원이 된 사람 이외의 사람에게는 이용이 제한되므로, 그 운영방식에 관하여 달리 볼 특별한 사정이 없는 한 이를 '일반인의 이용에 제공하기 위하여 설치하는 체육시설'이라고 보기는 어렵다. 따라서 회원제 골프장을 도시계획시설사업으로 하는 이 사건 도시계획시설사업 실시계획인가는 그 근거가 되는 이 사건 도시계획시설결정의 적법성이 인정되는 범주를 벗어나는 것이므로, 이는 위법하다".

마지막 사건에서 대법원은 두 번째 사건에서 나타난 도시계획시설로서 허용할 수 있는 체육시설, 골프장을 구분하는 기준을 다음과 같이 거듭하여 밝히고 있다. "행정청이 골프장에 관하여 한 도시계획시설결정은 특별한 사정이 없는 한 일반인의 이용에 제공하기 위하여 설치하는 체육시설인 경우에 한하여 적법한 것으로 인정될 수 있다 할 것이고, 행정청이 그 도시계획시설결정에 관한 실시계획을 인가할 때에는 그 실시계획이 법령이 정한 도시계획시설(체육시설)의 결정·구조 및 설치의 기준은 물론이고, 운영방식 등에서 일반인의 이용에 제공하기 위한 체육시설에 해당하는지도 함께 살펴 이를 긍정할 수 있을 때에 한하여 인가할 수 있다고 보아야 한다. 그리고 체육시설이 운영방식 등에서 일반인의 이용에 제공하기 위한 시설에 해당하는지 여부는, 그 종류의 시설을 이용하여 체육활동을 하는 일반인의 숫자, 당해 시설의 운영상의 개방성, 시설 이용에 드는 경제적 부담의 정도, 시설의 규모와 공공적 요소 등을 종합적으로 고려하여 그 시설의 이용 가능성이 불특정 다수에게 실질적으로 열려 있는지를 중심으로 판단하여야 한다.

원심판결 이유에 의하면, 이 사건 도시계획시설결정은 위와 같은 관련 법령에 의한 체육시설 중 골프장 등에 관한 것으로, 이천시는 위 결정에 따라 피고 주식회사 대교디앤에스를 사업시행자로 하여 18홀 규모의 회원제 골프장을 설치하는 내용인 이 사건 도시계획시설사업 실시계획인가를 하였음을 알 수 있다. 위에서 본 법리에 비추어, 이 사건 도시계획시설결정은 일반인의 이용에 제공하기 위하여 설치하는 골프장에 관하여 한 것이라고 인정되는 범위 내에서만 적법한 것으로 볼 수 있다. 그런데 회원제 골프장은 형식상 누구나 입회비만 내고 회원자격을 얻으면 그 시설을 이용할 수 있지만, 우리 사회의 일반적인 경제적 수준에 비추어 상당한 정도로 고액인 입회비를 내고 회원이 된 사람 이외의 사람에게는 이용이 제한되므로, 그 운영방식에 관하여 달리 볼 특별한 사정이 없는 한 이를 '일반인의 이용에 제공하기 위하여 설치하는 체육시설'이라고 보기는 어렵다. 따라서 회원제 골프장을 도시계획시설사업으로 하는 이 사건 도시계획시설사업 실시계획인가는 그 근거가 되는 이 사건 도시계획시설결정의 적법성이 인정되는 범주를 벗어나는 것이므로, 이는 위법하다".

(2) 해설 및 평론

2013년 대법원의 세 번에 걸친 판결은 도시계획시설사업의 대상이 되는 체육시설 중에서 특히 골프장에 대하여 행정청이 인가처분을 할 경우 그 기준에 대하여 비교적 상세한 기준을 제시한 것으로 볼 수 있다. 즉 일반인이 큰 경제적 부담을 가지지 않고 접근할 수 있을 정도의 대중적인 골프장의 경우에는 공공성이 인정되는 반면에 특정인들만을 위한 이른바 회원제 골프장은 공공성을 결여하기 때문에 도시계획시설사업 인가처분의 대상이 될 수 없다는 것인데, 이는 결과적으로 사인의 수용이 문제되었을 때 헌법 제23조 제3항의 공공필요의 개념을 판단하는 중요한 기준을 제시한 것으로 볼 수 있다.

사실상 공공필요를 공공성과 필요성으로 구분한다고 하더라도 필요성 개념은 공공성에 종속하는 개념으로 볼 수 있다. 다시 말하자면 필요성이라는 개념은 당해 토지에 대한 수용이 없다면 사업 자체가 불가할 정도로 당해 토지를 수용하는 것이 불가피하다는 의미이기 때문에 이는 반드시 해당 체육시설이 고도의 공공성을 담보하고 있을 것을 전제로 하기 때문이다. 다시 말하자면 공공성이 있는 시설은 필요성을 인정받을 수 있지만 공공성이 담보되지 않고서는 필요성 개념을 충족할 수 없다는 의미이다. 이렇게 볼 때 2013년 대법원 판결들은 2014년 헌법재판소가 회원제로 운영되는 고급골프장을 대상으로 사인의 수용을 허용하는 법률 조항에 대하여 위헌성을 제기하는 계기를 제공한 것으로 평가할 수 있을 것이다.

2) 대법원 2015. 3. 20. 선고 2011두3746 판결[토지수용재결처분취소등]

이 사건에서 문제가 된 것은 주로 고소득 노인층 등 특정 계층의 이용을 염두에 두고 분양 등을 통한 영리 추구가 그 시설 설치의 주요한 목적인 휴양형 주거단지를 국토계획법령상 도시계획시설사업의 인가대상으로 볼 수 있는지, 더 나아가 인가를 거쳐 최종적으로 수용이 가능한가 여부이다. 그런데 이 경우는 통상적인 사인을 위한 수용과 비교하여 수용주체에서 차이가 있는데, 그 이유는 '제주특별자치도 및 국제자유도시 조성을 위한 특별법'에 따라 설치된 제주국제자유도시개발센터가 국토교통부 산하 국가 공기업으로서 관할 토지수용위원회에 재결을 신청한 사건이기 때문이다.[4] 그렇다면 일반적인 사인을 위한 수용과는 달리 공공성이 더욱 강화된 측면이 있을 수 있으며, 수용의 요건 역시 토지소유자의 동의 요건과 사업시행자의 토지취득 요건이 법률상 규정되어 있기 때문에 필요성 요건 역시 충족될 가능성이 크기 때문이다.

더욱이 앞서 언급한 바와 같이 헌법재판소는 관광단지 개발을 위하여 사인을 위한 수용을 허용하는 결정(2011헌바250)을 내린 바 있기 때문에 공공성 측면에서 유사한 휴양형 주거단지를 대상으로 사인이 아닌 국가 공기업이 수용권을 발동하는 것에 대하여 위법하다고 볼 여지가 크지 않기 때문에다. 하지만 대법원의 판결은 달랐는데, 그 이유를 다음과 같이 설명하고 있다. "원심은, 판시 사실을 인정한 다음 국토계획법에 정한 기반시설인 '유원지'는 광장, 공원, 녹지 등과 함께 공간시설 중 하나로서 '주로 주민의 복지향상에 기여하기 위하여 설치하는 오락과 휴양을 위한 시설'인 반면, 피고 제주국제자유도시개발센터가 기반시설인 예래유원지를

4) 제151조(제한적 토지수용) ① 다음 각 호의 어느 하나에 해당하는 사업시행자(제147조제1항에 따라 개발사업의 시행승인을 받거나 도지사의 의견을 들은 자를 말한다)는 사업대상 토지면적 중 국유지·공유지를 제외한 토지의 3분의 2 이상을 소유하고 토지소유자 총수의 2분의 1 이상의 동의를 받고, 개발사업에 따른 사업규모가 도조례로 정하는 일정 면적 이상이면 개발사업에 필요한 토지·건물 또는 토지에 정착한 물건과 이에 관한 소유권 외의 권리를 수용 또는 사용할 수 있다.
1. 제171조제1항에 따른 개발센터시행계획에 의한 개발사업을 시행하는 개발센터

설치하기 위해 도시계획시설결정을 받은 토지 위에 주거·레저·의료기능이 통합된 휴양형 주거단지 개발사업에 따라 조성하고자 하는 예래휴양형 주거단지는 국내외 관광객, 특히 고소득 노년층을 유치하여 중장기 체재하도록 함으로써 관광수익을 창출하는 것을 주된 목적으로 하는 시설로서 국토계획법에 정한 기반시설인 '유원지'와는 그 개념과 목적이 다르고, 인근 주민의 자유로운 접근성과 이용가능성이 제한된 채 숙박시설 투숙객의 배타적 이용을 위한 각종 시설의 설치를 내용으로 하고 있어 도시계획시설규칙에 정한 유원지의 구조 및 설치기준에도 부합하지 아니하는 등 국토계획법령이 정하는 도시계획시설인 유원지에 해당하지 아니한다는 등의 이유를 들어, 이 사건 휴양형 주거단지를 개발하는 내용인 이 사건 도시계획시설사업 실시계획인가는 위법하다는 취지로 판단하였다. 원심판결 이유를 관계 법령과 앞서 본 법리 및 기록에 비추어 살펴보면, 원심의 위와 같은 판단은 정당한 것으로 수긍할 수 있고, 거기에 도시계획시설인 유원지의 의미, 도시계획시설결정에 기초한 도시계획시설사업의 실시계획이 그 도시계획시설결정에 맞는지 등에 관한 법리를 오해하는 등의 위법이 없다. 원심이 같은 취지에서 이 사건 인가처분은 그 하자가 중대·명백하여 당연무효이고, 당연무효인 이 사건 인가처분에 기초한 이 사건 수용재결도 무효라고 판단한 것은 정당하고, 거기에 하자 있는 행정처분이 당연무효가 되기 위한 요건 및 선행처분의 하자의 승계에 관한 법리를 오해하는 등의 위법이 없다".

Ⅴ. 에필로그

최근 도로와 도시철도 등 사회기반시설은 물론 휴양지, 체육시설 등 다양한 도시계획시설을 설치하여 운영하는데 소요되는 토지와 재원을 국가와 지방자치단체가 충분하게 확보하는 경우는 드물다. 따라서 이러한 물적, 재정적 애로를 타개하고 민간부문의 창의성과 노하우를 공익사업에 적극 활용하기 위하여 사인이나 사기업에게 토지수용권을 비롯하여 다양한 인센티브를 제공하는 법령들이 늘어나고 있는 실정이다. 따라서 사인을 위한 수용제도는 그 성패는 차치하더라도 우리나라는 물론 세계 여러 나라에서 입법적으로 일반화되어 가고 있는 추세라고 할 수 있는데, 법적으로 핵심적인 사안은 그 헌법적 정당성을 찾는 것이다. 미국, 독일, 한국의 관련 제도를 살펴 본 결과 public use, Allgemeinwohl, 공공필요 모두 유사한 개념으로 볼 수 있을 것이다.

다만, 공공필요, 공공성 개념을 중심으로 보면 독일 연방헌법재판소가 사인을 위한 수용을 생존배려형 사기업과 경제적 사기업으로 구분하는 방식이 보다 현실성이 있다고 할 수 있다. 전자의 경우에는 직접적으로 공익을 실현하는 수단이라는 점에서 별도의 공익성 담보 장치가 없다고 하더라도 수용처분을 합헌으로 볼 여지가 큰 반면에 경제적 사기업과 같이 기업활동의 부수적 결과로서 일정 부분 공익 실현이 가능한 경우에는 직접 법령을 근거로 하거나 수용처분에 대한 부관, 공법상 계약 등 사업시행자와 토지소유자 및 행정청 간의 합의를 바탕으로 경제적 사기업이 이윤추구에만 매몰되지 않고 사업을 통하여 지속적으로 공익 실현에 이바지 할 수 있는 제도적 장치를 마련하는 것이 사업의 지속가능성을 보장하고 위헌성 시비를 차단할 수 있는 현실적인 방안으로 보인다.

제9장 개인정보자기결정권, IT 기본권

Ⅰ. 문제의 제기

현대 사회는 "기술, 지식, 정보에 기반한 사회"라고 표현하여도 과언이 아닐 만큼 정부와 공공부부문은 물론 개인과 기업과 같은 민간부문에서도 새로운 지식과 정보, 기술에 대한 의존도는 크게 증가하고 있다. 물론 기술, 지식, 정보는 상호 구별되는 개념이기는 하지만 새로운 기술은 이전과는 다른 지식과 정보를 창출하고 이렇게 하여 생성된 지식과 정보는 다시 기술적 진보의 토대가 됨으로서 밀접하게 연관되어 있다. 하지만 지난 200년간 행정과 행정법 영역에서는 지식과 정보가 그 비중 면에서 독립한 학문 분야로 발전하지 못하였다. 그러나 정보와 지식의 양과 질이 과거와는 비교할 수 없도록 팽창한 사회에서 기술·정보·지식행정법분야는 개별 실체법의 보조적 기능을 벗어나 다른 분야의 발전과 체계의 변화를 유도하는 선도적 지위를 점하고 있다. 오히려 최근에는 행정법 영역에서도 이 분야에 대한 관심이 증폭되면서 상당 부분의 연구가 이 분야에 치우치지 않는가 하는 우려를 할 정도로 정보와 기술의 문제를 다루는 행정법학자들의 연구가 쏟아지고 있는 실정이다.

제9장에서는 그 중에서도 정보행정법 분야에서 개인정보 보호의 문제를 다루기로 한다. 정보행정법 분야에서 가장 중요하고 큰 비중을 가지는 주제는 정보공익의 실현과 함께 시민의 권리를 효과적으로 보호하는 것이다. 특히 행정은 정보를 수집하고 처리하는 과정에서 수많은 분야에서 국민 개개인의 개인정보를 축적하게

되는데, 이러한 개인정보를 수집, 관리, 처리, 사용하는 각 과정에서 개인의 사생활의 비밀과 자유가 침해되지 않도록 고도의 주의의무를 부담한다. 흔히 개인정보보호법제는 정보행정법의 핵심적인 분야라고 할 수 있는데, 여기에서는 정보의 수집과 관리 및 사용에 대한 국가의 관할권과 정보에 대한 국민의 개인정보자기결정권 보호가 대립적인 구도로 등장한다. 다시 말하자면, 개인은 정보에 대한 자기결정권이라는 헌법상 기본권의 주체로서 국가의 개인정보 침해에 대한 보호와 권리구제를 요청하는 고전적인 자유주의적 법치주의가 정보행정법의 체계의 한 축을 형성한다.

그런데 앞서 언급한 바와 같이 오늘날 정부와 행정이 관할하는 정보는 단순히 행정정보에 그치지 않고 공기업 등 공공기관과 같은 이른바 간접행정조직 및 순수한 민간부문이 가지고 있는 고급정보와 네트워킹을 통하여 끊임없이 교환의 대상이 되고 있기 때문에 개인정보는 정부는 물론 공기업 등을 포함하는 광의의 공공부문과 순수한 민간부문을 대상으로도 그 보호의 필요성이 제기된다. 하지만, 여기에서는 순순히 "개인"을 중심으로 자신의 정보에 대한 수집과 이용에 대한 결정권을 행사하는 방식으로 개인의 기본권을 보호하는 것이 일정한 한계를 드러낸다. 정부, 공공기관, 민간부문 간의 정보 공유와 사용은 대부분 인터넷 정보통신망을 통하여 연결되어 있으며 여기에 더하여 오늘날 인공지능을 활용한 빅데이터 활용이 일반화되면서 정보통신망과 인공지능과 같은 기술적 수단이 활용되는 경우 개인정보에 대한 침해와 그에 대한 보호는 이전과는 그 차원을 달리하는 문제로 등장한다.

다시 말하자면, 개인정보에 대한 개인적 차원의 보호 문제를 넘어서서 인터넷망, 검색엔진, 인공지능이라는 기술에 의존하는 현대인들은 이러한 기술적 장치가 안전하고 신뢰할 수 있는 경우에 한하여 효과적으로 자신의 개인정보를 보호받을 수 있다. 다시 말하자면, 국가 또는 제3자가 이러한 기술적 장치들에 대하여 은밀하게 접근, 감청하거나 해킹 등을 시도할 수 있을 정도로 신뢰성과 안전성을 보장할 수 없다면 이를 사용하는 개인들의 정보보호는 기대할 수 없다. 오늘날 개인적 차원의 정보자기결정권과 함께 기술적 장치에 대한 신뢰성과 안전성을 요구하는 보다 제도적 차원의 권리로서 IT 기본권이 강조되는 것이 바로 그 때문이다. 여기에 대해서는 정보보호를 위한 개인의 자유권적 기본권의 성격과 함께 기술과 제도의 안전성에 대한 국가와 입법자의 고도의 객관적 보호의무가 존재한다.

Ⅱ. 개인정보자기결정권 — 개념, 성격, 헌법적 근거

오늘날 대부분의 사람들은 자신과 관련된 인적 정보가 누군가에 의하여 유출되어 사용되고 있다는 의심과 느낌을 일상적으로 공유하면서 살아간다. 이는 지식과 정보에 기반한 사회에서 어느 정도 불가피한 측면이 있기는 하지만 이에 상응하여 효과적이고 실효성 있는 개인정보의 보호에 대한 문제가 그만큼 중요하다는 것을 반증하는 것이기도 하다. 헌법재판소는 지문날인을 요구하는 구 주민등록법 제17조의8 등에 대한 위헌확인사건에서[1] 개인정보자기결정권의 개념과 성격, 헌법적 근거에 대하여 다음과 같이 판시하고 있다. "개인정보자기결정권은 자신에 관한 정보가 언제 누구에게 어느 범위까지 알려지고 또 이용되도록 할 것인지를 그 정보주체가 스스로 결정할 수 있는 권리이다. 즉 정보주체가 개인정보의 공개와 이용에 관하여 스스로 결정할 권리를 말한다. 개인정보자기결정권의 보호대상이 되는 개인정보는 개인의 신체, 신념, 사회적 지위, 신분 등과 같이 개인의 인격주체성을 특징짓는 사항으로서 그 개인의 동일성을 식별할 수 있게 하는 일체의 정보라고 할 수 있고, 반드시 개인의 내밀한 영역이나 사사(私事)의 영역에 속하는 정보에 국한되지 않고 공적 생활에서 형성되었거나 이미 공개된 개인정보까지 포함한다."

대법원 역시 "인간의 존엄과 가치, 행복추구권을 규정한 헌법 제10조 제1문에서 도출되는 일반적 인격권 및 헌법 제17조의 사생활의 비밀과 자유에 의하여 보장되는 개인정보자기결정권은 자신에 관한 정보가 언제 누구에게 어느 범위까지 알려지고 또 이용되도록 할 것인지를 정보주체가 스스로 결정할 수 있는 권리이다. 개인정보자기결정권의 보호대상이 되는 개인정보는 개인의 신체, 신념, 사회적 지위, 신분 등과 같이 개인의 인격주체성을 특징짓는 사항으로서 개인의 동일성을 식별할 수 있게 하는 일체의 정보라고 할 수 있고, 반드시 개인의 내밀한 영역에 속하는 정보에 국한되지 않고 공적 생활에서 형성되었거나 이미 공개된 개인정보까지 포함한다. 또한 그러한 개인정보를 대상으로 한 조사·수집·보관·처리·이용 등의 행위는 모두 원칙적으로 개인정보자기결정권에 대한 제한에 해당한다"고[2] 판시하

1) 헌재 2005. 5. 26. 99헌마513등.
2) 대법원 2014. 7. 24. 선고 2012다49933 판결.

였다.

헌법재판소는 위 결정에서 "개인정보자기결정권의 헌법상 근거로는 헌법 제17조의 사생활의 비밀과 자유, 헌법 제10조 제1문의 인간의 존엄과 가치 및 행복추구권에 근거를 둔 일반적 인격권 또는 위 조문들과 동시에 우리 헌법의 자유민주적 기본질서 규정 또는 국민주권원리와 민주주의원리 등을 고려할 수 있으나, 개인정보자기결정권으로 보호하려는 내용을 위 각 기본권들 및 헌법원리들 중 일부에 완전히 포섭시키는 것은 불가능하다고 할 것이므로, 그 헌법적 근거를 굳이 어느 한 두 개에 국한시키는 것은 바람직하지 않은 것으로 보이고, 오히려 개인정보자기결정권은 이들을 이념적 기초로 하는 독자적 기본권으로서 헌법에 명시되지 아니한 기본권이라고 보아야 할 것이다"라고 결정 이유를 제시하고 있다.

이 사건에서 헌법재판소는 개인정보자기결정권의 보호대상은 개인정보이며, 개인의 결정의 자유를 보호하는데 있으므로 그 헌법적 근거를 헌법 제17조의 사생활의 비밀과 자유, 헌법 제10조 제1문의 인간의 존엄과 가치 및 행복추구권에 근거를 둔 일반적 인격권에서 찾고 있다. 이는 기본적으로 개인정보자기결정권이라는 기본권이 주관적 공권으로서 국가의 침해에 대한 방어권이라는 자유권적 기본권임을 분명히 하고 있는 것이다. 물론 개인정보자기결정권은 정보주체인 개인이 잘못된 개인정보에 대한 정정이나 삭제를 요구할 수 있다는 점에서 적극적인 청구권적 성격도 가지고 있으므로 개인정보의 보호법제는 이러한 다양한 보호의 측면을 고려할 필요가 있다. 동시에 헌법재판소는 개인정보자기결정권이 자유민주체제의 근간이 총체적으로 훼손될 가능성을 차단하기 위하여 필요한 최소한의 헌법적 보장장치로서 헌법의 자유민주적 기본질서 규정 또는 국민주권원리와 민주주의원리 등에 기반한 것으로서 공동체의 객관적인 가치질서로서의 성격을 가지고 있음을 동시에 밝히고 있다.

따라서 국가는 개인정보자기결정권에 대한 효과적인 보호의무를 부담하기 때문에 특히 입법자는 실효적 보호를 위한 조직, 제도, 절차, 비용 등에 대한 기반을 구축할 법적 의무를 진다. 다만, 개인정보자기결정권에 대한 국가의 객관적 보호의무는 정보주체 개인의 주관적 권리의 한 부분이라는 점을 유의할 필요가 있다. 이러한 점에서 주권적 기본권이 바탕이 되는 개인정보자기결정권은 정보통신기술이나 장치에 대한 국가의 객관적 보호의무가 우선시되는 IT 기본권과는 성격을 달리

한다. 그 이유는 정보통신기술이나 장치에 대한 국가나 제3자의 감청 등 은밀한 접근에 대해서는 대부분 기본권 주체인 개인이 그 사실을 잘 알 수 없는 경우가 대부분이어서 이에 대한 주관적 방어권을 효과적으로 실현하기 어렵기 때문에 IT 기본권의 경우 입법자가 고도의 객관적 기본권 보호의무를 부담한다는 점에서 개인 차원의 주관적 개인정보자기결정권과 구별할 실익이 있다. 헌법상 개인정보자기결정권을 보호하기 위한 근거 법률은 다양하지만 그 기본원칙과 조직인 개인정보보호위원회를 규정한 일반법으로서 개인정보보호법을 들 수 있다.

Ⅲ. 개인정보 보호에 대한 헌법재판소 주요 결정

1. 헌재 2005. 7. 21. 2003헌마282등(교육정보시스템(NEIS)의 개인정보수집 등 위헌헌확인)

1) 사실관계와 결정 요지

당시 교육인적자원부장관은 2000. 9.부터 2002. 10.까지의 기간 동안 교육정보시스템(NEIS: National Education Information System)이라는 컴퓨터 네트워크 시스템을 전국적으로 구축하였고 시범운영을 거쳐 2003학년도 1학기부터 개통하여 운영하였다. 이 시스템은 교육 부문의 전자정부 구현 추진사업으로서, 종전에 학생 및 교원 관련 정보에 대하여 각 학교별로 데이터베이스(database)를 구축·운영하여 오던 것에 대신하여 각 시도교육청에 데이터베이스를 구축하고 전국의 1만 여개 초·중등학교와 16개 시·도교육청 및 교육인적자원부를 인터넷망으로 연결하여 교무, 학사뿐만 아니라 인사, 예산, 회계 등 교육 관련 전체업무를 상호 전자적으로 연계하여 업무를 처리하고자 한 종합교육정보시스템이다.

이 사건 헌법소원심판청구인들은 교육인적자원부장관과 서울특별시 교육감이 위 시스템을 통하여 청구인 정○하의 학적, 학생생활, 성적, 건강 및 의료 등에 관한 정보, 청구인 정○권의 성명, 주민등록번호, 직업, 최종학력, 생년월일, 가족상황에 관한 정보, 청구인 문○준의 성명, 주민등록번호, 생년월일, 졸업학교명, 졸업연월일에 관한 정보를 수집하고 이에 대한 정보파일을 보유하고 있는바, 그것이 청구인들의 행복추구권, 사생활의 비밀과 자유 등의 기본권을 침해하는 것이라고 주장하면서 2003. 4. 16. 헌법소원심판을 청구하였다.

이 사건의 핵심은 학생의 인적사항과 같이 보기에 따라서는 개인의 민감정보에 해당하는 정보를 수집하기 위한 법적 근거로서 당시 피청구인인 교육부장관은 "공공기관은 소관업무를 수행하기 위하여 필요한 범위 안에서 개인정보화일을 보유할 수 있다"고 규정하고 있는 '공공기관의 개인정보보호에 관한 법률' 제5조와 같은 일반적 수권조항을 들었는데, 이러한 지극히 일반적인 근거 조항을 가지고 학생의 인적 사항 등을 수집하기 위한 수권조항으로 충분한가, 법률유보원칙상 이른바 법률의 규율밀도(Regelungsdichte)로서 적절한 것인가 하는 문제가 제기가 되었다.

이에 대하여 다수의견은 다음과 같이 이 사건 조항이 법률유보원칙에 위반되지 않고 학생에 대한 인정 사항정보는 개인정보이기는 하지만 민간정보가 아니어서 그 보호의 정도가 크지 않다고 결정하였다. "개인정보자기결정권을 제한함에 있어서는 개인정보의 수집·보관·이용 등의 주체, 목적, 대상 및 범위 등을 법률에 구체적으로 규정함으로써 그 법률적 근거를 보다 명확히 하는 것이 바람직하나, 개인정보의 종류와 성격, 정보처리의 방식과 내용 등에 따라 수권법률의 명확성 요구의 정도는 달라진다 할 것인바, 피청구인 서울특별시 교육감과 교육인적자원부장관이 졸업생 관련 제 증명의 발급이라는 소관 민원업무를 효율적으로 수행함에 필요하다고 보아 개인의 인격에 밀접히 연관된 민감한 정보라고 보기 어려운 졸업생의 성명, 생년월일 및 졸업일자만을 교육정보시스템(NEIS)에 보유하는 행위에 대하여는 그 보유정보의 성격과 양(量), 정보보유 목적의 비침해성 등을 종합할 때 수권법률의 명확성이 특별히 강하게 요구된다고는 할 수 없으며, 따라서 "공공기관은 소관업무를 수행하기 위하여 필요한 범위 안에서 개인정보화일을 보유할 수 있다."고 규정하고 있는 공공기관의개인정보보호에관한법률 제5조와 같은 일반적 수권조항에 근거하여 피청구인들의 보유행위가 이루어졌다하더라도 법률유보원칙에 위배된다고 단정하기 어렵다.

개인정보의 종류 및 성격, 수집목적, 이용형태, 정보처리방식 등에 따라 개인정보자기결정권의 제한이 인격권 또는 사생활의 자유에 미치는 영향이나 침해의 정도는 달라지므로 개인정보자기결정권의 제한이 정당한지 여부를 판단함에 있어서는 위와 같은 요소들과 추구하는 공익의 중요성을 헤아려야 하는바, 피청구인들이 졸업증명서 발급업무에 관한 민원인의 편의 도모, 행정효율성의 제고를 위하여 개인의 존엄과 인격권에 심대한 영향을 미칠 수 있는 민감한 정보라고 보기 어려운 성명, 생년월일, 졸업일자 정보만을 NEIS에 보유하고 있는 것은 목적의 달성에 필요한 최소한의 정보만을 보유하는 것이라 할 수 있고, 공공기관의개인정보보호에관한법률에 규정된 개인정보 보호를 위한 법규정들의 적용을 받을 뿐만 아니라 피청구인들이 보유목적을 벗어나 개인정보를 무단 사용하였다는 점을 인정할 만한 자료가 없는 한 NEIS라는 자동화된 전산시스템으로 그 정보를 보유하고 있다는 점만으로 피청구인들의 적법한 보유행위 자체의 정당성마저 부인하기는 어렵다".

2) 해설 및 평론

물론 다수의견과 같이 학생의 성명이나 생년월일, 졸업일자와 같은 정보는 일종의 사실확인에 필요한 정보로서 민감도가 떨어진다는 견해에도 상당 부분 수긍이 갈 수 있는 부분이 있다. 그런데 이 결정은 약 20년 전에 내려진 것으로서 당시 졸업생들의 인적 정보가 인터넷을 통하여 서버에 저장되는 수준에 머물렀기 때문에 개인정보의 민감성이 덜할 수 있었겠지만 만약 오늘날 이러한 개인정보가 생성형 인공지능과 결합하여 향후 당해 졸업생의 진로나 직업에 대한 평가 등으로 이어진다면 어떨까 하는 생각을 지울 수 없다. 당시 헌법재판소의 다수의견도 이러한 위험성을 인식하고 있다. "이러한 정보들은 다른 위험스런 정보에 접근하기 위한 식별자(識別子) 역할을 하거나, 다른 개인정보들과 결합함으로써 개인의 전체적·부분적 인격상을 추출해 내는데 사용되지 않는 한 그 자체로 언제나 엄격한 보호의 대상이 된다고 하기 어렵다."

그런데 오늘날 생성형 인공지능이 바로 다른 민감하고 위험한 정보에 접근하기 위한 식별자의 기능을 가능하게 하고 있으며 다른 정보와 결합하여 특정한 개인의 프로필을 만들어 내는 현실을 고려한다면 같은 사건에 대해서 20년이 지난 현시점에서는 분명히 다른 판단이 가능할 것으로 보인다. 당시에도 반대의견을 제시한 권성 재판관은 교육부장관이 보유하는 정보는 우리나라와 같이 학력이 중시되는 사회에서는 그 정보주체의 인격상 추출에 대단히 중요한 역할을 할 수 있는 학력에 관한 정보이므로 자신의 동의 없이 타인에게 알리고 싶지 않은 민감한 정보가 될 수 있고, 이러한 정보를 NEIS와 같이 컴퓨터와 인터넷망을 이용하는 고도로 집중화된 정보시스템에 보유하면서 그 근거를 정보수집·처리의 목적특정성이 현저히 결여된 공공기관의개인정보보호에관한법률 제5조의 일반조항에 둘 수 있는지 의문이라고 하면서 졸업증명서 발급이라는 민원업무 처리를 위하여 시·도 교육감, 나아가 교육인적자원부 차원에서 관련 개인정보들을 전산시스템에 집적하여 관리할 필요성이 무엇인지, 그로 인하여 추구되는 진정한 공익이 과연 존재하는지 의문을 품지 않을 수 없는바, 개인정보 보호법제도 완비되지 않은 상황에서 그 보유목적의 정당성과 보유수단의 적정성을 인정하기 어려운 가운데 결코 가벼이 취급할 수 없는 개인정보를 피청구인들이 NEIS에 보유하고 있는 행위는 그 정보주체의 개인정보자기결정권을 침해하는 것으로 보고 있다.

따라서 현시점에서 보면 인공지능을 활용하여 학생의 인적사항을 처리하는 경우 당연히 민감정보에 해당하는 것으로 보아야 하며, 특정인의 생명, 신체, 자유의 안전성 보장, 공동체의 존립이나 사회적 인프라의 기능보전과 같은 중대한 개인적, 국가적, 사회적 법익을 보호하기 위한 경우에 한하여 법률에 근거하여 학생의 인적정보를 대상으로 생성형 인공지능의 활용이 가능한 것으로 보아야 할 것이다.

2. 헌재 2014. 8. 28. 2011헌마28등; 헌재 2020. 5. 27. 2017헌마1326(디엔에이신원확인정보의 이용 및 보호에 관한 법률 부칙 제2조 제1항 위헌확인)

1) 사실관계와 결정 요지

이 사건 청구인들 중 김○호는 2007. 10. 15. 서울동부지방법원에서 석궁을 발사하여 피해자에게 상해를 입혔다는 등의 범죄사실로 폭력행위 등 처벌에 관한 법률 위반(집단흉기등상해)죄 등으로 징역 4년을 선고받고 그 형이 확정되어 ○○교도소에 수용 중, 2011. 1. 10. '디엔에이신원확인정보의 이용 및 보호에 관한 법률' 제5조 제2항에 의해 검사로부터 디엔에이감식시료의 채취를 위탁받은 ○○교도소장의 디엔에이감식시료 채취를 거부하여, 2011. 1. 20. 디엔에이감식시료채취영장의 집행으로 모근을 포함한 모발 10개가 채취되었다. 청구인은 2011. 1. 12. '디엔에이신원확인정보의 이용 및 보호에 관한 법률' 제5조 제1항 제6호, 제5조 제2항,

제6조, 제8조, 제10조, 제11조, 부칙 제2조 제1항이 자신의 기본권을 침해한다며 그 위헌 확인을 구하는 이 사건 헌법소원심판을 청구하였다.

이 사건 청구인들은 이 사건 법률조항들이 재범의 위험성과 관련 없이 청구인들을 잠재적 범죄자로 취급하여 앞으로 발생할지 여부가 불분명한 범죄의 범인을 색출하는 작업에 쓰일 수 있도록 하기 위하여 청구인들의 디엔에이신원확인정보를 채취할 수 있도록 하는 것으로, 신체의 자유, 개인정보자기결정권, 인간의 존엄과 가치, 행복추구권, 인격권, 사생활의 비밀과 자유를 침해하고, 이중처벌금지원칙과 무죄추정원칙에 위배되며, 특히 상대적으로 경미한 상해, 주거침입, 퇴거불응 등의 범죄와 실형이 아닌 집행유예를 선고받은 경우에도 적용하도록 함으로써 과잉금지원칙에 위배된다고 하면서 이 사건 법률조항들은 디엔에이 채취대상 범죄를 저지른 사람들을 해당 범죄 외의 범죄를 저지른 사람들과 합리적 이유 없이 차별하는 점에서 평등권도 침해한다고 주장하였다.

이에 대하여 헌법재판소의 다수의견은 개인정보자기결정권 침해와 관련하여 청구인들의 청구를 다음과 같은 이유로 기각하였다. "재범의 위험성이 높은 범죄를 범한 수형인 등은 생존하는 동안 재범의 가능성이 있으므로, 디엔에이신원확인정보를 수형인등이 사망할 때까지 관리하여 범죄 수사 및 예방에 이바지하고자 하는 이 사건 삭제조항은 입법목적의 정당성과 수단의 적절성이 인정된다. 디엔에이신원확인정보는 개인식별을 위한 최소한의 정보인 단순한 숫자에 불과하여 이로부터 개인의 유전정보를 확인할 수 없는 것이어서 개인의 존엄과 인격권에 심대한 영향을 미칠 수 있는 민감한 정보라고 보기 어렵고, 디엔에이신원확인정보의 수록 후 디엔에이감식시료와 디엔에이의 즉시 폐기, 무죄 등의 판결이 확정된 경우 디엔에이신원확인정보의 삭제, 디엔에이인적관리자와 디엔에이신원확인정보담당자의 분리, 디엔에이신원확인정보데이터베이스관리위원회의 설치, 업무목적 외 디엔에이신원확인정보의 사용·제공·누설 금지 및 위반시 처벌, 데이터베이스 보안장치 등 개인정보보호에 관한 규정을 두고 있으므로 이 사건 삭제조항은 침해최소성 원칙에 위배되지 않는다. 디엔에이신원확인정보를 범죄수사 등에 이용함으로써 달성할 수 있는 공익의 중요성에 비하여 청구인의 불이익이 크다고 보기 어려워 법익균형성도 갖추었다. 따라서 이 사건 삭제조항이 과도하게 개인정보자기결정권을 침해한다고 볼 수 없다".

2) 해설 및 평론

그런데 2014년 결정과 2020년의 두 결정은 대체로 유사한 쟁점에 대하여 유사한 결정이 내려진 것으로 볼 수 있으나 법률상 개인정보에 대한 여러 가지 보호장치에도 불구하고 범죄의 경중이나 관리기관에 대한 제한이 없이 청구인들이 사망할 때까지 디엔에이신원확인정보를 관리하도록 하는 것은 청구인들의 개인정보자기결정권 및 관련 기본권을 과도하게 침해하는 측면이 있다. 다수의견은 디엔에이신원확인정보는 개인식별을 위한 최소한의 정보인 단순한 숫자에 불과하여 이로부터 개인의 유전정보를 확인할 수 없는 것이어서 민감정보라고 보기 어렵다고 하지만 이 역시 생성형 인공지능과 결합하는 경우에는 미래에 대한 범죄의 예측 등을 가능하게 하고 이를 방지하기 위한 예방적 조치가 개인의 인격권이나 일반적 행동자유권을 과도하게 침해할 수 있다는 점에서 오늘날 시각에서 과연 디엔에이신원확인정보를 비민감정보로 취급할 수 있는지 의문이다.

아마도 후술하는 바와 같이 우리나라의 경우에도 경찰행정청 등 질서행정 주체가 인공지능을 광범위하게 사용하는 경우 디엔에이신원확인정보가 다른 관련 정보와 결합하여 발생할 수 있는 개인정보자기결정권에 대한 침해적 파급효과를 고려한다면 전혀 다른 결과가 초래될 가능성도 있다. 이미 2014년과 2020년 결정에서 반대의견을 제시한 재판관들은 다음과 같이 위에서 언급한 우려 사항을 고려하여 개인정보자기결정권에 대한 과도한 침해를 인정하고 있다.

> "대상자가 재범하지 않고 상당 기간을 경과하는 경우에는 재범의 위험성이 그만큼 줄어든다고 할 것임에도 일률적으로 대상자가 사망할 때까지 디엔에이신원확인정보를 보관하는 것은 지나치게 과도한 제한이며, 특히 소년범의 경우 가혹하다. 대상 범죄 중에는 상대적으로 죄질이 경미하고 재범의 위험성이 높다고 보기 어려운 범죄도 포함되어 있고, 성폭력범죄자 신상정보등록의 경우 등록기간을 20년 등 일정기간으로 제한하고 있으며, 예상하지 못한 정보 획득과 장기간 보관시 정보의 유출, 오용의 가능성이 있는 점에 비추어 보면, 대상 범죄의 경중 및 그에 따른 재범의 위험성에 따라 관리기간을 세분화 하는 등 충분히 가능하고 덜 침해적인 수단을 채택할 수 있고, 장기간 보관과정에서 정보의 유출, 오용 등의 위험이 현실화되는 경우 대상자가 실제 입는 불이익이 작지 않다. 따라서 이 사건 삭제조항은 과도하게 개인정보자기결정권을 침해한다".

3. 헌재 2018. 6. 28. 2012헌마538(통신비밀보호법 '기지국수사' 사건)

1) 사실관계와 결정 요지

2011. 12. 26. 서울 서초구 ○○동에 있는 ○○회관에서 ○○당 당대표 선출을 위한 예비경선 과정 중 성명불상자의 선거인들에 대한 금품살포 의혹이 언론보도 등을 통해 제기되었다. 수사에 착수한 검사 피청구인은 사건 현장에 설치되어 있던 폐쇄회로 텔레비전(CCTV) 자료를 확인하여 위 성명불상자가 이동전화로 통화하는 시각에 기초하여, 2012. 1. 25. 18:10경 법원의 허가를 얻어 전기통신사업자들에게 2011. 12. 26. 17:00부터 17:10 사이 ○○회관을 관할하는 기지국을 이용하여 착·발신한 전화번호, 착·발신 시간, 통화시간, 수·발신 번호 등의 통신사실 확인자료 제공을 요청하였고, 전기통신사업자들로부터 청구인을 포함한 총 659명의 통신사실 확인자료를 제공받았다.

청구인은 인터넷 언론의 기자로서 위 시각에 ○○회관에서 ○○당 당대표 선출을 위한 예비경선을 취재하였는데, 2012. 3. 20. 피청구인으로부터 위와 같은 통신사실 확인자료 제공요청 집행사실을 통지받아 위 수사에 관하여 알게 되었다. 이에 청구인은 위 수사 및 그 근거조항인 통신비밀보호법 제13조 제1항, 제2항이 청구인의 통신의 자유, 사생활의 비밀과 자유, 개인정보자기결정권 등 기본권을 침해한다고 주장하면서, 2012. 6. 14. 이 사건 헌법소원심판을 청구하였다.

이 사건에서 헌법재판소 다수의견은 통신사실 확인자료 요청행위가 다음과 같은 이유로 청구인의 개인정보자기결정권에 대한 과도한 침해라고 보아 헌법불합치 결정을 내렸다. "이동전화의 이용과 관련하여 필연적으로 발생하는 통신사실 확인자료는 비록 비내용적 정보이지만 여러 정보의 결합과 분석을 통해 정보주체에 관한 정보를 유추해낼 수 있는 민감한 정보인 점, 수사기관의 통신사실 확인자료 제공요청에 대해 법원의 허가를 거치도록 규정하고 있으나 수사의 필요성만을 그 요건으로 하고 있어 제대로 된 통제가 이루어지기 어려운 점, 기지국수사의 허용과 관련하여서는 유괴·납치·성폭력범죄 등 강력범죄나 국가안보를 위협하는 각종 범죄와 같이 피의자나 피해자의 통신사실 확인자료가 반드시 필요한 범죄로 그 대상을 한정하는 방안 또는 다른 방법으로는 범죄수사가 어려운 경우(보충성)를 요건으로 추가하는 방안 등을 검토함으로써 수사에 지장을 초래하지 않으면서도 불특정 다수의 기본권을 덜 침해하는 수단이 존재하는 점을 고려할 때, 이 사건 요청조항은 과잉금지원칙에 반하여 청구인의 개인정보자기결정권과 통신의 자유를 침해한다".[3]

2) 해설 및 평론

물론 이 사건에서는 심판대상 조항의 합헌을 주장하는 반대의견도 있었지만 다수의견인 위헌의견이 보다 설득력이 있는 것으로 보인다. 그 이유는 우선 법원의 허가가 개인정보 보호에 대한 사실상 실효성을 가지지 못하고 수사의 편의에 좌우될 수 있다는 우려 때문이다. 이는 사실상 법원의 허가가 개인정보에 대한 사전 보호장치에 해당하지만 개인정보의 수집에 대한 본인의 동의와 동일 내지 유사한 정도의 보호를 하고 있지 못하다는 현실적 한계 때문이다. 따라서 이미 수사기관이 전기통신사업자에 대하여 통신사실 확인자료를 요청하는 순간 개인정보자기결정권을 사실상 침해하는 측면이 있다는 점을 부인하기 어렵다. 법률에 따라서 개인이 실질적으로 개인정보에 대한 자기결정권을 행사할 수 있는 시기는 수사기관이 청구인에게 통신제한조치를 집행한 사실과 집행기관 및 그 기간 등을 서면으로 사후에 통지할 때이다.

그러나 이는 사후 통지에 불과하며 사전에 수사기관의 요청에 대한 사전 동의 등 개인정보자기결정권을 행사하는 것 자체가 불가능한 것으로서 이를 대신할 수 있는 법원의 허가마저도 (전혀 없는 것보다는 당연히 바람직하겠지만) 수사기관의 수사 편의성를 효과적으로 통제할 수 없는 것이라면 전제적으로 개인정보에 대한 자기결정권은 실효성을 기대하기 어렵다. 여기에 오늘날 광범위한 CCTV의 보급과 인공지능의 활용으로 인하여 고도화된 안면인식 기능이 가능해진다면 수사기관에 의한 과도한 사생활의 비밀과 자유 및 개인의 안면인식 정보에 대한 자기결정권을 어떠한 방식으로 효과적으로 보장할 것인지 앞으로 입법적인 고민이 필요

3) 국회는 2019년 12월 31일 통신비밀보호법 제13조를 개정하여, 검사나 사법경찰관은 다른 방법으로는 범죄실행을 저지하기 어렵거나 범인의 발견·확보 또는 증거의 수집·보전이 어렵다는 등 보충적인 요건을 갖춘 경우에만 실시간 위치정보 추적자료 요청 및 특정한 기지국에 대하여 통신사실확인자료제공을 요청할 수 있도록 하여 실시간 위치정보 추적자료 및 기지국에 대한 통신사실 확인자료제공과 관련한 개인정보자기결정권을 강화하였다(제13조 제2항 신설).

해 보인다.

4. 헌재 2018. 6. 28. 2012헌마191등(통신비밀보호법 '위치정보 추적자료' 사건)

1) 사실관계와 결정 요지

이 사건은 위에서 언급한 '기지국수사' 사건 결정과 같은 날 내려진 것으로서 개인정보자기결정권 침해와 관련하여 유사한 맥락을 가지고 있다. 이 사건 청구인들은 ○○중공업이 영도조선소 근로자를 정리해고한 것에 항의하여 크레인 점거농성 중이던 김○숙 등을 응원하고자 2011. 6. 11.부터 2011. 10. 9. 사이에 희망버스 집회를 개최하였다는 취지의 '집회 및 시위에 관한 법률' 위반 등 혐의로 기소된 사람들이다. 해당 수사기관은 위 사건의 수사 또는 체포영장의 집행을 위하여 법원의 허가를 얻어 전기통신사업자에게 청구인들에 대한 통신비밀보호법 제2조 제11호 바목에 해당하는 통신사실 확인자료의 제출을 요청하여 이를 제공받았고, 위 청구인들은 2011. 12. 22.경부터 2012. 4. 4.경 사이에 해당 수사기관으로부터 위와 같은 통신사실 확인자료 제공사실을 통지받았다.

이에 청구인 송○동, 정○우는 2012. 2. 29., 청구인 정○선, 김○진은 2012. 6. 19. 통신비밀보호법 제2조 제11호 바목, 제13조 제1항, 제2항, 제13조의3이 청구인들의 통신의 자유, 사생활의 비밀과 자유, 개인정보자기결정권 등 기본권을 침해한다고 주장하면서 이 사건 헌법소원심판을 청구하였다. 청구인들은 이 사건 요청조항은 수사기관이 위치정보 추적자료의 제공을 요청할 수 있는 대상범죄, 시적범위, 대상자 등에 관하여 아무런 제한을 두지 아니한 결과, 중대한 범죄 또는 통신을 수단으로 하는 범죄뿐만 아니라 모든 범죄와 관련하여, 과거뿐만 아니라 장래의, 피의자 및 피내사자 이외에 가족이나 지인의 위치정보 추적자료까지도 그 제공을 요청할 수 있게 되어 청구인들의 통신의 자유, 사생활의 비밀과 자유, 개인정보자기결정권 등 기본권을 침해한다고 주장하였다.

이 사건에서 다수의견은 다음과 같은 이유로 자기정보결정권 등을 침해하였다고 결정하였다. "수사기관은 위치정보 추적자료를 통해 특정 시간대 정보주체의 위치 및 이동상황에 대한 정보를 취득할 수 있으므로 위치정보 추적자료는 충분한 보호가 필요한 민감한 정보에 해당되는 점, 그럼에도 이 사건 요청조항은 수사기관의 광범위한 위치정보 추적자료 제공요청을 허용하여 정보주체의 기본권을 과도하게 제한하는 점, 위치정보 추적자료의 제공요청과 관련하여서는 실시간 위치추적 또는 불특정 다수에 대한 위치추적의 경우 보충성 요건을 추가하거나 대상범죄의 경중에 따라 보충성 요건을 차등적으로 적용함으로써 수사에 지장을 초래하지 않으면서도 정보주체의 기본권을 덜 침해하는 수단이 존재하는 점, 수사기관의 위치정보 추적자료 제공요청에 대해 법원의 허가를 거치도록 규정하고 있으나 수사의 필요성만을 그 요건으로 하고 있어 절차적 통제마저도 제대로 이루어지기 어려운 현실인 점 등을 고려할 때, 이 사건 요청조항은 과잉금지원칙에 반하여 청구인들의 개인정보자기결정권과 통신의 자유를 침해한다".[4)]

2) 해설 및 평론

이 사건에서 헌법재판소는 위치정보 추적자료를 민감정보로 보고 보다 강력한 보호의 필요성이 있음을 강조하고 있는데, 심판대상 조항 중 위치정보 추적자료의 제공요청이 범죄행위의 경중을 가리지 않고 무차별적이며 이 사건 요청조항은 '수사를 위하여 필요한 경우'만을 요건으로 하면서 전기통신사업자에게 특정한 피의자·피내사자뿐만 아니라 관련자들에 대한 위치정보 추적자료의 제공요청도 가능하도록 규정함으로서 본인은 물론 지인과 가족의 과거 및 미래의 위치정보 추적자료까지도 그 제공을 요청할 수 있기 때문에 과잉금지원칙에 반한다는 입장을 제시한 것은 충분히 설득력을 가지고 있다. 앞서 언급한 기지국수사 통신사실 확인자료 요청 사건과 마찬가지로 추적자료 요청 전에 법원의 허가를 얻도록 하고 있지만 이는 수사상의 편의에 의존하는 경향이 있고 개인정보 보호를 위한 실효적인 수단이라고 하기 어렵다. 이 사건에서 개인정보자기결정권을 효과적으로 보장하기 위한 수단의 하나로 사후 통지조항이 논의의 대상으로 등장하고 있다.

4) 국회는 2019년 12월 31일 통신비밀보호법을 개정하여 "다른 방법으로는 범죄실행을 저지하기 어렵거나 범인의 발견·확보 또는 증거의 수집·보전이 어려운 경우 등 보충성 요건을 갖춘 경우에만" 실시간 위치정보 추적자료의 요청 및 특정한 기지국에 대하여 통신사실 확인자료제공을 요청할 수 있도록 규정(법 제13조 제2항)을 신설하고, 통신사실 확인자료제공을 받은 검사 또는 사법경찰관은 1년 또는 3년이 경과한 날부터 30일 이내에 통신사실 확인자료제공을 받은 사실, 제공요청기관 및 그 기간 등을 정보주체인 전기통신가입자에게 서면으로 통지하도록 하여(제13조의3 제1항) 절차적 권리와 개인정보자기결정권을 강화하였다.

다수의견에 따르면 수사기관이 피의자 등에게 위치정보 추적자료 제공사실을 통지함으로써, 피의자 등은 위치정보 추적자료의 제공이 적법한 절차에 따라 이루어졌는지, 위치정보 추적자료가 제공 목적에 부합하게 사용되었는지 또는 제공된 위치정보 추적자료가 개인정보 보호법 등에 규정된 적법한 절차에 따라 폐기되었는지 등을 확인할 수 있게 된다. 정보주체인 피의자 등은 이를 통하여 수사기관의 불법 또는 부당한 행위가 확인되는 경우에 수사기관이나 법원에 그 시정을 요구하는 등으로 실효성 있게 권리구제를 받을 수 있게 된다. 그럼에도 이 사건 통지조항은 수사기관이 전기통신사업자로부터 위치정보 추적자료를 제공받은 사실에 대해, 그 제공과 관련된 사건에 대하여 수사가 계속 진행되거나 기소중지결정이 있는 경우에는 정보주체에게 통지할 의무를 규정하지 않고 있다.

이에 따라, 위치정보를 제공받은 사건에 관하여 기소중지결정이 있거나 수사·내사가 장기간 계속되는 경우에는, 정보주체는 그 기간이 아무리 길다 하여도 자신의 위치정보가 범죄수사에 활용되었거나 활용되고 있다는 사실을 알 수 있는 방법이 없다. 또한 이 사건 통지조항은 수사기관이 정보주체에게 위치정보 추적자료의 제공을 통지하는 경우에도 그 사유에 대해서는 통지하지 아니할 수 있도록 함으로써 정보주체는 수사기관으로부터 통신사실 확인자료 제공사실 등에 대해 사후통지를 받더라도 자신의 위치정보 추적자료가 어떠한 사유로 수사기관에게 제공되었는지 전혀 짐작할 수도 없다. 그 결과, 정보주체는 위치정보 추적자료와 관련된 수사기관의 권한남용에 대해 적절한 대응을 할 수 없게 된다.

이러한 통지제도의 한계는 아무리 수사의 은밀성이 중요하다고 하더라도 수사기관의 통지가 사후통지라는 본질적 한계를 가지고 있는 것과 더불어 앞서 언급한 바와 같이 정보주체의 사전 동의를 대체하는 법원의 허가가 실효성이 미흡하다는 비판을 받고 있다는 점을 고려한다면 통신비밀보호법의 개정된 이후에도 여전히 전체적으로 개인정보자기결정권을 실효적으로 보장하는 제도적 기반이 취약하다는 결론에 이르게 된다.

5. 헌재 2018. 8. 30. 2014헌마368(국민건강보험공단의 서울용산경찰서장에 대한 요양급여내역 제공행위 위헌확인 사건)

1) 사실관계와 결정 요지

청구인 김○환은 전국철도노동조합(이하 '철도노조'라 한다)의 위원장, 청구인 박○만은 철도노조 수석부위원장으로서 철도노조 조합원 8,639명과 공모하여 국토교통부의 '철도산업 발전방안'에 반대하거나 이를 저지할 목적으로 2013. 12. 9.부터 2013. 12. 31.까지 집단적으로 노무제공을 거부하여 위력으로써 한국철도공사의 여객·화물 수송 업무를 방해하였다는 업무방해 혐의로 2014. 3. 11. 기소되었다가 무죄판결을 받았다(서울서부지방법원 2014고합51, 서울고등법원 2015노191; 대법원 2016도1690). 피청구인 서울용산경찰서장(이하 '서울용산경찰서장'이라 한다)은 위 사건의 수사과정에서 형사소송법 제199조 제2항, '경찰관 직무집행법' 제8조 제1항에 근거하여 피청구인 국민건강보험공단 이사장(이하 '국민건강보험공단'이라 한다)에게 업무방해 사건의 피의자인 청구인들을 검거하고자 한다는 사유를 밝히고 2013. 12. 18. 청구인 박○만의 2010. 12. 18.부터 2013. 12. 18.까지의 상병명, 요양기관명, 요양기관주소, 전화번호의 제공을, 2013. 12. 20. 청구인 김○환의 2012. 1. 1.부터 2013. 12. 20.까지의 병원 내방 기록의 제공을 각 요청하였다. 이에 국민건강보험공단은 '개인정보 보호법' 제18조 제2항 제7호에 근거하여 2013. 12. 20. 청구인 김○환의 2012. 1. 1.부터 2013. 12. 20.까지의 급여일자, 요양기관명 등을 포함한 총 44회의 요양급여내역 및 청구인 박○만의 2010. 12. 1.부터 2013. 12. 19.까지의 급여일자, 요양기관명, 전화번호를 포함한 총 38회의 요양급여내역을 서울용산경찰서장에게 제공하였다.

청구인들은 위와 같은 서울용산경찰서장의 사실조회행위와 국민건강보험공단의 정보제공행위 및 그 근거조항들인 형사소송법 제199조 제2항, '경찰관 직무집행법' 제8조 제1항, '개인정보 보호법' 제18조 제2항 제7호가 청구인들의 개인정보자기결정권 등을 침해한다고 주장하면서 2014. 5. 8. 이 사건 헌법소원심판을 청구하였다. 청구인들은 이 사건 사실조회조항 및 이 사건 정보제공조항은 그 요건이 지나치게 광범위하고, 이 사건 사실조회행위 및 이 사건 정보제공행위는 청구인들을 검거하기 위한 목적에 필요한 범위를 벗어나 청구인들의 건강에 관한 민감정보를 요청, 제공한 것이므로, 위 각 행위들과 위 각 조항들은 과잉금지원칙에 위배되어 청구인들의 개인정보자기결정권 등을 침해한다고 주장하였다.

이 사건에서 다수의견은 청구인들의 이른바 상병명(傷病名, 다치거나 앓는 병의 이름)을 포함하는 요양급여정보가 다음과 같이 개인정보 중에서도 보다 강한 보호가 필요한 민감정보로 보고 있다. "요양급여정보는 가입자와 피부양자의 질병, 부상, 출산 등에 대하여 국민건강보험공단이 실시한 진찰·검사, 약제·치료재료의 지급, 처치·수술 및 그 밖의 치료 등의 요양급여와 관련된 정보로서(국민건강보험법 제41조 제1항 참조), 요양급여개시일, 국민건강보험법 제42조 제1항에 따른 요양기관의 명칭, 상병명, 입내원일수, 공단부담금, 본인부담금 등을 포함한다. 이 중 상병명은 그 자체로 개인의 정신이나 신체에 관한 단점을 나타내기 때문에 인격의 내적 핵심에 근접하는 민감한 정보에 해당한다. 그 외에 누가, 언제, 어디에서 진료를 받고 얼마를 지불했는가라는 사실 역시 그 자체만으로도 보호되어야 할 사생활의 비밀일 뿐 아니라, 요양기관이 산부인과, 비뇨기과, 정신건강의학과 등과 같은 전문의의 병원인 경우에는 요양기관명만으로도 질병의 종류를 예측할 수 있고, 요양급여횟수, 입내원일수, 공단부담금, 본인부담금 등의 정보를 통합하면 구체적인 신체적·정신적 결함이나 진료의 내용까지도 유추할 수 있다.

앞서 본 바와 같이 거의 모든 국민의 국민건강보험에 관한 방대한 정보가 국민건강보험공단에 집적되고 있으므로, 국민건강보험공단이 처리하는 요양급여정보는 개별적인 요양급여내역에 불과한 것이 아니라 정보주체의 건강에 관한 포괄적이고 통합적인 정보를 구성할 수 있는 것이다. 따라서 요양급여정보는 개인정보자기결정권에 의하여 보호되는 개인정보에 해당하고(헌재 2008. 10. 30. 2006헌마1401등; 헌재 2009. 9. 24. 2007헌마1092 참조), 이 사건 정보제공행위에 의하여 제공된 청구인 김○환의 2012. 1. 1.부터 2013. 12. 20.까지의 급여일자, 요양기관명을 포함한 총 44회의 요양급여내역 및 청구인 박○만의 2010. 12. 1.부터 2013. 12. 19.까지의 급여일자, 요양기관명을 포함한 총 38회의 요양급여내역은 건강에 관한 정보로서 '개인정보 보호법' 제23조 제1항이 규정한 민감정보에 해당한다".

2) 해설 및 평론

결국 다수의견에 따르면 이 사건 정보제공행위에 의하여 제공된 청구인 김○환의 약 2년 동안의 총 44회 요양급여내역 및 청구인 박○만의 약 3년 동안의 총 38회 요양급여내역은 건강에 관한 정보로서 '개인정보 보호법' 제23조 제1항이 규정한 민감정보에 해당한다. '개인정보 보호법'상 공공기관에 해당하는 국민건강보험공단은 이 사건 정보제공조항, '개인정보 보호법' 제23조 제1항 제2호, '경찰관 직무집행법 시행령' 제8조 등에 따라 범죄의 수사를 위하여 불가피한 경우 정보주체 또는 제3자의 이익을 부당하게 침해할 우려가 있을 때를 제외하고 민감정보를 서울용산경찰서장에게 제공할 수 있다. 서울용산경찰서장은 청구인들을 검거하기 위해서 국민건강보험공단에게 청구인들의 요양급여내역을 요청한 것인데, 서울용산경찰서장은 그와 같은 요청을 할 당시 전기통신사업자로부터 위치추적자료를 제공받는 등으로 청구인들의 위치를 확인하였거나 확인할 수 있는 상태였다. 따라서 서울용산경찰서장이 청구인들을 검거하기 위하여 청구인들의 약 2년 또는 3년이라는 장기간의 요양급여내역을 제공받는 것이 불가피하였다고 보기 어렵다. 한편 급여일자와 요양기관명은 피의자의 현재 위치를 곧바로 파악할 수 있는 정보는 아니므로, 이 사건 정보제공행위로 얻을 수 있는 수사상의 이익은 없었거나 미약한 정도였다.

반면 서울용산경찰서장에게 제공된 요양기관명에는 전문의의 병원도 포함되어 있어 청구인들의 질병의 종류를 예측할 수 있는 점, 2년 내지 3년 동안의 요양급여정보는 청구인들의 건강 상태에 대한 총체적인 정보를 구성할 수 있는 점 등에 비추어 볼 때, 이 사건 정보제공행위로 인한 청구인들의 개인정보자기결정권에 대한 침해는 매우 중대하다. 그렇다면 이 사건 정보제공행위는 이 사건 정보제공조항 등이 정한 요건을 충족한 것으로 볼 수 없고, 침해의 최소성 및 법익의 균형성에 위배되어 청구인들의 개인정보자기결정권을 침해하였다. 그런데 용산경찰서장의 요청에 따라서 국민건강보험공단에서 제공한 요양급여내역은 건강과 관련된 정보로서 민간정보임은 분명하다. 개인정보보호법 제23조 제1항도 건강과 관련한 개인정보를 민간정보로 규정하고 있다. 그런데 이 사건에서 청구인들의 건강정보는 피청구인이 직접적으로 청구인들의 건강상태를 확인하기 위하여 필요한 정보라기보다는 특히 전문의 병원 등에 대한 정보제공을 통하여 청구인들에 대한 인신을 확보하려는 수사상의 목적이 보다 직접적인 것으로 보이기 때문에 오히려 위치정보에 가깝다고 할 수 있다. 다수의견도 밝히고 있는 바와 같이 당시 용산경찰서장은 전기통신사업자로부터 위치추적자료를 제공받는 등으로 청구인들의 위치를 확인하였거나 확인할 수 있는 상태였다. 그렇다면 이를 통하여 피청구인이 충분히 청구인들의 동선을 파악할 수 있었기 때문에 실질적으로는 "이중의 위치정보"가 제공된 것이므로 요양급여내역의 제공은 반드시 요구되는 것은 아니라는 점에서 보충성원칙과 침해의 최소성원칙에도 반한다.

6. 헌재 2020. 3. 26. 2018헌마77등(변호사시험 합격자 명단 공고 사건)

1) 사실관계와 결정 요지

청구인 노○○은 2018. 1. 9.부터 같은 달 13일까지 시행된 제7회 변호사시험에 응시하였으나 불합격하였고, 2019. 1. 8.부터 같은 달 12일까지 시행된 제8회 변호사시험에 응시하지 않았으며, 2020. 1. 7.부터 같은 달 11일까지 시행된 제9회 변호사시험에 응시하였다. 청구인 김○○, 청구인 이○○은 제9회 변호사시험에 응시하였다. 위 청구인들은 2017. 12. 12. 법률 제15154호로 변호사시험법 제11조가 개정되어 법무부장관은 합격자가 결정되면 즉시 '명단'을 공고하여야 하는바, 합격자 명단이 공개될 경우 타인이 자신들의 변호사시험 합격 여부 등을 알 수 있게 되어 자신들의 기본권이 침해된다고 주장하면서 2018. 1. 22. 국선대리인 선임신청을 하였고(2018헌사113), 2018. 1. 23. 스스로 헌법소원심판청구서를 제출하였다. 그 후 선정된 국선대리인은 2018. 3. 6. 헌법소원심판청구 보충이유서를 제출하여, 위 청구인들이 제출한 청구서에 기재된 내용을 추인하였다. 청구인들은 변호사시험은 '법학전문대학원을 졸업하였거나 졸업할 예정인 사람'으로 응시대상자가 한정되어 있는바, 타인이 합격자 명단을 열람하여 특정 응시자의 변호사시험 합격 여부 및 시기 등을 추정할 수 있으므로, 심판대상조항에 의하여 청구인들과 같은 응시자의 개인정보자기결정권, 명예권, 사생활의 비밀과 자유가 침해된다. 또한, 주요 공무원채용 시험, 전문자격 시험은 합격자 성명을 공개하지 않는데, 변호사시험은 이를 공개하므로 평등권도 침해된다고 주장하였다.

2) 해설 및 평론

이 사건에서는 4인의 재판관이 합헌의견을, 5인의 재판관이 위헌의견을 제시하여 합헌의견이 소수였으나 위헌결정에 필요한 정족수 미달로 결과적으로 합헌결정이 내려졌다. 그만큼 변호사시험 합격자 명단공개는 공개를 위한 공익적 측면을 가지고 있지만 로홍판씨 등 로스쿨에 진학하여 변호사시험을 치르게 될 관련자들에게는 사적으로 민감하고 내밀한 부분이 있음을 반영하는 것이라고 할 수 있다. 합헌의견에 따르면 심판대상조항의 입법목적은 공공성을 지닌 전문직인 변호사에 관한 정보를 널리 공개하여 법률서비스 수요자가 필요한 정보를 얻는 데 도움을 주고, 변호사시험 관리 업무의 공정성과 투명성을 간접적으로 담보하는 데 있다. 심판대상조항은 법무부장관이 시험 관리 업무를 위하여 수집한 응시자의 개인정보 중 합격자의 성명을 공개하도록 하는 데 그치므로, 청구인들의 개인정보자기결정권이 제한되는 범위와 정도는 매우 제한적이다. 합격자 명단이 공고되면 누구나, 언제든지 이를 검색할 수 있으므로, 심판대상조항은 공공성을 지닌 전문직인 변호사의 자격 소지에 대한 일반 국민의 신뢰를 형성하는 데 기여하며, 변호사에 대한 정보를 얻는 수단이 확보되어 법률서비스 수요자의 편의가 증진된다. 합격자 명단을 공고하는 경우, 시험 관리 당국이 더 엄정한 기준과 절차를 통해 합격자를 선정할 것이 기대되므로 시험 관리 업무의 공정성과 투명성이 강화될 수 있다. 따라서 심판대상조항이 과잉금지원칙에 위배되어 청구인들의 개인정보자기결정권을 침해한다고 볼 수 없다.

하지만 위헌의견은 다음과 같이 이를 반박하고 있다. "변호사시험은 법학전문대학원 졸업자 또는 졸업예정자라는 한정된 집단에 속한 사람이 응시하는 시험이므로, 심판대상조항에 따라 변호사시험 합격자 명단이 공고되면, 특정인의 재학 사실을 아는 사람은 그의 성명과 합격자 명단을 대조하는 방법으로 그의 불합격 사실을 확인할 수 있는바, 이처럼 변호사시험 응시 및 합격 여부에 관한 사실이 널리 공개되는 것은 청구인들의 개인정보자기결정권에 대한 중대한 제한이라 할 수 있다. 시험 관리 업무의 공정성과 투명성은 전체 합격자의 응시번호만을 공고하는 등의 방법으로도 충분히 확보될 수 있고, 법률서비스 수요자는 대한변호사협회 홈페이지 등을 통해 변호사에 대한 더 상세하고 정확한 정보를 얻을 수 있으므로, 청구인들의 개인정보자기결정권을 덜 침해하면서 입법목적을 달성할 수 있는 다른 수단이 존재한다. 실무상 합격자 공고는 법무부 홈페이지에 응시번호 등이 기재된 합격자 명단 파일을 기한 없이 게시하는 방법으로 하고 있는데, 공고 후에는 누구나, 언제든지 이를 검색, 확인할 수 있고, 합격자 명단이 언론기사나 인터넷 게시물 등에 인용되어 널리 전파될 수도 있는바, 이러한 사익 침해 상황은 시간이 흘러도 해소되지 않는다. 따라서 심판대상조항은 과잉금지원칙에 위배되어 청구인들의 개인정보자기결정권을 침해한다".

헌법재판소의 결정 이후 변호사시험 합격자 명단공개 거부처분에 대하여 취소를 구하는 행정소송에서 대법원은[5] 원고의 청구를 인용하는 판결을 하여 변호사시험 합격자 명단을 공개하는 것은 더 이상 법적으로 다툴 수 없는 제도로 자리 잡았다. 한편, 헌법재판소의 결정은 개인정보자기결정권이라는 기본권 침해를 다루는 헌법소원사건임에 비하여 대법원이 판결한 사건은 공공기관의 정보공개에 관한 원고의 공개청구와 법무부장관의 공개거부처분의 위법성을 다투는 것이었지만 양자 모두 개인정보자기결정권을 어느 정보로 보호할 것인가라는 점에서는 근거 법규의 차이에도 불구하고 유사한 결론이 내려진 것이다. 대법원은 헌법재판소 결정과 항소심의 결론을 다음과 같이 유지하면서 원고의 청구를 인용하는 판결을 하였다. "원심은, 변호사는 다른 직업군보다 더 높은 공공성을 지닐 뿐만 아니라, 변호사에게는 일반 직업인보다 더 높은 도덕성과 성실성이 요구되고(변호사법 제1조, 제2조 참조) 그 직무수행은 국민들의 광범위한 감시와 비판의 대상이 되므로, 변호사시험 합격 여부, 합격연도 등을 포함한 해당 변호사에 관한 정보를 공개함으로써 얻을 수 있는 법적 이익이 적지 않은 점, 변호사법 제76조 제1항에 따라 의뢰인에게 사건을 수임하고자 하는 변호사에 대한 정보를 제공할 의무가 있는 지방변호사회인 원고는 소속 변호사들에 대한 정확한 정보를 보유하고 있어야 하고, 변호사시험 합격자들에 관한 최소한의 인적사항인 성명이 기재된 명단을 확보하여 해당 신청자가 적법한 자격을 갖춘 변호사인지를 더 쉽게 확인할 필요성이 있는 점(변호사법 제7조 제1항, 제2항, 제3항 참조) 등에 비추어, 제3회 변호사시험 합격자 성명(이하 '이 사건 정보'라 한다)이 공개될 경우 그 합격자들의 사생활의 비밀 또는 자유를 침해할

5) 대법원 2021. 11. 11. 선고 2015두53770 판결.

우려가 있다고 하더라도 그 비공개로 인하여 보호되는 사생활의 비밀 등 이익보다 공개로 인하여 달성되는 공익 등 공개의 필요성이 더 크므로 이 사건 정보는 「개인정보 보호법」 제18조 제1항에 의하여 공개가 금지된 정보에 해당하지 아니하고 구 정보공개법 제9조 제1항 제6호 단서 (다)목에 따라서 공개함이 타당하다고 판단하였다.

앞에서 본 법리와 기록에 비추어 살펴보면, 위와 같은 원심의 판단은 정당하고, 거기에 상고이유 주장과 같이 「개인정보 보호법」적용 여부, '사생활의 비밀'의 범위, 구 정보공개법 제9조 제1항 제6호의 해석·적용 등에 관한 법리를 오해하는 등의 위법이 없다[원심판결 선고 후인 2017. 12. 12. 법률 제15154호로 개정된 변호사시험법 제11조에 따라 피고는 변호사시험 합격자가 결정되면 즉시 그 '명단'을 공고하여야 한다. 즉 위 변호사시험법의 개정으로 변호사시험 합격자의 성명은 정보공개법이 아닌 변호사시험법 제11조에 따른 공개 대상이 되기에 이르렀다. 한편 헌법재판소는 변호사시험법 제11조 중 '명단 공고' 부분이 변호사시험에 응시한 청구인들의 개인정보자기결정권 등을 침해한다고 주장하는 취지의 헌법소원심판청구를 기각하였다"(헌재 2020. 3. 26. 2018헌마77, 283, 1024(병합)](대법원 2021. 11. 11. 선고 2015두53770 판결[정보공개거부처분취소]).

7. 위헌확인 등 헌재 2023. 10. 26. 2020헌마1477등(가명정보에 대한 개인정보 보호법 제28조의7 등)

1) 사실관계와 결정 요지

이 사건은 개인정보보호법상 이른바 가명정보에 대해서 정보주체에게 인정되는 통지의무, 정정 및 삭제청구권 등을 적용하지 않는 심판대상 조항이 개인의 정보자기결정권을 침해하는가 여부를 다룬 것이다. 개인정보보호법을 비롯하여 최근의 데이터 관련 법률들은 개인정보 보호와 함께 가명 내지 익명처리된 정보를 학문적, 통계적 기타 공익적인 목적으로 사용하는 경우가 많이 있는데 데이터의 활용을 촉진한다는 측면에서 가명정보 등에 대한 보호의 수준을 어디까지 규정할 것인가 하는 문제와 관련하여 중요한 의미를 가지는 사건이라 할 것이다. 청구인 이○○, 이□□, 이△△, 이▽▽, 신○○는 건강보험에 가입하거나 은행, 신용카드 회사 등과 거래하면서 개인정보처리자에게 개인정보를 제공한 자들로서, '개인정보 보호법' 및 '신용정보의 이용 및 보호에 관한 법률'(이하 '신용정보법'이라 한다)상 정보주체에게 인정되는 각종 권리 및 개인정보처리자 등에게 부과된 각종 의무에 관한 조항을 가명정보에는 적용하지 아니하도록 한 '개인정보 보호법' 제28조의7 및 신용정보법 제40조의3이 위 청구인들의 개인정보자기결정권을 침해한다고 주장하며 2020. 11. 2. 이 사건 헌법소원심판을 청구하였다. 청구인들은 개인정보에 대하여 일반적으로 적용되는 보호조항에 대한 적용제외조항은 개인정보의 보호를 위해 마련된 다수의 규정을 가명정보에 적용하는 것을 일률적·전면적으로 배제한 것이므로 정보주체는 가명정보의 처리에 관하여 아무런 권리를 행사할 수 없게 되므로, 적용제외조항은 정보주체의 개인정보자기결정권을 침해한다고 주장하였다.

헌법재판소는 가명정보를 통한 데이터 자원의 적극적 활용과 더불어 개인정보 보호의 필요성이라는 상반되는 목표를 실현하기 위하여 가명정보 등이 필요하며 그에 대한 보호의 수준을 다음과 같이 설명하고 있다. "인공지능, 클라우드, 사물인터넷 등의 기술이 발달하면서 방대한 데이터의 수집과 처리가 용이해지고 다양한 활용이 가능하게 되었다. 발전된 기술을 활용하여 관련 산업을 육성하고 국가경쟁력을 확보하며 여러 분야에서 효율과 편익을 증대하기 위해서 데이터의 활용을 활성화할 필요가 있으나, 그와 동시에 개인정보가 과거와 달리 일종의 자원과 같은 기능을 하게 되어 그 수집과 이용에 대한 수요가 급증한 상황에서 정보주체의 개인정보자기결정권을 충분히 보호하기 위한 방편도 마련되어야 한다. 2020. 2. 4. 법률 제16930호로 개정된 '개인정보 보호법' 및 같은 날 법률 제16957호로 개정된 신용정보법은 데이터의 이용을 활성화하면서도 정보주체의 개인정보자기결정권을 보호할 수 있도록 '가명정보' 및 '가명처리'의 개념을 도입하였다.

'개인정보 보호법'에 따르면, '가명정보'란 성명 등을 통하여 개인을 알아볼 수 있는 정보 또는 해당 정보만으로는 특정 개인을 알아볼 수 없더라도 다른 정보와 쉽게 결합하여 개인을 알아볼 수 있는 정보를 가명처리함으로써 원래의 상태로 복원하기 위한 추가 정보의 사용·결합 없이는 특정 개인을 알아볼 수 없는 정보이고(제2조 제1호 다목 참조), '가명처리'란 개인정보의 일부를 삭제하거나 일부 또는 전부를 대체하는 등의 방법으로 추가 정보가 없이는 특정 개인을 알아볼 수 없도록 처리하는 것이다(제2조 제1호의2). 가명정보는 이처럼 그 자체만으로는 특정 개인을 곧바로 알아볼 수 없기 때문에, 다른 개인정보에 비해 그 처리가 정보주체에게 미치는 영향이 미미하다. 이에 '개인정보 보호법'은 개인정보 보호 원칙 중 하나로 "개인정보처리자는 개인정보를 익명 또는 가명으로 처리하여도 개인정보 수집목적을 달성할 수 있는 경우 익명처리가 가능한 경우에는 익명에 의하여, 익명처리로 목적을 달성할 수 없는 경우에는 가명에 의하여 처리될 수 있도록 하여야 한다."라는 원칙을 두고 있으며(제3조 제7항), "개인정보처리자는 통계작성, 과학적 연구, 공익적 기록보존 등을 위하여 정보주체의 동의 없이 가명정보를 처리할 수 있다."라고 규정하고 있다(제28조의2 제1항)".

2) 해설 및 평론

결론적으로 헌법재판소는 적용제외조항은 가명정보의 활용을 원활하게 하여 데이터의 이용을 활성화하고자 하는 것으로서 그 입법목적이 정당하고, 가명정보의 성질상 적용이 어려운 규정들을 배제하는 것은 그와 같은 입법목적을 달성하기에 적합한 수단으로 보고 있다. 그리고 가명정보는 그 자체만으로는 특정 개인을 알아볼 수 없으므로 일반적인 개인정보에 적용되는 통지 의무 등을 그대로 적용하기가 불가능하거나 어렵고, 정보주체를 보호하기 위한 다른 규정들이 존재하므로, 침해의 최소성이 인정된다. 가명정보의 원활한 활용이라는 공익은 중대하고, 그 자체로 식별이 불가능한 가명정보를 제한된 목적으로만 동의 없이 처리할 수 있도록 하여 정보주체의 불이익은 크지 않으므로, 법익의 균형성도 갖추었다. 따라서 적용제외조항은 청구인들의 개인정보자기결정권을 침해하지 않는다고 결정하였다.

이 사건에서는 재판관 전원이 합헌의견을 제시하였으며 별도의 반대의견은 없었다는 점을 고려한다면 다른 데이터 관련 결정들과 비교할 때 다소 이례적이기는 하지만 그만큼 개인 관련 데이터가 산업적 측면에서 활용이 필요하고 특히 학문적 연구, 통계적 목적, 기록 보전 등과 같은 공익을 실현하기 위해서는 불가피한 측면이 있기 때문에 헌법재판소는 입법자의 정책적 형성권을 존중하는 결정을 내린 것으로 평가할 수 있다.

8. 향후 과제

앞에서 논의한 바와 같이 개인정보자기결정권은 독일 연방헌법재판소의 이른바 인구조사판결에서 비롯된 것이기는 하지만 우리나라 헌법재판소도 많은 관련 사건에서 헌법적 근거, 내용, 성격, 제한의 필요성, 공익과의 관계 등에 대하여 상당한 결정례를 직접 하여 왔으며 헌법상 개인의 기본권으로서의 위상을 구축하였다. 특히 최근에 이르러 의료, 과학기술의 발전을 위하여 개인정보에 대한 빅데이터 기반을 구축하는 사업이 국가 주도로 시행되고 있으며 산업계 역시 개인정보를 활용하여 비즈니스와 신산업 개발에 적극 활용하려는 경향을 보이고 있다. 이에 따라 데이터 관련 법률도 빅데이터의 수집과 활용, 익명 및 가명정보의 활용을 일정 부분 허용하여 학문적 연구나 통계적 목적을 넘어서서 보다 광범위한 상업적, 산업적 혁신을 위한 중요한 공적 자원으로 사용하는 것을 외면하기 어렵다.

하지만, 그럴수록 입법자와 헌법재판소는 개인정보 보호를 위한 보다 정교하고 촘촘한 보호조치를 고려하여야 하며, 그런 의미에서 개인정보자기결정권의 내용이나 적용 범위 역시 보다 진전된 방식으로 진화할 필요가 있다. 특히 인터넷 상으로 이루어지는 개인정보에 대한 침해 문제는 사법부 중심의 고전적인 개인정보 보호의 차원을 넘어서서 국가가 국민이 일상적으로 사용하는 인터넷 망의 안전성과 신뢰성을 보장하지 못한다면 개인정보자기결정권이라는 기본권 자체가 형해화 될 뿐만 아니라 정보화 사회 자체가 존립할 수 없다는 점에서 입법자의 역할이 무엇보다 중요하다. 다시 말하자면, 입법자는 개인정보를 침해할 수 있는 기술적 발전의 내용과 방향에 대해서 늘 주시하여야 하며 그 위험이 감지되는 순간 예방적으로 이를 입법적으로 적기에 반영하여야 하는 고도의 기본권 보호의무 내지 주의의무를 부담하는 것으로 보아야 한다. 이를 위한 국회에서의 상시적인 토론과 입법 방향에 대한 학습이 이루어져야 하며 기술 발전을 이해하고 파악하는 것은 물론 이를 적절하게 통제할 수 있는 지식을 보유하고 공유할 수 있는 조직을 마련하여야 한다. 이른바 "학습하는 국가"가 우리의 일상이 된 것이다.

Ⅳ. 정보통신기술의 신뢰성과 안전성 보장을 위한 기본권—이른바 IT 기본권

1. 의의

정보통신기기를 이용하는 국민은 자신의 통신이나 대화 등이 정보통신시스템을 통하여 안전하게 보호받고 있다는 신뢰를 가지는 경우에 한하여 효과적으로 통신의 자유나 사생활의 비밀과 자유를 실현할 수 있다. 국가 또는 제3자가 정보통신시스템에 접근하여 개인정보를 수집하고 이를 일정한 목적에 사용하는 것을 제한하고 일정한 법적 규제와 보호장치를 통하여 국민들이 안심하고 정보통신시스템을 이용할 수 있는 기본권을 흔히 IT기본권 또는 컴퓨터 기본권이라고 약칭하는 정보통신기술시스템의 신뢰성과 안전성에 대한 기본권(Das Grundrecht auf die Vertraulichkeit und Integrität informationstechnischer Systeme)이다. 독일연방헌법재판소는 이른바 "온라인 수색"(Online-Durchsuchung) 사건에서 정보통신 시대에서 국민들이 일상적으로 이용하는 정보통신시스템의 신뢰성과 안전성을 보호하기 위한 입법자의 보호의무를 강조하면서 정보통신시스템의 신뢰성과 안전성에 대한 권리를 기본법 제2조 제1항의 일반적 인격권과 제1조의 인간존엄에 근거를 두고 있는 것으로 보고 있다.[6)]

정보통신기술시스템의 신뢰성이란 오직 법적으로 자격을 인증을 받은 사람만이 정보통신시스템을 관리할 수 있다는 것으로서 그렇지 못한 사람이 정보통신시스템을 관리할 경우 사용자는 이를 신뢰할 수 없다는 것이다. 안전성은 정보통신기술시스템이 기능상 완전하고 오류가 없어야 하며 기술적으로 최신 버전을 갖추어야 한다는 개념이다. 다시 말하자면, 정보통신시스템의 안전성이란 무자격자로서 누군가 시스템에 접근하여 정보통신시스템의 정상적 기능을 방해하고 저장된 내용이나 정보를 제3자가 이용하는 경우에는 상상할 수 없다. 정보통신시스템의 안전성이 와해된다는 것은 이에 대한 제3자의 침투, 감시 및 조작을 방지하기 위한 기술적 장애물이 더 이상 존재하지 않는다는 것을 의미하는 것이다. 그러므로 국가나

6) BVerfGE 120, 274.

제3자가 일단 정보통신기술시스템에 은밀하게 접근하거나 침투하는 경우에 이를 통하여 특정인의 개인정보를 수집하거나 사용하지 않았다고 하더라도 그 침투행위 자체가 IT 기본권이 보호하는 영역을 침해하는 것이다.

특히 정보기관이나 경찰행정청 등이 은밀하게 정보통신시스템에 접근하는 것은 기본권에 대한 심대한 침해의 위험성을 가지고 있기 때문에 비례성원칙을 엄격하게 적용하는 등 까다로운 헌법적 요건이 필요하다. 따라서 이러한 국가기관이 정보통신시스템에 은밀하게 접근하려면 법관이 발부한 영장이 요구되는 등 사법부의 통제가 이루어져야 하며 매우 중대한 법익에 대한 현존하며 명백한 위해가 존재하여야 한다. 또한 절대적으로 보호가 필요한 사적 영역에 대한 침해를 방지하기 위한 조치가 반드시 선행되어야 하며,7) 일반적 인격권 보호를 위하여 개인의 생활영역을 은밀하게 염탐하는 것을 엄격하게 제한, 규제하여야 한다.

2. IT 기본권의 제한 요건

국가 정보기관이나 경찰 등 수사기관이 정보통신시스템에 은밀하게 접근, 침투하려면 중대한 법익을 보호하기 위한 법적 근거가 있어야 하며, 여기에서 말하는 중대한 법익이란 개인의 생명, 신체. 자유의 보호, 국가의 존립이나 개인의 생존적 기초를 수호하는 공동체의 일반적인 법익을 의미한다. 그리고 국가 수사기관이 정보통신시스템에 은밀하게 접근하거나 침투하기 위해서는 법원의 허가나 영장 등 독립된 제3자적 기관의 통제 메커니즘이 존재하여야 한다. 국가가 정보통신시스템에 은밀하게 침투하는 경우에는 다양한 기본권의 보호영역을 침해하는 결과가 된다. 입법자가 이러한 국가의 행위를 어떠한 내용과 형태로 규정하는가에 따라서 침해되는 기본권의 영역이 결정된다. 우선 문제될 수 있는 관련 기본권으로는 통신의 비밀과 자유, 주거의 자유 및 일반적 인격권과 인간의 존엄과 가치가 결합된 기본권 침해를 예상할 수 있다.

그런데 독일연방헌법재판소는 정보통신기술의 신뢰성과 안전성 보장에 대한 기본권은 일반적인 인격권과 인간존엄권이 결합한 헌법상의 권리로 보고 있다. 그

7) Britz, Vertraulichkeit und Integrität informationstechnischer Systeme – Einige Fragen zu einem “neuen Grundrecht”, DÖV 2008, S. 411 ff.

이유는 연방헌법재판소가 앞서 언급한 통신의 비밀과 자유, 주거의 자유, 더 나아가 기존의 개인정보자기결정권의 보호범위를 가지고는 국가의 이와 같은 정보통신기술시스템에 대한 침해를 효과적으로 방어할 수 없다고 보았기 때문이다.

예를 들어 통신과 비밀의 자유는 주로 쌍방 또는 다자간에 현실적으로 통신행위를 하는 과정에서 발생하는 대화나 통신의 내용을 보호하는 것으로서 정보통신시스템 사용자가 저장하거나 연결한 상대방과의 기록을 보호하는 것을 그 보호영역으로 하지 않는다. 주거의 자유의 경우 주된 보호영역이 개인이 거주하거나 생활하는 공간에서 이루어지는 정보통신시스템을 보호할 수는 있지만 예를 들어 개방된 공간에서 모바일로 이루어지는 정보통신시스템에 침투하는 경우에는 애매한 측면이 있다. 또한 개인정보자기결정권은 국가 또는 제3자가 개인정보를 수집하거나 사용하는 경우에 한하여 그 보호범위를 침해할 수 있기 때문에 전적으로 개인정보의 보호에 주력하며 정보통신스시템을 광범위하게 침투하더라도 개인정보에 대한 수집 등이 없는 한 기본권적 보호가 이루어지지 않는다.

이러한 이유로 인하여 연방헌법재판소는 일반적인 인격권을 구체화하는 정보자기결정권을 보충하는 의미에서 정보통신기술의 신뢰성과 안전성 보장을 위한 기본권을 발전적으로 제시한 것이다. 이와 같은 이른바 IT 기본권은 개인의 사생활의 비밀과 자유의 영역의 보호와 관련하여 정보통신기술시스템에 대한 국가의 침해를 방지하는데 그 목적이 있으며 이는 정보통신시스템을 이용하는 국민의 개별적인 통화나 의견교환 과정 및 저장된 정보를 보호하기보다는 정보통신기술시스템 자체에 대한 은밀한 접근이나 침해를 방지하는 권리라고 할 수 있으며, 이는 연방헌법재판소가 유사한 후속 사건에서 판례법적으로 인정한 기본권이다.

물론 IT 기본권에 대한 제한은 가능하지만 연방헌법재판소는 IT 기본권에 대한 제한은 법률적 근거가 있어야 하며, 비례성원칙이 엄격하게 적용된다는 점을 분명히 하였다. 이에 따르면 연방헌법재판소는 IT 기본권 제한에 대한 법률유보원칙과 관련하여 당해 법률은 단순한 법적 근거를 제공하는데 그치지 않고 반드시 제한의 강도와 정도를 명확하게 규정하여야 한다는 점을 강조하였다. 그리고 이러한 제한의 강도와 정도에 있어서는 일반적인 경찰행정청과 국가정보기관 간에는 어떠한 차이도 존재하지 않고 동일하게 적용되며 IT 기본권을 제한함에 있어서는 엄격한 요건이 충족되어야 한다.

여기에서 말하는 엄격한 요건이란 중대한 법익의 보호를 위해서만 IT 기본권에 대한 제한이 가능하다는 의미이며, 중요한 법익으로서는 개인의 생명, 신체, 자유의 보호 및 공동체의 존립이나 중요한 사회기반시설의 보호와 같은 것을 들 수 있다. 중대한 법익의 보호와 함께 다른 하나의 엄격요건으로서 이러한 중대한 법익에 대한 침해가 구체적이고 시간적으로 임박하였으며, 이와 같은 구체적이며 임박한 법익침해에 대하여 특정인이 연루되어 있고 그 특정인의 인적사항이 공개적으로 확인 가능함을 전제로 IT 기본권에 대한 은밀한 침해행위가 이러한 특정인만을 제한적으로 지향하여야 한다. 물론 중대한 법익침해에 대한 구체적이고 임박한 위험이 없는 경우에도 예외적으로 IT 기본권에 대한 제한은 가능하지만 이 경우에도 관계인들의 행태로 보아 가까운 장래에 일정한 범죄행위를 저지를 구체적인 개연성이 있어야 한다.

중대한 법익보호 및 구체성, 임박성, 특정성이라는 엄격요건과 함께 연방헌법재판소는 IT기본권에 대한 제한에는 비례성원칙과 적절한 절차적 보장을 추가적으로 요구하였다. 앞서 언급한 바와 같이 정보통신기술시스템에 대한 침해는 은밀하게 이루어지므로 기본권 주체 및 관계인들이 이를 인지할 수 없는 경우가 대부분이기 때문에 절차적인 측면에서 반드시 제3자로서 법원의 관여가 필요하다. 이는 후술하는 바와 같이 우리나라의 경우에도 마찬가지이다. 물론 입법자는 IT 기본권을 헌법상 법률유보원칙에 따라서 제한할 수 있고 일정한 입법형성권을 가지고 있지만 특히 은밀하게 이루어지는 기본권 제한 내지 침해행위에 대한 입법형성권은 매우 제한적이며 상대적으로 법원의 엄격한 심사기준과 법원과 같은 독립적이고 중립적인 권력이나 기관의 관여가 입법적으로 반드시 요구된다.

3. 이른바 패킷감청에 대한 우리나라 헌법재판소 결정: 헌재 2018. 8. 30. 2016헌마263(통신제한조치 허가 위헌확인 등)〈인터넷 회선 감청 위헌확인 사건〉

1) 사실관계와 결정 요지

위에서 언급한 독일연방헌법재판소의 IT 기본권과 유사한 맥락에서 비교할 수 있는 대상으로서 우리나라 수사기관이 은밀하게 인터넷 회선에 대하여 이른바 패킷감청을 하는 사안을 들 수 있다. 이에 대하여 우리나라 헌법재판소는 청구인이 별도로 주장하지 않았던 IT 기본권을 언급하지 않고 통신의 자유, 사생활의 비밀과 자유 침해 등을 이유로 심판대상 조항(통신비밀보호법(1993. 12. 27. 법률 제4650호로 제정된 것) 제5조 제2항 중 '인터넷회선을 통하여 송·수신하는 전기통신'에 관한 부분)에 대한 헌법불합치결정을 하였다. 이 사건에서 피청구인 국가정보원장은 청구외 김○윤의 국가보안법위반 범죄수사를 위하여 위 김○윤이 사용하는 휴대폰, 인터넷회선 등 전기통신의 감청 등을 목적으로, 2008년경부터 2015년경까지 법원으로부터 총 35차례의 통신제한조치를 허가받아 집행하였다. 위 통신제한조치 중에는 '○○연구소'에서 청구인 명의로 가입된 주식회사 에스케이브로드밴드 인터넷회선(서비스번호: ○○○○, ID: ○○○)에 대한 2013. 10. 9.부터 2015. 4. 28.까지 사이에 6차례에 걸쳐 행해진 통신제한조치가 포함되어 있었다. 이는 인터넷 통신망에서 정보 전송을 위해 쪼개어진 단위인 전기신호 형태의 '패킷'(packet)을 수사기관이 중간에 확보하여 그 내용을 지득하는 이른바 '패킷감청'이었다.

이에 청구인은 청구인 명의로 가입된 위 인터넷회선의 감청을 목적으로 하는 6차례의 통신제한조치에 대한 법원의 허가, 이에 따른 피청구인 국가정보원장의 감청행위, 통신비밀보호법 제2조 제7호, 제5조 제2항, 제6조가 청구인의 통신의 비밀과 자유, 사생활의 비밀과 자유 등 기본권을 침해하고, 헌법상 영장주의, 적법절차 원칙 등에 위반된다고 주장하면서, 2016. 3. 29. 이 사건 헌법소원심판을 청구하였다. 청구인의 주장에 따르면 디지털 생활이 일반화된 시대에 범죄수사를 위하여 인터넷회선에 대한 감청이 요청될 수 있다고 하더라도 '패킷감청'의 방식으로 이루어지는 인터넷회선 감청은 해당 인터넷회선을 통하여 흐르는 모든 정보가 감청 대상이 되므로, 쌍방간의 의사소통을 전제로 하는 '통신'으로 그 범위가 제한되지 않을 뿐만 아니라, 감청대상자의 정보뿐만 아니라 해당 인터넷회선의 이용을 공유하는 제3자의 정보까지 수사기관에 수집·보관될 가능성이 크다.

더욱이 오늘날 통신뿐만 아니라 생활의 대부분이 인터넷에 기반하여 이루어지는 점을 고려할 때 인터넷회선 감청으로 수집되는 정보의 양은 다른 종류의 통신제한조치의 경우와는 비교할 수 없을 정도로 많다. 이와 같이 인터넷회선 감청은 통신 및 사생활의 비밀과 자유를 침해할 가능성이 높으므로, 관련 기본권 제한으로 인한 피해를 최소화하기 위해서는 집행과정이나 집행이 종료된 이후에라도 제3자의 정보나 수사목적과 무관한 정보까지 수사기관에 의해 수집, 보관되고 있지는 않는지 등 관련 기본권의 침해 및 수사기관에 의한 권한 남용을 적절히 감독·통제할 법적 장치가 필요하다. 그런데 통신비밀보호법은 인터넷회선 감청의 이러한 특수성에 대한 별도의 고려 없이 이를 통신제한조치 허가 대상에 포함하고 있으므로 헌법에 위반되고, 그에 따라 이루어진 이 사건 법원의 허가 및 이 사건 감청집행은 모두 청구인의 기본권을 침해한 것으로서 헌법에 위반된다.

2) 해설 및 평론

이 사건에서 헌법재판소의 다수의견은 위헌의견을 다음과 같이 결정하였다. "인터넷회선감청은, 인터넷회선을 통하여 흐르는 전기신호 형태의 '패킷'을 중간에 확보한 다음 재조합 기술을 거쳐 그 내용을 파악하는 이른바 '패킷감청'의 방식으로 이루어진다. 따라서 이를 통해 개인의 통신뿐만 아니라 사생활의 비밀과 자유가 제한된다. 오늘날 인터넷 사용이 일상화됨에 따라 국가 및 공공의 안전, 국민의 재산이나 생명·신체의 안전을 위협하는 범행의 저지나 이미 저질러진 범죄수사에 필요한 경우 인터넷 통신망을 이용하는 전기통신에 대한 감청을 허용할 필요가 있으므로 이 사건 법률조항은 입법목적의 정당성과 수단의 적합성이 인정된다. 인터넷회선 감청으로 수사기관은 타인 간 통신 및 개인의 내밀한 사생활의 영역에 해당하는 통신자료까지 취득할 수 있게 된다. 따라서 통신제한조치에 대한 법원의 허가 단계에서는 물론이고, 집행이나 집행 이후 단계에서도 수사기관의 권한 남용을 방지하고 관련 기본권 제한이 최소화될 수 있도록 입법적 조치가 제대로 마련되어 있어야 한다.

법은 "범죄를 계획 또는 실행하고 있거나 실행하였다고 의심할만한 충분한 이유가 있는 경우" 보충적 수사 방법으로 통신제한조치를 활용하도록 요건을 정하고 있고, 법원의 허가 단계에서 특정 피의자 내지 피내사자의 범죄수사를 위해 그 대상자가 사용하는 특정 인터넷회선에 한하여 필요한 범위 내에서만 감청이 이루어지도록 제한이 되어 있다(법 제5조, 제6조). 그러나 '패킷감청'의 방식으로 이루어지는 인터넷회선 감청은 수사기관이 실제 감청 집행을 하는 단계에서는 해당 인터넷회선을 통하여 흐르는 불특정 다수인의 모든 정보가 패킷 형태로 수집되어 일단 수사기관에 그대로 전송되므로, 다른 통신제한조치에 비하여 감청 집행을 통해 수사기관이 취득하는 자료가 비교할 수 없을 정도로 매우 방대하다는 점에 주목할 필요가 있다.

불특정 다수가 하나의 인터넷회선을 공유하여 사용하는 경우가 대부분이므로, 실제 집행 단계에서는 법원이 허가한 범위를 넘어 피의자 내지 피내사자의 통신자료뿐만 아니라 동일한 인터넷회선을 이용하는 불특정 다수인의 통신자료까지 수사기관에 모두 수집·저장된다. 따라서 인터넷회선 감청을 통해 수사기관이 취득하는 개인의 통신자료의 양을 전화감청 등 다른 통신제한조치와 비교할 바는 아니다. 따라서 인터넷회선 감청은 집행 및 그 이후에 제3자의 정보나 범죄수사와 무관한 정보까지 수사기관에 의해 수집·보관되고 있지는 않는지, 수사기관이 원래 허가받은 목적, 범위 내에서 자료를 이용·처리하고 있는지 등을 감독 내지 통제할 법적 장치가 강하게 요구된다. 그런데 현행법은 관련 공무원 등에게 비밀준수의무를 부과하고(법 제11조), 통신제한조치로 취득한 자료의 사용제한(법 제12조)을 규정하고 있는 것 외에 수사기관이 감청 집행으로 취득하는 막대한 양의 자료의 처리 절차에 대해서 아무런 규정을 두고 있지 않다.

현행법상 전기통신 가입자에게 집행 통지는 하게 되어 있으나 집행 사유는 알려주지 않아야 되고, 수사가 장기화되거나 기소중지 처리되는 경우에는 감청이 집행된 사실조차 알 수 있는 길이 없도록 되어 있어(법 제9조의2), 더욱 객관적이고 사후적인 통제가 어렵다. 또한 현행법상 감청 집행으로 인하여 취득된 전기통신의 내용은 법원으로부터 허가를 받은 범죄와 관련되는 범죄를 수사·소추하거나 그 범죄를 예방하기 위하여도 사용이 가능하므로(법 제12조 제1호) 특정인의 동향 파악이나 정보수집을 위한 목적으로 수사기관에 의해 남용될 가능성도 배제하기 어렵다. 인터넷회선 감청과 동일하거나 유사한 감청을 수사상 필요에 의해 허용하면서도, 관련 기본권 침해를 최소화하기 위하여 집행 이후에도 주기적으로 경과보고서를 법원에 제출하도록 하거나, 감청을 허가한 판사에게 감청 자료를 봉인하여 제출하도록 하거나, 감청자료의 보관 내지 파기 여부를 판사가 결정하도록 하는 등 수사기관이 감청 집행으로 취득한 자료에 대한 처리 등을 객관적으로 통제할 수 있는 절차를 마련하고 있는 입법례가 상당수 있다.

이상을 종합하면, 이 사건 법률조항은 인터넷회선 감청의 특성을 고려하여 그 집행 단계나 집행 이후에 수사기관의 권한 남용을 통제하고 관련 기본권의 침해를 최소화하기 위한 제도적 조치가 제대로 마련되어 있지 않은 상태에서, 범죄수사 목적을 이유로 인터넷회선 감청을 통신제한조치 허가 대상 중 하나로 정하고 있으므로 침해의 최소성 요건을 충족한다고 할 수 없다. 이러한 여건 하에서 인터넷회선의 감청을 허용하는 것은 개인의 통신 및 사생활의 비밀과 자유에 심각한 위협을 초래하게 되므로 이 사건 법률조항으로 인하여 달성하려는 공익과 제한되는 사익 사이의 법익 균형성도 인정되지 아니한다. 그러므로 이 사건 법률조항은 과잉금지원칙에 위반하는 것으로 청구인의 기본권을 침해한다".

헌법재판소가 인터넷회선에 대한 이른바 패킷감청이 기존의 개인정보 침해와 양적, 질적으로 비교할 수 없을 정도의 강도와 정도를 가지고 있음을 인정하고 그에 대한 필요하고 충분한 법적 보호장치가 미흡하다고 지적하면서 심판대상조항에 대하여 헌법불합치결정을 내린 것은 매우 적절한 것으로 평가할 수 있다.[8] 특히 감청에 대한 법원의 허가라는 일종의 제3자적 통제장치가 있기는 하지만 실제 집행단계에서는 법원이 허가한 범위를 넘어 피의자 내지 피내사자의 통신자료뿐만 아니라 동일한 인터넷회선을 이용하는 불특정 다수인의 통신자료까지 수사기관에 모두 수집·저장된다는 점을 고려하여 수사기관의 권한 남용을 통제하고 관련 기본권의 침해를 최소화하기 위한 제도적 조치가 제대로 마련되어 있지 않은 상태가 헌법상 개인의 관련 기본권 보호가 불충분하다는 점을 적절하게 지적하고 있다.

다만, 아쉬운 것은 심판대상 조항의 위헌성이 부각되는 부분과 관련하여 청구인의 개별적인 통신과정이나 감청을 통하여 수집·사용되는 개인정보의 침해라기보다는 국가가 감청행위를 통하여 개인들이 일상적으로 사용하는 인터넷회선 자체에 은밀하게 접근하여 불특정 다수인의 개인정보를 수사상 목적으로 수집하여 사용할 수 있다는 점이 상세하게 다루어지지 않은 점이다. 이와 같이 정보통신기술시스템에 대한 국가의 침해행위가 적절한 통제장치 없이 이루어지는 경우 이를 사용하는 국민들은 자신의 기본권 침해에 대한 우려 때문에 안심하고 이를 사용할 수 없다. 오늘날 인터넷과 정보통신수단은 개인에게 일상적인 삶을 영위하기 위한 "일

8) 국회는 헌법재판소의 헌법불합치결정 이후에 통신비밀보호법 제13조, 제13조의3을 개정하여 수사기관이 인터넷 회선을 통하여 송신·수신하는 전기통신에 대한 통신제한조치로 취득한 자료에 대해서는 집행 종료 후 범죄수사나 소추 등에 사용하거나 사용을 위하여 보관하고자 하는 때에는 보관 등이 필요한 전기통신을 선별하여 법원으로부터 보관 등의 승인을 받도록 하고, 승인 청구를 하지 아니한 전기통신 등의 폐기 절차를 마련함으로써 법 규정의 합헌성을 제고하였다.

용하는 양식"의 일종이므로 이는 자유의 실현인 동시에 생존의 문제에 해당하며 국가는 관련 기본권 보호를 위한 강한 보호의무를 통하여 개인의 기본권적 수요를 충족하여야 한다.

국가의 기본권 보호의무가 강조되는 이유는 정보통신 분야의 기술이 비약적으로 발전하고 여기에 인공지능을 활용한 빅데이터까지 결합하여 미증유의 개인정보 침해가 현실화된 상태에서 이 사건에서 문제가 된 패킷감청 이외에 수사기관이 더욱 발전되고 효율적인 기술적 수단을 사용하는 것을 배제할 수 없기 때문이다. 따라서 기술이나 기술적 수단의 안전을 확보하기 위한 국가와 입법자의 보호의무는 이에 상응하여 더욱 촘촘하고 완벽한 방법을 통하여 국민의 관련 기본권을 효과적으로 보호할 필요가 있다. 물론 헌법재판소가 이 사건에서 IT 기본권에 대하여 언급하지 않은 기본적인 이유는 청구인이 침해되는 기본권으로 주장하지 않았다는 점을 들 수 있지만 향후 기술적 수단의 중립성이 요구되는 사건에서 기술의 안전성과 중립성을 보장하기 위한 국가의 보호의무에 대한 보다 상세하고 설득력 있는 법리의 전개를 기대한다.

제10장 (특별)부담금

Ⅰ. (특별)부담금이란 무엇이며 조세와는 어떻게 다른가?

로홍판씨는 수도요금 고지서를 받아 보면 수도요금 이외에 물이용부담금이 동시에 그리고 별도 항목으로 납부 고지되어 있음을 확인할 수 있다. 물이용부담금이라, 도대체 이게 뭘까? 얼핏 알기로는 한강 상류 지역에 사는 사람들이 상수원 보호를 목적으로 각종 재산권 행사에 제약을 받게 된 결과 상대적으로 하류 지역에서 깨끗한 수돗물을 사용하는 사람들이 상류 지역 주민에 대한 지원이나 수질 개선을 위한 재원으로 납부한다는 것을 알고 있지만 이마저도 모르는 사람들이 대부분이고 그냥 내라니까 내는 돈으로 알고 있다. 과거 헌법재판소가 위헌으로 결정하기 이전에 이른바 학교용지부담금은 아파트를 분양받은 사람에게 부과되었다. 아파트를 분양받았으니 아이들도 같이 이사를 올 것이고 그렇다면 학교를 지어야 하는데 거기에 필요한 재원의 일부를 학교용지부담금으로 내라는 것이다. 어찌 보면 그럴싸한 이야기로 들릴지 모르지만 의무교육은 무상이고 아파트 분양대금 내기도 허리가 휘는데, 아이가 있다는 게 무슨 죄도 아니고 학교용지부담금까지 부담하라면 이래서야 출생률이 높아지겠는가? 도대체 이런 부담금을 내야만 아파트를 분양받을 수 있다는 사실을 이해하기 곤란하다는 목소리가 많았다.

이후 헌법재판소는 제2차 학교용지부담금 결정에서 국회가 법률을 개정하여 학교용지부담금의 납부의무자를 수(受)분양자에서 아파트 건설사업자로 변경하자 이를 합헌으로 결정하였다. 법률적으로 납부의무자가 변경되었지만 결국 건설업자는 자신이 납부한 학교용지부담금을 아파트 분양가에 전가할 것이 거의 확실하고 결국 아파트 분양받은 로홍판씨가 낼 것이기 때문에 학교용지부담금에 대한 위헌 논란이 끝난 것으로 보기 어렵다. 어디 이뿐이랴. 전기사업법에 따라서 우리가 납부하는 전기사용료와는 별도로 전원개발을 촉진하기 위한 국가사업 등 전력산업의 지속적인 발전과 전력산업의 기반조성에 필요한 재원을 확보하기 위하여 전기사용자가 납부하는 전기요금의 일정 비율을 부담금으로 부과하여 징수한다. 결국 전기사용자인 일반 국민들은 전기사용료 이외에 별도로 그리고 동시에 전력사업기반기금에 필요한 부담금을 내는 것이다. 이는 앞서 언급한 바와 같이 수도사용자가 수도사용료 이외에 물이용부담금을 별도로 납부하는 것과 유사한 구조라고 할 수 있다.

그렇다면 국민들은 슬슬 짜증이 나기 시작한다. 이른바 유리지갑으로 불리는 근로자들이 근로소득세는 물론 물건을 사거나 주유소에서 기름 넣을 때 각종 유류세와 더불어 이런 부담금까지 별도로 내야 한다니 국민이 무슨 봉인가? 담배나 술은 또한 어떤가? 담배와 술에 붙는 세금은 이른바 죄악세(Sinn Tax)라고 치더라도 담배소비자에게 부과하는 건강증진부담금의 상당 부분이 건강보험재정의 손실을 메워준다는 사실을 우리는 잘 모른다. 아니 국민들이 깨끗한 수돗물을 마시고 최소한의 에너지기본권을 누리기 위한 전원개발사업에 필요한 재원은 세금으로 충당하는 것이 옳지 않은가? 무상교육을 받기 위한 국민의 교육을 받을 권리라는 기본권은 어디 가고 학교를 짓기 위한 땅을 아파트 분양을 받은 로홍판씨가 내라는 것을 상식적으로 이해할 수 있을까? 국민의 건강과 보건에 관한 사업을 위한 건강보험재정 역시 건강보험료와 세금으로 거두어 사용하는 것이 맞는 일이지 담배를 피우는 흡연자들에게 부담시키는 것이 과연 정당한 일인가?

그런데 이런 정체불명의 부담금들은 국민들도 잘 모르는 사이에 개인과 기업에게 상당한 부담을 주면서 여전히 다양한 명목으로 우리 주위를 맴돌고 있다. 후술하는 바와 같이 각종 부담금들을 법적으로 규제, 관리하기 위하여 제정된 부담금관리기본법 별표를 보면 현재 96개의 부담금들이 부과, 징수되고 있다. 우리나라를 부담금 공화국이라고 부를 정도로 많은 부담금들이 여기저기에 존재하는 것이다. 그렇다면 조세와 부담금은 국민에게 이중의 부담을 주는 것은 아닌가? 아니면 어떻게 서로 명확하게 구별할 수 있는 것인가? 조세와 부담금이 서로 다른 것이라면 구별의 기준은 어떤 것인가? 부담금을 둘러싼 의문들이 계속해서 제기된다.

Ⅱ. 부담금관리기본법

후술하는 바와 같이 부담금의 개념과 헌법적 정당화 요건은 독일 연방헌법재판소와 한국 헌법재판소의 판례법에 의하여 성립하고 발전한 개념이지만 우리나라의 경우 부담금관리기본법이 제정되어 그 개념과 부과요건, 원칙 등에 대하여 규정하고 있다. 부담금관리기본법 제2조에 의하면 이 법에서 "부담금"이란 중앙행정기관의 장, 지방자치단체의 장, 행정권한을 위탁받은 공공단체 또는 법인의 장 등 법률에 따라 금전적 부담의 부과권한을 부여받은 자(이하 "부과권자"라 한다)가 분담금, 부과금, 기여금, 그 밖의 명칭에도 불구하고 재화 또는 용역의 제공과 관계없이 특정 공익사업과 관련하여 법률에서 정하는 바에 따라 부과하는 조세 외의 금전지급의무(특정한 의무이행을 담보하기 위한 예치금 또는 보증금의 성격을 가진 것은 제외한다)를 말한다.

그런데 부담금의 개념과 관련하여 흥미로운 것은 그 명칭을 불구하고 첫째, "재화 또는 용역의 제공과 관계없이" 부과하는 금원이라는 점에서 특정 재화와 용역의 제공에 대한 반대급부로 부과하는 사용료나 수수료와 같은 수익자부담금과 구별된다는 점이다. 그렇다면 부담금 또는 특별부담금은 둘째, 반대급부와는 무관하게 "특정 공익사업과 관련하여 법률에서 정하는 바에 따라 부과하는" 점에서 조세와 유사한 금전부담이다. 그런데 조세가 일반적인 국가적 과제를 수행하기 위하여 개인의 경제적 담세능력에 따라서 부과하는 금전부담임에 반하여 셋째, 부담금은 "특정 공익사업"을 위하여 부과한다는 점에서 조세와 구별된다. 이렇게 보면 어렴풋이 부담금, 사용료 및 수수료, 조세가 상호 그 성격이 다르다는 점을 이해하겠지만 여전히 부담금의 개념과 성격에 대해서는 의문이 존재한다.

특히 조세의 경우에도 국가의 일반적 과제수행을 위하여 부과하는 보통세와는 달리 교육세, 교통/에너지/환경세 등과 같이 그 수입을 특정한 목적에만 사용하는 이른바 목적세라는 것이 있기 때문에 "특정 공익사업"만을 위하여 수입을 지출하는 부담금과 그 구별이 어렵기 때문이다. 그렇기 때문에 부담금 내지 특별부담금에 대한 이해는 개념적, 이론적 연구도 중요하지만 판례를 통하여 실질적으로 조세와 구별하는 실체적 기준을 발견할 수 있으며 그에 따르는 헌법적 정당화 요건을 확인하는 경험적 과정이 보다 중요하다고 할 수 있다.

Ⅲ. 헌법재판소 주요결정

1. 헌재 2004. 7. 15. 2002헌바42(먹는물관리법 제28조 제1항 위헌소원); 헌재 1998. 12. 24. 98헌가1(구 먹는물관리법 제28조 제1항 위헌제청 사건)

1) 사건의 개요

청구인은 먹는샘물 수입판매업을 주된 사업으로 하는 회사로서, 프랑스의 '□□'사로부터 '△△'과 '▽▽'이라는 이름의 먹는샘물을 수입·판매하여 왔다. 서울특별시장은 먹는물관리법 제28조 제1항에 따라 2001. 11. 9. 청구인에게 2001년 3/4분기 수질개선부담금 38,879,340원, 2002. 2. 8. 2001년 4/4분기 수질개선부담금 41,545,600원을 각 부과하였다. 청구인은 2001. 11. 29.과 2002. 2. 28.에 서울특별시장을 상대로 위 각 수질개선부담금 부과처분에 대한 취소의 소를 제기한 후, 그 소송에서 위 법률조항 중 먹는샘물 수입판매업자에 관한 부분이 헌법에 위반된다면서 위헌제청을 신청하였으나 기각되자 이 사건 헌법소원심판을 청구하였다.

2) 결정 요지

[1] 부담금은 조세에 대한 관계에서 어디까지나 예외적으로만 인정되어야 하며, 어떤 공적 과제에 관한 재정조달을 조세로 할 것인지 아니면 부담금으로 할 것인지에 관하여 입법자의 자유로운 선택권을 허용하여서는 안 된다. 부담금 납부의무자는 재정조달 대상인 공적 과제에 대하여 일반국민에 비해 '특별히 밀접한 관련성'을 가져야 하며, 부담금이 장기적으로 유지되는 경우에 있어서는 그 징수의 타당성이나 적정성이 입법자에 의해 지속적으로 심사될 것이 요구된다. 다만, 부담금

이 재정조달목적뿐 아니라 정책실현목적도 함께 가지는 경우에는 위 요건들 중 일부가 완화된다. 재정조달목적 부담금의 헌법적 정당화에 있어서는 다음과 같은 요청들이 충족되어야 할 것으로 판단된다. 첫째, 부담금은 조세에 대한 관계에서 어디까지나 예외적으로만 인정되어야 하며, 어떤 공적 과제에 관한 재정조달을 조세로 할 것인지 아니면 부담금으로 할 것인지에 관하여 입법자의 자유로운 선택권을 허용하여서는 안 된다. 즉 국가 등의 일반적 재정수입에 포함시켜 일반적 과제를 수행하는 데 사용할 목적이라면 반드시 조세의 형식으로 해야 하지, 거기에 부담금의 형식을 남용해서는 안 되는 것이다(헌재 1998. 12. 24. 98헌가1, 판례집 10-2, 819, 830 참조). 둘째, 부담금 납부의무자는 재정조달 대상인 공적 과제에 대하여 일반국민에 비해 '특별히 밀접한 관련성'을 가져야 한다(헌재 1998. 12. 24. 98헌가1, 판례집 10-2, 819, 830; 2003. 12. 18. 2002헌가2, 판례집 15-2(하), 367, 380 등 참조). 당해 과제에 관하여 납부의무자 집단에게 특별한 재정책임이 인정되고 주로 그 부담금 수입이 납부의무자 집단에게 유용하게 사용될 때 위와 같은 관련성이 있다고 볼 것이다. 셋째, 이상과 같은 부담금의 예외적 성격과 특히 부담금이 재정에 대한 국회의 민주적 통제체계로부터 일탈하는 수단으로 남용될 위험성을 감안할 때, 부담금이 장기적으로 유지되는 경우에 있어서는 그 징수의 타당성이나 적정성이 입법자에 의해 지속적으로 심사될 것이 요구된다고 하여야 한다. 정책실현목적 부담금의 경우에는, 특별한 사정이 없는 한, 부담금의 부과가 정당한 사회적·경제적 정책목적을 실현하는 데 적절한 수단이라는 사실이 곧 합리적 이유를 구성할 여지가 많다. 그러므로 이 경우에는 '재정조달 대상인 공적 과제와 납부의무자 집단 사이에 존재하는 관련성' 자체보다는 오히려 '재정조달 이전 단계에서 추구되는 특정 사회적·경제적 정책목적과 부담금의 부과 사이에 존재하는 상관관계'에 더 주목하게 된다. 따라서 재정조달목적 부담금의 헌법적 정당화에 있어서는 중요하게 고려되는 '재정조달 대상 공적 과제에 대한 납부의무자 집단의 특별한 재정책임 여부' 내지 '납부의무자 집단에 대한 부담금의 유용한 사용 여부' 등은 정책실현목적 부담금의 헌법적 정당화에 있어서는 그다지 결정적인 의미를 가지지 않는다고 할 것이다.

[2] 우리나라의 자연환경, 수자원의 현황, 국민의 소득수준 등의 여러 요소와 사정을 종합적으로 고려할 때 음용수에 관하여 국가가 수돗물 우선정책을 추진하

는 것은 합리적인 정책형성권 행사로서 존중되어야 할 것인데, 수돗물과 대체적·경쟁적 관계에 있는 수입 먹는샘물이 음용수로 사용되는 것이 증가하면 그만큼 수돗물 우선정책은 위축되게 되고, 나아가 수입 먹는샘물을 선택할 경제적 능력이 부족한 저소득층 국민들로 하여금 질 낮은 수돗물을 마시지 않을 수 없게 하는 결과를 초래할 것이다. 그러므로 먹는샘물 수입판매업자에게 수질개선부담금을 부과하는 것은 수돗물 우선정책에 반하는 수입 먹는샘물의 보급 및 소비를 억제하도록 간접적으로 유도함으로써 궁극적으로는 수돗물의 질을 개선하고 이를 국민에게 저렴하게 공급하려는 정당한 국가정책이 원활하게 실현될 수 있게 하기 위한 것으로서, 부과에 합리적인 이유가 있으므로 평등원칙에 위배되는 것이라 볼 수 없다.

3) 해설 및 평론

이 사건에서는 당시 먹는샘물수입판매업자에게 일정 액수의 수질개선부담금을 부과하는 것이 헌법상 평등원칙이나 과잉금지원칙 등에 위반하지 않는가 하는 점이 쟁점이 되었다. 그러나 본질적인 문제는 수질개선부담금의 법적 성격과 조세와 구별에 따르는 특별부담금의 헌법적 정당화 요건에 관한 것이다. 헌법재판소는 이미 1998년 구 먹는물관리법 제28조 제1항 위헌제청 사건(헌재 1998. 12. 24. 98헌가1)에서 먹는샘물제조업자에 대해서만 수질개선부담금을 부과하는 것이 평등원칙에 위배되는지 여부와 관련하여 이 문제를 다룬 바 있다. 다만, 당시 사건과 이 사건이 다른 점은 납부의무자가 국내 먹는샘물제조업자인가 혹은 해외로부터 먹는샘물을 수입하여 판매하는 업자인가 하는 차이가 있을 뿐이다.

98헌가1 사건에서 헌법재판소는 수질개선부담금은 반대급부 없는 금전납부의무를 부담하게 한다는 점에서는 조세와 유사한 점도 있으나 그 법적 성격, 목적과 기능의 면에서 조세와는 근본적으로 다르다는 점을 다음과 같이 강조하고 있다. "조세는 국민이 국가공동체의 일원으로서 국가의 일반적 과제 수행에 필요한 재정수요를 각자의 경제적 능력에 따라 반대급부 없이 염출하는 것임에 반하여, 수질개선부담금은 지하수자원 보호 및 먹는물의 수질개선이라는 특정한 행정과제의 수행을 위하여 그 과제에 대하여 특별하고 긴밀한 관계에 있는 특정집단에 대하여만 부과되는 조세외적 부담금이다. 이 사건 법률조항이 수질개선부담금을 부과하는 것은, 수원(水源)을 개발하고 지하수를 채취하여 이를 판매함으로써 공공자원인 지하수를 소모시킬 뿐만 아니라 그 과정에서 수자원오염이라는 환경침해를 일으키는 먹는샘물제조업자에게 재정적 부담을 지움으로써 환경을 고갈시키고 침해하는 기업활동을 억제하도록 간접적으로 유도함과 아울러 먹는물, 특히 수돗물 수질개선이라는 환경정책 실현을 위한 재원을 마련하고자 하는 것이다. 그러므로 수질개선부담금은 그 내용상 환경에 관한 부담금이고, 기능상으로는 정책목표 달성을 유도하고 조정하는 성격을 가진 부담금이다.

현대행정의 다양성과 기술성, 복리행정의 확산으로 말미암아 조세와 같은 전통적 공과금만으로는 점증하는 행정수요에 제대로 대처하거나 복잡다기한 행정과제를 효율적으로 수행할 수 없게 되어 수질개선부담금과 같은 성격의 부담금을 부과할 필요성은 점차 늘어나고 있다. 특히 건설·교통·도시계획·환경 등의 부문에서는 명령·금지와 같은 직접적인 규제수단을 사용하는 대신에 부담금이라는 금전적 부담의 부과를 통하여 간접적으로 국민의 행위를 유도하고 조정함으로써 사회적·경제적 정책목적을 달성하는 것이 보다 효과적인 경우가 많다. 그렇다고 하여 국가가 행정과제 수행이라는 명분을 내세워 부담금을 원하는 대로 얼마든지 부과할 수 있다고 한다면 그로 인하여 국민의 경제적 자유나 재산권은 보호될 수 없는 것이다.

따라서 수질개선부담금과 같은 부담금을 부과함에 있어서는 평등원칙이나 비례성원칙과 같은 기본권제한입법의 한계를 준수하여야 함은 물론 이러한 부담금의 부과를 통하여 수행하고자 하는 특정한 사회적·경제적 과제에 대하여 조세외적 부담을 지울 만큼 특별하고 긴밀한 관계가 있는 특정집단에 국한하여 부과되어야 하고, 이와 같이 부과·징수된 부담금은 그 특정과제의 수행을 위하여 별도로 관리·지출되어야 하며 국가의 일반적 재정수입에 포함시켜 일반적 국가과제를 수행하는데 사용되어서는 아니된다. 그렇지 않으면 국가가 조세저항을 회피하기 위한 수단으로 부담금이라는 형식을 남용할 수 있기 때문이다".

당시 헌재는 수질개선부담금이 일종의 국가의 유도적 정책수단의 하나로서 조세와 구별된다는 점을 언급하면서 그렇기 때문에 수질개선부담금이 헌법적으로 정당화되기 위해서는 납부의무자들이 국가가 부담금을 통하여 의도하는 정책적 목표에 대하여 일반 국민에 비하여 특별하고 긴밀한 관계가 있어야 한다는 점을 강조하고 있다. 독일연방헌법재판소가 1980년대 특별부담금(Sonderabgabe)의 헌법적 정당화 요건으로 언급한 객관적 근접성(Sachnähe) 내지 집단적 책임성(Gruppenverantwortung)에 해당하는 부분이다. 헌재는 이 사건 2004년 결정(2002헌바42)에서는 부담금을 "재정조달목적 부담금"과 "정책목적실현부담금"으로 구분하고 전자의 경우에는 특히 조세와의 경쟁관계와 조세회피 및 부담금으로의 형식남용을 방지하기 위하여 입법자가 행위형식에 대한 선택권을 가지지 아니하며 후자에 비하여 보다 엄격한 요건이 충족되는 경우에 한하여 합헌이라는 견해를 제시하였다.

따라서 헌재는 재정조달목적 부담금의 경우에 납부의무자와 부담금을 통하여 수행하는 국가적 과제 상호간에 '특별히 밀접한 관련성'을 인정하기 위해서는 당해 과제에 관하여 납부의무자 집단에게 특별한 재정책임이 인정되고 주로 그 부담금 수입이 납부의무자 집단에게 유용하게 사용될 때 위와 같은 관련성이 있다는 견해를 제시하고 있다. 그렇기 때문에 헌재는 정책목적실현부담금의 경우에는 재정조달목적 부담금의 헌법적 정당화에 있어서는 중요하게 고려되는 '재정조달 대상 공적 과제에 대한 납부의무자 집단의 특별한 재정책임 여부' 내지 '납부의무자 집단에 대한 부담금의 유용한 사용 여부' 등은 정책실현목적 부담금의 헌법적 정당화에 있어서는 그다지 결정적인 의미를 가지지 않는다고 보고 있다.

하지만, 이 사건에서 주목할 것은 반대의견이 수질개선부담금의 헌법적 정당화 요건을 충족하지 않은 것으로 보고 그 위헌성을 지적한 부분이다. 반대의견은 "먹는샘물 수입판매업자는 국내 지하수자원을 이용하거나 훼손하지 않는 점에서 공공의 지하수자원의 보호라는 과제에 대하여 특별히 밀접한 관련성을 가진다고 할 수 없다. 또한 수입 먹는샘물 이외의 먹는 물, 그 중에서도 특히 수돗물의 수질개선의 과제는 국가나 지방자치단체의 일반적 과제에 속하므로 이에 대해 먹는샘물 수입판매업자들에게 특별한 재정책임을 인정하기는 어렵다. 그렇다면 이 사건 법률조항은 합리적 이유 없이 수입판매업자에 대하여 조세외적 부담금을 추가로 부담시킴으로써 공과금 부담의 형평성을 훼손한다고 할 것이므로 평등원칙에 위배된다"는 견해를 제시하고 있다.

물론 정책목적실현 부담금의 경우에는 특별부담금에 요구되는 요건을 모두 엄격하게 적용할 필요는 없지만 특히 평등원칙과 관련하여 부담금의 납부의무자와 부담금을 통한 공적 과제는 일반 국민과는 달리 특별하고 긴밀한 관계가 있어야 하고 납부의무자들이 조세부담이라는 일반적 재정책임과는 별도로 특별한 재정적 책임이 있는 경우에 한하여 합리적 차별이 가능하기 때문에 이는 부담금이 헌법적 정당화 요건에서 핵심적인 사항이다. 따라서 위에서 언급한 객관적 근접성과 집단적 책임성 요건은 재정조달목적 부담금은 물론 수질개선부담금과 같은 정책목적실현부담금의 경우에도 반드시 충족되어야 한다는 점에서 반대의견이 보다 설득력이 있는 것으로 보인다.

2. 헌재 2003. 12. 18. 2002헌가2(구 문화예술진흥법 제19조 제5항 등 위헌제청)

1) 사건의 개요

제청신청인 이○현은 공연기획사를 운영하면서 문화예술진흥기금(이하 '문예진흥기금'이라 한다) 모집대상 시설인 공연장 등을 빌려 공연을 주관하고 입장객으로부터 위 기금의 수금 및 납부업무에 종사하는 자인데 1998. 6. 2.부터 1999. 5. 23.까지 사이에 4회에 걸쳐 문예진흥기금 명목으로 수금한 돈 가운데 도합 금 12,305,134원을 횡령한 혐의로 기소되었다. 제청신청인은, 문예진흥기금이 국민에게 강제적으로 부과되는 점에서 조세와 차이가 없고 그 모금액수·모금수수료·모금방법 등에 관한 구체적 사항이 법률에 규정되지 않고 대통령령에 모두 위임되어 있어 조세법률주의에 위배되고 위임입법의 한계를 일탈하였으며 모든 국민들을 대상으로 하여 개인의 담세능력과 상관없이 일률적으로 부과되는 점에서 국민의 재산권과 평등권을 침해하며 공연장을 운영하는 자의 직업수행의 자유를 침해한다는 등의 이유로 문화예술진흥법(2000. 1. 12. 법률 제6132호로 개정되기 전의 것) 제18조 제1항 제3호·제2항, 제19조, 제19조의2, 제28조 제1항·제2항 등에 대하여 위헌법률심판의 제청을 서울지방법원에 신청하였다. 법원은 2002. 2. 7. 위 법 제19조 제5항 및 제19조의2 제3항에 대해서만 위헌제청을 하고 그 나머지 조항에 대하여는 신청을 기각하였다.

2) 결정 요지

[1] 조세나 부담금과 같은 전통적인 공과금체계만으로는 현대국가의 새로운

행정수요에 원활하게 대처할 수 없기 때문에 특별부담금이라는 새로운 유형의 공과금제도가 인정되고 있다. 특별부담금은, 특별한 과제를 위한 재정에 충당하기 위하여 특정집단에게 과업과의 관계 등을 기준으로 부과되고 공적기관에 의한 반대급부가 보장되지 않는 금전급부의무를 말하는 것인데 이 부담금은 특정과제의 수행을 위하여 별도로 지출·관리된다. 따라서 특별부담금은 일반적인 국가재정수요의 충당을 위하여 일반 국민으로부터 그 담세능력에 따라 징수되는 조세와 구별된다(헌재 1999. 10. 21. 97헌바84, 판례집 11-2, 433, 452-453 참조). 일반적으로 특별부담금은 그 성격에 따라 ① 일정한 과제의 수행에 필요한 재정경비를 조성하는 것을 목적으로 한 '재정충당 특별부담금'과 ② 법상의 명령이나 금지에 의하여 직접 규제하는 대신에 금전의 부담을 지워 간접적으로 일정한 국가목적의 달성을 유도하는 기능을 가진 '유도적 특별부담금'으로 나눌 수 있다(헌재 2003. 1. 30. 2002헌바5, 판례집 15-1, 86, 96 참조).

[2] 특별부담금은 조세의 납부의무자인 일반국민들 중 일부가 추가적으로 부담하는 또 하나의 공과금이므로 국민들 사이의 공과금 부담의 형평성 내지 조세평등을 침해하지 않기 위해서는 특별부담금은, 일반인과 구별되는 동질성을 지니어 특정집단이라고 이해할 수 있는 그러한 사람들에게만 부과되어야 하고(집단의 동질성), 특별부담금의 부과를 통하여 수행하고자 하는 특정한 경제적·사회적 과제와 특별히 객관적으로 밀접한 관련성이 있어야 하고(객관적 근접성), 그리하여 그러한 과제의 수행에 관하여 조세외적 부담을 져야 할 책임이 인정될만한 집단에 대해서만 부과되어야 할 것이며(집단적 책임성), 특별부담금의 수입이 특별부담금 납부의무자의 집단적 이익을 위하여 사용되어야 할 것(집단적 효용성)이다(헌재 1998. 12. 24. 98헌가1, 판례집 10-2, 819, 830-831; 헌재 1999. 10. 21. 97헌바84, 판례집 11-2, 433, 453-454; 헌재 2003. 1. 30. 2002헌바5, 판례집15-1, 86, 101 참조). 다만 재정충당목적의 특별부담금인 경우 구체적인 사안별로 위와 같은 헌법적 정당화 요건은 일정 부분 완화될 수도 있지만 적어도 객관적 근접성과 집단적 책임성은 특별부담금의 본질적인 허용요건이라고 보아야 할 것이다.

[3] 첫째, 문예진흥기금의 모금대상인 시설을 이용하는 자는 연간 5,700만명에 이르고 있다. 이러한 문화시설 이용자를 공연 등을 관람한다는 이유만으로, 역사적·사회적으로 나아가 법적으로, 다른 사람들과 구분할만한 동질성 있는 특별한

집단으로 인정하는 것은 대단히 무리라고 할 것이다. 현대 문화국가에 있어서는 공연장 등의 이용이, 선택된 문화적 향수자라고 구획될 만한, 특정한 국민에게만 허용되는 것이 아니기 때문이다. 그와 같은 구획이 있다면 그것은 우연한 사정에 의한 일시적인 것에 불과하다. 이 구획안에 포섭되는 수많은 사람들 사이에 사회적으로, 경제적으로, 문화적으로, 좁게든 넓게든, 무슨 동질성이나 연계성을 인정할 만한 지표를 찾을 수가 없는 것이다. 그와 같은 동질성을 인정한다면 그것은 대단히 작위적이고 불합리하고 현실에 맞지 않는 것이 될 것이다.

둘째, 문예진흥기금의 납입금의무를 지는 사람들이, 똑같은 일반 국민인데도, 우연히 관람기회를 갖는다고 하여 이로써 여타의 다른 국민 또는 일반 납세자보다 문화예술진흥의 목적을 달성하는 데 대하여 객관적으로 더 근접한 위치에 있다고 볼 수는 없다. 공연 등을 관람하는 것은 모든 국민에게 일상적으로 용이하게 접근이 가능하기 때문에 일반 관람자로서의 국민들 중에 누구를 특별히 문화예술의 진흥이라는 공적 과제에 더 근접한 위치에 있다고 자리매김을 하는 것은 너무나 무리한 일이다.

셋째, 공연 등을 관람하는 일부의 국민들만이 문화예술의 진흥에 집단적으로 특별한 책임을 부담하여야 할 아무런 합리적인 이유도 발견되지 아니한다. 오히려 이들은 일반납세자로서 공연 등의 관람료에 포함된 부가가치세를 부담함에도 불구하고, 세금의 부담에서 한 걸음 더 나아가, 문예진흥기금의 납입이라는 추가적인 책임과 부담까지 안고 있는 것이다. 문화예술의 진흥은 모든 국민이 함께 참여하고 함께 책임을 져야 할 전 국민적이고 전 국가적인 과제라고 볼 때 일부 국민들에 대하여 그들이 우연히 갖는 공연관람의 기회를 포착하여 여기에 기금납입의 책임을 지우는 것은 일종의 책임전가라고 할 것이다.

넷째, 문예진흥기금이 공연관람자 등의 집단적 이익을 위해서 사용되는 것도 아니다. 현실적으로 문예진흥기금은 문예진흥을 위한 다양한 용도로 사용되고 있다. 문인창작기금지원(1991년 이후), 문학작품 창작지원(1990년-1992년), 문예지원고료지원(1974년-1989년)에 사용되기도 하고, 문화행정에 대한 전문성을 높이고 현장의 문화예술활동을 촉진시키기 위한 공공문화행정담당자의 문화행정 연수(1989년 이후), 전국무대예술인 연수(1984년 이후), 지역문화종사자 연수(1985년 이후), 공연예술 아카데미 개설(1993년 이후) 등의 사업 프로그램을 위하여 사용되기도 한다. 이런 것들을 공연관람자들의 집단적 이익을 위한 사용이라고 말할 수는 없는 것이다. 공연 등을 보는 국민이 예술적 감상의 기회를 가진다고 하여 이것을 집단적 효용성으로 평가하는 것도 무리이다. 공연관람자 등이 예술감상에 의한 정신적 풍요를 느낀다면 그것은 헌법상의 문화국가원리에 따라 국가가 적극 장려할 일이지, 이것을 일정한 집단에 의한 수익으로 인정하여 그들에게 경제적 부담을 지우는 것은 헌법의 문화국가이념(제9조)에 역행하는 것이다. 그렇다면 이 사건 문예진흥기금의 납입금은 특별부담금의 헌법적 허용한계를 벗어나서 위헌이라 할 것이다.

3) 해설 및 평론

이 사건은 헌재가 특별부담금에 대하여 최초로 위헌으로 결정하였다는 점에서 상당한 의의를 인정할 수 있다. 이 사건이 있기 전까지 헌재는 모든 부담금 내지 특별부담금 사건에서 다소 무리한 논리를 통하여 부담금에 대한 입법자의 형성권을 무비판적으로 존중하고 국민의 재산권이나 평등권 보호에 대하여 다소 소홀한 태도를 유지한다는 비판을 받고 있었다. 특히 조세와 경쟁관계에 있는 재정조달목적부담금의 경우에는 특별부담금에 대한 헌법적 정당화 요건을 엄격하게 적용하고 예산법적으로도 기금이나 특별회계에 대한 추가적 정당화 요건과 관련하여 실제로 그 추가적 요건이 무엇인지, 국회의 재정통제 방식에 대한 실효성 담보장치 등을 구체적으로 제시하지 못했다는 비판에서 자유롭지 못하였다.

헌법재판소는 이 사건에서 기금이나 특별회계가 재정운영의 투명성과 국회의 통제장치를 무력화시킬 수 있다는 점을 비교적 상세하게 지적하고 그러한 의미에서 특별부담금이 예산법상으로 지극히 예외적인 제도로서 조세 이상의 강력한 법적 통제의 필요성이 있음을 다음과 같이 강조하고 있다. "예산법상의 원칙 중의 하나인 예산총계주의에 따르면 국가재정의 모든 수지를 예산에 반영함으로써 그 전체를 분명하게 함과 동시에 국회와 국민에 의한 재정상의 감독을 용이하게 하자는 데 그 의의가 있다. 그런데 정부가 관리·운영하는 각종 기금들은 모두 예산외로 운용되고 있어서(예산회계법 제7조 참조) 국회의 예산심의·확정권 행사의 대상에서도 벗어나 있을 뿐만 아니라(기금관리기본법 제5조 제2항 참조), 정부의 모든 재정활동을 빠짐없이 예산에 포함시키려는 예산총계주의원칙에도 중대한 예외를 이룬다. 이러한 기금은 재정체계를 복잡하게 하여 재정의 효율적 운용을 저해할 수 있고 재원의 조성규모에 관계없이 기금 마련을 위한 부담금을 계속 징수하는 경향이 있어 국민들의 재산권이나 조세평등을 해할 우려가 있다(헌재 2003. 1. 30. 2002헌바5, 판례집 15-1, 86, 101-102)".

더 나아가 헌법재판소는 예산법적 측면뿐만 아니라 대체로 특별부담금이나 부담금으로 조성되는 기금이나 특별회계는 그 사용용도가 특정한 목적에 한정되어 있음을 기화로 그 재원에 여유가 있는 경우에는 국가재정 전체의 관점에서 볼 때에 우선순위가 떨어지는 사업을 추진하거나 그 운영이 방만하여 재정운영의 효율성을 떨어뜨리는 문제점까지도 일으킬 수 있다는 점을 지적하고 있다. 따라서 특별부담금, 그 중에서도 주로 재정조달목적부담금의 경우에는 실체법적으로 조세와의 경쟁관계를 고려하여 헌법적으로 정당화할 수 있는 엄격한 요건을 충족함과 동시에 예산법적으로 예산총계주의와 재정통제, 재정운영의 효율성 측면에서 법적으로 강력하고 효과적인 통제가 필요하다는 점이 분명해지는 것이다.

헌법재판소는 이 사건에서 재정조달목적부담금의 헌법적 허용요건과 관련하여 독일연방헌법재판소의 결정례에서 나타난 네 가지 정당화 요건, 즉 집단의 동질성(Gruppenhomogenität), 객관적 근접성(Sachnähe), 집단적 책임성(Gruppenverantwortung), 집단적 효용성(Gruppennützigkeit)을 제시하고 다만, 정책목적실현 특별부담금인 경우 구체적인 사안별로 위와 같은 헌법적 정당화 요건은 일정 부분 완화될 수도 있지만 적어도 객관적 근접성과 집단적 책임성은 특별부담금의 본질적인 허용요건이라고 보고 있다. 앞서 언급한 바와 같이 부담금 내지 특별부담금은 재정조달목적부담금과 정책목적실현부담금으로 구분하고 후자의 경우 국가는 특별부담금을 통하여 일정한 재원을 조성하는 목적보다는 납부의무자들을 국가가 의도하는 정책실현을 위한 방향으로 유도하는 것이 주된 기능이기 때문에 집단의 동질성이나 집단적 효용성 요건은 완화되어 적용될 수 있음을 언급하였다. 하지만 이 경우에도 모든 특별부담금의 공통적인 정당화 요건으로서 객관적 근접성과 집단적 책임성은 당연히 적용된다는 점도 지적하였다.

한편, 재정조달목적부담금의 경우 조세와의 경쟁관계가 첨예해지기 때문에 더욱 강력한 법적 통제가 필요하다는 점에서 앞서 헌재가 제시한 객관적 근접성과 집단적 책임성 이외에도 집단의 동질성과 집단적 효용성 요건 역시 엄격하게 적용하여야 한다는 점을 간과할 수 없다. 따라서 헌재가 특별부담금의 정당화 요건 중 집단의 동질성과 집단적 효용성 요건을 완화하여 적용하는 경우는 재정조달목적부담금이 아니라 정책목적실현부담금이라는 점을 분명히 할 필요가 있다. 결과적으로 헌법재판소는 이러한 맥락에서 문예진흥기금 납입금은 재정조달목적부담금으로서 집단적 동질성, 객관적 근접성, 집단적 책임성, 집단적 효용성 요건을 모두 결여한 것으로서 위헌으로 결정한 것은 매우 적절하고 타당한 결론으로 평가할 수 있다.

그런데 이 사건은 특별부담금에 대한 헌법재판소의 최초의 위헌결정이라는 점에서 그 의의를 인정할 수 있지만 실제로 문예진흥기금 납입금이 특별부담금으로서 위헌이라는 견해는 네 명의 재판관이 제시한 것으로 그쳤다. 나머지 네 명의 재판관은 문예진흥기금 납입금이 특별부담금으로서의 헌법적 정당화 요건을 갖추지 못하여 위헌으로 선언한 것이 아니라 이 사건 심판대상 조항이 포괄위임금지원칙을 규정한 헌법 제75조에 위반한 것으로 본 것이다. 결국 재판관들의 위헌선언 논지는 다르지만 모두 8명이 위헌의견을 낸 것으로서 심판대상조항을 위헌으로 선언하였다는 점에서 헌법재판소가 "문예진흥기금 납입금이 실체법적 측면에서 확정적으로 위헌이다"라고 말하기에는 다소 무리가 있다.

3. 헌재 2005. 3. 31. 2003헌가20(구 학교용지확보에관한특례법 제2조 제2호 등 위헌제청); 헌재 2008. 9. 25. 2007헌가9(학교용지 확보 등에 관한 특례법 제2조 제2호 등 위헌제청)

1) 사건의 개요

첫 번째 사건에서 제청신청인들은 인천 서구 검암2지구 11블록 1, 2롯트 상의 검암2차 ○○아파트(718세대), 위 검암2지구 30블록 2롯트 상의 검암3차 □□아파트(341세대), 위 검암2지구 37블록 1롯트 상의 검암2차 ○○아파트(325세대), 인천 부평구 삼산1택지개발지구 6, 7블록 상의 ○○아파트(2098세대)의 수분양자들 중 일부이다. 인천광역시 서구청장과 부평구청장은, 위 각 아파트 단지의 개발사업시행자들이 학교용지확보에관한특례법시행령(이하 '특례법시행령'이라고 한다) 제5조의2 제1항의 규정에 따라 제청신청인들이 포함된 분양계약자 내역을 제출하자 제청신청인들에게 학교용지확보에관한특례법(이하 '특례법'이라고 한다) 제5조 제1항에 의하여 학교용지부담금을 부과하였다. 이에 제청신청인들은 인천지방법원 2002

구합3878호로 위 부담금부과처분의 취소를 구하는 소송을 제기함과 아울러 특례법 제2조 제2호 및 제5조 제1항에 관하여 위헌법률심판제청신청을 하였고, 위 법원은 이를 받아들여 위헌법률심판제청을 하였다.

두 번째 사건에서 제청신청인은 2003. 2. 7. 부산광역시 북구청장으로부터 부산 북구 만덕동 토지에 지하 3층, 지상 11~15층 규모의 공동주택(아파트) 11개 동 882세대 및 기타 부대복리시설을 건축하는 내용의 주택건설사업계획 승인을 얻은 후, 신축공사를 시행하여 2006. 6. 30.까지 총 548세대를 분양하였다. 이에 부산광역시 북구청장은 구 '학교용지 확보 등에 관한 특례법' 제2조 제2호, 제5조 제1항 및 부칙 제1항, 제3항에 따라 학교용지부담금을 부과하기로 하고, 신청인에게 2006. 1. 23. 69세대분에 대한 학교용지부담금 37,132,000원을, 2006. 4. 27. 105세대분에 대한 학교용지부담금 58,344,000원을, 2006. 7. 31. 255세대분에 대한 학교용지부담금 137,708,000원을 각각 부과하였다. 신청인은 이 사건 처분에 불복하여 부산광역시 북구청장을 상대로 부산지방법원 2006구합2924호로 그 취소를 구하는 행정소송을 제기하는 한편, 특례법 제2조 제2호, 제5조 제1항 본문, 제5조의2, 특례법 부칙 제1항, 제3항에 대하여 위헌법률심판제청신청을 하였고 법원은 재판의 전제성이 없다고 판단된 특례법 제5조의2를 제외하고 이를 받아들여 위헌법률심판제청을 하였다.

2) 결정 요지

첫 번째 사건에서 헌법재판소의 결정요지는 다음과 같다.

1. 헌법은, 모든 국민은 그 보호하는 자녀에게 적어도 초등교육과 법률이 정하는 교육을 받게 할 의무를 지고(헌법 제31조 제2항), 의무교육은 무상으로 한다(헌법 제31조 제3항)고 규정하고 있다. 이러한 의무교육제도는 국민에 대하여 보호하는 자녀들을 취학시키도록 한다는 의무부과의 면보다는 국가에 대하여 인적·물적 교육시설을 정비하고 교육환경을 개선하여야 한다는 의무부과의 측면이 보다 더 중요한 의미를 갖는다. 의무교육에 필요한 학교시설은 국가의 일반적 과제이고, 학교용지는 의무교육을 시행하기 위한 물적 기반으로서 필수조건임은 말할 필요도 없으므로 이를 달성하기 위한 비용은 국가의 일반재정으로 충당하여야 한다. 따라서 적어도 의무교육에 관한 한 일반재정이 아닌 부담금과 같은 별도의 재정수단을 동원

하여 특정한 집단으로부터 그 비용을 추가로 징수하여 충당하는 것은 의무교육의 무상성을 선언한 헌법에 반한다.

2. 의무교육이 아닌 중등교육에 관한 교육재정과 관련하여 재정조달목적의 부담금을 징수할 수 있다고 하더라도 이는 일반적인 재정조달목적의 부담금이 갖추어야 할 요건을 동일하게 갖춘 경우에 한하여 허용될 수 있다. 그런데, 학교용지부담금은 특정한 공익사업이 아니라 일반적 공익사업이거나 일반적 공익사업으로서의 성격을 함께 가지고 있는 공익사업을 위한 재정확보수단이다. 그리고 학교용지확보 필요성에 있어서 주택건설촉진법상의 수분양자들의 구체적 사정을 거의 고려하지 않은 채 수분양자 모두를 일괄적으로 동일한 의무자집단에 포함시켜 동일한 학교용지부담금을 부과하는 것은 합리적 근거가 없는 차별에 해당하고, 의무자집단 전체의 입장에서 보더라도 일반 국민, 특히 다른 개발사업에 의한 수분양자집단과 사회적으로 구별되는 집단적 동질성을 갖추고 있다고 할 수 없다. 나아가 학교용지확보의 필요성은 신규 주택의 건설·공급의 경우에 생겨나는 것이고, 그 정도는 개발사업의 목적이나 절차에 관계없이 개발사업의 결과로 공급되는 신규 주택의 수에 비례하여 결정된다고 보아야 할 것인데, 이 사건 법률조항은 학교용지부담금 부과대상 개발사업을 신규 주택의 공급 여부가 아닌 단순히 주택 공급의 근거 법률이 무엇이냐에 따라 정하고 있는바, 이는 합리성이 없는 기준에 의하여 자의적으로 제청신청인들을 불리하게 대우하는 것이다.

두 번째 사건에서 헌법재판소의 결정요지는 다음과 같다.

1. 의무교육의 무상성에 관한 헌법상 규정은 교육을 받을 권리를 보다 실효성 있게 보장하기 위해 의무교육 비용을 학령아동 보호자의 부담으로부터 공동체 전체의 부담으로 이전하라는 명령일 뿐 의무교육의 모든 비용을 조세로 해결해야 함을 의미하는 것은 아니므로, 학교용지부담금의 부과대상을 수분양자가 아닌 개발사업자로 정하고 있는 이 사건 법률조항은 의무교육의 무상원칙에 위배되지 아니한다.

2. 개발사업자는 개발사업을 통해 이익을 얻었다는 점에서 개발사업 지역에서의 학교시설 확보라는 특별한 공익사업에 대해 밀접한 관련성을 가지고 있을 뿐만 아니라 이에 대해 일정한 부담을 져야 할 책임도 가지고 있는바, 개발사업자에 대한 학교용지부담금 부과는 평등원칙에 위배되지 아니한다.

3) 해설 및 평론

헌법재판소는 첫 번째 결정에서 부담금의 성질에 따른 분류에 의하면, 학교용지부담금은 재정조달목적의 부담금이라고 하면서 그 이유로서 학교용지부담금은 기본적으로 필요한 학교시설의 확보에 있어서 소요되는 재정을 충당하기 위한 것이고, 부담금을 부과함으로써 택지개발, 주택공급 등을 제한하거나 금지하기 등의 정책적, 유도적 성격은 희박하기 때문으로 보고 있다. 따라서 이 사건에서는 헌법재판소가 재정조달목적부담금에 요구하는 네 가지 정당화 요건이 가감 없이 엄격하게 적용되어야 한다. 하지만, 헌법재판소가 지적하는 바와 같이 부담금의 납부의무자들은 단순하게 아파트를 분양받은 수분양자라는 점 이외에 역사적·사회적으로 나아가 법적으로, 일반 국민들과 구분할만한 동질성 있는 특별한 집단으로 인정하는 것은 논리적으로 무리한 것이다. 그리고 의무교육을 시행하기 위한 물적 기반으로서 학교용지를 조달하기 위한 비용은 국가의 일반재정으로 충당하여야 하는 것이 보다 상식과 헌법에 부합하는 것이기 때문에 아파트 수분양자들은 학교용지 마련을 위한 비용충당이라는 공익목적에 일반 국민에 비하여 결코 객관적으로 근접해 있지도 않기 때문에 결과적으로 부담금을 통하여 수행하는 공적 과제(여기서는 학교용지의 확보)에 일반 국민을 대신하여 납부의무자들만이 집단적으로 책임을 지고 있는 것도 아니다.

물론 학교용지부담금으로 마련된 인근 학교에 자녀가 재학하는 경우 부담금 수입으로 일정 부분 집단적 효용성이 실현될 수도 있다. 하지만, 이러한 혜택(?)은 아파트 수분양자가 아니라 대한민국 국민으로서 당연히 누려야 하는 교육에 대한 기본적 권리라고 보아야 하고 더욱이 자녀가 없는 수분양자 납부의무자들은 이러한 효용마저 누릴 수 없다면 집단적 효용성 요건 역시 충족되었다고 보기 어렵다. 따라서 학교용지의 마련을 위하여 아파트를 분양받은 사람들에게 비용을 부담시킨다는 법리는 우리 헌법이나 부담금에 대하여 헌법재판소가 집적한 판례법에도 정면으로 위반된다는 점에서 헌재의 첫 번째 결정은 특별부담금에 대한 법리를 엄격하게 적용한 것으로서 전적으로 타당하다고 평가할 수 있다.

하지만, 이와는 대조적으로 헌법재판소는 두 번째 사건에서는 학교용지부담금을 합헌으로 보고 있다. 그 이유는 첫 번째 결정 이후에 국회가 관련 법률을 개정하여 납부의무자를 아파트 수분양자에서 개발사업자로 변경한 것이 영향을 미친 것으로 보인다. 두 번째 사건에서 헌법재판소는 납부의무자가 개발사업자로 변경되었기 때문에 적어도 국가가 의무교육이라는 공적 과제에서는 자유롭다고 보았고 개발사업자가 사업으로 인한 이익의 일부를 부담금의 형태로 환원하여야 한다는 점에서 일반 국민에 비하여 특별하고 밀접한 관계를 인정한 것이다.

하지만, 헌재가 간과한 것은 결국 개발사업자에게 부과한 학교용지부담금은 당연히 아파트분양가 등 개발비용의 일부로 최종소비자들에게 전가되는 과정을 통하여 적어도 경제적인 관점에서는 첫 번째 결정과 차이가 없다. 두 번째 사건에서 반대의견을 제시한 재판관 2명도 유사한 입장을 보이고 있다. 반대의견에 따르면 첫째, 의무교육을 위한 재원을 마련함에 있어 그 부과대상이 누구인지를 불문하고 부담금이라는 수단을 동원하는 것은 그 자체로 헌법상 의무교육의 무상성에 반하며, 둘째, 교육시설의 확보는 일반적 공익사업이며, 단지 개발사업을 통해 이익을 얻었다는 이유만으로 개발사업자가 학교신설에 대해 밀접한 관련성이나 책임을 가지고 있다고 보기는 어려우므로 개발사업자를 부과대상으로 하는 학교용지부담금제도는 개발사업자를 합리적인 이유 없이 차별하는 것으로 평등원칙에 반하고, 셋째, 개발사업자가 학교용지부담금의 부담을 수분양자에게 전가할 것이 분명하므로 이 사건 학교용지부담금제도는 입법목적 달성을 위한 적절한 수단이라고 볼 수 없고 국가의 일반적인 과제에 대해 개발사업자에게 종국적이고 과도한 책임을 지우는 것으로서 피해의 최소성이나 법익의 균형성 요건도 충족시키지 못한 것이므로 재산권을 제한함에 있어 비례원칙에도 반한다.

물론 다수의견이 지적하듯이 개발사업자들은 개발사업으로 인한 이익의 일부를 학교용지부담금의 형태로 환수해야 할 정도로 학교용지의 마련이라는 공익사업과 밀접한 관계를 가지고 있기는 하지만 그것이 필요하다면 소득세 및 법인세 등과 같은 일반적인 과세수단을 동원하는 것이 보다 합리적인 것으로 보이며, 국가의 일반적인 재정수입을 토대로 일반적인 공익사업인 학교용지를 마련하는 것이 이른바 조세국가원리(Steuerstaatsprinzip)에도 부합한다. 따라서 원칙적으로 조세국가원리, 예산법상 일반예산주의, 예산총계주의가 원칙이라면 기금과 특별회계, 특별부담금은 예외적 현상으로서 부담금을 통한 일반적인 재원조달을 금지하는 것이 재정법의 원칙을 지키는 것이다.

4. 헌재 2019. 12. 27. 2017헌가21(국민체육진흥법 제20조 제1항 제3호 위헌제청)

1) 사건의 개요

가. 주식회사 ○○과 서울올림픽기념국민체육진흥공단의 지위

주식회사 ○○(다음부터 '이 사건 회사'라고 한다)은 회원제 골프장이었던 '○○클럽'(다음부터 '이 사건 골프장'이라고 한다)을 운영한 법인이다. 서울올림픽기념국민체육진흥공단(다음부터 '진흥공단'이라고 한다)은 국민체육진흥기금의 조성·관리 등을 목적으로 국민체육진흥법에 의해 설립된 법인이다.

나. 구 국민체육진흥법 제20조 등에 따른 부가금 징수 경위

(1) 진흥공단은 2007년 12월경 제주도를 제외한 전국의 회원제로 운영하는 골프장 시설의 이용자를 대상으로 구 국민체육진흥법 제20조 등에 따른 부가금을 징수하는 것에 대해 문화관광부장관의 승인을 받은 다음, 매년 초 이 사건 회사를 비롯한 전국의 회원제 골프장 시설의 운영자에게 부가금 징수안을 통보하였다. 이 사건 회사는 2012년까지 진흥공단이 통보한 내용대로 이 사건 골프장 시설 이용자로부터 부가금을 수납하여 진흥공단에 납부하였다.

(2) 문화체육관광부는 2013. 1. 1. 경기 활성화 등을 이유로 위 부가금의 징수 폐지를 공고하고, 진흥공단에 부가금 징수를 중단할 것을 지시하였다. 이에 따라 이 사건 회사도 2013년도에는 이 사건 골프장 시설 이용자를 상대로 부가금을 수납하지 않았다. 그런데 2013년 10월경에 시행된 제19대 국회(교육문화체육관광위원회) 국정감사에서, 이처럼 법규의 개정 없이 부가금 징수를 임의로 중단한 것은 국민체육진흥법을 위반하여 회원제 골프장 시설의 운영자나 이용자에게 특혜를 주는 것이라는 문제가 제기되었다. 이에 진흥공단은 2014. 1. 21. 문화체육관광부장관으로부터 다시 종전의 내용대로 부가금을 징수하는 것을 승인받고, 이 사건 회사를 포함한 전국의 회원제 골프장 시설 운영자에게 2014년도 부가금 징수 시행을 통보하였다.

다. 당해 사건의 경위

이 사건 회사는 이 사건 골프장 시설 이용자의 자유로운 의사에 따라 부가금을 수납하겠다는 이유로, 2014년 2월에서 2014년 11월까지의 부가금 상당액 중 일부만을 진흥공단에 납부하였다. 진흥공단은 이 사건 회사를 상대로 2014. 2. 1.부터 2014. 11. 30.까지 이 사건 골프장 입장 인원에 기초하여 산정한 부가금 상당액인 300,542,240원의 손해배상금 및 그에 대한 지연손해금의 지급을 구하는 소를 제기하여 2015. 5. 27. 전부 승소하였다(서울동부지방법원 2015가합100530). 이 사건 회사는 이에 불복하여 2015. 6. 16. 항소하였다(서울고등법원 2015나2034152).

라. 위헌법률심판제청신청 및 당해 사건 소송수계 등

(1) 이 사건 회사에 대하여 2016. 3. 25. 회생절차개시결정(서울중앙지방법원 2016회합100040호)이 내려지면서, 당시 이 사건 회사의 대표이사였던 김○○이 관리인으로 간주되었다. 김○○은 당해 사건의 소송절차를 수계한 후 2016. 6. 23. 국민체육진흥법 제20조 제1항 제3호 및 제23조에 대하여 위헌법률심판제청신청을 하였다(서울고등법원 2016카기20043). 한편 이 사건 회사에 대하여는 2016. 9. 20. 회생절차가 폐지되었다가 2016. 10. 28. 다시 회생절차가 개시되었다(의정부지방법원 2016회합1010). 이 과정에서 김○○과 유○○이 공동관리인으로 선임되었고, 이들은 당해 사건의 소송절차를 수계하였다. 이 사건 회사에 대한 위 회생절차는 2017. 9. 4. 종결하였으나, 이 사건 회사는 아직 당해 사건 소송을 수계하지 아니하였다.

(2) 제청법원은 2017. 6. 15. 위 위헌법률심판제청신청 중 국민체육진흥법 제23조에 대한 신청은 기각하고, 국민체육진흥법 제20조 제1항 제3호에 대하여 이 사건 위헌법률심판을 제청하는 결정을 하였다.

2) 결정 요지

(1) 골프장 부가금은 국민체육의 진흥을 위한 각종 사업에 사용될 국민체육진흥계정의 재원을 마련하는 데에 그 부과의 목적이 있을 뿐, 그 부과 자체로써 골프장 부가금 납부의무자의 행위를 특정한 방향으로 유도하거나 골프장 부가금 납부의무자 이외의 다른 집단과의 형평성 문제를 조정하고자 하는 등의 목적이 있다고

보기 어렵다. 게다가 뒤에서 보는 바와 같이 심판대상조항이 골프장 부가금을 통해 추구하는 공적 과제는 국민체육진흥계정의 집행 단계에서 비로소 실현된다고 할 수 있으므로, 골프장 부가금은 재정조달목적 부담금에 해당한다.

(2) 헌법적 정당화 요건

A. 집단적 동질성

심판대상조항에 의한 부가금의 납부의무자는 골프장 부가금 징수 대상 시설의 이용자로 한정된다. 이들은 여러 체육시설 가운데 회원제로 운영되는 골프장을 이용하는 집단이라는 점에서 동질적인 특정 요소를 갖추고 있다. 한편 통계청의 '2017년 사회조사보고서(복지·사회참여·문화와 여가·소득과 소비·노동)' 등 각종 자료에 따르면 골프비용은 1회당 평균 수십만 원에 이르고, 13세 이상 인구 중 골프장 이용자 비율은 10%에 미치지 않는다. 이와 같은 현실에 비추어 보더라도 골프장 부가금 납부의무자는 운동장, 체육관, 수영장 등 다른 체육시설 이용자와 견주어 상대적으로 고비용의 체육활동을 향유할 능력이 있는 사회적·경제적으로 동질적인 집단이라고 인정할 수 있다.

B. 객관적 근접성

부담금의 납부의무자는 그 부과를 통해 수행하려는 공적 과제에 대하여 일반 납세자나 다른 사회집단에 비해 객관적인 근접성이 있어야 한다. 즉 공적 과제의 내용이 특수하게 설정되었다면 그 내용과 연결되는 납부의무자 집단 또한 그것에 맞게 합리적으로 설정되어야 할 것이다(헌재 2008. 11. 27. 2007헌마860 참조). 앞서 살핀 바와 같이 골프장 부가금을 재원으로 하는 국민체육진흥계정은 국민체육진흥법이 궁극적으로 지향하는 국민의 체력 증진, 건전한 정신 함양, 명랑한 국민 생활 영위, 체육을 통한 국위 선양 등의 목표를 이루기 위해 설치된 것으로, 생활체육·장애인체육·전문체육의 육성, 국제체육 교류증진, 스포츠산업의 육성 등의 사업에 사용된다(국민체육진흥법 제1조, 제22조 등 참조). 그런데 이처럼 광범위한 목표를 바탕으로 다양한 규율 내용을 수반하는 '국민체육의 진흥'이라는 공적 과제에 국민 중 어느 집단이 특별히 더 근접한다고 자리매김하는 것은 무리한 일이다.

심판대상조항에 관한 입법경위 등에 비추어보면, 수영장 등 다른 체육시설의 입장료에 대한 부가금제도를 국민부담 경감 차원에서 폐지하면서 골프장 부가금 제도를 유지한 것은 이른바 고소득 계층이 회원제로 운영하는 골프장을 주로 이용한다는 점이 고려된 것으로 보인다. 하지만 골프 이외에도 많은 비용이 필요한 체육 활동이 적지 않을뿐더러, 체육시설 이용 비용의 다과(多寡)에 따라 '국민체육의 진흥'이라는 공적 과제에 대한 객관적 근접성의 정도가 달라진다고 단정할 수도 없으므로, 그것이 곧 골프장 부가금을 헌법적으로 정당화할 만한 합리적 기준이 된다고 보기는 어렵다. 결국, 골프장 부가금 납부의무자와 '국민체육의 진흥'이라는 골프장 부가금의 부과 목적 사이에는 특별히 객관적으로 밀접한 관련성이 인정되지 않는다.

C. 집단적 책임성 및 효용성

부담금은 추구하는 공적 과제의 수행에 관하여 조세 외적 부담을 져야 할 책임이 인정될만한 집단에 대해서만 부과되어야 한다. 이 역시 공적 과제 수행에 책임 있는 집단을 합리적으로 선정하였느냐의 문제가 되며, 집단적 효용성의 문제와도 어느 정도 관련이 있다(헌재 2008. 11. 27. 2007헌마860 참조). 앞서 본 바와 같이 '국민체육의 진흥'이라는 공적 과제에 대해서 골프장 부가금 납부의무자에게 특별히 객관적으로 밀접한 관련성을 인정할 수 없으므로, '국민체육의 진흥' 달성에 관하여 골프장 부가금 납부의무자의 집단적 책임성을 인정하기에 무리가 있다. 수많은 체육시설 중 유독 골프장 부가금 징수 대상 시설의 이용자만을 국민체육진흥계정 조성에 관한 조세 외적 부담을 져야 할 책임이 있는 집단으로 선정한 것에는 합리성이 결여되어 있다.

한편 국민체육진흥계정이 일반 체육시설의 확충을 위한 지원 사업에도 쓰인다는 점에서, 경우에 따라서는 골프장 부가금 납부의무자 역시 그로 말미암은 직·간접적 이익을 누릴 수 있다고 인정할 여지도 없지 않다. 그러나 골프장 부가금 등을 재원으로 하여 조성된 국민체육진흥계정의 설치 목적이 국민체육의 진흥에 관한 사항 전반을 아우르고 있다는 점에 비추어 볼 때, 국민 모두를 대상으로 하는 광범위하고 포괄적인 수준의 효용성을 놓고 부담금의 정당화 요건인 집단적 효용성을 갖추었다고 단정하기는 어렵다.

D. 소결

이상에서 살핀 바와 같이 심판대상조항이 규정하고 있는 골프장 부가금은 일반 국민에 비해 특별히 객관적으로 밀접한 관련성을 가진다고 볼 수 없는 골프장 부가금 징수 대상 시설 이용자들을 대상으로 하는 것으로서 합리적 이유가 없는 차별을 초래하므로, 헌법상 평등원칙에 위배된다.

3) 해설 및 평론

이 사건에서도 헌법재판소는 골프장 부가금이 국민체육의 진흥을 위한 각종 사업에 사용될 국민체육진흥계정의 재원을 마련하는 데에 그 부과의 목적이 있을 뿐, 그 부과 자체로써 골프장 부가금 납부의무자의 행위를 특정한 방향으로 유도하거나 골프장 부가금 납부의무자 이외의 다른 집단과의 형평성 문제를 조정하고자 하는 등의 목적이 있다고 보기 어렵기 때문에 재정조달목적부담금으로 보고 있다. 따라서 이 사건에서도 역시 기존에 헌법재판소가 재정조달목적부담금에 대해서 적용하는 정당화 요건인 집단적 동질성, 객관적 근접성, 집단적 책임성, 집단적 효용성의 충족 여부가 문제된다.

헌법재판소는 이 사건 골프장의 경우 여러 체육시설 가운데 회원제로 운영되는 골프장을 이용하는 집단이라는 점에서 동질적인 특정 요소를 갖추고 있다고 인정하는 것 이외에는 객관적 근접성, 집단적 책임성, 집단적 효용성의 요건을 결하고 있다는 점에서 위헌으로 판단하고 있다. 이는 앞서 언급한 학교용지부담금에 대한 첫 번째 결정과 유사한 논리구조를 가지고 있는 것으로 볼 수 있으며, 재정조달목적부담금의 경우 조세와의 경쟁관계를 고려할 때 특별부담금에 대한 네 가지 헌법적 정당화 요건이 모두 엄격하게 적용되어야 한다는 점을 다시 한 번 강조한 결정이라고 할 수 있다.

5. 헌재 2020. 8. 28. 2018헌바425(한강수계 상수원수질개선 및 주민지원 등에 관한 법률 제19조 제1항 등 위헌소원)

1) 사건의 개요

청구인들은 서울특별시 상수도사업본부가 팔당호와 팔당댐 하류의 한강 본류

하천구간으로부터 취수한 원수를 정수하여 공급하는 수돗물을 사용하고 있다. 나. 서울특별시장과 서울특별시 상수도사업본부장으로부터 물이용부담금 부과 및 징수에 관한 사무를 순차 위임받아 위 업무를 수행하고 있는 서울특별시 동부수도사업소장은 2017. 3.경 청구인 현○○에 대하여 물이용부담금의 납부고지를 하였으며, 청구인 조○○과 관련하여 2017. 5.경 위 청구인이 거주하는 아파트의 관리주체에게 물이용부담금을 부과하는 고지서를 발송하였고, 위 아파트의 관리사무소가 수도요금(상·하수도 요금 및 물이용부담금)을 산출하여 청구인 조○○을 비롯한 각 세대에 관리비 납부고지를 하였다. 그리고 위와 같은 업무를 수행하고 있는 서울특별시 강서수도사업소장은 2017. 4.경 청구인 황○○에게 물이용부담금의 납부고지를 하였다(이하 위 각 처분을 통틀어 '이 사건 각 처분'이라 한다).

청구인들은 2017. 6. 9. 서울행정법원에 서울특별시 동부수도사업소장과 서울특별시 강서수도사업소장을 상대로 이 사건 각 처분의 취소를 구하는 소를 제기하고(서울행정법원 2017구합3809), 그 소송계속 중 '한강수계 상수원수질개선 및 주민지원 등에 관한 법률' 제19조 제1항 및 같은 조 제5항이 포괄위임금지원칙 등에 위배된다고 주장하면서 위헌법률심판제청신청을 하였으나 2018. 9. 20. 기각되자(서울행정법원 2018아11455), 2018. 10. 29. 이 사건 헌법소원심판을 청구하였다.

2) 결정 요지

헌법재판소는 한강수계 상수원수질개선 및 주민지원 등에 관한 법률(이하 '한강수계법') 제19조에 따라 부과하는 물이용부담금에 대하여 2020년 8월 28일 합헌결정을 내렸다. 헌법재판소의 결정 내용 중에서 주목을 끄는 부분은 심판대상 조항에 대한 과잉금지원칙심사 과정에서 수단의 적합성에 대하여 설시한 부분이다.

> "부담금 부과조항은 한강수계 중 하류 지역의 상수원으로부터 취수된 수돗물의 최종수요자(이하 '부담금 납부대상자')에게 물이용부담금을 부과하고 있는데 물이용부담금을 부과하는 것이 위와 같은 입법목적을 달성하기 위한 적합한 수단이 되기 위해서는 그것이 재정조달목적 부담금으로서 헌법상 허용되는 것이어야 한다. 수자원은 하천을 매개로 관리되는데 물이 상류에서 하류로 흐르는 자연적 특성상 용수의 사용과 수질이 상·하류 간 밀접하게 영향을 줄 수밖에 없고 하천마다 주변 자연환경, 지리적·사회적 환경이 다르므로 수자원을 관리할 때에는 하천별 특성들이 고려되어야 한다. 이러한 특

별한 정책적 필요에 따라 한강수계법은 '한강'이라는 특정한 수계를 중심으로 수자원을 관리하기 위한 목적으로 제정된 것이다. 따라서 이러한 공적 과제는 반드시 조세에 의하여 재원이 조달되어야만 하는 국가의 일반적 과제라기보다는 관련된 특정 집단으로부터 그 재원이 조달될 수 있는 특수한 공적 과제의 성격을 가지므로 이를 위해 부담금 납부대상자에게 물이용부담금을 부과하는 것이 국가의 일반적 과제를 수행하면서 부담금 형식을 남용한 것이라고는 볼 수 없다.

나아가 상수원의 수질개선은 해당 국민의 건강, 생활환경과 밀접한 관련을 갖는 중대한 공적 과제로 관련 사업이 지속적으로 수행될 필요가 있기 때문에 그에 필요한 재원의 조달이 안정적으로 확보될 필요성이 있으므로 일반적인 재정수단이 아닌 부담금 형식의 별도의 기금을 마련할 필요성이 인정된다. 또한 물이용부담금이 헌법상 정당화되기 위해서는 한강수계의 상수원 수질 개선이라는 공적 과제에 대하여 부담금의 납부의무자 집단으로 선정된 부담금 납부대상자가 특별히 밀접한 관련성을 가져야 하므로 이에 대하여 보기로 한다. 부담금 납부대상자는 공공재로서 한강수계의 특정한 공공수역으로부터 취수된 물을 공급받아 소비한다는 점, 한강수계의 수질개선을 위한 토지 이용규제 등 공적 부담을 지고 있지 않는 집단이라는 점에서 동질적인 특정 요소를 갖추고 있다. 그리고 부담금 납부대상자는 수질개선을 통해 양질의 수자원을 제공받는 특별한 이익을 얻는다는 측면에서 이러한 공적과제와 객관적으로 근접한 집단이고 그 수혜자로서 해당 비용에 대해 집단적 책임성도 인정된다.

또한 앞서 본 바와 같이 물이용부담금은 한강수계관리기금의 재원이 되어 상수원 수질보전을 위한 토지이용 규제에 따르는 기회비용을 보전하고 수자원 이용을 위한 수질관리비용에 충당되는바 한강수계관리기금의 집행을 통한 궁극적 이익은 한강수계로부터 수돗물을 공급받는 최종수요자에게 돌아가게 되므로 결국 물이용부담금은 부담금 납부대상자에게 양질의 수돗물 공급이라는 직접적인 효용을 제공하게 된다. 그러므로 물이용부담금 제도를 통해 추구하는 공적 과제와 부담금 납부대상자 간에 특별히 밀접한 관련성을 인정할 수 있다.

나아가 한강수계법 제19조에 따라 징수한 물이용부담금은 조세와 달리 국가의 일반회계의 재원으로 귀속되지 않고 한강수계관리기금의 재원으로 귀속되어 한강수계의 상수원 수질개선 비용 등의 용도로만 사용된다. 기획재정부장관은 매년 부담금의 부과실적·사용명세 등이 포함된 부담금운용종합보고서를 작성하여 국회에 제출하고(부담금관리 기본법 제7조 등) 이를 통해 물이용부담금 징수의 타당성이나 적정성은 입법자의 지속적 심사를 받고 있다. 그러므로 물이용부담금 부과가 재정에 대한 국회의 민주적 통제체계로부터 일탈하는 수단으로 남용될 위험성은 크지 않다. 이를 종합하면 부담금 부과조항은 입법목적 달성을 위한 적합한 수단에 해당한다."

3) 해설 및 평론

헌법재판소의 물이용부담금 결정은 그동안 헌법재판소가 특히 재정조달목적 부담금의 헌법적 허용요건에 대하여 적용하였던 엄격한 심사기준을 스스로 무너뜨렸다는 점에서 우려의 여지가 크다. 정책실현목적 부담금의 경우 헌법재판소가 입법자의 형성권과 정부의 집행권을 존중하고 완화된 심사기준을 적용하는 것은 충분히 이해할 수 있다. 그러나 조세와 경쟁관계에 있는 재정조달목적 부담금의 경우 국민의 재산권 등 기본권을 수호하는 최후의 보루로서 헌법재판소가 느슨한 심사기준을 적용하여 결국 잘못된 입법을 바로잡을 기회를 스스로 상실한다면 과연 헌재의 존립목적이 무엇인지 되묻지 않을 수 없다.

우선 헌법재판소는 물이용부담금이 집단적 동질성, 집단적 책임성, 객관적 근접성, 집단적 효용성을 모두 충족하였으므로 이른바 재정조달목적 부담금으로서 합헌이라는 입장이다. 과연 그럴까? 헌법재판소는 납부의무자들의 집단적 동질성과 관련하여 "부담금 납부대상자는 공공재로서 한강수계의 특정한 공공수역으로부터 취수된 물을 공급받아 소비한다는 점, 한강수계의 수질개선을 위한 토지 이용규제 등 공적 부담을 지고 있지 않는 집단이라는 점에서 동질적인 특정 요소를 갖추고 있다"는 견해를 제시하였다.

그런데 집단적 동질성이라는 요건은 납부의무자들이 역사적·문화적·사회적·직업적으로 상당한 기간 동안 숙성되어 다른 국민이나 인구집단에서는 찾아보기 어려운 매우 긴밀하고 독특한 유대감으로 구별되는 특징을 말한다. 물이용부담금의 납부의무자들은 아파트 1호와 2호, 3호에 거주하는 장삼이사 평범한 사람들로서 이들은 역사적·문화적으로 각인된 공통의 유대감을 가진 사람들이 아니다. 이들은 단순하게 아파트 주민이며 공통점이 있다면 수돗물을 사용한다는 점이다. 이들에게 "당신들은 한강 상류로부터 깨끗한 물을 공급받기 때문에 특별한 연대감을 가진 동질적인 사람들이지요?"라고 묻는다면 "네 그렇습니다"라고 답할 사람이 있을까? 오히려 같은 아파트 주민이라는 동질감이 더 크지 않을까?

그래도 그들은 상류 지역에 거주하는 주민들에 대한 법적 규제로 인하여 깨끗한 취수원을 유지할 수 있고 결과적으로 건강하고 위생적인 수돗물을 사용하는 사람들이기 때문에 특별한 혜택을 받는다는 점에서 집단적 효용성 원칙이 실현되고 따라서 수도요금 이외에 물이용부담금도 마땅히 내야 한다는 것이 헌법재판소의 논리이다. 깨끗하고 위생적인 수돗물을 마시는 주민들이 기꺼이 물이용부담금을 부담해야 한다는 이야기를 낙동강 유역 특히 하류 지역에 거주하는 주민들이 들으면 어떻게 생각할까라는 문제는 별론으로 하더라도 "쾌적하고 깨끗한 물을 마시는 것은 헌법상 당연한 기본권 아닌가요?"라고 헌법재판소에 묻고 싶다.

헌법 제35조 제1항에 따라서 모든 국민은 건강하고 쾌적한 환경에서 생활할 권리를 가진다는 내용을 설마 헌법재판관들이 모르지는 않을 것으로 보인다. 국민들이 수돗물의 사용에 대하여 수도요금이라는 사용료를 지불하는 것 이외에 깨끗한 물을 마시기 위해서 정수기나 먹는 샘물도 아닌데 별도로 물이용부담금을 또 내야만 기본권을 향수할 자격이 생기는 것인가? 사실 깨끗하고 쾌적한 물을 제공하는 것은 국가와 지방자치단체의 가장 기본적인 책무 중의 하나이며 그렇기 때문에 우리 헌법과 지방자치법에 따라서 국가에게 (수)자원관리 의무를 부과하고 수도사업을 자치단체의 고유사무로 규정하고 있는 것이다.

헌법재판소는 수돗물을 사용하는 주민들과 물이용부담금 제도를 통해 추구하는 깨끗하고 쾌적한 물의 공급이라는 공적 과제 간에 특별히 밀접한 관련성을 인정할 수 있다고 하는데 원래 깨끗하고 위생적인 물을 관리하고 공급해야 하는 국가나 자치단체는 쏙 빠지고 왜 주민들이 그 책임을 지는 것인가? 그렇다면 수돗물을 사용하는 주민들이 물이용부담금 제도를 통해 추구하는 깨끗하고 쾌적한 물의 공급이라는 공적 과제에 다른 국민들이나 인구집단에 비교하여 특별히 밀접한 책임을 지고 있다고 할 수 있는가?

결국 물이용부담금은 재정조달목적을 가지는 특별부담금으로서의 허용요건을 갖추지 못하였으며 깨끗하고 건강한 물을 공급하는 국가의 공적 과제는 국민의 세금을 바탕으로 국가의 일반회계에서 지출되어야 하기 때문에 수계관리기금 역시 헌법적 정당성이 없다. 헌법재판소는 이번 결정에서 조세와 부담금의 차이와 구별에 대한 본질적인 성찰을 방기하고 결과적으로 국민의 재산권과 환경권 등을 수호하는 역할보다는 물이용부담금이라는 정부의 현실적인 재정수단을 정당화하는 단순한 논리를 제시하는데 그쳤다는 점에서 헌법의 수호자라는 자랑스러운 전통에도 불구하고 그 존립 근거에 대한 심각한 우려를 자아내는 결정이라고 혹평하지 않을 수 없다. 결정문에 언급은 하고 있지만 앞서 언급한 첫 번째 학교용지부담금결정 등 최소한 자신의 선례와 치열하게 비교하여 물이용부담금의 헌법적 정당성 여부를 따지는 성의를 보였어야 한다.

사실 물이용부담금과 법체계가 유사한 것으로서 전기사업법 제51조 제1항에 따라서 일반 국민인 전기사용자를 납부의무자로 보고 전기요금에 부가하여 부과하는 전력산업기반 부담금 등 국민들이 잘 모르지만(그 이유는 수도요금과 전기요금 청구서 구석에 슬쩍 끼어 넣기 때문이지만) '정부의 숨겨진 지갑'과 수많은 부담금에 대해서 헌법재판소가 과연 엄정한 평가를 내릴 수 있는 의지와 능력이 있는지 지극히 회의적이다. 그래서 로홍판씨는 상식적인 질문을 스스로 던져본다. "헌법재판소는 왜 있는 것이지?"

제11장 낙태: 여성의 권리 v. 태아의 생명권

Ⅰ. 문제의 제기

낙태는 여성의 권리인가 아니면 태아의 생명권이 우선인가? 낙태 문제는 윤리적, 도덕적, 철학적, 종교적 차원에서 오랜 동안 격렬한 논쟁의 대상이었으며, 각국은 법률을 통하여 낙태를 금지하고 이를 처벌하거나 일정한 예외 요건을 제시하여 부분적으로 낙태를 허용하기도 하였다. 우리나라 역시 형법상 낙태죄를 규정하고 낙태를 처벌하면서 모자보건법을 통하여 유전적 장애나 성폭력 등 여성 자신이나 사회적으로 허용할 수 없는 사유로 임신을 한 경우 예외적으로 낙태를 허용하는 입법례를 유지하여 왔다. 한편 헌법재판소는 2012년 8월 여성이 낙태하는 이른바 자기낙태죄를 처벌하는 형법조항에 대한 헌법소원 사건에서 이를 합헌으로 결정하였으나 재판관 의견이 합헌 4, 위헌 4으로 갈리면서 헌법재판소도 점차로 낙태를 처벌하는 문제에 대하여 우리 사회의 변화하는 시각을 반영한 것으로 평가하였다.

그로부터 7년이 경과한 2019년 2년 여의 숙고 끝에 의사가 임신한 여성에 대한 중절수술 행위를 처벌하는 이른바 의사낙태죄와 더불어 여성 스스로 낙태하는 자기낙태죄에 대하여 재판관 4(헌법불합치), 3(단순위헌) 대 2(합헌)의견으로 형법상 낙태죄 조항이 헌법에 불합치한다는 헌법불합치 결정을 하였다. 헌법불합치결정의 이유는 낙태죄 처벌조항에 대한 단순 위헌결정으로 인한 제도의 공백을 우려한 것으로서 2020년 12월 31일까지 법률을 개정하도록 촉구하였으나 현재 시점까지도 후속 입법이 시행되지 않은 상태로 2021년 1월 1일부터 낙태죄 처벌조항은 그 효력이 상실된 상태이다. 우리는 낙태죄 처벌 여부에 대한 치열한 논쟁이 벌어지고 논란의 중심에 선 미국 연방대법원이 여성의 낙태권에 대하여 내린 역사적 판결을 살펴보고, 독일과 우리나라의 낙태죄 처벌에 대한 헌법재판소의 결정을 살펴보기로 한다. 이러한 비교법적인 연구는 우리나라의 낙태죄 폐지 이후에 여성의 권리와 태아의 생명권을 고려한 후속 입법에도 많은 시사를 할 수 있을 것으로 보인다.

Ⅱ. 각국의 입법례와 낙태판결

1. 우리나라

앞서 언급한 바와 같이 우리나라는 낙태죄 처벌을 규정한 형법과 예외적 허용사유를 규정한 모자보건법으로 이원화된 입법체계를 오랜 동안 가지고 있었다. 즉 2010년을 기준으로 당시 형법은 제27장 낙태의 죄에서 자기낙태죄(제269조 제1항), 동의낙태죄(제269조 제2항), 의사 등에 의한 업무상 동의낙태죄(제270조 제1항), 부동의낙태죄(제270조 제2항), 낙태치사상죄(제269조 제3항, 제270조 제3항)를 처벌하는 규정을 두어 낙태를 전면금지하였으며, 다만 모자보건법상 의학적·우생학적·윤리적 적응사유 등 5가지 정당화사유가 있는 경우에 한해서 임신한 날로부터 24주 이내에만 형법상 낙태죄의 적용을 배제함으로써 낙태를 일부 허용하고 있었다(모자보건법 제14조, 동법 시행령 제15조). 이에 대하여 헌법재판소는 2012년 낙태죄에 대한 합헌결정을 하였으나 4인 재판관이 위헌의견을 제시하였고 2019년 헌법재판소가 자기낙태죄 및 의사낙태죄에 대하여 헌법불합치결정을 내림으로써 낙태죄 처벌에 대한 종지부를 찍게 되었다.

1) 헌법재판소 2012. 8. 23. 선고 2010헌바402 결정

(1) 사건의 개요와 다수의견

청구인은 조산사로서 2009. 2.경부터 부산에서 '○○조산원'이라는 상호로 조산원을 운영하는 자인바, '2010. 1. 28. 위 조산원에서 임부로부터 임신 6주된 태아를 낙태시켜 달라는 촉탁을 받고, 진공기를 임부의 자궁 안에 넣어 위 태아를 모체 밖으로 인위적으로 배출하는 방법으로 낙태하게 하였다.'는 등의 공소사실로 기소되어 재판을 받던 중(부산지방법원 2010고단2425), 처벌의 근거가 되는 형법 제270조 제1항에 대하여 위헌법률심판제청신청(부산지방법원2010초기2480)을 하였으나, 2010. 9. 14. 기각되었다. 이에 청구인은 2010. 10. 17. 형법 제270조 제1항이 헌법에 위반된다며 헌법소원심판을 청구하였다.

그런데 다수의견은 청구인의 주장을 받아들여 이른바 자기낙태죄가 위헌으로 판단될 경우 동일한 입법목적을 가지고 있는 의사낙태죄 역시 자동으로 위헌으로 판단될 것이기 때문에 자기낙태죄에 대한 심리에 집중하여 그 위헌 여부를 판단하고 있다. 하지만, 만약에 자기낙태죄가 합헌판단을 받는다고 하더라도 의사낙태죄의 처벌조항이 비례성원칙을 위반하여 형사적 책임과 그 처벌 간에 균형을 상실하였다고 판단하는 경우 독자적으로 위헌결정을 할 수 있기 때문에 이 부분에 대해서는 별도로 심리하여 판단하고 있다. 다수의견은 태아가 생명권의 주체로서의 지위를 가지기 때문에 임신 기간의 장단에 관계 없이 국가의 보호를 받아야 하기 때문에 모자보건법이 규정하는 예외적인 사유가 없는 한 임신 전주기를 통하여 낙태죄를 처벌하는 것이 다음과 같은 이유로 합헌으로 보고 있다.

"생명권은 비록 헌법에 명문의 규정이 없다 하더라도 인간의 생존본능과 존재목적에 바탕을 둔 선험적이고 자연법적인 권리로서 헌법에 규정된 모든 기본권의 전제로서 기능하는 기본권 중의 기본권이다(헌재 1996. 11. 28. 95헌바1, 판례집 8-2, 537, 545 참조). 모든 인간은 헌법상 생명권의 주체가 되고, 인간으로서 형성되어 가는 단계의 생명인 태아에게도 생명에 대한 권리가 인정되어야 한다. 태아가 비록 그 생명의 유지를 위하여 모(母)에게 의존해야 하지만, 그 자체로 모(母)와 별개의 생명체이고 특별한 사정이 없는 한 인간으로 성장할 가능성이 크기 때문이다(헌재 2008. 7. 31. 2004헌바81, 판례집 20-2상, 91, 101 참조). 태아도 헌법상 생명권의 주체이고, 따라서 그 성장 상태가 보호 여부의 기준이 되어서는 안 될 것이다. 헌법이 태아의 생명을 보호하는 것은 그것이 인간으로 될 예정인 생명체라는 이유 때문이지, 그것이 독립하여 생존할 능력이 있다거나 사고능력, 자아인식 등 정신적 능력이 있는 생명체라는 이유 때문이 아니다.

그러므로 태아가 독자적 생존능력을 갖추었는지 여부를 그에 대한 낙태 허용의 판단 기준으로 삼을 수는 없다. 인간이면 누구나 신체적 조건이나 발달 상태 등과 관계없이 동등하게 생명 보호의 주체가 되는 것과 마찬가지로, 태아도 성장 상태와 관계없이 생명권의 주체로서 마땅히 보호를 받아야 한다. 특히 의학의 비약적 발전으로 태아가 모태를 떠난 상태에서의 생존 가능성이 점점 높아지고 있는 현실과 그 성장 속도 역시 태아에 따라 다른 현실을 감안하면, 임신 후 몇 주가 경과하였는지 또는 생물학적 분화단계를 기준으로 보호의 정도를 달리할 것은 아니다. 위에서 본 바와 같이 태아도 그 성장 상태를 막론하고 생명권의 주체로서 보호받아야 하는 존재라는 점에서 수정란이 자궁에 착상한 이후부터 출산하기 이전까지의 태아를 성장 단계에 따라 구분하여 보호의 정도를 달리하는 것은 정당화될 수 없다. 한편, 태아의 생명 보호를 위해 낙태를 방지하는 방법으로 비형벌적 제재가 아닌 형벌적 제재를 택한 것이 지나치게 과도한 방법인지 문제가 될 수 있다.

그런데 자기낙태죄 조항이 형벌로써 낙태를 규제하고 있음에도 불구하고 여전히 불법적인 낙태가 성행하고 있고 그에 대한 처벌이 거의 이루어지지 않고 있는 현실에서, 만일 낙태를 처벌하지 않거나 형벌보다 가벼운 제재를 가하게 된다면 현재보다도 훨씬 더 낙태가 만연하게 되어 자기낙태죄 조항의 입법목적을 달성할 수 없게 될 것이다. 그리고 성교육과 피임법의 보편적 상용, 임부에 대한 지원 등은 원하지 않는 임신을 미연에 방지하는 수단이 될 수 있을지는 모르나 불법적인 낙태를 방지할 효과적인 수단이 되기에는 부족하다. 물론 우생학적 또는 유전학적 사유 등으로 낙태를 허용해야 할 필요가 절실한 경우가 있을 수 있다.

이에 입법자는 일정한 우생학적 또는 유전학적 정신장애나 신체질환이 있는 경우와 같은 예외적인 경우에는 임신 24주 이내의 낙태를 허용하여(모자보건법 제14조, 동법 시행령 제15조), 임부의 생명·건강의 보호를 위해 필요한 경우나 범죄행위로 인한 임신의 지속이 오히려 법질서에 반하는 경우와 같이 불가피한 사정이 있는 경우에는 태아의 생명권을 제한할 수 있도록 하고 있다. 그러나 이것에서 더 나아가 사회적·경제적 사유로 인한 낙태로까지 그 허용의 사유를 넓힌다면, 자칫 자기낙태죄 조항은 거의 사문화되고 낙태가 공공연하게 이루어져 인간생명에 대한 경시풍조가 확산될 우려마저 없지 않다. 따라서 자기낙태죄 조항은 피해의 최소성 원칙에 위배되지 아니한다".

(2) 반대의견

반대의견은 여성의 임신기간이나 주기와는 관계없이 원칙적으로 모든 낙태행위를 처벌하는 것은 낙태에 대한 여성의 자기결정권을 과도하게 침해하는 것으로서 위헌의견을 제시하고 있다. 즉 태아가 모태로부터 분리되어 독자적인 생존능력을 갖게 되는 시기 이전에 비교적 임신기간이 초기에 해당하는 경우에는 태아의 생명권보다는 여성의 낙태권이 존중되어야 한다는 입장을 보이고 있다. 반대의견에 따르면 태아가 독자적 생존능력을 갖추었다고 볼 수 있는 임신 24주 이후에는 태아의 생명도 인간의 생명과 어느 정도 동일시할 수 있으므로 임부의 낙태를 원칙적으로 금지하되, 임부의 생명이나 건강에 현저한 위해가 생길 우려가 있는 등 특단의 사정이 있는 경우에만 낙태를 허용함이 바람직하다.

다음으로, 태아가 독자적 생존능력을 갖추기 전이라도 임신 중기(임신 13주-24주)의 낙태는 임신 초기(임신 1주-12주)의 낙태에 비하여 자궁천공, 출혈패혈증, 양수전색증 등의 합병증 우려가 크고, 모성사망률의 위험도 급격히 커져 임부의 생명이나 건강에 위해가 생길 우려가 증가하므로, 국가는 모성의 건강을 증진하기 위하여 낙태의 절차를 규제하는 등으로 임신중기의 낙태에 관여할 수 있다고 할 것이다. 그런데 임신 초기, 즉 임신 1주에서 12주까지의 시기는 태아가 이제 막 인간과 유사한 신체적 특징이 나타나기 시작하는 시기로서, 의학계에서는 일반적으로 이 시기의 태아는 사고나 자아인식, 정신적 능력과 같은 의식적 경험에 필요한 신경생리학적 구조나 기능들은 갖추지 못한 것으로 판단하고 있다. 즉 임신 초기의 태아는 감각을 분류하거나 감각의 발생부위 또는 그 강도 등을 식별할 수 없고, 더 나아가 여러 가지 감각을 통합하여 지각을 형성할 수도 없어 고통을 느끼지 못한다는 것이다.

한편, 임신 초기의 낙태는 시술방법이 간단하여 비교적 임부에게 안전하다고 할 수 있고, 실제로 낙태로 인한 합병증 및 모성사망률이 현저히 낮다. 따라서 임신 초기에는 임부의 자기결정권을 존중하여 낙태를 허용해 줄 여지가 크다. 나아가, 낙태를 형사처벌하도록 하고 있는 형법 규정이 현재는 거의 사문화되어 낙태의 근절에 큰 기여를 하지 못하고 있으며, 오히려 불법낙태로 임부의 건강이나 생명에 위험이 초래되는 사태가 빈발하고 있어 그 대책이 시급한 현실에 비추어 보면, 적어도 임신 초기에는 임부의 자기결정권을 존중하여 낙태를 허용해 줄 필요성이 있다 할 것이다. 이와 같이 임신기간 여하에 따라 임부의 자기결정권을 고려할 수 있는 가능성 및 필요성이 있다 할 것인데도, 이 사건 자기낙태죄 조항은 임부의 기본권을 덜 제한하는 다른 수단을 모색하지 아니한 채 임신기간 여하에 상관없이 임부의 낙태를 전면적, 일률적으로 금지하고 있다. 따라서 자기낙태죄 조항은 침해의 최소성 원칙에 위배된다.

2) 헌법재판소 2019. 4. 11. 선고 2017헌바127 결정

헌법재판소는 이 사건에서 2인 재판관의 합헌의견과 자기낙태죄 조항과 의사낙태죄 조항이 헌법에 위반된다는 단순위헌의견이 3인이고, 헌법에 합치되지 아니한다는 헌법불합치의견이 4인이므로, 단순위헌의견에 헌법불합치의견을 합산하면 법률의 위헌결정을 함에 필요한 심판정족수에 이르게 되므로 위 조항들에 대하여 헌법에 합치되지 아니한다고 선언하되, 2020. 12. 31.을 시한으로 입법자가 개선입법을 할 때까지 계속적용을 명하고 있다.

(1) 다수의견

다수의견은 임신과 출산 및 양육이 여성에게 미치는 실질적 영향력을 고려하고 태아 성장기간의 장단에 따라서 비교적 임신 초기에 해당하는 기간에는 여성의 낙태에 대한 자기결정권을 존중할 것을 강조하고 있다. 임신 여성이 처한 사회적, 경제적 여건을 고려할 때 모자보건법이 규정하고 있는 낙태사유는 이러한 여성의 구체적 상황을 적절하게 고려하고 있지 못하고 있기 때문에 여성이 스스로 낙태를 결정할 수 있는 결정가능 기간을 입법화할 것을 주문하고 있다. 다만, 다수의견은 구체적으로 어느 시기까지 여성이 낙태를 스스로 결정할 수 있는가에 대해서는 언급하지 않고 이를 입법자의 역할로 규정함으로서 낙태죄 관련 조항의 위헌성을 인정하면서도 입법적인 공백을 피하고 구체적인 내용에 대해서는 입법자의 형성권을 존중하는 의미에서 헌법불합치결정을 하고 있다. 다수의견의 결정 내용의 핵심은 다음과 같다.

"자기낙태죄 조항은 모자보건법이 정한 예외를 제외하고는 임신기간 전체를 통틀어 모든 낙태를 전면적·일률적으로 금지하고, 이를 위반할 경우 형벌을 부과함으로써 임신의 유지·출산을 강제하고 있으므로, 임신한 여성의 자기결정권을 제한한다. 임신·출산·육아는 여성의 삶에 근본적이고 결정적인 영향을 미칠 수 있는 중요한 문제이므로, 임신한 여성이 임신을 유지 또는 종결할 것인지 여부를 결정하는 것은 스스로 선택한 인생관·사회관을 바탕으로 자신이 처한 신체적·심리적·사회적·경제적 상황에 대한 깊은 고민을 한 결과를 반영하는 전인적(全人的) 결정이다.

현 시점에서 최선의 의료기술과 의료 인력이 뒷받침될 경우 태아는 임신 22주 내외부터 독자적인 생존이 가능하다고 한다. 한편 자기결정권이 보장되려면 임신한 여성이 임신 유지와 출산 여부에 관하여 전인적 결정을 하고 그 결정을 실행함에 있어서 충분한 시간이 확보되어야 한다. 이러한 점들을 고려하면, 태아가 모체를 떠난 상태에서 독자적으로 생존할 수 있는 시점인 임신 22주 내외에 도달하기 전이면서 동시에 임신 유지와 출산 여부에 관한 자기결정권을 행사하기에 충분한 시간이 보장되는 시기(이하 착상 시부터 이 시기까지를 '결정가능기간'이라 한다)까지의 낙태에 대해서는 국가가 생명보호의 수단 및 정도를 달리 정할 수 있다고 봄이 타당하다.

낙태갈등 상황에서 형벌의 위하가 임신종결 여부 결정에 미치는 영향이 제한적이라는 사정과 실제로 형사처벌되는 사례도 매우 드물다는 현실에 비추어 보면, 자기낙태죄 조항이 낙태갈등 상황에서 태아의 생명 보호를 실효적으로 하지 못하고 있다고 볼 수 있다. 낙태갈등 상황에 처한 여성은 형벌의 위하로 말미암아 임신의 유지 여부와 관련하여 필요한 사회적 소통을 하지 못하고, 정신적 지지와 충분한 정보를 제공받지 못한 상태에서 안전하지 않은 방법으로 낙태를 실행하게 된다. 모자보건법상의 정당화사유에는 다양하고 광범위한 사회적·경제적 사유에 의한 낙태갈등 상황이 전혀 포섭되지 않는다.

예컨대, 학업이나 직장생활 등 사회활동에 지장이 있을 것에 대한 우려, 소득이 충분하지 않거나 불안정한 경우, 자녀가 이미 있어서 더 이상의 자녀를 감당할 여력이 되지 않는 경우, 상대 남성과 교제를 지속할 생각이 없거나 결혼 계획이 없는 경우, 혼인이 사실상 파탄에 이른 상태에서 배우자의 아이를 임신했음을 알게 된 경우, 결혼하지 않은 미성년자가 원치 않은 임신을 한 경우 등이 이에 해당할 수 있다. 자기낙태죄 조항은 모자보건법에서 정한 사유에 해당하지 않는다면 결정가능기간 중에 다양하고 광범위한 사회적·경제적 사유를 이유로 낙태갈등 상황을 겪고 있는 경우까지도 예외 없이 전면적·일률적으로 임신의 유지 및 출산을 강제하고, 이를 위반한 경우 형사처벌하고 있다. 따라서 자기낙태죄 조항은 입법목적을 달성하기 위하여 필요한 최소한의 정도를 넘어 임신한 여성의 자기결정권을 제한하고 있어 침해의 최소성을 갖추지 못하였고, 태아의 생명 보호라는 공익에 대하여만 일방적이고 절대적인 우위를 부여함으로써 법익균형성의 원칙도 위반하였으므로, 과잉금지원칙을 위반하여 임신한 여성의 자기결정권을 침해한다.

자기낙태죄 조항과 동일한 목표를 실현하기 위하여 임신한 여성의 촉탁 또는 승낙을 받아 낙태하게 한 의사를 처벌하는 의사낙태죄 조항도 같은 이유에서 위헌이라고 보아야 한다. 자기낙태죄 조항과 의사낙태죄 조항에 대하여 각각 단순위헌결정을 할 경우, 임신 기간 전체에 걸쳐 행해진 모든 낙태를 처벌할 수 없게 됨으로써 용인하기 어려운 법적 공백이 생기게 된다. 더욱이 입법자는 결정가능기간을 어떻게 정하고 결정가능기간의 종기를 언제까지로 할 것인지, 결정가능기간 중 일정한 시기까지는 사회적·경제적 사유에 대한 확인을 요구하지 않을 것인지 여부까지를 포함하여 결정가능기간과 사회적·경제적 사유를 구체적으로 어떻게 조합할 것인지, 상담요건이나 숙려기간 등과 같은 일정한 절차적 요건을 추가할 것인지 여부 등에 관하여 앞서 헌법재판소가 설시한 한계 내에서 입법재량을 가진다. 따라서 자기낙태죄 조항과 의사낙태죄 조항에 대하여 단순위헌 결정을 하는 대신 각각 헌법불합치 결정을 선고하되, 다만 입법자의 개선입법이 이루어질 때까지 계속적용을 명함이 타당하다".

(2) 단순위헌 의견

단순위헌 의견은 1973년 미국연방대법원이 Roe v. Wade 사건에서 제시한 이른바 삼분기법(Trimester Doctrine)에 따라서 여성의 임신기간을 셋으로 구분하고 비교적 초기에 해당하는 제1삼분기에는 여성의 낙태에 대한 자기결정권을 거의 제한 없이 인정하자는 논리를 제시하고 있다. 단순위헌의견에 따르면 헌법불합치의견이 지적하는 기간과 상황에서의 낙태까지도 전면적·일률적으로 금지하고, 이를 위반한 경우 형사처벌하는 것은 임신한 여성의 자기결정권을 침해한다는 점에 대하여 헌법불합치의견과 견해를 같이한다. 다만 여기에서 더 나아가 이른바 '임신 제1삼분기(first trimester, 대략 마지막 생리기간의 첫날부터 14주 무렵까지)'에는 어떠한 사유를 요구함이 없이 임신한 여성이 자신의 숙고와 판단 아래 낙태할 수 있도록 하여야 한다는 점, 자기낙태죄 조항 및 의사낙태죄 조항에 대하여 단순위헌결정을 하여야 한다는 점에서 헌법불합치의견과 견해를 달리 한다.

임신한 여성이 임신의 유지 또는 종결에 관하여 한 전인격적인 결정은 그 자체가 자기결정권의 행사로서 원칙적으로 보장되어야 한다. 다만 이러한 자기결정권도 태아의 성장 정도, 임신 제1삼분기를 경과하여 이루어지는 낙태로 인한 임신한 여성의 생명·건강의 위험성 증가 등을 이유로 제한될 수 있다. 한편, 임신한 여성의 안전성이 보장되는 기간 내의 낙태를 허용할지 여부와 특정한 사유에 따른 낙태를 허용할지 여부의 문제가 결합한다면, 결과적으로 국가가 낙태를 불가피한 경우에만 예외적으로 허용하여 주는 것이 되어 임신한 여성의 자기결정권을 사실상 박탈하게 될 수 있다. 그러므로 태아가 덜 발달하고, 안전한 낙태 수술이 가능하며, 여성이 낙태 여부를 숙고하여 결정하기에 필요한 기간인 임신 제1삼분기에는 임신한 여성의 자기결정권을 최대한 존중하여 그가 자신의 존엄성과 자율성에 터 잡아 형성한 인생관·사회관을 바탕으로 자신이 처한 상황에 대하여 숙고한 뒤 낙태 여부를 스스로 결정할 수 있도록 하여야 한다.

심판대상조항들은 임신 제1삼분기에 이루어지는 안전한 낙태조차 일률적·전면적으로 금지함으로써, 과잉금지원칙을 위반하여 임신한 여성의 자기결정권을 침해한다. 자유권을 제한하는 법률에 대하여, 기본권의 제한 그 자체는 합헌이나 그 제한의 정도가 지나치기 때문에 위헌인 경우에도 헌법불합치결정을 해야 한다면, 법률이 위헌인 경우에는 무효로 선언되어야 한다는 원칙과 그에 기초한 결정형식으로서 위헌결정의 존재 이유가 사라진다. 심판대상조항들이 예방하는 효과가 제한적이고, 형벌조항으로서의 기능을 제대로 하지 못하고 있으므로, 이들 조항이 폐기된다고 하더라도 극심한 법적 혼란이나 사회적 비용이 발생한다고 보기 어렵다. 반면, 헌법불합치결정을 선언하고 사후입법으로 이를 해결하는 것은 형벌규정에 대한 위헌결정의 효력이 소급하도록 한 입법자의 취지에도 반할 뿐만 아니라, 그 규율의 공백을 개인에게 부담시키는 것으로서 가혹하다. 또한 앞서 본 바와 같이 심판대상조항들 중 적어도 임신 제1삼분기에 이루어진 낙태에 대하여 처벌하는 부분은 그 위헌성이 명확하여 처벌의 범위가 불확실하다고 볼 수 없다. 심판대상조항들에 대하여 단순위헌결정을 하여야 한다.

(3) 합헌의견

합헌의견은 2012년 헌법재판소 결정 당시 다수의견의 입장과 대동 소이하다. 즉 태아는 임신기간이나 주기와는 관계없이 생명권의 주체로서 국가의 보호를 받으며, 여성의 낙태에 대한 자기결정권보다 우월하다는 견해를 다음과 같이 제시하고 있다. "태아와 출생한 사람은 생명의 연속적인 발달과정 아래 놓여 있다고 볼 수 있으므로, 인간의 존엄성의 정도나 생명 보호의 필요성과 관련하여 태아와 출생한 사람 사이에 근본적인 차이가 있다고 보기 어렵다. 따라서 태아 역시 헌법상 생명권의 주체가 된다. 태아의 생명권 보호라는 입법목적은 매우 중대하고, 낙태를 원칙적으로 금지하고 이를 위반할 경우 형사처벌하는 것 외에 임신한 여성의 자기결정권을 보다 덜 제한하면서 태아의 생명 보호라는 공익을 동등하게 효과적으로 보호할 수 있는 다른 수단이 있다고 보기 어렵다. 태아의 생명권을 보호하고자 하는 공익의 중요성은 태아의 성장 상태에 따라 달라진다고 볼 수 없으며, 임신 중의 특정한 기간 동안에는 임신한 여성의 인격권이나 자기결정권이 우선하고 그 이후에는 태아의 생명권이 우선한다고 할 수도 없다.

다수의견이 설시한 '사회적·경제적 사유'는 그 개념과 범위가 매우 모호하고 그 사유의 충족 여부를 객관적으로 확인하기도 어렵다. 사회적·경제적 사유에 따른 낙태를 허용할 경우 현실적으로 낙태의 전면 허용과 동일한 결과를 초래하여 일반적인 생명경시 풍조를 유발할 우려가 있다. 이처럼 자기낙태죄 조항으로 인하여 임신한 여성의 자기결정권이 어느 정도 제한되는 것은 사실이나, 그 제한의 정도가 자기낙태죄 조항을 통하여 달성하려는 태아의 생명권 보호라는 중대한 공익에 비하여 결코 크다고 볼 수 없으므로, 자기낙태죄 조항은 법익균형성 원칙에도 반하지 아니한다. 의사낙태죄 조항은 그 법정형의 상한 자체가 높지 않을 뿐만 아니라, 선고유예 또는 집행유예 선고의 길이 열려 있으므로, 책임과 형벌 간의 비례원칙에 위배되지 아니한다. 태아의 생명을 보호해야 하는 업무에 종사하는 자가 태아의 생명을 박탈하는 시술을 한다는 점에서 비난가능성 또한 크므로, 의사낙태죄 조항에 대하여 동의낙태죄(제269조 제2항)와 달리 벌금형을 규정하지 아니한 것이 형벌체계상의 균형에 반하여 헌법상 평등원칙에 위배된다고도 할 수 없다. 따라서 자기낙태죄 조항 및 의사낙태죄 조항은 모두 헌법에 위반되지 아니한다".

2. 미국

미국은 낙태죄 처벌에 관하여 연방을 구성하는 각 주의 형법에 따라 상이한 규정을 가지고 있었는데, 연방대법원은 1973년 Roe v. Wade 사건에서 이른바 3분기법에 따라서 제1삼분기에 해당하는 14주까지는 비교적 제한 없이 여성의 자유로운 낙태권을 인정하여 낙태 문제에 대한 일정한 입법적 가이드라인을 제공하였다. 하지만, 3분기법은 당시부터 격렬한 논쟁과 비판의 대상이 되었고 연방대법원은 20년이 경과한 1992년 Planned Parenthood v. Casey 사건에서 삼분기법을 폐기하고 당시 임신한 여성이 낙태시에 미성년자의 경우 부모 중 한 사람의 동의를 구하도록 하고 기혼 여성은 배우자에게 낙태 의사를 알렸다는 진술서에 서명할 것을 요구하는 등의 관련 법규정들이 낙태 의사를 가진 여성에게 부당한 부담(undue burden)을 부과하는 것인가 여부를 심사기준으로 적용하면서 부당한 부담을 위헌으로 판단하여 여성의 낙태권을 계속하여 인정하였다.

그로부터 다시 30년이 지난 2022년 연방대법원은 Dobbs v. Jackson Women's Health Organization 사건에서 Roe v. Wade 판결 및 Planned Parenthood v. Casey 판결 등의 선례를 뒤집으면서, 태아의 생명권 보호는 중대한 공익인 반면에 연방헌법은 낙태권을 규정하고 있지 않으며, 낙태를 규제하는 권한은 미국 국민들과 그들이 선거로 선출하여 민주적 정당성을 가지는 의회의 입법권으로 되돌려야 한다고 판시하였다. 낙태에 대한 미국의 입법례와 연방대법원의 판례는 미국에서도 여전히 극심한 논쟁의 대상일 뿐만 아니라 다른 나라의 제도와 법원의 판결에 지대한 영향을 미쳤으며, 앞서 논의한 우리나라 헌법재판소의 낙태 결정도 그 내용과 법리를 일부 수용하고 있다.

1) 1973년 Roe v. Wade 판결

(1) 판결 요지

이 사건은 1969년에 세 번째 아이를 임신한 Norma McCorvey가 "Jane Roe"라는 가명으로 제기한 소송이다. Roe는 낙태를 원했지만 산모의 생명을 구하기 위해 필요한 경우를 제외하고는 낙태를 불법화한 텍사스 주에 거주하였다. Roe의 변호사인 사라 웨딩턴(Sarah Weddington)과 린다 커피(Linda Coffee)는 Roe를 대리하여 지방검사 헨리 웨이드(Henry Wade)를 상대로 텍사스의 낙태법이 위헌이라고 주장하며 미국 연방지방법원에 소송을 제기했다. 연방지방법원의 특별 판사 3인으로 구성된 재판부는 이 사건을 심리하고 Roe의 청구를 인용하였다. 하지만, 양측은 이 판결에 대해 불복하여 연방대법원에 상고했다. 1973년 1월, 연방대법원은 미국 수정헌법 제14조의 적법절차 조항으로부터 임신한 여성이 낙태할 권리를 가지고 있으며, 이는 일종의 헌법상 근본적인 권리로서 "프라이버시의 자유"에 해당한다며 낙태를 금지하는 텍사스주 형법 조항에 대하여 7-2로 위헌결정을 내렸다.

동시에 연방대법원은 여성의 낙태에 대한 권리는 절대적인 것이 아니며 여성의 건강과 태아의 생명을 보호하려는 국가적 공익과 균형을 이루어야 한다고 판시하면서 이른바 삼분기법을 제시하여 태아의 생명권과 여성의 낙태권 간에 일종의 조정적 해법을 제시하였다. 연방대법원은 낙태에 대한 권리를 헌법상 여성의 근본적인 권리로 인정함으로서 이러한 근본적인 권리를 제한하는 법률 규정에 대한 사법심사에는 엄격심사기준이 적용된다는 점을 분명히 하였다. 연방대법원이 정립한 삼분기법에 따라서 임신기간의 제1분기 약 3개월간 여성은 원칙적으로 자율적인 낙태권을 제한받지 않는 근본적인 권리를 가진다. 즉 제1분기에서는 여성의 자기결정권을 인정한 것이다.

제2분기 3개월(임신 후 4-6개월) 동안에는 국가는 부녀의 건강을 보호하기 위한 목적으로만 낙태를 규제할 수 있다. 다시 말하자면, 이 기간에도 국가는 태아의 생명 보호가 아닌, 임산부의 건강을 보호하기 위해서만 낙태에 대한 규제가 가능하다고 판시하였다. 반면에 연방대법원은 제3분기(임신 後 7-9개월) 이후에 국가는 낙태절차는 물론, 낙태여부의 결정 자체를 규제할 수 있다는 견해를 제시하였다. 제3분기에서 국가는 여성의 자기결정권을 존중하기보다는 태아의 생명을 보호하기 위해 낙태를 제한할 수 있다. 다만, 제3분기에서도 예외적으로 임산부의 생명과 건강을 보호하기 위할 목적으로는 낙태가 허용된다. 이 시점부터는 태아의 생명권도 보호가 필요한 공익이지만 임산부의 생명과 신체의 건강 또한 고려되어야 할 공익이기 때문이다.

(2) 해설 및 평론

앞서 언급한 바와 같이 다수의견은 이 사건에서 문제가 된 텍사스와 같은 형식의 낙태죄 처벌 조항, 즉 오로지 산모의 생명을 구하기 위한 예외만 두고 임신 기간이나 다른 이해관계를 고려하지 않은 조항은 수정헌법 제14조의 적법절차조항에 위반된다고 지적하고 있다. 여기에서 적법절차조항에 위반된다는 의미는 법률상 여성에게 낙태를 금지하기 위한 조건이나 예외적 상황을 고려하지 않은 것이 "법의 적법한 절차"를 위반하여 여성의 헌법상 자유를 침해한 것으로 본다는 것이다. 따라서 여기에서 고려되어야 할 법의 적법한 절차로는 다음과 같은 사항이 있을 수 있다. 1. 대략 임신 제1분기까지의 낙태 결정과 그로 인한 결과는 오직 임신 여성과 주치의의 의학적 판단에 맡겨야 한다. 2. 제2분기 이후에는 여성의 건강이라는 법익을 위해서 주 정부는 합리적인 방식으로 낙태 절차를 규제할 수 있다. 3. 태아가 독자적인 생존인 가능한 제3분기 단계에서는 주 정부는 미래에 태어날 생명과 산모의 생명, 건강을 모두 보호할 절박한 법익이 있으므로 낙태를 금지하거나 규제할 수 있다.

그런데 문제는 헌법의 어느 조항이나 원칙, 원리에 의하더라도 여성의 임신기간이나 주기에 따라서 이를 3분기로 나누고 그에 따르는 상이한 법적 효과를 부여하고 있지 않다는 비판을 피하기 어렵다. 이는 다수의견의 법적 상상 내지 창작에 가까운 것으로서 명확한 헌법적 근거를 제시하고 있지 못하다는 근본적인 문제점을 안고 있다는 것이다. 앞서 언급한 바와 같이 이 판결이 내려진 이후 20년이 지난 1992년 Planned Parenthood v. Casey 사건에서 연방대법원이 여성의 낙태에 대한 근본적인 권리를 가지고 있음을 재차 확인하고 있음에도 불구하고 3분기법을 폐기하게 된 것과 무관하지 않다. 이는 3분기법이 가지고 있는 실천적 장점에도 불구하고 이를 뒷받침하는 헌법적 근거를 명확하게 제시하지 못하는 경우 결국 헌법재판이라는 헌법규범을 대상으로 하는 사법절차에서 설 자리기 없음을 보여주는 하나의 예라고도 볼 수 있다.

이 사건에서 다수의견은 여성의 낙태권을 프라이버시권에서 이끌어내고 있는데, 이와 관련하여 다수의견은 헌법이 명시적으로 프라이버시권을 규정하지는 않았지만 연방대법원의 일관되고 지속적인 판결을 통해서 헌법이 개인의 프라이버시권을 인정하고 있음을 강조하고 있다. 일종의 헌법해석을 통한 최고법원의 판례법이 개인의 프라이버시권이라는 기본권을 인정하고 있다는 의미이다. 다만, 다수의견은 여성의 낙태권은 절대적인 것이 아니며 낙태에 대한 국가의 규제권과 상호 형량의 관계가 있음을 밝히고 있다. 더 나아가 다수의견은 여성의 낙태를 위한 프라이버시권은 헌법이 보장하는 일종의 근본적인 권리(fundamental rights)이기 때문에 국가가 이를 제한하는 경우에는 중대한 공익(compelling state interest)이 있어야 하며 그렇기 때문에 입법자는 정당하고 중대한 공익의 내용과 범위를 매우 엄격하고 촘촘하게 입법할 의무가 있다고 판시하고 있다.

그런데 프라이버시권이 헌법적으로 연방대법원의 판례법으로 인정된다는 점에 대해서는 이의를 제기하기 어렵지만 이 프라이버시의 권리에 여성의 낙태권이 속한다는 논리는 쉽게 받아들이기 어려운 부분이다. 그 이유는 또 다른 생명의 주체인 태아의 생명권이 여성의 사적인 처분의 대상이 된다는 논리에 다름 아닐 수 있기 때문이다. 물론 임신 초기의 태아를 생명으로 볼 수 있는가 하는 문제는 의학적, 윤리적, 종교적 논쟁의 대상이기는 하지만 임신기간과는 관계 없이 전 주기를 통하여 태아가 생명권의 주체라는 입장은 앞서 언급한 바와 같이 우리나라 헌법재판소 일부 의견에서도 제기되었으며, 특히 2022년 미국 연방대법원의 Dobbs v. Jackson Women's Health Organization 사건에서 다수의견이 줄기차게 주장하는 내용이다.

여기에 더하여 여성의 낙태권이 헌법상 근본적인 권리에 해당하는가에 대해서도 상당한 비판의 여지가 있다. 연방대법원은 여기에서 말하는 근본적인 권리가 무엇인지에 대해서는 자세히 언급하고 있지 않지만 아마도 근본적인 권리는 헌법이나 법률상 창설되는 권리가 아니라 그 이전에 인정될 수 있는 자연권적인 권리 내지 여성 및 女性性과의 불가분의 관계, 즉 여성이기 때문에 가질 수밖에 없는 권리라는 의미로 해석할 여지가 있다. 하지만, 낙태권이 여성이기 때문에 가질 수밖에 없는 권리라는 점을 인정하더라도 다수의견이 밝히고 있는 바와 같이 이 근본적인 권리 자체도 국가의 중대한 공익과 형량관계에 있는 상대적인 권리라는 점을 고려할 때 헌법과 법률 이전에 존재하는 천부적인 권리는 아니라는 점에서 그 "根本性"에 대한 회의가 제기되는 것도 사실이다. 여성의 낙태권이 근본적인 권리라는 다수의견은 50년 후인 2022년 미국 연방대법원의 Dobbs v. Jackson Women's Health Organization 사건에서 격렬한 비판의 대상이 되었고 결국 파기된다.

2) 1992년 Planned Parenthood v. Casey 판결

(1) 판결 요지

연방대법원은 이 사건에서 1973년 Roe v. Wade 판결에서 확인된 여성의 낙태권과 관련한 중요한 이유를 재차 판시하였다. 여기에서 말하는 중요한 이유는 첫째, 여성은 태아가 독자적인 생존능력을 가지기 이전에 국가의 과도한 간섭 없이 낙태를 선택하고 이를 시행할 수 있는 권리를 가진다. 둘째, 태아가 독자적으로 생존이 가능한 시점 이후에는 법률이 여성의 생명이나 건강을 위협하는 임신상태를 규제하는 규정을 가지고 있는 경우에 주정부는 여성의 낙태권을 규제할 수 있다. 셋째, 주정부는 여성의 임신 초기부터 여성의 건강과 태아의 잠재적 생명권을 보호하기 위한 정당한 이익을 가지고 있다. 마지막으로 여성은 수정헌법 제14조가 규정하고 있는 개인의 자유, 그리고 헌법이 명시적으로 규정하고 있지는 않지만 개인적 자유와 불가분의 관계를 가진 프라이버시권으로부터 낙태 여부를 결정할 수 있는 근본적인 권리를 가진다.

연방대법원은 프라이버시권이 무엇인가 의미를 가질 수 있다면 그것은 독신 또는 기혼자가 국가의 부당한 통제와 간섭으로부터 벗어나 아기를 갖거나 혹은 포기할 것인가 하는 근본적인 개인의 결정과 같은 자유를 가지고 있다는 사실이라는 점을 강조하고 있다. 이 사건에서 연방대법원은 Roe v. Wade 판결에서 적용한 엄격심사기준인 삼분기법을 폐기하고 이를 대신하여 여성의 낙태권에 부당한 부담(undue burden)을 주고 있는가를 위헌심사기준으로 제시하였다. 이 사건에서는 당시 펜실베니아주 낙태통제법의 다섯 조항의 위헌 여부가 문제되었는데, 첫째, 낙태를 원하는 여성은 낙태 전 24시간 기다릴 의무와 함께 낙태가 본인의 건강에 얼마나 유해한지 그리고 태아에 대한 일정한 정보를 제공받도록 한다. 둘째, 미성년자가 낙태를 할 경우 부모 중 한 사람의 동의를 얻도록 한다. 셋째, 특정한 예외사유에 해당하지 않는 한 기혼여성이 낙태를 원하는 경우에는 배우자에게 낙태 의사를 알렸다는 진술서에 서명할 것을 요구한다. 넷째, 위 세 가지 외에 응급사유, 예를 들어 즉시 낙태를 하지 않으면 여성의 생명이나 건강에 치명적인 결과가 야기될 수 있는 경우 낙태를 허용한다. 다섯째, 낙태를 시행하는 요양기관은 기록보관 및 보고 의무가 있다. 연방대법원은 이 중 네 가지 조항은 합헌이라고 보았으나 기혼여성이 낙태의사를 사전에 배우자에게 통지하고 이를 진술서에 서명하도록 한 조항은 여성의 낙태권에 부당한 부담을 줄 수 있다는 이유로 위헌으로 결정하였다.

(2) 해설 및 평론

앞서 언급한 바와 같이 연방대법원은 이 사건에서 Roe v. Wade 판결의 중요한 이유를 모두 확인하였음을 언급하였다. 그 중 하나가 여성의 낙태권이 여성의 근본적인 권리(fundamental rights) 또는 기본권이라는 점을 재차 분명히 한 것이다. 하지만 이러한 견해를 비판하는 사람들은 수정헌법의 최초 8개 조항에 명시된 기본권에 낙태에 대한 권리가 명시되어 있지 않은데, 낙태에 대한 권리를 어떻게 기본권으로 인정될 수 있는가 하는 의문을 제기하였다. 하지만 연방대법원은 수정헌법 제14조의 의미를 다음과 같이 해석하였다.

1. 수정헌법 제14조의 적법절차 조항은 절차적인 사안뿐만 아니라 실체법적인 사안에도 적용된다(procedural due process and substantive due process). 2. 즉 "자유"라는 단어에 포함되는 모든 기본권은 연방헌법에 의해 주 정부의 침해로부터 보호된다. 이러한 의미에서 연방대법원은 수정헌법 제14조의 적법절차 조항은 주 정부에 대항하기 위한 권리장전의 대부분을 포함한다고 판시한 바 있다. 3. 수정헌법 제14조는 연방헌법이 비준될 당시에 존재하던 기본권(수정헌법 처음 8개 조항) 또는 정부의 간섭에 대항하여 다른 법령에 의해 보호되었던 권리가 아직 아니었으므로 이 사건에서 적용할 수 없다는 논리는 연방대법원의 일관된 입장이나 미국의 법체계에도 부합하지 않는다. 4. 정부가 개입할 수 없는 개인의 자유 영역이 있다는 것이 헌법의 약속으로서 예를 들어, 혼인의 권리는 권리장전 어디에도 언급

되어 있지 않으며, 19세기 대부분의 주에서 다른 인종 간의 결혼은 불법이었으나, 연방대법원은 다른 인종 간의 결혼은 적법절차 조항의 실질적인 구성요소로서 주 정부의 간섭으로부터 보호받는 자유의 한 측면이라고 판단하였다.

연방대법원은 수정헌법 제14조의 실질적 자유로서 여성의 낙태권이 가지는 의미에 대하여 다음과 같이 판시하고 있다. 연방대법원의 의무는 우리 자신의 도덕 규범을 강요하는 것이 아니라 모든 사람의 자유를 정의하는 것이다. 개인의 자유는 결혼, 출산, 피임, 가족 관계, 자녀 양육 및 교육과 관련된 개인적인 결정에 대해 헌법상의 보호를 제공하며 연방대법원의 선례들은 국가가 개입할 수 없는 가정생활의 사적인 영역을 존중해 왔다. 수정헌법 제14조에 의해 보호되는 "자유"의 중심에는 한 사람이 일생 동안 결정할 수 있는 가장 친밀하고 개인적인 선택들, 즉 개인의 존엄성과 자율성과 관련하여 그 중심이 되는 선택들과 연관된 문제들이 존재한다. 따라서 "자유"의 핵심에는 인간 생명의 신비에 대한 본인 스스로의 인식을 정의할 권리가 있기 때문에 이러한 문제들에 대한 신념이 주 정부의 강제 하에 형성된다면, 이러한 신념이 개인적 특징들을 정의할 수는 없을 것이다.

낙태는 매우 특별한 행위로 다른 사람들에게 많은 영향을 끼치고 있는데, 예를 들어 자신의 결정에 따른 결과를 안고 살아야 하는 여성들, 낙태시술을 직접 수행하고 지원하는 사람들, 배우자와 가족, 그리고 무고한 인명을 앗아가는 폭력적인 시술 절차가 존재한다는 사실에 직면해야 하는 사회 구성원들을 고려한다면 여성의 운명은 그녀 자신의 양심과 사회에서 수행하는 그녀의 역할에 의해 결정되어야 하는 것이 원칙이다. 이러한 의미에서 Roe v. Wade 판결은 개인의 실질적 자유에 대한 보호를 제공하고 있다.

낙태가 여성의 기본권인가 하는 논란과 더불어 연방대법원이 이 사건에서 심사기준으로 제시한 "부당한 부담" 역시 상당한 비판을 받았다. 이는 Roe v. Wade 판결에서 심사기준으로 적용된 3분기법에 비하여 그 내용이 모호한 일종의 불확정 개념이기 때문이다. 실제로 "부당"과 "정당", "불합리"와 "합리성"을 구분한다는 것 자체가 어려운 것이고 그것이 사실판단의 영역인지 혹은 규범적 판단의 대상인가에 대해서도 상당한 논란이 있을 수 있다. 어떻게 보면 재판부가 설정한 매우 작위적인 기준이라는 생각도 지울 수 없다. 특히 부당한 부담에 대하여 문제를 제기하고 비판한 당시 렌퀴스트(William Renquist) 대법원장의 입장을 들어 보면 다음과 같다.

연방대법원은 이 사건에서 국가가 여성의 낙태권을 규제하는 새로운 심사기준으로서 부당한 부담이라는 기준을 최종적인 결과로 제시하였다. 그런데 Roe v. Wade 판결은 낙태는 여성의 기본권이고, 이를 국가가 규제함에 있어서는 엄격심사기준을 통과하는 경우에 한하여 합헌으로 인정된다는 원칙을 받아들였다. 물론 렌퀴스트 대법원장은 Roe v. Wade 판결의 삼분기법에 대해서도 자신은 반대의견을 제시했다고 밝히면서도 그럼에도 불구하고 삼분기법은 Roe v. Wade 판결이 내려질 당시에는 최소한의 승인된 헌법적 근거를 가지고 있다고 보았다. 반면에 부당한 부담이라는 기준은 여기에 동의한 대법관들의 순수한 창작물에 불과한 것이다. 그렇기 때문에 렌퀴스트는 오늘날에도 부당한 부담이라는 심사기준이 5인 이상 대법관 다수의견의 찬성을 받을 수 없는 이유가 바로 그것이라고 지적하고 있다.

부당한 부담이라는 심사기준에 대한 비판에는 스캘리아(Antonin Gregory Scalia) 대법관도 가담하고 있다. 그는 전적으로 렌퀴스트 대법원장의 견해에 동의하면서 부당한 부담은 원칙이 없고 일관된 법적 근거를 상실하고 있다고 지적하면서 더 이상 유의미한 심사기준이 될 수 없다고 비판하고 있다. 한편, 스캘리아 대법관은 낙태가 여성의 헌법상 기본권이라는 견해에 대해서도 강하게 비판하면서 흥미롭게도 낙태를 重婚(중혼: Bigamy)과 유사한 것으로 비교하고 있다. 그에 따르면 미국 사회의 합리적인 구성원들이 반대하는 중혼 금지법률은 성인이 배우자와 혼인하고 다른 사람과 동거하는 자유를 침해하는 측면이 있기는 하다. 그럼에도 불구하고 중혼은 헌법이 보호하는 개인적 자유라고는 말할 수 없다. 이러한 논리가 바로 낙태에도 적용된다는 것이다. 그 이유는 낙태와 중혼 모두 헌법이 명시적으로 규정한 제도가 아니며 미국 사회의 오랜 전통이 두 제도를 모두 법으로 금지해 왔기 때문이라는 것이다.

3) 2022년 Dobbs v. Jackson Women's Health Organization 판결

(1) 사건의 개요

연방대법원은 2022년 이 사건에서 여성의 낙태권을 인정하였던 Roe v. Wade 판결과 Planned Parenthood v. Casey 판결이 헌법적 근거를 가지고 있지 않다는 이유로 모두 파기하고 낙태의 허용 여부를 각 주의 권한으로 되돌리는 의미에서

“역사적”(반동적?)인 판결을 하였다. 2018년 미시시피주는 임신週數법(Gestational Age Act)을 제정하여 응급의료상황 또는 태아가 심각한 기형인 경우를 제외하고는 임신 15주 이후의 낙태를 전면적으로 금지하였다. 미시시피주의 유일한 낙태시술 의료기관인 Jackson Women’s Health Organization은 이 법이 낙태를 헌법상 기본권으로 보장한 선례에 위반한다고 주장하면서 해당 법률의 위헌확인을 구하는 심판을 연방지방법원에 청구하였다. 연방지방법원은 주 정부는 태아가 독자적 생존능력을 가지는 시기 이후에만 낙태를 금지할 수 있으며 아직 생존능력 시기에 이루지 않은 임신 15주 이후의 모든 낙태행위를 금지한 것은 헌법에 위반된다며 해당 법률의 시행을 금지하였다. 이에 미시시피주 보건당국이 항소하였으나 연방항소법원이 이를 기각하자 연방대법원에 상고한 사건이다. 이 사건의 판결은 대법관의 이념적 성향에 따라서 보수성향 5인의 법정의견과 법정의견에 대한 2인의 보충의견, 존 로버츠 대법원장의 별개의견 그리고 대법관 3인의 반대의견을 포함하고 있다.

(2) 법정의견

법정의견은 미국법의 역사와 전통에 따르더라도 낙태가 일반적으로 허용되지 않았으며 헌법의 어느 조항도 명시적으로 여성의 낙태권을 언급하지 않았다는 주장을 반복적으로 하고 있다. 따라서 Roe v. Wade 판결과 Planned Parenthood v. Casey 판결과 같은 선례들은 마땅히 파기되어야 한다. 헌법이 명시적으로 여성의 낙태권을 언급하지 않은 것은 물론 위 선례들의 견해와는 달리 수정헌법 제14조의 적법절차 조항은 여성의 낙태권을 어떠한 논리와 해석으로도 암묵적으로 보호하지 않는다. Casey 판결에서 복수의견은 오로지 선례구속의 원칙에 기반하여 Roe 사건의 중요한 이유를 재확인하였지만 Roe 판결은 처음부터 명백한 오류를 가지고 있다. 그 논증은 지극히 빈약했으며 낙태 문제에 대한 해법을 제시하기는커녕 논쟁을 촉발시키고 분열을 심화시켰다.

수정헌법 제14조가 말하는 자유가 무엇인지를 해석함에 있어서 법원은 그와 같이 헌법에 명시되지 않는 권리를 인정하는데 매우 신중할 필요가 있다. 특히 Casey 판결에서 복수의견이 제시한 실체적 적법절차는 때때로 법원에게는 위험한 분야이다. 그리고 자칫 잘못하는 경우 국민이 선출한 의회의 권한을 법원이 빼앗는 결과가 될 수 있기 때문이다. 따라서 법원이 수정헌법 제14조로부터 새로운 권리를 도출하여야 하는 경우에 그러한 자유가 법원 구성원의 정치적 선호에 따라서 미묘하게 변형되지 않도록 최대한 주의를 기울여야 한다. 법정의견은 그러한 조심스러운 입장에 따라서 이 자유라는 용어가 무엇을 의미하는지 해석할 때 분명히 수정헌법 제14조는 여성의 낙태할 권리를 인정하지 않는다고 결론 내리고 있다.

법정의견은 여성의 낙태권을 부인하는 중요한 논거 중 하나로서 낙태권이 미국의 역사와 전통에 뿌리는 가지고 있지 않다고 반박한다. Roe 사건 이전까지 미국에서는 여성의 낙태권을 지지하는 견해는 거의 찾아볼 수 없었는데, 그 이유는 낙태행위가 많은 주에서 오랜 동안 범죄로 처벌되었기 때문이다. 수정헌법 제14조가 채택될 당시 주의 4분의 3이 임신의 모든 주기에서 낙태를 범죄로 규정하고 있었으며 낙태를 금지하는 전통과 법률은 1973년까지 지속되었다. 그런데 연방대법원은 Roe 판결과 Casey 판결에서 이러한 역사적이고 실정법적인 상황은 모두 무시한 채 단순히 낙태권이 광범위하게 확립된 여성의 권리라는 점만을 부각시키고 있을 뿐이다. Roe 사건에서는 이를 프라이버시권이라고 불렀고, Casey 사건에서는 이것을 개인적인 존엄과 자율성의 중심에 있는 친밀하면서도 개인적인 선택을 할 수 있는 자유라고 보았다.

Casey 사건에서 연방대법원은 이러한 자유의 중심에는 존재, 의미, 우주, 인간 생명의 신비에 대한 자신의 개념을 정의할 수 있는 권리라고 설명하였다. Roe 판결은 헌법이 묵시적으로 여성의 낙태권을 인정하였으나 그러한 권리의 근거를 문헌, 역사, 선례 등에서 찾을 수 없다. 앞서 언급한 바와 같이 Casey 판결은 Roe 판결의 중요한 이유를 재차 확인하면서 Roe 판결의 역사적 오류와 3분기법을 폐기하였지만 그 체계가 모호하기 그지없는 부당한 부담이라는 심사기준으로 대체하였을 뿐이다. 따라서 연방대법원은 Roe나 Casey 판결과 같은 잘못된 선례가 선례구속의 원칙 아래 법원의 평가에서 영원히 면제된다고 선언할 권한을 가지고 있지 않다.

선례구속의 원칙은 헌법의 불가결한 명령이 아니기 때문에 연방대법원은 이를 기꺼이 재고하고 필요하다면 선례를 번복하여야 한다. 결론적으로 여성의 낙태권은 헌법의 명문 규정이나 미국의 역사적 전통에 근거하고 있지 않기 때문에 여성의 기본권이 아니다. 따라서 헌법은 각 주의 법률이 낙태를 규제하거나 금지하는 것을 허용하고 있음에도 Roe 판결과 Casey 판결이 이러한 주의 권한을 박탈한 것이다.

이제 연방대법원은 이 판결을 통해서 선례를 파기하고 낙태를 규제할 수 있는 권한을 주 의회에게 되돌려 준다.

(3) 반대의견

이 사건에서 반대의견은 이미 연방대법원이 Roe와 Casey 판결에서 확인한 중요한 이유를 재차 확인하면서 다음과 같이 법정의견을 비판하고 있다. Roe 판결은 수정헌법 제14조의 개인의 자유 개념에 근거한 결혼, 출산, 피임, 가족관계, 자녀양육 및 교육과 관련된 개인의 결정을 보호하고 있으며 같은 이유로 연방대법원은 헌법이 임신을 중단할지 여부에 대한 여성의 결정을 보호해야 한다고 판시하였다. 그러나 이와 동시에 Roe 판결은 낙태를 규제하는 데 있어 주(State)의 정당한 이익을 주목하였다. 여성의 권리에 대한 어떠한 절대적인 권리도 그러한 주의 중요한 이익을 간과할 수는 없다. 결국 연방대법원은 낙태를 할 수 있는 임신의 3단계를 정함으로써 여성의 권리와 주의 타당한 규제이익 간에 균형을 유지하였다. 즉 연방대법원은 임신 초기에는 여성의 선택권이 우선하지만, 어떤 특정 시점부터는 주의 이익이 지배적이 된다고 판시한 것이다.

연방대법원은 Casey 판결에서 이 문제를 다시 고심하고, Roe 판결의 핵심적인 교훈을 유지했다. Roe 판결과 같이 Casey 판결 역시 수정헌법 제14조에 따른 자유에 대한 보장에 그 근거를 두고 있다. 연방대법원은 Roe 판결을 재확인함과 동시에, 낙태에 대한 다양한 관점과 충돌하는 다양한 주의 이익의 중요성을 충분히 고려하였다. Casey 판결은, 여성의 자유권에 대한 이익이 주의 잠재적 생명보호에 대한 이익에 자리를 넘겨주는 데 있어, “독자적 생존능력”을 판단하는 기준은 그 어떤 기준보다 “실행가능한 기준”이라고 보았다. 다시 말하자면, 주는 여성의 건강을 보호하기 위해서뿐만 아니라 태아를 보호하기 위해 낙태를 제한할 수 있지만 주는 낙태를 원하는 여성들에게 부당한 부담(undue burden)을 부과할 수 없다. 연방대법원은 지난 50 년간 미국의 헌법 제도가 상호 충돌하는 이익들을 인정하고 그 사이의 균형을 찾고자 하였고 Roe 판결과 Casey 판결은 역시 이러한 법리와 관행의 소산이라고 인정한 것이다.

하지만 유감스럽게도 이번 Dobbs 판결은 헌법에서 여성의 이익은 전적으로 무시하고, 주 또는 연방정부의 이익만을 인정했을 뿐이다. Dobbs 사건에서 연방대법원은 지난 50년간 여성들이 가지고 있던 권리를 훼손한 순간, 법원은 더 이상 중립적이 아니게 되었다. 연방대법원은 한쪽 편을 든 게 된 것이고, 권리를 행사하고자 하는 여성의 반대편에서 그들의 권리를 막아서고자 하는 주(미시시피와 같은)의 입장을 대변했다고 볼 수밖에 없다. 여성에게 임신을 지속하게 하고 출산을 강요하는 것만큼 더 큰 신체적 침해는 드물다. 아이를 낳을지, 그리고 언제 낳을지를 결정할 수 있는 능력이 없다면, 여성들은 어떻게 자신의 삶을 살 것인지, 그리고 자신을 둘러싼 사회에 어떻게 기여할 것인지를 결정할 수 없게 된다.

법정의견이 가장 놀라운 점은 이 판결이 여성에게 미칠 영향에 대한 진지한 논의가 없다는 점이다. 다시 말하자면, 법정의견은 미국 여성들의 실제 삶과 너무도 동떨어져 있다. 그동안, 여성들은 임신과 출산에 대하여 가족이나 의사와 상의할 수는 있으나, 임신을 지속할지 여부는 국가의 간섭으로부터 자유로울 수 있을 것이라고 기대해왔다. 그러나 이제 그러한 임신을 겪어야 할 사람들에게는 Roe와 Casey 판결의 부재는 재앙이 될 수 있다. 이는 특히 빈곤층 여성에게 더 그러하다. 많은 여성들은 출산에 드는 비용과 위험을 감수할 것이고, 또 다른 사람들은 필사적으로 불법적이고 안전하지 않은 낙태를 시도할 것이다. 이제 그들은 그들의 자유권뿐만 아니라 생명권마저 잃을 수 있다. 이번 판결 이후, 어린 여성들은 그들의 어머니와 할머니들이 가졌던 것보다 더 적은 권리를 가진 채 성년이 될 것이다.

법정의견은 여성들이 그들의 선택권에 어떻게 의존해왔는지, 그리고 그것을 빼앗는 것이 어떤 것을 의미하는지 충분한 고려 없이 결론을 내렸다. 반대의견에 참여한 소토마요르 대법관은 이성(reason)이 아닌 힘(power)이 연방대법원 결정의 새로운 경향이 되어버렸다고 개탄하였다.[1)] Roe 판결은 50년간 유지되어 왔고, Roe 판결을 재확인한 Casey 판결은 30년간 유지되어 왔다. 법치주의의 중요한 요소인 선례구속의 원칙은 그 판결들의 지속적인 존재를 단단히 뒷받침해 왔다. 낙태권의 인정과 재확인 이후, 법률관계, 사실관계 사고방식 모두, 오늘 법정의견을 뒷받침 할 새로운 변화는 아무 것도 없었다. 바뀐 것은 이 연방대법원뿐이다.

미시시피주를 비롯한 다른 주들은 Roe와 Casey 판결을 뒤집기 위해 무엇을 해야 하는지 정확히 알고 있었다. 이 사건에서 문제가 된 미시시피 주의 임신 15주 낙태금지 규정은 2018년에 제정되었고, 다른 주들도 빠르게 뒤쫓았다. 2019년에

1) "Power, not reason, is the new currency of this Court's decisionmaking."

서 2021년 사이에 8개 주에서 임신 6-8주 이후의 낙태를 금지하였고, 3개 주는 전면적으로 금지하는 법을 제정하였다. 법정의견은 50년간 인정된 여성의 자유와 평등을 보장하는 헌법적 권리를 제거하고, 선례구속의 원칙이나 신뢰보호원칙과 같은 법의 지속성에 필요한 핵심적인 법치주의의 원칙을 어김으로써 피임에서부터 동성간의 결혼까지 모든 권리들을 위험에 빠지게 하였다.

그리고 결국 연방대법원은 미국 시민의 기본적인 권리 보장이라는 기능을 상실하고 그 존재 의의마저 훼손하였다. Roe 판결과 Casey 판결을 파기함과 동시에 연방대법원은 "끔찍한 대가"를 치르게 될 것이다. 그들은 국민에 대한 사법부의 신뢰는 오랜 시간에 걸쳐 얻어진다는 것을 알고 있었다. 그리고 그들은 그러한 신뢰가 훨씬 더 빠르게 파괴될 수도 있다는 것도 알고 있었다. 법정의견은 Roe 판결과 Casey 판결을 폐기하면서 그 기본적 원리를 배신하였다. 우리는 이 연방대법원에. 아니, 오늘날 헌법상의 보호를 잃은 수많은 미국 여성들에게 슬픔을 표하며 법정의견에 반대한다.

(4) 해설 및 평론

사실 Dobbs 판결은 낙태라는 도덕적, 윤리적, 종교적, 철학적 논쟁이 응축된 복잡한 사안임에도 불구하고 법정의견이 보여준 단순하고 일방통행적 방식에 대해 우려와 놀라움을 표하지 않을 수 없다. 법정의견은 여성의 낙태권이 헌법 어디에도 규정된 바 없으므로 이를 기본권으로 인정할 수 없으며 미국의 역사와 관행이 낙태를 금지하여 왔다는 논리 외에는 낙태 문제가 가지는 고도의 복잡성과 다층적 구조를 애써 외면한 듯한 인상마저 풍긴다. 일단 법정의견은 지난 50년간 낙태 문제를 규율하여 왔단 Roe와 Casey 판결과 같은 선례들에 나타난 합리적 이성을 송두리째 부인하고 있다는 점에서 다소 충격적이기도 하다. 물론 미국법상 선례구속의 원칙이 중요하지만 금과옥조는 아니며 사회적, 시대적 변화에 따라서 그 실체적 법리와 내용이 부당하다고 판단되는 경우 파기의 대상이 될 수 있다. 하지만, 선례를 파기하려면 그에 상응하는 설득력 있는 근거와 법리가 제시되어야만 한다.

Roe와 Casey 사건이 강조하는 바와 같이 낙태에는 여성의 자유, 낙태권과 태아의 생명권이라는 근본적인 가치의 충돌이 발생한다. 그래서 선례들은 이 두 가지 대립하는 근본적인 가치 간의 균형을 유지하기 위해서 여성의 자유와 낙태권을 존중하되 일정한 임신 주기가 경과하는 경우 혹은 여성에게 부당한 부담을 주는가 여부에 따라서 국가가 낙태에 대한 규제권을 행사할 수 있도록 인정하고 있다. 하지만 Dobbs 사건에서 법정의견은 여성의 임신기간이나 주기, 그것이 여성에게 실질적으로 부당하고 불합리한 부담을 주는가 하는 문제와는 관계 없이 일방적으로 태아의 생명권을 보호하는 주의 이익만을 일방적으로 우선시 하고 있다. 이는 법률가가 취하는 균형과 중용의 미덕보다는 이념에 치우친 일종의 종교적 일방주의와 유사한 사법적 근본주의에 다름 아니다.

반대의견을 작성한 소토마요르 대법관은 작금의 연방대법원이 이성보다는 권력에 의하여 지배당하고 있다고 하소연하는 부분도 눈 여겨 볼 대목이 아닐 수 없다. 연방대법원은 이 사건뿐만 아니라 후술하는 바와 같이 2023년 미국 사회에서 지난 수십 년간 유지되어 온 소수자에 대한 적극적 평등실현조치(이른바 Affirmative Action)를 대학 입학에 반영하는 것이 평등권 위반이라고 판시하였다. 이 사건에서도 Dobbs 판결과 같이 대법관의 이념적 성향에 따라 갈리게 되었고 소토마요르, 케이건, 브라운 잭슨 여성의 3인 대법관이 반대의견을 제시하였다. 소토마요르 대법관이 이 사건에서도 역시 반대의견을 작성하였는데, 미국의 연방대법원이 이성과 합리성, 법관의 직업적 양심보다는 이념과 정치적 성향에 따라서 다수의 힘으로 소수를 제압하려는 경향은 진정으로 우려할 만한 상황이 아닐 수 없다.

3. 독일

1) 연방헌법재판소 제1차 낙태결정의 주요 내용

독일 연방의회는 1974년 형법개혁을 통해 임신 12주 이내의 여성의 동의 아래 의사가 실시하는 낙태는 처벌하지 않도록 규정하였다(제218a조).[2] 다만, 제218b조에 따라 의학적이거나 우생학적인 낙태의 이유가 있다면 낙태행위는 12주가 경과한 후에도 처벌되지 않는다. 우생학적 이유로 낙태하는 경우에는 임신 후 22주의 기간까지만 허용된다. 그리고 낙태를 희망하는 여성은 의사 또는 전문상담소에서 미리 상담과 조언을 받을 의무를 규정하였다(제218c조). 하지만 독일의 보수정당인 CDU(독일 기독교 민주연합)/CSU(독일 기독교 사회연합) 소속의 연방의회의원 193명

2) 이를 이른바 기한방식해결(Fristenlösung)이라고 한다.

은 임신 12주 이내의 낙태에 대한 불처벌은 태아의 생명권을 침해하고 있다고 주장하면서 연방헌법재판소에 추상적 규범통제를 청구하였고 연방헌법재판소는 1975년 2월 25일 형법 제218a조가 태아의 생명을 적절하게 보호하지 않는다고 보아 위헌이며 무효라고 판시하였다(BVerfGE 39, 1). 이를 흔히 제1차 낙태결정이라고 부른다.

추상적 규범통제의 쟁점은 임신 후 12주 이내의 낙태를 일정한 조건하에서 처벌하지 않는 이른바 5차 형법개혁법률의 기한규정이 기본법에 합치되는지 여부였다. 연방헌법재판소에 따르면 모태에서 발육중인 생명은 헌법의 보장(기본법 제2조 제2항 제1문, 제1조 제1항) 아래 독자적인 법익을 가진다. 국가는 생명에 대한 기본권적 보호의무를 가지는데, 이러한 국가의 보호의무는 태아에 대한 직접적인 침해를 금지할 뿐만 아니라 국가에게 이러한 생명을 보호하고 지원하면서 지켜줄 것을 명령한다. 태아를 보호할 국가의 의무는 태아를 잉태한 모(母)에 대해서도 존재하므로 국가는 임신부를 포함한 제3자에 의한 침해로부터 태아를 보호해야 한다. 태아의 생명 보호에 대한 국가의 의무는 원칙적으로 임신의 모든 기간 동안 임신부의 자기결정권에 대한 우선권을 가지기 때문에 여성의 임신 전주기 중 일정한 기간 동안만 문제될 수 있는 것은 아니며, 임신초기라거나 하는 특정 시기라고 해서 예외가 될 수 없다.

태아의 생명을 보호하고 임신한 여성에게 낙태할 자유를 허용하는 균형은 불가능하다. 낙태는 항상 태아 생명의 파괴를 의미하기 때문이다. 인간의 생명은 헌법질서 내에서 최대한의 가치를 나타내므로 더 이상 설명할 필요가 없다. 그것은 인간 존엄성의 중요한 기초이자 다른 모든 기본 권리의 전제 조건이라는 점에서 연방헌법재판소는 임산부의 자기결정권보다 태아의 생명을 보호하는 방향으로 결정을 내려야 한다. 입법자는 낙태행위의 법적 규제를, 형사처벌의 방법이 아닌 다른 형태로 입법할 수 있다. 중요한 것은 태아의 생명을 보호하기 위한 여러 조치들이 전체적으로 볼 때 실질적으로 태아의 생명보호에 기여하는 가에 있는 것이다. 헌법에 의하여 요구되는 보호가 다른 방법으로는 도달될 수 없는 극단의 경우에는, 입법자는 태아의 보호를 위해 형벌의 수단을 강구할 의무가 있다.

다만, 임신으로 인해 임산부의 생명이나 건강이 결정적으로 위협 당할 경우 이를 피하기 위해 낙태가 불가피한 것으로 생각될 수 있다. 또한 임산부의 건강과 생명에의 위협과 견줄만한 사유로 인하여 임산부에게 임신을 계속하도록 부담 지우는 것을 기대할 수 없다고 판단되는 경우에도 입법자는 낙태를 처벌하지 않도록 할 수 있다. 형법개혁을 통하여 입법자는 임신 최초 12주 동안의 형벌 부과를 일정한 요건 하에서 일반적으로 폐지하고 대신에 예방적 상담과 교육을 도입한다는 결론을 이끌어 냈다. 그러나 해당 규정들은 여러 가지 점에서 결정적인 헌법적 의문을 제기하고 있다. 다시 말하자면, 상담제도가 태아의 생명을 임산부의 완전하고 자유로운 처분권에 맡김으로써 가벌성의 완전한 폐지를 통하여 적지 않은 사례들에서 태아의 보호가 완전히 제거되는 보호의 흠결이 발생하였다는 점을 지적하지 않을 수 없다.

형법 제218a조와 관련하여 낙태의 문제에서 충돌하는 두 개의 법익은 임산부의 자기결정권과 태아의 생명권인데 입법자는 기간에 의한 해결 방식을 통해 권한 있는 상담기관이라는 조건을 붙이기는 하였지만 궁극적으로 임신 12주 내의 낙태를 처벌하지 않는 방식으로 결정하였으므로 결과적으로 여성의 자기결정권을 우선시하였다고 볼 수 있다. 독일 기본법상 태아는 인간이고 생명의 보호를 기본법상 최고의 법익으로 보호하는 만큼 이러한 조항은 생명보호 의무에 반하는 위헌적인 규정이다. 결국 독일 기본법상 국가는 기본적으로 임산부의 임신을 지속시킬 의무를 가지고 있기 때문에 원칙적으로 낙태는 불법이다.

2) 제2차 낙태결정의 주요 내용

1974년 제5차 형법개혁법률에 대한 연방헌법재판소의 제1차 낙태결정에 따라, 연방의회는 1976년 제15차 형법개정법률을 입법하였는데 낙태처벌과 그 예외에 대한 제218조, 제218a조의 내용은 다음과 같다. 수정란의 자궁벽 착상 이후(잉태 후 13일 경과 시기로 판단)에 행해진 낙태는 처벌된다. 하지만 예외적으로 다음과 같은 사유가 있는 경우에는 12주까지 낙태가 허용된다. 1. 의학적 사유(Medizinische Indikation) 2. 우생학적 사유(Embryopathische Indikation): 이 사유가 인정되는 경우 22주까지 낙태가 허용 3. 성범죄로 인한 임신사유(Kriminologische Indikation) 4. 임신부가 임신으로 사회적, 경제적인 어려움에 처한 사유(allgemeinge Notlageindikation oder soziale Indikation).[3] 형법 개정을 통하여 기존보다 낙태처

3) 이를 사유해결방식(Indikationslösung)이라고 한다.

벌에 대한 예외적 사유가 보다 상세해진 것은 사실이지만, 전통적인 낙태규제방식으로 회기하였고 더욱이 임산부가 임신으로 사회적, 경제적인 어려움에 처한 사유까지도 낙태를 허용하는 것은 지나치게 여성의 자기결정권을 확대하는 것이며 태아의 성명권 보호에 대한 국가의 의무를 저버리는 것이라는 비판도 제기되었다.

한편, 1990년 독일이 통일됨에 따라서 서로 상이한 낙태규정을 가지고 있었던 통일전 동서독의 법적 통합을 위하여 1990년 8월 31일 체결된 통일 조약 제31조 4항에 따라서 모든 독일 연방의회가 늦어도 1992년 12월 31일까지 태아의 생명을 보호하고 임산부의 갈등 상황을 헌법적으로 해결하는 규정을 채택할 것을 요구하였다. 이에 연방의회는 임산부 및 가족보조법(Schwangeren- und Familienhilfegesetz: SFHF)을 제정하고 1992. 7. 27. 연방참사원의 동의를 얻어 8.4.일자로 이 법을 공포하였다. 이 법에 따라 개정된 형법 제218조는 과거와 동일하게 원칙적으로 낙태를 범죄로 처벌하되, 218a조는 1.임부가 임신중절을 요청하고, 적어도 시술 3일 전에 상담할 것 2. 의사가 임신 중절을 시행하고 3. 수태 후 12주 이상 경과하지 않았을 것을 요건으로 하여 낙태를 허용하였다.

그러나 이 규정에 대해서 역시 기독교민주당과 기독교사회당의 의원 249명이 추상적 규범통제를 위한 위헌법률심판을 연방헌법재판소에 제기하였고 연방헌법재판소는 효력정지가처분 신청을 거쳐, "형법 제218a 1조의 상담의무를 지킨 임신 후 12주까지의 낙태는 위법하지 않다"는 규정은 헌법에 위배된다는 결정을 하였다(BVerfGE 88, 203). 연방헌법재판소의 결정에 따르면 헌법은 국가에 인간의 생명권을 수호하도록 의무를 지웠으며 이에는 태어나지 않은 태아의 생명까지 포함한다. 국가의 생명보호 의무는 헌법 제1조 제1항에서 도출되며, 태어나지 않은 태아도 인간으로서의 존엄성을 가진다. 따라서 국가의 법질서는 당연히 태아의 생명권을 보장해야 한다. 태어나지 않은 아이도 어머니로부터 법적인 보호를 받을 권리가 있다. 그러한 보호는 입법자가 낙태를 원칙적으로 금지하고, 출산을 해야 하는 법적인 의무를 임산부에게 지우는 것에 의하여만 가능하다.

낙태에 대한 근본적인 금지와 아이를 출산하여야 하는 근본적인 의무는 헌법에서 요구하는 분리할 수 없는 두 가지 요소이다. 따라서 낙태는 임신의 전(全) 기간 동안 원칙적으로 부당한 것으로 간주되어야 하며 법적으로 금지되어야 한다. 태어나지 않은 아이의 생명권은 비록 어머니일지라도 제3자의 자유롭고 법적 구속력 없는 결정에 넘겨져서는 안 된다. 국가는 생명보호의무를 다하기 위해 과소보호금지(Untermaßverbot)의 원칙 하 규범적이고 사실적인 성격의 모든 조치를 취해야 하며, 이는 다른 법익과의 조화 속에서 적합하고 효과적으로 이루어져야 한다. 입법자가 임신초기 및 임신과 관련하여 임산부를 설득하기 위해 상담에 초점을 두는 것은 태아의 생명보호를 위한 방법의 하나로서 헌법상 근본적으로 금지되어 있지 않다.

하지만, 그러한 상담은 태아의 출산을 위해 임산부가 긍정적인 조건을 만들어 갈 수 있도록 하는 방도를 마련하여야 하며, 상담절차는 국가의 책임 아래 집행되어야 한다. 상담에 관한 규정은 여성의 책임감을 강화하기 위해 고안되었으며 가족의 책임, 사회적 환경 및 의사와 관계없이 궁극적으로 실제적인 최종결정을 하고 책임을 지는 여성의 책임감을 강화하는 것을 목표로 하고 있어야 한다. 그래야만 상담규정이 태아에 대한 생명권 보호 효과를 예상할 수 있을 것이다. 낙태가 합법적인 사유에 의해 행해지는 것이 아닐 경우에는 사회보장 및 건강보험의 혜택을 누릴수 없으며, 이는 기본법의 취지에도 역행한다.

연방헌법재판소의 제2차 낙태판결은 92년도 개정법률로 인한 새로운 상담규정이 “여성의 책임성 강화“ 등의 여러 실질적 요구를 담고 있지 않다고 판단하였다. 또한 본 규정은 상담의 목적이 태아의 생명보호를 우선순위로 한다는 것을 명확히 인식할 수 없다고 하였는데, 이는 상담이 단지 낙태를 정당화하는 구실만 될 수 있음을 우려한 것이라는 판단에 기인한 것이다. 아울러, 연방헌법재판소는 당시의 상담소 조직, 활동 및 국가감독 면에서도 태아의 생명보호를 위해 불충분하다고 보고 국가는 실질적인 상담이 이루어질 수 있는 입법을 촉구한 것이다. 연방헌법재판소는 상담을 통하여 형식적으로 정보가 주어지는 것이 아니라, 태아보호를 위하여 실질적인 도움이 될 수 있도록 되어야 한다는 점을 강조한 것이다.

3) 해설 및 평론

연방헌법재판소는 제1차 낙태판결과 제2차 낙태판결을 통하여 낙태에 대한 여성의 자기결정권을 인정하지 않고 태아의 생명권 보호를 우선시키는 견해를 일관되게 유지하였다. 태아 역시 생명권과 인간 존엄권의 주체로서 국가의 강력한 보호를 받아야 하며 이러한 기본 입장에서 보면 낙태는 원칙적으로 불법한 행위로 평가

될 수밖에 없다. 다만, 독일법제는 형법과 기타 관련 법규에 태아의 생명권보다 여성의 생명권이나 건강권을 더욱 중요한 것으로 판단할 수 있는 임신 초기에 낙태를 허용하는 예외적인 사유가 있는 경우에 한하여 낙태행위를 처벌하지 않도록 함으로써 부당한 결과를 피하고 있다. 미국의 경우 여성의 낙태에 대한 자유라는 기본권적 지위를 인정하는 Roe나 Casey 판결과는 달리 독일 연방헌법재판소는 여성의 임신 전 기간을 대상으로 원칙적으로 낙태를 처벌하는 것을 합헌으로 인정하고 있다. 이는 마치 여성의 낙태권 자체를 인정하지 않는 미국 연방대법원의 Dobbs 판결을 연상시킨다.

우리나라의 경우 헌법재판소가 여성낙태죄와 의사낙태죄를 모두 위헌으로 판단하였고 이에 따르는 후속 입법이 이루어져야 하는 상황에서 낙태 자체를 불법화하고 예외적으로 낙태사유를 규정하는 이전 방식을 반복할 수는 없는 것으로 보인다. 따라서 독일이나 현재 상황에서 미국과는 달리 임신 12주와 같이 비교적 초기에는 여성의 자기결정권을 존중하는 방식으로 입법화될 가능성이 클 것으로 보인다. 다만, 최근 우리나라가 당면한 저출생과 지방소멸이라는 국가적 위기를 고려한다면 독일과 같이 낙태 전에 낙태에 대한 충분한 보건의료적, 사회적, 경제적 상황에 대하여 전문적인 상담을 받고 일정한 숙려기간을 거쳐서 가능하면 여성으로 하여금 태아를 출산하는 방향으로 세밀한 입법작업이 이루어져야 할 것이다. 특히 여성이 두려워하는 출산, 육아, 입양 등에 대하여 사전에 국가가 입법적인 조치를 통하여 충분한 국가적, 사회적 지원이 이루어질 수 있도록 하는 것이 중요하다. 따라서 낙태는 형법상의 문제이기도 하지만 여성과 아기의 복지를 최우선으로 고려하는 사회보장법, 가족법의 차원에서 규율하려는 패러다임의 변화가 선행되어야 할 것이다.

이와 같이 낙태는 법적인 문제임이 분명하지만 낙태에 대한 법적 규제는 이 문제를 해결하는 최소한의 부분에 불과하고 사회정책적, 인구정책적인 고려와 배려가 반드시 병행되어야만 만족스러운 해법을 찾을 수 있다는 점에서 각국의 상황에 따라서 법제의 방향과 내용 역시 매우 다양한 형태로 나타날 수 있다. 마침 최근 프랑스는 미국이나 독일과는 달리 헌법개정을 통하여 여성의 낙태권을 헌법적으로 보장하는 나라가 되었다. 프랑스는 헌법개정을 통하여 헌법 제34조가 "여성이 자발적으로 임신을 중단할 수 있는 자유가 보장되는 조건을 법으로 정한다"고 규정하였다. 프랑스에서는 이미 1975년부터 낙태를 합법화하였기 때문에 이번 헌법개정으로 낙태와 관련된 상황이 근본적으로 변화되는 것은 없다. 다만, 여성의 낙태권 내지 낙태의 자유가 헌법적인 기본권으로 승인받았다는 것은 나름대로 큰 의미를 가지고 있으며 사회적, 경제적 상황 변화에 따라서 국가가 낙태를 규제하려는 경우에도 규제의 내용이나 폭이 다소 과도하다면 여성의 낙태권에 대한 본질적 침해가 문제 되어 위헌 시비가 제기될 수 있다. 다만, 프랑스 헌법은 낙태의 자유에 대한 조건과 내용을 법률로서 정할 것을 규정하고 있어서 입법자의 형성권이 매우 클 것으로 예상되기 때문에 프랑스 역시 낙태와 관련된 의료보건, 사회보장, 가족관계 등을 고려하여 입법자가 다양하고 적실성 있는 정책을 법률에 담을 것으로 예상할 수 있다.

제12장 적극적 평등 실현조치 (Affirmative Action)

Ⅰ. 개념과 배경

적극적 평등 실현조치 또는 적극적 우대조치란 입시, 취업, 정부발주 공사입찰 등에서 유색인, 여성, 장애인 등 경제적, 사회적 약자들에 대해 할당제 등을 통해 이들을 적극적으로 우대함으로써 사회적 다양성 확보 및 실질적 평등 실현을 도모하는 것을 말한다. 적극적 평등 실현조치는 미국에서 흑인 인권운동이 활발했던 1960년대 도입되었는데, "적극적 조치"라는 용어는 미국에서 존 F. 케네디 대통령이 1961년 3월 6일에 서명한 "행정명령 제10925호"에서 처음 사용되었으며, 여기에는 정부 또는 고용주가 계약자가 "인종, 신조, 피부색 또는 국적에 관계없이 지원자를 고용하고 직원이 고용 중에 공정하게 대우받도록 적극적 조치를 취한다"는 조항이 포함되었다. 1965년 린든 B. 존슨 대통령은 정부, 고용주가 "인종, 피부색, 종교, 성별 또는 국적에 관계없이 지원자를 고용하고 직원이 고용 중에 공정하게 대우받도록 적극적 조치를 취한다"는 것을 요구하는 행정명령 제11246호를 발표했다. 그리고 1964년 인권법(civil rights act)은 인종, 피부색, 종교, 성별 또는 국적에 따른 차별을 금지했다.

하지만 위 행정명령이나 인권법은 모두 집단적 평등 실현조치를 명시적으로 인정한 것은 아니다. 실제로 적극적 평등 실현조치는 연방대법원 판결을 통하여 합헌으로 선언되었고 일부 조치는 이와는 대조적으로 무효화되면서 "우대", "목표" 및 할당제 등과 동의어가 되었고, 사회적으로 차별받는 집단을 위한 적극적 평등

실현조치를 명시적으로 허용하는 법률이 통과되지 않았음에도 지속적으로 연방대법원의 판례를 통하여 확인되었다. 일부 주법은 인종에 따르는 우대 조치를 명시적으로 금지했고, 다른 한편으로 일부 법률은 이를 명시적으로 합법화하려는 시도가 있었지만 실제로는 입법화되지 않았다. 적극적 평등 실현조치는 사회 내 소수 집단의 대표성 부족을 완화하고 소수 집단이 다수 집단과 동등한 기회를 갖도록 하는 것을 궁극적인 목적으로 한다.

이 정책의 철학적 근저에는 과거 차별에 대한 보상, 현재 차별의 시정, 사회의 다양성 보장 등을 포함하며, 최근에는 차별을 넘어 역사적으로 소외된 집단을 우대하는 동기로 다양성, 형평성, 포용성을 포함하는 개념으로 확대되었다. 하지만 적극적 평등 실현조치는 도입 초기부터 백인, 남성, 비장애인에 대한 역차별 문제 및 이로 인한 평등권 침해 논란이 지속되었고 특히 대학입학의 경우 높은 교육열로 성적이 좋은 아시아계 학생들 역시 소수인종이면서도 불이익을 받는다는 문제가 제기되었다. 우리나라의 경우에도 적극적 평등 실현조치는 주로 가산점, 채용목표제, 특별전형 채용 등의 이름으로 시행되고 있는데, 고용의 경우 양성평등채용 목표제, 장애인고용 법정의무비율, 지역인재 채용목표제, 이공계 자격증 가산점제도 등의 형식으로, 입시의 경우 사회적 배려자, 기초수급자, 한부모가정, 장애인, 북한이탈주민 전형, 농어촌 특별전형 등의 형태로 시행된다.

이하에서는 적극적 평등 실현조치의 원조 국가라고 할 수 있는 미국의 예를 중심으로 과거 연방대법원의 주요 판결과 2023년 대학입학에 있어서 적극적 평등 실현조치를 미국 수정헌법 제14조의 "법의 동등한 보호"(equal protection of law) 위반을 이유로 위헌으로 선언한 Students for Fair Admissions v. Harvard 사건을 자세히 분석하기로 한다. 이와 더불어 우리나라 헌법재판소가 시각장애인에게만 안마사자격을 부여한 의료법 조항에 대한 합헌결정(2021. 12. 23. 2019헌마656)과 청년고용촉진법상 청년할당제 관련 합헌결정(2014. 8. 28. 2013헌마553)에 대하여 논의한다.

Ⅱ. 적극적 평등 실현조치 관련 미국 연방대법원 판결

1. Regents of the University of California v. Bakke 사건 (1978)

백인 남성 Bakke가 UC Davis 의과대학이 인종 할당제 방식으로 1964 신입생 중 16%를 소수인종에서 선발하는 특별입학프로그램은 인권법 제6조 및 수정헌법 제14조의 평등권 보호 조항에 위배되며 해당 프로그램이 없었다면 본인이 합격했을 것이므로 자신에 대한 합격조치를 요구한 사건이다. 이에 대하여 1심 법원은 인종 할당제 방식의 특별입학프로그램은 수정헌법 제14조의 평등조항에 위반되지만 원고 Bakke의 합격 가능성에 대해서는 증거 부족으로 입학을 거부하였다. 항소심인 주 대법원은 특별입학프로그램이 의사 인력의 다양성 확보 차원에서 원고에게 가장 경미한 침해적 가능성을 가진 프로그램으로 인정하기 어려우므로 수정헌법 평등조항 위반으로 무효이며 또한 해당 프로그램이 없었더라도 원고가 합격하지 못했을 것에 대한 입증책임은 학교에 있고, 그러한 입증이 충분하지 못하므로 Bakke에 대한 입학조치를 명령하였다.

이에 대하여 연방대법원은 오직 인종만을 근거로 하여 할당제로 운영되는 특별입학프로그램은 평등조항 위반으로 무효이며 항소심과 같이 이에 따른 원고의 입학조치를 인정하였다. 그럼에도 불구하고 연방대법원은 향후 대학 신입생 선발 결정의 여러 요소 중 하나로서 인종을 고려하는 것은 가능하다고 판시하여(대법관 5:4) 할당제에 대해서는 엄격심사방식을 적용하였으나 입학에 있어서 다양한 요소 중 하나로 인종을 고려하는 이른바 "종합적 입학정책"(Holistic Admissions Policy)에 토대를 둔 적극적 우대조치의 합헌성을 인정하였다.

2. Grutter v. Bollinger 사건(2003)

백인여성 Grutter가 미시간대학 로스쿨이 입학심사에서 인종을 우선적 요소로 고려했고, 중대한 이익(compelling interest)이 없는데도 소수인종에게 더 큰 입학의 기회를 부여한 것은 인권법 제9조 및 수정헌법 제14조에 위반된다며 제소한 사건이다. 이에 대하여 학교는 인종은 선발시 고려하는 여러 요소 중 하나에 불과하므로 앞서 언급한 종합적 입학정책에 부합하며, 이른바 임계규모(critical mass: 소수인종이 고립감 또는 과대 대표성에 대한 부담 없이 그들이 속한 인종을 대표하는 것으로 느끼며 교육에 참여할 수 있는 수준의 규모)의 소수인종을 학생을 학교가 받아들이는 것은 중대한 국가적 이익에 부합한다고 주장하였다.

이에 대하여 1심 법원은 학교가 입학심사에서 명백하게 인종을 고려하는 것은 실질적으로 인종 할당제에 해당하므로 위헌이지만 선 판결들을 선례로 하여 이 사건의 경우에는 학교의 종합적 입학정책 기준에 해당하여 위헌이 아니라고 판결하였고 연방대법원 역시 전체 입학절차에서 인종을 하나의 요소로 적용하는 것은 헌법상 평등조항에 위배되지 않는다고 판결하였다(대법관 5:4). 이 사건에서 연방대법원은 고등교육에 있어 다양성을 증진하는 것은 중대한 국가적 이익에 해당하며 인종을 입학의 여러 가지 요소 중 하나로 종합적으로 적용하는 것은 엄격심사기준 중 달성하고자 하는 목표를 정확하게 실현하는 수단으로서 "情密裁斷(정밀재단)"(narrowly tailored remedy)에 해당하여 위헌이 아니라고 판단하였다.

3. Fisher v. University of Texas 사건(2013, 2016)

2008년 텍사스주 소재 고등학교에 재학 중이던 백인 여고생 Fisher는 Austin 소재 텍사스대의 입학정책상 affirmative action으로 인해 충분히 합격권 내에 있던 본인이 인종적 차별에 의해 불합격했다며 평등조항 위반으로 제소한 사건이다. 텍사스대학은 입학생의 10%를 텍사스주 소재 고교 상위 성적자에서 인종에 관계없이 충원하고 나머지는 점수, 리더십, 비교과 활동, SAT, 가정환경, 인종 등을 고려하여 선발하였다. Fisher는 고교성적 상위 12%로 SAT 성적 1180(1600 만점)에 오케스트라, 헤비타트 등 다양한 비교과 활동이 있었으나 입학에서 탈락하였고 2012년 루지애나 주립대에 입학하여 2023년 9월 졸업하였다.

이에 대하여 지방법원 및 항소법원 텍사스대학의 입학정책은 Grutter 사건에서 연방대법원이 판결한 기준에 부합하는 affirmative action으로서 위헌이 아니라고 판결하였으나 Fisher측의 연방대법원 재심리 요청에 대해 대법원이 이를 수용하였다. 대학 측에서는 Fisher가 인종에 대한 고려가 없어도 입학할 수 없었고 이미 대학을 졸업한 상태이며 실질적 손해는 단지 $100의 입학원서비에 불과하므로 소송의 실익이 없다고 주장하였으나 앤토닌 스캘리아 대법관은 인종차별 자체가 법원의 평등조항 관련 사법체계에 상당한 논란을 초래하는 것이므로 논의의 여지가 있다고 주장하여 본안심리가 이루어졌다.

연방대법원은 이 사건에서는 엄격심사기준이 적용되어야 하며 그 중 하나로서 정밀재단 등의 심사기준을 항소심에서 제대로 심리하지 않았다는 이유로 이를 항소법원에 파기 환송하였다(대법관 7:1). 항소법원 및 연방대법원은 학교측에서 인구변화 등 객관적 데이터에 기초해 지속적으로 입시프로그램을 재검토한 노력과 그 효과를 제시함에 따라 입시프로그램의 합헌성을 인정하는 판결을 내렸다(대법관 4:3). 결과적으로 대학입학에 있어서 소수인종을 배려하기 위한 대학 측의 판단기준이 인종이라는 요소를 다른 다양한 고려사항 중 하나로 평가하는 종합적 입학정책에 기반하여야 한다. 그리고 종합적 입학기준이 대학 교육과 사회적 구성의 다양성이라는 중대한 국가이익이라는 목적을 실현하기에 정밀하게 재단된 수단이라는 것을 객관적으로 증명하여 엄격심사기준을 통과하는 경우 합헌성을 유지할 수 있다는 연방대법원의 일관된 입장을 재확인하였다.

Ⅲ. Students for Fair Admissions v. Harvard 판결

1. 사건의 개요

연방대법원의 Students for Fair Admissions v. Harvard, 600 US 181(2023) 판결은 대학교 입학에 있어서 적극적 평등 실현조치와 관련된 선례를 모두 뒤집은 것으로서 대학 입학 절차에서 인종 기반의 적극적 조치 프로그램이 헌법 수정조항 제14조의 평등 보호 조항을 위반하였다고 판결했다. 이와 병행사건인 Students for Fair Admissions v. University of North Carolina에서 역시 연방대법원은 Grutter v. Bollinger 판결과 Regents of the University of California v. Bakke 판결을 파기하였다.

2013년 원고 Students for Fair Admissions(SFFA)는 일종의 비영리 시민단

체로서 보스턴에 있는 미국 연방지방법원에 하버드 대학교를 상대로 소송을 제기하여 대학의 학부 입학 관행이 아시아계 미국인을 차별함으로써 수정헌법 제14조의 평등권과 1964년 인권법 제6조를 위반했다고 주장했다. 2019년 연방지방법원은 하버드가 입학 요인으로 인종을 제한적으로 사용한 것은 헌법적, 법률적으로 문제가 없으며 '차별적 적의' 또는 '의식적 편견'에 대한 증거가 부족하다고 판시하였다. 2020년 제1 연방항소법원은 원고의 청구를 기각하고 지방법원의 판결을 확정하자, 2021년 SFFA는 대법원에 상고했고 대법원은 이 사건을 심리하기로 동의했다. 2023년 6월 29일, 대법원은 하버드 사건에서 대법관 6 대 2의 다수로 하급 법원의 판결을 파기하는 판결을 내리면서 다수 의견을 작성한 대법원장 존 로버츠는 대학입학에서의 적극적 평등 실현조치가 위헌이라고 판결했다.

2. 다수의견

다수의견은 대학들이 종합적 입학정책을 운영함에 있어서 소수인종에게 적극적 평등 실현조치를 위한 고려를 할 수 있지만 피고 하버드와 UNC 등 대학들이 객관적으로 그 종료시기를 확정해야 함에도 불구하고 여전히 반영구적으로 인종을 고려한 입학 관행을 유지함으로써 수정헌법 제14조에 의한 평등권을 침해하고 있다고 판시하였다. 즉 Grutter 판결에서는 인종을 고려한 입학처분이 향후 약 25년 정도면 종결될 것으로 예상하였으나 25년이 지난 현재 여전히 종료 시점이 보이지 않는다. 인종에 기반한 입학 프로그램이 언제 끝날지에 대하여 하버드의 견해에 따르면 그 날짜가 존재하지 아니하고, UNC도 마찬가지이다. 연방대법원의 선례들은 이른바 종합적 입학정책에 따라서 극히 좁은 범위에서만 인종 기반 입학 프로그램을 허용하여 왔는바, 대학 입학프로그램은 엄격한 심사를 준수하여야 하고, 언젠가는 이를 종국적으로 폐지하여야 한다. 하버드 등 피고들의 입학프로그램이 아무리 좋은 목적으로 선의에 따라 시행되었다고 하더라도 종료 시점을 확정하지 못하고, 따라서 수정헌법 제14조의 평등 조항에 따라 무효화되어야 한다.

인종차별은 모든 맥락에서 악의적이기 때문에 대학은 평등조항 위반에 대하여 엄격심사 기준을 통과할 수 있을 정도로 충분히 측정 가능한 방식에 따라서 인종 기반 입학 프로그램을 운영하여야 한다. 평등보호조항 위반에 대한 엄격한 심사를 충족시키기 위해 인종에 따라 학생을 분류하고 배정하는 방식은 다양성과 사회적 통합이라는 목적 이상이 필요하다. 이 사건 소송참가인인 미국 정부는 인종 기반 입학프로그램이 사관학교에서 중대한 이익을 가진다고 주장하지만, 사관학교는 이 사건의 당사자가 아니며 하급심 법원도 이러한 맥락에서 사관학교의 인종 기반 입학프로그램의 적절성에 대하여 다루지 않았다.

더 나아가 피고들은 인종에 기반한 우대조치가 중대한 이익이라고 주장하지만 이는 의미 있는 사법심사의 대상이 될 수 없다. 하버드의 경우 (1) 공공 및 민간 부문의 미래 지도자 양성 (2) 졸업생들이 지속적으로 다원화되는 사회에 적응할 수 있도록 훈련 (3) 다양성을 통한 학생 교육 개선 (4) 다양한 시각에서 비롯된 새로운 지식의 생산 등을 중대한 이익으로 주장하고 있다. 또한 UNC는 (1) 활발한 아이디어 교환 촉진 (2) 이해의 폭을 넓히고 정제함 (3) 혁신 추구와 문제 해결 (4) 적극적이고 생산적인 시민과 지도자 양성 (5) 감사, 존중, 공감, 인종간 이해 증진, 고정관념 타파 등을 중대한 이익으로 주장한다.

물론 위와 같은 목표는 칭찬할 만하기는 하지만 엄격심사를 위한 충분한 일관성을 결여하고 있으며, 법원이 이러한 목표를 어떻게 측정해야 하는지도 불분명하다. 법원은 지도자가 적절하게 훈련받았는지, 아이디어 교환이 견고한지, 새로운 지식이 개발되고 있는지 알 수 없다. 이러한 목표를 어느 정도 측정할 수 있다고 하더라도 법원은 피고 대학들의 입학프로그램이 의도하는 목표에 도달하였는지, 언제 인종을 기반으로 하는 우대조치가 중단될 수 있는지 알 수 없기 때문에 이 모든 사항들에 대한 법원의 사법심사는 사실상 불가능하다.

하버드 등 피고 대학들의 입학프로그램은 그들이 채택한 소수인종 우대라는 수단과 그들이 추구하는 목표 사이에 의미 있는 연관성을 설명하지 못하고 있다. 연방대법원의 판례는 대학의 학문적 결정에 대해 일정 수준의 존중을 표하는 전통을 인정한 것은 사실이지만, 그러한 존중도 헌법적으로 정해진 범위 내에서 이루어져야 하며, 존중이 사법적 검토의 포기를 의미하는 것은 아니라는 점을 분명히 해왔다. 연방대법원은 사법심사를 허용하기에 충분히 측정가능하고 구체적인 설득력 있는 정당성 없이는 인종에 따라 학생을 분리하는 것을 허용할 수 없으며 인종적 분류는 그 정당성과 분류 사이에 확실한 연관성이 있는 경우 외에는 허용하기 너무 위험한 기준이기 때문에 피고들의 입학프로그램들은 그 기준을 충족시키지 못하였고 엄격심사기준을 통과하지 못하였다.

피고들이 채택하고 있는 인종 기반 입학프로그램은 인종을 부정적으로 사용해서는 안 된다는 평등조항의 명령을 준수하지 못한 것으로 볼 수 있는데, 그 이유는 연방대법원의 과거 선례가 입학 과정에서 인종이 불리하게 작용해서는 안 된다는 점을 강조해 왔기 때문이다. 제1 연방항소법원은 하버드의 인종적 고려 정책으로 인하여 하버드에 입학한 아시아계 미국인의 수가 11.1% 감소했다는 사실을 확인하였고, 연방지방법원은 하버드의 인종적 고려 정책은 전반적으로 아시아계 미국인과 백인 학생의 입학생 수를 감소시키는 결과를 초래한다고 스스로 밝히고 있기 때문이다. 피고들은 인종이 입학 전형에서 결코 부정적인 요소가 아니라고 주장하지만, 그러한 주장은 결과적으로 엄격한 심사를 통과할 수 없다.

3. 반대의견

반대의견을 작성한 소토마요르 대법관은 이 사건에서 연방대법원이 수십 년간 유지되어 온 선례 및 그를 바탕으로 사회적 다양성과 통합이라는 가치를 훼손하였으며 지금도 여전히 미국과 같이 인종에 따라 광범위하게 분리된 사회에서 인종적 불평등을 고착화시킴으로써 민주주의와 다원주의 사회의 근간을 전복한 것이라고 거세게 비판하고 있다. 미국 사회가 인종에 따라 여전히 분화하고 있음에도 불구하고 연방대법원의 다수의견은 "피부색에 개의치 말라(colorblind)"는 형식적인 규칙을 헌법원리로 채택하였다는 것이다. 연방대법원이 수십 년 동안의 선례와 배치되는 의견을 제시하면서도 법이나 사실에 근거하지 않고, 그 내용 또한 수정헌법 제14조가 지향하는 가치와 비전에 부합하지 못한다. 연방대법원은 Bakke 판결 이후에 인종을 제한적으로 고려한 대학 입시프로그램의 정당성과 합헌성을 여러 차례의 선례를 통하여 확인하여 왔다. 학생집단의 다양성은 대학입학을 위한 선발프로그램을 운영하면서 인종에 대한 고려를 정당화할 수 있는 설득력 있는 중대한 국가이익이며 피고 대학들은 이러한 이익을 달성하기 위해서 정밀재단원칙을 준수하며 학생들을 선발하여 왔다.

Bakke, Grutter, Fisher와 같은 선례들은 1954년 연방대법원의 Brown v. Board of Education 판결을 확장한 것으로서 그러한 결정은 경험칙에 비추어 사회적 다양성에 대한 기여가 상당하다는 것을 뒷받침하고 있다. 그런데 유감스럽게도 다수의견이 가지고 있는 문제적 특징 중의 하나는 선례구속의 원칙을 벗어나기 위하여 필요한 적극적 반박의 노력조차 시도하지 않았다는 점이다. 결국 다수의견은 간단히 게임의 규칙을 바꾸어 법적 안정을 뒤엎고 대학 입학프로그램을 혼란스럽게 만들고 있다. 피고인 하버드와 UNC는 입학프로그램의 합헌성을 뒷받침하는 수십 명의 증인, 전문가 증언, 문서 등을 제출하였지만, 원고인 SFFA는 두 명의 전문가 증언에 의존하였을 뿐이다.

반대의견에 보충의견을 제시한 브라운 잭슨 대법관은 미국 사회에서 역사적으로 발생한 인종차별이 현재까지 특히 흑백 간에 부, 사회, 건강의 격차라는 결과를 낳고 있으며, 격차가 회복될 때까지 의미 있는 시간이 필요하다는 점을 강조하고 있다. 여기에서 의미 있는 시간이라는 것은 대학의 적극적 평등실현조치에 따른 흑인의 고등교육 입학이며, 이를 통해 흑백 간의 사회적 격차를 줄이고 부의 격차를 좁히는 것이 목표일 것이다. 따라서 다수의견이 이제는 인종을 고려한 대학입학 프로그램이 종료되어야 한다고 밝히고 있지만 이것은 여전히 시기상조이며, 의미 있는 종결 시점은 이러한 격차들이 해소되었을 때 비로소 적용할 필요가 있을 것이다.

브라운 잭슨 대법관은 오늘날 미국인의 상당수가 인종차별에 대해 무감각해지면서 다수의견은 법적으로 미국헌법은 "피부색에 개의치 말라(colorblind)"고 선언하고 있으나 법적으로 인종이 무관하다고 하여 여전히 현실적인 삶에서도 그렇게 되는 것이 아니며, 미국의 실제 과거와 현재의 경험에서 멀어진 법원은 UNC와 다른 고등교육 기관이 미국의 현실적 문제를 해결하기 위해 수행하고 있는 중요한 작업을 방해하는 것에 다름 아니다. 인종과 관련된 공식적인 법적 장벽은 사라졌지만 인종은 여전히 모든 미국인의 삶에 많은 방식으로 영향을 미치고 있으며, 오늘의 판결은 이러한 상황을 개선하기보다 악화시킬 것이고, 대학이 이러한 중요한 현실과 가치를 무시하도록 요구받는다면 인종차별은 사라지지 않을뿐더러 종식까지의 시간이 더 오래 걸릴 것이므로 궁극적으로 인종을 고려하지 않는 것은 인종차별을 더 심화시킬 뿐이라는 점을 강조하고 있다.

Ⅳ. 우리나라의 적극적 평등실현조치

1. 헌법 제11조와 적극적 평등실현조치

사회적으로 소외되거나 특별히 보호가 필요한 집단에 대하여 일정 기간 동안 국가가 우대조치를 통하여 사회적 통합을 지원하고 자립에 기반한 생활을 영위하게 하는 제도의 필요성에 대해서는 우리나라라고 예외가 될 수 없다. 우리 헌법 제11조 제1항은 "모든 국민은 법 앞에 평등하다. 누구든지 성별·종교 또는 사회적 신분에 의하여 정치적·경제적·사회적·문화적 생활의 모든 영역에 있어서 차별을 받지 않는다."라고 규정하고 있으며, 이에 대해 헌법재판소는 "헌법상 평등의 원칙은 합리적 근거 없는 차별을 금하고 있다. 따라서 입법자가 본질적으로 같은 것을 자의적으로 다르게, 본질적으로 다른 것을 자의적으로 같게 취급하는 것은 평등의 원칙에 어긋난다 할 것이다"라고 판시하여,[1] 헌법상 평등권은 모든 차별을 부정하는 절대적인 평등을 의미하는 것이 아니라 합리적 근거가 없는 자의적인 차별만을 금지하는 상대적 평등으로 이해된다.

다만, 위 평등조항을 합리적 근거를 결여한 자의적 차별금지라는 소극적 원칙을 넘어서서 보다 적극적으로 특정인 내지 특정 사회적 집단에 대하여 일정 부분 우대적 조치를 취할 수 있거나 더 나아가 실질적 평등실현을 위하여 국가에게 반드시 우대적 조치를 취하여야 한다는 의무를 부과하는 조항으로 볼 수 있는가에 대해서는 의문의 여지가 있을 수 있다. 헌법재판소는 이른바 청년고용할당제 사건에서[2] 위헌의견은 적극적 평등실현조치에 대하여 다음과 같이 언급하고 있다. "적극적 평등실현조치는 대체로 '일정한 혜택을 통하여 종래 차별을 받아온 소수집단에게 사회의 각 영역에서 보다 많은 참여의 기회를 부여하려는 제반 조치'를 의미한다. 미국에서 인종차별의 관행을 철폐하기 위하여 시행되어 온 소수인종집단에 대한 우대정책 등이 그 대표적인 예이다. 우리 헌법재판소는 제대군인가산점제도 사건에서 '잠정적 우대조치'라는 표현을 사용하면서, "잠정적 우대조치라 함은, 종래

1) 헌재 2020. 3. 26. 2019헌바71.
2) 헌재 2014. 8. 28. 2013헌바553.

사회로부터 차별을 받아 온 일정집단에 대해 그동안의 불이익을 보상하여 주기 위하여 그 집단의 구성원이라는 이유로 취업이나 입학 등의 영역에서 직·간접적으로 이익을 부여하는 조치를 말한다."라고 설시한 바 있다.[3)]

위와 같이 적극적 평등실현조치는 과거부터 가해진 차별의 결과로 현재 불리한 처지에 있는 집단을 다른 집단과 동등한 처지에까지 끌어 올려 실질적 평등을 달성하고자 한다는 점에서 그 정당성의 근거를 찾을 수 있다. 이렇게 본다면 헌법재판소도 헌법 제11조의 평등조항을 보다 적극적인 실질적 평등실현의 근거로 인정하고 여기에 적극적 평등실현조치가 포함되는 것으로 이해할 수도 있다. 다만, 헌법재판소는 적극적 평등실현조치의 혜택을 받는 집단에 속하지 않는 사람들은 그 조치로 인하여 상대적으로 불이익을 받게 되므로, 실질적 평등을 실현하기 위한 위 조치가 오히려 평등원칙에 위배되는 차별(이른바 '역차별')이 아닌지 우려하고 있다.

법률 차원에서 적극적 평등실현조치를 규정한 예로는 국가인권위원회법을 들 수 있는데, 이 법 제2조 제3호는 평등권 침해의 차별행위에 대한 개념을 정의하면서 후단에 "다만, 현존하는 차별을 없애기 위하여 특정한 사람(특정한 사람들의 집단을 포함한다. 이하 이 조에서 같다)을 잠정적으로 우대하는 행위와 이를 내용으로 하는 법령의 제정·개정 및 정책의 수립·집행은 평등권 침해의 차별행위(이하 "차별행위"라 한다)로 보지 아니한다"고 규정하여 적극적 평등실현조치를 "잠정적 우대행위"로 그 본질을 이해하고 있다. 국가인권위원회법과 더불어 적극적 평등실현조치에 관한 현행 법제로는 국가공무원법 제26조 단서와 지방공무원법 제25조 단서가 규정하는 여성·장애인·이공계전공자·저소득층 등에 대한 채용 및 승진 등 우선제도, 공직선거법 제47조 제3항의 비례대표후보자에 대한 50% 여성후보자추천할당제도, 양성평등기본법 제20조의 적극적 조치제도, 남녀고용평등과 일·가정 양립지원에 관한 법률 제2조 제3호의 적극적 고용조치제도 등이 있으며, 이를 통해 남녀불평등 문제를 시정하고, 청년고용촉진특별법을 통해 청년고용 우대조치를 시행하고 있다.

또한 대학입학에 있어서 저소득층 자녀, 장애인, 국가유공 자녀, 농어촌출신 자녀, 다문화가정 자녀 등의 특별전형을 시행하고 있고, 지방대학 및 지역균형인재 육성에 관한 법률 및 동 시행령은 해당 지역 고등학교 출신자 및 지역 대학 출신자

3) 헌재 1999. 12. 23. 98헌마363.

에게 해당 지역의 의과대학, 한의과대학, 치과대학, 약학대학, 법학전문대학원 및 의학전문대학원, 치의학전문대학원, 한의학전문대학원 등에 일정 비율의 범위 내에서 정원을 할당하는 제도를 시행하고 있다. 우리나라의 경우 미국과 달리 인종과 관련하여 적극적 평등실현조치가 주로 문제되지는 않지만 다문화가정 자녀의 특별전형을 통한 대학입학은 미국연방대법원 판결과 같이 인종을 고려한 대학 입학정책의 적극적 평등실현조치와 유사한 측면이 있다. 우리나라 헌법재판소도 적극적 평등실현조치의 합헌성과 관련하여 수개의 선례를 가지고 있으며 미국연방대법원의 SFFA v. Harvard, UNC 사건에서 보이듯 엄격심사방식을 취할 것인지 아니면 우리나라에서는 적어도 인종이 문제되는 사건은 거의 없기 때문에 역사적, 사회적 차별을 시정하기 위한 잠정적 우대조치에 그치는 경우 폭넓은 형성의 자유를 인정하고 완화된 사법심사에 그칠 것인지를 결정하는 것이 주요한 관심사라고 할 수 있다.

2. 이른바 제대군인 가산점 제도 위헌결정(헌재 1999. 12. 23. 98헌마363)

헌법재판소는 이 사건에서 이른바 제대군인에 대한 가산점 제도는 일단 여기서 이야기하는 실질적 평등 내지 적극적 평등 실현조치와는 전혀 관계가 없는 일종의 입법정책적 차원의 조치로서 입법자의 의사에 따라서 얼마든지 폐지될 수 있으며, 오히려 헌법 제11조가 규정하는 남녀평등에 정면으로 반하는 위헌적인 제도로 보고 있다. 헌법재판소에 따르면 헌법 제39조 제2항은 "누구든지 병역의무의 이행으로 인하여 불이익한 처우를 받지 아니한다"고 규정하고 있는데, 이 조항이 가산점제도의 헌법상 근거로 될 수 있는지 검토하고 있다. 그런데 헌법 제39조 제1항에 규정된 국방의 의무는 외부 적대세력의 직, 간접적인 침략행위로부터 국가의 독립을 유지하고 영토를 보전하기 위한 의무로서, 헌법에서 이러한 국방의 의무를 국민에게 부과하고 있는 이상 병역법에 따라 군복무를 하는 것은 국민이 마땅히 하여야 할 이른바 신성한 의무를 다 하는 것일 뿐, 국가나 공익목적을 위하여 개인이 특별한 희생을 하는 것이라고 할 수 없다.

국민이 헌법에 따라 부과되는 의무를 이행하는 것은 국가의 존속과 활동을 위하여 불가결한 일인데, 그러한 의무를 이행하였다고 하여 이를 특별한 희생으로 보아 일일이 보상하여야 한다고 할 수는 없는 것이다. 그러므로 헌법 제39조 제2항은 병역의무를 이행한 사람에게 보상조치를 취하거나 특혜를 부여할 의무를 국가에게 지우는 것이 아니라, 법문 그대로 병역의무의 이행을 이유로 불이익한 처우를 하는 것을 금지하고 있을 뿐이다. 그리고 이 조항에서 금지하는 "불이익한 처우"라 함은 단순한 사실상, 경제상의 불이익을 모두 포함하는 것이 아니라 법적인 불이익을 의미하는 것으로 보아야 한다. 그렇지 않으면 병역의무의 이행과 자연적 인과관계를 가지는 모든 불이익 — 그 범위는 헤아릴 수도 예측할 수도 없을 만큼 넓다고 할 것인데 — 으로부터 보호하여야 할 의무를 국가에 부과하는 것이 되어 이 또한 국민에게 국방의 의무를 부과하고 있는 헌법 제39조 제1항과 조화될 수 없기 때문이다.

그런데 가산점제도는 이러한 헌법 제39조 제2항의 범위를 넘어 제대군인에게 일종의 적극적 보상조치를 취하는 제도라고 할 것이므로 이를 헌법 제39조 제2항에 근거한 제도라고 할 수 없다. 다른 한편으로 헌법 제32조 제6항은 "국가유공자·상이군경 및 전몰군경의 유가족은 법률이 정하는 바에 의하여 우선적으로 근로의 기회를 부여받는다"고 규정하고 있으나, 제대군인은 여기서 말하는 "국가유공자·상이군경 및 전몰군경의 유가족"에 해당하지 아니한다. 구 국가유공자 예우 등에 관한 법률에 의하더라도 국가유공자에 해당하지 아니하며(제4조), 단지 입법의 편의상 국가유공자를 위한 가산점제도를 제대군인에게 준용하였을 뿐이었고(제70조), 이 법이 제정되면서부터는 제대군인을 국가유공자와 분리하여 별도로 규율하고 있다. 그러므로 헌법 제32조 제6항도 가산점제도의 근거가 될 수 없고, 달리 헌법상의 근거를 찾아볼 수 없다.

이와 같이 가산점제도에 헌법적 근거가 없는 이상 이 제도는 제대군인의 사회복귀를 돕겠다는 취지하에 입법정책적으로 도입된 것에 불과하다 할 것이다. 헌법재판소는 제대군인 가산점 제도와 여성공무원채용목표제와 같은 채용목표제와 비교하면서 후자는 잠정적 우대조치에 해당하지만 전자는 전혀 그 성격을 달리하는 것으로서 다음과 같이 남성의 기득권을 고착화하는 위헌적인 제도로 보고 있다. "채용목표제는 이른바 잠정적 우대조치의 일환으로 시행되는 제도이다. 잠정적 우대조치라 함은, 종래 사회로부터 차별을 받아 온 일정집단에 대해 그동안의 불이익을 보상하여 주기 위하여 그 집단의 구성원이라는 이유로 취업이나 입학 등의 영역에서 직·간접적으로 이익을 부여하는 조치를 말한다. 잠정적 우대조치의 특징으로는 이러한 정책이 개인의 자격이나 실적보다는 집단의 일원이라는 것을 근거로 하여 혜택을 준다는 점, 기회의 평등보다는 결과의 평등을 추구한다는 점, 항구적 정책이 아니라 구제목적이 실현되면 종료하는 임시적 조치라는 점 등을 들 수 있다. 현재 시행되고 있는 채용목표제로 인하여 가산점제도의 위헌성이 제거되는 것인지 살펴본다. 채용목표제는 가산점제도와는 제도의 취지, 기능을 달리 하는 별개의 제도이다. 채용목표제는 종래부터 차별을 받아 왔고 그 결과 현재 불리한 처지에 있는 여성을 유리한 처지에 있는 남성과 동등한 처지에까지 끌어 올리는 것을 목적으로 하는 제도이다. 이에 반하여 가산점제도는 공직사회에서의 남녀비율에 관계없이 무제한적으로 적용되는 것으로서, 우월한 처지에 있는 남성의 기득권을 직·간접적으로 유지·고착하는 결과를 낳을 수 있는 제도이다".

헌법재판소는 남녀 간의 평등은 헌법이 명시하고 있는 차별금지 영역에 해당하기 때문에 단순한 합리성 심사와 같은 완화된 심사기준이 아니라 비례성원칙에 따르는 엄격심사가 필요하다는 견해를 다음과 같이 제시하면서 결국 이 제도가 엄격심사기준을 통과하지 못하여 위헌으로 결정하였다 "평등위반 여부를 심사함에 있어 엄격한 심사척도에 의할 것인지, 완화된 심사척도에 의할 것인지는 입법자에게 인정되는 입법형성권의 정도에 따라 달라지게 될 것이다. 먼저 헌법에서 특별히 평등을 요구하고 있는 경우 엄격한 심사척도가 적용될 수 있다. 헌법이 스스로 차별의 근거로 삼아서는 아니 되는 기준을 제시하거나 차별을 특히 금지하고 있는 영역을 제시하고 있다면 그러한 기준을 근거로 한 차별이나 그러한 영역에서의 차별에 대하여 엄격하게 심사하는 것이 정당화된다. 다음으로 차별적 취급으로 인하여 관련 기본권에 대한 중대한 제한을 초래하게 된다면 입법형성권은 축소되어 보다 엄격한 심사척도가 적용되어야 할 것이다.

그런데 가산점제도는 엄격한 심사척도를 적용하여야 하는 위 두 경우에 모두 해당한다. 헌법 제32조 제4항은 "여자의 근로는 특별한 보호를 받으며, 고용·임금 및 근로조건에 있어서 부당한 차별을 받지 아니한다"고 규정하여 "근로" 내지 "고용"의 영역에 있어서 특별히 남녀평등을 요구하고 있는데, 가산점제도는 바로 이 영역에서 남성과 여성을 달리 취급하는 제도이기 때문이고, 또한 가산점제도는 헌법 제25조에 의하여 보장된 공무담임권이라는 기본권의 행사에 중대한 제약을 초래하는 것이기 때문이다(가산점제도가 민간기업에 실시될 경우 헌법 제15조가 보장하는 직업선택의 자유가 문제될 것이다). 이와 같이 가산점제도에 대하여는 엄격한 심사척도가 적용되어야 하는데, 엄격한 심사를 한다는 것은 자의금지원칙에 따른 심사, 즉 합리적 이유의 유무를 심사하는 것에 그치지 아니하고 비례성원칙에 따른 심사, 즉 차별취급의 목적과 수단 간에 엄격한 비례관계가 성립하는지를 기준으로 한 심사를 행함을 의미한다".

3. 국가유공자 유족 가산점 제도 합헌결정(헌재 2001. 2. 22. 2000헌마25)

우리 헌법 제32조 제6항은 "국가유공자, 상이군경 및 전몰군경의 유가족은 법률이 정하는 바에 의하여 우선적으로 근로의 기회를 부여받는다"고 규정하고 있어서 국가유공자 등의 유족이 겪고 있는 취업과 생활의 어려움을 보상하기 위한 우선취업 등의 우대조치를 법률이 정하는 바에 따라서 보장한다는 의미에서 일종의 적극적 평등실현조치의 일환으로 볼 여지가 있다. 헌법재판소는 위 헌법조항에 따라서 국가유공자 등에 대한 취업에 우대조치를 헌법적으로 명령하고 있기 때문에 일반 국민들이 공무담임권과 직업의 자유와 같은 중대한 기본권 침해를 야기할 수 있으므로 원칙적으로는 엄격심사를 하여야 함에도 불구하고 결과적으로는 다음과 같이 다소 완화된 심사기준이 적용되어야 한다고 판시하였다.

> "평등권의 침해 여부에 대한 심사는 그 심사기준에 따라 자의금지원칙에 의한 심사와 비례의 원칙에 의한 심사로 크게 나누어 볼 수 있는데, 국가유공자 등 예우 및 지원에 관한 법률 제34조 제1항 중 같은 법률 제30조 제1항 소정의 "국가기관"에 관한 부분의 규정에 따라 국가유공자와 그 유족 등 취업보호대상자가 국가기관이 실시하는 채용시험에 응시하는 경우에 10%의 가점을 주도록 하고 있는 이 사건의 경우는 비교집단이 일정한 생활영역에서 경쟁관계에 있는 경우로서 국가유공자와 그 유족 등에게 가산점의 혜택을 부여하는 것은 그 이외의 자들에게는 공무담임권 또는 직업선택의 자유에 대한 중대한 침해를 의미하게 되므로, 헌법재판소가 1999. 12. 23. 선고한 98헌마363 사건의 결정에서 비례의 원칙에 따른 심사를 하여야 할 경우의 하나로 들고 있는 차별적 취급으로 인하여 관련 기본권에 대한 중대한 제한을 초래하게 되는 경우에 해당하여 원칙적으로 비례심사를 하여야 할 것이나, 구체적인 비례심사의 과정에서는 헌법 제32

조 제6항이 근로의 기회에 있어서 국가유공자 등을 우대할 것을 명령하고 있는 점을 고려하여 보다 완화된 기준을 적용하여야 할 것이다".

이에 따라서 헌법재판소는 이 사건에서 표면적으로는 비례성원칙을 적용하여 엄격심사를 언급하고 있으나 일반 국민 중 공직에 취임하고자 하는 사람들의 기본권 침해에 있어서 필요성원칙과 법익균형원칙과 관련하여 다소 설득력이 떨어지는 논증을 함으로써 결과적으로는 다음과 같이 평등원칙에 위배되지 않고 그 합헌성을 인정하고 있다. "이 사건 가산점제도의 입법목적은 국가유공자와 그 유족 등에게 가산점의 부여를 통해 헌법 제32조 제6항이 규정하고 있는 우선적 근로의 기회를 제공함으로써 이들의 생활안정을 도모하고, 다시 한번 국가사회에 봉사할 수 있는 기회를 부여하기 위한 것으로서 그 목적의 정당성이 인정되고, 이 사건 가산점제도는 위와 같은 입법목적을 달성함에 있어 정책수단으로서의 적합성을 가지고 있으며, 헌법 제32조 제6항에서 국가유공자 등의 근로의 기회를 우선적으로 보호한다고 규정함으로써 그 이외의 자의 근로의 기회는 그러한 범위 내에서 제한될 것이 헌법적으로 예정되어 있는 이상 차별대우의 필요성의 요건을 엄격하게 볼 것은 아니므로, 차별대우의 필요성의 요건도 충족되었다고 할 것이다.

공무원 채용시험에 있어 전체 합격자 중 취업보호대상자가 차지하는 비율 등에 비추어 볼 때 전체적으로 입법목적의 비중과 차별대우의 정도가 균형을 이루고 있다고 할 것이므로, 개별적 시험에 있어서 일부 소수직렬의 경우 채용인원이나 시험의 난이도 등에 따라 취업보호대상자 이외의 자가 합격하기 매우 어렵게 되거나 합격 자체가 불가능하게 되는 일이 발생할 수 있다고 하여 이러한 점만으로 그 균형이 깨졌다고 볼 것은 못 된다. 무엇보다도 헌법재판소가 위헌으로 선언한 제대군인가산점제도는 헌법이 특히 금지하고 있는 여성차별적인 성격을 띠고 있는데 반하여, 이 사건 가산점제도는 국가유공자 등에게 우선적으로 근로의 기회를 제공할 것을 규정하고 있는 헌법 제32조 제6항에 근거를 두고 있는 제도라는 점을 고려하면, 위와 같은 일부 문제점에도 불구하고 이 사건 가산점제도가 법익균형성을 상실한 제도라고는 볼 수 없다. 따라서 이 사건 가산점제도는 국가유공자와 그 유족 등에 비하여 그 이외의 자를 비례의 원칙에 반하여 차별하는 것으로는 볼 수 없으므로, 청구인의 평등권을 침해하지 아니한다".

4. 국가유공자 유족 가산점 제도 헌법불합치결정(헌재 2006. 2. 23. 2004헌마675등)

헌법재판소는 2000헌마25 결정 이후 가산점 수혜대상자가 비약적으로 증가하였다는 사회적 상황의 변화와 헌법 제32조 제6항의 문리적 해석에 따라서 가산점 제도의 수혜자는 "국가유공자", "상이군경", 그리고 "전몰군경의 유가족"으로 본다면 이는 국가유공자의 경우 유가족은 포함되지 않고 본인에 한정된다는 점을 들어 국가유공자 가족에 대한 가산점 제도가 헌법상 평등원칙을 침해한다고 결정하였다. 헌법재판소의 결정에 따르면 '국가유공자의 가족'의 경우 가산점의 부여는 헌법이 직접 요청하고 있는 것이 아니고, 그러한 법률상의 입법정책은 능력주의 또는 성과주의를 바탕으로 하여야 하는 공직취임권의 규율에 있어서 중요한 예외를 구성한다. 헌법적 요청이 있는 경우에는 합리적 범위 안에서 능력주의가 제한될 수 있지만, 단지 법률적 차원의 정책적 관점에서 능력주의의 예외를 인정하려면 해당 공익과 일반응시자의 공무담임권의 차별 사이에 엄밀한 법익형량이 이루어져야 한다.

이 사건 조항으로 인한 공무담임권의 차별효과는 앞서 본 바와 같이 심각한 반면, 국가유공자 가족들에 대하여 아무런 인원제한도 없이 매 시험마다 10%의 높은 가산점을 부여해야만 할 필요성은 긴요한 것이라고 보기 어렵고, 입법목적을 감안하더라도 일반 응시자들의 공무담임권에 대한 차별효과가 지나친 것이다. 이 사건 조항의 경우 명시적인 헌법적 근거 없이 국가유공자의 가족들에게 만점의 10%라는 높은 가산점을 부여하고 있는바, 그러한 가산점 부여 대상자의 광범위성과 가산점 10%의 심각한 영향력과 차별효과를 고려할 때, 그러한 입법정책만으로 헌법상의 공정경쟁의 원리와 기회균등의 원칙을 훼손하는 것은 부적절하며, 국가유공자의 가족의 공직 취업기회를 위하여 매년 많은 일반 응시자들에게 불합격이라는 심각한 불이익을 입게 하는 것은 정당화될 수 없다. 이 사건 조항의 차별로 인한 불평등 효과는 입법목적과 그 달성수단 간의 비례성을 현저히 초과하는 것이므로, 이 사건 조항은 청구인들과 같은 일반 공직시험 응시자들의 평등권을 침해한다".

이 결정에서 반대의견을 제시한 윤영철, 권성 재판관은 국가유공자 가족들에 대한 가산점을 부여하는 차별은 헌법 제32조 제6항으로부터 당연히 도출되는 결과이므로 차별 자체는 평등의 원칙에 위반되는 것이 아니라고 보고 있다. 다만, 이러한 헌법적 명령을 이행함에 있어서 현저한 불합리성이 발견된다고 한다면 국가유공자 가족의 범위를 합리적 한도로 제한하는 입법을 통하여 얼마든지 헌법적 명령과 입법적 합리성을 조정할 수 있는 여지가 있음에도 불구하고 이를 위헌으로 단정하는 논리에는 동조하기 어렵다며 반대의견을 제시하고 있다.

5. 시각장애인의 안마사 독점적 지위 합헌결정(헌재 2021. 12. 23. 2019헌마656)

헌법재판소는 이 사건의 합헌결정 외에도 이 사건 자격조항 및 이와 실질적으로 동일한 구 의료법상 시각장애인에 대한 독점적 지위를 인정하는 안마사 자격조항에 대하여 네 차례에 걸쳐 합헌결정을 한 바 있다(헌재 2008. 10. 30. 2006헌마1098등; 헌재 2010. 7. 29. 2008헌마664등; 헌재 2013. 6. 27. 2011헌가39등; 헌재 2017. 12. 28. 2017헌가15 참조). 헌법재판소는 시각장애인에게만 안마사자격을 부여하는 것은 일반 국민을 차별하고 그들의 직업선택의 자유를 침해하는 측면이 있기 때문에 중대한 기본권 침해의 소지를 고려하여 형식적으로는 비례성원칙에 따르는 엄격심사 기준을 적용하고 있지만 헌법 제34조 제5항에 따라서 장애인에 대한 국가의 보호의무라는 헌법적 명령을 고려하여 실질적으로는 완화된 심사를 한 것으로 볼 수 있다.

헌법재판소는 이 사건 조항이 신체장애자 보호에 대한 헌법적 요청, 장애인복지정책의 원칙 등에 바탕을 두고서 시각장애인의 생계를 보장하기 위한 것으로서, 궁극적으로는 그들에게 삶의 보람을 얻게 하고 인간다운 생활을 할 권리를 실현시키려는 데에 입법의 목적이 있는 것으로 보면서 시각장애인에 대한 복지정책이 미흡한 현실에서 시각장애인 안마사제도가 헌법 제10조 및 제34조 제5항에 의한 요청에 따라 시각장애인에게 가해진 유·무형의 사회적 차별을 보상해주고 실질적인 평등을 이룰 수 있는 수단으로서 채택되었으며 비시각장애인에게도 안마시술소 등을 개설하는 것이 허용될 경우 시각장애인에게만 안마사자격을 독점적으로 부여하는 취지가 몰각될 수 있는 점 등에 비추어 보면, 이 사건 개설조항 역시 비시각장애인을 부당하게 차별하지 않는 것으로 결정하였다. 결국 이 사건 조항이 시각장애인에게 가해진 유·무형의 사회적 차별을 보상해주고 실질적인 평등을 이룰 수 있는 수단이라면 광의의 적극적 평등실현조치의 하나로 볼 여지가 있는 것이다.

6. 청년고용촉진법상 청년고용할당제 합헌결정(헌재 2014. 8. 28. 2013헌마553)

이 사건은 4인 재판관의 합헌의견이 소수의견으로서 결국 위헌결정을 받지는 않았지만 5인 재판관이 위헌의견을 제시할 만큼 헌법재판소는 청년이라는 연령을 기준으로 고용상의 우대조치가 일반 국민의 평등권과 직업의 자유를 침해할 가능성이 크다는 점을 강조하고 있다. 소수의견에 따르면 청년할당제는 일정 규모 이상의 기관에만 적용되고, 전문적인 자격이나 능력을 요하는 경우에는 적용을 배제하는 등 상당한 예외를 두고 있다. 더욱이 3년 간 한시적으로만 시행하며, 청년할당제가 추구하는 청년실업해소를 통한 지속적인 경제성장과 사회 안정은 매우 중요한 공익인 반면, 청년할당제가 시행되더라도 현실적으로 35세 이상 미취업자들이 공공기관 취업기회에서 불이익을 받을 가능성은 크다고 볼 수 없다. 따라서 이 사건 청년할당제가 청구인들의 평등권, 공공기관 취업의 자유를 침해한다고 볼 수 없다.

하지만 위헌의견은 청년고용할당제가 이른바 역차별로서 헌법상 평등원칙에 반하며 적극적 평등실현 조치로도 볼 수 없다는 견해를 다음과 같이 제시하고 있다. "청년할당제는 장애인고용할당제도(구 장애인고용촉진등에 관한 법률, 헌재 2003. 7. 24. 2001헌바96 합헌 결정)나 여성할당제도(남녀고용평등과 일·가정 양립지원에 관한 법률)와 같이 역사적으로 차별을 받아 왔기 때문에 특별한 보호가 필요한 장애인이나 여성과 같은 사회적 약자들에게 과거의 차별로 인한 불이익을 시정하고 이를 보상해 주기 위한 적극적 평등실현조치가 아니다. 15세 이상 34세 이하의 연령층은 독립된 개체로서 새롭게 인생을 시작하는 단계에 있는 사람들이라는 점에서 사회의 관심과 배려, 지원이 필요한 시기이기는 하나, 우리들 각자가 삶을 살아가는 과정에서 반드시 거쳐야 하는 인생의 한 단계이지, 역사적으로나 사회적으로 의도적으로 불평등한 취급을 받거나 차별을 받아온 고립되고 단절된 소수집단이 아니다.

오히려 다른 연령층에 비하여 고용주들이 더 선호하여 온 연령층이다. 청년실업을 완화하기 위해 일정한 범위 내에서 사회정책적으로 지원하는 것은 가능할 것이나, 합리적 이유 없이 이들에게 특혜를 주고 결과적으로 다른 연령층을 차별하는 것은 결코 헌법적으로 정당화될 수 없다. 따라서 청년할당제는 고용영역에서의 불합리한 연령차별금지라는 우리 법체계의 기본질서와 부합하지 않고, 과거의 차별로 인한 불이익을 시정하고 이를 보상해 주기 위한 적극적 평등실현조치도 아니며, 동등한 처지에 있는 다른 연령 집단의 취업기회를 박탈하거나 잠식하는 것이어서, 헌법상 평등원칙에 위반된다".

Ⅴ. 해설 및 평론

종래 사회로부터 차별을 받아 온 일정 집단에 대해 그동안의 불이익을 보상하여 주기 위하여 그 집단의 구성원이라는 이유로 취업이나 입학 등의 영역에서 직·간접적으로 이익을 부여하는 잠정적 우대조치 혹은 적극적 평등실현조치 등은 실질적 평등을 지향하는 사회적 법치국가에서는 필수불가결한 제도로서 나라마다의 차이는 있지만 헌법적, 법률적으로 제도화되었다. 특히 적극적 우대조치의 원조격이라고 할 수 있는 미국에서는 인종이라는 매우 예민한 사항을 고려하여 대학입학에 있어서 흑인이나 라티노 등에 대한 우선적 조치를 시행해 오는 과정에서 연방대법원은 적극적 우대조치가 수정헌법 제14조의 평등보호조항에 위반하지 않으려면 우대조치를 통하여 실현하려는 목적이 중대한 국가적 이익 또는 공익이어야 하며 우대조치는 이러한 공익을 실현하기 위하여 정밀하게 재단된 수단이어야만 한다는 엄격심사기준을 확립하였다.

다만, 연방대법원은 2023년 Students for Fair Admissions v. Harvard 사건에서 대학교 입학에 있어서 적극적 평등 실현조치와 관련된 선례를 모두 뒤집고 대학입학절차에서 인종 기반의 적극적 조치 프로그램이 헌법 수정조항 제14조의 평등보호조항을 위반한다고 판결했다. 연방대법원은 미국헌법이 피부색에 관계없이(colorblind) 모든 국민을 동등하게 대우해야 하고 적극적 평등실현조치가 지향하는 목적이 중대한 국가적 이익도 아니며 또 그러한 목적을 위하여 정밀하게 재단된 수단도 아니기 때문에 결국 엄격한 사법심사의 문턱을 넘지 못한 것으로서 위헌으로 판단한 것이다. 물론 향후에도 대학들은 인종이라는 요소를 대학입학 프로그램에 일정 부분 반영할 수는 있지만 이렇게 예민한 문제는 항상 과학적이고 합리적 근거에 의하여 뒷받침되어야 하며 자의적이거나 불합리한 기준이 적용되는 경우에는 위헌이라는 점이 강조된 사건이라고 할 수 있다.

미국과는 달리 인종이라는 예민한 기준으로 적극적 우대조치가 시행될 가능성이 낮은 우리나라에서는 주로 특별한 보호가 필요한 장애인이나 여성과 같은 사회적 약자들에게 과거의 차별로 인한 불이익을 시정하고 이를 보상해 주기 위한 적극적 평등실현조치가 문제 될 수 있다. 특히 여성과 장애인에 대한 적극적 우대조치는 헌법에 직접 근거를 두고 있다는 점에서 일종의 헌법적 명령에 해당하고 비록 이러한 조치가 일반 국민의 평등권과 직업의 자유 등을 침해하는 측면이 있지만 역사적, 사회적으로 합리적 근거를 가지고 있고 일정 기간을 대상으로 하는 잠정적 조치에 해당하는 경우에는 결과적으로 평등권 등을 침해하는 것은 아니라고 할 것이다. 다만, 우리나라 헌법재판소는 이 경우 일반 국민의 평등권 등 중대한 기본권을 침해할 수 있기 때문에 비례성 심사 등 엄격심사기준을 적용하지만 실제적으로는 합리성 심사 등 완화된 심사기준을 적용하고 있다.

이에 비하여 제대군인, 국가유공자 가족, 청년 등에 대한 적극적 우대조치는 헌법적 근거가 없는 단순한 입법정책적 고려에 불과하고 시행 당시의 상황에 따라서 일정 부분 정당화 사유가 존재한다고 하더라도 대부분의 경우에는 한시적인 제도에 불과하기 때문에 사회적, 경제적 변화에 따라서 입법자가 이러한 제도를 폐지하는 것은 입법자의 형성권에 속하는 문제라고 할 것이다. 따라서 이러한 사회적 지위에 해당하는 사람들에게 잠정적으로 일정한 우대적 조치를 취하는 경우 헌법재판소는 비례성원칙을 적용하여 엄격심사를 할 가능성이 크며, 그럼에도 불구하고 이를 합헌으로 인정하는 경우는 흔치 않을 것으로 보인다.

제13장 통치행위

Ⅰ. 문제의 제기

군사적 필요에 따라서 국군을 해외에 파병하거나 특정 국가와의 외교관계를 수립 또는 파기하는 경우, 우리 국민이나 기업에게 경제적, 재정적 부담을 줄 수 있는 국제조약을 체결, 비준하거나 북한과 군사적 긴장을 완화하기 위한 비밀협상을 진행하고 우리 기업의 대규모 투자를 수반하는 공단을 조성하는 등 외교, 국방, 통일과 관련된 국가의 정치적, 정책적 프로젝트들은 모두 행정부의 권한에 속한다. 권력분립원칙과 헌법 제66조 제4항에 따라서 행정권은 대통령을 수반으로 하는 정부에 속하는데, 여기에서 행정권의 업무는 주로 국회가 제정한 법률을 집행하는 좁은 의미의 행정을 가리키는 것이 일반적이다. 예를 들어 과세관청이 세법을 해석, 적용하여 납세의무자에게 과세처분을 하거나 경찰행정청이 경찰관직무집행법에 따르는 다양한 직무행위를 행하는 것을 좁은 의미의 행정활동이라고 할 수 있다. 하지만, 헌법 제66조 제4항의 행정권의 업무범위는 이에 그치지 않고 넓은 의미에서 앞서 언급한 외교, 국방, 통일 등과 관련된 고도의 정치적, 정책적 과제를 포함하며, 이를 통칭하여 사법부 재판의 영역을 벗어나는 이른바 통치행위라고 부르고 있다.

통치행위라는 용어는 일본최고법원이 처음 사용한 것으로서 그 연원은 미국 연방대법원의 이른바 "정치문제"(Political Question)에 두고 있다. 일본최고법원은 헌법 제9조의 전쟁과 무력사용을 포기한 이른바 평화헌법조항에 대한 판단을 정치문제라고 회피하는 판결을 지속하였는데, 특히 일본자위대, 미일안보조약, 미군의 일본 주둔 문제 등이 이에 해당한다. 미국의 경우 이른바 정치문제란 헌법에 의해 미국 의회나 대통령에게 명시적으로 귀속된 권한과 관련된 헌법적 분쟁은 법적 영역이 아닌 정치적 영역에 속하며 법원은 관례적으로 이러한 문제에 대한 사법심사를 회피하여 왔다. 미국에서 정치문제는 Marbury v. Madison(1803)의 역사적인 대법원 판례에서 유래하였다. 이 사건에서 존 마셜 대법원장은 미국 국무장관이 수행하는 두 가지 다른 기능을 구별하고 있다. 마셜은 국무장관이 대통령에게 정책문제에 대해 조언하는 것과 같이 순전히 정치적 성격의 재량에 따른 문제를 수행할 때는 법적으로 심사 가능한 기준에 따라야 하지 않는다고 밝히고 있다. 반면에 법원은 일반적으로 개인의 권리 침해가 문제되는 사건에 대해서는 정치문제를 이유로 법원이 사법심사를 회피할 수 없다는 견해를 제시하고 있다.

행정법학에서는 이와 같은 통치행위, 광의의 정치적, 정책적 활동은 연구와 강의에서 배제하고 좁은 의미의 행정활동을 중심으로 국한하는 것이 일반적인 경향이다. 하지만 이른바 통치행위는 행정법학의 기본원칙으로서 법치주의원리와 相剋(상극)의 관계에 있는 것이 사실이다. 역사적으로 좁은 의미의 행정활동에 대한 법적 기속을 의미하는 법치주의가 태동하였지만 여전히 통치행위는 군주 또는 정부의 특권으로 보고 여기에 대해서는 법률유보, 법률우위, 국민의 권리보호가 인정되지 않는 일종의 법치주의의 사각지대로 오랜 동안 특별한 법적 취급을 받아온 것이 사실이다.

후술하는 바와 같이 우리나라 헌법재판소와 대법원의 판례도 여전히 부분적으로는 통치행위의 존재를 인정하고 있으며, 다만 여기에 대한 일정 부분 법적 한계를 언급하고 있다. 하지만, 21세기 중반을 향하여 하는 실질적 법치국가 시대에 여전히 정부와 대통령의 권한을 통치행위라는 용어로 포장하여 여기에 법치주의원칙을 배제하는 것이 올바른 것인가에 대해서는 의문이 제기될 수밖에 없다. 이러한 대통령과 정부의 권한을 단순히 헌법이 부여한 권한으로 보고 여기에 다양한 법치주의적 한계를 설정하여 기존에 통치행위로 보던 특별한 권한을 법치행정의 영역으로 편입시키려는 노력이 오히려 시대정신에 부합하는 것으로 보인다.

Ⅱ. 통치행위와 헌법재판소 결정

헌법재판소는 국군의 해외파병이나 남북관계, 긴급재정경제명령에 대한 위헌성 판단 등과 관련하여 이른바 통치행위라는 개념을 여전히 인정하면서도 그것이 국민의 기본권침해와 직접 관련되는 경우에는 헌법재판소의 심판대상이 될 수 있다는 견해를 제시하고 있다.

1. 헌재 1996. 2. 29. 93헌마186(금융실명제 실시를 위한 긴급재정경제명령 위헌확인)

1) 사실관계와 결정 요지

김영삼대통령은 1993.8.12. 금융실명거래및비밀보장에관한긴급재정경제명령(대통령 긴급재정경제명령 제16호)을 발하여 같은 날 20:00부터 이 사건 긴급명령이 시행되었고 같은 달 19. 국회의 승인을 받았는바, 그 주된 내용은 다음과 같다. ① 이 사건 긴급명령의 시행시부터 모든 금융거래시 실명 사용을 의무화하고(제2조, 제3조 제1항) ② 기존의 비실명예금에 대하여는 2개월간의 실명전환의무기간을 설정하여(제5조) ③ 비실명에 의한 자금의 인출을 금지하며(제3조 제3항) ④ 일정금액 이상의 실명전환된 비실명금융자산의 인출시 금융기관이 국세청에 대하여 거래내용을 통보하도록 하고(제6조, 제10조) ⑤ 실명전환의무기간 경과 후에는 이자, 배당소득 등에 대하여 고율의 소득세율을 적용하며, 최고 원금의 60%에 달하는 과징금을 부과하고(제7조, 제9조) ⑥ 금융거래의 비밀보장을 강화하며(제4조) ⑦ 이에 위반하는 자에 대하여는 형사처벌을 한다(제12조).

이에 대하여 청구인은 대통령은 헌법 제76조 제1항에 규정한 요건을 갖추지 못하였음에도 이 사건 긴급명령을 발하였고, 국회는 위헌적인 이 사건 긴급명령을 발한 대통령에 대하여 헌법 제65조의 탄핵소추를 의결하여야 함에도 이를 하지 아니함으로써 청구인의 알권리와 청원권 및 재산권을 침해하였다고 주장하며 1993. 8.16. 이 사건 헌법소원심판을 청구하였다. 청구인의 주장에 따르면 헌법 제76조 제1항은 대통령은 내우·외환·천재·지변 또는 중대한 재정·경제상의 위기에 있어서 국가의 안전보장 또는 공공의 안녕질서를 유지하기 위하여 긴급한 조치가 필요하고 국회의 집회를 기다릴 여유가 없을 때에 한하여 최소한으로 필요한 재정·경제상의 처분을 하거나 이에 관하여 법률의 효력을 가지는 명령을 발할 수 있다고 규정하고 있는바, 대통령은 위 요건들의 어느 하나에도 해당하지 않음에도 이 사건 긴급명령을 발포하였다.

그렇다면 이 사건 긴급명령은 가사 그 내용이 합헌적이라 할지라도 그 절차에 위헌의 소지가 있어 헌법에 위반되고, 국회로서는 위와 같은 위헌적 행위를 한 대통령에 대하여 탄핵소추를 하여야만 할 것이다. 청구인은 국민의 한 사람으로서 금융실명제의 실시시기, 실시방법, 부작용 방지책 등을 숙고하고 의견이 있으면 정부에 청원할 권리를 가지는데 이러한 권리가 대통령의 이 사건 긴급명령 발포로 인하여 원천적으로 침해되었으며, 또한 이 사건 긴급명령의 실시로 인하여 청구인의 소유 주식 11주의 시가가 하락함으로써 재산권도 침해되었다.

이에 대하여 헌법재판소는 금융실명제 실시를 위한 대통령의 긴급재정경제명령이 이른바 통치행위에 해당하고 결과적으로 헌법재판소의 사법심사 대상에서 배제되는가 여부에 대하여 다음과 같이 판단하였다. "통치행위란 고도의 정치적 결단에 의한 국가행위로서 사법적 심사의 대상으로 삼기에 적절하지 못한 행위라고 일반적으로 정의되고 있는바, 이 사건 긴급명령이 통치행위로서 헌법재판소의 심사대상에서 제외되는지에 관하여 살피건대, 고도의 정치적 결단에 의한 행위로서 그 결단을 존중하여야 할 필요성이 있는 행위라는 의미에서 이른바 통치행위의 개념을 인정할 수 있고, 대통령의 긴급재정경제명령은 중대한 재정 경제상의 위기에 처하여 국회의 집회를 기다릴 여유가 없을 때에 국가의 안전보장 또는 공공의 안녕질서를 유지하기 위하여 필요한 경우에 발동되는 일종의 국가긴급권으로서 대통령이 고도의 정치적 결단을 요하고 가급적 그 결단이 존중되어야 할 것임은 법무부장관의 의견과 같다.

그러나 이른바 통치행위를 포함하여 모든 국가작용은 국민의 기본권적 가치를 실현하기 위한 수단이라는 한계를 반드시 지켜야 하는 것이고, 헌법재판소는 헌법의 수호와 국민의 기본권 보장을 사명으로 하는 국가기관이므로 비록 고도의 정치적 결단에 의하여 행해지는 국가작용이라고 할지라도 그것이 국민의 기본권 침해와 직접 관련되는 경우에는 당연히 헌법재판소의 심판대상이 될 수 있는 것일 뿐만 아니라, 긴급재정경제명령은 법률의 효력을 갖는 것이므로 마땅히 헌법에 기속되어야 할 것이다. 따라서 이 사건 긴급명령이 통치행위이므로 헌법재판의 대상이 될 수 없다는 법무부장관의 주장은 받아들일 수 없다".

2) 해설 및 평론

결과적으로 헌법재판소는 현행 헌법상으로 고도의 정치적 결단에 따르는 통치행위의 개념을 여전히 인정하는 입장이지만 그것이 국민의 기본권 침해와 직접 관련되는 경우에는 당연히 헌법재판소의 심판대상이 될 수 있고 더욱이 이 사건 긴급재정경제명령은 법률적 효력을 가지기 때문에 그 위헌 여부에 대한 심사가 가능하다는 입장이다. 통치행위의 존재는 인정하되 일정한 요건 하에 사법심사가 가능하다는 점에서 일종의 절충설이라고 할 수 있다. 헌법재판소는 통치행위에 대하여 전면적으로 사법심사를 배제하는 법무부장관의 견해를 정면으로 반박하고 있다는 점에서 과거 탈법치주의적 통치행위 관에서 벗어났다는 평가가 가능하고 사법적 심사의 가능성을 열어놓았다는 점에서는 긍정적인 평가가 가능하다. 다만, 대통령의 헌법상 긴급재정경제명령권 행사를 굳이 통치행위라는 용어로 표현하는 것이 바람직한 것인가에 대해서는 비판의 여지가 있다. 글자 그대로 긴급재정경제명령권은 헌법 제76조 제1항에 따르는 대통령의 헌법상 권한 행사에 불과하고 그에 따르는 헌법적, 법률적 한계를 넘어선 것인지에 대한 문제를 헌법재판소가 자연스럽게 사법적으로 심사할 수 있기 때문이다.

2. 헌재 2004. 4. 29. 2003헌마814(일반사병 이라크파병 위헌확인)

1) 사실관계와 결정 요지

청구인은 일반 국민의 한 사람인바, 대한민국 정부가 2003. 10. 18. 국군을 이라크에 파견하기로 한 것은 침략적 전쟁을 부인한다고 규정하고 있는 헌법 제5조에 위반될 뿐만 아니라 특히 의무복무를 하는 일반 사병은 급여를 받는 직업군인인 장교 및 부사관과 달리 실질적으로 급여를 받지 못하는바 일반 사병을 이라크에 파견하는 것은 국가안전보장 및 국방의 의무에 관한 헌법규정에 위반된다는 이유로

2003. 11. 17. 헌법재판소법 제68조 제1항에 의하여 위 파병의 위헌확인을 구하는 이 사건 헌법소원심판을 청구하였다. 청구인은 이라크전쟁은 침략전쟁이라는 것이 세계 다수국가에서 인정하는 바인데, 침략전쟁에 국군을 파견하기로 한 이번 결정은 "침략적 전쟁을 부인한다"고 규정하고 있는 헌법 제5조 제1항에 위반되며, 국군 파견이 결정되었다면 장교나 하사관의 파병보다도 국군 사병의 파견이 필수적인데, 그렇게 되면 헌법상 모든 국민은 국방의 의무를 부담하고 있으므로 군복무중인 자나 군입대 예정자나 군대에 복무중인 자녀를 가진 부모들의 평온은 흔들리게 될 것이고, 이는 행복을 추구할 권리를 침해당하게 된다고 주장하였다.

2) 해설 및 평론

헌법재판소는 대통령과 정부, 국회의 파병결정에 대하여 통치행위라는 용어를 명시적으로 사용하지는 않았지만 "고도의 정치적 결단"이라고 표현하여 실질적으로는 통치행위와 동일한 의미로 사용하고 있다. 헌법재판소에 따르면 이 사건 파병결정은 그 성격상 국방 및 외교에 관련된 고도의 정치적 결단을 요하는 문제로서, 헌법과 법률이 정한 절차를 지켜 이루어진 것임이 명백하므로, 대통령과 국회의 판단은 존중되어야 하고 우리 재판소가 사법적 기준만으로 이를 심판하는 것은 자제되어야 한다. 오랜 민주주의 전통을 가진 외국에서도 외교 및 국방에 관련된 것으로서 고도의 정치적 결단을 요하는 사안에 대하여는 줄곧 사법심사를 자제하고 있는 것도 바로 이러한 취지에서 나온 것이라 할 것이다. 이에 대하여는 설혹 사법적 심사의 회피로 자의적 결정이 방치될 수도 있다는 우려가 있을 수 있으나 그러한 대통령과 국회의 판단은 궁극적으로는 선거를 통해 국민에 의한 평가와 심판을 받게 될 것이다.

헌법재판소는 정부와 국회의 이라크 파병행위를 실질적으로는 통치행위로 보면서도 금융실명제 사건과는 달리 국민의 기본권 침해와 직접 관련되지 않는 것으로 보고 본안에 대한 판단을 유보한 채 심판청구를 각하하고 있다. 만약, 심판청구인이 일반 국민이 아니라 파병대상 군인이었고 군인의 생명권 침해 등을 주장하였다면 본안에 대한 판단이 이루어졌을 가능성을 배제할 수 없다. 이러한 이유로 이 사건 별개의견은 청구인이 이 사건 파견결정으로 인해 파견될 당사자가 아님은 청구인 스스로 인정하는 바와 같고 현재 군복무중이거나 군입대 예정자도 아니며, 청구인은 이 사건 파견결정에 관하여 일반 국민의 지위에서 사실상 또는 간접적인 이해관계를 가진다고 할 수는 있으나, 이 사건 파견결정으로 인하여 청구인이 주장하는 바와 같은 행복추구권 등 헌법상 보장된 청구인 자신의 기본권을 현재 그리고 직접적으로 침해받는다고는 할 수 없다며 심판청구의 자기관련성이 없음을 이유로 심판청구를 각하할 것을 제안하고 있다.

3. 헌재 2022. 1. 27. 2016헌마364(개성공단 전면중단 조치 위헌확인)〈개성공단 전면중단 조치에 관한 위헌소원 사건〉

청구인 1 내지 145는 '남북교류협력에 관한 법률' 제17조 제1항에 따라 피청구인 통일부장관으로부터 협력사업의 승인을 받은 후 2016. 2. 10. 개성공업지구(이하 '개성공단'이라고도 한다) 운영이 중단될 때까지 개성공단에 기업(지사·영업소·사무소 포함)을 설립하고 운영해 온 국내기업으로서 '개성공업지구 지원에 관한 법률' 제2조 제4호의2가 정하고 있는 개성공업지구 투자기업이고(이하 이들을 '투자기업인 청구인들'이라 한다), 청구인 146 내지 163은 개성공업지구 투자기업 및 개성공업지구에 설립한 그 자회사 또는 영업소와의 거래를 주된 기업 영업활동으로 하는 국내기업이다. 2016. 1. 6. 북한이 4차 핵실험을 단행하고 같은 해 2. 7. 장거리 미사일을 발사하자, 피청구인 대통령은 2016. 2. 8.경 피청구인 통일부장관에게 개성공단 철수 대책 마련을 지시하였고, 피청구인 통일부장관은 2016. 2. 10.까지 국가안보실장 소집 회의 등을 거쳐 개성공단에서의 철수를 위한 세부계획을 마련하였다. 2016. 2. 10. 오전 개최된 국가안전보장회의 상임위원회에 개성공단 운영 중단 안건이 상정되어 협의가 이루어졌으며, 그 결과가 피청구인 대통령에게 보고되었다. 피청구인 대통령은 이 같은 과정을 거쳐 개성공단의 운영을 즉시 전면중단하기로 결정하였다.

피청구인 통일부장관은 2016. 2. 10. 14:00경 개성공단기업협회 회장단 소속 기업인들과의 간담회를 개최하고, 북한의 계속된 도발로 개성공단을 정상적으로 가동할 수 없다고 판단하여 정부가 개성공단의 운영을 전면 중단하기로 결정하였으며, 앞으로 개성공단에 남아 있는 우리 국민의 안전한 귀환을 최우선으로 하면서 개성공단 운영의 전면중단에 따른 제반 조치를 신속하게 추진하겠다고 설명하였다.

그리고 위 전면중단을 위한 세부 조치로서, ① 2016. 2. 11.부터 개성공단 내 공장 가동, 영업소 운영 전면중단, ② 2016. 2. 11.부터 사흘간 개성공단 출입 최소화 및 현지 체류 남한 주민 전원 복귀를 각각 지시하였고, ③ 이후 개성공단 방문승인을 불허할 방침임을 통보하였다. 우리 정부는 개성공업지구 관리위원회를 통해 2016. 2. 10. 16:40경 북한에 개성공단의 운영을 전면 중단하기로 결정한 사실을 통보하면서, 우리 측 최소 인원의 출입과 신변안전을 보장해 줄 것, 완제품, 원·부자재, 설비 반출을 위해 필요한 인원 입경 시 반출 차량의 남한 복귀에 문제가 없도록 협조해 줄 것 등의 요구사항을 전달하였다. 피청구인 통일부장관은 2016. 2. 10. 17:00 개성공단 전면중단 성명을 발표하였고, 북한은 이에 대한 대응으로 2016. 2. 11. 17:00경 개성공단 내 남한 주민 전원 추방 및 자산 전면동결조치를 발표하였다.

당시 개성공단에 남아 있던 우리 기업인, 근로자 등 인원 280여 명은 같은 날 23:00경까지 군사분계선을 넘어 전원 남한으로 복귀하였고, 투자기업인 청구인들은 개성공단 내에 남아 있던 원·부자재, 완제품, 기계설비 등 유동자산을 남한으로 반출하지 못하였으며, 이후 개성공단에서의 공장가동 등 협력사업은 모두 중단되었다. 청구인들은 피청구인들의 개성공단 전면중단 결정 및 집행이 청구인들의 재산권 등을 침해한다고 주장하며 2016. 5. 9. 이 사건 헌법소원심판을 청구하였다. 청구인들의 주장에 의하면 이 사건 중단조치에 의하여 개성공단 내 토지이용권, 건물소유권, 생산설비, 원·부자재 및 완제품 등 자산 일체에 대한 사용·수익·처분권의 행사가 전면 차단되었고, '남북교류협력에 관한 법률'에 따라 적법하게 이루어지고 있던 개성공단 내 기업 경영활동이 전면 중단되었다. 이로써 청구인 1 내지 108이 개성공단 자회사에 대하여 가지고 있던 주식 등 일체의 권리와 청구인 109 내지 145가 개성공단 영업소를 통하여 가지고 있던 각종 권리가 사실상 박탈되었고, 청구인 146 내지 163은 개성공단 기업들과 통상적으로 이루어지던 거래가 중단되어 영업활동을 하지 못하는 손해를 입게 되었다.

또한 통치행위를 포함한 모든 국가작용은 헌법과 법률에 근거하여 이루어져야 하고 통치행위도 당연히 사법심사의 대상이 되므로, 피청구인들의 이 사건 중단조치에 대한 사법심사는 허용되어야 한다. 그리고 이 사건 중단조치는 남북교류협력법 제17조 제4항 제11호에 근거한 처분 또는 대통령의 긴급재정경제처분·명령의 형식으로 이루어졌어야 하는데 그 절차를 따르지 않았으므로 아무런 법적 근거가 없고, 국무회의 심의나 국회와의 협의, 이해관계자들의 의견 수렴절차도 거치지 아니하였다. 따라서 이 사건 중단조치는 최소한의 형식적, 절차적 정당성을 갖추지 못한 것으로서 헌법상 적법절차원칙에 위반된다. 또한 이 사건 중단조치는 과잉금지원칙에 위반되고, 공공필요에 의하여 재산권 행사를 제한하는 공용수용에 해당됨에도 정당한 보상이 지급되지 않았으므로, 청구인들의 재산권을 침해한 것이다. 마지막으로 청구인들은 정부와 북한 사이에 2013. 8. 13. 체결된 '개성공단 정상화를 위한 합의서'의 내용을 신뢰하고 개성공단에서 영업활동을 계속하여 왔으므로, 위 합의서의 효력과 존속을 신뢰한 청구인들의 신뢰이익은 보호되어야 하고, 위 합의서를 파기한 이 사건 중단조치는 신뢰보호원칙에 위반된다고 주장하였다.

헌법재판소는 청구인들의 주장 중에서 이 사건 중단조치가 이른바 통치행위에 해당하는지, 가사 그러한 측면이 있다고 하더라도 개성공단에 투자한 사업자들의 직업의 자유, 재산권 등 기본권을 직접적으로 침해할 가능성이 있는 경우 헌법재판소의 사법심사의 대상이 될 수 있는가에 대하여 다음과 같이 기존의 입장, 즉 "고도의 정치적 결단에 의한 정부 또는 대통령의 행위라 할지라도 그것이 국민의 기본권 제한과 직접적인 관련성이 있는 공권력 행사로서 사법심사의 대상이 된다"는 견해를 유지하고 있다. "이 사건 중단조치는 북한의 핵실험과 장거리 미사일 발사로 초래된 동북아시아 안보지형의 변화, 국익 차원에서 북한의 핵무력 완성을 저지하기 위한 대응 조치의 필요성, 관련 국제 공조에 있어서 우리나라의 지위와 역할, 개성공단 내 우리 국민의 신변안전 등을 복합적으로 고려하여 내린 정치적 결단에 기한 조치로서 이른바 통치행위에 해당하므로, 사법심사의 대상이 될 수 없는 것이 아닌가 하는 의문이 있을 수 있다.

그러나 우리 헌법의 기본원리인 법치주의의 원리상 대통령, 국회 기타 어떠한 공권력도 법의 지배를 받아야 하고, 모든 국가작용은 국민의 기본권적 가치를 실현하기 위한 수단이라는 데에서 나오는 한계를 반드시 지켜야 하며, 헌법재판소는 헌법의 수호와 국민의 기본권 보장을 사명으로 하는 국가기관이므로, 비록 고도의 정치적 결단에 의하여 행해지는 국가작용이라고 할지라도 그것이 국민의 기본권침해와 직접 관련되는 경우에는 당연히 헌법재판소의 심판대상이 될 수 있다(헌재 1996. 2. 29. 93헌마186; 헌재 2004. 10. 21. 2004헌마554등 참조).

이 사건 중단조치가 북한의 핵무기 개발로 인한 위기에 대처하기 위한 조치로서 국가안보와 관련된 대통령의 의사 결정을 포함하고 그러한 의사 결정이 고도의 정치적 결단을 요하는 문제이기는 하나, 그 의사 결정에 따른 조치 결과 투자기업인 청구인들의 영업의 자유 등 기본권에 제한이 발생하였다. 그리고 국민의 기본권 제한과 직접 관련된 공권력의 행사는 고도의 정치적 고려가 필요한 대통령의 행위라도 헌법과 법률에 따라 정책을 결정하고 집행하도록 함으로써 국민의 기본권이 침해되지 않도록 견제하는 것이 국민의 기본권 보장을 사명으로 하는 헌법재판소 본연의 임무이므로, 그 한도에서 헌법소원심판의 대상이 될 수 있다고 보아야 한다. 따라서 이 사건 중단조치에 대한 헌법소원심판이 사법심사가 배제되는 행위를 대상으로 한 것이어서 부적법하다고는 볼 수 없다".

Ⅲ. 통치행위에 대한 대법원판결

1. 대법원 1979. 12. 7.자 79초70 재정[재판권쟁의에관한재정신청]; 대법원 1980. 8. 26. 선고 80도1278 판결[계엄포고위반·계엄포고위반교사·계엄포고위반방조]; 대법원 1981. 1. 23. 선고 80도2756 판결[내란음모·계엄법위반·계엄법위반교사·국가보안법위반·반공법위반·외국환관리법위반]

영화 "행복의 나라"를 시청한 사람들은 영화의 배경이 된 10.26 사건에서 당시 김재규 중앙정보부장의 비서였던 박흥주 대령을 기억할 것이다. 박대령은 첫 번째 사건에서 유일한 현역군인이었기 때문에 군법회의에 따른 재판을 받을 경우 단심으로 재판이 종료되는 상황에서 박대령의 변호인이 비상계엄 선포행위의 위법성을 주장하고 박대령에 대해서 군법회의에 따른 재판권이 존재하지 않는다는 주장을 하였다. 이 재정사건은 이와 관련된 대법원 결정이다. 이 사건에서 대법원은 비상계엄 선포행위는 고도의 정치적 성격을 가지는 것으로서 사법부의 심새대상 밖에 있다는 점을 다음과 같이 판시하고 있다.

> "대통령의 유고로 그 권한대행을 하게 된 국무총리는 국가의 안전보장과 사회질서 및 치안유지를 위하여 1979.10.27.04:00시를 기하여 전국일원(제주도 제외)에 비상계

엄을 선포하게 되었음은 공지의 사실인 바, 위와 같은 사태 아래서, 국가를 보위하며 국민의 자유와 복리의 증진에 노력하여야 할 국가원수인 동시에 행정의 수반이며 국군의 통수자인 대통령(권한대행)이 제반의 객관적 상황에 비추어서 그 재량으로 비상계엄을 선포함이 상당하다는 판단 밑에 이를 선포하였을 경우, 그 행위는 고도의 정치적, 군사적 성격을 띠는 행위라고 할 것이어서, 그 선포의 당, 부당을 판단할 권한과 같은 것은 헌법상 계엄의 해제 요구권이 있는 국회만이 가지고 있다고 할 것이고, 그 선포가 당연무효의 경우라면 모르되, 사법기관인 법원이 계엄선포의 요건의 구비 여부나 선포의 당, 부당을 심사하는 것은, 사법권의 내재적인 본질적 한계를 넘어서는 것이 되어, 적절한 바가 못 된다 할 것이므로(대법원 1964.7.21. 자 64초3, 64초4, 64초6 등 각 재정 참조), 위의 비상계엄이 법적 요건을 구비하지 아니한 것이어서 효력이 없는 것이라는 견해를 전제로 하여 군법회의가 재판권이 없다는 논지 주장은 이유 없다".

당시 대법원은 계엄선포의 법적 요건이 충족되었는가 여부에 관한 문제는 사실상 통치행위의 영역에 해당하는 것으로서 사법심사의 대상 자체가 될 수 없다는 전통적인 견해를 제시한 것으로서 본안에 대한 심리를 부인하고 있는데, 이러한 대법원의 견해는 1980년과 1981년 사건에서도 그대로 유지되었다.

2. 대법원 1985. 1. 29. 선고 74도3501 전원합의체 판결[대통령 긴급조치위반·법정모욕]

이 사건은 박정희대통령 집권 당시 정권 유지를 위하여 남발한 유신헌법 제53조의 긴급조치가 1980년 이른바 전두환 헌법의 제정, 공포와 더불어 실효되었는가 여부에 관련된 것이다. 그런데 통치행위와 관련하여 주목할 것은 당시 이회창대법관이 별개의견을 통하여 통치행위에 대한 사법심사의 가능성을 처음으로 언급하였다는 점이다.

이회창대법관의 견해에 의하면 일반적으로 통치행위는 고도의 정치성을 띤 국가행위로서 법원은 그 합법성을 심사할 수 없다는 것이 지배적인 견해이긴 하나, 통치행위라고 할지라도 헌법의 폐지에 따른 그 효력의 상실여부와 같은 사항은 법원의 심사대상이 된다고 보아야 할 것이다. 특히 통치행위 중에서도 이 사건 긴급조치와 같이 국민의 기본권 제한과 관련된 조치인 경우에는 기본권보장과 헌법보장의 책무를 진 법원으로서는 당연히 그 효력의 존속여부를 심사판단할 권한이 있다고 보아야 한다. 종래에 통치행위를 사법심사에서 제외하는 이론적 근거로 권력 분립에서 오는 내재적 한계를 들어 법원은 오로지 사법문제만을 심사할 수 있고 정치문제는 입법부나 행정부에 맡겨진 것으로서 사법권의 한계 밖에 있다는 견해가 주장되어 왔으며, 이러한 견해에 따르면 위에서 본 바와 같은 통치행위의 실효여부도 사법부의 심사권한 밖에 있는 것이라는 반론이 나올 수 있을 것이다.

그러나 입헌적 법치주의국가의 기본원칙은 모든 국가행위나 국가작용이 헌법과 법률에 합치할 것을 요구하며 이러한 합법성의 판단은 본질적으로 사법부의 권능에 속하는 것이다. 다만 통치행위와 같은 고도의 정치행위에 대하여 정치적 책임을 지지 않는 법원이 정치의 합목적성이나 정당성을 도외시한 합법성의 심사를 감행함으로써 정책결정이 좌우되는 일은 결코 바람직한 일이 아니며 법원이 정치문제에 개입되어 그 중립성과 독립성을 침해당할 위험성도 부인할 수 없으므로, 고도의 정치성을 띤 통치행위에 대하여 법원은 스스로 사법심사권의 행사를 억제함으로써 그 심사대상에서 제외하고 있을 따름인 것이다. 그러므로 통치행위라고 할지라도 이 사건 긴급조치와 같이 국민의 기본권과 관련된 조치에 대하여 그 실효여부를 심사판단하는 일은 법원이 가지고 있는 본래의 사법심사권을 행사하는 데에 지나지 않으며, 결코 사법권의 한계 밖에 있는 일을 하는 것이라고는 볼 수 없다.

결국 당시 이회창대법관의 통치행위에 대한 개인적 철학과 판단은 이후 대법원과 헌법재판소가 통치행위라는 고도의 정치적 행위에 대한 사법심사 여부에 대하여 일종의 典範을 제공한 것으로서 상당한 의의를 인정할 수 있다.

3. 대법원 2004. 3. 26. 선고 2003도7878 판결[외국환거래법위반·남북교류협력에관한법률위반·특정경제범죄가중처벌등에관한법률위반(배임)]

대법원은 김대중 대통령 당시 남북정상회담을 성사시키는 과정에서 관련 법률을 위반하여 북한에 일정 금액을 송금한 혐의로 기소된 피고인에 대한 재판에서 통치행위라는 개념을 인정하면서도 사법심사가 배제되는 통치행위의 범위를 매우 제한적으로 보고 있다는 점에서 일종의 과도기적 판결을 내린 것으로 평가할 수 있다.

대법원에 따르면 입헌적 법치주의국가의 기본원칙은 어떠한 국가행위나 국가작용도 헌법과 법률에 근거하여 그 테두리 안에서 합헌적·합법적으로 행하여질 것을 요구하며, 이러한 합헌성과 합법성의 판단은 본질적으로 사법의 권능에 속하는 것이다. 다만, 국가행위 중에는 고도의 정치성을 띤 것이 있고, 그러한 고도의 정치행위에 대하여 정치적 책임을 지지 않는 법원이 정치의 합목적성이나 정당성을 도외시한 채 합법성의 심사를 감행함으로써 정책결정이 좌우되는 일은 결코 바람직한 일이 아니며, 법원이 정치문제에 개입되어 그 중립성과 독립성을 침해당할 위험성도 부인할 수 없으므로, 고도의 정치성을 띤 국가행위에 대하여는 이른바 통치행위라 하여 법원 스스로 사법심사권의 행사를 억제하여 그 심사대상에서 제외하는 영역이 있다. 그러나 이와 같이 통치행위의 개념을 인정한다고 하더라도 과도한 사법심사의 자제가 기본권을 보장하고 법치주의 이념을 구현하여야 할 법원의 책무를 태만히 하거나 포기하는 것이 되지 않도록 그 인정을 지극히 신중하게 하여야 하며, 그 판단은 오로지 사법부만에 의하여 이루어져야 하는 것이다.

대법원은 대북송금행위가 고도의 정치적 행위라고 하더라도 관련 법률을 위반하여 이루어진 경우에는 다음과 같이 사법부의 심사대상이 되며 관련자들에게 유죄를 선고할 수 있다는 견해를 제시하고 있다. "원심은, 위 공소사실을 유죄로 인정하면서, 위 피고인들의 대북송금행위 및 이에 수반된 각 행위들은 남북정상회담에 도움을 주기 위한 시급한 필요에서 비롯된 이른바 통치행위로서 사법부에 의한 사법심사의 대상이 되지 않는다는 피고인들의 주장에 대하여, 남북정상회담의 개최는 고도의 정치적 성격을 지니고 있는 행위라 할 것이므로 특별한 사정이 없는 한 그 당부를 심판하는 것은 사법권의 내재적·본질적 한계를 넘어서는 것이 되어 적절하지 못하지만, 남북정상회담의 개최과정에서 피고인들이 공모하여 재정경제부장관에게 신고하지 아니하거나 통일부장관의 협력사업 승인을 얻지 아니한 채 위와 같이 북한측에 사업권의 대가 명목으로 4억 5,000만 달러를 송금한 행위 자체는 헌법상 법치국가의 원리와 법 앞에 평등원칙 등에 비추어 볼 때 사법심사의 대상이 된다고 판단하였는바, 원심의 위와 같은 판단은 앞서 본 법리에 비추어 정당한 것으로 수긍되고, 거기에 주장과 같은 이른바 헌법상 통치행위에 대한 법리오해의 위법이 있다고 할 수 없으므로, 피고인 1, 피고인 4의 이 부분 상고는 이유 없다".

4. 대법원 1997. 4. 17. 선고 96도3376 전원합의체 판결[반란수괴 · 반란모의참여 · 반란중요임무종사 · 불법진퇴 · 지휘관계엄지역수소이탈 · 상관살해 · 상관살해미수 · 초병살해 · 내란수괴 · 내란모의참여 · 내란중요임무종사 · 내란목적살인 · 특정범죄가중처벌등에관한법률위반(뇌물)]

영화 "서울의 봄"를 시청한 사람들은 전두환, 노태우 등이 주동이 된 12.12. 군사반란 사건을 기억할 것이다. 대법원은 이 사건에서 군사반란행위가 이른바 통치행위로서 사법심사의 대상이 되지 않으며 반란주동자 및 참가자들에 대한 처벌이 불가하다는 반대의견에도 불구하고 관련자들에 대하여 유죄판결을 내렸다. 반대의견에 따르면 군사반란 및 내란행위에 의하여 정권을 장악한 후 이를 토대로 헌법상 통치체제의 권력구조를 변혁하고 대통령, 국회 등 통치권의 중추인 국가기관을 새로 구성하거나 선출하는 내용의 헌법개정이 국민투표를 거쳐 이루어지고 그 개정 헌법에 의하여 대통령이 새로 선출되고 국회가 새로 구성되는 등 통치권의 담당자가 교체되었다면, 그 군사반란 및 내란행위는 국가의 헌정질서의 변혁을 가져온 고도의 정치적 행위라고 할 것인바, 그와 같이 헌정질서 변혁의 기초가 된 고도의 정치적 행위에 대하여 법적 책임을 물을 수 있는지 또는 그 정치적 행위가 사후에 정당화되었는지 여부의 문제는 국가사회 내에서 정치적 과정을 거쳐 해결되어야 할 정치적·도덕적 문제를 불러일으키는 것으로서 그 본래의 성격상 정치적 책임을 지지 않는 법원이 사법적으로 심사하기에는 부적합한 것이고, 주권자인 국민의 정치적 의사형성과정을 통하여 해결하는 것이 가장 바람직하다. 따라서 그 군사반란 및 내란행위가 비록 형식적으로는 범죄를 구성한다고 할지라도 그 책임 문제는 국가사회의 평화와 정의의 실현을 위하여 움직이는 국민의 정치적 통합과정을 통하여 해결되어야 하는 고도의 정치문제로서, 이에 대하여는 이미 이를 수용하는 방향으로 여러 번에 걸친 국민의 정치적 판단과 결정이 형성되어 온 마당에 이제 와서 법원이 새삼 사법심사의 일환으로 그 죄책 여부를 가리기에는 적합하지 아니한 문제라 할 것이므로, 법원으로서는 이에 대한 재판권을 행사할 수 없다.

하지만 이러한 반대의견에도 불구하고 다수의견은 "우리나라는 제헌헌법의 제정을 통하여 국민주권주의, 자유민주주의, 국민의 기본권보장, 법치주의 등을 국가의 근본이념 및 기본원리로 하는 헌법질서를 수립한 이래 여러 차례에 걸친 헌법개정이 있었으나, 지금까지 한결같이 위 헌법질서를 그대로 유지하여 오고 있는 터이므로, 군사반란과 내란을 통하여 폭력으로 헌법에 의하여 설치된 국가기관의 권능행사를 사실상 불가능하게 하고 정권을 장악한 후 국민투표를 거쳐 헌법을 개정하고 개정된 헌법에 따라 국가를 통치하여 왔다고 하더라도 그 군사반란과 내란을 통하여 새로운 법질서를 수립한 것이라고 할 수는 없으며, 우리나라의 헌법질서 아래에서는 헌법에 정한 민주적 절차에 의하지 아니하고 폭력에 의하여 헌법기관의 권능행사를 불가능하게 하거나 정권을 장악하는 행위는 어떠한 경우에도 용인될 수 없다. 따라서 그 군사반란과 내란행위는 처벌의 대상이 된다"고 판시하여 이른바 "성공한 쿠데타는 처벌할 수 없다"는 논리를 배격하였다. 하지만, 대법원판결은 김영삼정부 시절 이루어진 것으로서 이른바 5.18 특별법에 따라서 전두환, 노태우 전 대통령을 기소하여 이루어진 것이기 때문에 때 늦은 판결이라는 비판을 피하기 어렵다.

5. 대법원 2015. 3. 26. 선고 2012다48824 판결[손해배상(기)]; 대법원 2022. 8. 30. 선고 2018다212610 전원합의체 판결[손해배상(기)]〈긴급조치 제9호위반 혐의로 수사 및 유죄판결을 받은 사람들 또는 그 유족들이 대통령과 수사기관, 법원의 불법행위를 이유로 국가배상을 청구한 사안〉

2015년 대법원판결은 박정희대통령의 이른바 유신헌법과 그에 따르는 긴급조치가 결국 위헌무효이기는 하지만 위헌적인 긴급조치를 발령한 대통령과 이를 집행한 공무원들을 대상으로 국가배상책임을 묻는 것은 불가하다는 입장을 보이고 있다. 대법원의 판결에 의하면 국가안전과 공공질서의 수호를 위한 대통령긴급조치(이하 '긴급조치 제9호'라고 한다)는 그 발령의 근거가 된 구 대한민국헌법(1980. 10. 27. 헌법 제9호로 전부 개정되기 전의 것, 이하 '유신헌법'이라고 한다) 제53조가 규정하고 있는 요건 자체를 결여하였을 뿐만 아니라, 민주주의의 본질적 요소이자 유신헌법과 현행 헌법이 규정한 표현의 자유, 영장주의와 신체의 자유, 주거의 자유, 청원권, 학문의 자유를 심각하게 제한함으로써 국민의 기본권을 침해한 것이므로 위헌·무효이다(대법원 2013. 4. 18.자 2011초기689 전원합의체 결정 참조).

그러나 긴급조치 제9호가 사후적으로 법원에서 위헌·무효로 선언되었다고 하더라도, 유신헌법에 근거한 대통령의 긴급조치권 행사는 고도의 정치성을 띤 국가행위로서 대통령은 국가긴급권의 행사에 관하여 원칙적으로 국민 전체에 대한 관계에서 정치적 책임을 질 뿐 국민 개개인의 권리에 대응하여 법적 의무를 지는 것은 아니므로, 대통령의 이러한 권력행사가 국민 개개인에 대한 관계에서 민사상 불법행위를 구성한다고는 볼 수 없다(대법원 2008. 5. 29. 선고 2004다33469 판결 참조). 그럼에도 원심은 그 판시와 같은 이유만으로 대통령의 긴급조치 제9호 발령행위가 국가배상법 제2조 제1항에서 말하는 공무원의 고의 또는 과실에 의한 불법행위에 해당한다고 판단하였는바, 이러한 원심의 판단에는 국가배상법 제2조 제1항이 규정하고 있는 국가배상책임의 성립요건에 관한 법리를 오해한 잘못이 있다.

하지만 대법원은 2022년 전원합의체판결을 통해서 2015년 판결을 파기하고 다음과 같이 국가배상책임을 인정하였다. "보통 일반의 공무원을 표준으로 공무원이 직무를 집행하면서 객관적 주의의무를 소홀히 하고 그로 말미암아 그 직무행위가 객관적 정당성을 잃었다고 볼 수 있는 때에 국가배상법 제2조가 정한 국가배상책임이 성립할 수 있다. 공무원의 직무행위가 객관적 정당성을 잃었는지는 행위의 양태와 목적, 피해자의 관여 여부와 정도, 침해된 이익의 종류와 손해의 정도 등 여러 사정을 종합하여 판단하되, 손해의 전보책임을 국가가 부담할 만한 실질적 이유가 있는지도 살펴보아야 한다. 구 국가안전과 공공질서의 수호를 위한 대통령긴급조치(1975. 5. 13. 대통령긴급조치 제9호, 이하 '긴급조치 제9호'라고 한다)는 위헌·무효임이 명백하고 긴급조치 제9호 발령으로 인한 국민의 기본권 침해는 그에 따른 강제수사와 공소제기, 유죄판결의 선고를 통하여 현실화되었다. 이러한 경우 긴급조치 제9호의 발령부터 적용·집행에 이르는 일련의 국가작용은, 전체적으로 보아 공무원이 직무를 집행하면서 객관적 주의의무를 소홀히 하여 그 직무행위가 객관적 정당성을 상실한 것으로서 위법하다고 평가되고, 긴급조치 제9호의 적용·집행으로 강제수사를 받거나 유죄판결을 선고받고 복역함으로써 개별 국민이 입은 손해에 대해서는 국가배상책임이 인정될 수 있다".

대법원은 국가배상법 제2조에 따라 위헌으로 선언한 긴급조치를 실행하는 과정에서 수사, 고문 등을 자행한 행정공무원은 물론 위헌적인 긴급조치에 따라서 재판을 진행하고 유죄판결을 내린 법관에 대해서도 국가배상법 제2조에 의한 공무원의 직무상 불법행위와 그로 인한 국가의 배상책임을 인정했다는 점에서 이른바 통치행위 내지 고도의 정치적 행위라고 하더라도 신체의 자유, 재판청구권 등 국민의 기본권을 직접적으로 침해하는 경우에는 당연히 법원이 이를 심사하여 국민의 권리를 구제하여야 한다는 점을 분명히 한 것이다.

Ⅳ. 에필로그

대통령과 국회의 행위 중에는 사법부가 법의 잣대를 내세워서 그 옳고 그름을 판단하기 어려운 고도의 정치적 행위나 결정이 존재하는 것이 사실이다. 법치주의 원리가 확고하게 정착되기 이전에는 군주나 정부의 정치적 행위에까지 법률유보, 법률우위, 사법적 권리구제원칙을 고수하는 것이 현실적으로 어려웠을 것이고 일반행정 작용에 대해서는 법치주의를 전면적으로 적용하되 일정 부분 정치적 결정에 대한 행정부의 특권을 인정하고 이를 법치주의의 영역에서 배제하는 것이 불가피하였기 때문에 통치행위는 법치주의 발전과정에서 일종의 타협의 산물이라고 할 수 있다.

하지만 이제 21세기 중반을 향하여 가는 고도화된 법치국가에서 여전히 법치주의원칙이 배제되고 법원이 국민의 권리구제를 위한 사법심사를 회피하는 대통령이나 국회의 행위가 존재한다는 사실 자체를 이해하기 곤란하다. 그런데 오늘날에도 법원이나 헌법재판소가 전적으로 통치행위 관에서 자유로워졌는지는 의문이고 여전히 그 존재의 가능성을 인정하고 다만, 통치행위가 국민의 기본권과 직접 관련되는 경우에는 사법심사가 가능하다는 일종의 절충적인 입장을 제시하고 있는 것이 현실이다.

그런데 오늘날 학자들의 견해와 법원 및 헌법재판소의 판례가 일반적으로 통치행위로 인정하고 있는 것들을 살펴보면 대통령의 계엄선포권, 긴급재정경제명령, 국군의 해외파병을 포함한 군통수권, 외교에 관한 권한, 인사권, 사면권, 영전수여권, 조약의 체결·비준에 대한 동의권, 전쟁선포, 국군의 해외파병, 외국군대의 주둔에 대한 동의권, 국회의 국회의원에 대한 자격심사, 징계권, 탄핵소추 발의권 등이다. 하지만 이러한 대통령과 국회의 권한을 굳이 통치행위 내지 고도의 정치적 권한 행사로 보고 처음부터 법치주의원칙 적용을 배제하거나 사법부가 관여하지 못하는 대통령의 특권으로서 사법심사가 불가능하거나 매우 제한적으로만 이루어질 수 있는 신비주의적 영역으로 남겨두는 것이 과연 가능하고 바람직한 것인가에 대해서는 의문이 제기된다.

왜냐하면 이러한 대통령이나 국회의 권한은 통치행위라는 용어가 어울리지 않는 단순히 헌법이 대통령이나 국회에 부여한 권한에 불과하기 때문이다. 통치행위의 목록을 대통령과 국회의 헌법상 권한으로 이해하는 경우 대통령과 국회의 권한 행사에는 당연히 헌법적, 법률적 한계가 설정되며 이러한 법적 한계를 일탈하여 국민의 기본권이나 법률상 권리를 침해하면 헌법재판소와 법원이 재판과정을 통하여 침해된 권리를 구제하는 것이 오늘날 법치국가에서 가장 기본적인 사법제도라고 할 수 있다. 여기에서 이야기하는 법적 한계는 첫째, 대통령과 국회의 권한 행사가 헌법과 법률의 실체적 내용에 위반하여 위헌, 위법으로 판단되는 경우. 둘째, 헌법기관의 공권력 행사가 헌법과 법률에서 규정한 절차적 규정을 준수하지 않아서 적법절차원칙을 위반하는 경우. 셋째, 헌법기관의 권한 행사가 비례성원칙, 평등, 신뢰보호원칙에 위반하는 경우. 넷째, 대통령과 국회의 권한 행사가 국민의 기본권의 본질적 내용을 침해하는 경우 등이다.

이와 같이 대통령과 국회의 권한 행사가 헌법적, 법률적 한계를 넘어서서 위헌, 위법으로 판단되어 국민의 권리를 침해하는 경우에는 마땅히 국민에게 재판청구권이 인정되고 법원이나 헌법재판소는 헌법과 법률에 따라 사법적 심사권을 행사하여 침해된 국민의 권리를 구제하는 것이 원칙이다. 그렇다면 이른바 통치행위는 더 이상 법치주의의 예외 영역으로 남아 있는 것이 아니라 법치주의원칙에 따라서 일정한 법적 통제를 받는 헌법기관의 권한이라는 점이 명백해진다.

제14장 소급입법과 재산권 제한, 환경규제

Ⅰ. 문제의 제기

우리 헌법 제13조 제2항은 "모든 국민은 소급입법에 의하여 참정권의 제한을 받거나 재산권을 박탈당하지 아니한다"고 규정하여 일정한 사실관계나 법률관계가 이미 종료하였음에도 불구하고 그 이후에 소급적으로 법률을 제정하여 참정권을 제한하거나 재산권을 박탈할 수 없도록 헌법적으로 금지하고 있다. 이는 정권이 바뀌거나 헌정질서의 변화에 따라서 과거의 행위에 보복적인 법률을 제정하여 국민의 정치참여를 막거나 재산권을 박탈하는 법률을 제정하지 못하도록 헌법적으로 금지하여 법치국가질서에 따르는 법적 안정과 기존의 법적 상태에 대한 관계인들의 신뢰를 보호하는 목적을 가진 조항이다. 하지만, 후술하는 바와 같이 헌법 제13조 제2항이 평화로운 헌정질서를 파괴하고 국민의 기본권을 정면으로 침해하는 군사 쿠데타를 통하여 취득한 법적 지위나 일제에 협력하는 반민족행위로 인하여 취득한 부와 재산에 대하여 과거사 정리와 회복적 정의의 실현이라는 관점에서 볼 때 관계인들의 법적 지위를 제한하거나 재산권을 박탈하는 행위에도 제한 없이 적용되는 것인가에 대해서는 상당한 논란이 있을 수 있다.

다시 말하자면, 헌법 제13조 제2항은 일종의 원칙적 조항으로서 극히 예외적인 헌법적 정당화 사유가 존재하는 경우에는 소급입법에 의한 참정권의 제한이나 재산권의 박탈이 가능한가에 대하여 논의가 필요하다. 헌법 제13조 제2항이 금지하는 소급입법에 의한 참정권 제한이나 재산권에 대한 박탈 행위는 위헌으로 볼 수 있지만 모든 소급입법이나 소급적 조치가 위헌인가에 대해서는 역시 논란의 여지가 있다. 예를 들어 관계인이 향유하던 기존의 법적 지위나 법적 상태를 불리한 방향으로 변화시키는 경우 관계인들은 이를 소급적인 입법이나 조치로 받아들일 가능성이 크다. 예를 들어 연금수급권자가 수령하는 연금에 대하여 국가적 재정위기와 인구구조의 급격한 변화를 이유로 하는 이른바 연금개혁의 일환으로 관련 법률을 개정하여 연금 수급 시기를 상향 조정하거나 수령하는 연금의 액수를 축소, 연금보험료를 인상하는 경우 연금수급권자들은 자신의 법적 지위와 기존의 법적 상태를 소급적으로 악화시킨다는 주장을 할 수 있다.

기후변화에 따르는 기후위기가 일상화되고 이른바 환경국가화 현상에 따라서 기업이나 사업자에 대한 기존의 환경규제를 강화하는 입법을 시행하는 경우 관련 기업이나 사업자들은 기존의 법적 상태에 대한 자신들의 법적 신뢰가 침해되고 영업활동에 대한 법적 안정성이 악화된다는 이유를 들어 환경규제를 강화하는 입법을 소급입법에 해당한다고 비판할 수 있다. 하지만 이러한 연금개혁이나 강화된 환경규제를 동반하는 입법은 이미 종료된 법적, 사실적 관계에 대하여 소급적으로 개정 법률의 효력이 미치는 것이 아니라 개정법률이 시행된 이후 또는 일정한 경과기간이 지난 후에 비로소 개정된 법률의 효력이 발생하는 것이기 때문에 헌법 제13조 제2항이 금지하는 소급입법과는 질적으로 다른 것으로서 취급할 필요가 있다. 다시 말하자면, 소급입법이나 소급효의 경우에도 헌법 제13조 제2항에 따라서 금지되는 이른바 진정소급효와 일견 소급입법이나 소급효인 것으로 보이지만 실제로는 기존에 관계인들이 누리던 법적 지위와 상태를 불리한 방향으로 변화시키는 부진정소급효로 구분하여 살펴볼 필요가 있다.

특히 부진정소급입법이나 소급효의 경우에는 관계인들이 향유하던 기존의 법적 지위나 상태를 불리한 방향을 불가피하게 변화시킬 수밖에 없는 중대한 공익적 이유가 존재하는 경우가 많이 있기 때문에 헌법재판소와 대법원의 판례는 이를 원칙적으로 합헌으로 인정하고 있다. 다만, 부진정소급입법이나 부진정소급효의 경우에도 기존의 법적 지위나 상태에 대한 관계인들의 신뢰 침해가 극심하거나 법적 안정을 전면적으로 박탈하는 경우에는 예외적으로 그 위헌성을 인정하는 판례도 있다.

Ⅱ. 진정소급입법(진정소급효)과 부진정소급입법(부진정소급효)

1. 진정소급효 — 행정기본법 제14조 제1항

법령과 행정행위 등이 소급하여 효력을 발생시키는 경우에는 기존의 법적 상태를 신뢰한 개인의 법적 지위를 위태롭게 할 가능성이 있다. 따라서 소급효의 적용은 이미 제1장에서 논의한 바와 같이 신뢰보호원칙과 직접적인 관련성을 가지고 그 위헌, 위법 여부를 가릴 필요가 있다. 우리 헌법 제13조 제2항에 따라서 모든 국민은 소급입법에 의하여 참정권의 제한을 받거나 재산권을 박탈당하지 아니한다. 이 조항에 따라서 원칙적으로 금지되는 소급효는 이미 종료한 법률관계나 사실관계에 법령과 행정행위 등의 효력이 미치는 이른바 진정소급효다. 행정기본법 제14조 제1항도 "새로운 법령등은 법령등에 특별한 규정이 있는 경우를 제외하고는 그 법령등의 효력 발생 전에 완성되거나 종결된 사실관계 또는 법률관계에 대해서는 적용되지 아니한다"고 규정하고 있다.

하지만, 헌법재판소는 일정한 예외사유가 있는 경우에는 헌법 제13조 제2항에도 불구하고 진정소급입법도 위헌이 아닌 것으로 보고 있다. 반면에 이미 종료하지 않고 아직 진행 중인 법률관계 또는 사실관계에 법령이나 행정행위 등의 효력이 미치게 되는 부진정소급효의 경우에는 신뢰보호원칙에 위반하지 않는 것이 원칙이다. 그러나 진정소급효와 부진정소급효의 구별은 법기술적인 기준에 의한 것일 뿐 절대적인 구별이 아니며 구체적인 사건에서 개인의 법적 안정과 행정의 법률적합성의 실체적인 비교교량이 요구된다.

2. 헌재 2021. 1. 28. 2018헌바88(재조선미국육군사령부군정청 법령 제2호 제4조 등 위헌소원)〈재조선 일본인 재산의 처리 및 귀속에 관한 미군정청 법령 조항 사건〉

이 사건에서 청구인들은 심판대상조항은 1945. 9. 25., 1945. 12. 6. 각 공포되었음에도 1945. 8. 9. 이후에 성립된 거래를 전부 무효로 하고, 1945. 8. 9. 이후 일본 국민이 소유하거나 관리하는 재산을 1945. 9. 25.자로 전부 미군정청이 취득하도록 정하고 있어서 소급입법금지원칙에 위반되며, 적국(敵國)의 재산을 몰수함으로써 일본 정부에 전쟁 책임을 묻기 위한 것임에도 침략전쟁과 무관한 순수 일본 국민의 사유재산까지 몰수하도록 규정하고 있고 그 일시를 소급함으로써 일본 국민으로부터 재산을 적법하게 취득한 한국인의 재산까지 예외 없이 전부 몰수하도록 규정하고 있어서 과잉금지원칙에 위반된다고 주장하였다.

헌법재판소는 진정소급입법의 원칙적 금지와 예외적 허용이라는 과거의 결정례를 다음과 같이 적시하면서 심판청구를 기각하였다. “소급입법은 새로운 입법으로 이미 종료된 사실관계 또는 법률관계에 작용하도록 하는 진정소급입법과 현재 진행 중인 사실관계 또는 법률관계에 작용하도록 하는 부진정소급입법으로 나눌 수 있는바, 부진정소급입법은 원칙적으로 허용되지만 소급효를 요구하는 공익상의 사유와 신뢰보호의 요청 사이의 교량과정에서 신뢰보호의 관점이 입법자의 형성권에 제한을 가하게 되는 데 반하여, 진정소급입법은 개인의 신뢰보호와 법적 안정성을 내용으로 하는 법치국가원리에 의하여 특단의 사정이 없는 한 헌법적으로 허용되지 아니하는 것이 원칙이나 예외적으로 법적 상태가 불확실하고 혼란스러웠거나 하여 보호할 만한 신뢰의 이익이 적은 경우, 신뢰보호의 요청에 우선하는 심히 중대한 공익상의 사유가 소급입법을 정당화하는 경우에는 예외적으로 허용될 수 있다”(헌재 1996. 2. 16. 96헌가2등; 2011. 3. 31. 2008헌바141등 참조).

3. 헌재 1996. 2. 16. 96헌가2 등(5.18민주화운동 등에 관한 특별법 제2조 제1항 등 위헌제청)

기존의 법에 의하여 형성되어 이미 굳어진 개인의 법적 지위를 사후입법을 통하여 박탈하는 것 등을 내용으로 하는 진정소급입법은 개인의 신뢰보호와 법적 안정성을 내용으로 하는 법치국가원리에 의하여 헌법적으로 허용되지 않는 것이 원칙이지만, 특단의 사정이 있는 경우, 즉 기존의 법을 변경하여야 할 공익적 필요는 심히 중대한 반면에 그 법적 지위에 대한 개인의 신뢰를 보호하여야 할 필요가 상대적으로 정당화될 수 없는 경우에는 예외적으로 허용될 수 있다(헌재 1989. 3. 17. 88헌마1; 1989. 12. 18. 89헌마32, 33 등 참조). 그러한 진정소급입법이 허용되는 예외적인 경우로는 일반적으로, 국민이 소급입법을 예상할 수 있었거나, 법적 상태가 불확실하고 혼란스러웠거나 하여 보호할 만한 신뢰의 이익이 적은 경우와 소급입법에 의한 당사자의 손실이 없거나 아주 경미한 경우, 그리고 신뢰보호의 요청에 우선하는 심히 중대한 공익상의 사유가 소급입법을 정당화하는 경우를 들 수 있다.

이를 대별하면 진정소급입법이 허용되는 경우는 구법에 의하여 보장된 국민의 법적 지위에 대한 신뢰가 보호할 만한 가치가 없거나 지극히 적은 경우와 소급입법을 통하여 달성하려는 공익이 매우 중대하여 예외적으로 구법에 의한 법적 상태의 존속을 요구하는 국민의 신뢰보호이익에 비하여 현저히 우선하는 경우로 크게 나누어 볼 수 있다. 물론 그러한 "공익"적 필요가 존재하는지 여부의 문제를 심사함에 있어서는, 부진정소급입법의 경우에 있어서의 신뢰보호의 요청과 서로 비교·형량되는 단순한 공익상의 사유보다도 훨씬 엄격한 조건이 적용되지 않으면 아니 된다. 즉 매우 중대한 공익이 존재하는 예외적인 경우에만 그러한 진정소급입법은 정당화될 수 있다. 또한 진정소급입법을 헌법적으로 정당화할 수 있는 이러한 예외사유가 존재하는 여부는 특별법과 같이 신체의 자유에 대한 제한과 직결되는 등 중요한 기본권에 대한 침해를 유발하는 입법에 있어서는 더욱 엄격한 기준으로 판단하여야 할 것이다.

이 사건 헌정질서 파괴범의 공소시효의 완성으로 인한 법적 지위에 대한 신뢰를 보호하여야 할 필요는 다음과 같은 이유로 매우 미약하다. 즉 이 사건 반란행위 및 내란행위자들이 반란행위 및 내란행위를 통하여 우리 헌법질서의 근간을 이루고 있는 자유민주적 기본질서를 파괴하였고, 그로 인하여 우리의 민주주의가 장기간 후퇴한 것은 말할 것도 없고, 많은 국민의 그 생명과 신체가 침해되었으며, 전 국민의 자유가 장기간 억압되는 등 국민에게 끼친 고통과 해악이 너무도 심대하였다. 또한 이 사건 군사반란행위자들 및 내란행위자들 중 주모자인 전두환·노태우 양인이 쿠데타를 통하여 정권을 장악한 뒤에 대를 이어 대통령직에 오름으로써 이 사건 군사반란행위자들 및 내란행위자들에 대한 형사소추가 그들이 정권을 장악하고 있는 동안에는 사실상 불가능하였다.

그러한 기간 동안에도 공소시효의 진행이 정지되지 않는다고 볼 때에는 형사소송법에 규정된 이 사건 군사반란죄와 내란죄에 대한 공소시효의 대부분이 그 기간 동안에 이미 진행되었다고 볼 수밖에 없다. 뿐만 아니라 공소시효완성으로 인한 이익은 단순한 법률적 차원의 이익이고, 헌법상 보장된 기본권적 법익에 속하지는 않는다. 이에 비하여 이 사건 법률조항을 정당화하는 공익적 필요는 매우 중대하다. 즉 집권과정에서 헌정질서파괴범죄를 범한 자들을 응징하여 정의를 회복하여 왜곡된 우리 헌정사의 흐름을 바로 잡아야 할 뿐만 아니라, 앞으로는 우리 헌정사에 다시는 그와 같은 불행한 사태가 반복되지 않도록 자유민주적 기본질서의 확립을 위한 헌정사적 이정표를 마련하는 것이 국민의 줄기찬 요구이자 여망이며, 작금의 시대적 과제이다. 그러므로 이 사건 반란행위자들 및 내란행위자들의 군사반란죄나 내란죄의 공소시효완성으로 인한 법적 지위에 대한 신뢰이익이 보호받을 가치가 별로 크지 않음에 비하여 이 법률조항은 위 행위자들의 신뢰이익이나 법적 안정성을 물리치고도 남을 만큼 월등히 중대한 공익을 추구하고 있다고 평가할 수 있다.

그렇다면 이 법률조항이 위 행위자들의 공소시효완성에 따르는 법적 지위를 소급적으로 박탈하고, 그들에 대한 형사소추를 가능하게 하는 결과를 초래하여 그 합헌성 인정에 있어서 위에서 본 바와 같은 심히 엄격한 심사기준이 적용되어야 한다고 하더라도, 이 법률조항이 공소시효의 완성이라는 헌법상의 기본권이 아닌 단순한 법률적 이익에 대한 위와 같은 미약한 신뢰보호의 필요성에 현저히 우선하는 중대한 공익을 추구하고 있으므로 헌법적으로 정당화된다고 할 것이다. 우리 헌정사에 공소시효에 관한 진정소급입법을 단 한번 예외적으로 허용한다면 바로 이러한 경우에 허용하여야 한다고 할 것이다. 이러한 경우가 진정소급입법의 원칙적 금지의 예외에 해당하지 않는다면, 그 예외는 대체 어디에 해당되고 무엇을 위한 예외인지 진지한 의문을 제기하지 않을 수 없다.

4. 헌재 2011. 3. 31. 2008헌바141 등(친일반민족행위자 재산의 국가귀속에 관한 특별법 제2조 등 위헌소원 등)

① 현행 헌법 전문(前文)은 '유구한 역사와 전통에 빛나는 우리 대한국민은 3.1운동으로 건립된 대한민국임시정부의 법통을 계승'할 것을 규정하고 있는데, 여기서 '3·1운동'의 정신은 우리나라 헌법의 연혁적·이념적 기초로서 헌법이나 법률해석에서의 해석기준으로 작용하는 것이다(헌재 2001. 3. 21. 99헌마139, 판례집 13-1, 676, 693 참조). '대한민국이 3·1운동으로 건립된 대한민국임시정부의 법통을 계승'한다고 선언한 헌법 전문의 의미는, 오늘날의 대한민국이 일제에 항거한 독립운

동가의 공헌과 희생을 바탕으로 이룩된 것이라는 점(헌재 2005. 6. 30. 2004헌마859, 판례집 17-1, 1016, 1020) 및 나아가 현행 헌법은 일본제국주의의 식민통치를 배격하고 우리 민족의 자주독립을 추구한 대한민국임시정부의 정신을 헌법의 근간으로 하고 있다는 점을 뜻한다고 볼 수 있다. 그렇다면 일제강점기에 우리 민족을 부정한 친일반민족행위자들의 친일행위에 대하여 그 진상을 규명하고 그러한 친일행위의 대가로 취득한 재산을 공적으로 회수하는 등 일본제국주의의 식민지로서 겪었던 잘못된 과거사를 청산함으로써 민족의 정기를 바로세우고 사회정의를 실현하며 진정한 사회통합을 추구해야 하는 것은 헌법적으로 부여된 임무라고 보아야 한다.

② 또한, 다음과 같은 이유로 친일재산의 소급적 박탈은 일반적으로 소급입법을 예상할 수 있었던 이례적인 경우에 해당하며, 그로 인해 발생되는 법적 신뢰의 침해는 우리 헌법의 이념 속에서 용인될 수 있다고 보인다. 첫째, 친일재산은 국제법규를 위반하여 우리 민족을 강압으로 제압하고 불법적인 통치를 자행한 일본제국주의에 부역하여 침략행위를 정당화하고 국권 회복을 위한 항일독립운동을 탄압한 친일반민족행위의 대가로 취득한 재산이다. 따라서 친일반민족행위자측의 입장에서는 그 재산의 취득 경위에 내포된 민족배반적 성격에 비추어 향후 우리 민족이 일제로부터의 독립을 쟁취하여 민족의 정통성을 계승한 국가를 건립하였을 때에는 그러한 친일재산을 보유하고 후대에 전수하여 자신과 그 후손들이 대대로 부귀를 누리는 것이 가능하지 않을 것이라는 점에 대하여 충분히 예상할 수 있었다고 할 것이다. 둘째, 앞서 본 바와 같이 친일재산을 환수함으로써 정의를 구현하고 민족의 정기를 바로 세우며 일본제국주의에 저항한 3.1운동의 헌법이념을 구현하는 일은 제헌 헌법 이래 우리의 모든 헌법 속에서 면면히 계승된 가치이자 헌법적으로 부여되었던 당위라 할 수 있다. 그렇다면, 대한민국 헌법의 제정권자이자 수범자로서 그 헌법 아래에서 살아온 모든 국민들에게 친일재산의 환수를 포함한 일제 식민지 역사의 청산 작업은 언제든지 현실로 성립될 수 있는 이른바 '잠재적 현실'이었다. 셋째, 우리 선조들은 일제의 을사조약에 동조한 친일반민족행위자들의 행위로 인해 국권을 상실하였을 뿐만 아니라 그러한 친일행위로 인해 징용되거나 일본군 위안부로 강제동원되는 등 수많은 고초를 겪었다. 민족 자결의 주장을 펼치며 일제의 부당한 통치에 항거하였다는 이유만으로 생명과 신체의 안전 등을 포함한 기본적 권리를 박탈당하거나 침해받기도 하였다. 그럼에도 불구하고 그로 인한 역사적

상흔의 상당 부분들은 해방 후 반세기 이상이 지난 오늘날에 이르기까지도 여전히 치유되지 않고 있다.

앞서 본 바와 같이 반민법에 따른 일제과거사 청산 작업도 실효적으로 이루어졌다고 보기 어렵다. 이에 친일반민족행위자를 역사적·법적으로 엄중히 평가하고 사회정의를 실현해야 한다는 사회적 요구가 현재까지 끊임없이 제기되어 왔다. 즉 일제과거사의 청산 문제, 그 가운데에서도 친일행위의 대가로 취득한 재산의 처리 문제는 오늘에까지 우리 사회의 비중 있는 사회적 과제로 남아 있다고 하겠다. 그렇다면 이와 같은 그간의 우리 사회 내 논의 상황에 비추어 보더라도, 친일재산 문제가 본격적으로 불거져 친일재산의 사회적 환수 요청이 제기될 수 있을 것이라는 점은 충분히 예상가능한 일이었다.

③ 한편, 일반적으로 소급입법이 금지되는 주된 이유는 문제된 사안이 발생하기 전에 그 사안을 일반적으로 규율할 수 있는 입법을 통하여 행위시법으로 충분히 처리할 수 있었음에도 불구하고, 권력자에 의해 사후에 제정된 법을 통해 과거의 일들이 자의적으로 규율됨으로써 법적 신뢰가 깨뜨려지고 국민의 권리가 침해되는 것을 방지하기 위함이다. 그러나 과거사 청산에 관한 입법들은 그 사안이 발생하기 이전에 일반적인 규율 체계를 갖출 수 없었던 경우가 대다수였다. 역사상 과거사 청산에 관한 다수 입법들에서 소급입법의 형식을 취하는 것이 용인되어 온 것도 같은 맥락이다. 예컨대, 우리 제헌헌법은 부칙 제101조에서 '이 헌법을 제정한 국회는 단기 4278년(서기 1945년) 8월 15일 이전의 악질적인 반민족행위를 처벌하는 특별법을 제정할 수 있다.'고 규정함으로써 이에 따라 일본정부와 통모하여 한일합병에 적극협력한 자, 한국의 주권을 침해하는 조약 또는 문서에 조인한 자와 모의한 자 등에 대한 중형과 재산의 몰수 등을 규정한 반민법을 제정한 바 있고, 세계 제2차 대전 당시 독일의 지배를 받았던 프랑스에서도 종전 후에는 나치의 괴뢰정권인 비시(Vichy)정부를 위해 복무한 자들과 나치협력자들을 소급적으로 처벌하였다.

④ 지난 세기 인류사회를 휩쓸고 갔던 강대국의 식민지배와 약탈 현상은 제국주의 및 파시즘의 발호에 기인한 역사적 산물이었다. 따라서 식민지배의 극복 후 보편적으로 이루어졌던 과거사 청산의 작업들은 그와 같은 이념에 대한 동조와 추종을 단죄하여 공동체를 보호하고 그 과오와 폐해를 되풀이하지 않기 위한 문명사적 반성의 산물이라 할 것이다. 여기에는 다시는 공동체 내에서 그러한 일이 반복

되지 않도록 경계하는 결의와 성찰이 담겨 있다. 그렇다면 일제 과거사 청산으로서의 친일재산 환수 문제는 그 시대적 배경에 비추어 역사적으로 매우 특수하고 이례적인 공동체적 과업이라 할 것이므로, 설령 이러한 소급입법의 합헌성을 인정한다고 하더라도 이를 계기로 진정소급입법이 빈번하게 발생해 그로 인한 폐해가 만연될 것이라는 일부의 우려는 충분히 불식될 수 있다.

5. 해설 및 평론

신뢰보호원칙이 단순히 행정법의 일반원칙으로서 특정 행정작용의 위법성 여부를 심사하는 기준으로서뿐만 아니라 헌법적 효력을 가지는 법치국가의 일반적 법원칙으로 자리매김하면서 그 위상에 걸맞은 역할에 관심이 집중되고 있다. 그럼에도 불구하고 위에서 언급한 헌법재판소의 세 차례 결정을 보면 신뢰보호원칙은 과거의 어두운 역사 극복을 위하여 불가피한 것으로 평가되는 소급입법, 그 중에서도 진정소급입법에 대해서 보호기능을 제공하는데 일정한 한계를 드러내고 있다. 이는 신뢰보호원칙이 헌법적 효력을 가지는 법치국가의 일반원칙으로 격상되기는 하였지만 행정법적으로 구체화된 사례나 적용 영역이 존재하는 것과는 달리 아직은 헌법적인 내용이 명확하지 않다는 점에서 이를 압도하는 공익을 표방하는 과거사 청산이나 불법행위로 인하여 취득한 개인의 재산권에 대한 국가귀속, 헌정질서 파괴 범죄 처벌 등을 위한 진정 소급입법에 대해서는 효과적인 방어기제가 되기 어렵다는 것을 방증하는 것이다.

심지어 친일반민족행위자 재산의 국가귀속에 관한 특별법 결정에서 헌법재판소는 "이 사건 귀속조항은 진정소급입법에 해당하나 헌법 제13조 제2항에 반하지 않는다"고 보고 있기 때문에 진정소급입법을 헌법적으로 금지하는 조항에도 불구하고 헌법해석론을 통하여 실질적인 진정소급입법인 친일반민족행위자 재산의 국가귀속에 관한 특별법의 합헌성을 인정하였다는 점을 고려한다면 헌법 제13조 제2항에 내재된 헌법상의 신뢰보호원칙은 확고한 설 자리를 찾기 어렵다고 할 것이다. 따라서 현재까지는 신뢰보호원칙이 헌법 제107조 제2항에 의하여 일반재판에서 법률 하위규범에 대한 사법적 통제를 위한 유의미한 기준일 뿐 헌법 제107조 제1항에 따르는 위헌법률 심사기준으로서 기능하기에는 일정한 한계가 있는 것으로 보인다.

Ⅲ. 부진정소급효

1. 대법원 2006. 11. 16. 선고 2003두12899 전원합의체 판결 [불합격처분취소]〈변리사법 시행령 사건〉[1)]

첫 번째 사건에서 정부는 변리사 시험에 대한 진입장벽을 낮추고 규제완화를 통하여 청년들에게 직업선택의 자유를 보다 원활하게 보장하기 위하여 당초 제1차 시험을 상대평가 방식으로 인원을 선발하던 것을 일정한 점수(40점)만을 취득하면 제1차 시험에 합격하는 절대평가방식으로 전환하고자 하였다. 하지만, 실제로 절대평가 방식이 적용되는 첫 번째 제1차 시험을 치르기도 전에 시험관리의 어려움 등 반론이 제기되자 이를 다시 이전의 상대평가방식으로 전환하는 변리사법 시행령을 개정하여 입법예고하고 바로 시행하였다. 실제로 많은 수험생들은 정부가 오래전부터 제1차 시험방식을 절대평가로 바꾸려고 시도하였으므로 이를 다시 상대평가 방식으로 변경하는 변리사법 시행령이 개정된 사실조차 잘 모르고 시험을 치른 경우가 많았으며 결과적으로 제1차 시험에서 다수의 불합격자가 발생하였다. 따라서 이들 불합격자들은 불합격처분이 헌법상 산뢰보호원칙을 위반하여 무효인 개정 변리사법시행령에 근거한 것이라고 주장하며 불합격 처분을 취소하는 행정소송을 제기하였다. 대법원의 다수의견과 반대의견을 다음과 같다.

1) 다수의견

[1] 법령의 개정에 있어서 구 법령의 존속에 대한 당사자의 신뢰가 합리적이고도 정당하며, 법령의 개정으로 야기되는 당사자의 손해가 극심하여 새로운 법령으로 달성하고자 하는 공익적 목적이 그러한 신뢰의 파괴를 정당화할 수 없다면, 입법자는 경과규정을 두는 등 당사자의 신뢰를 보호할 적절한 조치를 하여야 하며, 이와 같은 적절한 조치 없이 새 법령을 그대로 시행하거나 적용하는 것은 허용될

1) 동일한 취지의 판결로서 대법원 2007. 10. 29. 선고 2005두4649 전원합의체 판결[한약사국가시험응시원서접수거부처분취소].

수 없는바, 이는 헌법의 기본원리인 법치주의 원리에서 도출되는 신뢰보호의 원칙에 위배되기 때문이다. 이러한 신뢰보호 원칙의 위배 여부를 판단하기 위하여는 한편으로는 침해받은 이익의 보호가치, 침해의 중한 정도, 신뢰가 손상된 정도, 신뢰침해의 방법 등과 다른 한편으로는 새 법령을 통해 실현하고자 하는 공익적 목적을 종합적으로 비교·형량하여야 한다.

[2] 규제개혁위원회의 방침에 따라 변리사 등 전문자격사의 인원을 확대하기 위한 일환으로 변리사 제1, 2차 시험을 종전의 '상대평가제'에서 '절대평가제'로 전환하는 내용의 2002. 3. 25. 개정 전 구 변리사법 시행령(2002. 3. 25. 대통령령 제17551호로 개정되기 전의 것, 이하 '개정 전 시행령'이라 한다)이 절대평가제를 도입한 목적과 그 경위, 이전 수년간 상대평가제에 의하여 시행된 제1차 시험의 합격점수, 개정 전 시행령의 공포 후 유예기간, 그 후 제1차 시험을 '절대평가제'에서 '상대평가제'로 환원하는 내용의 2002. 3. 25. 대통령령 제17551호로 개정된 변리사법 시행령(이하 '개정 시행령'이라 한다)의 입법예고와 개정·공포 및 그에 따른 시험공고 등에 관한 일련의 사실관계에 비추어 보면, 합리적이고 정당한 신뢰에 기하여 절대평가제가 요구하는 합격기준에 맞추어 시험준비를 한 수험생들은 제1차 시험 실시를 불과 2개월밖에 남겨놓지 않은 시점에서 개정 시행령의 즉시 시행으로 합격기준이 변경됨으로 인하여 시험준비에 막대한 차질을 입게 되어 위 신뢰가 크게 손상되었고, 특히 절대평가제에 의한 합격기준인 매 과목 40점 및 전과목 평균 60점 이상을 득점하고도 불합격처분을 받은 수험생들의 신뢰이익은 그 침해된 정도가 극심하며, 그 반면 개정 시행령에 의하여 상대평가제를 도입함으로써 거둘 수 있는 공익적 목적은 개정 시행령을 즉시 시행하여 바로 임박해 있는 2002년의 변리사 제1차 시험에 적용하면서까지 이를 실현하여야 할 합리적인 이유가 있다고 보기 어려우므로, 결국 개정 시행령의 즉시 시행으로 인한 수험생들의 신뢰이익 침해는 개정 시행령의 즉시 시행에 의하여 달성하려는 공익적 목적을 고려하더라도 정당화될 수 없을 정도로 과도하다. 나아가 개정 시행령에 따른 시험준비 방법과 기간의 조정이 2002년의 변리사 제1차 시험에 응한 수험생들에게 일률적으로 적용되었다는 이유로 위와 같은 수험생들의 신뢰이익의 침해를 정당화할 수 없으며, 또한 수험생들이 개정 시행령의 내용에 따라 공고된 2002년의 제1차 시험에 응하였다고 하더라도 사회통념상 그것만으로는 개정 전 시행령의 존속에 대한 일체의 신뢰

이익을 포기한 것이라고 볼 수도 없다. 따라서 변리사 제1차 시험의 상대평가제를 규정한 개정 시행령 제4조 제1항을 2002년의 제1차 시험에 시행하는 것은 헌법상 신뢰보호의 원칙에 비추어 허용될 수 없으므로, 개정 시행령 부칙 중 제4조 제1항을 즉시 2002년의 변리사 제1차 시험에 대하여 시행하도록 그 시행시기를 정한 부분은 헌법에 위반되어 무효이다.

[3] 새로운 법령에 의한 신뢰이익의 침해는 새로운 법령이 과거의 사실 또는 법률관계에 소급적용되는 경우에 한하여 문제되는 것은 아니고, 과거에 발생하였지만 완성되지 않고 진행중인 사실 또는 법률관계 등을 새로운 법령이 규율함으로써 종전에 시행되던 법령의 존속에 대한 신뢰이익을 침해하게 되는 경우에도 신뢰보호의 원칙이 적용될 수 있다.

2) 반대의견 및 반대 보충의견

[1] 규제개혁위원회의 방침에 따라 제1차 시험의 상대평가제를 절대평가제로 변경하였다고 하더라도, 적어도 법적·제도적 관점에서 보면 그와 같은 변경으로 인하여 합격자 수가 반드시 증가한다고 볼 수 없을 뿐 아니라 또한 그 변경이 합격자 수의 증가를 법적으로 보장해 주는 것도 아니다. 변리사 등과 같은 전문자격사의 인원 확대라는 개정 전 시행령의 입법 취지는 궁극적으로 변리사 제2차 시험 합격자 수를 증가시킴으로써 달성할 수 있는 것이고 제1차 시험은 제2차 시험을 치를 자격을 부여하는 전 단계의 시험에 불과한 만큼, 제2차 시험에 응시할 수 있는 합리적인 숫자의 제1차 시험 합격자를 배출시키는 틀이 유지되고 합리적으로 운영되는 한 제1차 시험 합격자의 결정방법은 특허청장의 권한에 속하는 사항으로 보아야 한다. 그렇다면 수험생들에게 개정 전 시행령에 따라 절대평가제로 2002년의 변리사 제1차 시험이 실시되고 시험난이도 수준도 종전의 수준으로 유지되리라는 기대 내지 신뢰가 형성되어 있었다고 하더라도 이는 수험생들의 주관적인 이해관계에 따른 사실상의 것에 불과할 뿐 법적 정당성을 지닌 합리적인 것으로서 특허청장이 반드시 이를 보호하여야 할 성질의 것은 아니다.

[2] 변리사와 같은 전문자격사를 선발하기 위한 시험의 합격기준 및 합격자 결정방법은 입법정책의 변화에 따라 언제든지 변경될 수 있는 것이고, 실제로 변리사 시험은 절대평가제에서 상대평가제로 전환되었다가 개정 전 시행령에 의하여 다시

절대평가제로 전환되는 등 여러 차례에 걸쳐 변화를 거쳐 온 점에 비추어 보면 2002년의 변리사 제1차 시험이 개정 전 시행령에 따라 절대평가제로 실시되리라는 수험생들의 기대와 신뢰는 상대적이고 가변적인 것에 지나지 않으며, 개정 시행령의 즉시 시행으로 인한 수험생들의 신뢰이익의 침해가 개정 시행령의 즉시 시행이 가지는, 시험운영관리의 적정성과 일정 수준 이상의 제1차 시험 합격자 선발이라는 공익적 목적을 정당화할 수 없을 정도로 과도하다고 보기는 어렵다.

[반대의견에 대한 대법관 김용담의 보충의견]

[1] 헌법재판소가 위헌재판을 함에 있어 모든 법률문제를 헌법문제로 귀착시켜 한 없이 헌법재판권을 넓혀가서는 안되는 것은 물론, 대법원으로서도 명령, 규칙의 위헌·위법심사를 함에 있어서 그 명령, 규칙의 위헌성이 문제되는 헌법재판인지, 위법성을 문제삼는 사법권의 행사인지를 명확히 구별하지 않으면 안 된다. 만연히 법단계설에 서서 모든 법률문제는 결국 헌법문제로 치환될 수 있다는 사고를 한다면 이는 적어도 우리 헌법과는 들어맞지 않으며, 결국 사법권의 독립을 부정하는 위험한 사고라고 할 수밖에 없다. 어떤 제도의 창설이나 유지·변경 또는 폐지 그 자체에 대한 기대 또는 신뢰가 헌법상의 기대 또는 신뢰로서 보호되려면, 그 제도의 창설이나 유지·변경 또는 폐지가 헌법으로부터 직접적으로 기대되고 신뢰되어야 하고, 헌법 이외의 법령에 의하여 비로소 마련된 제도라면 그 제도의 창설이나 유지·변경 또는 폐지에 대한 기대와 신뢰의 문제도 원칙적으로 그 법령상의 문제이다. 따라서 법률에 의하여 마련된 제도에 관하여 법률에 의하여 그 시행을 위임받은 명령·규칙·조례가 그 시행방법을 변경하는 것은 우선적으로 법률의 문제로 다루어야 하고 헌법의 문제로 다룰 것은 아니다. 개정 시행령 부칙의 효력 여부는 법령 등 공포에 관한 법률의 범위 내에서 다루어야 할 문제로서 헌법문제가 아니라 법률문제이다.

[2] 개정법령의 시행시점을 정하는 권한은 법령개정권자에게 있다. 개정법령의 시행시점을 정하는 법령개정권자의 권한은 개정법령의 범위와 내용을 정하는 권한과 표리를 이루는 것이며 입법권(헌법 제40조)과 명령·규칙제정권(헌법 제75조, 제95조)의 당연한 내용이다. 입법예고(국회법 제82조의2), 행정예고(행정절차법 제46조) 등의 절차를 거친 법령의 시행시기를 정하는 것은 국회나 행정부의 재량에 맡

겨진 사항으로서, 법령의 시행시점에 관한 사법심사가 배제되는 것은 아니지만, 법령의 시행시기와 관련한 사법권 간섭의 여지는 그만큼 축소되어 있다고 보지 않으면 안 되며 법령개정권의 한계를 명백히 일탈한 경우에만 사법심사가 정당화될 수 있다.

3) 해설 및 평론

이미 언급한 바와 같이 이 사건에서 다수의견은 개정 시행령이 "헌법의 기본원리인 법치주의 원리에서 도출되는 신뢰보호의 원칙"에 위반하여 위헌, 무효로 보고 있다. 이제 신뢰보호원칙은 행정법의 일반원칙이라는 위상에서 한 단계 승격하여 법치국가를 구성하는 본질적인 요소인 국가행위의 예측가능성과 투명성을 標徵(표징)하는 구조적 원리로 정착된 것이다. 물론, 후술하는 바와 같이 신뢰보호원칙이 헌법의 특정 규정에 근거하고 있지 못하고 행정기본법 등 실정 법규에서 비로소 명문화된 것이라는 점을 고려한다면 그 법률적 효력을 인정하는 것은 별론으로 한다고 하더라도 이를 헌법원리로 보아 위헌심사 기준으로서 적용할 수 있겠는가 하는 의문도 제기될 수 있다. 하지만 대법원은 물론 헌법재판소 역시 일련의 결정을 통하여 "신뢰보호원칙은 헌법상 법치국가의 원칙으로부터 파생되는 것"(헌재 2014. 2. 27. 2012헌바424; 1998.11. 26. 97헌바58; 2008. 9. 25. 2007헌바74 등)으로 보고 있기 때문에 일종의 판례법으로 정착되었으며, 행정기본법 등 실정법률에 규정된 신뢰보호원칙은 이러한 헌법적 위상을 확인하는 규정이라고 볼 수 있다.

그러나 특히 당시 반대의견에 대한 보충의견을 제시한 김용담 대법관은 이 사건에서 다수의견이 헌법적 근거도 모호한 신뢰보호원칙을 들어 변리사법 시행령을 무효화시킨 것을 강도 높게 비판하고 있다. 그 핵심은 이 사건의 쟁점이 변리사법 시행령이 위헌인지가 아니라 위법 여부, 즉 "헌법문제가 아니라 법률문제"라는 것이다. 헌법 제107조 제2항에 따라 법원이 구체적·부수적 규범통제를 할 때 대통령령 등 하위규범에 대하여 직접 위헌심사를 하는 경우는 드물다. 일반적으로는 하위규범이 법률에 근거가 없다거나 법률에서 위임한 위임의 범위를 벗어나서 법률에 위반되어 위법인가 여부를 심사하기 때문이다. 더욱이 이 사건의 경우 특정한 헌법규정 위반을 문제 삼는 것이 아니고 법치국가원리로부터 유래하는 헌법상 신뢰보호원칙 위반이라는 일종의 불문법원 위반 여부를 다루고 있기 때문에 위와 같은 반대의견에 대한 보충의견이 나름대로의 충분한 근거를 가질 수 있는 것으로 볼 수 있다.

하지만, 오늘날 신뢰보호원칙은 국가가 일정한 공적 견해표명을 통하여 상대방에 대한 예측가능성을 보장함으로써 국가작용이 실질적 법치국가가 가지고 있는 본질에 부합하도록 이바지 하는 가능을 가지고 있다. 특히 이 사건의 경우 국가가 변리사 시장에 대한 규제완화를 통하여 청년들에게 직업선택의 기회를 확대하고자 오랜 기간 동안 정책변화를 시사하고 추진한 것이기 때문에 일종의 유인된 신뢰(Das gelenkte Vertrauen)로서 더욱 보호가치가 있음에도 불구하고 실제로 시행 첫 해에 다시 시행령을 개정하여 과거로 회귀한 것이라면 행정의 법률적합성을 통하여 실현하고자 하는 공익은 여기에 미치지 못하는 것으로 보아야 한다. 여기에서 신뢰보호원칙이 헌법적으로 명문의 근거 규정을 가지고 있는가 하는 것은 본질적인 문제가 아니라고 할 수 있으며 오늘날 법치국가 자체가 예측가능성이라는 속성에 의하여 움직이는 국가라는 사실이 보다 중요한 것이다.

Ⅳ. 연금개혁과 (부진정)소급입법

국민연금, 공무원연금, 군인연금, 사학연금과 같은 공적 연금의 재정위기가 현실화하면서 이를 개혁하는 것이 국가의 존망을 결정하는 최대의 과제로 등장하고 있다. 공적 연금은 개별 영역에 따라서 개혁의 내용과 방향이 다소의 차이가 있지만 대체로 "더 많이 내고, 덜 받고, 더 늦게 받는 것"이 골자라고 할 수 있다. 그런데 공적 연금을 개혁하는 입법은 필연적으로 재산권, 평등권, 소급입법, 신뢰보호원칙에 대한 침해와 같은 헌법적 문제를 야기한다. 헌법재판소는 이미 연금개혁과 관련된 다수의 사안을 다룬 바 있으며 이러한 헌법재판소의 선례들은 향후 정부와 국회가 공적 연금에 대한 개혁입법을 추진하는데 있어서 중요한 판단기준을 제공할 것으로 보이기 때문에 부진정소급입법과 신뢰보호원칙 간의 관계에 대한 분석이 필요하며, 앞서 언급한 바와 같이 부진정소급입법의 경우에도 신뢰보호원칙 위반으로 그 위헌성을 인정하여 이른바 개혁입법에 대하여 일종의 헌법적 브레이크를 걸 수 있는지가 관심사라고 할 수 있다.

1. 헌재 2003. 9. 25. 2001헌마93등(공무원연금법 제43조의2 제1항 등 위헌확인)(동법 부칙 제9조)

1) 사실관계와 결정 요지

청구인들은 국가 또는 지방자치단체 소속 공무원, 퇴직공무원, 사립학교교직원 및 퇴직교원들로서 공무원연금법 및 사립학교교직원연금법상의 급여대상자이거나 퇴직 후 일정한 급여를 받을 것으로 기대하고 있는 자들이다. 그런데 공무원연금법 및 사립학교교직원연금법이 2000. 12. 30. 법률 제6328호와 법률 제6330호로 개정되어, 연금지급개시연령제를 확대하고 퇴직연금 또는 조기퇴직연금의 지급정지 제도를 도입하고 연금급여에 소비자물가지수연동제를 도입, 급여액산정의 기초를 변경하였다. 특히 이 사건에서 문제가 된 것은 현재 공무원이나 사립학교교직원으로 재직하고 있는 자로서 퇴직연금에 대한 기여금을 납입하고 퇴직하는 경우 장차 받게 될 퇴직연금에 대한 급여액의 산정기초를 종전에 '퇴직 당시의 보수월액'으로 하던 것을 '최종 3년간 평균보수월액'으로 변경한 것이므로, 위 퇴직연금에 대한 기대는 재산권의 성질을 가지고 있으나 확정되지 아니한 형성 중에 있는 권리로서 이는 아직 완성되지 아니하고 진행과정에 있는 사실 또는 법률관계를 규율대상으로 하는 이른바 부진정소급입법에 해당되는 것이기는 하지만 법률 개정에 따라서 기존의 법적 상태를 신뢰하고 장차 퇴직 이후에 노후설계에 막대한 지장을 초래한다는 점에서 신뢰보호원칙에 위반하는가 하는 것이다.

이에 대하여 헌법재판소는 심판대상 조항이 이른바 부진정소급입법으로서 원칙적으로 헌법상 허용되는 것으로 보고 다음과 같이 신뢰보호원칙 위반 여부에 대해서만 판단하고 있다. "연금급여가 직업공무원제도의 한 내용이라는 점을 감안하더라도 위에서 본 바와 같이 연금급여의 성격상 그 급여의 구체적인 내용은 국회가 사회정책적 고려, 국가의 재정 및 연금기금의 상황 등 여러 가지 사정을 참작하여 보다 폭넓은 입법재량으로 결정할 수 있다. 연금급여의 후불임금적 성격을 고려할 때, 오히려 그 퇴직연금급여는 최종보수월액이 아니라, 공무원으로 재직한 전 기간 평균보수월액으로 하는 것이 그 성격에 부합할 것임에도 '최종 3년간 평균보수월액'으로 개정한 것으로 그 자체의 합리성과 타당성이 인정될 뿐만 아니라, 그 개정으로 인하여 감소되는 정도는 크지 아니하다.

아울러 위 급여액산정기초규정과 같이 개정한 입법배경과 입법취지에서 살펴본 바와 같이 기존의 공무원연금제도를 유지하는 경우 연금재정이 파탄에 이르러 그 제도 자체를 유지·존속하기 어렵게 된 상황에 직면하여 국회가 공무원·정부·연금수급자 3자의 책임분담을 통하여 부담률을 높이고 지급수준을 낮추어 40년간 누적되어 온 연금적자문제를 해소하고 연금재정안정을 도모하는 일련의 연금제도 개선책의 일환으로 위 법률조항과 같이 개정한 것으로, 그로 인하여 달성되는 공익은 실로 중대하다고 하지 않을 수 없다. 사학연금법상 급여액산정기초규정 역시 그 입법취지나 경위 및 사정이 이와 유사하고, 그것이 비록 직업공무원제도의 한 내용은 아니라 하여도 이와 달리 볼 것은 못된다.

따라서 위 법률조항이 신뢰보호의 원칙에 위배되는 것이라고는 할 수 없다". 사실 청구인들의 경우 아직 재직 중의 공무원이나 사립학교 교원의 신분이고 법률개정에 따라서 퇴직 후의 연금수급권에 대한 손해가 구체적이기는 하지만 아직 현실화되지 않은 상태임에 비하여 기존의 공무원연금제도를 유지하는 경우 연금재정이 파탄에 이르러 그 제도 자체를 유지·존속하기 어렵게 된 상황이라는 중차대한 공익을 고려한다면 부진정소급입법으로 인한 연금개혁이 신뢰보호원칙에 대한 침해라고 주장하기 어렵다.

2) 해설 및 평론

가정적인 판단이지만 이미 퇴직하여 청구인이 연금을 수령하고 있는 상태에서 법률이 개정되어 수급권이 축소되는 상황이 벌어졌다면 위헌으로 볼 수 있을까? 이 문제는 일단 퇴직이라는 이미 종료한 사실관계를 법적인 의미에서도 종결된 사안으로 볼 수 있는가 하는 것이 핵심인데, 이를 긍정한다면 법률개정으로 이미 퇴직한 수급권자의 수급권을 축소하는 것은 진정소급입법으로 보고 위헌으로 판단할 가능성을 배제할 수 없다. 하지만, 연금수급을 대상으로 하는 법률관계는 통상 매월 지급 방식으로 지속되는 것이므로 수급권자가 생존하여 사망에 이르기까지는 아직 연금수급관계가 종료된 것이 아니며 여전히 진행중인 법률관계로 보아 이를 부진정소급입법으로 볼 여지도 있다. 다만, 이 경우 수급권자의 신뢰이익을 현저히 침해할 가능성이 있으므로 비록 부진정소급입법이라고 하여도 위헌으로 판단할 수 있지만 공무원연금이나 사학연금 재정상황이 극도로 악화되어 지속가능성이 위협

받는 상태에서 일종의 비상처방의 형태로 급격한 연금개혁이 이루어져야 한다는 사회적 합의가 성립된 경우 상당한 반대가 있더라도 부진정소급입법을 통한 개혁이 반드시 위헌이라고 단정하기 어렵다. 이는 순수하게 가정적 판단이기는 하지만 두 가지 상반되는 주장의 합리성을 쉽게 부정하기 어렵다고 보아야 할 것이다.

2. 헌재 2008. 2. 28. 2005헌마872등(공무원연금법 제47조 제2항 등 위헌확인)

1) 사실관계와 결정 요지

이 사건은 이미 퇴직하여 공무원연금을 수령하고 있는 청구인들이 법률 개정에 따라서 퇴직 이후의 경제활동을 계속하여 사업소득이나 근로소득 등의 소득이 일정 액수를 넘어서는 경우 공무원연금의 지급을 소급적으로 제한할 수 있도록 하는 것이 소급입법으로 인한 신뢰보호원칙을 침해하는 것인가 하는 문제를 다루고 있다. 청구인들은 20년 이상 공무원으로 근무하다가 2005. 5. 31. 법률 제7543호로 개정된 공무원연금법 제47조 제2항의 시행일인 2005. 7. 1. 이전에 퇴직한 사람들로서 그 퇴직급여의 전부 또는 일부를 연금으로 지급받기로 선택하여 공무원연금관리공단으로부터 매월 퇴직연금 또는 조기퇴직연금(이하 통칭하여 '퇴직연금'이라고만 한다)을 받아온 사람들이다. 개정법률에 의하면 퇴직연금 수급자가 연금 이외의 일정한 소득이 있는 경우 소득정도에 따라 퇴직연금 중 일부를 지급정지하도록 규정한 법 제47조 제2항 및 그 시행일(2005. 7. 1.) 이전에 급여의 사유가 발생한 사람에 대하여도 이를 적용하도록 하고 있는 법 부칙 제2항으로 인하여 자신들의 재산권 등이 침해되었다고 주장하면서 그 위헌확인을 구하는 헌법소원심판을 청구하였다.

청구인들의 주장은 다음과 같다. 첫째, 청구인들의 퇴직연금은 자신이 적립하여 온 기여금에 근거한 퇴직임금이고, 청구인들이 퇴직 시 퇴직연금일시금을 선택하지 아니하고 퇴직연금을 선택한 것은 이미 종료된 사실관계이다. 그럼에도 불구하고 이 사건 심판대상조항은 청구인들의 퇴직연금 수급권을 소급적으로 제한하므로 진정소급입법에 해당하고, 따라서 재산권 보장에 관한 헌법 제23조 및 소급입법에 의한 재산권 박탈 금지를 규정한 헌법 제13조 제2항에 위반된다. 둘째, 퇴직연금 수급자가 연금 외의 사업소득금액 또는 근로소득금액이 있는 경우 소득정도에 따라 퇴직연금 중 일부를 지급정지시키는 것은 청구인들이 퇴직하면서 퇴직급여를 연금 형태로 받는 것을 선택할 당시로서는 전혀 예측할 수 없는 제한이므로, 이 사건 심판대상조항은 신뢰보호의 원칙에 위반된다. 셋째, 이 사건 심판대상조항은 퇴직연금을 지급받는 사람들에게만 적용되고 퇴직연금일시금을 받은 사람들에게는 적용되지 않으므로, 합리적인 근거 없이 후자에 비하여 전자를 차별하는 것으로서 평등권을 침해한다.

이에 대하여 헌법재판소는 다음과 같이 이 사건 심판대상조항은 부진정소급입법에 해당하며 신뢰보호원칙에도 위반하지 않는다고 결정하였다. "이 사건 심판대상조항은 법 시행일 이후에 이행기가 도래하는 퇴직연금 수급권의 내용을 변경함에 불과하고, 이미 종료된 과거의 사실관계 또는 법률관계에 새로운 법률이 소급적으로 적용되어 과거를 법적으로 새로이 평가하는 진정소급입법에는 해당하지 아니하므로 소급입법에 의한 재산권 침해는 문제될 여지가 없다. 이 사건 심판대상조항에 의해 달성하려는 공익은 공무원연금 재정의 악화를 개선하여 공무원연금제도의 유지·존속을 도모하려는 것으로 그 공익적 가치는 매우 큰데 반하여, 퇴직연금 수급권의 성격상 급여의 구체적인 내용은 가변적일 수 있고, 제반 사정을 고려하면 연금수급자들의 신뢰는 퇴직 후에도 현 제도 그대로 연금액을 받을 것이라는 것이 아니고, 그러한 신뢰에 기하여 투자 등의 조치를 취하는 것도 아니며, 이 사건 심판대상조항은 퇴직연금 중 일부의 지급을 정지할 뿐이므로, 퇴직연금 수급자들이 입는 불이익은 그다지 크지 않다. 따라서 보호하려는 퇴직연금 수급자의 신뢰의 가치에 비하여 유지하려는 공익적 가치가 더욱 긴급하고 중요하므로, 이 사건 심판대상조항이 헌법상 신뢰보호의 원칙에 위반된다고 할 수 없다".

2) 해설 및 평론

이 사건에서 헌법재판소는 법률개정에 따라서 이미 퇴직한 청구인들의 법률관계를 불리하게 변경시키는 것이 퇴직을 기준으로 하는 종료된 사실관계를 그 대상으로 하는 것이 아니라 매월 이행기가 도래하는 연금이라는 특수한 법률관계를 규율하는 것이므로 연금수급권자가 생존하여 계속적으로 연금을 수급하는 경우에는 여전히 진행중인 법률관계 또는 사실관계를 대상으로 하는 부진정소급입법에 해당하는 것으로 보고 있다. 이러한 이해는 향후 퇴직자를 대상으로 하는 연금개혁 등에서 그 합헌성을 유지하는 중요한 논거로 적용될 수 있을 것으로 보인다. 이러한 의미에서 헌법재판소는 국가의 재정상황의 악화에 따르는 연금개혁이 이미 퇴직하여 연금을 수급하고 있는 수급권자의 연금수급권을 제한할 수 있는 방향으로 이루어질 수 있는 통로를 제시한 것으로 볼 수 있다.

그리고 비록 이미 퇴직 이후의 수급권이라는 안정된 법률관계에 대하여 강한 신뢰가 작용할 수 있는 연금법률관계라고 할지라도 연금재정의 지속가능성이라는 중대한 공익이 그 정당화 요건으로서 존재하는 한 부진정소급입법으로 인한 신뢰이익의 침해가 상대적으로 경미하다는 것을 다시 한번 강조한 결정이라고 할 수 있다. 이렇게 본다면 법원이나 헌법재판소가 진정소급입법과 부진정소급입법의 구별을 상대적인 것으로 보고 후자의 경우에도 신뢰보호원칙의 위반 여부가 문제될 수 있다고는 하지만 공적 연금과 같은 국민의 노후를 보장하는 제도의 재정적 안정성이라는 공익과 대의명분 앞에서는 실질적으로 큰 의미를 가지기 어렵다는 사실을 잘 보여주는 사례라고 할 수 있다.

헌법재판소에 따르면 퇴직연금 수급권의 성격상 급여의 구체적인 내용은 불변적인 것이 아니라, 국가의 재정, 다음 세대의 부담 정도, 사회정책적 상황 등에 따라 변경될 수 있는 것인 점, 퇴직연금 일부 지급정지제도는 이미 1975년부터 시행되어 온 점, 우리 사회는 그 동안 인구 고령화와 저출산과 같은 급격한 사회·경제적 변화를 겪어온 점 등에 비추어 보면, 연금 수급자들의 퇴직연금제도에 대한 신뢰는 반드시 "퇴직 후에 현 제도 그대로의 연금액을 받는다."는 데에 대한 것으로는 볼 수 없고, 또 퇴직연금 수급자는 단순히 기존의 기준에 의하여 연금이 지속적으로 지급될 것이라는 기대 아래 소극적으로 연금을 지급받는 것일 뿐, 그러한 신뢰에 기하여 어떠한 적극적인 투자 등의 조치를 취하는 것도 아니다. 이미 언급한 바와 같이, 이러한 헌법재판소의 법리는 향후 연금재정의 지속가능성이 심대하게 위협받는 상황에서 이미 퇴직한 연금수급권자의 법적 지위를 제한하는 입법의 합헌성과 정당성을 강화할 수 있을 것으로 보인다.

결국 헌법재판소는 신뢰보호원칙의 헌법적 지위를 인정하면서도 구체적으로 법률에 대한 위헌심사기준으로서는 그 내용적 불확실성이 존재하고 연금개혁을 위한 부진정소급입법의 경우 국가재정의 안정성이라는 공익의 압도적 중요성 때문에 연금법률관계의 지속가능성에 대한 개인의 신뢰나 법적 안정성을 보장하기에는 그 실효성을 기대하기 어렵다는 점을 강조하고 있다. 이러한 의미에서 신뢰보호원칙은 법치국가의 중요한 헌법적 구성요소이기는 하지만 연금개혁 등 구체적인 사안으로 들어가면 그 취약성을 드러내는 것으로 볼 수 있다.

Ⅴ. 환경규제와 (부진정)소급입법 — 대법원 2022. 1. 27. 선고 2021두38536 판결[폐쇄명령처분취소]; 수원고등법원 2021. 4. 16. 선고 2020누10995 판결[폐쇄명령처분취소]; 수원지방법원 2020. 2. 6. 선고 2018구합69371 판결[폐쇄명령처분취소]

1. 사실관계와 판결 요지

이 사건의 원고는 1999. 6. 21. 시멘트 제품 및 아스콘 판매업 등을 목적으로 설립된 회사이다. 원고는 2000. 12. 14. 경기 양평군에서 아스콘 제조공장을 운영하기 위하여 구 대기환경보전법(2007. 4. 27. 법률 제8404호로 전부 개정되기 전의 것) 제10조 제1항에 따라 환경부장관에게 배출시설의 신고를 한 후 아스콘 제조시설(이하 '이 사건 공장'이라 한다)을 설치하고 가동을 개시하였다. 한편, 이 사건 공장 소재지는 국토의 계획 및 이용에 관한 법률(이하 '국토계획법'이라 한다) 제36조 제1항 제2호 다목에서 정한 용도지역상 계획관리지역에 해당한다. 피고 경기도지사는 주민들의 악취 등 신고 민원에 따라 2018. 3. 16. 경기도 보건환경연구원에 이 사건 공장에 대하여 특정대기유해물질 배출 여부 측정을 의뢰하였다.

경기도 보건환경연구원은 2018. 5. 14. 이 사건 공장을 방문하여 시료를 채취하였고, 2018. 5. 14.부터 2018. 6. 4.까지 위 시료를 분석한 결과, 특정대기유해물질인 다환방향족 탄화수소류가 '설치허가 대상 특정대기유해물질 배출시설의 적용기준' 10ng/㎥를 초과하는 56,969.8ng/㎥ 검출되었다. 피고는 '원고가 2018. 6. 25. 무허가 대기배출시설을 설치·운영하여 대기환경보전법 제23조 제1항을 위반하였다'는 이유로 2018. 8. 30. 원고에 대하여 같은 법 제84조에 따라 2018. 8. 30.부터 다음과 같은 이 사건 공장의 아스콘제조 대기배출시설 및 방지시설의 폐쇄명령을 하였다.

이 사건의 핵심 쟁점은 시행규칙 부칙조항의 적법성 여부인데 2005. 12. 30. 환경부령 제192호로 일부개정된 대기환경보전법 시행규칙은 특정대기유해물질에 다환방향족 탄화수소류 등을 추가하면서 부칙 제3항(이 사건 부칙조항)에서, 종전의 규정에 따라 배출시설을 설치 · 운영하는 자로서 당해 배출시설이 개정 규정에 따른 허가 또는 변경신고의 대상이 되는 경우 2008. 12. 31.까지 허가를 받거나 변경신고를 하도록 정하여, 기존에 허가를 받거나 신고한 배출시설에 대해서도 허가 또는 변경신고를 하도록 정하였다.

이에 대하여 원고는 이 사건 부칙조항은 모법인 대기환경보전법이 배출시설의 설치 '이전'에 허가를 받도록 정하고 있음에도 임의로 규제 범위를 확장하여 기존에 설치된 배출시설에 대해서도 새로이 허가 또는 변경신고를 하도록 규정하여 모법에 반하여 무효라고 주장하였다. 물론 이 사건에서 법원은 이 사건 부칙조항이 모법의 위임의 범위를 벗어나서 결과적으로 모법 조항의 내용에 위반되기 때문에 위법, 무효라는 점에 집중되어 있으므로 주로 법률유보와 법률우위원칙이 주요한 심사기준으로 등장하고 있다.

이에 대하여 1심인 수원지방법원은 다음과 같이 판결하고 있다. "원고는 이 사건 부칙조항이 모법인 대기환경보전법에 반하여 무효라고 주장하므로 살펴본다. 대기환경보전법 제23조 제1항 본문은 "배출시설을 설치하려는 자는 대통령령으로 정하는 바에 따라 시·도지사의 허가를 받아야 한다."라고 규정하고 있는데, 대기환경보전법 제2조 제11호는 "'배출시설'이란 대기오염물질을 대기에 배출하는 시설물, 기계, 기구, 그 밖의 물체로서 환경부령으로 정하는 것을 말한다"고 규정하고 있어서 배출시설의 규모나 분류 등에 관한 사항을 환경부령에 위임하고 있고, 대기환경보전법 시행령 제11조 제1항 제1호는 설치허가를 받아야 하는 배출시설의 적용기준을 다시 환경부령에 위임하고 있다.

또한 대기환경보전법 제23조 제3항은 제1항에 따라 신고를 한 자가 신고한 사항을 변경하려면 환경부령으로 정하는 바에 따라 변경신고를 하여야 한다고 규정하고 있어서, 이미 제23조 제1항에 따라 배출시설의 신고를 한 자가 변경신고를 하여야 하는 사유나 시기 등을 모두 환경부령에 위임하고 있다. 위 각 규정의 형식, 문언에 비추어 보면, 대기환경보전법이 배출시설의 설치 '이전'에만 허가를 받도록 정하고 있다고 해석하기 어렵고, 오히려 배출시설의 설치 허가를 받아야 하는 기준이나 그 시기를 모두 환경부령에 위임하고 있는 것이므로, 대기환경보전법 시행규칙은 배출시설의 신고를 한 자라고 하더라도 어떠한 경우 허가, 변경허가 또는 변경신고 사유에 해당하는지와 그 시기를 자유롭게 정할 수 있다고 할 것이다.

또한 대기오염으로 인한 국민건강이나 환경에 관한 위해를 예방하고 대기환경을 적정하고 지속가능하게 관리·보전하려는 대기환경보전법의 목적, 배출시설의 허가 기준에 관한 내용은 그 성질상 광범위한 사항에 관하여 매우 구체적으로 규정하는 것이 될 수밖에 없고, 대기오염에 관한 관심과 연구의 증가로 인하여 새로운 규제의 필요성이 대두될 가능성이 높으므로 세부적인 제한의 내용이나 근거 법령을 일일이 법률에 규정하지 아니하고 탄력적인 행정입법에 위임하고 있는 점 등에 비추어 보면 대기환경보전법 시행규칙에서 새로운 특정대기유해물질이 발견되는 경우 이와 관련된 배출시설의 허가 대상 및 기준에 관한 내용이 포함될 수 있음을 예측할 수 있다. 따라서 기존에 허가를 받거나 신고한 배출시설에 대해서도 당해 배출시설이 개정 규정에 따른 허가의 대상이 되는 경우 2008. 12. 31.까지 허가를 받도록 정한 이 사건 부칙조항은 모법인 대기환경보전법에 따른 위임 범위를 벗어났다고 할 수 없다".

항소심 역시 "이 사건 부칙 규정은 종전 규정에 따라 설치·운영되던 배출시설이 2005. 12. 30. 환경부령 제192호로 개정된 대기환경보전법 시행규칙 별표 2 규정에 따라 허가 또는 변경신고 대상에 해당하게 된 경우 그 배출시설에 대하여 2008. 12. 31.까지 다시 허가를 받거나 변경신고를 하도록 한 것임이 문언상 명백하다. 환경부령 제192호로 개정된 대기환경보전법 시행규칙 별표 2 규정에는 원고가 이 사건 시설에 대하여 설치 신고를 한 2000. 12. 14. 당시에는 포함되지 않았던 다환방향족 탄화수소류가 특정대기유해물질로 규정되어 있으므로, 원고로서는 이 사건 부칙 규정에 따라 다환방향족 탄화수소류가 배출되는 이 사건 시설에 대하여 2008. 12. 31.까지 대기환경보전법에 따른 허가를 받아야만 했다.

그럼에도 원고는 2008. 12. 31.까지 이 사건 시설에 대하여 대기환경보전법에 따른 허가를 받는 등의 공법상 의무를 이행하지 않았다. 이로써 이 사건 시설은 그 유예 기간이 도과한 2009. 1. 1.부터 무허가 배출시설이 되었고, 더 이상 적법한 건축물로 볼 수 없으므로 그 때부터는 이 사건 특례규정 적용도 배제된다고 보아야 한다"고 판시하여 원고가 개정된 시행규칙과 부칙규정에 따라서 새로운 특정대기유해물질이 발견되는 경우 이와 관련된 배출시설에 대한 적법한 허가가 필요하며 원고가 2008년 12월 31일까지 허가를 받지 않았기 때문에 원고가 이른바 특례규정에 해당하여 신규 허가가 필요하지 않다는 주장을 배척하였다.

하지만 대법원은 제1심과 항소심과는 달리 이 사건에서 "원심은 이 사건 시설이 이 사건 특례규정에서 정한 요건에 해당하는지에 관하여 심리하지 않은 채, 단지 이 사건 부칙규정에서 정한 기한 내 허가를 받지 않은 것만으로 2009. 1. 1.부터 이 사건 특례규정의 적용이 배제된다고 보아 대기환경보전법 제38조 단서의 폐쇄명령 요건에 해당한다고 판단하였다. 원심판결에는 이 사건 특례규정의 적용 범위 등에 관한 법리를 오해하는 등으로 필요한 심리를 다하지 않아 판결에 영향을 미친 잘못이 있다"고 하여 원심판결을 파기환송하였다.

2. 해설 및 평론

기후변화에 따라서 국민의 생명과 안전을 보호하기 위한 환경입법은 영업활동을 하는 사업자나 기업의 입장에서 보면 직업의 자유와 재산권 등 기본권을 제한하는 규제적 효과를 가지게 된다. 특히 기후변화로 인한 기후위기가 현실화하고 대기유해물질의 배출 등을 규제하기 위하여 이미 행정청의 허가 등을 받아 경제활동을 영위하는 개인이나 기업의 법률관계를 사후 입법을 통하여 불리하게 변경하는 사례가 빈발하고 있다. 하지만, 앞서 언급한 연금개혁의 경우와 유사하게 기후위기 극복을 위한 환경규제를 통하여 국민의 생명과 안전을 보장한다는 공익이 워낙 중대하기 때문에 극히 예외적으로 관련 기본권에 대한 과잉적인 규제를 제외한다면 대부분의 경우 신뢰보호원칙에 대한 적용을 받기 어렵다. 대법원 판결은 대기유해물질의 배출로부터 국민의 생명과 안전을 보호하기 위한 차원에서 환경규제를 강화하는 방향으로 문제된 시행령 부칙조항을 개정하는 것도 얼마든지 가능하다는 점을 확인하고 있다.

물론 이 사건 부칙조항에 대한 부진정소급입법의 해당 여부와 그에 대한 신뢰보호원칙의 침해 여부에 대하여 원고가 주장하지 않았기 때문에 법원 또한 이에 대하여 판단하지 않았다. 중요한 것은 특정대기유해물질은 과학의 진보에 따라서 인체에 대한 유해성이 사후에 발견되는 경우가 대부분이며 비로소 법적 규제의 필요성이 제기되는 것이므로 사후에 관리의 필요성에 따라서 기존에는 없는 새로운 규제목록에 포함시키고 경과규정에서 기존에 규제의 대상에 포함되지 않았거나 이미 허가 등을 받는 사업자들을 그 대상으로 할 수 있기 때문에 부진정소급입법으로 인한 신뢰이익의 침해 문제가 발생할 수 있다. 하지만 환경오염으로부터 국민의 생명과 재산, 안전을 보호하여야 하는 국가의 기본권 보호의무와 그로 인한 환경규제의 필요성이라는 공익이 워낙 크기 때문에 신뢰보호의 이익은 상대적으로 미약한 것으로 볼 여지가 크다. 이런 측면에서 이 사건의 경우 대법원의 논리보다는 제1심법원과 항소심의 판단이 더욱 설득력을 가지는 것으로 보아야 한다.

제15장 우리나라 헌법재판소의 기후소송

Ⅰ. 문제의 제기

헌법재판소는 2024년 8월 29일 그 동안 관심의 대상이었던 이른바 청소년 기후소송에서 심판대상인 '기후위기 대응을 위한 탄소중립·녹색성장 기본법'(이하 탄소중립기본법이라 한다) 제8조 제1항 및 같은 법 시행령 제3조 제1항 등의 일부 조항에 대하여 헌법불합치, 기각, 각하 등의 결정을 하였다. 헌법재판소 결정은 국가의 기후정책이라도 단순한 정책이 아니라 입법의 형식으로 이루어지는 경우 헌법상 환경권 등의 침해 여부를 헌법재판소 등 최고법원이 사법심사를 통하여 가리는 것이 전 세계적으로 일반화하는 과정에서 우리나라도 예외가 될 수 없다는 사실을 잘 보여주는 사례라고 할 수 있다.

헌법재판소는 기후정책을 입안하고 집행하는 국회와 정부가 탄소중립과 관련된 세부적인 경로와 목표 등을 설정하는데 상당한 정도의 재량권을 가지고 있다는 사실을 인정하여 우리나라의 현실적 상황을 고려하는 동시에 온실가스 감축을 위한 정책당국의 명백하고 심각한 부작위로 인하여 국민의 환경권을 효과적으로 보호하는데 실패하는 지점이 어디인지를 확인하여야 하는 지난한 과제를 안고 있었다고 보인다. 이는 헌법재판소가 입법과 행정의 정책적 판단과 재량권을 일정 부분 존중하면서도 일정한 심사기준을 적용하여 정책적 판단의 오류와 국가의 기본권 보호의무 불이행 등을 검토함으로서 국민의 생명권과 건강하고 쾌적한 환경에서 생활할 환경권을 보장하는 본연의 역할과 임무에 충실하려고 노력하였다는 평가를 받을 수 있는 부분이다.

Ⅱ. 사건의 개요

청구인들은 2001. 2. 15.생부터 2006. 11. 6.생까지의 사람들로서 청소년 환경단체인 '청소년 기후행동'의 회원들이다. 청구인들은 2020. 3. 13. ① 구 '저탄소 녹색성장 기본법'(이하 연혁을 기재하지 않는 경우 '구 녹색성장법'이라 한다) 제42조 제1항 제1호에서 정부가 온실가스 감축 목표를 설정하도록 한 것, ② 대통령이 구 녹색성장법 시행령 제25조 제1항을 2016. 5. 24. 개정함으로써 국가 온실가스 총배출량 감축에 관하여 2020년 기준 목표에서 2030년 기준 목표로 변경한 행위, ③ 2019. 12. 31. 개정된 구 녹색성장법 시행령 제25조 제1항에서 구 녹색성장법 제42조 제1항 제1호에 따른 '온실가스 감축 목표'를 '2030년의 국가 온실가스 총배출량을 2017년의 온실가스 총배출량의 1000분의 244만큼 감축하는 것'으로 규정한 것이, 기후위기에 대응하기 위한 온실가스 감축목표를 설정함에 있어 청구인들의 생명권, 환경권 및 평등권 등을 침해한다고 주장하면서 이 사건 헌법소원심판을 청구하였다.

청구인들은 이후 ④ 2022. 2. 16. 정부가 '국가 온실가스 배출량을 2030년까지 2018년의 국가 온실가스 배출량 대비 35퍼센트 이상의 범위에서 대통령령으로 정하 비율만큼 감축하는 것'을 '중장기 국가 온실가스 감축 목표'로 하도록 규정한 탄소중립기본법' 제8조 제1항에 대하여, ⑤ 2022. 6. 8. 위 조항의 '대통령령으로 정하는 비율'을 40퍼센트로 규정한 탄소중립기본법 시행령 제3조 제1항에 대하여, 위 규정들은 각각 국가의 기본권 보호의무를 위반하고 미래세대 청구인들의 기본권을 과잉 침해하며 차별적으로 취급한다고 주장하면서 각 조항을 심판대상에 추가하는 청구취지 및 청구이유 추가신청서를 제출하였다(2020헌마389 사건).

정부는 탄소중립기본법 제10조에 따라 '제1차 국가 탄소중립 녹색성장 기본계획'을 수립하여 2023. 4. 10. '2050 탄소중립녹색성장위원회'의 심의 및 같은 달 11. 국무회의의 심의를 거쳐 확정하였다. 위 기본계획 중 'Ⅴ. 중장기 감축 목표' 가운데 '나. 부문별 감축목표'에서는 탄소중립기본법 제8조 제1항 및 같은 법 시행령 제3조 제1항에서 정한 바대로 국가 온실가스 배출량을 2030년까지 2018년 대비 40퍼센트만큼 감축한 후의 배출량을, 총배출량에서 흡수·제거량을 제외한 순배출량을 기준으로 하여 436.6백만 톤[tCO2-eq(이산화탄소상당량톤), 이하 같다]으로 정하고, 전환, 산업, 건물, 수송, 농축수산, 폐기물, 수소, 탈루 등의 배출 부문, 그리고 흡수원, CCUS(Carbon Capture and Utilization and Storage, 탄소포집·이용·저장), 국제감축의 흡수 및 제거 부문으로 구분된 2030년의 부문별 배출량 및 흡수량 목표를 정하였다.

청구인들은 위 기본계획에 대하여, 파리협정 등 국제사회에서 합의된 기준에 따라 기후재난으로부터 청구인들의 생명과 안전을 보호하기에 불충분한 목표를 정한 것으로, 청구인들의 생명권, 행복추구권 및 일반적 행동자유권, 평등권, 재산권 및 건강하고 쾌적한 환경에서 생활할 권리를 보호하기에 적절하고 효율적인 최소한의 조치에 해당하지 않으므로, 청구인들의 기본권을 침해한다고 주장하면서 2023. 7. 6. 이 사건 헌법소원심판을 청구하였다(2023헌마846 사건).

Ⅲ. 결정의 주요 내용

1. 2030년까지의 중장기 온실가스 감축목표 및 2031년-2049년까지 장기 감축목표

탄소중립기본법 제8조 제1항과 같은 법 시행령 제3조 제1항이 설정한 2030년까지의 중장기 감축목표로서 국가 온실가스 배출량을 2018년 대비 40%만큼 감축한다는 감축비율의 수치만으로는, 전 지구적 온실가스 감축 노력의 관점에서 우리나라가 기여해야 할 몫에 현저히 미치지 못한다거나, 기후변화의 영향과 온실가스 배출 제한의 측면에서 미래에 과중한 부담을 이전하는 것이라고 단정하기 어렵다. 연도별 감축목표의 이행현황 점검이나 배출권거래제 등 배출량 목표 달성을 보장하기 위한 수단들과 관련하여, 매년 정량적 감축목표가 달성되지 않은 경우 추후의 감축목표에 미달성 부분을 추가하는 규율이 법률에 명시되어 있지 않다는 이유로, 탄소중립기본법 제8조 제1항의 온실가스 감축목표 설정 방식이 온실가스 감축을 실효적으로 담보할 수 있도록 설계되지 않은 것으로 볼 수도 없다.

그러나 탄소중립기본법 제8조 제1항에서 2031년부터 2049년까지의 감축목표에 관하여 어떤 형태의 정량적 기준도 제시하지 않은 것은, 같은 조 제4항의 온실가스 감축목표 재설정 주기나 범위 등 관련 법령의 체계를 살펴보더라도 2050년 탄소중립의 목표 시점에 이르기까지 점진적이고 지속적인 감축을 실효적으로 담보할 수 없으므로, 미래에 과중한 부담을 이전하는 방식으로 온실가스 감축목표를 규율한 것이다. 구체적인 감축목표를 정할 때 단기적일 수도 있는 정부의 상황 인식에만 의존하는 구조로는 온실가스 감축정책의 적극성 및 일관성을 담보하기 어렵다. 따라서 탄소중립기본법 제8조 제1항은 2031년부터 2049년까지의 감축목표에 대한 규율에 관하여 기후위기라는 위험상황에 상응하는 보호조치로서 필요한 최소한의 성격을 갖추지 못하였으므로 과소보호금지원칙을 위반하였다.

한편, 탄소중립기본법 제8조 제1항에서 2030년까지의 감축목표에 대하여 2030년을 목표연도로 한 2018년 대비 감축비율의 하한만 법률에서 정하였을 뿐, 구체적인 감축비율의 수치는 대통령령에 위임하고 감축의 경로는 정부가 설정하는 부문별 및 연도별 감축목표에 따르도록 한 것은 법률유보원칙을 위반한 것으로 볼 수 없다. 그러나 중장기적인 온실가스 감축목표와 감축경로를 계획할 때에는 매우 높은 수준의 사회적 합의가 필요하다는 점, 미래세대는 민주적 정치과정에 참여하는 것이 제약되어 있다는 점과 관련하여 입법자에게 더욱 구체적인 입법의무와 책임이 있음을 고려할 때, 2031년부터 2049년까지의 감축목표에 관하여 대강의 정량적 수준도 규정하지 않고 이에 관해 정부가 5년마다 정하도록 한 것은 의회유보원칙을 포함하는 법률유보원칙을 위반한 것이다. 결국 탄소중립기본법 제8조 제1항은 과소보호금지원칙 및 법률유보원칙에 반하여 기본권 보호의무를 위반하였으므로 청구인들의 환경권을 침해한다.

2. 심사기준 — 과소보호금지 및 법률유보원칙

국가가 국민의 건강하고 쾌적한 환경에서 생활할 권리에 관한 보호의무를 다하지 않았는지를 헌법재판소가 심사할 때에는 '과소보호금지원칙'의 위반 여부를 기준으로 삼아, 개별 사례에서 기본권침해가 예상되어 보호가 필요한 '위험상황'에 대응하는 '보호조치'의 내용이, 문제되는 위험상황의 성격에 상응하는 보호조치로서 필요한 최소한의 성격을 갖고 있는지에 따라 판단하는데, 위험상황의 성격 등은 '과학적 사실'과 '국제기준'에 근거하여 객관적으로 검토되어야 한다.

탄소중립기본법 제8조 제1항 및 같은 법 시행령 제3조 제1항이 설정한 중장기 감축목표와 이 사건 부문별 및 연도별 감축목표가 과소보호금지원칙을 위반하였는지 여부는 기후위기라는 위험상황의 성격에 상응하는 보호조치로서 필요한 최소한의 성격을 갖추었는지를 기준으로 판단하며, 온실가스 감축의 구체적인 목표치가 전 지구적인 감축 노력의 관점에서 우리나라가 기여해야 할 몫에 부합하는지, 감축목표 설정의 체계가 기후변화의 영향과 온실가스 배출 제한의 측면에서 미래에 과중한 부담을 이전하지 않는 방식으로, 또한 온실가스 감축이 실효적으로 담보될 수 있는 방식으로 제도화되어 있는지 등을 과학적 사실과 국제기준을 고려하여 판단하여야 한다.

한편, 탄소중립기본법 제8조 제1항이 의회유보원칙을 포함하는 법률유보원칙을 위반하였는지 여부는 그 규율 대상인 온실가스 감축목표의 설정 방식이 기후위기에 대한 보호조치로서 갖추어야 하는 성격을 고려하여 판단하여야 한다. 탄소중립기본법 제8조 제1항에서 2030년까지의 감축목표에 대하여 2030년을 목표연도로 한 2018년 대비 감축비율의 하한만 법률에서 정하였을 뿐, 구체적인 감축비율의 수치는 대통령령에 위임하고 감축의 경로는 정부가 설정하는 부문별 및 연도별 감축목표에 따르도록 한 것은 법률유보원칙을 위반한 것으로 볼 수 없다.

그러나 중장기적인 온실가스 감축목표와 감축경로를 계획할 때에는 매우 높은 수준의 사회적 합의가 필요하다는 점, 미래세대는 민주적 정치과정에 참여하는 것이 제약되어 있다는 점과 관련하여 입법자에게 더욱 구체적인 입법의무와 책임이 있음을 고려할 때, 2031년부터 2049년까지의 감축목표에 관하여 대강의 정량적 수준도 규정하지 않고 이에 관해 정부가 5년마다 정하도록 한 것은 의회유보원칙을 포함하는 법률유보원칙을 위반한 것이다.

3. 해설 및 평론

1) 2030년까지의 40% 중장기 감축목표

현행 탄소중립기본법 제8조 제1항에 따르면 정부는 국가 온실가스 배출량을

2030년까지 2018년의 국가 온실가스 배출량 대비 35퍼센트 이상의 범위에서 대통령령으로 정하는 비율만큼 감축하는 것을 중장기 국가 온실가스 감축 목표로 설정하도록 규정하고 있다. 이에 따라서 동법 시행령 제3조 제1항은 "법 제8조 제1항에서 "대통령령으로 정하는 비율"이란 40퍼센트를 말한다"고 감축목표를 명시하고 있다. 물론 탄소중립기본법 제8조 제1항과 동법 시행령 제3조 제1항에서 규정하는 감축목표에 대하여 헌법재판소에 헌법소원을 제기한 청구인들은 감축목표가 과소하다는 점에 대하여 상당한 불만을 가지고 있을 것을 보인다.

청구인들은 우리나라의 2030년 '중장기 국가 온실가스 감축 목표'인 2018년 국가 온실가스 배출량 대비 40% 감축의 비율이, 파리협정에서 정한 '상이한 국내 여건에 비추어 책임과 각자의 능력의 원칙'에 비추어 전 지구적 온실가스 감축 노력에 우리나라가 기여해야 할 몫에 현저히 미치지 못한다고 주장한다. 청구인들은 전 세계 인구 대비 우리나라의 인구 비율로 공평하고 합리적으로 우리나라의 탄소 잔여배출량을 의미하는 탄소예산을 산출할 수 있고, 여기에 탄소중립기본법 제8조 제1항 및 같은 법 시행령 제3조 제1항이 설정한 2030년 감축목표와 이를 달성하기 위하여 심판대상계획이 설정한 연도별 배출량 목표를 대비하여 보면, 우리나라의 목표 온도 1.5도 기준 탄소예산은 2025년경, 1.7도 기준 탄소예산은 2028년경 모두 소진된다고 주장한다.

그리고 현재 전 세계 대비 우리나라의 배출량 비중에 따라 분배되는 탄소예산을 산출하더라도 우리나라의 목표 온도 1.5도 기준 탄소예산은 2032년경, 1.7도 기준 탄소예산은 2042년경 모두 소진된다고 한다. 또한, 청구인들은 우리나라는 기후위기 대응의 '능력'과 관련된 지표인 선진국과 개발도상국의 구분에 관하여 IPCC에서 제시한 모든 기준에서 선진국에 해당하고, 기후변화의 '책임'에 관한 지표인 현재 배출량, 1인당 배출량 및 누적 배출량에서도 세계적으로 상위권에 있어 전 지구적 온실가스 감축 노력에 더 크게 기여해야 함에도 불구하고, 우리나라의 2030년 감축목표의 비율은 전 지구적인 감축비율로 공인된 2019년 대비 43% 감축에 미치지 못한다고 한다. 또한 청구인들은 우리나라의 2030년 온실가스 감축목표의 비율은, 우리나라가 온실가스 감축목표를 설정하기 시작한 2010년을 기준으로 하거나, 배출량 정점인 2018년을 기준으로 하더라도 총배출량에서 흡수·제거량을 제외한 순배출량의 감축 비율을 비교하면, 주요 국가들의 온실가스 감축비율

보다 낮다고 주장한다.

하지만 헌법재판소는 이러한 청구인들의 주장에도 불구하고 위 감축목표가 국제적으로 확인된 탄소 잔여배출량에 따라 우리나라가 기여하는 국가결정기여에 비추어 볼 때 현저하게 부족한 배출목표를 정한 것으로는 보기 어렵다는 견해를 제시하고 있다. 헌법재판소는 우리나라 온실가스 배출목표가 유엔기후변화협약이나 파리협정에 따르는 국제적 기준과 국가기여결정을 준수하면서 동시에 우리나라의 온실가스 배출량이 정점에 이른 2018년부터 탄소중립 목표 시점인 2050년까지 지속적인 온실가스 감축을 전제로 하여, 그 중간 시점인 2030년까지의 감축목표로 정해진 것이라는 점을 강조하고 있다.

또한 온실가스의 감축이 2018년의 국가 온실가스 배출량부터 2050년 순배출량 영(零)이 될 때까지의 선형경로를 따를 때, 2030년에 해당하는 배출량은 2018년 대비 약 37.5%를 감축하는 것이 되는데, 온실가스 감축의 구체적인 목표를 정할 때에는 여러 산업과 국민의 일상생활에 미치는 영향, 재생에너지 등 기술발전의 속도, 부문별 감축 수단에 따른 이행가능성 등 다양한 요소들을 고려하여야 하는 점에서 탄소중립기본법 제8조 제1항은 35%를 감축목표의 하한으로 정하고 대통령령에서 그 이상으로 감축비율을 정하도록 하였으며, 같은 법 시행령 제3조 제1항은 이러한 위임에 따라 위와 같은 선형감축경로를 상회하는 40%를 감축의 목표 비율로 정한 것이다.

물론 우리나라를 포함한 개별 국가가 중장기 온실가스 감축목표를 정함에 있어서는 상대적으로 협소한 재량권을 가지고 있다고 하더라도 개별 국가의 경제적, 사회적 여건과 특히 에너지 공급과 관련된 구조적 한계 등을 고려하여 입법자가 국제적으로 확인된 상한을 고려하여 제한적인 범위 안에서는 일정 부분 형성권을 가지고 있다는 점을 간과할 수는 없다. 이는 우리나라의 경우에만 해당하는 것은 아니며 2021년 독일연방헌법재판소가 당시 기후보호법에 대한 위헌확인 사건에서 제시한 합헌의견과 일맥상통하는 점이 있음을 부인하기 어렵다.

2021년 독일연방헌법재판소는 당시 기후보호법 제1조 제3항에서 2050년까지 탄소중립 목표 달성을 기본목표로 선언하고 제3조 제1항에서 1990년을 기준시점으로 하여 2030년까지 온실가스를 55% 감축하기로 규정하였다. 이는 2050년 궁극적인 탄소중립을 이루는 중간 과정에서 일정한 잠정목표를 규정한 것이다. 심판청구인들은 독일의 온실가스 감축목표가 현저히 국제기준에 미달하는 것으로 주장하였으나 연방헌법재판소는 입법자의 기본권 보호의무 이행이 명백히 부적절한 것으로는 판단하지 않았다. 특히 연방의회는 기후보호법에 2030년까지는 연도별, 부분별 온실가스 감축목표와 감축량을 구체적으로 규정하기 때문에 연방헌법재판소는 입법자의 기본권 보호의무 이행이 전혀 불충분한 것으로 단정하지 않았다.

심판청구인들은 당시 기후보호법의 관련 규정들이 파리협약에서 합의한 산업화 이전에 비하여 지구 기온을 1.5도 내에서 상승을 억제한다는 목표에 미달하고 결과적으로 심판청구인들의 생명, 신체의 자유, 존엄한 미래에 대한 기본권 및 생태학적 최소 생존권을 침해한다고 주장하였지만 연방헌법재판소는 연방의회가 기후보호법에 규정한 온실가스 감축목표와 부문별 감축량이 기본권 보호의무에 현저히 미달하는 것으로는 보지 않았다.

따라서 우리나라 탄소중립법 제8조 제1항과 동법 시행령 제3조 제1항에 위임하여 규정된 2030년까지 35% 이상, 40%의 중간 감축목표에 대하여 청구인들이 불만과 이의를 제기하는 것을 충분히 이해하지만 입법자가 국민의 기본권 보호를 위한 입법을 전혀 하지 않았거나 명백히 부적절한 입법을 한 것으로는 보기 어려워서 의회유보를 포함하는 법률유보와 과소보호 금지원칙에 반하지 않는다는 헌법재판소의 견해에 대하여 비판의 여지는 있을 수 있으나 법적인 판단이 잘못되었다고는 보기 어렵다.

2) 2031년-2049년까지 장기 감축목표에 대한 입법적 공백

앞서 언급한 바와 같이 헌법재판소는 입법자가 2030년까지 중장기 온실가스 감축목표를 탄소중립기본법 제8조 제1항과 동법 시행령 제3조 제1항에서 규정한 것과는 대조적으로 2031-2049년까지의 장기 감축목표에 대해서는 입법적 공백이 발생하고 있어서 입법자의 기본권 보호의무가 전혀 이행되지 않고 있다는 점에서 과소보호원칙에 위반한다고 결정하였다. 헌법재판소는 온실가스 감축목표가 입법적으로 공백이 존재하는 경우 정부의 상황논리에 따라서 일관되고 지속적인 목표관리가 소홀해질 수 있기 때문에 2050년 탄소중립이라는 장기적인 입법목적을 달성하기 위해서는 중간 기간에 입법적 관여가 반드시 필요하다는 점을 강조하고 있다.

따라서 헌법재판소는 탄소중립기본법 제8조 제1항에서는 2030년까지의 감축목표 비율만 정하고 2031년부터 2049년까지 19년간의 감축목표에 관해서는 어떤 형태의 정량적인 기준도 제시하지 않았는바, 같은 조 제4항의 온실가스 감축목표 재설정 주기나 범위 등 관련 법령의 체계를 살펴보더라도 2050년 탄소중립의 목표 시점에 이르기까지 점진적이고 지속적인 감축을 실효적으로 담보할 수 있는 장치가 없으므로, 이는 미래에 과중한 부담을 이전하는 방식으로 감축목표를 규율한 것으로, 기후위기라는 위험상황에 상응하는 보호조치로서 필요한 최소한의 성격을 갖추지 못하였다고 보고 있다. 한 마디로 2031년-2049년까지 온실가스 중간 목표가 정부가 5년마다 정하도록 한 것 이외에 "입법적으로 텅 비어있는 상태"라면 입법자가 전혀 입법을 하지 않는 상태에 해당하기 때문에 헌법재판소는 과소보호금지원칙을 적용하여 그 위헌상태를 확인하는데 전혀 부담을 가지지 않았을 것으로 볼 수 있다.

헌법재판소가 과소보호금지원칙을 적용하여 입법자가 환경권 보호의무를 위반하고 결과적으로 환경권을 침해하였다는 결론과는 대조적으로 독일연방헌법재판소는 2021년 당시 기후보호법이 2031년부터 2050년까지 우리와 유사하게 입법자가 어떠한 보호조치나 감축목표를 규정하지 않은 채로 입법적 공백 상태를 방치한 것에 대하여 과잉금지원칙을 적용하여 헌법불합치결정을 내렸다. 즉 이 시기에 입법자가 충분한 보호조치를 규정하지 않았기 때문에 결과적으로 특히 미성년자인 심판청구인들이 2031년 이후 상대적으로 보다 많은 온실가스 감축의무를 감당하게 될 가능성이 있으므로 당시 이러한 입법적 흠결을 가진 기후보호법이 이들의 기본권을 과잉적으로 침해할 수 있다고 판단하였다.

이와 같이 한국과 독일의 헌법재판소가 어떠한 이유로 과소보호금지와 과잉금지원칙이라는 상이한 심사기준을 적용한 것인가에 대해서는 별도의 기회에서 논의하기로 한다. 앞서 언급한 바와 같이 헌법재판소는 중장기적인 온실가스 감축목표와 감축경로를 계획할 때에는 매우 높은 수준의 사회적 합의가 필요하다는 점, 미래세대는 민주적 정치과정에 참여하는 것이 제약되어 있다는 점과 관련하여 입법자에게 더욱 구체적인 입법의무와 책임이 있음을 고려할 때, 2031년부터 2049년까지의 감축목표에 관하여 대강의 정량적 수준도 규정하지 않고 이에 관해 정부가 5년마다 정하도록 한 것은 의회유보원칙을 포함하는 법률유보원칙을 위반한 것으로 보고 있다.

주목할 것은 헌법재판소가 "의회유보원칙을 포함하는 법률유보원칙"이라는 표현을 사용하고 있는데, 이는 탄소중립기본법을 제정한 입법자가 이 기간 동안 입법적으로 온실가스 감축목표와 연도별, 부문별 온실가스 감축량에 대해서 전혀 입법을 하지 않았다는 의미와 더불어 탄소중립기본법 제7조 제1항에 따라서 정부가 2050년까지 탄소중립을 목표로 하여 탄소중립 사회로 이행하고 환경과 경제의 조화로운 발전을 도모하는 것을 국가비전으로 하였음에도 불구하고 이를 모두 법률로서 스스로 직접 규정하지 않았다는 것으로 이해할 수 있다.

법률유보원칙과 관련하여 독일의 경우를 보면 연방헌법재판소는 기후보호법 제4조 제6항에 따라서 연방정부로 하여금 2025년도에 2031년 이후 연도별 감축목표와 감축량을 위임입법을 통하여 정하도록 수권한 것은 법규명령의 내용, 목적, 범위에 대하여 법률이 스스로 규정하여야 한다는 독일기본법 제80조 제1항과 본질성이론에 반한다는 견해를 제시하였다. 우리나라의 경우와 비교한다면 헌법 제75조가 금지하는 포괄위임에 해당하고 의회유보원칙에 반한다는 의미로 이해할 수 있다. 기후변화와 같이 국민 전체에게 미치는 직접적이고 중대한 영향을 고려하여 이를 행정부가 정하도록 할 수는 없으며 반드시 의회가 입법사항으로 규정하여야 한다는 점에서 중대한 정치적, 경제적 사안에 대하여 행정부가 아닌 입법부의 결정이 요구된다는 미국 연방대법원의 Big Questions Doctrine도 같은 맥락이라고 할 수 있다.

3) 부문별 및 연도별 감축목표를 규정한 2023-2030 국가 탄소중립 녹색성장 기본계획의 위헌 여부

앞서 언급한 바와 같이 헌법재판소는 정부가 2023. 4. 11. 수립한 '제1차 국가 탄소중립 녹색성장 기본계획' 중 2023년부터 2030년까지의 부문별 및 연도별 배출·흡수량의 목표치를 설정한 중장기 감축 목표' 가운데 '부문별 감축목표' 부분 및 '연도별 감축목표' 부분에 대한 심판청구를 재판관 4(기각): 5(위헌확인)로 기각하였다. 아마도 이 사건에서 가장 논쟁이 극심할 수 있는 부분이 바로 기본계획의 위헌 여부였을 것으로 보인다. 또한 기본계획의 위헌 여부와 관련하여 핵심적인 사항은 첫째, 기본계획에서 정한 부문별 및 연도별 감축목표에 대한 판단과, 둘째, 기준연도(2018)의 배출량과 목표연도(2030)의 감축량 목표치 산정 방식(총배출량 기준인가 혹은 순배출량 기준인가)에 관하여 과소보호금지원칙 또는 법률우위원칙을 위반하였는지 여부이다.

(1) 부분별, 연도별 감축목표

기본계획은 2050년 탄소중립을 달성하기 위한 목표연도를 지향하는 과정에서 일종의 중간목표연도로 2030년을 지목하고 부문별, 연도별로 온실가스 감축목표를 정하여 역사상 온실가스를 가장 많이 배출하였던 2018년을 기준연도로 하여 2030년에는 탄소중립기본법 제8조 제1항에서는 35% 이상, 동법 시행령 제3조 제1항에서는 40%의 감축목표를 규정하였다. 그런데 여기에서 쟁점은 2023년부터 시작하는 부문별, 연도별 감축목표가 비교적 계획기간 초기(예를 들어 2023년, 2024년 등)에는 이산화탄소 포집 및 활용(이른바 CCU: carbon capture & utilization)과 같은 감축을 위한 기술적 발달이 본격화되지 않아서 감축목표와 감축량이 상대적으로 적은 반면에 기술발전이 어느 정도 이루어지는 2028년이나 2029년과 같이 기본계획의 후기에 감축량과 목표가 급격히 집중되는 이른바 볼록형 감축경로를 취하게 되는 경우 상대적으로 미래세대가 더 많은 온실가스를 감축할 의무를 부과받게 되기 때문에 세대간 형평성에 반하고 그들의 경제활동에 급브레이크를 밟아야 하는 과잉적 조치로서 귀결된다는 점이다.

이와 관련하여 청구인들은 이 사건 연도별 감축목표에 따른 누적 감축량은 2023-2027년보다 2028-2030년에 약 3배가량 되는데, 이처럼 온실가스 감축의 부담을 후반부에 집중시키는 볼록한 감축경로는 선형의 감축경로에 비하여 누적 배출량을 증가시키고, 다음 정부 및 미래세대에 감축의 부담을 전가하여 과중한 부담을 지운다고 주장한다. 특히, 청구인들은 우리나라 재생에너지의 잠재량, 에너지 소비에 관한 적극적인 수요 관리의 필요성 등을 이유로 제시하면서 초기에 적은 비용으로 빠르게 온실가스를 감축하는 오목한 감축경로를 계획하고 이를 이행하는 것이 불가능하지 않다고 하고, 법익형량에 있어 현재의 단기적인 부담보다 온실가스를 제대로 감축하지 못했을 경우의 피해가 막대하다는 점을 고려해야 한다고 주장한다.

이에 대하여 헌법재판소는 "전체적인 감축 후의 배출량 목표치를 2021년에 국가결정기여 상향안을 마련할 당시와 동일하게 유지하면서 산업 부문과 탄소포집·이용·저장(CCUS) 및 국제감축 부문의 비중을 조정한 것이고, 이에 관해 위법사유 또는 명백한 재량일탈이 있다고 보기 어려운 이상, 위와 같은 감축 부문 간 비중의 조정을 이유로 탄소중립기본법 제8조 제1항 및 같은 법 시행령 제3조 제1항이 설정한 중장기 감축목표를 달성할 수 없도록 설계된 것이라고 단정할 수도 없다. 이 사건 부문별 및 연도별 감축목표는 감축경로 및 감축수단에 관한 계획을 수립하는 관점에서는 기후위기라는 위험상황에 상응하는 보호조치로서 필요한 최소한의 성격을 갖추지 못하였다고 보기 어려우므로, 과소보호금지원칙을 위반하였다고 할 수 없다"고 판시하였다.

하지만, 헌법재판소도 인정하고 있는 바와 같이 연도별 감축목표에 따른 누적 감축량은 2023-2027년보다 2028-2030년에 약 3배가량으로 설계되어 기본계획의 후반부에 본격적으로 경제활동에 들어가는 미래세대들에게 과도한 감축의무를 부과하는 것은 부인하기 어려운 사실이다. 그렇다면 만연히 기본계획상의 연도별, 부문별 감축목표가 국가가 취할 수 있는 최소한의 조치로서의 성격을 가지고 있다는 이유로 실효성이 희박한 과소보호원칙을 적용하여 청구인들의 청구를 기각하는 것은 과연 설득력이 있는지 의문이 제기된다.

만약, 기본계획이 설계한 온실가스 감축목표가 기성세대와 미래세대간에 온실가스의 감축량 배분에 있어서 후자에게 일방적으로 불리하게 적용되어 미래세대의 경제활동에 막대한 지장을 가지고 오는 효과가 있다면 이 경우에는 과소보호금지원칙보다는 과잉금지원칙을 적용하여 미래세대의 직업의 자유 혹은 일반적인 행동자유권을 침해하는지 검토하는 것이 보다 타당한 결과에 이를 수 있을 것으로 보기 때문이다. 혹은 헌법재판소가 흔히 사용하는 과소보호원칙, 과잉금지원칙보다는 세대간의 형평성이 문제 되는 사안이라면 "세대간 형평성"이라는 평등원칙의 변형된 심사기준을 적용하거나 더 나아가 미래세대를 포함하여 공동체 구성원들에게 일반적으로 수용될 수 있는 합리적 기준으로서 비례성원칙의 하나인 적합성원칙에 토대를 둔 "합리적 수용성" 등의 새로운 심사기준을 제시하는 것도 검토할 필요가 있었을 것으로 보인다.

(2) 기준연도(2018)의 배출량과 목표연도(2030)의 감축량 목표치 산정 방식(총배출량 기준인가 혹은 순배출량 기준인가)이 과소보호금지원칙 또는 법률우위원칙을 위반하였는지

이 부분에서 헌법재판소 재판관들 간에 입장 차가 극명하게 드러나는 것으로 볼 수 있는데, 4명의 재판관들은 기각의견을 5명의 재판관들은 위헌의견을 각각 제시하였기 때문에 헌법재판소는 헌법소원에 관한 인용결정에 필요한 심판정족수에는 이르지 못하였으므로 기각결정을 선고하였다.

A 기각의견

이 사건 부문별 및 연도별 감축목표는 감축경로 및 감축수단에 관한 계획을 수립하는 관점에서는, 미래에 과중한 부담을 이전한 것이라거나 탄소중립기본법 제8조 제1항 및 같은 법 시행령 제3조 제1항이 설정한 중장기 감축목표를 달성할 수 없도록 설계되었다고 단정할 수 없고, 기후위기라는 위험상황에 상응하는 보호조치로서 필요한 최소한의 성격을 갖추지 못하였다고 보기 어려우므로, 과소보호금지원칙을 위반하였다고 할 수 없다. 탄소중립기본법 제8조 제1항은 '배출량'이라는 용어를 사용하고 있을 뿐이고, 탄소중립기본법 및 같은 법 시행령에서 사용되는 '배출량'의 의미를 정의하거나 그 산정 방식을 구체화한 규정은 없다.

우리나라는 탄소중립기본법 제정으로 폐지된 구 녹색성장법 등에서 2030년의 국가 온실가스 감축목표를 설정하고 그 이행을 위한 노력을 지속적으로 해왔으므로, 구법에서 정한 '기준연도의 총배출량 기준'을 새로운 법에서도 유지할 필요가 있다. 2050년 탄소중립을 달성하기 위한 중간 목표인 2030년의 '배출량'은 그에 상응하여 '순배출량'으로 해석하는 것이 타당한 것으로 보이나, 2018년은 이미 지나간 시점으로서 비교 대상으로서의 의미만 가지므로, 이를 반드시 '순배출량'으로 새겨야 할 당위는 없다.

우리나라가 국가결정기여(Nationally Determined Contribution: NDC)에 2018년도 기준 온실가스 배출량에 관해 흡수원 부문을 제외하였음을 명시한 이상, 2018년의 '배출량(합계)' 부분에 '흡수 및 제거' 부분을 반영하지 않은 '총배출량'만을 기재한 것이 파리협정이 추구하는 '투명성'에 반한다고 볼 수 없고, 탄소중립기본법 제8조 제1항 및 같은 법 시행령 제3조 제1항이 정한 40퍼센트라는 수치는

탄소중립으로 나아가는 중간 단계로, 향후 수립될 행정계획을 종합하여 2050년까지 탄소중립을 달성할 가능성이 열려 있으므로 설령, 이 사건 부문별 및 연도별 감축목표의 '배출량(합계)'을 '순배출량'으로 통일하는 경우 40퍼센트에 다소 못 미치는 감축목표가 설정된다고 하더라도 국가가 환경권의 보호를 위한 '최소한의 보호조치도 다 하지 않았다'고 판단하기는 어렵다. 따라서 이 사건 부문별 및 연도별 감축목표는 배출량 목표치 산정방식에 관하여 상위 법령에 위반되지 않으며, 과소보호금지원칙에도 반하지 않는다.

B. 위헌의견

탄소중립기본법 제8조 제1항은 하나의 조항에서 '국가 온실가스 배출량'이라는 동일한 용어를 2018년도와 2030년도에 관하여 두 번 사용하면서 다른 설명은 붙이지 않았으므로, 이에 따르면 양자의 '배출량' 기준을 달리 할 수 없고, 감축의 비율을 정한 계산식의 측면에서도 입력 값과 산출 값의 기준이 다를 수 없다. 탄소중립기본법의 체계와 입법목적 등에 비추어 보면, 정부가 부문별 및 연도별 감축목표를 설정할 때, 기준연도와 목표연도의 '국가 온실가스 배출량' 수치 모두 '순배출량'을 기준으로 산정하는 것이 합리적으로 보이고, 기준점과 목표점의 수치 산정 기준을 달리하면 과학적·정책적으로 합리적인 감축경로가 관리되지 않는다.

만약 기준연도에는 흡수량을 반영하지 않고 목표연도에만 반영한다면, '국가 온실가스 배출량' 감축에 관한 왜곡이 발생하게 되는데, 이는 파리협정이 추구하는 '투명성'에 반하고, 다른 부문의 실질적인 감축 노력을 강화하는 데에도 장애가 된다. 이 사건 부문별 및 연도별 감축목표에서 설정한 2030년의 국가 온실가스 배출량 목표치는, 탄소중립기본법 제8조 제1항의 '국가 온실가스 배출량'을 모두 '순배출량'으로 해석하거나(2018년 대비 36.4%), '총배출량'으로 해석하거나(2018년 대비 29.6%), 법령이 설정한 40%의 감축비율에 미치지 못하고, 기후위기에 대한 완화조치를 규율하는 법적인 제도로서의 실효성을 확보하지 못하였다.

이 사건 부문별 및 연도별 감축목표에서 정부가 채택한 '기준연도 총배출량, 목표연도 순배출량'의 배출량 목표치 산정 방식은, 탄소중립기본법 제8조 제1항에서 입법자가 온실가스 감축목표를 정량화한 체계를 자의적으로 변경하여 기후위기를 완화하는 보호조치의 수준을 낮추는 것이므로, 이와 같은 정부의 법률해석은 받아들일 수 없다. 따라서 이 사건 부문별 및 연도별 감축목표는, 배출량 목표치 산정 방식의 관점에서 과소보호금지원칙을 위반하였거나, 또는 법치행정의 법률우위원칙을 위반하였다. 다만 그 효력을 바로 상실시킬 경우, 온실가스 감축에 관한 제도적 장치가 후퇴하는 더욱 위헌적인 상황이 발생하게 되므로, 청구인들의 환경권을 침해하여 위헌임을 확인하는 결정을 선고해야 할 것이다.

C. 해설 및 평론

앞서 언급한 바와 같이 유엔기후협약이나 파리협정과 같이 국제협약에서 정한 바에 따라서 우리나라가 기여해야 하는 부분을 고려하면 지구 전체적인 온실가스 감축에 대한 개별 국가의 재량권이 상대적으로 크다고 할 수는 없지만 정부가 온실가스 감축과 관련하여 연도별, 부문별로 구체적인 수단과 경로 등을 정하는 데에는 일정 부분 재량권을 가지고 있다는 점을 부인할 수 없다. 위헌의견 역시 기준연도와 목표연도의 배출량 산정 기준을 탄소중립기본법 제8조 제1항의 해석에 따라 바로잡으면서 각 부문별 및 연도별 배출량 목표의 수치를 구체적으로 어떻게 조정할지에 대해서는 정부에게 광범위한 행정계획 형성의 권한이 있음을 인정하고 있다.

하지만 기각(합헌)의견은 '기준연도 총배출량 - 목표연도 순배출량'을 기준으로 부문별 및 연도별 배출·흡수량의 목표치를 각각 달리 산정함으로써 탄소중립기본법 시행령 제3조 제1항이 정하는 40% 목표에 인위적으로 맞춘다는 인상을 지울 수 없다. 그 이유는 기준연도와 목표연도를 모두 순배출량 - 순배출량, 총배출량 - 총배출량으로 공통적인 기준을 적용하는 경우 40%의 배출량 기준에 모두 미달하기 때문이다. 이는 결국 탄소중립기본법 시행령 제3조 제1항이 규정하는 40%에 반하는 결과가 되기 때문에 법률우위원칙을 위반하여 청구인들의 환경권을 침해한 것으로 보아야 한다.

여기에서 핵심적인 사항은 온실가스를 흡수하는 생태습지나 숲 등 음의 배출량을 의미하는 흡수원 부문을 배출량 목표치에 포함시킬 것인가의 여부이다. 陰(음)의 흡수원을 총배출량에 포함시키는 경우 결과적으로 다른 부분의 온실가스를 줄이는 듯한 착시효과를 가져오게 되며 그 만큼 다른 부문의 일반적인 온실가스 증가분이 있다면 이를 상쇄할 수 있다. 위헌의견에 따르면 이 사건 연도별 감축목표의 흡수원 부문 수치를 보면, 목표연도에 이르기까지 흡수량이 감소하는 것으로 되어 있으므로, 만약 기준연도에는 흡수량을 반영하지 않고 목표연도에만 반영한다면, 실제로는 흡수량이 줄었음에도 불구하고 결과적으로는 흡수량이 늘어서 '국가 온실가스 배출량'이 감축된 것과 같은 왜곡이 발생하게 되는데, 이는 파리협정이 추구하는 '투명성'에 반하고 그만큼 다른 부문의 실질적인 감축 노력을 강화하는 데에도 장애가 된다고 하면서 법률우위의 원칙과 기본권보호의무에 반하여 청구인들의 환경권을 침해하는 것으로 보고 있다. 기준년도인 2018년도 배출량은 총배출량, 즉 흡수원에 의하여 흡수되는 온실가스의 양을 제외한 배출량인 데 반하여 목표연도인 2030년도 배출량은 흡수원에 의하여 흡수되는 온실가스의 양을 포함시킨 순배출량으로 본 것이기 때문이다.

이는 결과적으로 생태습지와 같은 탄소흡수원이 흡수하는 이산화탄소의 양을 기준연도에는 포함시키지 않는 반면에 목표연도에는 이를 온실가스 감축량에 포함시킴으로써 그 만큼 운송이나 건축과 같이 다른 부분의 온실가스 순배출량이 증가할 가능성이 있음에도 불구하고 습지 조성과 같이 기후변화에 대한 이른바 적응조치를 통하여 마치 눈속임처럼 국가가 다른 부분의 온실가스를 실제보다 더욱 감축한 것으로 포장할 수 있기 때문이다. 중요한 것은 일종의 "숫자 놀음"에 대한 정부의 재량권보다는 기준연도에 비하여 목표연도의 온실가스가 실질적으로 어느 정도로 감축되어 국민의 환경권을 실효적으로 보호할 수 있는가의 문제이기 때문에 당연히 기준연도와 목표연도 모두 흡수원을 포함하는 순배출량이 기준이 되어야 하며 이는 특히 정부로 하여금 온실가스를 줄이기 위하여 다양한 분야의 기술발전에 투자할 수 있는 강력한 유인책으로 작용하기 때문이다. 따라서 위헌의견이 타당하다.

저자약력

연세대학교 법과대학 및 동 대학원 졸업(1985)
독일 Tübingen 법과대학 법학박사(1989)
연세대학교 경법대학 조교수, 부교수, 교수(1990-2004), 한양대학교 법과대학 교수(2005-2008) 역임
연세대학교 법학전문대학원 교수(2008-2023), 명예교수(2023-현재)
독일 아데나우어재단(Konrad-Adenauer-Stiftung) 초청 튀빙엔 대학 객원교수
독일 훔볼트재단(Alexander-Humboldt-Stiftung) 초청 슈파이어 행정대학원, 베를린 자유대학 객원교수
(사)한국재정법학회, (사)행정법과 법치주의학회 회장 역임
연세학술상 수상(2003)
독일 훔볼트재단 국제연구상(Reimar Lüst Research Award) 수상(2020)

저　　서

Rechtfertigung von Sonderabgaben, Duncker & Humblodt Berlin 1990.
민자유치론(공저), 박영사, 1995.
행정절차법 제정연구(공저), 법문사, 1996.
Vom paternalistischen zum partnerschaftlichen Rechtsstaat, Nomos Verlagsgesellschaft, Baden-Baden, 2000.
일반행정법, 홍문사, 2023.
개별행정법, 법문사, 2004.
행정법(공저), 홍문사, 2023.
세법, 법문사, 2003.
행정법판례평론(홍문사), 2006.
물과 인권(공저), 피어나, 2012.
Rechtliche Probleme bei der Zuteilung von Emissionsberechtigungen in Korea, Recht der internationalen Wirtschaft, 2013.
수법연구, 신조사, 2013.
물 거버넌스(공저), 피어나, 2014.
기후변화와 법학의 과제(공저), 신조사, 2014.
수법연구 Ⅱ, 신조사, 2020.
신사조행정법, 신조사, 2023.
Prüfungsmaßstäbe der Klimaklage nach der Entscheidung des Koreanischen Verfassungsgerichts, Zeitschrift für Umweltrecht, 2026.

주요 연구분야

행정법, 水法, 환경법, 재정법, 경제행정법, PPP.

로스쿨 준비를 위한 흥미로운 공법판례

초판발행 2026년 1월 5일

지은이 김성수
펴낸이 안종만 · 안상준

편 집 김선민
기획/마케팅 조성호
표지디자인 벤스토리
제 작 고철민 · 김원표

펴낸곳 (주)박영사
서울특별시 금천구 가산디지털2로 53, 210호
(가산동, 한라시그마밸리)
등록 1959. 3. 11. 제300-1959-1호(倫)
전 화 02)733-6771
f a x 02)736-4818
e-mail pys@pybook.co.kr
homepage www.pybook.co.kr
ISBN 979-11-303-9898-3 93360

정 가 33,000원